W. Spemann

Ausführliches Verzeichnis der ägyptischen Altertümer und Gipsabgüsse

W. Spemann

Ausführliches Verzeichnis der ägyptischen Altertümer und Gipsabgüsse

ISBN/EAN: 9783742863171

Hergestellt in Europa, USA, Kanada, Australien, Japan

Cover: Foto ©ninafisch / pixelio.de

Manufactured and distributed by brebook publishing software (www.brebook.com)

W. Spemann

Ausführliches Verzeichnis der ägyptischen Altertümer und Gipsabgüsse

KÖNIGLICHE MUSEEN ZU BERLIN

AUSFÜHRLICHES VERZEICHNIS

DER

EGYPTISCHEN ALTERTÜMER UND GIPSABGÜSSE

ZWEITE VÖLLIG UMGEARBEITETE AUFLAGE

MIT 83 ILLUSTRATIONEN

HERAUSGEGEBEN VON DER GENERALVERWALTUNG

PREIS 3 MARK

BERLIN
W. SPEMANN
1899

Druck von A. Hopfer in Burg b. M.

Vorrede.

Das vorliegende Verzeichnis ist in erster Linie für gebildete Besucher des Museums bestimmt und setzt daher keine wissenschaftlichen Kenntnisse voraus. Die Beschreibungen der einzelnen Gegenstände sollen das hervorheben, was der Beschauer besonders zu beachten hat; das wissenschaftlich Wichtige wird in anderer Form veröffentlicht werden.

In seiner jetzigen Anordnung kann das Verzeichnis zugleich als ein gemeinverständlicher Leitfaden der aegyptischen Altertümer gelten, der auch zur Anordnung anderer Sammlungen und zur Bestimmung einzelner Stücke von Nutzen sein wird. Ergänzend werden dann noch einzelne Seiten des alten Aegyptens, die in dem Verzeichnis nicht zu ihrem Recht kommen konnten, in den Handbüchern der Königlichen Museen zur Darstellung gelangen. Es gilt dies zunächst von der Religion und den Papyrus, später sollen auch die Schrift, die Kunst und Technik dort ausführlicher behandelt werden.

Während die erste Auflage des Verzeichnisses sich an die Aufstellung der Sammlung anschloß, ist in der neuen Auflage, die zu einer Zeit erscheint, wo die Sammlung einer räumlichen Erweiterung und Neuaufstellung entgegengeht, ganz von der bisherigen Anordnung abgesehen worden. Das Verzeichnis ist jetzt vielmehr rein systematisch angeordnet, sodaß es bei jeder Aufstellung wird in Gebrauch bleiben können.

Auch sonst unterscheidet sich die neue Auflage wesentlich von der ersten.

Um die Benutzung des Buches außerhalb der Sammlung zu erleichtern, sind ihm 83 Illustrationen beigegeben worden.

die die wesentlichsten Arten der Altertümer veranschaulichen sollen. Hierdurch, durch die Erweiterung der **Einleitungen** und Register und durch die grofse Zahl der neu hinzugekommenen und neu aufgenommenen Stücke ist der Umfang des Buches so gewachsen, dafs die Beschreibung der Papyrus fortbleiben mufste; sie erscheint jetzt in erweiterter Form unter den Handbüchern.

Mehrfach geäufserten Wünschen entsprechend, sind solchen Stücken, die veröffentlicht oder abgebildet sind, die betreffenden Angaben zugefügt, ohne dafs indefs jede gelegentliche Erwähnung oder Besprechung berücksichtigt wäre.

Über die Art, wie die aegyptischen Eigennamen umschrieben sind, vgl. S. 29.

Alle Stellen, die in kursiver Schrift gedruckt sind, sind aus den Inschriften des betreffenden Denkmals übersetzt.

Das Material ist nur allgemein bezeichnet worden; die üblichen irrigen Ausdrücke wie „Basalt" sind dabei aber vermieden. — Unwesentliche fehlende oder ergänzte Teile sind nicht besonders hervorgehoben; wo Wesentliches fehlt, ist der Gegenstand als Bruchstück bezeichnet. Reste der Bemalung sind bei Kalk- und Sandsteinskulpturen nicht bemerkt, da diese Steine fast stets bemalt waren. Über die Herkunft liefs sich in der Regel nicht mehr ermitteln, als hier gegeben ist.

Bei den kleinen Altertümern in den Schränken mufste meist summarisch vorgegangen werden; wenn bei diesen auch die Namen der Geschenkgeber des öftern haben fortbleiben müssen, so sind diese doch auf den Zetteln in den Schränken genannt.

Zu besonderem Danke sind wir noch Herrn Prof. Schweinfurth verpflichtet, dem wir die Ordnung und Verzeichnung unserer Pflanzen verdanken, sowie der Graphischen Gesellschaft, die uns gestattete, eine Anzahl der von ihr gefertigten Photographien zu den Illustrationen zu benutzen.

Benutzung des Verzeichnisses und der Sammlung.

Jedes Stück trägt eine Inventarnummer, mit der allein es auch im Verzeichnis aufgeführt ist.

An jedem gröfseren Stück und an jedem Schranke ist auf einem Zettel die Seite des Verzeichnisses angegeben, wo das Stück beschrieben ist (,,Katalog S.   "). Bei der Benutzung des Verzeichnisses in der Sammlung gehe man von diesen Zetteln aus.

Für die anderweitige Benutzung des Verzeichnisses und zum Aufsuchen bestimmter Gruppen von Altertümern oder einzelner Stücke, bediene man sich der Register und der Inhaltsübersicht.

Die Stücke, deren Postament mit D bezeichnet ist, sind drehbar aufgestellt und können von den Benutzern umgewendet werden.

Unter den augenblicklichen, beschränkten Raumverhältnissen wird es nicht immer möglich sein, alle hier beschriebenen Altertümer auszustellen. Die nicht ausgestellten Stücke sowie die Papyrus können Wochentags im Studienzimmer nach Meldung bei einem der Direktorialbeamten benutzt werden.

Für die Wandgemälde der Säle ist ein besonderes Verzeichnis (Berlin 1886, Preis 50 Pf.) erschienen.

Photographien der wichtigsten Gegenstände werden zum Preise von 75 Pf. in der Abteilung verkauft. Über die

VI Benutzung des Verzeichnisses und der Sammlung.

verkäuflichen Gipsabgüsse vgl. das „Verzeichnis der in der Formerei der Kön. Museen käuflichen Gipsabgüsse 1883". Den Stücken, von denen solche Photographien oder Gipsabgüsse vorhanden sind, ist im Verzeichnis ein [Phot.][1]) oder [Gips] beigefügt.

[1]) Es besagt dies übrigens nicht immer, dafs das betreffende Stück allein photographiert ist; vielmehr sind oft mehrere gleichartige Stücke auf einem Blatte vereinigt.

Abkürzungen.

a. R. altes Reich.
m. R. mittleres Reich.
n. R. neues Reich.
Lib. libysche Zeit.
Sp. Spätzeit.
Gr. Griechische Zeit.
Christl. Christliche Zeit.
Aeth. Aethiopisches Reich.
Dyn. Dynastie.

K. Kalkstein.
Sdst. Sandstein.
Al. Alabaster.
Gr. Granit.
  R. Gr. roter.
  D. Gr. dunkler.
  Schw. Gr. schwarzer.

Br. Bronze.
H. Holz.
F. Fayence.

Wd. Wand.
Schk. Schrank.
h. hoch.
br. breit.
l. lang.

R. rechte Hand.
r. rechts.
L. linke Hand.
l. links.

Pass. Passalacqua.

Inhaltsübersicht.

Zur Geschichte der Sammlung . . .
Einleitungen.
    1. Geschichte Aegyptens . . . .
    2. Zur Religion . . . .
    3. Der Tempel . . . .
    4. Die Toten . . . .
    5. Die Kunst . . . .
    6. Die Schrift und ihre Entzifferung . .
    7. Die Tracht . . . .

I. **Aus den drei ersten Dynastien.**
    A. Königsgräber . . . .
    B. Privatgräber
        a. Thongefäfse . . . .
        b. Stein- und Metallgefäfse . . . .
        c. Platten zum Aufreiben der Schminke u. ä.
        d. Schmucksachen . . . .
        e. Schnitzereien . . . .
        f. Waffen . . . .
        g. Geräte . . . .
        h. Figuren zur Bedienung . . . .
        i. Spiele . . . .
        k. Zwei Gräber zu Negade . . . .
        l. Aus den Gräbern bei Silsilis . . . . . .

II. **Aus dem alten Reich.**
    A. Aus einem Tempel . . . .
    B. Aus den Königsgräbern . . . . . .
    C. Aus den Privatgräbern
        a. Opferkammern und ihre Teile . . . .
        b. Grofse Scheinthüren und ihre Teile .
        c. Kleine Scheinthüren und Grabsteine . .
        d. Opfersteine und Verwandtes . . . . .
        e. Statuen . . . .
        f. Beigaben . . . .

III. Aus der Zeit zwischen dem alten u. mittleren Reich.
    a. Von Grabwänden; Grabsteine 72
    b. Särge und Beigaben 73

IV. Aus dem mittleren Reich.
  A. **Aus Tempeln**
    a. Reliefs und Bauglieder 77
    b. Statuen von Göttern und Königen 78
  B. **Statuen von Privatleuten** 82
  C. **Aus Königsgräbern** 85
  D. **Aus Privatgräbern**
    a. Von Grabwänden 86
    b. Grabsteine u. ä. 88
    c. Opfersteine u. ä. 96
    d. Särge und Grabfunde 98
    e. Einzelne Beigaben 105
    f. Toilettenkasten der Königin Mentu-hotep 108
  E. **Aus der Stadtruine von Kahun** 109
  F. **Aus Nubien** 110

V. Aus dem neuen Reich.
  A. **Aus Tempeln**
    a. Aus dem Tempel zu Der-el-bahri 112
    b. Aus dem Tempel von Bubastis 115
    c. Fayencen aus Tell-el-Jehudije u. ä. 117
    d. Aus verschiedenen Tempeln: Reliefs, Pfeiler u. ä. . 117
    e. desgleichen: Statuen von Königen 119
    f. desgleichen: Statuen von Göttern u. heiligen Tieren . 120
    g. Obelisk 124
    h. Aus den Grundsteinen 125
  B. **Aus der Zeit der Ketzerkönige** 127
  C. **Aus Nubien** 130
  D. **Denksteine** 132
  E. **Statuen von Privatleuten**
    a. Eigentliche Statuen 135
    b. Kleinere Figuren 141
    c. Holzfiguren 142
  F. **Aus Königsgräbern** 145
  G. **Aus Privatgräbern**
    a. Von Grabwänden u. ä. 146
    b. Grabsteine und Pyramiden 157
    c. Opfersteine 169
    d. Särge und Mumien 169
    e. Eingeweidekrüge u. ä. 179
    f. Totenfiguren und Kasten für sie 180

		Seite
g.	Figuren von Frauen u. ä.	186
h.	Speisen und Nachbildungen von solchen	187
i.	Scheingefäße	187
k.	Sogenannte Brusttafeln	188
l.	Skarabäen von Mumien	188
m.	Verschiedene Amulette	190

H. Aus einem Massengrab in Theben, aus der Zeit Ramses' II. . . . 190
I. Aus Gräbern von Sakkara . . . 192

VI. Geräte des mittleren und des neuen Reichs.
A. Hausrat
   a. Stühle und Bett . . . 194
   b. Kopfstützen . . . 196
   c. Kasten aus Holz u. ä. . . . 197
   d. Körbe u. ä. . . . 198
B. Silber- und Elfenbeinschalen, Salblöffel u. ä.
   a. Silberschale . . . 198
   b. Elfenbeinschalen . . . 199
   c. Näpfchen und Löffelchen zu Salben . . . 199
C. Figuren, Schnitzereien u. ä.
   a. Köpfchen . . . 202
   b. Verschiedenes . . . 203
   c. Skizzen und Formen . . . 205
D. Toilette und Schmuck
   a. Schminkbüchsen . . . 206
   b. Spiegel und ihre Griffe . . . 207
   c. Rasiermesser u. ä. . . . 208
   d. Kämme . . . 208
   e. Haarnadeln . . . 208
   f. Verschiedene Schmucksachen . . . 209
   g. Fingerringe . . . 209
   h. Ketten und Kettenglieder . . . 210
E. Aus Fayencefabriken und Glasfabriken von Tell Amarna . . . 213
F. Kleidung
   a. Kleider und Schurz . . . 214
   b. Ringe u. Knöpfe von Kleidern u. ä. . . . 215
   c. Perücke . . . 215
   d. Fächer . . . 215
   e. Sandalen . . . 216
G. Geräte und Spiele
   a. Schreib- und Malgeräte . . . 216
   b. Musikinstrumente . . . 218
   c. Brettspiel und Brettsteine . . . 220

       Seite
d. Bälle und Spielzeug 221
e. Messer und Waffen 221
f. Stäbe 223
g. Geifseln, Wedel u. ä. 223
h. Fischergeräte 224
i. Ackergeräte 224
k. Schlüssel 225
l. Gewichte und Maafse 226
m. Verschiedene Geräte 226
n. Nachbildungen von Geräten 227

VII. Libysche Zeit.
A. Aus Tempeln 228
B. Denksteine 231
C. Statuen von Privatleuten 232
D. Aus Königsgräbern
   a. Aus der Zeit Scheschonk's I. 232
   b. Aus dem Fund der Königsmumien von Der-el-bahri . 233
E. Aus Privatgräbern
   a. Grabsteine 234
   b. Särge und Mumien 235
   c. Beigaben 238
F. Verschiedenes
   a. Schreibgeräte eines Schülers u. ä. . 241
   b. Schmuck 242

VIII. Aus der Spätzeit.
A. Aus den Tempeln
   a. Reliefs und Bauglieder 243
   b. Königsstatuen 246
   c. Statuen von Göttern und heiligen Tieren . 248
   d. Altäre, Schreine u. ä. 249
   e. Kleineres Tempelgerät und Nachbildungen von solchem 250
   f. Aus Grundsteinen 253
B. Denksteine 253
C. Statuen von Privatleuten
   a. In Stein 255
   b. In Bronze und Holz 259
D. Musterstücke, Skizzen u. ä.
   a. Musterstücke für Steinmetzen . . . 260
   b. Unvollendetes und Skizzen 262
E. Aus Privatgräbern
   a. Von Grabwänden 263
   b. Grabsteine u. ä. 264
   c. Pyramide und Opfersteine 268

  d. Särge ....
  e. Krüge und Kasten zu Eingeweiden ....
  f. Totenfiguren und ihre Kasten ....
  g. Holzfiguren aus Gräbern ....
  h. Formen für den Gebrauch der Toten ....
  i. Verschiedene Beigaben ....
  k. Äusserer Schmuck und gröfsere Amulette der Mumien
  l. Kleinere Amulette von Mumien ....
 F. **Schmucksachen, kleine Fayencen u. ä.**
  a. Schmucksachen und Ketten ....
  b. Formen, kleine Fayencen u. ä. ....
 G. **Figuren aus Silber und Bronze** ....
  a. Silberfigur ....
  b. Bronzefiguren von Göttern ....
  c. Bronzefiguren heiliger Tiere ....
  d. Figuren der Weihenden u. ä. ....
  e. Teile gröfserer Götterbilder u. ä. ....
 H. **Figuren aus Fayence, Thon, Stein und Holz.**
  a. Figuren aus Fayence und Thon ....
  b. Figuren aus Stein ....
  c. Figuren aus Holz ....
 I. **Schutztafeln gegen böse Tiere u. ä.** ....
 K. **Verschiedene Geräte**
  a. Astronomische Instrumente ....
  b. Gewichte ....
  c. Verschiedenes ....
 L. **Tiergräber**
  a. Aus den Apisgräbern (Serapeum) ....
  b. Aus den Mnevisgräbern ....
  c. Mumien und Särge ....

IX. **Aus der griechisch-römischen Zeit.**
 A. Porträtskulpturen in freiem Stil ....
 B. **Aus Tempeln**
  a. Säule und Kapelle ....
  b. Reliefs und Inschriften ....
  c. Statuen von Königen ....
  d. Statuen von Göttern ....
  e. Aus den Grundsteinen ....
 C. **Denksteine und Weihinschriften**
  a. Aegyptische ....
  b. Griechische ....
 D. Fremde Kulte ..
 E. Aus Nubien ....
 F. Statuen von Privatleuten ....
 G. Opfersteine

Inhaltsübersicht.

Seite

H. Aus Gräbern
  a. Von Grabwänden 335
  b. Grabsteine 335
  c. Steinsärge 340
  d. Särge, Mumien u. ä. verschiedener Herkunft 342
  e. Mumien u. ä. aus Hawara 348
  f. Stuckköpfe v Iumien 353
  g. Mumienhüllen spätester Zeit 354
  h. Leichentücher 355
  i. Leichenbretter 358
  k. Totenbahren 358
  l. Holzfiguren aus Gräbern 360
  m. Namensschilder von Mumien 360

I. Schmucksachen. Figürchen, Schnitzereien u. ä.
  a. Eigentliche Schmucksachen 361
  b. Figürchen aus Metall 362
  c. Figürchen aus Stein und Fayence 362
  d. Reliefs und Figuren aus Glas 362
  e. Verschiedenes 363

K. Bronzefiguren 364

L. Thonfiguren 366
  a. Aegyptische Götter 367
  b. Griechisch-römische Götter 369
  c. Heiligtümer, Priester u. ä. 370
  d. Volkstypen, Karikaturen u. ä. 371
  e. Tiere 372
  f. Figuren von Möbeln und Geräten 373
  g. Formen einer Terrakottenfabrik 373

M. Figuren aus Stein, Fayence und Stuck 373

N. Lampen aus Thon 374

O. Möbel und Geräte
  a. Möbel u. ä. 375
  b. Schreibtafeln 375
  c. Sistrumklappern 375
  d. Kinderspielzeug 376
  e. Steinwürfel mit vertieften Bildern 376
  f. Verschiedene Geräte 376

P. Geschnittene Steine
  a. Kameenartige 377
  b. Siegelsteine und Amulette 377

X. Aus spätrömischer und christlicher Zeit.

A. Von Kirchen und anderen Bauten 382

B. Aus Gräbern
  a. Grabsteine u. ä. 384
  b. Verschiedenes 385

C. Kirchliche Geräte u. ä.
D. Kleidung und Schmuck
   a. Kleider
   b. Schuhe u. ä.
   c. Andere Kleidungsstücke
   d. Schmucksachen und Amulette
   e. Toilettengeräte
E. Hausrat und Geräte
   a. Kästchen u. ä.
   b. Schlofs und Schlüssel
   c. Thonlampen
   d. Schreibgeräte
   e. Musikinstrumente
   f. Handwerkszeug
   g. Verschiedenes

XI. Aus der älteren arabischen Zeit.
   a. Arabische Inschriften
   b. Verschiedenes

XII. Aethiopische Denkmäler.
   a. Ältere Denkmäler
   b. Jüngste Denkmäler
   c. Schmuck einer Königin
   d. Verschiedene kleine Altertümer
   e. Aus christlicher Zeit
   f. Christliche Altertümer von Soba

XIII. Aus allen Zeiten.
  A. Siegelcylinder. Skarabäen u. ä.
   a. Siegelcylinder
   b. Skarabäen u. ä. mit Königsnamen des a. R.
   c.   „   mit Königsnamen des m. R.
   d.   „   mit Königsnamen des n. R.
   e. Mit Königsnamen der libyschen Zeit
   f. Mit Königsnamen der Spätzeit
   g. Mit Namen von Privatleuten des m. R.
   h. Mit Namen von Privatleuten der Spätzeit
   i. Siegelsteine des m. R. und n. R. ohne Namen
   k. Siegelsteine der Spätzeit ohne Königsnamen
   l. Skarabäen u. ä. aus einer Fabrik in Naukratis
   m. In Etrurien gefunden
   n. Nichtaegyptisches
   o. Ohne Bild und Aufschrift
   p. Alte Abdrücke von Skarabäen, Siegelringen u. s. w.

Inhaltsübersicht.

Seite

- **B. Totenpapyrus**
  - a. Sogenannte Totenbücher 428
  - b. Das Buch „Was im Jenseits ist" 431
  - c. Mit Bildern ohne Text 432
  - d. Verschiedenes 433
- **C. Gefäfse**
  - a. Thongefäfse 434
  - b. Steingefäfse 440
  - c. Fayencegefäfse 444
  - d. Glasgefäfse 447
  - e. Krugverschlüsse u. ä. 447
- **D. Ziegel**
  - a. Aus dem alten Reich 448
  - b. Aus dem neuen Reich 448
  - c. Aus der libyschen Zeit 450
  - d. Aus der Spätzeit 450
  - e. Von ungewöhnlichen Formen 450
  - f. Gebrannte Thonkegel 450
- **E. Kränze und Blumen** 451

XIV. Gipsabgüsse.
- **A. Aus den drei ersten Dynastien** 455
- **Aus dem alten Reich**
  - a. Statuen des Königs Chafre 455
  - b. Reliefs aus den Privatgräbern 455
  - c. Statuen von Privatleuten 461
  - d. Verschiedenes 461
- **C. Aus dem mittleren Reich**
  - a. Statuen von Königen und Göttern 462
  - b. Statuen von Privatleuten 463
- **D. Aus dem neuen Reich**
  - a. Reliefs aus Tempeln 464
  - b. Statuen von Königen 466
  - c. Statuen von Göttern und heiligen Tieren . 468
  - d. Von Obelisken 469
  - e. Aus der Zeit der Ketzerkönige 469
  - f. Denksteine 471
  - g. Statuen von Privatleuten 474
  - h. Aus Königsgräbern 474
  - i. Aus Privatgräbern 475
- **E. Aus der libyschen Zeit**
  - a. Aus Tempeln 476
  - b. Grabstein 477
- **F. Aus der Spätzeit**
  - a. Aus der aethiopischen Eroberung 477
  - b. Reliefs aus Tempeln 479

        c. Statuen von Königen 480
        d. Statuen von Göttern u. ä. 480
        e. Statuen von Privatleuten 480
        f. Musterstucke für Steinmetzen u. ä. 481
        g. Aus Privatgräbern 481
        h. Schutztafeln gegen böse Tiere 482
G. **Aus der griechisch-römischen Zeit**
        a. Porträtskulpturen in freiem Stil 482
        b. Reliefs aus Tempeln 482
        c. Statuen von Königen und Göttern 483
        d. Denksteine 483
Nummernverzeichnis 488
Sachregister 513

Zur Geschichte der Sammlung.

Da das regenlose Aegypten in seinem Wüstensand und seinen Felsengräbern auch die vergänglichsten Erzeugnisse der menschlichen Arbeit zu bewahren vermag, so kann man in ihm ungleich besser als in jedem anderen Lande die Entwickelung der Kultur beobachten. Wir kennen seine Zivilisation schon in einer Vorzeit, in die sonst nur noch die Denkmäler Babyloniens hineinragen und wir können sie, was noch mehr besagen will, von jener Zeit an in fast lückenloser Reihe bis auf unsere Tage hinab verfolgen. Wir beobachten hier ein und dasselbe Volk durch fünf Jahrtausende hindurch, während es einmal seine Sprache, zweimal seine Religion und wiederholt die Nationalität seiner herrschenden Klasse wechselt. Diese Entwickelung des aegyptischen Volkes in seinen Denkmälern zu veranschaulichen ist die Aufgabe der aegyptischen Sammlung.

Vereinzelte aegyptische Altertümer (z. B. S. 249; 346) befanden sich schon im Beginn des vorigen Jahrhunderts im Besitze des Kön. Hauses und waren wohl mit der Sammlung Bellori aus Italien erworben. Einige andere Stücke kamen auch später noch hinzu, aber erst seit Napoleon's Expedition und mehr noch seit Champollion's Entzifferung der Hieroglyphen (S. 30) erwachte, wie überall in Europa, so auch in Preußen wirkliches Interesse an den Altertümern Aegyptens. Mehrere wertvolle Denkmäler wurden von privater Seite dem Könige geschenkt (so von Graf Pourtalès, vgl. S. 173. 174; von Graf Sack, vgl. S. 121)

Geschichte der Sammlung.

und der Staat selbst fafste bei der Gründung des Museums auch die Bildung einer aegyptischen Sammlung ins Auge. Im Jahre 1823 erwarb er die Sammlung, die der General von Minutoli in Aegypten zusammengebracht hatte*) und die neben mancherlei grofsen und kleinen Altertümern auch 55 Papyrus enthielt. Noch ungleich wichtiger war die Erwerbung der Sammlung Passalacqua (1828), die erreicht zu haben, ein Verdienst Alexanders von Humboldt ist. Jos. Passalacqua aus Triest hatte mehrere Jahre in den Gräbern von Memphis und Theben mit vielem Glücke Nachgrabungen veranstaltet und eine Sammlung vereinigt, die besonders für die Kulturgeschichte Aegyptens wichtig ist. Unser Grab des Mentu-hotep, (S. 98), der Toilettenkasten der Königin (S. 108), die Funde des Massengrabes (S. 190), die schönen Grabsteine des neuen Reiches und so manche andere Schätze entstammen dieser Sammlung. Was ihr und der Sammlung Minutoli abging, die gewaltigen Steindenkmäler, die für das aegyptische Altertum charakteristisch sind, das ergänzte in glücklichster Weise ein weiterer Ankauf. B. Drovetti, französischer Generalkonsul in Alexandrien, derselbe, dessen erste grofse Sammlung das Turiner Museum bildet, stellte 1832 eine neue Sammlung zum Verkauf; die beiden Kolosse des Säulenhofes und sechs grofse Steinsärge, die 1837 erworben wurden. Ein anderer Sarkophag (S. 172), das Seitenstück zu einem der Drovetti'schen, war inzwischen von dem schwedischen Generalkonsul d'Anastasi an den damaligen Kronprinzen geschenkt und von diesem der aegyptischen Sammlung übergeben worden. Ebenfalls grofse Denkmäler waren es, die 1839 nach langen Verhandlungen von dem französischen Staatsrate Saulnier gekauft wurden; der schönste unserer Steinsärge (S. 269) und die schönste unserer Statuen des neuen Reiches (S. 136) gehören zu ihnen. Aus diesen Ankäufen und aus dem, was

---

*) Die eine Hälfte derselben ging leider an der Elbmündung unter.

zwei für andere Abteilungen der Museen erworbene Sammlungen — die des Generalkonsuls **Bartholdi** und die des österreichischen Generallieutnants **von Koller** (1828) — dazu gebracht hatten, ward ein aegyptisches Museum gebildet, das im Schlosse Monbijou aufgestellt und viel besucht wurde.*)

Aber den ihr eigenen Charakter erhielt die Sammlung doch erst unter König Friedrich Wilhelm IV. Er war es, der in den Jahren 1842—1846 die preussische Expedition aussendete, die unter **Lepsius'** Leitung das Nilthal durchforschte und unsere Kenntnis des aegyptischen Altertumes in entscheidender Weise förderte; hat sie uns doch — um von anderem zu schweigen — zuerst die älteste Epoche der aegyptischen Geschichte (das „alte Reich") erschlossen. Was Lepsius von den Funden seiner Grabungen nach Berlin brachte, waren durchweg ausgewählte Stücke, vornehmlich solche, die ein besonderes historisches oder kunstgeschichtliches Interesse boten; es genüge, die Grabkammern und anderweitigen Skulpturen des alten Reiches und die Denkmäler des aethiopischen Staates zu nennen, um zu zeigen, wie wichtig diese Expedition auch für das Museum gewesen ist.

Die Rückkehr der Expedition fiel in glücklicher Weise zusammen mit dem Ausbau der Räume, die in dem jetzigen „Neuen Museum" für die aegyptische Sammlung bestimmt waren, sodafs die architektonische und malerische Ausstattung derselben den geschulten Kräften der Expeditionsmitglieder übertragen werden konnte; sie haben insbesondere in dem „Säulenhofe" eine charakteristische Probe aegyptischer Architektur gegeben. Im Jahre 1850 konnten diese neuen Räume dem Publikum eröffnet werden.

Auch einzelne wichtige Ankäufe erfolgten in diesen Jahrzehnten; so wurden erworben: 1843 und 1852 aus-

---

*) Die Leitung der aegyptischen Sammlung führte zuerst Prof. **Levezow**, dann seit dem Ankauf seiner Sammlung **Passalacqua**, von 1865—1884 Prof. **Lepsius**.

gewählte Altertümer von d'Athanasi, dabei die Statue des Sen-mut (S. 137), der alte Sarg des Sebk-o (S. 104) und vor allem unsere grofsen Papyrushandschriften litterarischen Inhalts aus dem mittleren Reich. — 1852 die von Ferlini entdeckten aethiopischen Altertümer, dabei der Goldschmuck der Königin (S. 407). — 1855 die Statue Amenemhe's III. (S. 80) durch Vermittelung des Generalkonsuls von Penz. — 1857 und 1859 eine Auswahl aus den Sammlungen des schwedischen Generalkonsuls d'Anastasi (dabei die grofse Bronzekatze S. 300) und des schwedischen Gesandten Palin. — 1862 der Sarg des Meri (S. 172) durch Vermittelung des Generalkonsuls Freih. von Lutteroth.

In den folgenden Jahren wurde insbesondere die Sammlung der Gipsabgüsse, zu der schon die preufsische Expedition den Grund gelegt hatte, beträchtlich vermehrt, z. T. durch die Beihülfe der Herren Prof. Ebers (1872), Prof. Brugsch (1876) und Dr. Reil. Doch wurden auch einige gute Originale erworben, (besonders 1871 und 1872 durch Prof. Brugsch) und ein wichtiges Denkmal, die Siegesinschrift des aethiopischen Königs Nastesen (S. 402), das vor langen Jahren der Sammlung von seinem Entdecker, dem Grafen Schlieffen, geschenkt, aber an Ort und Stelle liegen geblieben war, konnte 1871 endlich nach Berlin gebracht werden.

Einen neuen Aufschwung nahm die Sammlung dann in der zweiten Hälfte der siebziger Jahre durch die uneigennützige und unermüdliche Thätigkeit eines trefflichen Mannes, des damaligen deutschen Konsuls Travers zu Kairo. Was wir ihm verdanken, zeigt jeder unserer Säle; auch die Erwerbung der Sammlung Dutilh (1878) wurde durch ihn vermittelt. Besonders folgenschwer war es, dafs er seit 1877 für uns die sogenannten „Faijumpapyrus" gewann, jene Papyrus griechisch-römischer Zeit, die aus dem Schutt der alten Städte gesammelt wurden, und

Geschichte der Sammlung. 5

die für die Wissenschaft so wichtig geworden sind. Seither haben verschiedene grofse Ankäufe (1881, 1882, 1886—1887, 1896, 1898), ein Geschenk . . Majestät des Kaisers (1892) und ein Geschenk des Herrn R. Mosse (1894) diesen Teil unserer Sammlung weiter ausgebildet; auch von den beschriebenen Scherben, den sogenannten „Ostraka", die die Seitenstücke zu jenen Papyrus bilden, wurden (1882, 1885—1890) gröfsere Mengen erworben.

Dem von Travers gegebenen Beispiele sind seither auch andere Deutsche, die sich in Aegypten aufhielten, gefolgt und wir verdanken ihnen eine Reihe wertvoller Geschenke und Erwerbungen. So vor allem Herrn Dr. Reinhardt in Kairo, der für die Sammlung unermüdlich in erfolgreichster Weise thätig gewesen ist; sodann den Herren Dr. v. Bissing, Dr. Borchardt, Komm.-Rat Küstner, Vizekonsul Th. Meyer, Dr. von Niemeyer, Generalkonsul von Saurma Jeltsch, Dr. K. Schmidt, Prof. Schweinfurth, Konsularagent Todrus Bulos, Dr. Wildt, Kanzler Wilhelm u. a.

Auch sonst hat im letzten Jahrzehnt die Sammlung erfreuliche Erwerbungen machen können, die sie zum besten Teile den Geschenken und der Beihülfe ihrer Gönner verdankt. Es seien hier nur einige Hauptstücke genannt:

1883 Auswahl aus der Sammlung Posno.
1885 die Statue der Königin (S. 246) und die Familiengruppe des a. R. (S. 68).
1886 der Papyrus Westcar, durch das Entgegenkommen der Familie Lepsius.
1888 die Thontafeln aus dem Archiv von Tell Amarna (vgl. über diesen Epoche machenden Fund das Verzeichnis der vorderasiatischen Altertümer S. 103 ff.). Geschenk des Herrn Komm.-Rat J. Simon.
1890, 1896 Funde aus Bubastis und Derelbahri (S. 115; 125), Geschenk des Egypt Exploration Fund.

Geschichte der Sammlung.

1890—1897 Funde aus Kahun, Gurob, Tell Amarna, Koptos, Ballas, Negade, Theben. Geschenk der Herren F. Kennard und Fl. Petrie.

1891 Sarg und Relief der Tamaket (S. 174).

1891 Holzstatue des Per-her-nofret, aus dem a. R. (S. 67).

1891 Eingeweidekasten des Königs Scheschonk (S. 232), Geschenk des Herrn Julius Isaak.

1891 Frauenporträt (S. 352), Geschenk des Herrn Komm.-Rat Bosch in Stettin.

1892 Auswahl aus der Sammlung Menasce, dabei die Statue S. 320; Geschenk des Herrn Ludw. Jacoby.

1892 Funde und Erwerbungen des Herrn Prof. Brugsch, Geschenk des Herrn Rud. Mosse, dabei die schönen Bildermumien aus Hawara (S. 64 ff.; 139; 348 ff. u. s. w.).

1892 Funde des Herrn von Levetzau in Hawara, von ihm geschenkt. (348 ff.)

1893 Funde und Erwerbungen des Herrn Prof. von Kaufmann (S. 197; 248; 249; 351; 361), die durch sein Entgegenkommen erworben werden konnten; dabei das Porträt der Frau Aline und der Bronzekopf eines Steinbocks.

1892 Mumie eines Kindes, ebendaher (S. 351), Geschenk des Herrn Dr. Seidel in Braunschweig.

1894 der Porträtkopf S. 320 aus der Sammlung Wallis; erworben durch Herrn James Simon.

1894—1898 Erwerbungen des Herrn Dr. Reinhardt, dabei der Obelisk (S. 124), Funde aus den ersten Dynastien (S. 33 ff.), Statue und Reliefs des a. R. (S. 69; 55 ff.), die schönen Grabreliefs des n. R. (S. 150 ff.), Mumienhüllen und Totenbahren römischer Zeit (S. 345; 358), koptischer Papyruskodex mit gnostischen Schriften u. a. m.

1894 Legat des Herrn Archit. Rud. Springer: die schönsten Bronzen aus dem Funde von Sais (S. 290 ff.).

1896 Erwerbungen des Herrn Dr. Borchardt, dabei das Grab des Henui (S. 101), die Kapelle aus Philae (S. 321), der Pflug (S. 224) u. a. m.

1896 Funde des Herrn Dr. Carl Schmidt, dabei die
spätrömischen Kleider (S. 387).
1898 Vermächtnis des Herrn Dr. O.., II. Deibel:
Tempelreliefs des aR (S. 42), Skulpturen aus Tell
Amarna (S. 128) und Der elbahri (S. 114).
1898 Holzstatue des nR aus der Sammlung des Grafen
Prokesch von Osten (S. 143).
Es ist besonders die künstlerische Seite der Sammlung, die sich durch diese Erwerbungen gehoben hat.

Bei der Aufstellung der Sammlung ist die schon von Lepsius begonnene historische Einteilung so weit durchgeführt worden, als es der Stand der Wissenschaft erlaubt. Der größte und wichtigste Teil der Sammlung konnte chronologisch so geschieden werden, daß jetzt wenigstens die Altertümer ein- und derselben Periode in demselben Raume vereinigt sind. Auch dem Laien wird jetzt entgegentreten, wie sehr sich die Erzeugnisse der verschiedenen Epochen der aegyptischen Geschichte von einander unterscheiden und wie falsch es ist, sich die Kultur und die Kunst der Aegypter als eine starre und unabänderliche zu denken.

Für die richtige Beleuchtung der flachen Reliefs konnte durch Einführung schräger Scheerwände Sorge getragen werden.

Zur Erhaltung der in unserem Klima sehr gefährdeten Altertümer sind Konservierungsarbeiten im Gange.

Eine Anzahl entbehrlicher Stücke wurde an die Museen zu Bonn, Braunsberg, Breslau, Celle, Düsseldorf, Kiel als Leihgaben abgegeben.

Wie viel Interesse und Liebe der Sammlung von jeher und besonders auch in neuerer Zeit aus allen Kreisen entgegengebracht worden ist, zeigen die zahlreichen Geschenke und Zuwendungen, deren sie sich zu erfreuen gehabt hat und die auf den Zetteln und im Verzeichnis als solche gekennzeichnet sind. Es ist der Verwaltung eine angenehme Pflicht, allen diesen Freunden und Gönnern auch an dieser Stelle ihren Dank auszusprechen.

Einleitungen.

1. Geschichte Aegyptens.

Genaue Jahreszahlen lassen sich nur für die spätere aegyptische Geschichte, etwa von 700 v. Chr. an, aufstellen; um sich in der älteren Geschichte orientieren zu können, hat man diese in grosse Epochen („Reiche" oder „Zeiten") geteilt, die ihrerseits dann wieder in kleinere Abschnitte („Dynastien") zerlegt werden.

Aegypten zerfällt von Natur in zwei Theile, in Ober- und Mittelaegypten, das schmale Flussthal des Nils vom ersten Katarakt an abwärts bis zur Teilung des Stromes, und in Unteraegypten oder das Delta, das breite Mündungsgebiet. Aufserdem schliesst sich an Mittelaegypten seitwärts noch die Landschaft des Faijum an, in die sich ein Arm des Nils verliert. Das Kalkplateau, in das der Nil sein Thal eingeschnitten hat, ist eine Wüste; auch Aegypten würde bei dem regenlosen Klima, das hier herrscht, zumeist wüst liegen, wenn es nicht regelmäfsig im Sommer von dem Strome überschwemmt würde. Von der Grösse dieser Ueberschwemmung und von ihrer Regelung und Ergänzung durch Dämme, Kanäle u. s. w. hängt alljährlich der Ertrag des Landes ab.

Dank der Fruchtbarkeit des Bodens und der Milde des Klimas hat sich hier schon in sehr früher Zeit eine höhere Kultur entwickelt; zu der Zeit, wo wir Aegypten genauer kennen lernen — etwa 3000 v. Chr. — steht es bereits auf einer Stufe, die es nur in vielen Jahrhunderten ungestörter Ausbildung erreicht haben kann.

In dieser für uns vorhistorischen Zeit hat die aegyptische Zivilisation die ihr eigenen Formen erhalten; der Staat, die Religion, die Schrift, die Litteratur und die Kunst haben sich später in den Bahnen fortentwickelt, die ihnen jene alte Epoche gewiesen hatte.

Von der Geschichte dieser vorhistorischen Zeit wissen wir nur das eine, dafs Aegypten damals aus zwei Staaten, dem

„Süden" und dem „Nordlande" bestand; auch nach der Begründung eines einheitlichen Staates blieb die Erinnerung an diese Zweiteilung in Äufserlichkeiten gewahrt, in dem Namen des Staates (die beiden Länder), in den zweifachen Titeln und Kronen des Königs u. a. m.

Die ersten drei Dynastien.

Bis an die Schwelle jener Urzeit haben uns Funde geführt, die in den letzten Jahren gemacht sind und die auch in unserer Sammlung vertreten sind (S. 32 ff.); sie zeigen uns ein Volk, das im Ganzen etwa auf der Stufe der grossen Reiche des Sudan steht und das schon den Schritt gethan hat, auf dem seine weitere schnelle Entwicklung wesentlich beruht: es hat sich eine Schrift geschaffen.

Der älteste Herrscher, an den die späteren Aegypter noch eine Erinnerung besafsen, war ein König *Menes;* es scheint das der König gleichen Namens zu sein, dessen Grab sich bei Negade gefunden hat (S. 33). Sicher kennen wir die Gräber seines vierten und fünften Nachfolgers, des *Usaphaïs* und des *Miebis*, die in Abydos bestattet sind (S. 33). Diese Könige der sogenannten ersten Dynastie besafsen bereits beide Reiche Aegyptens und sollen in This bei Abydos ihren Sitz gehabt haben.

Die dritte Dynastie verlegt die Residenz in die Gegend des späteren Memphis, wo sie dann auch während des alten Reiches bleibt. Bisher sind nur sehr wenige Denkmäler von ihr bekannt (Könige *Neb-ka, Zoser* u. a.).

Altes Reich (2800—2500 v. Chr. oder wesentlich früher)

Unsere genauere Kenntnis der aegyptischen Geschichte beginnt mit der Zeit, wo die Erbauung grofser Grabanlagen, die die Jahrtausende überdauern konnten, Sitte der Vornehmen wurde.

Dynastie 4.

Die Zeit der grofsen Pyramiden, wohl eine Periode besonderer Macht. Könige:

Snofru, Pyramide bei Medum.
Cheops, grofse Pyramide ⎫
Chafre, zweite Pyramide ⎬ von Gise, die berühmtesten
Men-ke-re, dritte Pyramide⎭ Könige des a. R.

Aufserdem *Dedef-re* und *Schepses-kaf*, über die nichts bekannt ist.

Dynastie 5.

Stammte, wenigstens nach der späteren Sage, von einem Priester des Rˀ, und legt in der That einen besonderen Eifer für diesen Gott an den Tag. Hohe Blüte der Kunst; wohl eine Periode des Wohlstandes und des Luxus. Pyramiden zumeist in Sakkara. Könige:

User-kaf	Ra-nofer	Men-kau-hor
Sahure	Hor-ekau	Esse
Nefer-er-ke-re	Ra-en-user	Unas.

Dynastie 6.

Ihr Emporkommen war wohl von Umwälzungen begleitet; der Staat hat jetzt anscheinend ein loseres Gefüge und die kleinen Fürstenfamilien der einzelnen Städte und Gaue treten mehr hervor. Pyramiden bei Sakkara. Die ersten Könige sind:

Teti

Pepi I. ein berühmter Herrscher,

Mer-en-re stirbt jung,

Pepi II., sehr jung zur Regierung gekommen, regiert nach der Überlieferung über 90 Jahre.

Zeit zwischen altem und mittlerem Reich.

Aegypten ist in mehrere Staaten zerfallen — der eine mit der Hauptstadt Herakleopolis (Ehnas) — näheres ist nicht bekannt. Das wenige, was uns aus dieser Zeit erhalten ist (S. 72) deutet auf Verfall. Ueber die Dauer dieser Periode wissen wir nichts.

Mittleres Reich. (2200—1800 v. Chr. oder früher.)

Dynastie 11.

Fürsten von Theben in Oberaegypten, die die Namen *Mentu-hotep* und *Entef* führen; einer von ihnen einigt Aegypten wieder.

Dynastie 12.

Eine Epoche hoher Blüte, die etwa 200 Jahre währt, die eigentlich klassische Zeit Aegyptens, insbesondere auch für die Litteratur. Im Süden wird Nubien aegyptische Provinz; wie weit die Macht Aegyptens im Norden reicht, ist nicht bekannt. Die Könige residieren bei Dahschur und im Faijum;

hier sowohl als in Tanis, Bubastis, Heliopolis, Memphis u. s. w. bauen sie grofse Tempel. Sie regieren zumeist lange, es sind:
Amen-em-het I. ordnet das Reich neu,
Usertesen I. kämpft in Nubien,
Amen-em-het II.,
Usertesen II. Pyramide bei Illahun,
Usertesen III. de Eroberer Nubiens,
Amen-em-het III. Pyramide von Hawara, wo er auch einen grofsen Tempel, das „Labyrinth" der Griechen, erbaute. Ebenso ist er der Schöpfer der grofsen Wasserbauten im Faijum, des Moërissees der Griechen.
Amen-em-het IV. — *Sebek-nofru* eine Königin.

Dynastie 13.

Eine dunkle Zeit von unbekannter Dauer, die Könige heifsen z. T. *Sebek-hotep*; auch die Herrscher *Sebek-em-saf*, *Nefer-hotep*, *Thuti*, *Entef*, u. a. gehören dieser Epoche an.

Hyksoszeit.

Aegypten wird von einem Barbarenvolke, den *Hyksos*, („Hirtenkönigen") erobert, die es während geraumer Zeit in Besitz haben. Die ersten dieser fremden Herrscher tragen unaegyptische Namen; die späteren führen zum Teil den aegyptischen Namen *Apophis* und dürften aegyptisiert gewesen sein. Die Einführung des Pferdes scheint in diese Zeit zu fallen.

Neues Reich. Etwa 1600—1100 v. Chr.

Während die erste Zeit des neuen Reiches äufserlich noch vielfach an das mittlere Reich erinnert, tritt etwa seit der Regierung Thutmosis' III. eine Umgestaltung aller Verhältnisse ein, die ohne Zweifel aus der neugewonnenen Machtstellung Aegyptens abzuleiten ist. Der steigende Reichtum des Landes und die innige Berührung mit den so andersartigen Kulturen Vorderasiens führen dazu, dafs man in der Sprache, der Kunst, der Verwaltung, der Tracht, die alten Bahnen verläfst; es ist eine Zeit rascher Entwicklung und grofsartiger Unternehmungen. — Die Hauptstadt ist jetzt Theben (in Oberaegypten); sein Gott Amon wird zu dem höchsten aller Götter, dessen Heiligtum in Theben (Karnak) alle Könige zu erweitern und zu bereichern bestrebt sind.

Dynastie 17.

Fürsten von Theben, die ursprünglich wohl Vasallen der Hyksos waren, dann aber dieselben bekämpfen. König *Sekenen-re* scheint sie besiegt zu haben, König *Ah-mose* erobert ihre Festung Auaris im östlichen Delta und setzt dann den Kampf in Palästina fort. Nach inneren Kämpfen wird er Herr von ganz Aegypten und Begründer des neuen Reiches. Seine Gemahlin *Ahmose-Nefret-ere* „Gottesweib" (d. h. etwa Hohepriesterin) des Amon, gilt (ebenso wie ihr Sohn Amenophis I.) in der Folge als eine besonders ehrwürdige Persönlichkeit.

Dynastie 18. Etwa 1600—1400 v. Chr.

Amenophis I. Krieg in Nubien.

Thutmosis I. unterwirft Nubien, das fortan eine aegyptische Provinz bildet, die unter einem Vizekönig (dem „Königssohn von Aethiopien") steht. Danach ein Kriegszug gegen Syrien bis jenseits des Euphrats. Ihm folgen seine drei Kinder, die Königin Hat-schepsut und die Könige Thutmosis II. und Thutmosis III., die aber von verschiedenen Müttern und deshalb von verschiedenem Range waren. Diese Verhältnisse geben zu langjährigen Thronstreitigkeiten Anlass, die sich auf den Denkmälern in der Austilgung des Namens der Hat-schepsut zeigen; das Einzelne ist noch Zweifeln unterworfen.

Hat-schepsut, in der Regel als Mann dargestellt, da die Regierung einer Frau gegen die aegyptische Sitte ist. Sie erbaut für den Totenkultus ihrer Familie den Tempel von Der-el-bahri in Theben; das Hauptereignis ihrer Regierung ist eine Expedition nach dem Weihrauchlande Punt am roten Meer.

Thutmosis III. (um 1500 v. Chr.) kommt etwa im zwanzigsten Jahre seiner Regierung zur Alleinherrschaft, nachdem seine Geschwister gestorben sind. Er ist der eigentliche Begründer der aegyptischen Macht, der in zahlreichen Feldzügen Palästina und Syrien zur aegyptischen Provinz macht; auch für die übrigen Länder Vorderasiens ist Aegypten von nun an die Vormacht. Ebenso scheint er in Nubien den aegyptischen Besitz noch erweitert zu haben. Er regiert 54 Jahre.

Amenophis II. Sohn des vorigen } kürzere Regierungen.
Thutmosis IV. Sohn des vorigen }

Amenophis III. Sohn des vorigen, regiert sein gewaltiges Reich (vom Sudan bis zum Euphrat) während 36 Jahren in

Frieden. Er baut in Nubien, in Theben (Luxor) u. s. w. Seine Regierung zeigt schon ein fremdartiges Hervortreten der persönlichen Verhältnisse des Herrschers, während sonst der König offiziell nur als ein Gott gilt; noch ungleich ehr bricht mit allem Herkommen sein Sohn:

Amenophis IV. (um 1400 v. Chr.), die interessanteste Gestalt der aegyptischen Geschichte. Er versucht in der überlebten und verworrenen aegyptischen Religion eine neue Gottheit zur Geltung zu bringen, die Sonne, indessen nicht den alten Sonnengott der Aegypter, sondern das Gestirn selbst; vermutlich sollte diese neue Gottheit allen Völkern des großen Reiches gemeinsam sein. Erst der Widerstand, auf den diese Einführung bei der Priesterschaft der alten Götter stoßen mußte, dürfte ihn dann zu dem Versuch der Abschaffung aller anderen Götter veranlaßt haben; insbesondere verfolgt er den bisherigen Hauptgott Amon, dessen Namen er überall austilgen läßt. In dieser Periode ändert er dann auch seinen eigenen Namen Amenophis (Amen-hotep „Amon ist zufrieden") in Ich-en-aten „Geist der Sonne" und verlegt seine Residenz nach Mittelaegypten, wo er eine neue große Stadt, heut Tell Amarna, erbaut; aus ihren Ruinen stammen die Thontafeln unserer vorderasiatischen Sammlung, die Briefe der Könige Mesopotamiens und der aegyptischen Vasallen in Syrien an Amenophis III. und Amenophis IV. — Der König regierte etwa 17 Jahre, sein Werk hat ihn jedenfalls nicht lange überdauert und ist in Wirren zu Grunde gegangen, bei denen auch Tell Amarna untergegangen sein wird. Von seinen Nachfolgern, die wieder die alte Religion aufnahmen, aber doch später als illegitim galten, kennen wir u. a.:

Tuet-anch-amon Schwiegersohn Amenophis' IV.

Ei ursprünglich Priester und Günstling Amenophis IV.

— Den Wirren machte ein Ende:

Har-em-heb, ein Fürst, der schon eine halb königliche Gewalt errungen hatte, als ihn die Priester des Amon nach Theben beriefen und mit einer Prinzessin des Königshauses vermählten. Er zerstört alle Bauten Amenophis IV. und verwendet sie als Material für seine eigenen Tempel, die indessen erst von seinen Nachfolgern vollendet wurden.

Dynastie 19. Etwa 1350—1200 v. Chr.

Inzwischen sind in Vorderasien neue Gegner entstanden. Während bisher das Land **Naharina** (einheimisch *Mitani* genannt, vgl. Verz. der Vorderas. Altert. S. 19. 104) am oberen Euphrat den hauptsächlichsten Nachbarstaat Aegyptens bildete, dringt jetzt das kleinasiatische Volk der Cheta (Chatti, Hittiter, vgl. ebenda S. 19 f.) erobernd vor, stürzt die Aegypten befreundeten Staaten und bedroht Syrien und Palästina. Gleichzeitig werden die asiatischen Besitzungen Aegyptens von dem Beduinenstamm der Chabiri verheert, in denen man die in Palästina einwandernden Hebräer vermutet hat.

Ramses I. kurze Regierung.

Sethos I. Krieg gegen Beduinen in Palästina (wohl den eben erwähnten Stamm) gegen die Cheta und gegen die Libyer im Westen Aegyptens. Grofse Bauten.

Ramses II. wohl schon jung als Mitregent angenommen. Langjährige Kriege gegen die Cheta, die im Jahre 21 des Königs durch einen Freundschaftsvertrag ein Ende finden; das eigentliche Palästina blieb jedenfalls in aegyptischem Besitz. Der König regiert 67 Jahre; diese lange Regierung und die gewaltigen Tempel, die er neu errichtet oder ausbaut (Karnak, Luxor und das Ramesseum in Theben; Ptahtempel von Memphis; Tempel von Tanis, Bubastis u. s. w.; die grossen Tempel in Nubien) lassen ihn den Königen der folgenden Jahrhunderte als das Ideal eines Herrschers erscheinen. Auch die alttestamentliche Ueberlieferung meint ihn mit dem Pharao, der die Juden bei dem Bau der Städte Ramses und Pithom beschäftigte. — Der König überlebt die meisten seiner Söhne; es folgt ihm zunächst sein Sohn

Mer-en-ptah, der gegen Libyer und Völker des Mittelmeeres kämpft und in Palästina u. a. den Stamm Israel bekriegt. Dann längere Wirren, aus denen wir u. a.

Si-ptah und seinen Gegner *Sethos II.* kennen. Das Reich löst sich zeitweise auf.

Dynastie 20. Etwa 1200—1100 v. Chr.

Set-nacht stellt den Staat wieder her; ihn begünstigt die Priesterschaft, die in den bisherigen Wirren geschädigt war.

Ramses III. sein Sohn. Im Anfang der Regierung Kriege gegen die Libyer und gegen nordische Stämme, die teils von Syrien aus, teils zu Schiffe Aegypten bedrohen, eine Art Völkerwanderung, die an den Grenzen Aegyptens zum Stillstand kommt. Dann eine lange friedliche Regierung mit grofsen Bauten (Medinet Habu in Theben) und grofsen Geschenken an die Götter, insbesondere an den Amon, den schon die früheren Könige des n. R. übermäfsig bereichert hatten. Infolge dessen wird der hohe Priester des Amon jetzt der mächtigste Mann im Staate. Unter den Nachfolgern Ramses' III.:

Ramses IV. — Ramses XII. (meist nur kurze Regierungen) verfällt das Reich; nach dem Tode des letzteren besteigt der Hohepriester des Amon. *Hrihor*, selbst den Thron.

Libysche Zeit. Etwa 1100—700 v. Chr.

Die Kriege der Dynastien 19 und 20 waren zum grofsen Teil von libyschen Söldnern — besonders solchen aus dem Stamme der Maschawascha — geführt worden, die in Aegypten angesiedelt waren und zu einer Macht im Staate wurden. Ihre „Grofsen" bilden einen neuen Adel, dem seit Dynastie 22 auch das Königtum zufällt.

Dynastie 21. Etwa 1100—950 v. Chr.

Während in Theben die Hohenpriester den Thron besteigen, erringt in Tanis im Delta eine andere Familie die Königswürde; beide sind untereinander verschwägert und die Prinzen des tanitischen Hauses pflegen Hohepriester von Theben zu sein. Die *Pinotem* und *Pianchi* gehören in die thebanische Familie, die *Psusennes* und *Amen-em-opet* in die tanitische.

Dynastie 22. Etwa seit 950 v. Chr.

Von libyscher Herkunft, wie schon ihre barbarischen Namen zeigen, aber durchaus aegyptisiert. Ursprünglich Fürsten von Bubastis. In Theben regieren jüngere Söhne als Hohepriester.

Scheschonk I. (Schischak der Bibel) mischt sich in den Streit zwischen Rehabeam von Juda und Jerobeam von Israel und plündert Jerusalem. Ueber seine Nachkommen *Osorkon I., Takelothis I., Osorkon II. u. s. w.* wissen wir fast nichts.

Aethiopenzeit (8. Jahrh. v. Chr.).

Etwa seit Dynastie 21 war die aethiopische Provinz unabhängig geworden und stand unter eigenen Herrschern, die in Napata residierten. Obgleich die Kultur der Aethiopen lediglich von Aegypten entlehnt war, so fühlen sie sich doch in dieser Zeit als die Vertreter des wahren Aegyptertums gegenüber dem von fremden Einflüssen zersetzten Mutterlande. Ihre kriegerischen Könige unternehmen ihre Züge nach Aegypten angeblich, um hier die Ordnung herzustellen; als der heiligste Ort in Aegypten gilt ihnen Theben, das sich wohl meist auch in ihrer Macht befindet und wo eine aethiopische Prinzessin als „Gottesweib" (vergl. oben S. 12) residiert. — Die Gegner, die den Aethiopenkönigen in Aegypten gegenüberstehen, sind meist kleine libysche Fürstengeschlechter, unter denen nur das von Saïs (die Vorfahren des Psammetich) eine gröfsere Bedeutung hat. Doch stehen hinter diesen kleinen Dynasten die Assyrerkönige. — Im Einzelnen kennen wir:

Pianchi unterwirft um 775 Aegypten.

Schabaka unterwirft es aufs neue gegen das Ende des Jahrhunderts, seine Schwester *Amenerdis* ist „Gottesweib" in Theben.

Schabataka Sohn des Vorigen.

Taharka seit 690. Kriege gegen die Assyrerkönige Sanherib und Asarhaddon. Der letztere zerstört 670 Memphis; vgl. sein Denkmal auf die Eroberung Aegyptens in der Vorderasiatischen Sammlung (Verz. der vorderas. Altert. S. 80). Taharka gewinnt Aegypten zurück, wird aber um 667 von Assurbanipal aufs neue daraus verdrängt.

Tanut-amon um 663 Zug nach Aegypten ohne dauernden Erfolg.

Aethiopien ist seit dieser Zeit von Aegypten losgelöst und versinkt allmählich in Barbarei; die aegyptische Sprache wird durch die einheimische ersetzt, für die man auch besondere Schriftarten ausbildet. Genaueres über dieses spätaethiopische Reich in Abschn. XII.

Spätzeit. Seit 700 v. Chr.

Saïtische Könige (Dynastie 26).

Das Uebergewicht, das die Dynastenfamilie von Saïs schon seit mehreren Generationen besafs, ermöglichte es ihrem Haupte, Psammetich I., seine Mitherrscher zu bezwingen, wobei ihn seine karischen und jonischen Soldtruppen wesentlich unterstützten. Auch der assyrischen Oberhoheit konnte er sich entziehen. — Auch Oberaegypten gewann er, liefs aber Theben als geistliches Fürstenthum unter dem damaligen „Gottesweibe", der aethiopischen Prinzessin *Schep-en-upet* fortbestehen, nachdem diese seiner Tochter *Nitokris* durch Adoption die Nachfolge gesichert hatte.

Unter dem saïtischen Königshaus gelangt Aegypten noch einmal zur höchsten Blüte. Charakteristisch für diese Zeit

Spätzeit.

und die unmittelbar davor liegende (etwa seit Schabaka) ist, dafs nicht mehr die Zeit Ramses' II. als Vorbild gilt, sondern das alte Reich als der eigentlich nationale Staat. Man stellt seine Denkmäler her und ahmt es in allem nach, in der Kunst, der Sprache, der Schrift, den Titeln und Namen. Andererseits beginnt jetzt auch das Eindringen der Griechen und Karer in Aegypten; die Griechen besitzen seit Amasis eine eigene rein griechische Stadt, Naukratis, im Delta.

Psammetich I. 663—610, unabhängig etwa seit 645.

Necho 609—595, sucht 608 bei dem Untergang des Assyrerreichs Syrien und Palästina zu gewinnen; wird aber 604 von Nebukadnezar von Babylon geschlagen und verliert seine Eroberung wieder.

Psammetich II. 594—589 Krieg gegen Aethiopien. Seine Tochter *Anchnes-nefer-eb-re* wird von der Nitokris adoptiert und folgt ihr als Herrscherin in Theben.

Apries (Hophra) 588—570 sucht in Palästina dem Nebukadnezar entgegen zu treten, errettet aber 586 Jerusalem nicht.

Amasis 569—526, ein Feldherr der Apries, von den Soldaten zum König gemacht. Freund der Griechen, insbesondere des Polykrates von Samos. Den Untergang seines Reiches durch den Perserkönig *Kambyses* (525) erlebt er nicht mehr.

Perserzeit.

Die Schicksale Aegyptens als persischer Provinz werden wesentlich durch seine Aufstandsversuche bestimmt, die sich immer wiederholen, trotzdem die Perserkönige (*Darius* 521—486, *Xerxes* 486—465, *Artaxerxes* 465—424) dem religiösen Leben des alten Volkes freien Spielraum lassen. Wirklich unabhängig wird Aegypten gegen 400 v. Chr. und vermag etwa 60 Jahre hindurch frei zu bleiben, wenn auch vielfach in die griechischen und die persischen Händel verwickelt. Zu nennen sind die Könige

Nepherites \
Hakoris } aus Mendes; etwa von 399—382, \
Psammuthis

sowie die anscheinend mächtigen Herrscher

Necht-har-heb 382—364, aus Sebennytos,

Tachos 363—361,

Nektanebus 361—345, aus Mendes,

von denen Necht-har-heb und Nektanebus grofse Tempelbauten hinterlassen haben. — Um 345 fällt Aegypten wieder in die Hände der Perser, um dann 332 *Alexander dem Grossen* anheimzufallen.

Griechisch-römische Zeit. Seit 332 v. Chr.

Die Ptolemäer. 323—30 v. Chr.

Nach dem Tode Alexanders des Grofsen wird Aegypten der Besitz seines Feldherrn Ptolemaeus, der zuerst als Satrap im Namen des *Philippus Arrhidaeus* und des Kindes *Alexander* regiert, dann aber selbst die Königswürde annimmt. Unter ihm und seinen beiden ersten Nachfolgern ist Aegypten das mächtigste und blühendste Reich der damaligen Welt und seine neue Hauptstadt Alexandrien der Hauptsitz der griechischen Bildung. — Ueber die sich unter den Ptolemäern entwickelnde eigentümliche aegyptisch-griechische Kultur vgl. S. 319.

Ptolemaeus I. Soter 323—283.

Pt. II. Philadelphus 283—247, Gemahlin seine Schwester Arsinoe.

Pt. III. Euergetes 247—221, erobert das Seleucidenreich; Gemahlin Berenike.

Pt. IV. Philopator 221—205, führt das Reich durch Misswirtschaft dem Untergang zu.

Pt. V. Epiphanes 205—181 kommt unmündig auf den Thron. Das Reich wird durch Aufstände zerrüttet — Oberaegypten hat noch einmal einheimische Herrscher — und die auswärtigen Besitzungen gehen verloren. Um den Thron durch Gewinnung der Aegypter zu retten, wird Epiphanes in Memphis nach alter Art gekrönt, wobei den Priestern besondere Gunst erwiesen wird.

Pt. VII. Philometor (181—145)
Pt. IX. Euergetes II. (—116) } Söhne des Epiphanes, die sich unter Einmischung der Seleuciden und Roms um den Thron streiten.

169—164 regieren sie zusammen und mit ihrer Schwester Kleopatra II., der Gattin des Philometor; später von 130—116 regiert Euergetes II. allein.

Kleopatra Kokke Wittwe Euergetes II., regiert seit 116 erst mit ihrem Sohne *Pt. X. Soter II. (Lathyrus)*, dann mit ihrem Sohne *Pt. XI. Alexander* gegen Lathyrus, den ihre jüdischen Generäle Ananias und Chelkias in Phönizien bekämpfen. Chelkias hingerichtet, weil er Lathyrus entkommen läfst. — Nach dem Tode der Mutter und des Bruders kehrt Lathyrus

(87—81) zurück; unter ihm eine Empörung in Theben, das zerstört wird.

Pt. XIII. Neos Dionysos (Auletes) 80—52, hängt schon ganz von der Gnade des römischen Senates ab. Ihm folgen seine Kinder:

Pt. XIV. und *Kleopatra* unter Vormundschaft des Pompejus. Pt. XIV. verjagt Kleopatra und läfst 49 den zu ihm geflohenen Pompejus ermorden. Caesar setzt 48 die Kleopatra wieder ein, die zuerst mit ihrem jüngeren Bruder, *Pt. XV.*, dann seit 44 mit ihrem und Cäsars Sohn *Cäsarion* regiert. Sie gewinnt 42 den Antonius, mit dem sie zusammen im Orient herrscht, bis Augustus im Jahre 30 v. Chr. nach der Besiegung des Antonius Aegypten erobert.

Die römische Herrschaft. 30 v. Chr. — 395 n. Chr.

Aegypten hatte als Kornkammer für das römische Reich eine so grofse Wichtigkeit, dafs ihm eine besondere Stellung in demselben blieb; es stand ausschliefslich unter dem Kaiser, nicht unter dem Senat. Verwaltet ward es von den Präfekten. — Die Hellenisierung des Landes wird immer stärker, besonders in den Städten; andererseits drängt sich aber auch die aegyptische Religion des Isiskultus überall im römischen Reiche ein. Sehr früh verbreitet sich das Christentum in Aegypten, freilich grofsenteils in der Form der Gnosis, die an die ähnliche gnostische Entartung des Heidentums anknüpft. Unter Kaiser Decius (250 n. Chr.) die jüngste hieroglyphische Inschrift eines Tempels und die grofse Christenverfolgung. — Die römische Herrschaft wird nur einmal in Aegypten unterbrochen, als die Königin *Zenobia* von Palmyra mit ihrem Sohne Vaballath das Land erobert (um 270 n. Chr.).

Die spätrömische (byzantinische) Herrschaft.

Bei der Teilung des römischen Staates (395) fällt Aegypten an das Ostreich. Seine Geschichte wird seither wesentlich durch die erbitterten Streitigkeiten über das christliche Dogma beeinflusst, die 536 zur Lostrennung der monophysitischen Partei von der orthodoxen Kirche führen; die Monophysiten bilden seither die eigentliche aegyptische („koptische") Kirche. Diese Streitigkeiten haben um so gröfsere Bedeutung, als das Aegypten dieser Zeit mit Klöstern und Einsiedeleien erfüllt ist und von diesen Mönchstume geleitet wird. — Im Jahre 619 erobert der Sassanide (Perser) *Chosroës II.* Aegypten und behauptet es bis 629; 641 verlieren es die Oströmer aufs neue an die Araber.

Arabische Zeit. Seit 641 n. Chr.

Die arabische Herrschaft steht zuerst der monophysitischen Bevölkerung Aegyptens nicht feindlich gegenüber, in deren Händen auch noch für lange Zeit die niedere Verwaltung bleibt. Später führt der religiöse Gegensatz zu Christenverfolgungen und zahlreichen Übertritten zum Islam; etwa im 10. Jahrhundert ist Unteraegypten, etwa im 15. Oberaegypten im Wesentlichen mohammedanisch und arabisiert.

Amr, Feldherr des Chalifen Omar, erobert Aegypten.

Omaijadische Chalifen 661—750.

Abbasidische Chalifen seit 750. Ihre Herrschaft über Aegypten ist bald nur noch nominell, da es unter eigenen Herrschern steht, insbesondere den

Tuluniden 868—905, grofser Aufschwung des Landes.

Fatimiden 969—1171, schiitische (nicht orthodoxe) Herrscher, unter denen Aegypten seine höchste Blüte erreicht.

Ejjubiden 1171—1250, Saladin und seine Nachkommen.

Mamlukensultane 1250—1517, Herrschaft der Söldnerführer, der 1517 die Türken ein Ende machen.

---

2. Zur Religion.

Da eine ausführliche Darstellung dieser unter den Handbüchern der Königlichen Museen erscheint,[1]) so genügt es hier, die am häufigsten vorkommenden Gottheiten, alphabetisch geordnet, kurz zu erklären. Die in Klammern genannten Tiere sind ihnen heilig. Einige dieser Götter (wie z. B. der Sonnengott) sind allen Aegyptern von Anfang an gemeinsam, viele andere dagegen sind „Stadtgötter", d. h. sie werden ursprünglich nur in einer bestimmten Landschaft verehrt, die in ihnen ihre Schutzpatrone sieht.

Amon Gott zu Theben (Widder).

Amon-Re derselbe (im n. R.) zum Sonnengott gemacht.

Amset einer der vier Schutzgeister der Toten.

Anubis Gott der Toten (Schakal).

Apis heiliger Stier des Ptah in Memphis.

Atom Sonnengott in Heliopolis.

Baal der Gott der Phönizier.

---

1) „Götter und Tote nach aegyptischen Vorstellungen".

Bast Göttin von Bubastis (Katze).
Bes ein niederer Gott, zwergenhaft.
Buto Schutzgöttin von Unteraegypten (Schlange).
Chent-cheti Gott von Athribis.
Chepre der Sonnengott als Käfer gedacht.
Chons der Mondgott von Theben, Sohn des Amon.
Ded der Holzpfahl von Busiris, vgl. Osiris.
Dua-mutef einer der vier Schutzgeister der Toten.
Hapi einer der vier Schutzgeister der Toten.
Harmachis Horus als Sonnengott.
Harpokrates Horus als Kind.
Hathor Göttin des Himmels und der Liebe (Kuh).
Horus 1) Sonnengott. 2) Sohn des Osiris und der Isis, der „seinen Vater beschützt" (Sperber).
Hor-merti Horus, wie er in Pharbaethus (Delta) verehrt wurde.
Isis Gattin des Osiris.
Keb der Erdgott.
Kebeh-senuf einer der vier Schutzgeister der Toten.
Maat Göttin der Wahrheit.
Min Gott der Ernte, von Koptos.
Month Kriegsgott, von Hermonthis bei Theben.
Mut Gemahlin des Amon in Theben (Geier).
Nechbet Schutzgöttin von Oberaegypten (Geier).
Nefer-tem Sohn des Ptah.
Neith Göttin von Saïs.
Nephthys Schwester des Osiris.
Nut Himmelsgöttin.
Onuris Gott von This bei Abydos.
Osiris 1) von Abydos: Gott der Toten, Gemahl der Isis und Vater des Horus, von Set getötet; 2) von Busiris: ursprünglich ein Holzpfahl, dann dem Gott von Abydos gleichgesetzt; 3) Osiris Sokaris s. Sokaris; 4) Osiris Apis s. Serapis; 5) Bezeichnung aller seligen Toten seit dem n. R.
Osirissöhne die vier Schutzgeister der Toten.
Pataeke zwerghafter niederer Gott.
Ptah Gott der Künstler, von Memphis.
Ptah-Sokaris s. Sokaris.
Re Sonnengott, meist Re-Harmachis genannt (Sperber).
Schu Gott, der den Himmel trägt (Löwe).
Schutzgeister der Toten: die Götter Amset, Hapi, Duamutef und Kebehsenuf.

Sechmet Kriegsgöttin (Löwe).
Serapis fremder Gott, von den Griechen eingeführt und für Osiris-Apis (d. h. den verstorbenen Apis) erklärt; tritt als Totengott an die Stelle des Osiris.
Set Bruder des Osiris, den er ermordet (Esel in fabelhafter Gestalt).
Sobk Gott des Faijum (Krokodil).
Sopd Gott des Ostens, auch Horus genannt.
Sokaris der alte Totengott von Memphis, mit Osiris zusammengeworfen.
Sutech ein fremder (vorderasiatischer) Gott, mit Set zusammengeworfen.
Tefnut Schwester des Schu (Löwe).
Thoth Gott der Weisheit (Ibis und Pavian).
Thripis Göttin griechischer Zeit.
Toëris niedere Göttin (Nilpferd).
Up-uat zwei niedere Totengötter (Schakale).
Wen-nofre Beiname des Osiris.

3. Der Tempel.

(Zugleich zur Erklärung unseres Säulenhofes.)

Der aegyptische Tempel besteht — zum mindesten seit dem m. R. — aus vier hinter einander liegenden Hauptteilen, die von vorn nach hinten an Höhe abnehmen: einem Thorgebäude, einem offnen Hof, einem grossen Saal und einer oder mehreren Kapellen. Unser Säulenhof und der dahinter liegende Saal ahmen die Hauptteile eines solchen Baues nach.

Die Strasse, die auf den Tempelhof zuführt, ist auf beiden Seiten mit Statuen heiliger Tiere (Widder, Löwen, Sphinxe etc.) besetzt, die den Zugang zum Heiligtum bewachen. Das Thorgebäude (sogen. Pylon) besteht aus einer Thür zwischen zwei hohen Türmen (vgl. das Bild von Karnak in unserm Säulenhof).

Der Hof, in den man dann eintritt, ist von Säulengängen umgeben; er diente wohl zu grossen Feierlichkeiten, während der dahinter liegende grosse Saal (sogen. „Hypostyl") mehr für den Gottesdienst benutzt worden sein mag. (Vgl. für den Hof die Bilder des Säulenhofs: Ramesseum und Edfu und für den Saal das Bild Hypostyl von Karnak.)

Am Ende des Saales liegt eine dunkle niedrige Kapelle, das Allerheiligste, in der der steinerne Schrein mit dem Bilde des Gottes steht. (Vgl. unsern Schrein aus Philae im Säulenhof.) Diese einfache Anlage ist bei grossen vielfach umgebauten Tempeln durch spätere Anbauten verwirrt (der Tempel von Karnak hat z. B. sechs Thorgebäude hinter einander); in anderen Fällen rufen besondere Bedürfnisse oder ein eigentümlicher Baugrund Änderungen des Planes hervor, so sind die Tempel in Nubien des mangelnden Raumes wegen z. T. in den Felsen gehöhlt. (Vgl. die Bilder von Gerf Husen und Abu Simbel im Säulenhof.)

Die Dekoration der Tempel ist eine sehr reiche und bunte. Vor dem Thorgebäude stehen zwei Obelisken (S. 124) ebendort oder auch in dem Hofe sitzen Kolosse der Könige; kleinere Statuen von Königen, Göttern und heiligen Tieren waren überall aufgestellt. — Die Säulen des Hofes haben meist die Form offener Papyrusdolden, die des Saales stellen Bündel geschlossener Papyrus dar (S. 88); seltner sind Säulen, die Palmen nachahmen. — Die Reliefs und Inschriften, die alle Wände bedecken, beziehen sich im Innern des Tempels auf den Kultus, als dessen Träger nicht die Priesterschaft, sondern der regierende König dargestellt wird. Dagegen werden die Aussenwände, die von der Stadt aus sichtbar sind, benutzt, um die Thaten des Herrschers in Wort und Bild zu verewigen.[1])

4. Die Toten.

Eine eingehende Darstellung erfolgt in dem unter 2 erwähnten Handbuche der Religion; die nötigen Angaben über die Grabanlagen u. s. w. siehe unten bei den einzelnen Abschnitten.

Der Aegypter denkt sich das Reich der seligen Toten ursprünglich am Himmel bei den Sternen, mit denen sie als „Verklärte" leben. Eine andere Vorstellung ist, dafs die Toten in einer Unterwelt wohnen, die am Tage dunkel ist und die die Sonne in der Nacht durchfährt. Den Zugang zum Lande der Toten denkt man sich stets im Westen, wo die Sonne untergeht; der „Westen" ist daher geradezu ein Name für das Totenreich. Als Herrscher im Totenreich gilt meist der Gott Osiris, der ja einst selbst gestorben und doch wieder auferstanden ist; nach einer besonders später verbreiteten

---

1) Für weitere Einzelheiten vergl. das unter 2 erwähnte Handbuch.

Vorstellung unterzieht er die zu ihm kommenden Toten einem Gericht, in dem sie ihre Sündlosigkeit beweisen müssen.

Die Toten, die diese Prüfung bestehen, heifsen „wahr an Wort", was seit dem m. R. das ständige Beiwort für die Toten wird.[1]) Seit dem n. R. wird es allgemeine Sitte, den einzelnen Toten, der ja das gleiche Schicksal wie Osiris haben soll, schlechtweg „Osiris NN." zu nennen.

Was der Gott Osiris den Toten bietet, sind vor allem die Speisen seines Tisches, wie denn überhaupt die Ernährung der Toten eine Hauptsorge für die Aegypter bildet. Durch Opfer, die man dem Toten bringt, durch Formeln, die man hersagt, und durch mannigfache andere Gebräuche, die unsere Sammlung veranschaulicht, sucht man sie zu ermöglichen. Auch die vier Schutzgeister der Toten (S. 21) und die Himmelsgöttin, die auf einem „Lebensbaum" haust, sorgen für den Unterhalt der Verstorbenen.

Während die eigentliche Seele des Menschen als ein Vogel mit Menschenkopf oder in anderer Gestalt im Himmel oder auf Erden weilt, haust ein weiterer Teil der menschlichen Persönlichkeit, der „Ka", im Grabe, wo ihm die dort niedergesetzte Statue des Toten zum Sitze dient. Den Leib des Toten mufs man durch allerlei Vorkehrungen (Mumisierung u. s. w.) vor der Zerstörung schützen, damit die Seele ihn, wenn sie es wünscht, wieder benutzen kann.

Im Einzelnen sind diese Vorstellungen natürlich vielfach unklar und mit einander vermischt.

5. Die Kunst.

Die aegyptische Kunst hat sich in vorhistorischer Zeit entwickelt und hat aus dieser Zeit her für die menschliche Gestalt eine bestimmte Art der Zeichnung beibehalten, die den Späteren als ein geheiligtes Herkommen erschienen sein wird, von dem man bei der Darstellung höher stehender Personen nicht abweichen darf.

In dem Bestreben, jeden Teil des Körpers in der für ihn charakteristischen Ansicht zu geben, zeichnet man den Kopf, die Beine und Füfse von der Seite, das Auge dagegen und die Schultern von vorn. Zwischen den von vorn gesehenen Schultern und den von der Seite gesehenen Schenkeln ver-

---

1) Von uns dann mit „selig" übersetzt.

mittelt dann der Rumpf so, dass sein hinterer Umriſs von
vorn, der vordere von der Seite gezeichnet wird. Die Hände
sieht man in voller Breite, die Füsse beide von innen. — Des
Weiteren gilt als die allein korrekte Ansicht einer Figur diejenige, bei der sie nach rechts hinsieht, und wo der Künstler
freie Hand hat, zeichnet er stets in diesem Sinne. Muſs er aber
aus äuſseren Gründen in umgekehrtem Sinne zeichnen, so
begnügt er sich, eine nach rechts sehende Figur äuſserlich
umzudrehen, so daſs z. B. was eigentlich die rechte Hand
ist, in seiner Zeichnung zur Linken wird. — Endlich hält
man darauf, daſs, wo ein Arm oder Fuſs weiter vorgestreckt
sein soll als der andere, dies immer der vom Beschauer ab-
liegende ist.

Diese Gesetze der Zeichnung gelten sowohl für die
Malerei als für die beiden Arten des aegyptischen Reliefs,
des niedrigen Flachreliefs und des sogenannten „Reliefs en
creux", bei dem der Grund zwischen den Figuren stehen gelassen ist.

Auch für die Statuen giebt es ein solches Herkommen,
das wenigstens für ernstere Aufgaben als Regel gilt. Entweder stellt man den Menschen dar, wie er steif auf einem
würfelförmigen Sessel sitzt; der Kopf blickt gerade aus, die
Hände liegen auf den Knieen, die Rechte ist geballt, die
Linke glatt ausgestreckt. Oder man stellt ihn dar, wie er in
gerader Haltung steht; der linke Fuſs ist vorgesetzt, die Arme
hängen mit geballten Fäusten schlaff herab, oder sie halten
das Szepter und den Kommandostab. — Auch die Formen
des Körpers haben zum Teil ihre bestimmte Art der Wiedergabe, von der selbst gute Künstler nicht abgehen; man beachte
insbesondere die gelenklosen Finger.

Um den Statuen mehr Festigkeit zu geben, lässt man sie
meist an einem Pfeiler oder einer Tafel („Rückenpfeiler") lehnen,
und aus dem gleichen Grunde trennt man Arme und Beine
nicht vom Körper ab und läſst sie noch durch ein Zwischenstück verbunden bleiben. Auch den hohlen Raum im Innern
einer leicht geballten Hand giebt man durch ein solches
Zwischenstück wieder, das oft wie ein kurzer Stab erscheint.

Das hier Gesagte gilt im Wesentlichen für alle Zeiten,
am strengsten natürlich für das a. R. Freier gezeichnete
Darstellungen kommen indessen ausnahmsweise in diesem
schon vor und zwar stets bei Leuten niederen Standes; es
galt also als unschicklich, so dargestellt zu werden. — Die

Besonderheiten der späteren Kunst siehe bei den einzelnen Abschnitten des Verzeichnisses.

6. Die Schrift und ihre Entzifferung.

Die Schrift der Aegypter sind die sogenannten Hieroglyphen, die aus mehr als 500 Bildern natürlicher Gegenstände bestehen. Davon sind zunächst 24 Zeichen für die Konsonanten; die Vokale bleiben ebenso unbezeichnet, wie in den alten semitischen Schriftarten, da ja nur für der Sprache Kundige geschrieben wird, die die Worte auch so schon aus dem Zusammenhange erkennen. Es sind

𓄿 ʔ 𓇋 *i (j)* 𓂝 ʕ 𓅱 *w* (im n. R. auch 𓏲)

𓃀 *b* 𓊪 *p* 𓆑 *f*

𓅓 *m* (n. R. auch 𓐚) 𓈖 *n* (n. R. auch 𓋔) 𓂋 *r*

𓉔 *h* 𓎛 *ḥ* 𓐍 *ḫ* (ch) 𓈙 *ẖ* (ch)

𓋴 *s* 𓈙 *š* (sch)

𓂧 *ḳ* 𓎡 *k* 𓎼 *g*

𓏏 *t* 𓍘 *ṯ (z)* 𓂧 *d* 𓆓 *ḏ (z)*

Dazu kommen noch das jüngere Zeichen 𓇌 für *j* und das seit dem m. R. gebräuchliche 𓏭, das die Endung *i* darstellt. Die genauere Bestimmung des Lautwertes der einzelnen Zeichen ist heute natürlich sehr schwierig.

Viele Worte werden allein mit diesen alphabetischen Zeichen geschrieben, so z. B. 𓊪𓏏𓎛 der Gott Ptah, 𓇋𓂋𓊪 Wein, 𓎛𓈎𓏏 Bier, 𓐍𓅱𓆑𓅱 König Cheops, 𓏏𓏏𓇋 König Teti.

Zumeist aber benutzt man die sehr zahlreichen Wortzeichen, die einem bestimmten aegyptischen Worte entsprechen, wie z. B. 𓌃 *sḏm* „hören", 𓄤 *nfr* „gut", 𓊹 *nṯr* „Gott"; diese Zeichen werden bei der Schreibung aller grammatischen Formen eines Wortes gebraucht, also 𓌃 sowohl bei *sḏm* „hören" als bei *sḏmoi* „dafs ich höre", 𓊹 sowohl bei *nôṯer* „Gott" als bei *noṯret* „Göttin" und *enṯereu* „Götter".

Die Schrift.

Merkwürdig ist die Entstehung vieler Wortzeichen. Ursprünglich bezeichnen sie als reine Bilderschrift die von ihnen dargestellten oder doch angedeuteten Gegenstände: ⌑ *pr* „Haus", 🪲 *hpr* „Käfer", 🦆 *s3* „Gans", ♀ *hr* „Gesicht", ☉ *r'* „Sonne", 🌱 (Wappenpflanze des Südens) *rs* „Süden" u. s. w. Um nun aber auch die große Zahl der Worte so schreiben zu können, die sich nicht wohl durch eine Zeichnung wiedergeben lassen (wie z. B. „herausgehen", „werden", „Sohn" u. s. w.), benutzt man für diese andere Wortzeichen, die zufällig die gleichen Konsonanten haben. Man schreibt also *pr* „herausgehen" wie ⌑ *pr* „Haus", *hpr* „werden" wie 🪲 *hpr* „Käfer", *s3* „Sohn" wie 🦆 *s3* „Gans" u. s. w.

Diese Sitte hat übrigens dazu geführt, daß manche Wortzeichen, die besonders oft so übertragen wurden, schließlich zu rein lautlichen Silbenzeichen geworden sind, die man in jedem Worte benutzen kann, das die betreffenden Konsonanten enthält; so z. B. ⚱ als *h3* in ⚱ *h3* „tausend", ⌒⚱ *sh3* „sich erinnern", ⚱⌒⌒ *h3bs* „Lampe" u. s. w. Solcher Zeichen für häufig vorkommende Silben sind etwa 40 im Gebrauch.

Charakteristisch ist nun für die aegyptische Schrift, daß sie diese Wort- und Silbenzeichen in der Regel nicht allein gebraucht, sondern ihnen noch soviel Konsonanten beifügt, als nötig erscheinen, um den Leser auf die richtige Lesung des Zeichens zu führen. Also z. B. dem Wortzeichen ⚱ *nfr* „gut" fügt man noch *fr* bei: ⚱⌒, dem ⬭ *sdm* „hören" noch ein *m*: ⬭🦉, dem ⦀ *ms* „gebären" ein *s*: ⦀⌒, dem Silbenzeichen ⬯ *nw* oft noch *n* und *w*: ⬯〰️🦅. Wie dies bei dem einzelnen Worte zu handhaben ist, hat die Orthographie geregelt; man unterscheidet so z. B. ⌑ *pr* „das Haus", ⬭ *pr* „herausgehen", ⦀ *ntr* „Gott", ⦀⬭ *ntrt* „Göttin" u. s. w.

Ebenfalls zur Verhütung falscher Lesungen dienen die sogenannten Determinative, Zeichen, die man den Worten beifügt, um ihren ungefähren Sinn anzudeuten: 𓀀 Mann, 𓁐 Frau, 𓀭 Gott, 𓃀 Tier, 𓆰 Pflanze, ☉ Sonne, Zeit, 𓎿 Flüssigkeit, 𓂻 gehen, 𓀁 essen, sprechen, denken, 𓅭 klein, schlecht, ⎯ abstrakt u. s. w. Also z. B. 𓃀𓂋𓎺 *ḥkt* „Bier", 𓊪𓄿𓅆𓀁 *sḫȝ* „sich erinnern", 𓂢𓅭 *bin* „schlecht", 𓉐𓂻𓉻 *pr* „herausgehen", 𓊛𓁐 *ḥmt* „Frau", 𓇋𓌶𓀭 *imn* „Amon". Diese Determinative sind der jüngste Teil der Schrift, wie denn überhaupt die älteste Zeit bilderschriftartig fast nur mit Wortzeichen schreibt. So schreibt eine Inschrift der ersten Dynastie die Worte *sp tpï n skr ḭbtïw* „das erste Mal dafs man die Ostvölker schlug" nur 𓊗𓌪𓏏𓏏 (Mal, erster, schlagen, Osten), während man im m. R. dafür verständlicher

𓊗𓏏𓌪𓏏𓌙𓂋𓏏𓂝𓅆𓀀

schreiben würde. In Götter- und Königsnamen u. ä. haben sich übrigens viele dieser uralten Schreibungen erhalten.

In der griechisch-römischen Zeit gewinnt eine seltsame Entartung der Hieroglyphen die Herrschaft; sie giebt den Zeichen andere Bedeutungen als bisher und gefällt sich in den wunderlichsten Spielereien, die möglichst geheimnisvoll aussehen sollen.

Die Schrift läuft von rechts nach links und nur zu dekorativen Zwecken zuweilen auch in der umgekehrten Richtung. Die vollständigen Formen der Hieroglyphen werden fast nur in Inschriften verwendet, beim gewöhnlichen Schreiben kürzt man diese Formen stark ab; diese abgekürzte Form der Hieroglyphen, die sich zu ihnen etwa so verhält, wie unsere Schreibschrift zur Druckschrift, nennen wir Hieratisch. Aus diesem Hieratischen entwickelt sich dann zuletzt durch weitere Abkürzung und Umgestaltung das Demotische, die gewöhnliche Schrift der griechisch-römischen Zeit. Näheres

Die Entzifferung. 29

über das Hieratische und Demotische in dem die Papyrus behandelnden Handbuche der Museen.¹)

Die hieroglyphische Schrift lässt, wie gesagt, die Vokale unbezeichnet, und da wir die aegyptische Sprache nur in einer sehr jungen Gestalt (dem Koptischen, vgl. S. 19) kennen, so sind wir zumeist ganz im Unklaren darüber, wie die alten aegyptischen Worte und Namen auszusprechen sind und müssten deshalb eigentlich auch uns damit begnügen, die Götter, Könige u. s. w. als *Ḥnsw*, *Ḥʿwf-rʿ*, *Dḥutī-mś* u. s. w. zu bezeichnen. Aus praktischen Gründen ersetzen wir aber diese unaussprechbaren Formen durch andere, bald durch solche, die später die Griechen gebrauchten (Chons, Chephren, Thutmosis für die ebengenannten), bald durch ganz willkürlich erfundene. So setzen wir z. B. Teti für ◯◯🦅 *Tti*, Apaanchu für 𓏤𓊖𓋹◯𓅭 *ipi-ʿnḫw* u. s. w.

Das Verdienst, die Hieroglyphen entziffert und damit das alte Aegypten erweckt zu haben, gebührt Champollion, dessen Bild in dem Durchgangsraum zwischen Saal VII und VIII hängt.²) Als Grundlage diente ihm der sogen. Stein von Rosette, der im Jahre 1799 von den Franzosen beim Schanzgraben in Rosette gefunden wurde. Die Inschrift enthält einen Beschluß der Priesterschaft zu Ehren des Ptolemaeus Epiphanes vom Jahre 196 v. Chr. (Näheres über sie Abschn. XIV, G, d) und ist altaegyptisch in Hieroglyphenschrift abgefaßt, mit beigefügten Übersetzungen in die späte aegyptische Volkssprache (demotische Schrift) und ins Griechische. Den Ausgangspunkt der Entzifferung bildeten die von einem Oval umschlossenen Zeichen, die, wie man bald erkannte, den Namen des Königs Ptolemaeus enthalten mußten. Zuerst gelang es dem Engländer Thomas Young 1819, daraus mehrere Zeichen zu bestimmen. Unabhängig davon bestimmte sie Champollion 1822 noch richtiger und erkannte sogleich — und das war das Entscheidende — daß diese selben Zeichen auch zur Schreibung aegyptischer Worte, und nicht etwa nur für fremde Eigen-

---

1) „Aus den Papyrus der Königl. Museen".
2) Kopie eines nach dem Tode gemalten Bildes von Coignet. (Gesch. Lepsius). Darunter ein Exemplar seiner „Lettre à Mr. Dacier" und ein Abguss des Steins von Rosette (G. 385; Gesch. des Brit. Museum).

namen, benutzt wurden. Damit war die lautliche Grundlage der Hieroglyphenschrift erkannt und die Möglichkeit der Entzifferung gegeben.

Jean François Champollion, geb. 24. Dec. 1790 zu Figeac in der Dauphiné, wurde durch seinen Bruder, den Altertumsforscher Champollion-Figeac (Professor in Grenoble), erzogen und ausgebildet. Frühzeitig begann er wissenschaftlich zu arbeiten und schon 1807 verfasste er eine Schrift, die das alte Aegypten betraf. Früh erhielt auch er eine Professur in Grenoble, die er indessen 1815 als eifriger Bonapartist wieder verlor; auch eine spätere Anstellung ebendaselbst endete 1821 aus gleichen Gründen mit seiner Absetzung. Er ging nun nach Paris zu seinem Bruder, und hier war es, wo ihm Anfang September 1822 die Lösung des alten Rätsels der Hieroglyphen zu Teil ward, die er seit einem Jahrzehnte gesucht hatte. Mit der Veröffentlichung seiner Entdeckung (Lettre à Mr. Dacier relative à l'alphabet des hiéroglyphes phonétiques, Paris 1822 — vgl. das ausgestellte Exemplar) begann für die Kenntnis des alten Aegypten eine neue Epoche.

Es ist Champollion beschieden gewesen, selbst noch auf dem von ihm eröffneten Wege bis zum wirklichen Verständnis der aegyptischen Inschriften vorzudringen. Allerdings hat er nicht mehr die Zeit gefunden, die betreffenden Arbeiten zu veröffentlichen; sie erschienen z. T. erst geraume Zeit nach seinem Tode. Denn nur ein Jahrzehnt noch war ihm gegeben, um seine Entzifferung fortzuführen und auch dieses nur, soweit er nicht durch Amtsgeschäfte in Anspruch genommen war: im Jahre 1826 wurde er mit der Einrichtung des neu gegründeten aegyptischen Museums beauftragt und im Jahre 1831 erhielt er die erste Professur der von ihm geschaffenen Wissenschaft. Wesentlich förderten ihn die Reisen, die er im Auftrage der Regierung unternehmen durfte, vor allem seine Expedition nach Aegypten und Nubien in den Jahren 1828 bis 1830. Aber gerade diese war es, die seine Gesundheit erschütterte; schon am 4. März 1832 verstarb er.

7. Die Tracht.

Kleidung und Haartracht haben im Lauf der Zeit häufig gewechselt; hier sollen nur die Hauptunterschiede in der Tracht der höheren Stände aufgeführt werden.

Altes Reich. Die Männer tragen einen kurzen Schurz, der je nach dem Range verschieden gestaltet ist, die Frauen ein enges Hemd, das die Schultern freilässt und durch zwei Tragbänder gehalten wird. Die Männer der höheren Stände scheeren Haar und Bart; für gewöhnlich tragen sie eine Perücke aus kleinen Löckchen, bei feierlicher Tracht eine lange Perücke und einen kurzen künstlichen Bart. Das Haar der Frauen fällt lose über die Schultern und auf den Rücken.

Die Kinder tragen eine einzelne Locke an der rechten Schläfe. — Auch das Band, das man in der Hand zu halten pflegt, wird irgendwie zu der Kleidung gehören.

Mittleres Reich. Im Wesentlichen wie im a. R., der Hauptunterschied ist, dafs die Männer jetzt über dem kurzen Schurz noch einen zweiten längeren tragen. Bei den Frauen kommt eine eigentümliche Haartracht, mit Binden durchflochtenes Haar, vor. — Die Augen umgiebt man mit Streifen schwarzer Schminke.

Neues Reich. Im Anfang der Dynastie 18 noch fast wie im m. R., dann eine gänzliche Aenderung. Die Männer tragen jetzt auch ein Hemd auf dem Oberkörper, die Frauen ein enges Kleid mit einem weiten Mantel darüber; bei beiden Geschlechtern bestehen die Oberkleider aus feinstem in viele Falten gelegten Leinen (vgl. die Originale S. 214). Ebenso wie diese neue Tracht in unzähligen Verschiedenheiten vorkommt, so ist auch die Haartracht des n. R. eine sehr mannigfaltige und verwickelte; für die Männer ist charakteristisch eine Frisur aus glatten Strähnen auf dem Kopf und kleinen Locken über den Schultern.

Seit dem n. R. wird auch der sogenannte „Salbkegel" vielfach dargestellt, eine halbrunde Erhöhung auf dem Kopf, die andeutet, dafs die betreffende Person gesalbt ist.

Spätere Zeit. Die wirkliche Tracht dieser Zeit läfst sich kaum ermitteln, da es Sitte ist, sich in altertümlicher Kleidung — der des a. R. oder m. R. — darstellen zu lassen.

Die Priester haben seit dem n. R. ihre besondere (altertümliche) Tracht: der Oberkörper bleibt unbekleidet und das Haar ist geschoren; aufserdem haben die einzelnen allerlei Amtsabzeichen: Pantherfell, Szepter, Locken u. ä.

Der König. Seine Abzeichen sind insbesondere:

der Königsschurz, der sich von dem gewöhnlichen durch ein besonderes, darunter oder darüber gebundenes, Vorderstück unterscheidet; sehr verschieden gestaltet;

der Löwenschwanz am Gurt des Schurzes;

das Kopftuch, das das ganze Haar verhüllt;

der Bart, auch künstlich, aber länger als bei anderen Menschen;

die Kronen, besonders wichtig die „rote" von Unteraegypten und die „weifse" kegelförmige von Oberaegypten;

die Königsschlange, das eigentliche Symbol des Königtums.

Das Abzeichen der Königskinder ist auch in höherem Alter noch die oben erwähnte Kinderlocke an der Seite.

I. Aus den drei ersten Dynastien.

Die Altertümer dieser Zeit sind erst seit wenigen Jahren in grösserer Anzahl bekannt geworden und erst in allerjüngster Zeit ist es gelungen, sie richtig zu datieren; bis dahin wurden sie meist einem fremden Volke, das zeitweilig in Aegypten ansässig gewesen wäre, zugeschrieben so sehr weichen sie bei flüchtiger Betrachtung von den bislang bekannten aegyptischen Altertümern ab.

Die ungefähre Zeit dieser Kultur ist durch die bisher erkannten Königsnamen gegeben, die sämtlich der sogenannten ersten Dynastie angehören. Doch reicht sie natürlich auch in jene Zeit hinein, für die wir keine historische Überlieferung haben, und andererseits lassen sich manche ihrer Züge bis in das a. R. und darüber hinaus verfolgen. So begräbt man noch in Dyn. 4 geringere Personen in zusammengekauerter Stellung und die Siegelcylinder haben sich vereinzelt bis in das m. R. im Gebrauch erhalten.

Alles was uns aus dieser Epoche erhalten ist, stammt aus Gräbern; in unserer Sammlung sind die Begräbnisstätten von Abydos, Ballas und Negade (bei Koptos), Bet Allam (Mittelaegypten) und Silsilis vertreten. Wir verdanken diesen Reichtum vor allem Geschenken der Herren Martin Kennard, Flinders Petrie und Schweinfurth.

A. Königsgräber.

Grosse, rechteckige Gebäude mit starken Mauern aus ungebrannten Ziegeln, die eine Anzahl von Kammern enthalten. In einer derselben war der Leichnam des Königs beigesetzt, in den anderen wurden Beigaben zur Versorgung des Toten niedergelegt, so z. B. Korn, Bier in grossen Krügen, zahlreiche Gefässe in Stein und Thon, allerlei Möbel und Geräte u. a. m. Im Grabe stehen weiter der Grabstein des Königs, der nichts als einen seiner Namen enhält, sowie kleinere Steine mit den Namen von Frauen, Zwergen, Hunden, die vielleicht mit ihrem Herrn begraben wurden, um ihm im Jenseits weiter zu dienen. (Vgl. die ausgehängten Bilder.)

[Ausser den im Folgenden aufgezählten Stücken, stammen wahrscheinlich auch manche der unten (S. 36) aufgeführten Steingefässe aus den Königsgräbern.]

A. Königsgräber.

Aus dem Grab des Menes.

Vgl. S. 9. Das Grab liegt bei Negade.

13937. Schale mit Haarlocken; wie diese Beigabe, die nur in dieser Zeit (S. 41) vorkommt, zu erklären ist, ist unbekannt.

Töpfe aus grauem Thon, z. T. noch mit einer weisslichen Masse gefüllt.

13959. Verkohlte Speisen aus Krügen.

13092. Perlen aus Fayence, die durch die Verbrennung ihre Glasur verloren haben.

Aus dem Grab des „Den".

Wahrscheinlich einer der nächsten Nachfolger des Menes, doch ist sein eigentlicher Name bisher nicht aufgefunden; „Den" ist nur ein Vorname.

Stücke von Steinschalen von guter Arbeit, aus Quarz und Schiefer.

13061. Teller, der als Deckel über einem Bierkruge lag und von einem Thonkegel umschlossen war.

Aus dem Grab des „Ze".

Auch hier ist der eigentliche Name unbekannt.

Scherben von Steingefäfsen (dabei von einem Alabastergefäfs wie 13287, S. 36) und Thongefäfsen.

Aus dem Grab des „Cha-sechemui".

Der eigentliche Name unbekannt.

Rand eines grofsen Thongefäfses.

Aus verschiedenen Königsgräbern von Abydos.

Vermutlich stammen auch manche unserer Steingefäfse (vgl. Seite 36 b) daher.

13311. Steinernes Töpfchen mit goldenem Henkel. Der Henkel ahmt die Schnüre nach, an denen gröfsere derartige Töpfe getragen wurden; auch die Ösen sind mit Gold eingefafst. (Abb. 2 unten.)

14110. Zwei Beine eines Stuhls oder Bett, die als Rinderfüsse gebildet sind; die gleiche Sitte auch noch später (vgl. S. 196). Schöne Schnitzerei in Elfenbein.

B. Privatgräber.

Meist einfache rechteckige Gruben, in denen die Leichen in zusammengekauerter Stellung — manchmal in einfachen Kisten — beigesetzt sind. Vgl. das ausgehängte Bild. In manchen Gräbern sind die einzelnen Knochen nachträglich noch geordnet und gleichsam sortiert; diese Sitte, die Leiche zuerst nur provisorisch zu bestatten und dann die Gebeine noch einmal geordnet beizusetzen, findet sich noch heute bei afrikanischen Völkern. Die Beigaber bestehen hauptsächlich in Töpfen, die heut Asche enthalten, vermutlich den Rest verbrannter Speise. [Viele der im Folgenden genannten Stücke abgebildet bei Petrie, Naqada and Ballas, London 1896.]

a) Thongefäfse.
Rohe (Abb. 1 links oben).

Meist mit freier Hand, ohne Scheibe gemacht; bei einigen ist der untere Teil noch zurecht geschnitten.

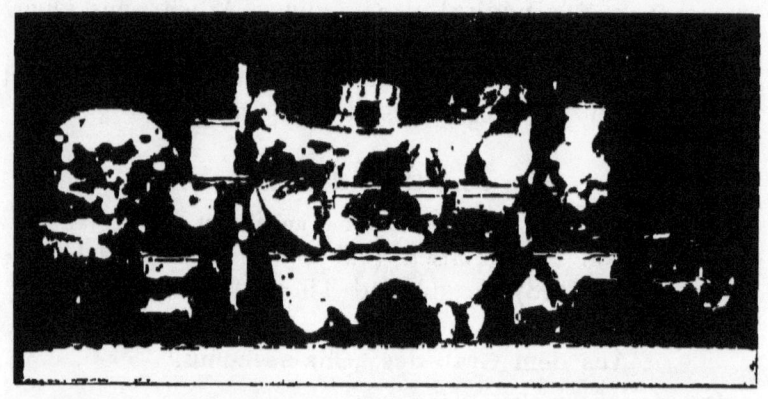

Abb. 1. Thongefässe, Schiff u. a. Aus Gräbern der ersten Dynastien.

Krüge und Becher von 10 bis 58 cm Höhe, in der Regel unten spitz, da man die Gefäfse der Reinlichkeit wegen auf Gestelle setzte (Vgl. S. 103; 109). Einige haben eingeschnitzte Marken, so 13050 die Zahl *elf* und pfeilähnliche Zeichen, 13057 ein verwickeltes Zeichen, wohl die alte Form irgend einer Hieroglyphe.

13060 im Hals ein Sieb, unten platt.
13376, 13775 mit welligen Henkelansätzen, unten platt.
13377 ähnlich, der Ansatz läuft rund herum.
Becher und Schalen, klein und ganz roh.

Aus besserem grauen Thon.

Auf der Scheibe gemacht, denen des a. R. ähnlich.
Grosse Töpfe, unten zugeschnitten.

B. Privatgräber.

Bessere Waare, mit brauner Bemalung.

Meist kleinere topfähnliche Gefäfse, dabei auch platte bauchige in der Form der Steingefäfse. Fast nur bei dieser Art finden sich die auch bei den Steingefäfsen üblichen kleinen Ösen, die zum Aufhängen des Topfes an einer Schnur dienten.

Mit Schneckenlinien, über den Ösen Wellenlinien.
Mit Wellenlinien oder Zickzacklinien, die z. T. schnurartig um das Gefäfs laufen (Abb. 1 rechts).
13051 Mit Bildern von Schiffen. Vgl. die besseren Exemplare S. 40.

Rot gefärbt und geglättet.

Diese Technik ist in Aegypten bis auf die heutige Zeit üblich.

Krüge und Becher von 10 bis zu 40 cm; unten zuweilen mit kleinen Standflächen. 13084 mit Ösen. Auf 12985 ein eingeritztes Zeichen.
Flaschen (bis zu 28 cm, Abb. 1 unten).
Näpfe und Töpfe verschiedener Gröfse.
10608 in Gestalt eines Fisches, hatte einen Henkel. (Herkunft unbekannt und vielleicht daher aus späterer Zeit.)

Ebenso, der Rand und das Innere geschwärzt (Abb. 1 rechts).

Sehr häufig, meist grofse Stücke.

Krüge (bis zu 40 cm), meist unten ein wenig abgeplattet. Vielfach Einritzungen, so z. B. auf 12989, 12994, 13042 die Zahl *zehn*, auf 13032 eine Hieroglyphe.
Flaschen, die schwarze Fläche auf einer Seite.
Becher verschiedener Form.
Schalen, rund und länglich.

Rot gefärbt mit weifser Bemalung.

Die Bemalung einfache Muster aus Zickzacklinien.

Flache Schalen, meist mit sternförmigen Mustern im Innern.
13831 länglich, in der Mitte ein Krokodil.
Töpfe, die Bemalung aussen.
13023. Eigentümliches Gefäfs, etwa in Gestalt einer Röhre mit aufgerichteten Enden. Die Bestimmung unbekannt.

Schwarze, mit eingeritzten Linien.

Die Linien sind mit einer weifsen Masse ausgefüllt.

Napf und Topf mit Zickzacklinien verziert.

I. Aus den drei ersten Dynastien (um 3000 v. Chr.).

b) Stein- und Metallgefäfse.

In der Anfertigung der Steingefäfse hat es diese Zeit zur höchsten Meisterschaft gebracht, auch verwendet sie Materialien, die in der Folgezeit kaum noch vorkommen. Viele dieser Gefäfse haben kleine Ösen, an denen sie an Schnüren getragen wurden.

Grosse bauchige flache Gefäfse mit Ösen, u. a. zur Aufbewahrung von Öl benutzt, dabei 13288 unvollendet (Abb. 2 oben).

Ähnliche kleine, mit und ohne Ösen.

12590 in Gestalt eines Hundes, eigentlich ein derartiges Gefäfs mit Kopf, Schwanz und kurzen Beinen (Abb. 2 unten).

14146, 14147 in Tiergestalt: Elephant und Nilpferd. — (Gesch. Schweinfurth 1898.)

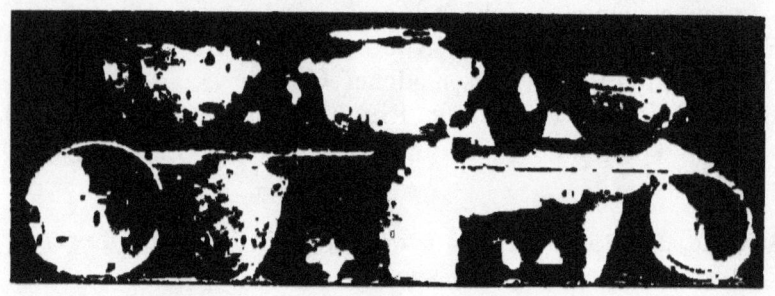

Abb. 2. Steingefasse aus Gräbern der ersten Dynastien.

Cylinderförmig (Abb. 2 unten), dabei 13287 besonders gross mit einem schnurartigen Ornament.

Töpfe mit Ösen (Abb. 2 oben), dabei 12928 mit Fufs. — Desgl. ohne Rand und Ösen, aber mit einem Ausgufsloch.

Flaschen mit Ösen, unten abgerundet.

Becher, Näpfe, Schalen, dabei 12775 Napf aus grünem Stein von vortrefflicher Arbeit (Abb. 2 unten). — 14111 desgl. mit zwei eingeritzten Hieroglyphen. — 14112 aus grauem, durchscheinendem Stein.

Näpfchen mit Ausgufsröhren, 12778 besonders schön.

13213 in Gestalt eines Antilopenschenkels, das Bein ist vom Schlachten her noch aufgebunden, der Oberschenkel ist zur runden Schale erweitert (Abb. 1 unten).

Kleine Gefäfse verschiedener Form, dabei 13098 von flacher Gestalt, 12589 besonders zierlich.

14086. Grofser Napf aus Kupfer.

c) Platten zum Aufreiben der Schminke u. ä.

Dünne Platten grünen Schiefers in oft seltsamen Formen. Ihre Bestimmung zeigen Exemplare wie 12881, auf dem noch die grüne Schminke erhalten ist und 12879 mit den durch den Gebrauch entstandenen Vertiefungen. Dass sie angehängt getragen wurden, zeigen die Löcher, die die meisten haben.

In Tiergestalt, dabei 11341 Nilpferd, die Augen aus Elfenbein. — 10505 Schildkröte, desgleichen — Fische — 12878 schwimmende Ente.

Verschiedene dreieckige grosse Platten, oben mit Vogelköpfen. — Rhomben, besonders häufig, dabei 10960 an

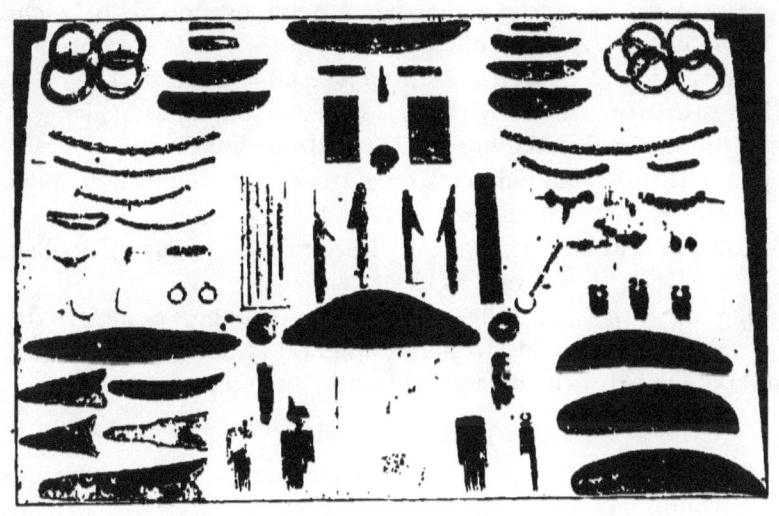

Abb. 3. Schmucksachen, Waffen u. a. Aus Gräbern der ersten Dynastien.

einem Ende mit Vogelköpfen (?) (Geschenk W. v. Landau 1891.) — 12891 rechteckig, von Linien eingefasst. — Kreisrund oder mondförmig, dabei 12874 mit drei Zacken. — Unregelmäfsige.

12877 Glatte, unregelmäfsig, darauf eingeritzt ein Krokodil, von oben gesehen. (Vergl. die beigelegte Zeichnung; Abb. 3 Mitte.)

12918 Feuersteine, schwarz und gelb, wohl zum Reiben der Schminke benutzt.

d) Schmucksachen.

Ketten aus kleinen Perlen teils in Karneol, Lapislazuli, grünem Feldspath, Korallen, teils in glasiertem Stein oder Thon (sogenannter Fayence) (Abb. 3).

I. Aus den drei ersten Dynastien (um 3000 v. Chr.).

Desgleichen aus gröfseren Stücken, Karneol, Muscheln
u. a. An 12849 eine längliche Fayenceperle, eine Königsschlange (S. 31) und ein Anhängsel aus Knochen.
Halskragen aus Perlmutterplättchen, die durch kleine Perlen
von einander getrennt waren. Die letzteren modern
ergänzt.
Anhänger in Cylinderform mit eingeschnittenen Verzierungen, 12848 an einer Kette von Lapislazuli.
Anhänger aus Muscheln, die Sitte, solche Stücke zu
tragen, bestand bis ins m. R. (S. 200).
4943 Anhänger aus Quarz in Perlenform.
Armringe aus Knochen; davon neun auf derselben Leiche
gefunden (Abb. 3 oben).
Fingerringe aus Knochen, mit Knöpfen verziert.
Haarnadeln aus Knochen, die eine mit einer schlangen-
ähnlichen Verzierung (Abb. 3 Mitte, links).
Haarkämme zum Schmuck eingesteckt, auf dem einen noch
ein Straufsenähnlicher Vogel (Abb. 3 unten).
Schmuckstücke unklarer Bestimmung aus Knochen,
z. T. in Form von Stofszähnen.
Desgleichen, Plättchen aus dem grünen Schiefer der
Reibeplatten, mit Hörnern darauf (?) (Abb. 3 rechts, Mitte).
10045. Desgleichen aus Feldspath, unerklärt.

e) Schnitzereien.

13797. Plättchen mit Reliefs aus einer Muschel (?) geschnitten, von oben nach unten durchbohrt; vielleicht als
Schlufsstück einer Halskette getragen — Einerseits: ein
Rind und ein Bock mit Halstroddeln geschmückt, wie
es noch später Sitte ist. Neben ihnen ein Flufs mit
Fischen. Oben eine Hacke, wie man sie in Aegypten
braucht (S. 224) und andere Geräte. — Andererseits:
Herde schreitender Widder. — (Herkunft unbekannt.)
12870. 12869. Menschliche Figuren aus Knochen, mit
spitzem Bart und eingesetzten Elfenbeinaugen. Bei 12870
auf dem Kopfe ein Topf.
14208. Grosser Zahn, oben geschnitzt ein bärtiger Männerkopf. An einer Öse getragen.

f) Waffen.

Die Feuersteinwaffen dieser Zeit stehen weit über den rohen
Steinmessern, die die späteren Aegypter noch benutzen; augenscheinlich
hat die Verbreitung metallener Waffen diese alte Kunst später zu

Grunde gerichtet. Bei den besseren Stücken ist der Stein erst im Groben zugehauen, dann im Ganzen abgeschliffen und zuletzt durch nochmaliges sorgfältiges Behauen geschärft. Die Schneide ist meist sägeartig gezähnt.

Messer, hatten jetzt fehlende Griffe, die meist wohl nur in einer Umwicklung des einen Endes bestanden. Dabei: 10967, 10968 besonders schön. — 12894 die Stelle des Griffes an der roten Färbung kenntlich (Abb. 3 unten rechts). — 12901 klein, stärker gekrümmt. — 12896 Dolchartig (Abb. 3 unten links).

Lanzenspitzen. Vorn gabelförmig, dabei 12893, 12895 besonders gute Arbeit (Abb. 3 unten links).

Rohere Stücke, z. T. grob gezähnt und klein, wohl meist Messer (Abb. 3 oben).

Harpunenspitzen, oben ein Widerhaken, unten ein Zacken zur Befestigung der Leine, mit der der Jäger das harpunirte Tier an sich zieht (Abb. 3 Mitte). Dabei 12860 aus Horn. — 12858 Knochen. — 12863 Kupfer, mit der vorigen zusammen gefunden.

Pfeilspitzen aus Bergkrystall und Feuerstein.

Keulenteile. 12910 von der gewöhnlichen aegyptischen Form. — 12920 hammerförmig. — 14206 viereckig. — 12913 von ungewöhnlicher Form.

Steinbeile: 14065. 14066 aus Nephrit — 12525. 12526 aus der Stadt Koptos.

g) Geräte.

12873. Löffelchen aus Knochen, etwa zu Salben. (Vgl. S. 202.) (Abb. 3 Mitte.)

13099. Kupferner Meifsel oder ein ähnliches Werkzeug (Abb. 3 Mitte.)

Nadeln aus Kupfer (Abb. 3 oben). 12867 mit umgebogenem Öhr. — 12868 sechs mit durchschlagenem (zusammen gefunden).

Spinnwirtel, aus Kalkstein.

h) Figuren zur Bedienung.

Die rohen Figuren von Männern und Frauen, die den Toten bedienen sollen, siehe unten S. 41. Andere weibliche sitzende oder stehende Figuren werden dem Toten als Beischläferinnen beigegeben. Nach einer Sitte, die auch später sich noch bei solchen Figuren findet, werden die Unterschenkel bei ihnen fortgelassen.

12707. Sitzende Frau, von einer Beleibtheit, wie sie noch heute in Afrika als Schönheit gilt; auch die Arme sind hier

40   I. Aus den drei ersten Dynastien (um 3000 v. Chr.).

fortgelassen. Unbekleidet, am Hals ein grün aufgemaltes Band. Aus ungebranntem Thon.

i) Spiel.

Wie man später (S. 220) dem Toten sein Brettspiel zu seiner Unterhaltung im Jenseits beigiebt, so werden auch hier Spiele anderer Art ins Grab gelegt. Vgl. auch die Steinkugeln unter k.

13868. Spieltafel, darauf eine zusammengeringelte Schlange, deren Leib durch Kerbe geteilt ist. In der Mitte neben dem Kopf ein Loch, wohl das Ziel des Spiels. (Vgl. die ausgehängte Zeichnung nach einem Bild des a. R.) — K. (Geschenk v. Bissing 1897.)

k) Zwei Gräber zu Negade.

Erworben 1897 durch Dr. Borchardt. [Aeg. Zeitschr. 1896, 158.]

Erstes Grab.

13801. Schiff aus rotem Thon, mit Angabe der Querbalken; einzelne Linien sind mit dunklerer Farbe aufgemalt. War bereits im Altertum zerbrochen und mit Fäden zusammengeflickt. Dem Toten gewiss schon ebenso wie im m. R. (S. 75) beigegeben, damit er über die Seen am Himmel fahren könne.

13810. Ochsenkopf aus Thon, bemalt. Die Hörner nach vorn gebogen, abweichend von der späteren Sitte. Ob als Speise beigegeben?

13812. Siegelcylinder, dargestellt etwa ein Tempel mit Umzäumung (?), ein Baum und drei Fische. Die Sitte, mit walzenförmigen Steinen, die man über den Thon rollt, zu siegeln, muss in dieser Zeit, wie die vielen erhaltenen Abdrücke zeigen, auch in Aegypten allgemein gewesen sein; später findet sie sich hier nur noch vereinzelt (Abschn. XIII, A, a), während sie in Babylonien bis in die späteste Zeit hinein herrschend geblieben ist.

13815. Muschelförmiges Schmuckstück (wie unter d) aus rot und weißem Stein.

13811. Steinkügelchen, vermutlich von einem Spiel.

Reibeplatten als Fische gestaltet, wie oben unter c.

Feuersteinwerkzeuge, dreieckig, wohl nicht Pfeilspitzen.

Töpfe mit Schiffsbildern. Oben zwei Schiffe mit vielen Ruderern und zwei Kajüten; an der hinteren Kajüte eine Stange mit einem Abzeichen, an dem Vorderteil ein

B. Privatgräber.

Zweig oder ähnliches (vgl. die ausgehängten Zeichnungen). Unten busch- und fächerartige Verzierungen. — Aufserdem noch bei 13824 ein Mann und ein Hirsch. — 13826 oben Männer und tanzende Frauen, unten ein Hirsch. — 13822 zwei Segel?

13827. Topf mit Straufsen oder ähnlichen Vögeln.

Töpfe mit Schnecke linien, dabei 13829 kleines Doppelgefäfs (Abb. 1 unten).

13830. Dreifaches Gefäfs, drei Körper mit einem gemeinsamen Hals.

13828. Flaschenähnliches Gefäfs mit drei Einschnürungen, vgl. die ähnlichen aus späterer Zeit.

Zweites Grab.

13834. Schiff mit Kajüte, von anderer Gestalt als das obige. Darin drei Thonfiguren von gröfster Rohheit (Abb. 1 oben).

13832. Frau in einem grofsen Gefäfs; wahrscheinlich zerstampft sie die Gerstenbrode, aus denen das Bier bereitet wird. Wie die folgenden Figuren dem Toten zur Bedienung beigegeben (Abb. 1 oben).

Figuren von Männern, zwei, die etwas auf den Schultern herbeitragen, 13809 nach vorn gebeugt, 13808 die Arme auf dem Rücken, vielleicht ein Gefangener.

13805. Ochse, dem Toten wohl als Nahrung beigegeben (Abb. 1 oben).

1) Aus den Gräbern bei Silsilis.

Thongefäfse in den oben besprochenen Formen, z. T. noch mit ihrem Inhalt: dabei 13954 bauchiges Gefäfs, dessen Bemalung Granit nachzuahmen scheint. — 13938 Schale mit Haaren (vgl. S. 33). — 13958 mit Gerste. — 13935 zwei Schalen ineinander, in der äufseren Asche und Knochen, in der inneren Erde. — 13975 mit welligem Henkelansatz, darin Knochen.

Platten zum Aufreiben der Schminke: Vogel, Fische u. a.

Schmuckstücke: Teile von Elfenbeinringen und einem Amulett (?) aus Knochen.

Perlen aus ungebranntem Thon.

II. Aus dem alten Reiche.
Etwa 2800 bis 2500 v. Chr.

Wohl infolge besonderer religiöser Anschauungen, die in den oberen Klassen des Volkes Geltung gewonnen haben, suchen diese ihren Leichen eine ewige Dauer zu sichern, indem sie sie in sorgfältiger Weise bestatten und über ihnen gewaltige Steinbauten (Pyramiden, Mastabas) auftürmen. Diesen Gräbern der Vornehmen verdanken wir fast alles, was wir von dem a. R. wissen; die mittleren und unteren Stände, die noch nicht in dieser Weise bestatten, bleiben uns daher fast unbekannt, wie denn auch sonst unsere Kenntnis dieser Zeit noch eine sehr einseitige ist.

A. Aus einem Tempel?

Der Bau, dem die folgenden Steine entstammen, war errichtet, als König Ra-en-user (S. 10) das Jubilaeum seiner Regierung beging und enthielt eine Darstellung des damals gefeierten Festes. Wie einige Steine zeigen, war er unvollendet geblieben. Über ein ähnliches Bauwerk später Zeit vgl. S. 229.

14089. Der König mit der Krone von Oberaegypten, in dem für dieses Fest üblichen Gewande; in den Händen Geifsel und Hirtenstab. Vor ihm Leute, die heilige Zeichen auf Stangen tragen. — (Vermächtnis des Dr. O. H. Deibel 1898.) K. h. 50 cm.

14090. Die Prinzen werden in verdeckten Sänften herbeigetragen; Beischrift: *die Königskinder* und *auf der linken Seite stehen*. - - (Vermächtnis des Dr. O. H. Deibel 1898.) K. h. 73 cm.

Andere Bruchstücke derselben Bilderreihen, nur z. T. verständlich. Dabei: 14091 rechts oben vielleicht die Ausschmückung des Königs, dessen Fufs von *Freunden* gepflegt wird; dahinter der *Vorlesepriester* und ein Bogenträger. — 14092 der König stehend, einen Stab in der Hand; den Oberkörper mufs man sich wie bei 14089 denken. Auf dem Bild dahinter war ein Schiff, auf dem der König etwa zum Feste gefahren ist. — 14093

Kopf des Königs mit der unteraegyptischen Krone. —
14094, 14095 Leute, die heilige Zeichen (Kuh, Sperber)
auf Stangen tragen; in der Reihe darunter Leute, deren
Szepter und Kopfschmuck einen Schakalkopf trägt. —
14096 der Raum hinter dem König durch eine Mauer
begrenzt. — 14097 Zwei Leute tragen kleine Barken
mit Bildern heilige Tiere (1898).
14098 Von der Decke der Halle, die als Himmel mit
Sternen gedacht war (1898).

B. Aus den Königsgräbern (Pyramiden).

Die Pyramiden, die zumeist aus Hausteinen bestehen, enthalten
in ihrem Innern eine Kammer für den Sarg, zu der ein enger, nach
der Bestattung verschlossener Gang führt. (Vgl. die Bilder 1 und 2
an den Wänden des Säulenhofes.) Zur Darbringung der Opfer dient
ein vor der Pyramide belegener Tempel. Beide haben in der Regel
weder Inschriften noch sonstige Dekoration. Die Pyramide wird stufen-
förmig erbaut, erhält aber durch eine besondere Bekleidung, die heut
meistens fehlt, die regelmässige Gestalt. Wie fast alle Gräber Aegyptens
sind auch die Pyramiden schon im Altertum ausgeraubt und beschädigt
worden; die Könige der saïtischen Zeit (S. 17) haben in ihrer Liebe
für diese ältesten Epochen ihres Landes sie dann zum Teil wieder
hergestellt.

Aus der Stufenpyramide von Sakkara.

Grosse, in mehreren Stufen gebaute Pyramide des Königs Zoser
(Dyn. 3); die von Minutoli darin gefundenen Gegenstände gingen mit
seiner ersten Sammlung unter. Vgl. die ausgehängte Photographie.

1185 Thür aus einem Innenraum, von dem Herstellungs-
bau der Spätzeit, der aber wohl die ursprüngliche Aus-
stattung nachahmte. Die mit Fayencekacheln ausgelegten
Wände ahmen eine Bespannung mit Schilfmatten nach;
an der Decke der Thür das für Zimmerdecken beliebte
Muster des Sternhimmels. Vorn die Titel des Zoser. —
(Lepsius) K. h. 1,26 m. [Phot. — LD II, 2 f.; Minutoli,
Reise, Taf. 28.]

1162 Stein aus demselben Innenbau ohne die Kacheln;
man sieht die Rillen, in die die Kachen gelegt waren
und die Löcher, durch welche die die Kacheln haltenden
Drähte liefen. — (Lepsius) K. h. 50 cm.

Aus den Pyramiden von Gise und Abu-roasch.

Die Pyramiden von Gise (die 3 „grofsen Pyramiden") stammen
aus Dyn. 4.

Modell der grofsen Pyramide des Cheops (S. 9) aus einem Stein derselben. Jetzt 137 m hoch, die einzelnen Stufen ca. 1 m; die Stufen waren früher durch eine Bekleidung von schrägen Blöcken verdeckt. Vorn der Eingang. — (Gesch. Lepsius 1880.) K. h. 46 cm.

Steine von den Pyramiden, dabei 1340 aus Abu-roasch, mit einer roten Aufschrift der Steinarbeiter. — 1335, 1339, 1341 von der Bekleidung der zweiten Pyramide, jetzt mit gelbem Niederschlag bedeckt. — 1334, 1342 Mörtel ebendaher. — 1338 von einem Gebäude östl. v. der grofsen Pyramide, mit den Einschnitten der Steinsäge.

Bruchstücke von Statuen aus den Pyramidentempeln: 14009 von den Statuen des Cheops (Gesch. Borchardt). — 1165 von einer Alabasterstatue des Chafre, aus der Spätzeit. (Vgl. S. 17.)

Aus den späteren Pyramiden von Sakkara.

Diese Pyramiden aus dem Ende der Dyn. 5 und aus Dyn. 6 waren verhältnismäfsig klein und sind heut fast gänzlich zerstört (vgl. die ausgehängte Photographie). Sie sind aber für die Wissenschaft höchst wichtig, da sie, abweichend von den älteren, lange Inschriften enthalten, in denen Sprüche, die sich auf das Leben nach dem Tode beziehen, zusammengestellt sind. Diese Sprüche, die sogenannten Pyramidentexte, sind weitaus das älteste, was wir von aegyptischer Litteratur besitzen und stammen z. T. gewiss aus vorhistorischer Zeit. *)

7730 Aus der Pyramide des Pepi I. Aus den Zauberformeln gegen Schlangen. — (Dutilh) h. 24 cm.

7727 Aus einer anderen Pyramide (Kap. 281); die Schrift grün ausgefüllt. Man erkennt: *zum Himmel, zum Himmel, gegenüber* . . . . . und *„O, wohin gehst du denn, du Sohn meines Vaters?" „Ich gehe zu den neun Göttern"* . . . Es ist die Rede von der Himmelfahrt des Toten. — (Dutilh) K. h. 52 cm.

7715 Gefäfs, vielleicht aus der Pyramide Pepi's I., die darauf als Frau mit einem Brett mit Wasserkrügen dargestellt ist. Mit dem Datum des ersten Regierungsjubiläums. — (Dutilh) Al. h. 52 cm.

8057. Mumienbinden König Pepi's I. (S. 10) aus seiner Pyramide. Ursprünglich weifs, aber durch den bei der Balsamierung verwendeten Asphalt gefärbt. Besonders fein die oberste; die dritte von oben gesäumt. — (1881 durch Brugsch.) Leinwand.

---

*) Proben daraus in dem oben (S. 20) angeführten Handbuch.

8058 Mumienbinden des Königs Mer-en-re (S. 10), die oberste gesäumt. — (1881 durch Brugsch.) Leinwand.

8059 Rückenwirbel und Teile der Rippen des Königs Mer-en-re (S. 10); über die Art der Einbalsamierung des a. R. ist kaum etwas bekannt, die Mumien sind meist zerfallen. — (1881 durch Brugsch.)

C. Aus den Privatgräbern.

Die Gräber der Vornehmen liegen um die Pyramiden ihrer Herrscher her. Sie bestehen 1. aus der Sargkammer im Felsen, nur durch einen Schacht, den „Brunnen", zugänglich; 2. aus der sogenannten „Mastaba", einer rechteckigen Steinmasse mit schrägen Wänden (vgl. das Modell S. 50), die den Eingang des Brunnens deckt. Die Verehrung des Toten seitens der Hinterbliebenen besteht besonders in Darbringung von Speisen zu seiner Ernährung. Sie erfolgt ursprünglich vor einer Nische in der Ostwand der Mastaba, der „Scheinthüre"; diese ahmt eine Thür nach, den Eingang ins Totenreich (vgl. die Nachbildung an Wd. XIII von Saal IV). Meist ist aber diese Nische zu einer kleinen Kammer vertieft, die mit Inschriften und Reliefs geschmückt ist und die nun ihrerseits in der Westwand eine Scheinthüre hat. Vor der Scheinthüre liegen die Steine, auf die man die Speisen für den Toten legt. — Neben der Opferkammer befindet sich ein ummauerter kleiner Raum, der sogenannte „Serdab", in dem die Statue des Toten sitzt; in der Regel führt ein Spalt von hier in die Opferkammer, durch den der die Statue bewohnende Geist, der Ka (S. 24), an den Opfern und Räucherungen teil nimmt.

Gegen Ende des a. R. ändert sich manches in den Bestattungsgebräuchen. So werden für die Angehörigen des Toten im Grabe besondere Scheinthüren angebracht, die oft nur sehr klein sind. Auch werden jetzt in Provinzialstädten Gräber gebaut, besonders in Abydos, der heiligen Stadt des Totengottes Osiris. Diese sind meist von unbedeutender Gröfse und ihre kleinen, oft rohen Scheinthüren verlieren allmählich ihre charakteristische Gestalt und werden zu einfachen Grabsteinen, wie sie seit dem m. R. dann allein üblich sind.

a) Opferkammern und ihre Teile.

1105. Opferkammer des Meten, Verwalters mehrerer Gaue (zumeist des Delta), Hohenpriesters von Letopolis und Oberjägermeisters des Königs. Er scheint unter Snofru (S. 9) gestorben zu sein; der Stil des Grabes ist sehr altertümlich, auch weichen die Inschriften inhaltlich von denen anderer Mastaba's ab.

Über der Thür auf dem runden Balken der Name des Verstorbenen. Die Balken der Decke ahmen Baumstämme nach.

a) Drei Bauern, die Speisen zum Opfer bringen. Inschrift, die seine Besitzungen schildert, z. B. *ein Haus von 200 Ellen Länge und 200 Ellen Breite, erbaut an einem schönen Garten (?), in welchem ein Teich angelegt ist, mit sehr vielen Feigen und Weinstöcken . . . . . Ein Garten (?) mit sehr vielen Feigen und Weinstöcken, (in dem) sehr viel Wein gewonnen wird.*

b) Drei Bäuerinnen mit Speisen. Inschrift, die seine amtliche Laufbahn erzählt.

c) Die Scheinthür, auf der Meten wiederholt dargestellt ist; das eine mal scheint er die Thür zu durchschreiten. Auf der Tafel über der Thür sitzt er beim Male (langes Kleid), der Tisch ist mit Schilfblättern belegt; daneben Liste der Kleider, Geräte und Speisen, deren er bedarf.

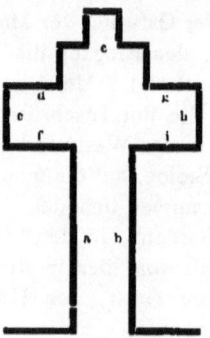

d) Meten als Verwalter der Wüste und Oberjägermeister sieht der Jagd zu, die in e dargestellt ist. Vor ihm kleine Wüstentiere (Igel, Hase, Springmaus). Beachte in der Inschrift das Zeichen des Jägers mit dem Hund.

e) Unten die Jagd, Windhunde packen Gazellen und Steinböcke. Darüber bringen Diener Leinwand, Hausrat und Wasser. Oben Meten als alter beleibter Mann in langem Kleid; vor ihm Opfernde.

f) Unten werden ihm Gazellen gebracht; oben bringen Diener die Ausstattung des Grabes (Kasten, Sack, Wasser, Oel, Sandalen u. a.).

g) der Tote in Festtracht (Pantherfell); ein Priester spendet ihm Wasser, die Arme des Opfernden sind in ungewöhnlicher Weise gezeichnet.

h) Spalt zum Serdab, in dem die Statue des Meten (1106 Abb. 4) sich befand. — Unten vier Ständer mit Schalen zu Opfern. Darüber vier Bäuerinnen mit Speisen und Wasser. Oben zwei Priester vor dem Toten; der

Abb. 4. 1106 Statue des Meten aus seinem Grabe.

eine spendet ihm Wasser, der andere vollzieht ihm die Ceremonie der *Mundöffnung*, die zu den Gebräuchen der Bestattung gehörte.

48 II. Altes Reich (2800—2500 v. Chr.).

i) Unten wieder Wasserspende und *Mundöffnung*. Darüber Diener mit Stock, Sandalen, Leinwand, Krug und dem als Kopfkissen dienenden Gerät (vgl. S. 75). Oben Zerlegen des Opferstieres; ein Diener trägt das Herz und ein Rippenstück fort. — (Lepsius aus Sakkara.) [Gips: einzelne Teile; — L D II 3—7; Plan L D I 38.]

1107. **Opferkammer des Prinzen Mer-eb**, der als Sohn des Königs Cheops neben der grofsen Pyramide von Gise bestattet war. Er war *Schatzmeister des Gottes*, d. h. der hohe Beamte, dem das Herbeischaffen wertvoller Steinblöcke und anderer Kostbarkeiten oblag, und befehligte als solcher auch Schiffe und Soldaten. Seine

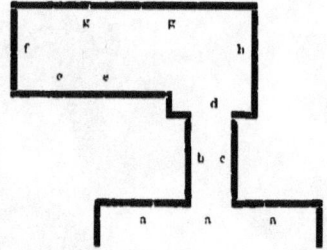

Mutter Sedit war ebenfalls eine Prinzessin und ist deshalb auf den Bildern neben ihm dargestellt, während seiner Gattin keine Erwähnung geschieht. — Da der verwendete grobe Stein keine feinere Ausführung erlaubte, waren die kleineren Reliefs nur skizziert und alles Detail durch die (jetzt verlorenen) Farben wiedergegeben. Vgl. die ausgehängten Abbildungen der Kammer im ursprünglichen Zustand. Der untere Teil der Wände war als Holztäfelung bemalt.

a) (Aufsen) oben Opferformel (S. 59) und Aufzählung der Feste, an denen dem Mer-eb geopfert werden soll. Auf dem runden Balken der Thür sein Name. — Auf beiden Seiten der Thür steht Mer-eb mit Szepter und Kommandostab (rechts in Festtracht mit langem Haar und Pantherfell); neben ihm seine Söhne, deren einer, *Mereb der Kleine*, als Schreiber eine Buchrolle und Federn (hinterm Ohr) trägt (Abb. 5). [Phot.]

b) Mer-eb blickt gleichsam aus dem Grabe heraus und *besicht den Schatz, den ihm das Königshaus bringt: Gewebe, ... Weihrauch, grüne und schwarze Schminke und Salböl*. Vor ihm ein Sohn und zwei Töchter; die kleinere fafst an

C. a. Opferkammern.

seinen Stock und hält eine Blume. Dahinter Opfertiere (Rind, Kalb, Gazelle).

c) Mer-eb (neben ihm wieder *Mereb der Kleine*, diesmal noch als nacktes Kind) *besieht das Totenopfer, das ihm das Königshaus bringt: tausend junge Ochsen, tausend junge Gazellen u.s.w.*

Abb. 5. 1107 Opferkammer des Mer-eb (nach Mertens).

Vor ihm ein Schreiber mit der Liste der Opfer und ein anderer mit Ölen und Geweben.

d) An der Thür das Loch der Angel und die leere Fläche, wo sie anschlug. — Über der Thür zwei Schiffe, in denen Mer-eb fährt, und zwar *zum Opferfelde*, dem Gefilde der Seligen am Himmel. Unten Ruderschiff, oben Segelschiff, dessen Mast aus zwei Stangen besteht; an der Spitze

Aegyptische Altertümer. 4

eines jeden der Pilot mit dem Stab zum Lothen, hinten die Steuerleute mit grofsen Rudern. In beiden Schiffen auf dem Deck Kajüten.

e) Links der Tote und seine Mutter (an den Kleidern noch Farben), rechts der Tote allein. Dazwischen: unten Schlachten des Opferstieres, darüber Diener mit Gazelle, Kalb, Gans und Leinwand; oben: Bauern und Bäuerinnen bringen Speisen zum Grabe, neben jedem der Name des Dorfes, das er vertritt.

f) Mer-eb, seine Mutter und einer seiner kleinen Söhne; vor ihnen vier Opfernde (der zweite von unten räuchert).

g) Zwei Scheinthüren, die beide die Namen und die Bilder des Mer-eb tragen; an den Innenseiten Näpfe auf Ständern. Ueber der rechten Thür Opfer vor dem Toten; rechts neben ihr *Totenpriester*, der oberste mit ungewöhnlich gezeichneten Armen, — Der Grund der Thüren war als roter Granit bemalt.

Zwischen den Thüren: Mer-eb mit fünf Kindern; Diener bringen zahme und wilde Tiere, Vögel, Leinwand, Szepter und Fächer, Brote, Fleisch u. a. m. Darüber Schreiber.

Links von den Thüren: Mer-eb *besicht die Weberei*, vor ihm ein Diener mit Leinwand und ein Schreiber mit der Liste. Unten Diener mit Speisen (dabei eine Gans am Spiefs) und Zerlegen einer Gazelle.

h) Der Tote *besicht die Opferliste*, die ihm die Schreiber überreichen; hinter dem einen sein Aktenbehälter. Oben (d. h. hinten) Tische mit Früchten und Brote in Näpfen, oben hängt Fleisch an einem Gestell. An der Hauptfigur hat der Bildhauer nachträglich seine Zeichnung verbessert; die Änderung war durch (jetzt fehlenden) Stuck verdeckt. Unten Zerlegen eines Stiers, Diener mit Speisen, Wasserspende. — (Lepsius.) [LD II 18—22; Plan LD I 22.]

Modell der Mastaba, der die vorstehende Opferkammer des Mer-eb entnommen ist. Sie ist etwa 22 m lang, 14 m breit und 5 m hoch. Zwei Brunnen von 20 m Tiefe gehen vom Dache aus durch die Mastaba hindurch zu den unten im Felsboden liegenden beiden Sargkammern. Den Kern der Mastaba bilden rohe Blöcke, nur die Aufsenwände sind aus behauenen Steinen aufgeführt.

1108. Opferkammer des Ma-nofer, der am Hofe des Esse (Dyn. 5) *Oberhaarmacher* war, d. h. für den Kopfschmuck und die Perücken des Königs zu sorgen hatte.

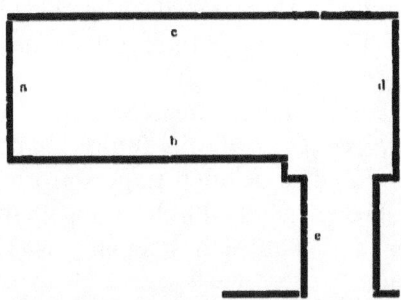

Jetzt so geöffnet, dass die Scheinthür a die Mitte der Wand einnimmt; e und b liegen links, c rechts von der Scheinthür, d liegt auf der Nebenwand. Aus der Blütezeit der Kunst des a. R., den berühmten Gräbern des Ti und Ptah-hotep (Abschn. XIV, B, b) gleichzeitig; man beachte die vorzügliche Modellierung bei flachstem Relief. Unvollendet (besonders Wand d und e); die Bemalung war nur oben in b begonnen.

a) Die Scheinthüre; in schöner Schrift die Titel des Ma-nofer und die Opferformel (S. 59): *Ein Opfer, das der König giebt, ein Opfer, das Anubis giebt; er werde begraben in der Gräberstadt im westlichen Gebirge als ein von seinem Herrn Geehrter und von seinem Herrn Geliebter. Ein Opfer, das Osiris, der Herr von Busiris giebt; er wandele auf den schönen Wegen, auf denen die Ehrwürdigen* (d. h. die seligen Toten) *wandeln* u. s. w. (Abb. 7.) [Phot.]

b) oben rechts der Tote auf einem Lehnsessel beim Mahle. Der Speisetisch ist mit Schilf belegt, daneben stehen Speisen (Gänse, Fleischkeulen, Brote, flache Körbe mit Feigen u. s. w.) und Blumen, sowie Gefäfse auf Gestellen. Dann Tische mit Broten und Blumen, Flaschen auf Gestellen u. a. m. Ueber dem Ganzen die übliche Liste der Speisen, die man dem Toten wünscht. Ueber der Thür ebenfalls Flaschen, Körbe, Tische u. s. w.

unten: der Tote stehend (in den Händen Szepter und Band) *besieht die Gazellen, Ochsen und Vögel, die aus den Dörfern des Stiftungsgutes gebracht werden*, d. h. also das Vieh, das bestimmte Dörfer für die Totenopfer in seinem Grabe zu liefern haben. [Phot.]

II. Altes Reich (2800—2500 v. Chr.).

In der obersten Reihe voran der Schreiber (zwei Federn hinterm Ohr), der die Liste des Wildes aufnimmt; er verneigt sich vor dem Herrn. Dann Diener mit Antilopen und Steinböcken, der letzte mit zwei Hasen; über jedem Tiere sein Name, die Namen der Diener sind erst vorgezeichnet.

Zweite Reihe: hinter dem Schreiber vier Hirten mit ebensoviel *jungen Ochsen*, ein fünfter *guter junger Ochse* folgt ungeleitet. Die Rinder tragen grofse Troddeln aus Schilf; die Hirten sind durch mangelhafte Bekleidung, durch Bärte und natürliches Haar als halbe Barbaren gekennzeichnet.

Abb 6. 1108. Aus der Opferkammer des Ma-nofer.

Dritte Reihe: Auf den Schreiber Ptah-nefr-chuu folgen Hirten und Diener mit vier *jungen Ochsen*; dem vorletzten ist das eine Horn verbogen. (Abb. 6 oben.)

Vierte Reihe: das Federvieh. Fünf Kraniche (nach der Überschrift verschiedene Arten) und zehn Arten kleinerer Vögel in je drei Exemplaren, zumeist Gänse, aber auch Tauben und Wachteln (?). Die jetzt scheinbar gleichen Vögel sollten durch die Farben unterschieden werden. (Abb. 6 unten.)

c) oben Gegenstück zu der Darstellung oben in b; unvollendet.

unten: Der Tote stehend *besieht das Herbeiführen des täglichen Totenopfers ..., das aus den Dörfern des Stiftungsgutes gebracht wird.*

In den oberen drei Reihen je 19 Diener mit den verschiedenen Gaben: Broten, Blumen, Fleischstücken, Gänsen u. s. w.; man beachte das getragene Kälbchen. — In der unteren Reihe das Schlachten und Zerlegen von fünf Opfertieren. Ganz rechts der *Priester*, der das Opfer begutachtet und erklärt: *es ist rein*. Dann dreimal das Abschneiden eines Vorderschenkels in der gleichen Weise dargestellt: der eine Schlächter zieht den Schenkel an, der andere schneidet ihn am Gelenke ein, ein dritter schärft sein Messer an einem Stab, den er am Schurz trägt. Bei dem vierten Tiere wird der Schenkel ganz abgelöst, bei dem fünften das Herz aus dem Leibe genommen. Links tragen Diener die abgeschnittenen Schenkel zum Grabe. Die Schlächter rufen sich zu: *halte dies!* Antwort: *ich thue es sehr gut* oder: *ziehe!* Antwort: *ich thue nach deinem Gefallen*.

d) Oben der Spalt zum Serdab (S. 45). Die Bilder, die die Gewinnung der Milch für die Opfer darstellen sollten, sind unvollendet.

oben (jetzt verblasst, vgl. die ausgehängte Abbildung): die Hirten auf dem Felde. Links stäubt ein Hirt die Gans ab, die er sich auf dem Herd gebraten hat, neben ihm sein Hausrat. Darunter links zwei Hirten, die Brot backen; der eine *knetet Teig* in einem Napf, der andere stäubt die Asche vom Brot. Daneben eine Hütte, in der ein Speisetisch steht und eine Gans hängt. Rechts läfst ein Hirt einen Ochsen niederknicen, dahinter Kälber.

unten *Melken* der Kühe, denen die Füfse gefesselt sind und Leute mit Milchkrügen: *das tägliche Herbeibringen der Milch*. In der untersten Reihe Zerlegen der Opfertiere (in der Mitte eine *junge Gazelle*), Fortsetzung von c.

e) Diener mit Opfergaben wie in c; unvollendet.

An den Wänden d und e läfst sich das Verfahren des Bildhauers gut verfolgen. Er markiert zuerst mit roten Linien und Punkten die Verhältnisse der Figur, skizziert sie dann mit roter Farbe und zeichnet sie endgültig mit schwarzer. Sodann wird der Grund zwischen den Figuren vertieft und mit der inneren Ausführung derselben begonnen. — (Lepsius aus Sakkara.) [LD II 65—70; Plan LD I 39.]

1115. Stiere vom Hirten geführt, der eine schwarz, der andere rot gefleckt; auf dem Hinterschenkel des zweiten ein Stempel: *Herde des Königsgutes, 43.* — Das Bild ist nur die Skizze zu einem Relief. Aus dem Familiengrabe, zu dem auch die vorstehende Opferkammer des Ma-nofer gehört. — (Lepsius) K. br. 67 cm. [Champ. Mon. 408,4.]

1135. Zwei Frauen bringen Speisen und ein Kalb. Aus demselben Grabe. — (Lepsius) K. br. 40 cm.

1114. Thor (Pfeiler mit Gebälk) aus den die drei Gräber einer Familie verbindenden Bauten. Oben in der Hohlkehle abwechselnd rote, grüne und blaue Streifen; auf dem Gebälk in grofser Schrift: *Der Verwandte des Königs, der Vorsteher der Güter des Palastes, Priester des Königs, der seinen Herrn alle Tage liebt, der Ehrwürdige, Ptahbau-nofer.* Auf den Pfeilern innen Bilder dieses Mannes; vorn r. sein Vater I-meri, l. sein Grofsvater Schepseskaf-onch; über ihnen die Namen von Königen (Cheops, Sahu-re, Nefer-er-ke-re und Ra-en-user), deren Priester sie waren. Hinten auf dem l. Pfeiler ein unvollendetes Bild. — (Lepsius aus Gise) K. h. 2,12 m. [Gips: einzelne Teile. — LD II 55; Plan LD I 21.]

1186. Thür der Opferkammer des Sechem-ka, Vorlesers (der heiligen Bücher); Dyn. 5, von schönem Stil. unvollendet. — Aufsen oben Opferformel an Anubis. — Innen auf dem Thürbalken der Name des Toten; auf den Seiten steht Sechem-ka jederseits, als blicke er den ihm Opfer Bringenden aus der Thür entgegen (ebenso S. 48, b). R. neben ihm sein Söhnchen Min-cha (nackt, Kinderlocke); ein Schreiber überreicht *die Aufzeichnung des Geschenkes,* das zwei Leute bringen. Inschrift unvollendet. L. neben ihm seine kleine Tochter Chent-kaus (ebenfalls Kinderlocke); die Fläche davor noch unbearbeitet. — Vor den Namen der Kinder sind die Worte *Sohn* und *Tochter* ausgetilgt; vielleicht waren sie später verstofsen. — (Lepsius, Gise) K. h. 1,45 m. [LD II 89 b. c.]

Aus der Opferkammer des Seschem-nofer.

Seschem-nofer war ein hoher Beamter unter König Esse (Dyn. 5). Aus Gise. (Lepsius.) [Phot.]

1130. Drei Beamte des Stiftungsgutes (d. h. der Dörfer, deren Einkünfte zur Unterhaltung des Grabes bestimmt sind) und ein Hirt, der einen Ochsen als *Geschenk* bringt. Die ehrfurchtsvolle Stellung des zweiten Schreibers zeigt, dafs sie vor ihrem Herrn stehen. — K. br. 1,10 m.

1128. Bäuerinnen als Vertreter der Dörfer des Stiftungsgutes bringen Speisen zum Grabe; die Dörfer sind nach dem Könige benannt: *Re will dass Esse lebe, Re lässt Esse gedeihen, Re befriedigt den Esse, Fluth des Esse* u. s. w. — K. br. 1,96 m. [LD II 80b.]

1129. Erntearbeiten: Oben r. Männer, die den Kornhaufen zusammenkehren; Wasserkrüge auf Ständern, wohl als Opfer für die Erntegöttin. L. Frauen worfeln; der *Aufseher der Dienerinnen* kehrt ihnen das Korn vom Haufen zu.

Unten r. Tenne, auf der Esel das Korn durch Zertreten dreschen; sie werden hin und *zurück* gejagt, der eine nascht dabei Körner. L. wird der Kornsack zugeschnürt: der Esel will nicht damit beladen werden, wird aber herbeigeschleppt mit dem Ruf: *lauf zu deiner Sache.* — K. br. 1,77 m. [LD II 80a.]

Aus der Opferkammer des Veziers Pehenu-ka.

Desselben Mannes, dessen Scheinthür S. 59 beschrieben ist. Schöne Bilder in sehr flachem Relief. Aus Sakkara. (Lepsius.)

1133. Zerlegen des Opfertieres, einer *Antilope*, ein Schlächter schneidet den Schenkel ab, der andere *schärft das Messer.* — K. br. 54 cm.

1134. Zwei Männer bringen Speisen zum Opfer. — K. br. 35 cm.

1132. Wüstentiere aus einem Jagdbild. Auf hügligem Boden drei Reihen Tiere; in der Mitte Stachelschwein, daneben ein Luchs (?), unten Windhund, der einen andern am Hals gepackt hat. — K. br. 46 cm. [LD II 46.]

1131. Grofses Segelschiff (der Mast aus zwei Stangen wie S. 49, d), mit 30 Rudern und 5 Steuerrudern; da es segelt, sind die Ruder hoch genommen. Vorn zwei Piloten, mit den zum Loten dienenden Stangen (wie noch heut auf den Nilschiffen) und der Kommandierende mit seinem Stab. Auf der Kajüte ein Matrose, der das Segel bedient. Vor der Kajüte Pehenu-ka, dem seine Schreiber während der Fahrt Vortrag halten. Unten: die gelandeten Matrosen laufen nach Haus; sie tragen Stricke, Stangen, Ruder, Kasten, Tiere u. a. — K. br. 1,16 m. [Phot. — LD II 45b.]

Aus der Opferkammer eines Chnem-hotep.

Er lebte unter König User-kaf (S. 10) und führt nur den Titel eines *Freundes*. (1898 durch Reinhardt.)

14099 der Tote und seine Frau, Chentet-ka, die ihn umfafst; sie trägt Halsband und Kragen, er hält ein Band (vgl. S. 31 oben). Hinter ihnen Diener, der oberste mit einem Wedel und einem eigentümlichen Stab. — K. br. 90 cm.

14100. Vogelfang mit dem Schlagnetz, wie er zum Einfangen der in Aegypten überwinternden Gänse und Enten betrieben wurde. Das grofse Netz ist auf einem Teich ausgespannt, in dem Lotusblumen wachsen. Zwei Arbeiter, denen ein dritter mit einem Tuch das Zeichen dazu giebt, fangen an es zuzuziehen; einige Vögel flattern schon auf und suchen das Netz zu durchbrechen, zwei grofse Wasservögel stehen wohl ausserhalb des Netzes. — K. br. 1,50 m.

14101. Nilpferdjagd, wohl auch aus diesem Grabe. Das Thier, das mit aufgesperrtem Rachen und umgewendetem Kopf halb im Wasser sitzt, ist von drei Harpunen getroffen und wird an das Boot herangezogen. Das Boot ist vorn mit einem Tierkopf geschmückt. Hinter diesem Bilde ragt das hohe Papyrusschilf des Sumpfes auf, auf dessen Kronen Vögel sitzen; ein Ichneumon beschleicht ein Nest mit jungen Vögeln. — K. br. 70 cm.

Aus dem Grab des Richters Wer-chuu.
Aus Dyn. 5 in Gise. (Lepsius.)

1136. Von der Liste der Speisen aus einer Nische der Rückwand. — K. h. 44 cm.

1123. Vom Rundstab, der diese Nische umgiebt. K. h. 47 cm.

1113. Von einer Statue des Toten aus dem Serdab (S. 45). Oberkörper und der nach der Mode der Dyn. 5 weit vorspringende Schurz, die Arme hingen herab. — K. h. 53 cm.

Aus verschiedenen Gräbern.

8800. Chui, ein hoher Palastbeamter (etwa Dyn. 4) mit Szepter und Kommandostab. Rechts oben ein Opferkrug. Gute Arbeit mit Angabe der Muskeln. — (1886.) K. h. 1,24 m. [Phot.]

14102. Ein Verstorbener und seine Frau, die einen Kranz mit Lotusblumen trägt; dabei ihre kleinen Kinder, ohne Angabe ihrer Namen, doch sind bei dem Knaben schon seine zukünftigen Titel *Richter und Schreiber* angegeben. — (1898 durch Reinhardt.) K. h. 1 m.

14103. **Fischstechen.** Der Tote, der eine Binde um das Haar trägt, fährt in einem aus Papyrus gebundenen Nachen in ein Papyrusdickicht hinein und sticht mit dem Speer zwei Fische auf einmal. Im Wasser l. andere Fische, r. Pflanzen. Zwischen den Füfsen des Toten sitzt seine Frau, bekränzt und riecht an einer Blume. Vier Schiffer stofsen den Nachen vorwärts. Das offene Wasser innerhalb des Dickichts erscheint in der Zeichnung aufgerichtet. (Vgl. S. 87, 1119.) — (1898 durch Reinhardt.) K. h. 1,35 m.

1137. Von einer Vogeljagd; der Tote, der mit *seinem grofsen Namen* (d. h. Beinamen) Ptah-ke-cher hiefs, schwingt das Wurfholz. — (Lepsius aus Gise.) K. br. 66 cm.

13266. Aus einem Bild der Sümpfe. Erhalten ein Nilpferd, das ein Krokodil im Rachen trägt. Darüber und darunter Lotusblätter und -knospen — (1897 durch Reinhardt). K. br. 33 cm.

14104. **Vom Bild eines Schiffes:** das Hinterteil mit den Steuerleuten; neben der Kajüte Ruderer und ein Mann, der eine Gans rupft. (1898 durch Reinhardt.) K. l. 30 cm.

14105. **Transport einer Kapelle?** Drei Leute ziehen eine Kapelle(?) auf einem Schlitten, die etwa die Statue des Toten enthalten könnte. Aus dem Grabe eines Ptah-schepses. — (1898 durch Reinhardt.) K. h. 70 cm.

14106 **Kontrole der Speiselieferungen.** Links hocken die *Scheunenschreiber* in zwei Reihen auf dem Boden, mit ihren Aktenkasten, Schreibzeug und Wassernapf. Vor ihnen die *Vorsteher des Brotspeichers*, des *Bierspeichers* und des *Kuchenspeichers*, die ihre Erzeugnisse in grosse Schalen thun. Dahinter Diener, die Speisen bringen. — (1898 durch Reinhardt.) K. l. 1,80 m.

14107. **Stampfen von Korn** oder ähnlichem; drei Leute arbeiten an demselben grofsen Mörser. Wohl aus demselben Grabe wie das vorige (1898 durch Reinhardt.) K. h. 40 cm.

1110. Kopf des Seschmu, *Schatzmeisters des Gottes* (S. 48) *in beiden Schiffen* (d. h. den Schiffen von Ober- und Unteraegypten), aus seinem Grab in Sakkara; vor ihm die Spitze des Szepters, oben eine unvollendete Inschrift. Dyn. 5. — (Lepsius) K. 50 cm.

7336. 7337. **Aus einer bemalten Grabwand.** Der *geliebte älteste Sohn* des Toten, der Schreiber und Richter Ptahonch-er. — (1872 durch Brugsch aus Medum.) K. 89 cm.

7708. **Diener mit Speisen** aus einem Grab der Dyn. 6. Der erste, Mer-pepi, heifst *der da thut, was seine Herrin lobt;* als Name des zweiten ist nachträglich Bebi in hieratischer Schrift (S. 28) eingekratzt. — (1877 durch Travers.) K. br. 40 cm.

1124. **Gebälk** aus dem Grabe eines *Vorstehers der Hauptstadt, des beim König geehrten, des Oberrichters und Veziers, Vorstehers aller Bauten des Königs, Obersten der Priester an der Pyramide „dauernde Stätte" des Königs Teti* (Dyn. 6); wahrscheinlich Namens Ka-gemni. — (Lepsius aus Sakkara) K. l. 2,04 m. [LD II 116c.]

1138. **Thürbalken** aus dem Grabe des Zez-em-onch, eines *Königlichen Verwandten und Hausvorstehers* des Königs. — (Lepsius, Gise) K. l. 53 cm. [LD II 152b.]

1150. **Thürbalken** aus dem Grabe *des Freundes des Palastes, des Obersten der Priester an der Pyramide „Grosse" des Königs Chafre, des beim grofsen Gott Geachteten und bei seinem Herrn Geachteten, des von seinem Herrn Geliebten, der täglich thut, was sein Herr liebt, des königlichen Verwandten Chafre-onch.* Dyn. 4. — (Lepsius aus Gise) K. l. 98 cm. [LD II 8.]

11666. **Aus dem Grab des Nefr-hotpu**, Verwandten des Königs und Beamten des Opfermagazins. War in den Fufsboden eingelegt als Fassung für die Thürangel. — (Gesch. Mosse) K. br. 50 cm.

14108. **Urkunde** aus dem Grabe desselben Tenti, dessen Statue (12547, S. 69) wir besitzen: *Der zum Totengut der Königlichen Mutter Hetep-hers gehörige Totenpriester Tenti; sein Sohn der Totenpriester Pepi sagt: Alle diese Leute, die mir gegeben worden sind von diesem meinem Vater als Eigentum, ich erlaube nicht dafs irgend jemand sich ihrer bemächtige.* Darunter stand die Liste der Leute; sie sollten wohl in seinem Grabe den Totenkult besorgen. (1898 durch Reinhardt.) K. h. 54 cm.

b) Grosse Scheinthüren und ihre Teile.

Die grossen Scheinthüren bestehen in der Hauptsache aus seitlichen Pfosten, einem runden Thürbalken und einer Tafel über der eigentlichen Thür, auf der der Tote dargestellt zu sein pflegt. Vgl.

C. b. Große Scheinthüren.

auch die farbige Nachbildung einer Scheinthür an Wand XIII von Saal IV [Phot.].

1125—1127, 1140 Scheinthür eines Setu, *der täglich seinen Herrn* (d. h. den König) *liebte, der von seinem Herrn geliebt ward, der von seinem Herrn geehrt ward.* Oben die sogenannte Opferformel, deren Hersagen dem Toten Nahrung schafft und die deshalb in den Gräbern aller Zeiten angebracht wird: *ein Opfer, das der König giebt, ein Opfer, das Anubis* .... *giebt: er werde begraben in dem westlichen Gebirge.* Innen oben der Tote beim Mahl, über dem Tisch die Liste der Speisen, Öle usw., deren er bedarf. R. davon die Frau des Setu, die *Königliche Verwandte* war und, wie die meisten Damen des a. R., bei den Göttinnen Hathor und Neith Priestertümer bekleidete. L. zwei seiner Untergebenen (oben *der Schreiber Tenti*) in der Stellung, in der man Vornehmen naht. — (Lepsius aus Gise, vier Steine Original, das andere nach Abklatschen ergänzt.) K. h. 1,85 m. [LD II 87.]

1120. Scheinthür des Pehenu-ka *Oberrichters und Veziers* (d. h. höchsten Beamten) unter den ersten Königen der Dyn. 5 (vgl. S. 55); er führt 22 seiner Ämter und Titel auf, z. B. *Vorsteher beider Getreidespeicher, Vorsteher beider Schatzhäuser, Vorsteher aller Arbeiten des Königs, Geheimer Rat aller Befehle des Königs* u. a. m. In den äußersten Zeilen die Opferformel: Anubis soll ihm geben, *dass er begraben werde in der Gräberstadt, im westlichen Gebirge,* nach *einem sehr schönen Alter, als ein bei dem grossen Gotte Geehrter.* — Der Tote ist nur unten dargestellt, mit Szepter und Stab, ein Amulett am Hals. — (Lepsius aus Sakkara; nur einige Stücke Original, das meiste jetzt nach Abklatschen ergänzt, da die Thür nach der Ausgrabung zerstört wurde.) K. h. 3,60 m. [LD II 48.]

1141, 1142. Von der Scheinthür eines Grabes der Dyn. 3, die ältesten derartigen Stücke in der Sammlung; der Tote war u. a. Priester des König Neb-ka. Unter den Hieroglyphen in 1141 links ein Tempel mit der Flaggenstange davor. — (Lepsius aus Abusir) K. h. 24 und 21 cm. [LD II 39 a, b.]

9054 eines I-meri, etwa Dyn. 5 (?). Vorn opfernde Verwandte: ein Mann, eine Frau mit Tochter, ein Mann mit vier Gänsen. — (1886 durch Travers). K. h. 1,22 m.

II. Altes Reich (2800–2500 v. Chr.).

8170 des Königl. Verwandten I-meri, etwa Dyn. 5: er und seine Frau Perti-ka beim Mahle. An den Seiten ein bei Scheinthüren beliebtes Ornament (z. B. 1120, S. 59). — (1881) K. br. 59 cm.

13466 des Speichervorstehers Setu; er sitzt mit seiner Frau Chepti beim Mahle, über dem Tisch die Liste von Speisen, Ölen, Schminken etc. L. die Söhne (der zweite mit Waschgerät), r. die Töchter; beide halten sich bei der Hand. Unten drei Männer, die Speisen bringen (der zweite eine gebratene Gans, der dritte zwei Krüge). Dann Frauen und Kinder, die eine riecht an einer Blume, die andere füllt etwas aus einem Krug in einen Napf, zuletzt ein schlachtender Diener und eine Frau mit einem Säugling — wohl alles Angehörige des Toten. In der Darstellung und im Stil manches Absonderliche. — (1897 durch Reinhardt.) K. br. 90 cm. [Phot.]

7969 des Kas-za, eines Vorstehers der Ländereien des Königs, der auch Priester des Königs Men-ke-re (S. 9) war. Er sitzt mit seiner Frau beim Mahl; auf dem Tisch drei Brote. Davor die Liste der Speisen. — (1879 durch Travers.) K. br. 1,21 m.

7767 des Königl. Verwandten Meru. Er sitzt mit *seiner von ihm geliebten Gattin, der Königl. Verwandten, der Priesterin der Hathor* Nefer-tes beim Mahl; unter dem Tisch ein Teller mit Brot und ein Wasserkrug im Napf. Aus Dyn. 4 oder 5. — (1878 durch Travers aus Sakkara). K. br. 48 cm.

8436. Der Tote allein beim Mahl; ohne Namen. — (1883) K. br. 39 cm.

7513 eines Totenpriesters Reti, der l. sitzend dargestellt ist, mit der Opferformel. — (Gesch. Travers 1876.) K. br. 37 cm.

11468, 11866 eines Ptah-nai. Auf dem einen Stein sitzt er mit seiner Frau beim Mahl; auf dem mit Schilfblättern belegten Tisch Brote und Wasserkrüge in Näpfen. Hinter beiden stehen Namen von Angehörigen. — Auf dem anderen Stein die Totenformel für Ptah-nai. Plumpe Arbeit. — (1893) K. br. 48 cm.

7728 eines Senu-onch, Vorstehers der Schreiber; er war auch *Priester des König User-kaf* (Dyn. 5). Aus Sakkara. — (Dutilh) K. h. 44 cm.

1143 mit den Königsnamen Esse und Snofru (S. 9f.), der letztere verschrieben; unten Reste eines Speisetisches. — (Lepsius.) K. h. 24 cm. [LD II 152e.]

7764. **Pfosten aus dem Grab des Prinzen Chesu**, *des grossen leiblichen Sohnes des Königs;* er war *Vorsteher des Südens* (d. h. Oberaegyptens) und leitete aufserdem die Priester an den Pyramiden „*Von dauernder Schönheit*" und „*Von glänzender Schönheit*" der Könige Pepi I. und Mer-en-re (Dyn. 6). Jederseits sein Bild, neben ihm klein ein opfernder Priester; darunter Frau, Töchter und Söhne, die Speisen zum Opfer bringen. — (1878 durch Travers.) K. h. 1,83 m.

c) Kleine Scheinthüren und Grabsteine.

11469. 11467. **Scheinthür und Opferstein des Kai-hap**, Vorstehers der Ländereien des Königs User-kaf und Priesters an dem von diesem gegründeten Sonnentempel. Auf der Thür unten zweimal der Tote. Demselben Manne gehörte wahrscheinlich auch die Tafel 11661 (S. 64). — (1893) K. h. 63 cm. br. 20 cm.

1100. **Scheinthür des Pepi-mer-heb-sed**, eines *nächsten Freundes* des Königs und *Vorstehers der Ländereien*, vermutlich unter König Pepi (S. 10). Schon aus Abydos (S. 45) und daher roh. Der Tote ist stehend (mit Szepter und Stab) und beim Mahle dargestellt. Es wird ihm gewünscht, *dass ihm geopfert werde an allen Festen und alltäglich* und *dass er wandele auf den schönen Wegen des Westens*. In der Hohlkehle gelbe, weisse und rote Streifen. — (Anastasi 1857) K. h. 1,41 m. [Sharpe I, 85.]

7717 **der Frau Sat-empi**, die zweimal dargestellt ist. Ueber der Thür, wie oftmals seit Dyn. 6, zwei Augen; vielleicht deuten sie, ähnlich wie die auf Särgen (vgl. den des Sebk-o S. 104), an, dass der Tote aus dem Grabe herausschaut. — (Dutilh) K. h. 66 cm.

1151, 1163. **Scheinthür und Opferstein des Gütervorstehers Gem-onch**; Dyn. 6 oder später. Auf der Thür, die gelbbraun übertüncht war, ist der Tote u. a. beim Mahle dargestellt; es wird ihm gewünscht, dass *ihm das schöne Totenopfer gebracht werde in seinem Grabe*. Auf dem Opferstein vier Vertiefungen und zwei baumähnliche Gegenstände. Der Stein hatte schon, wie die späteren, eine Ausflussrinne. — (Lepsius aus Sakkara; die Zugehörigkeit des Opfersteines ist nicht ganz sicher.) K. h. 78 cm und br. 51 cm. [LD Text I S. 151 f.]

7716. Scheinthür eines *Oberwäschers* und seiner Frau Henent. Unten ist l. er, r. sie dargestellt; oben sitzt er beim Mahle, darunter wieder die Augen. Dyn. 6 oder später. — (Dutilh) K. h. 72 cm.

7704 der Zait die *dem Könige angenehm* und *Verwandte des Königs* war; mit *ihrem schönen Namen* (d. h. Beinamen) hiess sie Merti. Oben sitzt sie beim Mahl, unten hält sie eine Blume. — (1877 durch Travers.) K. h. 59 cm.

7719 des Scheschi, der beim Mahle dargestellt ist; die Opferformeln sind an Anubis, an Ptah-Sokaris (Totengott von Memphis) und an *den grofsen Gott, den Herren des Himmels* (den Sonnengott) gerichtet. — (Dutilh) K. 47 cm.

11667 des Seker-hotep, in Einzelheiten wesentlich von den anderen abweichend, ihm von seinem Sohne Ruz geweiht. Oben der Tote beim Mahl, hinter ihm seine Frau, vor ihm der Tisch und viele Speisen und Getränke. Auf den Seiten Bilder der Verwandten, die ihm Speisen bringen. Dyn. 6. — (Gesch. Mosse) K. h. 84 cm.

7718 der Frau Sat-entef (?), die beim Mahle dargestellt ist, wie sie an einer Blume riecht. Ueber der Thür wieder die beiden Augen. Die Schriftzeichen z. T. fehlerhaft; der Toten werden aufser dem *schönen Begräbnis* und den Speisen gewünscht *das Öl Seft, das Öl Set, das Öl Hekenu, Myrrhen und alle Öle*, deren die aegyptische Toilette benötigte. Dyn. 6 oder später. — (Dutilh) K. h. 78 cm.

7765. Grabstein des Zati, eine rohe Steinplatte ohne die Form der Thür. Unten der Tote, der *nächster Freund und Vorsteher der Ländereien des Pharao* und aufserdem bei der Pyramide Pepi's I. angestellt war. Da diese hier irrig *von glänzender Schönheit* (wie die des Mer-en-re) heifst, so dürfte Zati unter Mer-en-re gestorben sein. — (1878 durch Travers) K. h. 88 cm.

d) Opfersteine und Verwandtes.

Die Speisen wurden ursprünglich auf einer Matte oder einem Brett dargebracht, auf die man das Brot in einem Napf stellte; ein Bild derselben (die sogen. „Opfertafel") wird gern auf den Opfersteinen angebracht. Zum Darbringen des Wassers und anderer Flüssigkeiten dienen im a. R. die rechteckigen Steine mit Vertiefungen, die wohl im Fussboden der Kammer eingelassen waren. (Andere Opfersteine des a. R. oben S. 61.)

Abb. 7. Opferausrüstung des Ptah-eru-ka vor der Scheinthür des Ma-nofer (nach Mertens).

Opferausrüstung des Ptah-eru-ka.

Vor der Scheinthür des Grabes des Manofer sind die 10 Steine und Ständer aufgestellt, die in der Opferkammer *des Vorstehers der Scheunen Ptah-eru-ka* zu Sakkara (Dyn. 5) zu den Opfern dienten und seine Namen und Titel tragen. — (Lepsius, z. T. von Clot Bey geschenkt 1843.) (Abb. 7.) [Phot. — LD, Text I, S. 12f.]

Opfersteine:

1140. Viereckig, Al. l. 57 cm. — 1202 Rund, Al. Dm. 51 cm.
1130. Auf einer Alabastertafel, die mit Mörtel in einen viereckigen Kalksteinblock eingelassen ist, sind dargestellt: ein runder Teller, ein Wasserkrug in seinem Napf, ein Opferstein einfacher Art, 2 Näpfe und 6 Becher. — Dm. des Al. 51 cm.
1201. Ähnlich, aber der Kalkblock rund, und zwei Opfersteine dargestellt. — L. des Al. 51 cm.

Ständer mit festen Schalen (wahrscheinlich Lampen):

1193, 1194. Die Schale klein, aus Granit, der Schaft ruht in einer runden Basis, die in den Fufsboden eingelassen war; das Loch in dieser diente dazu, sie im Boden zu befestigen. — K. h. 1,10 m.
1111, 1112. Ebenso; bei 1112 sieht man, wie die Schale im Schaft befestigt ist. — K. h. 1,50 m.

Kleine Untersätze:

1144, 1145. Zu Tellern. — K. h. 34 cm.

Für Speisen.

1159. Opferstein des Ptah-ma-chrow, Richters unter den Königen Nefer-er-ke-re und Ra-en-user. Dargestellt zwei Opfertafeln (auf der einen die Liste der Speisen, vgl. S. 51 b), ein grofser Teller und vier Näpfe. — Aus Dyn. 5. Der Tote war, wie die meisten Grofsen seiner Zeit, Priester an den von seinen Königen gegründeten eigentümlichen Tempeln des Sonnengottes; siehe die Bilder derselben (Obelisk auf Unterbau) in der Inschrift. — (Koller) Al. l. 1 m.
71 eines Schen-eb mit Darstellung der Opfertafel und zwei Vertiefungen. — K. br. 53 cm.
11661. Runde Tafel, die Schrift war schwarz ausgemalt. Gehörte einem Beamten des Königs User-kaf und Priester an dessen Sonnentempel und an seiner Pyramide. — (Gesch. Mosse.) K. Dm. 29 cm.
7726. Untersatz für Teller beim Totenopfer (ähnlich wie oben); aus dem Grabe des Ptah-anch-ma, eines Hausbeamten des Pharao. — (Dutilh) K. 51 cm.

Für Flüssigkeiten.

7722 des Richters Si-entef. — (Dutilh) K. l. 30 cm.
11663 eines Kai-hap, der aber andere Titel trägt als der S. 61 genannte. — (Gesch. Mosse) K. l. 17 cm.

11662 der Frau User. — (Gesch. Mosse) K. l. 25 cm.
11664 des Nemhu, genannt Chnum-nai-onch, der Beamter auf den *Gütern der Königlichen Kinder* und *Vorsteher des Magazins* am Sonnentempel des User-kaf war. — (Gesch. Mosse) K. 37 cm.
7723 des Kai, eines Königl. Verwandten, *der seinen Herren liebte,* und *von seinem Herren geehrt* war. — (Dutilh aus Sakkara) K. l. 37 cm.
7724 des Schreibers Kena-onch; sehr einfach, wie es dem Stande des Toten entspricht. — (Dutilh) K. l. 21 cm.
7739 des Wer-bau-ka, Königl. Verwandten und Gütervorstehers. — (1877) K. l. 31 cm.

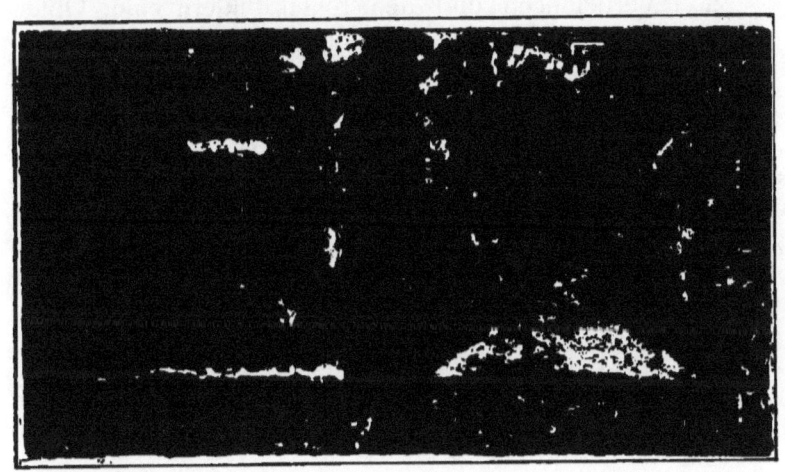

Abb. 8. 7721. Opferstein des Tenti (nach Mertens).

7721 des Tenti, *Königl. Verwandten,* Priesters der Weisheitsgöttin in der Bibliothek und *Obersten des Bücherhauses.* Mit zwei verschiedenartigen Vertiefungen wie bei den folgenden und einem kleinen Bild des Toten. Aus Dyn. 6. — (Dutilh) K. l. 48 cm. (Abb. 8.)
11665 eines Nofer. *Sein ältester Sohn Ptah-nefer-seschem weihte (es) ihm für das Totenopfer, als er schon im Westen* (d. h. im Grabe) *war.* — (Gesch. Mosse) K. l. 41 cm.
11466 des Nud-mes-zefa, *Priesters des Königs.* — (1893 durch Brugsch.) — K. l. 33 cm.
11465 des Ra-wer, Beamten des Pharao, und seiner Frau. — (1893) K. l. 33 cm.
7725 des Oberbildhauers Ni, ihm von *seinem Sohn, dem Priester der Hathor und Oberbildhauer Henre* geweiht.

Darauf roh dargestellt: die Opfertafel, der Wasserkrug
in seinem Napf und ein Opferstein. — (Dutilh) K. l. 31 cm.
11574 der **Frau Sefget**, einer Verwandten des Königs; mit
einer Vertiefung und der Opfertafel. — (Gesch. Mosse)
K. l. 19 cm.
11575 der **Frau Nebtit (?)**, Verwandten des Königs und
Priesterin der Hathor; desgleichen. — (Gesch. Mosse)
K. l. 15 cm.
11573 der **Frau Nefer-hetpes**, Priesterin der Hathor.
Mit zwei grofsen Vertiefungen und einer kleinen. — (Gesch.
Mosse) K. l. 14 cm.
11464 der **Frau Tentitet**, *einer Verwandten des Königs*; mit
zwei Vertiefungen und den rohen Bildern einer Opfertafel und eines Tellers. — (1893) K. l. 28 cm.

Obelisken.

Wie man vor die Thore der Tempel zwei Obelisken als Schmuck
stellt, so stellt man zwei solche Pfeiler zuweilen auch vor die Scheinthür des Grabes.
7705 des *nächsten Freundes* (des Königs), *des Vorlesers* (der
heiligen Schriften), *des Ehrwürdigen, Edi*. — (1877 durch
Travers) K. h. 52 cm.
1146 des **Ehi**, eines *Ersten unter dem Könige und Vorstehers
der Aufträge*. — (Lepsius) K. h. 64 cm. [LD II 88 b.]

e) Statuen.

Vgl. S. 25. Da sie den Toten selbst vertreten sollen (S. 24), ist
bei den meisten Ähnlichkeit der Gesichtszüge angestrebt.
1106. **Meten**, sitzend, derselbe, dessen Opferkammer (S. 45)
wir besitzen; aus dem Serdab neben derselben. Sehr
altertümlich, der Kopf zu grofs, die Haare, abweichend
von der späteren Sitte, noch nicht in Löckchen geteilt.
Die r. Hand liegt auf der Brust. Am l. Arm war ein
Armband aufgemalt und auch die Augenbrauen waren
durch Bemalung angedeutet. Am Sessel die höchsten
seiner vielen Titel. (Abb. 4 auf S. 47.) — (Lepsius) R. Gr.
h. 47 cm. [Phot. Gips. — LD II 120.]
14277. **Jech-o**, *Zögling des Königs, der alles thut, was der
Gott* (d. h. der König) *will*. Nur der Unterteil; war ähnlich der vorigen, aber poliert. Merkwürdig der Sessel, die
Inschrift steht auf dem Schurz. — (1898 durch Borchardt.)
R. Gr. h. 37 cm.

7498. **Sitzender Mann**; das runde Gesicht soll Porträt sein, der Körper roh. Auf der Brust ein aufgemaltes Amulett. Dyn. 4. — (1876 durch Travers) K. h. 51 cm.

8430. Der königliche **Verwandte Tenti** sitzend; das Gesicht lebendig, der Körper flüchtig. Hatte einen aufgemalten Halskragen. Dyn. 5. — (1884, Posno.) K. die Glieder modern losgelöst. h. 49 cm. [Phot.]

7335. **Sitzender Mann** mit konventionellem Gesicht. Aus den Gräbern von Medum. Etwa Dyn. 5. — — (1872 durch Brugsch.) K. h. 68 cm.

7766. **Hesi**, ein Palastbeamter, stehend. — (1878 durch Travers.) K. die l. Seite des Gesichts ergänzt; h. 72 cm.

1122. **Statue eines Mannes**; das runde Gesicht und die Körperformen sind trotz des überaus harten Steines gut wiedergegeben. Etwa Dyn. 4. — (1871 durch Brugsch.) Diorit. h. 35 cm.

10858. **Per-her-nofret**, ein Vorsteher der Ländereien des Pharao. Eine der besten Statuen der aegyptischen Kunst, von leichter Bewegung trotz der herkömmlichen Stellung; das Vorsetzen des linken Beines hat sogar gegen alle aegyptische Sitte bewirkt, dafs auch die linke Schulter sich ein wenig vorschiebt. Gesicht und Körper sind treu und lebendig, aber ohne Uebertreibung wiedergegeben. Das Fufsbrett war in einen Sockel eingelassen. Aus dem Faijum, etwa Ende Dyn. 5 oder 6. (Abb. 9.) — (1889) H. war bemalt; h. 1,11 m. [Phot.]

Abb. 9. 10858. Statue des Per-her-nofret.

10661. **Statue eines Mannes**, die R. hielt den Kommandostab, die L. stützte sich auf ein Szepter. Das runde

68 II. Altes Reich (2800—2500 v. Chr.).

Gesicht ist Porträt (die Augen waren eingelegt); der Körper ist zu schmal. Der Schurz ist aus Stuck. Etwa aus Dyn. 6. — (1889) H. h. 1,36 m.

7334. **Henka** *Großer des Südens* (d. h. Verwalter eines Gaues) und *Vorsteher der beiden Pyramiden „Glänzende" des Königs Snofru* (S. 9) sitzt mit untergeschlagenen Beinen (die

Abb. 10. 7334. Statue des Hen-ka (nach Mertens).

Sohlen nach oben) auf dem Boden und schreibt; das Blatt liegt auf dem Schooß, die Rohrfeder hält er zwischen zwei Fingern. Aus den Gräbern von Medum, neben der Pyramide des Snofru. Etwa Dyn. 5. — (1872 durch Brugsch) K. h. 41 cm. (Abb. 10.) [Phot.]

10123. **Familiengruppe.** In der Mitte sitzt der Vater. Zu seiner R. kniet klein die Frau und umfaßt sein Knie;

zur L. steht sein kleiner Sohn, unbekleidet und geschoren, nur an der r. Seite eine Locke, das Abzeichen der Kinder. Der Kopf des Vaters ist Porträt, die Augen sind aus

Abb. 11.   50123.   Familiengruppe (nach Mertens).

Stein und Kupfer (jetzt grün) eingelegt, er trägt einen kleinen Schnurrbart.   Dyn. 5. — (1887) K. h. 60 cm. (Abb. 11.)   [Phot.]

II. Altes Reich (2800–2500 v. Chr.).

12547. **Gruppe des Totenpriesters Tenti** und seiner Frau, die sich stehend die Hand reichen. Die Frau trägt aufser dem (aufgemalten) Halskragen noch ein Halsband. Die Namen sind nachträglich eingekratzt. Dyn. 5. — (1895 durch Reinhardt.) K. h. 65 cm. [Phot.]

8801. **Familiengruppe.** In der Mitte steht der Vater; ihm zur R. seine Frau, die ihn umfafst, zur L. der Sohn, den der Vater an der Hand hält. Sohn und Frau mit geschlossenen Füfsen, was ihre Ehrfurcht gegenüber dem Vater andeutet. Die Köpfe der Männer fehlen. — (1886) K. h. 36 cm.

Abb. 12. 7706. Mahlende Dienerin (nach Mertens).

14100. Lebensgrofser Kopf des Verstorbenen aus einem der Felsengräber von Gise; die Statue war aus dem lebenden Felsen gearbeitet. — (1898 durch Reinhardt) K. h. 31 cm.

7706. **Dienerin**, die zwischen Steinen Korn mahlt; einem Toten zu dem gleichen Zweck wie die Figur 10828 (S. 76) beigegeben. Das Gesicht lebendig, die Frisur kennzeichnet ihren Stand. — (1877 durch Travers.) K. h. 41 cm. (Abb. 12.) [Phot.]

f) Beigaben.

Für die Bedürfnisse des Toten sorgt man auch durch Beigabe von Hausrat, insbesondere von Gefäfsen; teils giebt man wirkliche

Gefäfse mit Speisen u. s. w. bei, teils in grofsen Mengen kleine Nachbildungen, die wohl durch Zauberkraft wirken sollen.

7791. **Schaft einer Kopfstütze**, wie man sie beim Schlafen unter den Kopf legte und wie man sie seit dem m. R. allgemein auch den Toten beigab (vgl. S. 75). Dieses Exemplar gehörte *der vom König geliebten Gattin Anchnes-Meri-re*, Gemahlin Pepi's I. (S. 10), stammt also noch aus dem a. R. — Al.

14210. **Figur einer Frau**, unbekleidet; (vgl. S. 39. 106.) K.

Gewicht aus Alabaster (8032) mit Angabe des Wertes; gehörte einem Priester, der *mit schönem Namen: Empi, mit grossem Namen: Ptah-en-kau* hiefs. [Brugsch, Thes. 1452].

Feuersteinmesser aus dem Grabe des Mehi in Gise; Dyn. 5. (Lepsius.) — 12524 aus der Stadtruine von Koptos.

Alabastergefäfse, wohl zu Öl: 1263, 1264, 1303 aus demselben Grabe. — 1305 aus dem Grab des Prinzen Min-on, Gise. (Lepsius.)

Näpfe aus Thon, meist wohl nicht zu wirklichem Gebrauch; 1348, 1360, 1362, 1413 aus dem Grabe des Prinzen Dua-en-hor in Gise, die anderen aus dem des Prinzen Mer-eb (S. 48). (Lepsius.)

12397. **Kleinste Näpfchen und Becher** aus Abu-roasch. (Gesch. Schweinfurth 1891).

III. Aus der Zeit zwischen dem alten und mittleren Reich.
Etwa 2500—2200 v. Chr.

Denkmäler mit Königsnamen fehlen fast ganz. Was sich dennoch diesen dunklen Jahrhunderten zuschreiben lässt, ist zumeist roh und dürftig, wie ja auch schon vieles aus Dyn. 6. Im Ganzen ist es natürlich schwer, hier die Grenze gegenüber dem aR und mR zu ziehen.

a) Von Grabwänden, Grabsteine.

9056. Aus einer Grabwand von gröfster Rohheit. Der Tote trägt Bogen und Pfeile und ist von seinen drei Hunden (Troddeln am Halsband) begleitet; vor ihm steht *sein lieber Sohn*. Ungewöhnlich, wie die ganze Darstellung, ist auch die Haarbinde, die der Tote trägt. Nach der Inschrift hat *seine geliebte Schwester Nebtef ihm dieses (Grab) gemacht*. - (1877 durch Travers.) K. h. 31 cm.

9055. Aehnlich dem vorigen, aber aus dem Grab einer Frau, die *Priesterin der Hathor, der Herrin von Sent*, war. Sie hält eine Blume, vor ihr in rotem Futteral ihr Spiegel. Ihr Sohn *hatte dieses seiner Mutter gemacht*. — (1877 durch Travers.) K. h. 31 cm.

7770. Grabstein des Ptah-schepses, eines hohen Schatzbeamten, *der die Verhältnisse von Ober- und Unteraegypten und aller fremden Länder berechnete*, d. h. wohl ihre Abgaben schätzte. Er empfängt als wohlbeleibter Greis die Opfer seiner Verwandten, deren erster mit zwei Näpfen räuchert (vgl. S. 103); die Frau mit der Blume war aus königlicher Familie, die Männer (wohl meist seine Söhne) sind fast sämtlich niedere Schatzbeamte. — Gegen die Sitte ist die Schulter des Toten und eines der Verwandten im Profil gezeichnet. Aus Memphis. Wohl Ende der Dyn. 6. — (1876 durch Travers.) K. br. 63 cm. [Brugsch, Thes. 1484.]

a. Von Grabwänden, Grabsteine; b. Särge.

7512. **Grabstein des Nefr-pert**, eines *nächsten Freundes des Königs*. Auf einer ungeglätteten Steinplatte ist oben eine Hohlkehle angedeutet, darunter die Opferformel. Dann ein Teil der Platte, den der Steinmetz seiner Härte wegen unbearbeitet gelassen hat. — Unten der Tote mit seiner Frau; vor ihnen ihre Söhne, der eine räuchert (?), der andere trägt einen Stock auf der Schulter. — (Gesch. Travers 1876.) K. h. 92 cm.

b) Särge und Beigaben.

Hauptsächlich aus vier Gräbern: 1. einem Grabe unbekannter Lage, 1879 geöffnet, 2. dem Familiengrabe des Schreibers Apa-anchu, 3. dem Grabe eines Gemni [LD Text I 154 ff.], 4. dem Grabe eines Gem-en-user [LD Text I 158]. Die drei letzteren in Sakkara, von Lepsius gefunden. — Nur die des zweiten Grabes sind hier zusammen beschrieben. — Die Särge des a R. und m R. haben die Gestalt rechteckiger Kasten.

Aus dem Grabe des Apa-anchu.

Es enthielt drei Särge, meist stark zerstört. Die Gefässe 1444, 1445 ebendaher Abschn. XIII, C, a. Vgl. über diesen Fund LD Text I, 147 ff.

10184. **Innerer Sarg des Schreibers Apa-anchu** (von dem derben Holzsarg, der ihn umschloss, ist nur wenig erhalten); am Kopfende zwei Augen (vgl. S. 104), im l. noch die Einlage aus Stein und Kupfer. An der Längsseite die Opferformel: *Ein Opfer, welches der König giebt, — Osiris, der Herr von Busiris, der Erste derer, die im Westen sind* (d. h. der Toten), *der Herr von Abydos. Es möge ihm ein schönes Totenopfer in seinem Grabe in der Gräberstadt gebracht werden, er möge von dem Vorleser täglich gepriesen werden, (er) der Ehrwürdige, Apa-anchu.* — Schlechte Stellen des Holzes sind ausgeflickt.

Im Inneren ausser Texten, die das Leben nach dem Tode betreffen, zerstörte Malereien: Dinge, deren der Tote im Jenseits bedarf. Vgl. die ausgehängte alte Abbildung: a) Tisch mit Armbändern und Tisch mit Halskragen. — b) Bild einer Thür (um dem Toten als Ausgang aus dem Sarge zu dienen); Tische mit Speisen, Wasserkrüge mit Blumen geschmückt, Korb mit Früchten u. s. w. — c) 4 Oelgefässe. — d) Sandalen. — H. l. 1,87 m. [LD II 98.]

10181, 10182. Vom Leichentuch und der Perücke der Mumie des Apa-anchu. Die Perücke hatte Strähnen aus

Leinenfäden, die oben an einer Schnur befestigt waren; eine mit Stuck überzogene, bemalte Leinwand gehörte auch zu ihr. — Das Tuch ist befranzt.

10180. **Mumienmaske** des Apa-anchu, eine der ältesten bekannten; sie lag über dem Gesicht, während die obige Perücke den Kopf verhüllte. Vergoldet; Haar und Bart (dabei ein Schnurrbart wie 10123 S. 68) blau. [LD, Ergänzungsband Taf. 44.]

1381. Von dem **Schmuck der Mumien** aus glasierten Perlen: Halskragen, weifs und grün, mit Eckstücken und eigentümlichen Endperlen (?). (Zusammensetzung neu, aber im wesentlichen sicher.) — Netz hellblau, dunkelblau und gelb. (Ein Teil erhalten, danach zusammengesetzt.) — Netz hellgrün. — Fäden des Netzes. [LD Ergänzungsband Taf. 44.]

8662. **Schädel** eines andern Apa-anchu.

Bogen. — H. l. 1,53 m (eine Spitze fehlt).

Stäbe, roh (der eine noch mit Rinde) aber als Szepter benutzt. — H. l. 78 cm — 1,35 m.

Kopfstützen aus Holz (S. 75): 834 des Schreibers Apa-anchu [LD Text I. 150]. — 1312 (gelbgetüncht) der *ehrwürdigen Chut*. [ebda].

Andere Särge.

7796. **Sarg** eines Apa-anchu, der *wirklicher königlicher Verwandter, wirklicher Geliebter seines Herren* und *Vorsteher der Ländereien* war und unter einem König Merke-re lebte. Dieser König ist uns als einer der Herrscher von Herakleopolis (Ehnas) bekannt, der Mittelaegypten und das Delta beherrschte. Die Aufschriften (grün ausgefüllt) wünschen dem Toten, *dafs er wandle auf den herrlichen Pfaden des Westens, auf denen die Ehrwürdigen wandeln* und *dafs er begraben werde schön in dem westlichen Gebirge . . . . dafs er gepriesen werde täglich von dem Vorleser*. — (1879 durch Travers.) Fremdes Nadelholz, l. 2,15 m.

Zu 7796. **Sarg** eines Teti-sa-sobk; am Kopfende zwei Augen, mit denen der Tote gleichsam aus dem Sarg schaut (S. 104). Als Inschrift (war grün ausgefüllt) die Opferformel. — (1879 durch Travers.) Aus demselben Grabe wie der vorige Sarg. H. (fremdes), l. 1,87 m.

b. Särge und Beigaben. 75

10989. Brett vom Sarge eines Fürsten Nebtef mit
eigentümlichen Schriftformen. — (Gesch. von Levetzau
1891) H. l. 2,20 m.

Statuette des Toten.

In den kleineren Gräbern, seit dem Ende des a. R., fehlte wohl
meist der sonst für die Statuette bestimmte Raum (S. 45); man legte
daher eine kleine Figur des Toten zu dem Sarge selbst.

9567. Holzfigur eines Mannes, der in der R. den Stab
hielt und die L. auf das Szepter stützte. — (1886) H.
h. 54 cm.
1363. Gem-en-user (vgl. S. 73); der Schurz war weifs; die
L. hielt den Stab. Auf der Basis: *der beim Anubis geehrte
Gem-en-user*. Aus besserem Holz und sorgfältiger als die
Figuren der Küchen u. s. w. aus dem gleichen Grabe. —
(Lepsius.) [LD Ergänzungsband Taf. 46].

Kopfstützen.

Beim Schlafen lag man auf der Seite und legte den Hals auf
kleine Holzgestelle, wie sie noch heut am oberen Nil ebenso verwendet werden; diese gab man daher auch den Toten bei.

1307. Des eben genannten Gem-en-user. — (Lepsius,
Sakkara.) H. gelb gestrichen. [LD Text I 150].
1309. Des Schatzmeisters Gemni. — (Lepsius, Sakkara.)
Al. [ebda].
7808 in Alabaster mit kanneliertem Schaft aus dem Grabe,
dem die Särge 7796 entstammen. (1879 durch Travers.)
1310 des ehrwürdigen Heri-schefit-hotep — (Lepsius, Sakkara) [ebda].

Kleine Schiffe.

Wurden dem Toten in die Sargkammer gesetzt, damit er auf ihnen
über die Gewässer des Himmels fahre, die vor dem Gefilde der Seligen
liegen. (Vgl. S. 40; 98; 102 und 49 d).

1289. Gröfseres Schiff, 8 Ruderer und Steuermann. Die
Enden gelb bemalt, am Vorderteil nach der Sitte ein
Auge. Die schwarzen Linien auf dem Bord sind die
Stricke, mit denen er befestigt ist. Stand auf dem Sarge
des eben genannten Gemni. — (Lepsius aus Sakkara.)
H. l. 78 cm. [LD Ergänzungsband Taf. 45 oben.]
1232. Kleineres Schiff, 4 Ruderer und Steuer. Unter
einem Baldachin sitzt der Tote in weifsem Kleid. Der

Steuermann auffallender Weise am Vorderteil, doch ist
die Anordnung der Figuren vielleicht nicht die alte. —
(Lepsius aus Sakkara.) H. l. 48 cm. [ib. Taf. 45 unten,
vgl. LD Text I 157.]

Küchen und ähnliches.

Um für die Speisung des Toten zu sorgen, setzt man in die Sargkammern Nachbildungen von Bäckereien, Küchen, Speichern u. s. w., die ihn auf übernatürliche Weise ernähren sollen.

Bäckereien:
10828. Eine Frau mahlt Korn zwischen zwei Steinen, die
 andere schürt das Feuer im Ofen, indem sie mit der
 Hand die Augen schützt. Daneben Topf mit einem
 Korb darauf zur Bierbereitung. — (1890, Oberaegypten.)
1366. Eine Frau mahlte, eine andere saſs vor dem Ofen.
 Ein Mann bereitet Bier, indem er frisches Gerstenbrot in
 einem Korbe mit Wasser durchknetet; das abfliessende
 Wasser läuft in einen darunter stehenden Topf. Ein
 anderer hält einen Wedel, um die (jetzt verlorene)
 Gans, die er in der Asche gebraten hatte, abzustäuben.
 Daneben Krüge. — (Lepsius, Grab des Gemni, Sakkara.)
 [LD Ergänzungsband Taf. 46 oben.]
Von Küchen und Bäckereien aus dem Grab des Gemen-user in Sakkara. — (Lepsius) [Ebd. 46].
 1376, 1377, 1378. Gefäſse, die Bemalung scheint Stein nachzuahmen. — 1372 Gefäſs mit Korb zur Bierbereitung.
 1369 Ofen. — 1371. 1374 Feuer. — 1370 Stein zum Kornmahlen. — Zu 1372 Schüssel mit Fleisch. — 1368,
 1367 Geschlachtete Kälber.
Von einem Kornspeicher, ebendaher. [Ebd. 46]:
 1364. Arbeiter mit dem Kornsack und 1365 ein anderer
 mit dem Kornmaſs.

IV. Aus dem mittleren Reiche.
Etwa 2200—1800 v. Chr.

A. Aus Tempeln.
a. Reliefs und Bauglieder.

Nur sehr wenig erhalten, da die Tempel des m. R. den Umbauten des n. R. haben weichen müssen; das Erhaltene genügt aber, um zu zeigen, dafs die Dekoration schon die gleiche war wie später.

Von den Reliefs des Tempels des Min zu Koptos.
Mit Ausnahme des ersten Stückes alles vom Bau eines Königs Entef (S. 11). Von Petrie gefunden; Geschk. M. Kennard 1894.

12514. Vom Min-Tempel Amenemhet's I. (S. 11) zu Koptos; vom Oberteil einer Wand. Zuoberst das für solche Stellen beliebte Ornament, das die zusammengebundenen Franzen darstellt, an denen der die Wand bedeckende Teppich aufgehängt ist. Darunter die Schutzgöttin von Oberaegypten, die als Geier über dem darunter dargestellten König schützend die Flügel breitet. — (Gesch. M. Kennard 1894) K. h. 65 cm.

12486. Die geflügelte Sonne, (das Bild des Gottes von Edfu, der den Set besiegt hatte) gern über Thüren angebracht, um die Feinde abzuwehren. Unter der Sonne Namen des *vom Min von Koptos geliebten Königs* Entef. — K., die r. Hälfte ergänzt. br. 1,20 m. [Petrie, Koptos VII, 14.]

12489. Unterteil des opfernden Königs, über die Tracht vgl. S. 31. Hinter ihm unverständliche Zeichen, die oft hinter Königsbildern vorkommen und die wohl aus ältester Zeit herstammen. — K. l. 78 cm. [ebda VI, 5.]

12488. Bild des Gottes Min, wohl aus einer grofsen Inschrift. Der Gott ist ithyphallisch, trägt hohe Federn und erhebt den rechten Arm. Ecke einer Wand mit der Verzierung des Rundstabs. — K. h. 30 cm. [ebda VI, 9.]

IV. Mittleres Reich (2200—1800 v. Chr.).

12487. Von einer Inschrift, aus den Namen des Entef.
— K. h. 15 cm.

Verschiedenes.

11584—11588. 11590. Von den Reliefs des Sobk-Tempels im Faijum. Dargestellt war u. a. König Amenemhet III., wie er vor dem Gotte betet. Auf 11586 der Kopfschmuck des Gottes. Auf 11584 ist im Königsnamen das *Amen-* von Amenophis IV. (S. 13) ausgetilgt; vgl. 11195 (S. 85) u. a. m. 11590 mit Sternen als Ornament, also wohl von der Decke. — (Gesch. R. Mosse, 1892.) K.

7720. Stein aus dem Tempel von Heliopolis, etwa Bekrönung eines Untersatzes für Tempelgerät oder einer Statuenbasis. Geweiht von Usertesen I., der diesen berühmten Tempel ausbaute. — (Dutilh.) Sdst. l. 55 cm.

10839. Knauf eines Pfostens, von einem Gerät, das anscheinend aus vier durch Querstäbe verbundenen Pfeilern bestand. Geweiht von König Nefer-hotep (S. 11). — (1890 durch das Gymnasium zu Pyritz). Schw. St. h. 17 cm. [Abgebildet, mit moderner Ergänzung, von G. Marseille, Progr. des Gymn. zu Pyritz 1890.]

b. Statuen von Göttern und Königen.

Neben den grossen dekorativen Kolossen der Könige auch kleinere Statuen, die sie betend oder opfernd darstellen. Die Namen sind meist bei den Umbauten des n. R. durch solche späterer Könige ersetzt. Die vom König im Tempel errichteten Statuen verdienter Privatleute S. 82. Als Material benutzt man mit Vorliebe schwarzen Granit.

7264. Kolofs eines unbekannten Königs d. m. R., aus dem Tempel von Tanis. Bei dem Umbau dieses Heiligtums hat Ramses II. (S. 14) die ursprünglichen Namen (am Thron längs der Beine und auf dem Schild des Gürtels) durch seine eigenen ersetzt. Auch das Täfelchen mit den Namen, das der König auf der Brust trägt, ist damals geändert worden. Die Gesichtszüge sind, wie gewöhnlich in solchen Fällen, nicht geändert, obgleich sie dem wirklichen Porträt des Königs (Abschn. XIV, D, b) nicht glichen. Über das Band, das die R. hält, vgl. S. 31 oben. — An der Basis sind nachträglich noch die Namen des Mer-en-ptah, des Nachfolgers Ramses' II. beigefügt. — Der Name des *kraftreichen* Gottes Set, aus dessen

A. b. Statuen von Göttern und Königen. 79

Tempel der Kolofs stammt, ist ausgetilgt, da dieser Gott in der Spätzeit als ein böser angesehen wurde. — (Drovetti) Sch. Gr. h. 3,20 m. [Abbildung 13.]

Abb. 13. 7264. Kolofs eines Königs d. m. R.

7265. Stark ergänzter Kolofs König Usertesen's I. (S. 11), den er dem Anubis einer Stadt Opet weihte, der aber ähnlich wie der vorige unter Mer-en-ptah zur Ausstattung des Set-Tempels von Tanis benutzt wurde. Erhalten nur Thron und r. Bein. — An den Seiten des Thrones vortreffliches Relief, das die *Vereinigung beider Länder* (S. 9) unter dem Könige andeutet; die Nilgötter von Ober- und Unteraegypten schlingen die Wappenpflanzen der beiden Landesteile um das Schriftzeichen „Vereinigung". Die Nilgötter sind bärtig, haben aber anscheinend weibliche Brüste (vgl. 9337, S. 81 und 14127, S. 245); ihre Tracht ist die der Schiffer und Fischer. — Vorn am Thron noch die alte Inschrift, in die aber Mer-en-ptah roh seinen Namen eingefügt hat. — Hinten am Thron merkwürdige Darstellung: ein gleichnamiger Sohn des Mer-en-ptah räuchert und spendet Wasser vor dem Kriegsgotte Sutech, dessen Tracht (Krone mit zwei kleinen Hörnern und einem langen Bande) diejenige syrischer Götter ist. Zwischen ihnen Wasserkrug und Napf auf einem Ständer. Der Prinz heifst *sein* (des Königs) *Gelobter und Geliebter, sein geliebter Sohn der das Herz seines Erzeugers befriedigt, der Erbfürst, der Schreiber des Königs, der grosse General, der Sohn des Königs, Mer-en-ptah.* — (Drovetti) Schw. Gr. h. 1,64 m. [Phot.]

1121. Statue Amen-em-het's III., überlebensgrofs, aus dem Tempel von Memphis; der König steht betend (die Hände auf dem reich verzierten Schurz, vgl. unten 10337) vor dem Gotte. Auch diese Statue ist bei einem Umbau des Tempels im n. R. mit einem neuen Namen — dem des Mer-en-ptah — versehen worden; nur auf dem Gürtel ist der alte Name übersehen worden und so der Aenderung entgangen. Ungewöhnlich ist aber, dafs bei dieser Statue auch das Gesicht geändert ist; es rührt dies daher, dafs diese Statue nicht die gewöhnlichen aegyptischen Züge, sondern die eigenthümlichen dieses Königs trug, wie sie die folgenden Köpfe zeigen. (Abb. 14.) — (1855 durch v. Penz.) Schw. Gr. h. 2 m. [Phot.]

11348. Kopf Amen-em-het's III. mit der diesem König eigenen Gesichtsbildung (hervortretende Backenknochen, Falte um den Mund); auch das Kopftuch ist bei diesem Herrscher etwas anders gefältelt als sonst. Am Hals ein Amulett. — (1893) D. Gr. h. 31 cm.

9529. Königskopf derselben Art, mit der Krone von Oberaegypten. — (1886) R. Gr. h. 21 cm.

A. b. Statuen von Göttern und Königen.   81

10337. **Unbekannter König** des m. R., der betend vor dem Gotte des Tempels steht; derbes Gesicht. — (1888) Schw. Gr. h. 52 cm.

7702. Von einer Statue des **Königs Zoser**, die Usertesen III. diesem alten Herrscher (S. 9) geweiht hatte. Unter den Füßen des Königs 9 Bogen, als Andeutung der „neun Bogenvölker" (S. 112, 2306). — (Dutilh 1877.) Schw. Gr. h. 30 cm.

9337. Oberteil eines Nilgottes, aus dem dem Gotte Sobk in Dyn. 12 errichteten Tempel im Faijum (S. 10. 11). Der Gott (neben dem noch ein zweiter stand) ist wieder bärtig, hat starke Brüste und trägt langes Haar; er hielt zwei Gefäße (?). — (1886, Medinet el Faijum.) Schw. Gr. h. 72 cm.

9016. Schlange, geweiht von einem Si-hathor, der im Tempel des Re zu Heliopolis bedienstet gewesen zu sein scheint. — (1885) Sdst. h. 15 cm.

1117. Von der Statue einer **Königin**. In den Opferformeln werden neben der Hathor von Denderah auch die Könige Amen-em-het III. und Amen-em-het IV. als Spender der Speisen genannt. — (Lepsius, in Theben gekauft.) Schw. Gr. h. 65 cm. [LD II 120 f. g.]

Abb. 14. 1121. Amen-em-het III (Nach Mertens.)

IV. Mittleres Reich (2200—1800 v. Chr.).

B. Statuen von Privatleuten.

Seit der Umgestaltung der Gräber sind die dem Toten beigegebenen Statuen meist sehr klein. Grössere Statuen verdienter Privatleute werden jetzt zu ihrer Belohnung von den Königen in den Tempeln aufgestellt.

Abb. 15. (Nach Mertens.)

| 8432 | 10115 | 4650 |
| Der Stadtfürst Tetu. | Der Brauer Renf-seneb. | Der Gütervorsteher Mentu-hotep. |

8808. Statue des Obergütervorstehers Ptah-wer, eines *Erbfürsten und Fürsten, gross an Belohnungen alltäglich, wahrhaft geehrt in der* (Königsburg) *„Eroberin Aegyptens"..., einziger Liebling am Hofe, vom Horus des Palastes* (dem Könige) *erhoben.* Seine Beleibtheit und das lange Kleid, das seine Beine und Füsse verbirgt, kennzeichnen ihn als alten würdigen Mann; der feh-

B. Statuen von Privatleuten.

lende Kopf trug eine lange Perücke. Die Statue war ihm *als Belohnung seitens des Königs gegeben* und im Tempel von Memphis aufgestellt. Dyn. 12. — (1886) D. Gr. h. 60 cm. [Brugsch, Thes. 1062.]

2285. Sebk-em-saf, *Vorsteher der Scheunen* und Bruder der Gemahlin des Königs Sebek-em-saf (S. 11), sitzt als Beamter in der Stellung der Schreiber (S. 68). Der Kopf ist ergänzt. — Merkwürdig, weil eine andere schöne Statue (Abschn. XIV, C, b) wahrscheinlich denselben im Alter darstellt. — (Minutoli) Schw. Gr. h. 34 cm.

8803. Von einer Familiengruppe. Erhalten ein Mann in altertümlicher Tracht, ein Amulett um den Hals. Hinten Inschrift, in der der Tote die Priester des Chentcheti von Athribis (im Delta) bittet, für ihn die Opferformel zu sprechen. — (1886) Schw. Gr. h. 46 cm.

254. Kopf mit kurzem Haar; von einer der Statuen vornehmer Privatleute, die im Tempel des Amon zu Theben standen. — (Passalacqua, Karnak) Schw. Gr. h. 16 cm. [Maspero, aeg. Kunstgesch., deutsche Ausg. S. 213.] [Gips.]

11626. Kopf mit welligem Haar, auf der Brust waren Titel und Namen des Mannes nachträglich roh eingeritzt. — Gesch. Mosse 1892) D. Gr. h. 17 cm.

9569. Oberkörper eines Mannes, der Kopf mit langem Haar und schmalem Gesicht. — (1886) D. Gr. h. 31 cm.

4650. Der Gütervorsteher Mentu-hotep, derselbe, dessen Särge (S. 98) wir besitzen; die schöne Figur lag auf der Mumie. Er hält einen Krug. Der Schurz ist aus weifsem Holz, das Fleisch aus braunem; bemalt waren die Augen, der Krug und das (blaue) Haar. (Abb. 15). — (Passalacqua) H. h. 19 cm. [Phot. — Mitth. a. d. or. Slgen VIII Taf. 7. S. 31.]

11636. Unbekannter Mann, kahlgeschoren, in der L. einen Stab, der ein Götterbild trug, in der R. eine Schlange; wohl ein Priester mit seinen Amtsabzeichen. — (Gesch. Mosse 1892.) H. h. 24 cm.

8432. Der Stadtfürst Tetu; Gesicht und Körper sind meisterhaft wiedergegeben. Nach der Inschrift aus Heliopolis. (Abb. 15.) — (Posno) Schw. Gr. h. 27 cm. [Phot. Maspero, aeg. Kunstgeschichte, deutsche Ausgabe S. 214.]

10115. Renf-seneb, auch Dag genannt, ein Bierbrauer, der *von seinem Herrn geliebt und ihm wirklich befreundet*

IV. Mittleres Reich (2200—1800 v. Chr.).

war, *ein Mann des Festes, von den Myrrhen geliebt und Freund des Gelages.* (Dieselben Ausdrücke S. 136.) Beleibt, der kahle Schädel eigentümlich gestaltet, das Gesicht derb. Neben ihm klein seine Tochter Daget. Die Opferformel an die Götter der Katarakten Chnum, Satis und Anukis, ihm *das kühle Wasser, das aus Elephantine* (der sagenhaften Nilquelle) *kommt,* zu geben. (Abb. 15.) — (1886) Schw. Gr. h. 34 cm. [Phot.]

4435. Mann in einem Mantel, dessen einen Zipfel er hält, das schmale Gesicht Porträt. Zur L. seine Frau, zur R. sein Sohn. — (Passalacqua, Theben) Schw. Gr. h. 20 cm.

12485. Ein Entef, nach den Namen seiner Angehörigen wahrscheinlich aus Abydos. In langem weissen Gewand, wie es Greise tragen; was die auf der Brust gekreuzten Hände hielten, ist nicht zu ersehen. Der Sockel ist als Granit bemalt; an der Seite sind in hieratischer Schrift (S. 28 unten) die Namen von Angehörigen aufgeschrieben. — (1894) K. h. 37 cm.

12546. Ein Hetep-en-sobk, anscheinend Angestellter eines Sobk-Tempels. Das Haar wieder blau bemalt. — (Gesch. Wildt 1895). K. h. 27 cm.

10604. Vater und Sohn auf einem Lehnsessel; der Knabe noch unbekleidet und mit der Kinderlocke. — (1889.) K. h. 12 cm.

8840. Familiengruppe: in der Mitte die Eltern, r. vom Vater die Tochter, l. von der Mutter der Sohn. — (1885) Schw. Gr. h. 16 cm.

9508. Frau, stehend, mit derben Zügen und merkwürdiger, mit Bändern durchwundener Frisur, wie sie unter der 12. Dyn. Sitte war. — (1886) Schw. Gr. h. 30 cm.

9547. Kopf einer ähnlichen Figur. — (1886) D. Gr.

4423. Neb-en-hemut, *Dienerin des Fürsten,* rohe Figur aus Esneh, vielleicht jünger als das m. R. — (1859 durch Brugsch) K. h. 21 cm.

13256. Eines Saat (?) der sich *von seinem Herren wirklich geliebt und seinen Liebling* nennt, also wohl eines Dieners. Merkwürdig durch die Rohheit der Schrift. — (1897 durch Reinhardt) K. h. 12 cm.

510. Figur aus Schlamm, ungebrannt. Stehender Mann, betend. Auf dem Rücken Opferformel. — (Pass. Edfu) h. 16 cm.

B. Statuen von Privatleuten. C. aus Königsgräbern.

10252. **Holzfigur eines Mannes**, das Gesicht anscheinend Porträt; in Haltung und Tracht ungewöhnlich und vielleicht nur Figur eines Dieners.

14054. **Bronzefigürchen** eines stehenden Mannes, mit langem Schurz und faltiger Brust; das Gesicht Porträt, merkwürdig als eine der ältesten Metallfiguren. Aus Meïr. — (1897.) h. 7 cm.

1624. **Kapelle**, in der wahrscheinlich die Statue des Toten des *Oberschreibers des Harem Amen-sa*, in seinem Grabe stand. Das Innere ist nach Art der Häuser bemalt (Fufsboden, unterer Teil der Wände und gemusterte Decke). Auf den Wänden ist der Tote dreimal dargestellt. Hinten sitzt er neben seiner Frau; unter ihrem Sessel eine Tochter oder Dienerin mit einem Becher. Beachte den geschorenen Kopf, auf dem Punkte die Haarstoppeln andeuten. Rechts huldigt er mit herabhängenden Armen dem Osiris von Memphis, links *verehrt er viermal* einen anderen Osiris und den Erntegott Min. — Aus Memphis, etwa Dyn. 13. — (Saulnier) K. h. 56 cm.

C. Aus Königsgräbern.

Sie haben noch die Gestalt einer Pyramide mit daneben liegendem Tempel.

1158. **Vom Grabe eines Königs Mentu-hotep** (S. 10); sein Name und das Stück seines Schurzes. — (Lepsius, Theben) K. h. 20 cm.

12615—12618. **Goldblättchen und Töpfchen** aus dem Grabe des unbekannten Königs Hor, der in Daschur neben der südlichen Pyramide bestattet war. (Gesch. C. Schmidt).

Aus Hawara im Faijum.

König Amen-em-het III. hatte hier seine Pyramide und den grofsen Tempel errichtet, den die Griechen nach ihrem berühmten Bau in Kreta als „Labyrinth" bezeichneten. — (Lepsius.)

1195. **Opfertafel Amen-em-het's III.** Fünfmal die Namen des Königs mit Nennung je eines Daemonen des Totenreiches, der den König *liebt*. Der Name Amen-em-het selbst ist unter Amenophis IV. ausgemeifselt, weil er den Namen Amon enthielt (S. 13). — K., die Schrift war grün; br. 1,05 m. [LD II 140 l.]

4720. Stab, zerbrochen zwischen den Steinen der Hawara-
pyramide gefunden; gehörte gewifs einem der bei diesem
Bau beschäftigten Leute. — l. 1,10 m.
Bruchstücke des Tempels aus Hawara, z. T. mit den
Namen Amen-em-het's III.; 1164 nennt den Gott Sobk.
— 1167 von einer Säule in der Gestalt wie 1629 S. 87
— K. [LD II 140].

D. Aus Privatgräbern.

a. Von Grabwänden.

Seit dem Ausgang des a. R. hat der Wunsch, ein eigenes Grab
zu besitzen, auch die mittleren Stände erfafst; die Gräber sind daher
zumeist nur bescheiden: kleine Ziegelpyramiden, unter denen in geringer Tiefe der Sarg beigesetzt wird. An der Aufsenwand bezeichnet
der Grabstein (der die Thürform ganz verloren hat), die Stelle, wo
geopfert wird. Wer es vermag, errichtet sein Grab in der heiligen
Stadt Abydos (S. 45), oder stellt hier wenigstens einen Grabstein für
sich auf. — Die Familien des hohen Adels lassen sich in Felsengräbern auf ihrem Gebiete beisetzen; die Könige erbauen sich Pyramiden, ähnlich denen des a. R.

13272. Aus dem Grabe eines Fürsten von Hermonthis bei Theben. Die Inschrift scheint in das Grab des
alten Fürsten Nechti-oker bei der Erneuerung desselben
von einem seiner Nachfolger, dem Fürsten Entef, eingefügt zu sein. Links sitzt Entef beim Mahle, unter seinem
Sessel sein Hund mit geflochtnem Halsband; die L. hält
ein Band (S. 31 oben), das Gesicht ist modern überarbeitet.
Auf dem Speisetisch zahlreiche Speisen, dabei Gänse-
braten auf einer Matte, Korb mit Feigen, Teller mit
Broten, Schenkel, Rippen und Herz eines Stieres, ein
Bündel Knoblauch u. a.; unter dem Tisch Gestelle mit
Waschgerät (Krug und Napf) und Weinkrügen. Daneben
die Inschrift: *ich habe die Opferkammer des Fürsten Nechti-
oker verfallen gefunden, ihre Wände waren alt, alle ihre Statuen
waren zerbrochen, es gab Niemand der ihrer gedachte. Da
wurde sie neu erbaut, ihr Grundriss wurde erweitert, ihre
Statuen wurden neu gemacht und ihre Thore wurden aus
Stein gebaut,* (das Grab war also ein Ziegelbau), *damit
seine Stätte hervorrage vor der anderer herrlicher Fürsten.*

D. a. Von Grabwänden.

Dies alles habe ich gethan, damit mein Name schön auf Erden sei und eine gute Erinnerung an mich in der Gräberstadt bleibe. Wenn die Menschen, die da kommen, dies sehen, so mögen sie noch Schöneres als dies (für mich) thun, nachdem meine Seele zur Ruhe gegangen sein wird. — (1896) K. l. 1,10 m. [ÄZ. 1896, 25 Taf. II.] [Phot.]

1152, 1153, 10646. Aus dem Grabe des Entef, Vorstehers der Herden(?); von den Blöcken, mit denen die Sargkammer bekleidet war. Die Bilder glichen denen in den Särgen (vgl. S. 73 und 104.) Erhalten Teil eines Thürbildes, Salbbüchsen, Titel des Toten und Liste der Speisen. — (Lepsius, aus Sakkara.) K. h. 20, 44, 53 cm. [LD Text I, 187. 188.]

1110. Thürpfosten aus dem Grab des Hapi, *Gütervorstehers und Vorstehers aller Bauten des Königs, der ihn vor den beiden Ländern liebte.* Oben wieder das Ornament der Teppichfranzen (S. 76); darunter der Tote beim Mahle, neben ihm die Liste der Speisen.

In der Mitte: der Tote beim Fischstechen ähnlich dem Bilde 14103 (S. 57). Wie dort steht er in einem Schilfnachen, wie man sie auf den Sümpfen benutzte, und hebt mit seinem Speer zwei grofse Fische heraus, die er auf einmal gestochen hat; um die Fische her der Umrifs der Wasserfläche. Dahinter ein Dickicht aus Papyrusschilf, über dem Vögel flattern.

Unten: die Angehörigen bringen Opfer. — (Athanasi 1843.) K. h. 1,39 m. [Phot.]

1118. Gegenstück des vorigen; als Mittelbild hier aber Vogeljagd. Der Tote *durchfährt die Sümpfe und jagt die Vögel,* in der R. hat er das Wurfholz (S. 222), in der L. seine Beute. Ueber dem Dickicht aus Papyrus flattern ein Wiedehopf, ein Eisvogel und eine Gans. — (Athanasi 1843.) K. H. 1,38 m. [Phot.]

8815. Aus dem Grab eines Fürsten Nehi. Von einer Inschrift, die die Opfer u. s. w. besprach, die seiner Statue gebracht werden sollten. Erwähnt u. a., dafs man *Licht anzündet am Jahresanfang für die Vornehmen* (Toten) *auf dem Berge.* — (1886) K. 42 cm.

1620, 1630. Säulen aus dem Grab eines Richters Mentunacht in Abydos. In der altherkömmlichen Form zusammengebundener Papyrusstengel (S. 23): die Stengel

IV. Mittleres Reich (2200—1800 v. Chr.).

werden von Bändern zusammengehalten. — (Pass.) K. h. 68 cm. [Phot.] [Abbildung 16.]

1184. **Stein** aus dem Grabe des Schreibers **Neb-kau-re**, der nach seinem Namen unter Amen-em-het II. lebte. Etwa Untersatz eines Opfersteins oder einer Statue, die mit Mörtel in ihm befestigt waren. — (Lepsius aus Sakkarah) K. l. 84 cm. [LD II 123 c.]

b. Grabsteine u. ä.

Die Thürform (S. 45) ist fast ganz verschwunden; als charakteristische Form bildet sich allmählich die einer oben gerundeten Platte heraus. Der Tote ist meist beim Mahle dargestellt; vor ihm stehen, ihn verehrend, seine Angehörigen. In der oberen Rundung gern die beiden Augen (S. 61, 7717), oder die Totengötter Up-uat als zwei Schakale, oder ein Gefäfs mit Wasser zur Erquickung des Toten, oder endlich ein Siegelring, dessen Bedeutung wir nicht kennen. — Meist aus Abydos (vgl. S. 86); ein Theil der dort gefundenen Steine kann übrigens eigentlich nur als Denkstein gelten, er ist von Besuchern dieser heiligen Stadt „an der Treppe des grossen Gottes" errichtet, damit sie einst auf diese Weise, ebenso wie die dort wirklich Bestatteten, der besondern Gnade des Totengottes teilhaftig werden.

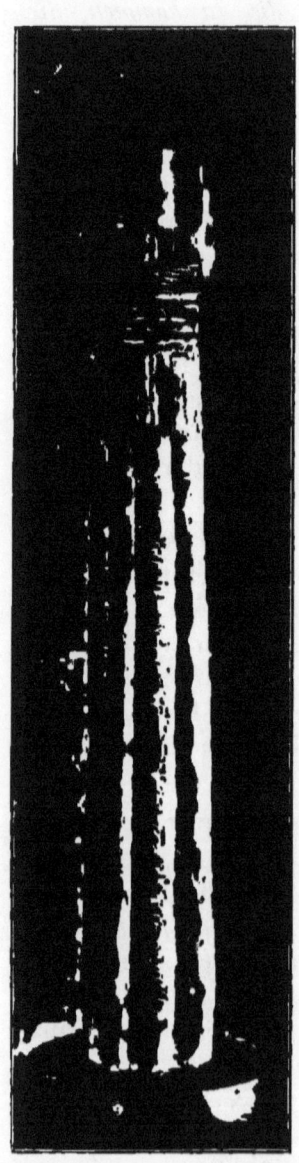

Abb. 16. 1629. Säule aus dem Grab des Mentu-nacht (nach Mertens)

Aus Dyn. 11.

1197 *des Hefner, ihm von Tai, seinem geliebten Sohne, seinem Erben, der seinen Namen leben macht und sein Grab baut und seinen Opferstein aufstellt und seinen Platz in der Gräberstadt verschönert,* errichtet. Der Tote und seine Frau beim Mahle, er hält ein Salbgefäfs, sie eine Blume.

Vor ihnen drei Söhne, die ihnen Gänse bringen. Der
Speisetisch ruht auf einem umgekehrten Krug(?) und ist
mit Schilf belegt; daneben ein Gestell mit Krügen. Unter
dem Stuhl der Frau Salbgefäfs und Spiegel im Futteral.
Dyn. 11. Zierlich — besonders die Speisen — aber die
Schrift u. a. seltsam barbarisch. — (Athanasi 1843.) K.
br. 70 cm. [LD II 144 s.]

Datierte aus Dyn. 12.

1192 des Gütervorstehers Debas vom Jahre 14 Usertesen's I. Er sitzt mit seiner Frau beim Mahl, *sein geliebter
Sohn, der Gütervorsteher Didiu* bringt ihm eine Gans.
Unter dem Stuhl *sein Hund Chaf.* Darunter ungewöhnliches Bild: Leute bringen Opfer vor die Scheinthür (S. 45)
des Grabes. — Trotz der Gröfse des Steines sind nur
silhouettenartig die Umrisse gezeichnet, die grün ausgefüllt
waren. In der Inschrift wird dem Toten u. a. gewünscht,
dafs er fahre *in dem Schiffe der Abendsonne und fahre
in dem Schiffe der Morgensonne, dass ihm „willkommen"
gesagt werde von den Grofsen von Abydos* (d. h. den
früher dort Bestatteten). — (1857 von Anastasi.) K. h.
1,04 m. [Sharpe 87.]

1199 des königlichen Verwandten Eku; er hat sich
*dieses Grab an der Treppe des grofsen Gottes gemacht,
damit er* (nach dem Tode) *unter seinem Gefolge sei,* als
er als *Gesandter des Königs* gelegentlich einer Grenz-
berichtigung (?) im Jahre 34 Usertesen's I. nach Abydos
kam. Er sitzt mit seiner Frau Keh beim Mahle, vor
ihnen steht klein ihr Sohn Amen-em-het mit einer Stier-
keule. Sehr roh. — (1857 von Anastasi.) K. h. 45 cm.

1183 des Kai, *Gehülfen des Oberschatzmeisters,* der sich den
Stein *im Jahre 3 Königs Amenemhet II.* aufgestellt hat,
als er nach Abydos kam, *um die Künstler für seine Majestät
zu leiten,* d. h. um etwa Bauten am Tempel zu beauf-
sichtigen. Er sitzt vor dem mit Schilf belegten Tisch,
hinter dem ein grofser verdeckter Napf und ein Gestell
mit Krügen stehen; darüber Brote, ein Kalbskopf, ein
Bündel Knoblauch u. a. m. In den unteren Reihen
seine Familie: seine Eltern, ein Oheim, seine Schwester
(d. h. Geliebte) und deren Kinder. — (Anastasi 1857.)
K. h. 65 cm. [Abbildung 17].

1100 des Entef, vom 23. Jahre Amen-em-het's II., sehr roh. Oben r. sitzen der Tote und seine Frau Sent, Blumen in den Händen, vor ihnen ein Betender; l. ähnliche Gruppe: die Eltern des Entef. Unten die Angehörigen, 11 Männer und 5 Frauen; keiner derselben führt einen Titel, was auf niedere Stellung der Familie deutet. — (1857 von Anastasi) K. 43 cm.

Abb. 17. 1183. Grabstein des Kai.

1204. Denkstein des Oberschatzmeisters I-cher-nofret, von ihm aufgestellt, als er sich im Auftrage User-tesen's III. in Abydos aufhielt. Oben auf dem Rand und im Felde die geflügelte Sonne (vgl. S. 77) ein bei Tempelthüren und offiziellen Denkmälern beliebtes Ornament. — Die Inschrift beginnt mit dem Erlafs des Königs, durch den I-cher-nofret ausgesandt ist: *Königlicher Befehl an den Erbfürsten und Fürsten, ... den nächsten Freund* (des Königs), *den Vorsteher der beiden Goldhäuser und Vorsteher der beiden Silberhäuser, den Oberschatzmeister I-cher-nofret. — Meine Majestät hat befohlen, dafs man dich hinauffahren lasse nach Abydos, um ein Denkmal für meinen Vater Osiris, den Ersten unter denen im Westen, zu errichten und um die geheimnissvolle Stätte zu verschönern mit dem Golde . . ., das meine Majestät in Sieg und Triumph aus Nubien* (S. 11) *gebracht hat.* Des Weiteren erklärt der König, dafs er gerade ihn zu diesem Auftrage erwählt habe, weil er ihn selbst an seinem Hofe erzogen habe und seine Trefflichkeit kenne.

Dann erzählt I-cher-nofret, wie er diesem Befehle nachgekommen sei, wie er die Kapelle und die heilige Barke verziert und *den Leib des Herrn von Abydos* (d. h. des Osiris) *mit Lapislazuli und Malachit, Silbergold und Edelsteinen geschmückt* habe. Aufserdem nahm er an verschiedenen Festen des Gottes teil; so geleitete er den Gott *zu seinem Grabe in Peker* und *schlug seine Feinde an jenem Tage des grofsen Kampfes,* Anspielungen auf Festspiele, bei denen Vorgänge aus der Göttersage dargestellt wurden.

Unten l. sitzt I-cher-nofret beim Mahle, zu seinen Füssen an kleineren Tischen seine Söhne; ein Diener bringt ihm eine Gans und der *Gehülfe des Oberschatzmeisters* einen Spiegel und eine Salbbüchse. R. seine Brüder (der eine war *Stellvertreter des Oberschatzmeisters*) beim Mahle. — (Drovetti.) K. h. 1 m. [LD. II 135a.]

1198 vom Soldatenschreiber Mentu-hotep seinen Eltern in Abydos aufgestellt, *als er heraufkam, um die schöne Jugend des abydenischen Gaues auszuwählen im Jahre 25 unter der Majestät des Königs Amenemhet II., der immer und ewig lebt* — also gelegentlich einer Truppenaushebung. Der Vater, der *Soldatenschreiber* Chnemes und die Mutter Abt-eb sitzen neben einander und greifen nach ihren Krügen; das Bild des Vaters ist ausgeführt, das der Mutter nur als Silhouette gegeben, von anderen Angehörigen sind nur die Namen aufgeschrieben. — (1857 von Anastasi) K. h. 51 cm.

1200 des Uaz, *obersten Vorlesers, Schreibers des Gottesbuches, Hohenpriesters, Vorstehers des Tempels, Vorstehers der Schreiber im Palaste,* der nach der hieratischen (S. 28 unten) Inschrift unten auf dem Steine ihm aufstellte, als er *im Jahre 24* seines Königs beauftragt war, *das Opfergut des grofsen Gottes von Abydos zu leiten.* Er ist dargestellt, wie er vor dem *obersten Vorleser und Priester der Nut,* Neb-taui-sa-Renen-utet (vermutlich seinem Vater) betet. — (Anastasi 1857). K. h. 50 cm. [Sharpe 2nd Ser. 69.]

Undatierte (zumeist Dyn. 12).

7280 der Frau Nofret, in Darstellung und Material ungewöhnlich. L. oben die Tote, darunter ihr Gatte oder Vater, der Fürst Edi, r. Mutter und Grofsmutter. Die

Inschrift (Opferformel) war blau ausgefüllt. — (Athanasi 1843) R. Gr. h. 92 cm.

7311 des **Rehu-onch**, Verwandten des Königs. Er sitzt auf einem Lehnsessel beim Mahle (neben dem Tisch drei Krüge mit Salböl), ihm gegenüber seine zwei Frauen an kleinen Tischen. Seine *Diener vom Brothaus* (Köche) bedienen ihn, der eine räuchert, der andere bringt Öl, der dritte (verstorbene) hockt unter seinem Stuhl. Darunter sitzen ein Bruder und ein anderer Verwandter mit ihren Frauen beim Mahle. — Obere Inschrift: *O ihr, die ihr auf Erden lebt, Vorleser, Schreiber, Totenpriester und Priester, die ihr vorbeigeht bei diesem Denkmal, das ich mir gemacht habe, — wenn ihr wünscht, dafs euch eure heimischen Götter belohnen, dafs ihr eure Aemter euren Kindern vermacht, dafs ihr gedeiht auf Erden, so sprechet: „Ein Opfer, das Osiris, der Erste derer im Westen* (S. 23), *der grofse Gott von Abydos giebt. Möge er geben die Totenopfer an Ochsen- und Gänsefleisch, an Kleidern, Weihrauch, Oel und allen schönen reinen Dingen dem Ka* (S. 24) *des Königlichen Verwandten Rehu-onch, des seligen, geboren von der Hausherrin Pepu, der seligen"*. — (Athanasi 1843.) K. h. 55 cm.

1188 des **Kabinettsvorstehers Usertesen.** Er sitzt in altertümlicher Tracht beim Mahle, der Sessel steht auf einem Teppich. Hinter ihm *seine geliebte Frau, die Hausherrin En, die Würdige*, eine Blume in der Hand; vor ihm seine Nebenfrau, *seine geliebte Schwester Ranf-onch*, mit ihrer kleinen Tochter. Dahinter in drei Reihen die Eltern und Geschwister des Toten, sowie Diener und Dienerinnen, die ihm Speisen bringen. — Inschrift: *O ihr, die ihr auf Erden lebt und vorübergeht bei diesem Grabe! wenn ihr wünscht, dafs eure Kinder leben und dafs eure Götter euch belohnen, so sprecht: „die süsse Luft des Osiris (komme) in die Nase des seligen Kabinettsvorstehers Usertesen; es verkläre ihn Anubis, den ehrwürdigen Kabinettsvorsteher Usertesen."* — Das Fleisch der Frauen rosa statt gelb. (Koller?) K. br. 1,28 m.

1191 des **Fürsten Chent-cheti-wer,** *Obergütervorstehers, der vom Könige am meisten in beiden Aegypten geliebt wurde; er errichtete sich dieses Grab an der Treppe des grofsen Gottes von Abydos.* Er ist zweimal dargestellt, das eine mal sitzend, hinter ihm seine Mutter, vor ihm ein opfernder Priester; das andere mal betend (mit ungewöhnlich langem Haar.) Er erbittet für sich, dafs ihm *Willkommen gesagt werde von den Grofsen von Abydos* (d. h. den dort bestatteten Toten), dafs *er empfange die Speisen auf dem grofsen Altare an allen Festen der Gräberstadt.* — (Anastasi 1857.) K. 46 cm. [Sharpe II 109.]

7309 des Hofbeamten Senpu. Er sitzt vor dem Speisetisch und vor einem kleinen Tisch, auf den der *Süssigkeitsbereiter* Senpu-em-hesut (sein Diener) drei Brote legt; vor ihm *macht* (d. h. rezitiert) ein Priester, ein Buch in der Hand, die Opferformel. — Unten Verwandte dargestellt oder nur genannt, dabei ein *Erzarbeiter* neben einem *Obergütervorsteher*. Bilder (Silhouetten) und Schrift waren grün ausgefüllt. — (Ingenheim) K. 41 cm.

8802 des Priesters Dedi; vor ihm kniet seine Frau, beide mit Blumen in der Hand. Auf einer Matte Speisen; daneben zwei Krüge auf Untersätzen und Spiegel, Salbkrug und Schminktopf mit dem Griffel darin. — (1886) K. h. 35 cm.

7300 des Amen-o, der im *Bierhaus* (des Königs) bedienstet war. Er nimmt stehend die Verehrung seiner Mutter und Grofsmutter und seines Vaters (?), des Richters Senipu, entgegen. Unten seine beiden Brüder (der eine trägt eine Sandale); 7 andere Familienmitglieder sind nur durch ihre Namen vertreten. — Oben das Zeichen *Leben* zwischen den Augen. — (Ingenheim) K. h. 36 cm.

7313 des Speichervorstehers Mentu-hotep; ausnahmsweise in der alten Form der Scheinthür (S. 45). Er steht mit seiner Frau Sent neben einem Gestell mit Krügen und aufgehäuften Speisen. In der sehr unorthographischen Inschrift sagt er: *ich that, was die Menschen lieben und was die Götter belohnen; ich befriedigte den Gott durch das, was er liebte; ich sprach wahrhaft; ich that niemals Böses gegen irgend einen Menschen; ich, der Schönes redende und Beliebtes erzählende, der Speichervorsteher Mentu-hotep.* Danach die Bitte: *o ihr Lebenden, die ihr vorbeigeht bei diesem Grabe, sprechet: „Tausend an Brot, Bier, Ochsen- und Gänsefleisch für den Ka des Mentu-hotep."* — In der Hohlkehle das alte Muster (S. 54, 1114). — (Koller) K. h. 42 cm. [Proc. Soc. bibl. arch. 1888.]

7280 des Königlichen Verwandten Wer(?)-nebkemui, unter dessen Angehörigen ein Priester in Athribis, ein Tempeldiener in Memphis und ein niederer Beamter sind. Die Inschriften (Aufzählung der Familie) kaum lesbar; oben l. der Tote, dem ein Sohn ein Salbgefäfs reicht. — (Passalacqua aus Abydos.) K. h. 40 cm.

7282 des Gütervorstehers Mentu-hotep. Oben sitzt er mit seiner Frau und andern Verwandten beim Mahl; darunter lange Liste der Verwandten. Oben die Upuatgötter. Auf dem Stein ist der Titel des Toten und der Name seiner Mutter nachträglich geändert. — (Passalacqua) K. h. 38 cm.

7312 des Tetu, *Leibwächters des Fürsten*. Er sitzt beim Mahl, vor ihm seine Mutter Rams-seneb mit Blume und Salbbüchse; unter dem Tisch Weinkrüge. Die Familie wird durch vier Generationen aufgezählt. Der Stein hat im Umriss noch die Form der Scheinthür. — (Bartholdy.) K. h. 43 cm.

13675 der Angehörigen des Priesters Akef-naier-sens, oben spricht er die Opferformel vor der Bebscheret, *seiner Tochter von seiner Nebenfrau* und vor seiner Schwester I-meru, die mit Knospen in den Händen auf der Erde hocken. Unten seine Tochter Hetpet auf dem Schofse seiner Hauptfrau Mentu-hotep, denen ein Sohn den Speisetisch darbringt. Die Kinder tragen Zöpfe. — (1896 durch Borchardt in Theben). K. h. 35 cm.

7301 in hieratischer Schrift (S. 28 unten), fast unlesbar; Liste von Namen, als erster (also als die Tote) ist eine *Dienerin* genannt. — (1843 von Athanasi.) K. h. 21 cm.

7356 des Ser-nofer (ohne Titel), der mit seiner Frau, seiner *Schwester* (d. h. Nebenfrau) und seinem Sohne roh dargestellt ist; sie halten Blumen in den Händen. — (Gesch. Travers 1875.) K. 15 cm.

7357 des Hotepen, nur Liste der Verwandten, von denen keiner einen Titel hat. Sehr roh. — (Gesch. Travers 1875.) K. h. 14 cm.

7580 des Miket, Sohnes eines *Oberwäschers;* ein Verwandter ist *Diener des Bierhauses*. Dieser Stellung der Familie entspricht die Barbarei der Bilder und der Schrift. — (Gesch. Travers 1877.) K. h. 32 cm.

Aus dem Ende des mR.

In den Darstellungen schon manches Auffällige. Neben dem Osiris wird auch der Min verehrt.

7296 des Beamten Mentu-o, unten rohes Bild: der Tote, vor dem ein Sohn betet; ihm gegenüber seine Frau, eine Knospe in der Hand. Dyn. 13. — (Passalacqua aus Abydos.) K. h. 40 cm.

7288 des Schems-meru, *Schreibers angesichts des Königs*. Er sitzt als dicker alter Mann beim Mahl; ihm gegenüber *seine geliebte Frau* Seneb-si-ma, die auch *Schwester* (d. h. Nebenfrau) *des Königs* war, nebst drei Töchtern und zwei Söhnen. Die Töchter haben eine andere Haartracht als die Mutter und halten Knospen statt des Salbtopfes. — Oben das Zeichen *Leben*, zwischen den Up-uat-schakalen. Schrift und Bilder gleich roh. — (Herkunft fraglich.) K. h. 40 cm.

7294 eines Beamten Werui. Der Tote und sein Bruder Mentu-hotep (beide kahl) stehen sich gegenüber. Die Inschrift erbittet für sie *alle guten reinen Dinge; was der Himmel giebt, was die Erde erzeugt und was der Nil herbeibringt*. Oben wieder die geflügelte Sonne (S. 77), die aber hier nicht am Platze ist; auch das hohe Relief ist ungewöhnlich. — (Saulnier) K. h. 34 cm.

7287. Denkstein von dem Richter Bembu zum Andenken an seinen Vater Kemes, *dessen Namen er leben macht*, gestiftet. Vater und Sohn stehen betend vor dem Bilde des ithyphallischen Gottes Min, zu dem eine kleine Treppe führt; auf dem Fußboden eine Matte. Kemes sagt: *Gelobt seist du, Min, starker Horus, dessen Federn hoch sind, Herr einer Krone, der voransteht unter allen Göttern;* in der That trägt der Gott eine Krone mit Federn. Auch hier war wie bei 7288 die Frau des Kemes eine frühere Nebenfrau des Königs. — (Passalacqua) K. h. 47 cm.

7319. Grabstein mit unleserlichem Namen. Rechts sitzen der Tote, seine Frau und sein Vater(?) beim Mahl, das nur angedeutet ist; ihnen gegenüber zwei Töchter und seine Mutter. Oben der Totengott Anubis als Schakal. Von äußerster Rohheit. — (Passalacqua) K. h. 35 cm.

7732 des Amen-sa, Obersten der Leibwächter. Der Tote, der eine Geißel hält, sitzt beim Mahle; seine *Gattin*,

IV. Mittleres Reich (2200—1800 v. Chr.).

die *Hausfrau* Nofru reicht ihm die Salbbüchse; *seine Schwester, die Hausfrau Amiai* steht ehrfurchtsvoll dahinter. Inschrift: *O ihr die ihr auf Erden lebt, jeder Schreiber, Vorleser, Totenpriester und Priester, der vorbeigeht an diesem Grabe, euch werden eure heimatlichen Götter lieben und belohnen, ihr werdet gedeihen auf Erden und werdet eure Aemter euren Kindern vermachen, wenn ihr sprecht: „Ein Opfer, das der König giebt* (vgl. S. 59); *Ptah-Sokaris, Osiris der grofse Gott von Abydos, Amon-Re von Karnak und die Götter und Göttinnen, mögen sie geben Brot, Bier, Ochsen und Gänse, Kleider, Milch und Oel, alle schönen reinen Dinge; was der Himmel giebt, die Erde erzeugt und der Nil herbeibringt; Glanz, Kraft und Rechtfertigung dem Ka des Obersten der Leibwächter Amen-Sa."* — Oben zwei Anubis in Schakalgestalt. — Der Grund dunkel gefärbt. — (Dutilh) K. h. 40 cm.

7731 des Beamten **Amen-sa**, ihm von seinem gleichnamigen Sohne (dem Toten des vorigen Grabsteines) gewidmet. Oben die Eltern beim Mahle, zu ihnen betet der Sohn; unten ist er selbst mit einem Bruder (?) speisend dargestellt. — Amen-sa der Sohn nennt sich selbst hier einen *vortrefflichen Edlen, glänzender als seine Väter; er hatte mehr (?) gethan, als die vor ihm gewesen waren;* er hatte es also weiter gebracht als seine Vorfahren. — (Dutilh) K. h. 60 cm.

13077 des Sat (?) — **Mentu-hotep**, Sohnes eines *Bildhauers und Einwohners von Hermonthis* Nefer-hotep. Unten der Tote als Knabe von seinen Eltern umarmt, dahinter sein Oheim, der *Einwohner von Hermonthis*, Ren-seneb. Sehr roh. — (1896 durch Borchardt in Theben). K. h. 38 cm.

c. Opfersteine u. ä.

Die grösseren mit Darstellung der Opfertafel (vgl. S. 62 d). Daneben für bescheidene Gräber auch Tafeln aus Thon, die öfters als ein mit Speisen belegter Hof gedacht sind und zuweilen dann geradezu die Gestalt eines Hauses mit davorliegendem Hofe erhalten.

1189. Opferstein des **Sehetep-eb-re-onch**, Hohenpriesters von Memphis, eines Zeitgenossen Amen-em-het's I. Die Ausflussrinne fehlt jetzt. Dargestellt die Opfertafel (deutlich als Matte) und zwei Näpfe. — (Lepsius, Tut in Oberaegypten.) Sdst. br. 54 cm. [LD II 118 i] [Phot.]

10744. Opfertafel aus rotem Thon. Zwei Rinnen zum Abfluß des aufgegossenen Wassers; daneben Brote, Fleischstück und die Hörner des Opferstieres. [Phot.]

14046. Desgl. mit vielen Wasserrinnen. Darauf Stierkopf und Schenkel. Aus el Kab. — (Gesch. Petrie 1897.)

10786. Desgl. aus gelbem Thon; die Wasserrinnen kreuzen sich. Dargestellt: Brote, Fleischstücke, ein Kalbskopf, ein Vogel und ein Hase. (Oberaegypten.)

Abb. 18. 12549 Opfertafel als Haus.

12549 als zweistöckiges Haus. Unten zwei Zimmer mit nur einem Eingang. Vom Hofe führt eine Treppe auf das (jetzt fehlende) flache Dach der zweiten Stube, von dem aus die Thür in das obere Zimmer geht, während eine zweite Treppe auf das flache Dach des letzteren führt. Im Hof ein geschlachteter Ochse und andere Speisen. Vorn der Abfluss des Wassers. Th. (1895 durch Reinhardt.) [Abbildung 18.]

d. Särge und Grabfunde.

Aus dem Grabe des Gütervorstehers Mentu-hotep.

Grab aus dem Ende der Dyn. 12, von Passalacqua am 4. Dez. 1823 in Theben gefunden. Die Sargkammer hatte die Gröfse des Glaskastens über dem grofsen Sarge, die Beigaben standen so wie hier um den Sarg her. Die Figur des Toten aus dem innersten Sarge S. 83, 4650. [Das Ganze veröffentlicht als Heft VIII der Mitt. a. d. Orient. Sign.] [Phot.]

9. Äufserer Sarg, in dem die Särge 10 u. 11 standen; der Deckel leicht ansteigend. Als Bemalung aufsen Thüren, die der Seele den Aus- und Eingang erleichtern sollen und zwei Augen, mit denen der Tote aus dem Sarge sieht; innen Totentexte und Bilder von Geräten wie bei den Särgen S. 73. 104. Inschrift der Längsseite: *Ein Opfer, welches der König giebt. Osiris, der Herr von Busiris, der grosse Gott, der Herr von Abydos — er gebe ein Totenopfer an Brot, Bier, Ochsen, Gänsen und allen reinen Dingen, wovon ein Gott lebt, dem Ka* (S. 24) *des Ehrwürdigen, des Gütervorstehers Mentu-hotep.* — H. l. 2,2 m. [Abbildung 19.]

10. 11. Mittlerer und innerer Sarg, die Deckel flach; die Bemalung innen und aussen ähnlich wie bei dem vorigen.

14. Schiff ohne Ruderer, wohl geschleppt gedacht; mit zwei (geschnitzten und bemalten) Steuerrudern, die durch eine Vorrichtung gleichzeitig gelenkt werden können. Vorn liegt das Landungsbrett und die Pflöcke zum Anbinden des Schiffes; die grofse Holzkeule, mit der man diese Pflöcke in das Ufer treibt, hängt am Vorderteil. — Unter einem Baldachin liegt die Mumie des Toten auf einem Bett mit Löwenfüfsen; um sie her die Götter, die einst den Osiris beklagt haben: zu Häupten Isis, der das Haar über das Gesicht fällt, zu Füfsen Nephthys, an den Ecken die vier Schutzgeister der Toten. — Vorn der Schlächter mit dem Opfertier, hinter ihm der Priester mit seinem Buch, auf dem *es* (das Opfer) *ist rein* steht (vgl. S. 53). Ganz vorn der Pilot (S. 55, 1131). — Über den vermutlichen Zweck dieser Schiffe S. 75. — H. l. 86 cm. [Abbildung 10.]

13. Dienerin, das Kleid scheint aus bunten Lappen zusammengenäht zu sein, mit Sandalen, Arm- und Fufs-

ringen, ein buntes Band im Haar. In der R. trägt sie
einen Krug, auf dem Kopfe einen viereckigen Korb mit

Abb. 19. Sarg des Mentuhotep mit Beigaben (nach Mertens).

Speisen. Über der l. Schulter hängt an einem Bande
ein Spiegel in einem Futteral aus Fell. Dem Toten zur

Bedienung (S. 39. 41. 106) beigegeben. — H. h. 77 cm. [Abbildung 19.]

12. Schiff zum Rudern und Segeln, mit einfachem Steuer, Mast und Raa sind niedergelegt; von den 16 Ruderern trägt jeder seinen Namen auf dem Schurz, sie entsprechen also wohl wirklichen Schiffern des Toten. Vorn wieder der Pilot. Auf dem Deck eine Kajüte (an der Aufsenseite hängt ein Schild), in deren Eingang der Tote sitzt; davor ein Diener, der Bier bereitet (S. 70, 1366) und eine Frau, die Korn zwischen Steinen mahlt (S. 70, 7706). — H. l. 1 m. [Abbildung 20.]

25. Kopfstütze aus Holz (S. 75), einfach.

Abb. 20. 12. Ruderschiff.

26. 27. Schädel, Rippen und rechtes Vorderbein des Opferstieres, also die ständig als Speisen des Toten dargestellten Stücke.

23. 24. Einfache Stäbe, der eine oben gabelförmig.

15—17. Schüsseln mit kleinen Broten, die auf Sykomorenzweigen lagen.

18—21. Krüge mit Lehmpfropfen; sie enthielten Wasser.

22. Dienerin in einfachem gelbem Kleid, in der R. einen Krug, auf dem Kopf einen Korb mit einer Fleischkeule. H. h. 60 cm.

Aquarell Passalacqua's:

Ansicht der Fundstätte in der Gräberstadt Thebens; als Staffage der Transport des Fundes.

Mumie aus dem innersten Sarge, Matte, die über sie gebreitet war und Zeugrollen, mit denen sie im Sarge festgelegt war. Mit Ausnahme der kleinen Figur auf der Mumie (S. 83) sind diese Gegenstände heute verloren.

Aus dem Grabe des Henui.

Das Grab, das dem vorigen etwa gleichzeitig sein dürfte, stammt aus Gebelen in Oberaegypten und zeigt vortrefflich, wie weit Handwerk und Kunst in kleineren Provinzialstädten zurückstanden. Die Familie war gewiſs eine begüterte, führt aber keinerlei Titel. — (1897 durch Borchardt.) [Phot.]

13772. **Sarg des Henui**, weiſs getüncht mit bunten Bildern, wie sie so sonst nicht auf Särgen vorkommen und mit Inschriften, deren rohe Zeichen seltsam willkürlich gestaltet und fast unlesbar sind. Linke Längsseite: die Augen (S. 104, 45). Daneben Abschied der Verwandten von der aufgebahrten Mumie: zwei Frauen und ein kleines Mädchen, das auf der Leiche zu liegen scheint; unter dem Kopf der Mumie die Kopfstütze. Kopfende. Der Tote und seine Frau sitzen in einer von Säulen getragenen Halle. Henui hält einen Becher, vor ihm der Bierkrug auf einem Gestell; ihm gegenüber seine Frau (einen Spiegel in der Hand) der eine Dienerin das Haar ordnet. Dahinter ein Diener am Schenktisch, ein Tisch mit Speisen und eine Dienerin, die Bier bereitet. Fuſsende: r. ein Kornspeicher, der aus drei kegelförmigen Scheunen besteht, vor denen eine von Säulen getragene Halle zu stehen scheint. In der Thür, die zum Speicher führt, ein Mann. L. Bilder aus dem Wirtschaftshof: Frau, die Korn mahlt; Mann, der etwas in einem grofsen Mörser zerstöſst; Frau bei der Bierbereitung. Zu unterst Sandalen als Andeutung der Füſse des Toten. — In den Inschriften, die nur religiöse Formeln enthalten, ist das Zeichen für *f*, das wohl als Schlange galt (S. 26), durchschnitten dargestellt, um das böse Tier gleichsam zu töten. — H. L. 2 m.

13754. 13755. Maske und Binden der Mumie. Die Maske mit Schnurr- und Backenbart, aus mit Stuck überzogener Leinwand, gelb bemalt.

13758. Kornspeicher, dem Toten zu seiner Ernährung beigegeben. Vor dem Speicher ein ummauerter Hof, in den eine Thür führt, die noch beweglich ist; im Hofe

IV. Mittleres Reich (2200–1800 v. Chr.).

Arbeiter, die Korn mahlen, Bier brauen und Brot backen, sowie zwei grofse Krüge (vgl. S. 105 und S. 76). — Der Speicher hat ein flaches Dach, zu dem eine Treppe hinaufführt; oben Oeffnungen zum Einschütten des Korns, unten auf der Hofseite eine Art Luken, die wohl zum Herausnehmen des Kornes dienen (vgl. das etwas anders gestaltete Bild auf dem Sarge). — Auf dem Dach ein Arbeiter, der zwei Säcke ausschüttet, die der daneben hockende Schreiber notiert, sowie ein Tisch mit Bierkrügen. [Abbildung 21.]

Abb. 21. 13758. Kornspeicher.

13743. 13742. Dienerinnen unbekleidet, die Speisen bringen. 13743 besser gearbeitet, mit Sandalen; 13742 hält eine Ente bei den Flügeln.

13756. 13757. Ruderschiffe, das eine mit hohem Hinterteil; die Ruder und Steuer liegen daneben. Auf dem einen der einfache Sarg unter einem Baldachin.

13740. Kopfstütze, weifsgetüncht, nicht zu wirklichem Gebrauch gearbeitet.

13739. **Sandalen**, Nachbildung aus Holz; beide sind mit Stiften an einander gesetzt.

13741. **Armringe** aus Horn, mehrere sind mit Stiften an einander befestigt.

Stäbe und Szepter, dabei: 13759 oben mit Leder überzogen — 13752 das eine Ende gekrümmt — 13753 das gekrümmte Ende zugespitzt. — 13771 die eine Hälfte geschwärzt.

Bogen von etwa 1,70 m Länge, dabei: 13760 doppelt gekrümmt, mit Resten der Sehne — 13763 die Stelle, an der der Pfeil auflag, war durch zwei Ringe bezeichnet.

Pfeile aus Rohr, von etwa 85 cm Länge. Vorn ein Holzstück eingesetzt, das die breite Schneide aus Feuerstein trägt; hinten die Kerbe, über der drei Federn saßen.

13765. **Kurzes Kuhhorn**, das wohl als Behälter für kleine Gegenstände diente.

13738. **Vier kleine Gefäfse zu Ölen**, aus Kalkstein, die mit einander verbunden sind. Wohl auch nicht zu wirklichem Gebrauch bestimmt.

13744—13746. **Thönerne Räuchergefäfse**, halbkugelförmig mit Griffen, wie sie in älterer Zeit oft dargestellt sind. Das untere wurde mit Kohlen und Weihrauch gefüllt, das obere als Deckel darauf gesetzt und zeitweise geöffnet, um den angesammelten Rauch heraus zu lassen. (Vgl. die ausgelegte Abbildung und 7779 S. 72.)

Näpfe und Untersätze aus Thon. (Vgl. die ähnlichen S. 109.)

13747. **Untersatz** aus weifs getünchtem Holz, in Stuhlform, in der Mitte eine Vertiefung, in die der Krug hineingestellt wurde. Vgl. das Bild am Kopfende des Sarges.

Zwölf Säckchen aus Palmfasern, für Früchte oder Getreide.

13774. **Sarg der Frau Ent-tefes**, einer früheren Nebenfrau des Königs und Priesterin der Hathor. An der l. Längsseite die Augen und das Bild der Toten. Sie sitzt auf einem Stuhl, den Spiegel in der Hand; eine Dienerin ordnet ihr das Haar, die andere reicht ihr den Becher. Dahinter Tisch mit Korb und Krügen. Weifs getüncht, Bilder und Schrift nicht ganz so roh, wie auf dem Sarg des Henui. — H. l. 1,92 m.

13775. **Sarg der Frau Eku**, ebenfalls einer früheren Nebenfrau des Königs und Priesterin der Hathor. Die Schmal-

heit erklärt sich aus der Sitte, die Mumien auf die Seite
zu legen. — H. l. 2 m.

13773. **Sarg des Fürsten Mentu-sen-oker**, in der Art
der vorigen, aber sorgfältiger in der Bemalung. Am Fufsende des Deckels eine Art Griff, (vgl. bei einem Steinsarg
S. 269). — H. l. 2,05 m.

Aus verschiedenen Gräbern.

45. **Holzsarg des Sebk-o.** Aufsen wieder mit Thüren
bemalt (nicht stilisiert, mit Riegeln u. s. w.) L. am Kopfende wieder die beiden Augen, mit denen der Tote aus
dem Sarge sieht, dazu die Inschrift: *es zeigt sich dieser
Sebk-o, damit er sehe den Herrn des Horizontes* (d. h. den
Sonnengott), *wenn er am Himmel fährt.*

In den kleinen senkrechten Inschriften versichern verschiedene Gottheiten den Toten ihres Schutzes, z. B. *es
sagt der Horizont: ich bin zufrieden über den Sebk-o, und
liebe ihn* oder *es sagt Isis: deine Feinde sind unter dich
gelegt und du lebst, Sebk-o*.

Im Innern aufser wertvollen Texten der Totenlitteratur
ähnliche Bilder, wie bei den Särgen S. 73 und 98: Halskragen (z. T. als Sperber), Troddeln, Spiegel, Kopfstütze,
Schurze, Geifsel u. a. m. — Der Deckel leicht gewölbt. —
(1852 von Athanasi.) H. l. 2.06 m. [Visconti, A series
of highly finished engravings. London 1837.]

1154. **Steinsarg des Königl. Verwandten Entef**, des
von seinem Herrn geliebten. Mit den Bildern des dem
Toten nötigen Hausrates, so auf der einen Längsseite
(von r. nach l.): Kopfstütze (S. 75), zwei Spiegel, Halskragen mit der dazu gehörigen Troddel, Armbänder; dann
wieder Kragen und Troddel, zwei Krüge und Wasserkrug im Napf; zwei Bogen und Pfeilbündel, hölzerner
Kasten, Alabastergefäfs, Schreibzeug und Papyrusblatt,
16 Säckchen, Sandalen. An der r. Schmalseite: 2 Streifen
Leinen, 2 Säckchen Schminke und 7 Gefäfse (z. T. aus
Stein) zu Öl. — Aufserdem auf allen Seiten lange
Texte, die sich auf das Schicksal der Toten beziehen.

Aufsen unvollendete (nur vorgezeichnete) Inschrift.
Aus einem Felsengrab in Theben. — (Lepsius.) K. l.
2,40 m. [LD II. 145. 146.]

1155. **Deckel des vorigen Sarges**, der in ihn eingelassen
war; Inschrift nur vorgezeichnet.

1156. Schädel des Opferstieres, aus dem Grabe desselben Entef.

13530. Kurzer Balken mit der Inschrift *Erbfürst, Fürst und Oberpriester Emsehet*. Aus dem Grabe zu Siut, in dem die Gruppen marschierender Soldaten des Museums zu Kairo gefunden sind. (1895 Gesch. C. Schmidt.)

e. Einzelne Beigaben.

Eingeweidegefäfse.

Die Sitte, die Eingeweide aus der Mumie herauszunehmen und in besonderen Gefäfsen beizusetzen, beginnt am Ende des a. R.; man giebt den Deckeln gern die Köpfe der Schutzgeister der Toten (S. 21). (Über ihren Zweck S. 179.)

7210. Deckel eines Eingeweidegefäfses mit Sperberkopf und dem Namen des Fürsten ...-nofer. — (Lepsius) Th.

7175. Eingeweidegefäfs von ungewöhnlicher, plattgedrückter Gestalt mit flachem Deckel. — (Koller) K.

Speicher, Dienerfiguren usw.

12548 Kornspeicher, ähnlich dem aus dem Grab des Henui (S. 101), von Mauern umgeben, deren Ecken erhöht sind. Im Hof, dessen Thür wieder erhalten ist, Arbeiter bei der Bereitung der Speisen. Auf dem Dach Arbeiter, die Säcke ausschütteten. — (1895 durch Reinhardt) H.

10821 Thür von einem ähnlichen Speicher.

13800 Ochse von einer Darstellung des Pflügens, die, ähnlich wie die Küchen und Speicher, dem Toten zur Gewinnung seiner Nahrung beigegeben war. An den Hörnern war das Joch angebunden, wie dies auch oft so dargestellt ist. — (Gesch. Schäfer 1897.) H.

Figuren von Arbeitern, von Speichern, Schiffen usw. — (Gesch. Clot Bey 1843.)

13799 desgleichen, mit Backenbart. — (Gesch. Sethe 1897.)

13798 Schild von der Figur eines Soldaten, wie sie ebenfalls zuweilen vornehmen Toten beigegeben wurde. (Nach der Bemalung mit Rinderhaut bespannt (S. 223). — (Gesch. Sethe 1897.)

9536. Dienerin, mit rotem Kleid; in der R. trug sie etwa einen Spiegel oder Speisen; vgl. die ähnlichen S. 99. 100. 102. — (1886) H. h. 44 cm.

9605. **Klagende Frau**, hockend, wohl eine Dienerin (vgl. 7706 S. 70); sie legte die eine Hand auf den Kopf, die andere auf die Wange. Ungewöhnlich als Figur in gebranntem Thon, und auch in der aufgemalten Kleidung abweichend.

Totenfiguren.

Vereinzelt kommen auch schon die im n. R. so häufigen sogenannten Totenfiguren vor, die nach der späteren Anschauung anstatt des Toten den Acker bauen (vgl. S. 180). Ob sie im m. R. bereits diese Bestimmung hatten, ist nicht bekannt; sie stellen den Toten als Mumie dar.

10831 eines Anchu. Das Gesicht wohl Porträt, unter der Umwicklung sieht man die Arme. — (1889) Schw. Gr. h. 19 cm.

9621 eines Entef. — (1886) Schw. Gr. h. 20 cm.

9580 ohne Namen, die Hände sichtbar. — (1886) Schw. Gr. h. 20 cm.

Nilpferde.

Aus thebanischen Gräbern des m. R. Man gab diese Figuren den Toten vielleicht zur Jagd bei.

10724. **Nilpferd**, im Sumpf gedacht, da es mit allem bemalt ist, was es dort umgiebt (Blumen, Knospen, Schmetterling, fliegender Vogel). — (1889 aus Theben.) Grüne Fayence l. 20 cm. [Phot.]

13890 mit geöffnetem Rachen, ebenfalls mit Lotusblumen und Blättern bemalt.

13891. 13892 junge; besonders hübsch das liegende.

Figuren von Frauen.

Als Beischläferinnen beigegeben, vgl. die alte Sitte S. 39. 71; auch hier sind z. T. die Füsse fortgelassen. [Phot.]

Aus Holz: 9622 ohne Füsse, 10596 hatte eingesteckte Haare.

9583 in blauer Fayence, mit Perlenschnüren geschmückt; im Kopf Löcher, vielleicht zum Einknüpfen von Haaren, ohne Füsse.

In Form eines Brettchens, ohne Beine, dabei 6907 das Gesicht aus Asphalt, die Haare aus Thonperlen.

Aus Kalkstein, mit kahlem Hinterkopf und eigentümlichen Zöpfen, schwarz und rot bemalt wie die Figürchen S. 203; dabei: 12704 mit Kind, das sie auf der Hüfte trägt.

12554 aus farbigem Wachs, von besonders sorgfältiger Ausführung, mit genauer Wiedergabe von Halskragen, Armbändern und Fußringen. (1895 durch C. Schmidt.)

Rohe aus Thon, denen aus Kalkstein ähnlich, dabei 10833 mit einem Becher; 13244 mit einer Leier, wie sie sonst in m R nur bei Asiaten vorkommt.

10257. Holzfigürchen einer Frau mit fehlenden Armen, das in Lappen gewickelt war, und dem zwei kleine Amulette an einer Schnur angehängt waren.

Elfenbeinstäbe.

In Form von Stofszähnen mit wunderlichen Darstellungen, wie Schildkröte, Katze, ein Panther, aus dessen Rücken ein Menschenkopf mit Flügeln hervorsieht, Dämonen, die Schlangen halten, u. a. m. Diese Stäbe dienten als Amulette

14207 vollständig, mit Aufschriften wie: *es sprechen die vielen* (dargestellten) *Amulette: wir gewähren Schutz der Frau Senaa-eb*.

6709 fast vollständig, vorn ein Fuchskopf. (Gesch. Brugsch 1867.)

9611. Von einem grofsen Exemplar; vorn das Schriftzeichen „stark" und das meisterhafte Bild einer Kröte. Hinten ein Krokodil. [Maspero, Aeg. Kunstgeschichte, deutsche Ausgabe S. 260.]

Abb. 21a. 9611. Von einem Elfenbeinstab.

12611. Vorderes Ende, der Fuchskopf hatte eingelegte Augen. (Gesch. K. Schmidt 1895.)

Aus einem Grabe in Dra-abulnega (Theben).

Erw. 1895 durch Dr. K. Schmidt. Vielleicht schon aus dem Anfang des n. R.

Kopfstütze von sorgfältiger Arbeit, am Schaft ein Elfenbeinknopf mit Ebenholzeinlage. Die fehlende Ecke war schon im Altertum angestückt.

Szepter der Form ↑ wie es die Götter tragen; ein Oberteil und ein Unterteil.

12558. Perücke des Toten, aus aufgereihten Strohringen nachgeahmt. Ein Teil noch zusammenhängend, der Rest in dem Korbe, in dem das Ganze gefunden ist.

12557. **Handfeger** aus Palmfasern, wie man sie zum Abstäuben in der Asche gebackener Brote u. ä. benutzte.

Verschiedenes.

13088. **Kopfstütze** aus Kalkstein, roh und nicht zu wirklichem Gebrauch bestimmt.

Körbchen aus Palmfasern, aus Theben, dabei: 9911—9913 war mit Sykomorenblättern gefüllt; aus einem Grab der Dyn. 11. (Gesch. Schweinfurth.) — 10813 mit Früchten gefüllt. (vgl. S. 103.)

Säckchen mit Natron, die in einem Grabe zu Theben in grofser Anzahl in Krügen niedergelegt waren und zwar nach den Thonsiegeln, mit denen die Krüge verschlossen waren, zu urteilen, im m R. (Gesch. K. Schmidt 1895.)

f. Toilettenkasten der Königin Mentu-hotep.

Aus ihrem Grabe in Theben. Der äufsere Holzkasten war eigentlich für das Grab des (nur noch durch eine Inschrift bekannten) Königs Thuti aus dem Ende des m R. bestimmt, der wohl ihr Gemahl war. — (Passalacqua.) [Phot.]

1177. **Kästchen** mit Deckel, aus Palmfasern, fein geflochten, darin ein Einsatz aus Papyrusschilf, in 6 Fächer geteilt, in denen 6 Gefässe standen. Die beiden Knöpfe (Ebenholz mit Elfenbeineinlage) dienten zum Zubinden des Deckels. Der Kasten hat zwar eigene Füfse, war aber doch noch auf einen besonderen geflochtenen Untersatz gestellt. — Zu 1177: der erwähnte Einsatz.

1176. **Futteral** des Kastens, aus weifs und rotem Papyrusschilf.

1179. **Sechs Gefäfse** (5 Alabaster, 1 Serpentin), z. T. mit Pfropfen aus Papyrus.

1180. **Wurzeln** aus den Gefäfsen, vielleicht zum Kauen bestimmt.

Zu 1180. Thonsiegel, wohl vom Verschluss des Kastens.

1181. **Näpfchen** aus grüner Fayence.

1178. **Hölzerner Löffel** mit dem Kopf der Liebesgöttin Hathor.

1182. **Kleiner Schöpflöffel** aus braunem Holz und Ebenholz; das mittelste Stäbchen des Stiels verschiebt sich zwischen den äufseren, die mit dem Löffel aus einem Stück geschnitten sind.

1175. **Holzkasten**, ursprünglich für das Grab des Königs Thuti gearbeitet; daher die Anubisbilder und Inschriften wie: *Osiris König Thuti, der selige! Isis kommt zu dir,* dafs sie hervorgehen lasse den Wind, den du liebst, damit er eindringe in die Höhlungen, die in deinem Kopfe sind, damit du lebest und redest vor ihr. Dann aber der Königin als Behälter ihres Toilettenkastens beigegeben und nun nachträglich mit der Aufschrift versehen: *Gegeben als Belohnung an die grofse Königliche Gattin ... Mentu-hotep, die selige.* — H. bemalt. h. 67 cm. [Ä. Z. 1892, 45.]

E. Aus der Stadtruine von Kahun.

Zu Tell Kahun am Eingange des Faijum lag eine Stadt Hotep-Usertesen, die von Usertesen II. (S. 11) neben seiner Pyramide, vielleicht für die bei dem Bau derselben beschäftigten Arbeiter und Beamten, angelegt wurde und die schon wenige Jahrzehnte später wieder verlassen wurde. Bei den Nachgrabungen von Flinders Petrie fanden sich in den Häusern noch viele Stücke des Hausrates ihrer alten Bewohner. - (Gesch. M. Kennard, 180.) [Veröffentlicht: Petrie, Kahun, London 1890; ders. Illahun, London 1891.]

10905. Grofses Thongefäfs. Der zerbrochene Rand war schon im Altertum mit Gips und Leder geflickt.

Gefäfse, vgl. Abschn. XIII, C, a. Dabei: 10880 Untersatz für einen Teller, rot gestrichen und geglättet. — 10925 Untersatz eines porösen Wasserkruges, wie man sie noch heut in Aegypten zum Kühlen des Trinkwassers benutzt. Die Schale fing das aussickernde Wasser auf. — 10920, 10921, Ringe als Untersätze für Krüge u. s. w. — 10924, 10922 Flaschen mit weifsem und braunem Anstrich. — 10877 Flasche mit mehrfach eingezogenem Hals. — 10886 Krug, unten spitz. — 10919 Topf mit eingeritzten Wellenlinien. — 10914 Töpfchen mit Schnabel. — 10923 Napf mit Ausgussloch. — Näpfe mit eingeritzten Figuren: 10887 Fisch, 10890 Lotusblumen und Knospen. — 10949 Wellenlinien. — 10912, 10927 Näpfe als Lampen, der Rand noch geschwärzt. — 10888, 10889 Lampen, im Schnabel lag der Docht. — 10879 Tiefer Napf, vielleicht von einer Trommel. — 10948. Röhrenförmiges Gefäfs, unten ein Loch.

Kasten, rosa getüncht, zur Aufbewahrung von Kleidern u. ä. Gefunden unter dem Fufsboden eines Hauses mit der darin beigesetzten Leiche eines neugeborenen Kindes.

Matte aus einem Gras geflochten.

Sandalen und Schuhe: 10062 aus Palmfasern geflochten. — 10061 mit doppelter Sohle, aus Leder und Geflecht. — 10058 war ähnlich. — 10950 noch mit den Schnüren. — 10973 aus weifsem Leder, an den Seiten befanden sich Ösen.

Netz aus Thonperlen, wohl Frauenschmuck.

Nähnadel aus Bronze. — Steinmesser, sowohl Bruchstücke grofser, als auch kleine dreiseitige; auch kleine Sägen. — Thürriegel von Häusern. — Spindel rohester Art.

Kopf eines Drillbohrers, wie man sie u. a. zum Feuerreiben benutzte. — Geflochtener Ring, vielleicht zum Tragen von Lasten auf dem Kopf. — Garnknäule auf Thonstäbe aufgewickelt.

Schlägel des Zimmermanns.

Holzstücke unklarer Bestimmung: 10946, 10947 zu einem Spiel? 10945, 10943 Kreisel?

Schaufel zum Worfeln des Korns. — Handfeger.

Schmelztiegel aus Thon, darin Reste der Schlacke.

10954 Pfanne, in der sich der Thürzapfen drehte.

Bündel aus Lederstreifen, in eine Lederhülle eingenäht; diente als Unterlage des Thürzapfens.

F. Aus Nubien.

Über die Eroberung Nubiens im m. R. S. 10. 11.

1203. Inschrift aus Debot unter Amen-em-het II.: fast unlesbar. Am Schlufs heifst es: *seine Majestät befahl dem ... (nach Nubien zu gehen?) und ich ging um Hosmen* (ein Metall) *seiner Majestät* (zu bringen?) *zusammen mit dem Fürsten ....* — (Lepsius) Sdst. h. 54 cm. [LD II 123 b.]

1157. Siegesdenkmal Usertesen's III., errichtet auf der Festung von Semne, als er im Jahre 16, im 3. Wintermonat *die Südgrenze* seines Reiches endgültig bis hierhin vorgeschoben hatte. Oben die geflügelte Sonne (S. 77), darunter die Titel und Namen des Königs und das Datum. — Die Inschrift, in dem überschwänglichen Stil dieser Zeit, beginnt: *ich habe meine Grenze über die meiner Väter hinausgerückt, ich habe vermehrt, was mir vererbt war* und giebt, nach einem für uns unverständlichen poetischen Teil, folgende Beschreibung des Krieges: *Meine Majestät erblickte sie. Es ist keine Lüge: ich erbeutete ihre Frauen, ich führte ihre Leute hinweg und ging zu ihren Brunnen und schlug ihre Ochsen und schnitt ihr Korn ab und legte Feuer daran. Beim Leben meines Vaters! ich spreche die Wahrheit.* Den Schluß bildet eine Ermahnung an die Nachkommen: *Jeder Sohn von mir, der diese Grenze, die meine Majestät gemacht hat, erhält, der ist (wirklich) mein Sohn; er ist meiner Majestät geboren, er ist das Ebenbild des Sohnes, der seinen Vater schützte und die Grenze seines Erzeugers erhielt* (d. h. des Gottes Horus). *Wer aber sie zu Grunde gehen lässt und nicht für sie kämpft, der ist nicht mein Sohn und ist nicht mir geboren.* Endlich wie eine Nachschrift: *Meine Majestät hat auch eine Statue meiner Majestät machen lassen auf dieser Grenze, welche meine Majestät gemacht hat, damit ihr auf ihr gedeiht und damit ihr auf ihr kämpft.* — (Lepsius.) Sdst.; der Oberteil, der aus Versehen in Semne liegen blieb, jetzt in Kairo und hier nur ergänzt; h. 1,57 m. [LD II 136 h.]

1161. Wasserstandsmarke vom Felsen zu Semne. Aufschrift: *Mund des Nils des Jahres 30 unter der Majestät des Königs Amen-em-het III., der ewig lebt.* Danach stand der Nil damals in Nubien mehr als 20 Fuß höher als jetzt. — (Lepsius.) R. Gr. mit der durch das Wasser der Katarakten erzeugten eigentümlichen Politur; br. 95 cm. [LD II 139 m.]

1160 desgleichen: *Mund des Nils des Jahres 4 unter der Majestät des Sebek-hotep I.* (S. 11), *der immer und ewig lebt.* — (Lepsius.) R. Gr. br. 78 cm. [LD II 151 d.]

13721. Grabstein aus Kuban. Sehr roh. Unten sitzt der Richter Sebek-user, vor ihm steht verehrend *sein Sohn, der Bürger Neb-su-menu;* zwischen beiden ein Tisch, darauf zwei Krüge (mit Deckeln und Untersätzen) und ein Strauß Lotusblumen. Oben standen zwei verstorbene Familienmitglieder sich gegenüber; der erhaltene l. heißt ebenfalls Neb-su-menu und hat einen ungewöhnlichen Kommandostab in der R. — (1897 durch Borchardt.) Sdst. br. 31 cm.

V. Aus dem neuen Reich.
(Etwa 1600—1100 v. Chr.)

Die Umgestaltung aller Verhältnisse, die das n. R. Aegypten bringt, beginnt erst um die Mitte der Dyn. 18, etwa unter Thutmosis III. (S. 12); die Denkmäler aus dem Anfang desselben gleichen in vielen Punkten noch denen des m. R. Es gilt dies z. B. für das Kostüm, für die Art der Grabsteine u. a. m.

A. Aus Tempeln.
a. Aus dem Tempel zu Der-el-bahri.

Ueber den Tempel von Der-el-bahri (auf dem Westufer von Theben), vgl. S. 12; er begann mit einer Allee von Sphinxen, stieg in Terrassen zum Berge auf und endete in diesem mit Felsengrotten. Vgl. die ausgehängte Photographie.

2306. **Königin Hatschepsut.** Da die Regierung einer Frau gegen die Sitte war, so wird sie meist bärtig als Mann dargestellt, oder es werden, wie in dieser schönen Statue, die weiblichen Körperformen nur leicht angedeutet (als Mann bei den folgenden, als Frau in Abschn. XIV, D, b). Kopf und Unterarme ergänzt. Unter den Füfsen deuten neun Bogen auf die *neun Bogen*, die althergebrachte Bezeichnung der feindlichen Nachbarvölker. — (Lepsius) K. h. 1,98 m. [LD III 25 d—g.]

2301, 2300. **Kopf und Tatze einer Sphinx.** Der schöne Kopf (stark ergänzt) ist das Porträt der Königin Hatschepsut, die hier mit gelber Hautfarbe, aber mit dem Königsbart dargestellt war. An der Tatze schön die Krallen und der gewaltige Muskel. — Die Sphinx der Aegypter ist ein (männliches) Fabeltier, das als Verkörperung königlicher Gewalt gilt; daher liebt man es, Könige als Sphinxe darzustellen. — (Lepsius.) Sdst. h. 67 cm. [LD III 25 c.]

Aus Tempeln: a. Der-el-bahri.

2290. Kopf einer Sphinx mit den Zügen der Hat-schepsut; ergänzt, doch ist hier gerade die Nase im Wesentlichen erhalten, Augen, Bart, Schminkstreifen (S. 31 oben) und Kopftuch bemalt; das Fleisch poliert. — (Lepsius) R. Gr. h. 71 cm. [LD III 25 a] [Phot.] [Abb. 22.]

Abb. 22. 2290 Kopf einer Sphinx mit den Zügen der Königin Hatschepsut. (Nach Mertens.)

2279. Kopf der Königin Hat-schepsut mit der Krone von Oberaegypten. Von einer Statue. Ergänzt; die nicht polierten Stellen waren wohl bemalt. — (Lepsius.) R. Gr. h. 82 cm. [LD III 25 b.]

1636. Relief von der letzten Terrasse und zwar aus einer Bilderreihe, die sich auf den Transport eines sitzenden Kolosses bezog. Die obere Reihe stellte Opfer dar (kenntlich noch ein gefesselter und geschlachteter Stier), die untere die Überfahrt des Königs und der Königin über den Nil: *wie man freudig im Westen landet, während das ganze Land frohlockt, an diesem schönen Feste dieses Gottes. Sie jauchzen und preisen und verehren den König, den Herrn der beiden Länder.* Das erste Schiff, das des Königs, namens *Stern der beiden Länder*, hat eine grofse zweistöckige Kajüte und einen Mast. Auf dem Dach der Kajüte der Kommandierende der Ruderer mit einer Art Geifsel. Auf dem Vorderteil unter einem Baldachin als Abzeichen des Schiffes ein Stier, der einen Feind zertritt; es ist dies das Bild des „siegreichen Stieres", d. h. des Königs. Vor dem Baldachin der Pilot (S. 55, 1131). — Vom Schiff der Königin ist nur das Vorderteil vorhanden; auch hier ein Pilot und ein Baldachin, unter dem ein Sinnbild der Königin stand. — Die Inschriften nannten ursprünglich als Herrscher die Hat-schepsut, daneben auch Thutmosis II. und Thutmosis III.; der Name der Hat-schepsut ist aber bei den Thronstreitigkeiten dieser Fürsten getilgt und durch *König, Herr der beiden Länder* oder *dieser gute Gott* ersetzt. Des weiteren ist unter Amenophis IV. auch hier der Name des Amon roh getilgt und später ungeschickt wieder eingefügt worden. Endlich haben Mönche, die hier ein Kloster hatten, die Bilder zerhackt. — (Lepsius.) K. l. 2,30 m. [LD III 17 a.] [Phot.]

14142. Von einem ähnlichen Relief, das anscheinend ein Lastschiff darstellte: Ruderer, Kajüte und der Steuermann. — (Vermächtnis des Dr. O. H. Deibel.) K. br. 30 cm.

14141. Marschierende Soldaten, die mit Beil, Bogen und Pfeilen bewaffnet sind und den eigentümlichen Schurz der Soldaten tragen. Oben eine Inschrift, die ausgemeifselt war und roh wiederhergestellt ist. — (Vermächtnis des Dr. O. H. Deibel.) K. br. 40 cm.

1623. Relief aus einer der Grotten: Thutmosis II. als Toter beim Mahle. Vor ihm der Tisch in alter Form (S. 51 b.), Krüge auf Gestellen, eine Räucherpfanne und Speisen; darüber die Liste der Speisen, wie im a. R. Dieses *Opfer, das Amon-Re dem König Thutmosis II. giebt*, wird ihm überwiesen von einem Totenpriester; diese Figur ist (von Amenophis IV.?) ausgekratzt, dann aber wieder hergestellt worden. — Oben das Ornament des oberen Randes der Wände (S. 77). — (Lepsius.) K. h. 1,41 m. [LD III 19,2 c.]

A. Aus Tempeln: b. Bubastis.

14143. **Bruchstück einer Inschrift**, die einen Spruch aus den Pyramidentexten (S. 44) enthielt, der die Ernährung des Toten betrifft. Auch hier ist der Name der Hat-schepsut ausgemeifselt. Bunte Schrift auf grauem Grund. — (Vermächtnis des Dr. O. II. Deibel.) K. h. 40 cm.

14144. **Bruchstück einer ähnlichen Inschrift**, die für Thutmosis II. bestimmt war; sie enthielt den bei 2066 (S. 160) besprochenen Text. — (Vermächtnis des Dr. O. II. Deibel.) K. h. 35 cm.

1635. **Namen der Hat-schepsut**, absichtlich beschädigt; auch das Wort Amon, das sie enthielten, ist wieder von Amenophis IV. ausgemeifselt und später wieder hergestellt worden. — (Lepsius) K. h. 28 cm.

b. Aus dem Tempel von Bubastis im Delta,

der der Bast, der katzenköpfigen Göttin der Freude geweiht war, und den Herodot für den schönsten Aegyptens hielt. Er stammte schon aus dem a. R., wurde im m. R. erweitert und von Ramses II. umgebaut; nach einer späteren Zerstörung erbauten ihn die Könige der Dyn. 22, die in Bubastis residierten, aufs neue. Auch Necht-har-heb (S. 17) fügte noch eine Halle hinzu. — (Gesch. Egypt Exploration Fund 1890.)

10834. **Kapitäl mit dem Kopf der Liebesgöttin Hathor**, der durch seine Ohren und seinen Ausdruck daran erinnert, dafs sie auch als Kuh gedacht wird. Darüber Königsschlangen (S. 31 unten) als Bekrönung. — Aus der von Usertesen III. (S. 11) gegründeten Halle; falls indessen das Ornament an der Seite gleichzeitig ist, dürfte das Kapitäl erst von dem Umbau Ramses' II. stammen. Bei dem Neubau Osorkon's I. (S. 15) wurde es als Baumaterial benutzt und so vermauert, dafs Ober- und Unterseite sichtbar waren; diese tragen daher Reliefs des Königs, deren Abgüsse hier aufgehängt sind. An der Seite die Namen Osorkons II., der es wieder aufrichtete. R. Gr. h. 1,78 m. [Phot.] [Abb. 23.]

G 376. **Von der Unterseite des Kapitäls**: Osorkon I. betend; dabei sein Name.

G 377. **Von der Oberseite des Kapitäls**: Namen Osorkon's I., des von der Göttin Bast *der Herrin des Himmels, der Herrscherin der Götter geliebten*.

10835. 10836. Kolofs eines Königs, der stehend dargestellt war, Oberteil und Krone; hinten Inschrift Ramses' II. Er trug einen Stab mit einem Götterbild; um das Haar

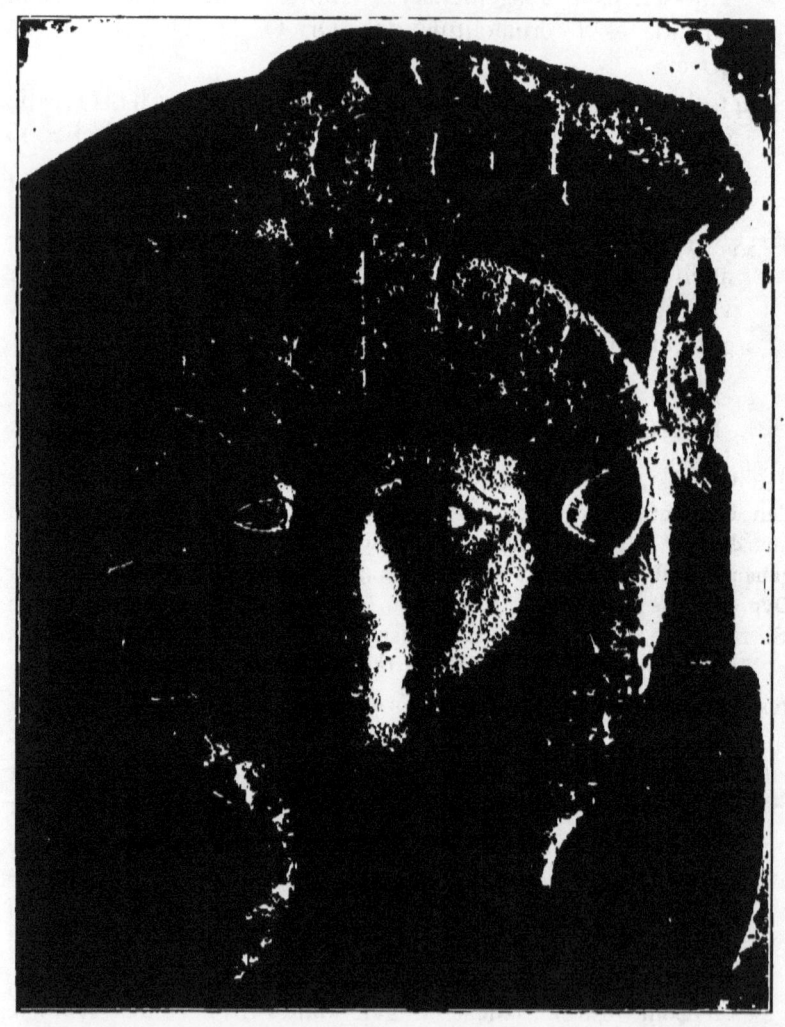

Abb. 23. 10831 Kapitäl mit dem Kopf der Hathor (nach Mertens).

ein Diadem. Die Krone aus einem besonderen Stück (wie bei 1470 S. 119) und wohl von einem andern Exemplar dieser dekorativen Statuen. R. Gr. h. 1,24 m.

G 378. Inschrift der Rückseite. [Vgl. die jüngeren Skulpturen desselben Tempels S. 229 und S. 246.]

A. Aus Tempeln: c. Tell-el-Jehudije. 117

c. Fayencen aus Tell-el-Jehudije u. ä.

Der von Ramses III. erbaute Tempel von Tell-el-Jehudije bei
Heliopolis, nordöstlich von Kairo, war mit farbigen glasierten Thonreliefs bedeckt, von denen indessen nur Bruchstücke erhalten sind.
Die Technik derselben ist eigentümlich, da ein Teil der Farben durch
Einlegen besonders gearbeiteter Glasstücke und Steinchen hergestellt
ist. — Zum Teil von Siegesbildern, die etwa in der Art der Wandgemälde an der Rückwand von Saal VII gehalten waren. — (1872
durch Brugsch.)
Von den Pferden des Königs (7955, 7954). — Gefangene
Neger, die Hände gefesselt, mit Ohrringen, auf dem
Haupt eine Feder (7946). — Gefangene Asiaten
mit Stricken am Hals, mit gelben Lippen und verschiedenen gestickten Kleidern (7947, 7944, 7945, 7948, 7050).
— Kopf aus Stein, der vermutlich in ein Thonrelief eingelegt war (7949). — Greifen ähnliche Vögel
als Ornament (7943); dieses Fabeltier galt als Schriftzeichen für eine Klasse der Menschen und ward daher
unten am Thron des Herrschers angebracht. — Rosetten.
— Hieroglyphen aus grofsen Inschriften. — Namen
Ramses' III. (7925, 7938, 7939). —
Aus gröfseren Inschriften Ramses' III., weifs auf grau,
mit Titeln und Namen des Königs.
7940. 14209. Name Sethos II. (S. 14), von anderer Herkunft.
12732 Stuckplatte vom unteren Ende einer Wand, in die
die oben erwähnten Greifen und das Zeichen Norden
eingelegt waren. (1895 durch Reinhardt.)

d. Aus verschiedenen Tempeln: Reliefs, Pfeiler u. ä.

1626. Von einem Relief aus Elephantine: Thutmosis III.
zwischen der Schutzgöttin von Unteraegypten (l.) und
der von Oberaegypten (r.), die ihm die Hände auf die
Schulter legen. — (Lepsius.) Sdst. h. 57 cm. [LD III 44.]
14125. König Har-em-heb bringt kniend einem Gotte
eine Lampe dar. Er trägt den sogenannten Kriegshelm.
(1898 durch Reinhardt.) K. h. 25 cm.
2288. Pfeiler aus dem Tempel von Heliopolis,
vermutlich Untersatz für ein Götterbild, daher oben die
Vertiefung. An den Seiten viermal König Sethos I. als
Sphinx, wie er die Hand erhebt, um den auf dem
Pfeiler stehenden Gott zu tragen. — (Saulnier.) Sdst. h.
1,32 m.

14124. Von einem Bilde des Heeres der Cheta, vermutlich aus einer der grossen thebanischen Schlachtdarstellungen Ramses' II., die Köpfe der einen Reihe und Körper der dahinter stehenden. Man beachte die eigentümliche Gesichtsbildung und Haartracht, durch sie sich von den Bildern der Völker Kanaans (vgl. S. 228) scharf unterscheiden. — S. l. 75 cm.

11164. Von einem grofsen Denkmal Ramses' II. (S. 14), gefunden im alten Klysma (bei Suez). Die Inschrift schilderte seine Macht; er macht die Cheta *zu nicht seienden*, er schleppt die Beduinen gefangen nach Aegypten, sein Name dauert ewig *in den fernen Ländern* und er besetzt Libyen *mit Städten, die seinen Namen tragen.* — (Gesch. Th. Meyer, 1890.) R. Gr., ursprünglich ein Block; h. 1,10 m.

2084. Aus dem Tempel von Heliopolis, Eckblock von einem Denkmal Ramses' II, etwa einem grofsen Altar; der König überreicht dem Gott ein Bild der Wahrheitsgöttin. — (Lepsius.) Schw. Gr. h. 50 cm. [LD Text, 1 S. 5.]

1633. Grofser Architrav mit dem Namen Ramses' II., des von Horus *dem Herrscher der Ewigkeit geliebten.* — (Lepsius.) K. l. 2,50 m.

2086. Von einer Tempelwand: Name eines Tempels „Haus Ramses' II." — (Lepsius) Sdst. l. 33 cm.

Steine mit den Namen Ramses' II: 7496 durch Brugsch (1875); 3424 gegenüber von Edfu durch Lepsius. — K.

2077. Gesims vom Dache des Tempels von Medinet-Habu, den Ramses III. (S. 13 f.) Theben gegenüber erbaute. Hohlkehle mit den altherkömmlichen (S. 54, 1114; 61, 1109) Farbenstreifen, dazwischen die Namen des Königs; die Zeichen stark vertieft, um von unten lesbar zu sein. — (Lepsius) Sdst., der Rundstab ergänzt; br. 1,03 m.

2078. Oberteil einer Wand des Chons-Tempels in Theben, die mit den Namen Ramses' IV. (S. 15) geschmückt war. Die einzelnen Zeichen dieser Namen sind spielend so zusammengesetzt, dafs sie kleine Bilder ergeben: den König, der vor Amon kniet und ihm ein Bild der Wahrheitsgöttin überreicht. — Unten Rest eines grofsen Reliefs (Geier). — (Lepsius) Sdst. l. 1,38 m. [LD III 222 e.]

13676 aus dem Bilde einer Prozession: Priester tragen eine sogenannte Götterbarke, d. h. ein hölzernes kleines

Schiff, in dem das Götterbild bei feierlichen Gelegenheiten umhergetragen wurde; da alle Reisen in Aegypten zu Schiff zurückgelegt werden, war ein solches auch für den Gott die natürliche Beförderung. (Vgl. das Bild einer solchen Barke in den Wandgemälden von Saal VII, schmale Fensterwand.) Das Vorderteil des Schiffes trägt den Kopf der Göttin Mut, der die Barke gehört haben wird, dahinter kleine Figuren, wie man sie auf solchen Barken anbrachte: der König als Sphinx, Räuchernde und Betende. Theben. — (1896 durch Borchardt). K. h. 24 cm.

14230. Aus dem Bild eines Festzuges, bei dem Statuen des Königs von Priestern getragen werden. Die erste stellt Ramses VI. (S. 15) kniend dar, wie er den Göttern ein Bild der Wahrheit (wie S. 118, 2084) überreicht; die zweite zeigt den König räuchernd. Das Fest scheint dem Widder von Mendes zu gelten. — Das Bild der Wahrheit ist spielend so gestaltet, dafs es einen Namen des Königs wiedergiebt. Flüchtige Arbeit. — (1898 durch Reinhardt.) K. br. 57 cm.

Klammern („Schwalbenschwänze"), mit denen man die Quadern der Tempelmauern verband. Die meisten aus Holz, mit dem Namen Sethos' I., vermutlich aus Gurna bei Theben; merkwürdig 14199, grofs, aus Granit.

e. desgleichen; Statuen von Königen.

Die Holzfigur der Königin Ah-mose Nefret-ere s. S. 144.

1479. König Har-em-heb (S. 13). Oberteil eines sitzenden Kolosses aus dem Tempel, den er für seine Verehrung nach dem Tode erbaut hatte. Auf dem in Aegypten zurückgelassenen Unterteile waren die Inschriften an die Stelle von solchen eines älteren Königs des n. R. gesetzt, sodafs der Kolofs ursprünglich einen anderen Herrscher dargestellt haben muss. Das schmale Gesicht mit den etwas vortretenden Backenknochen ist Porträt; der Kopf ist oben platt, um eine besonders gearbeitete Krone zu tragen (S. 116, 10835), (Lepsius) K. h. 1,93 m. [LD III 112 c—e] [Phot.]

7347. Statue des Prinzen Meri-Atum, Sohnes Ramses' II. und Hohenpriesters von Heliopolis. In der Tracht seiner Zeit (am Hals der Ausschnitt des Obergewandes), mit der Prinzenlocke (S. 31), im Arm hielt er einen Stab mit einem Götterbild. Die Inschriften rühmen ihn als *Richter der Menschen*, den der König *vor die beiden Länder* stellte; *man war zufrieden über das, was aus seinem Munde kam*. Auch dafs er der Sohn *der grossen Königlichen Gemahlin* Nefret-ere-mer-en-mut war, wird ausdrücklich betont. — (1872 durch Brugsch.) Schw. St. h. 35 cm.

7701. **Von einer Statue Ramses' VI.** (S. 15) in alter Königstracht; die R. mit dem Herrscherstab auf der Brust. Der l. Arm war aus einem besonderen Stück angesetzt. Aus Memphis. — (Gesch. Travers 1877.) D. Gr. h. 37 cm.

10645. **Opfernder König**, der dem Gotte knieend zwei Weinkrüge darbringt. — (1889) Schw. Gr. h. 45 cm.

4417. **Königskopf** in d. Gr., nicht näher zu bestimmen. h. 13 cm.

2005. **Königskopf** aus feinstem w. Stein, die Arme waren vorgestreckt; die leicht gekrümmte Nase findet sich ähnlich bei Königen der Dyn. 19. h. 10 cm.

9058. **Thron von einer Statue mit den Namen des Mer-en-ptah** (S. 14), später zu einem Mörser verarbeitet. Die Statue selbst scheint ursprünglich andere Namen getragen zu haben und noch in das mR zu gehören. — (1886 durch Travers.) Schw. Gr. h. 26 cm.

2064. **Krone einer Statue**; die weifse Krone Oberaegyptens steckt in der roten Unteraegyptens. — (Anastasi 1857.) K. h. 54 cm.

2065. **Von einer Art Königskrone** (sogenanntem Kriegshelm) aus blauglasiertem Sandstein, in Gips ergänzt. Von einer Statue. — (Lepsius.)

9671. **Kopf einer Königsschlange** von einem Koloss, der etwa fünffache Lebensgröfse (8—10 m) hatte. Die Königsschlange allein mafs etwa 50 cm. — (1886 aus Oberaegypten). S. br. 15,3 cm.

desgleichen: f. Statuen von Göttern und heiligen Tieren.

Standbilder der Kriegsgöttin Sechmet, löwenköpfig, von Amenophis III. (S. 12 f.) in den Tempel der Mut zu Theben geweiht, dessen Inneres sie in langen, zum Teil doppelten, Reihen umgaben. Im ganzen dürften es 574 gewesen sein, die teils safsen, teils standen. Die letzteren befanden sich wohl in der hinteren Reihe und sind daher

A. e. Statuen von Königen, f. von Göttern und Tieren.

schlechter gearbeitet und ohne Inschriften. Auf dem Kopf die Sonne; sie halten das Szepter der Göttinnen (einen Papyrusstengel) und das Schriftzeichen „Leben", weil sie dem Könige „Leben schenken" sollen. — 35 ist poliert — 36, 60 unpoliert, aber modern überstrichen — 59 aus zwei Exemplaren zusammengesetzt. — (Saulnier; Minutoli) Schw. Gr. h. 1,89—2,08 m. [Phot. von 35 und 60].

2295. desgleichen, Oberteil, gute Arbeit. Die Sonne auf dem Haupt war besonders gearbeitet. — (Passalacqua) h. 82 cm.

Sitzbilder derselben Göttin, ebenfalls von Amenophis III. geweiht, dessen Name von seinem Sohne ausgetilgt (S. 13), später aber wieder hergestellt ist. Jede hat einen eigenen Namen: 7268. *Die von ihrem Herren geliebte Sechmet*; grofs, aber wenig durchgeführt, das Kleid nur unten angedeutet. — 7267. *Die grosse Sechmet*. Der Saum des Kleides angegeben. — 7266. *Die schön vereinigende Sechmet*; Kleid mit verzierten Trägbändern, Arm- und Fufsringe. — (Gesch. Graf Sack. Minutoli) Schw. Gr. h. 1,90—2,17 m. [W. v. Humboldt, Abh. der Berliner Akad. 1825 S. 155—168] [Abb. 24].

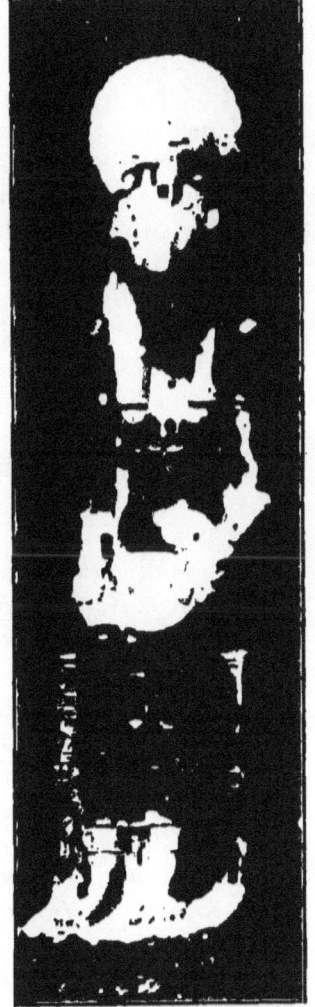

Abb. 24. 7266. Göttin Sechmet. (Nach Mertens.)

11668. Büste des Horus, von einer von Amenophis III. geweihten Statue; sie scheint den Gott dargestellt zu haben, wie er im Verein mit Thoth Wasser über den König sprengte. (Vgl. die ausgehängte Photographie.) — (Geschenk R. Mosse 1892.) D. Gr. h. 21 cm.

2274. Von einer stehenden Statue des Ptah, des *grossen Urgottes, des Vaters der Götter*, die Ramses II. in den von ihm neu erbauten Tempel von Memphis geweiht hatte. (Ein vollständiges Bild des Gottes z. B. 2085 S. 140.) Auf dem Rückenpfeiler der Pfeiler Ded, das Zeichen des Osiris, das die Statue auch in den Händen hält. — (1855 durch von Penz.) Diorit, h. 35 cm.

7553. Von einer sitzenden Statue des Ptah, von demselben König in den gleichen Tempel geweiht, ebenfalls in ungewöhnlichem Material. Neben dem Könige ist noch ein Prinz Mer-en-ptah genannt, wohl der spätere König. — Das Szepter des Gottes macht scheinbar die Biegungen seines Körpers mit. — (1877 durch Brugsch.) Grüner St. h. 23 cm.

8167. Der Mondgott Chons, mit dem Mond auf dem Haupt, aber in königlicher Tracht. Aus einer Gruppe, die Ramses II., *den wie Atum geliebten Herrscher*, zusammen mit ein oder zwei Göttern darstellte (vgl. Abschn. XIV, D, b.) Das zerstörte Gesicht ist modern überarbeitet. — (Gesch. von Saurma-Jeltsch 1881) Schw. Gr. h. 61 cm.

7262. Widder, das Tier des Amon, vor ihm das kleine Bild seines Stifters, Königs Amenophis III. Aus der Allee von Widdern vor dem Tempel von Soleb in Nubien; später, ebenso wie der folgende Sperber und die Löwen (Abschn. XIV, D. c) von einem Aethiopenkönig in seine Residenz Napata verschleppt. — Der schwere Körper hängt nach einer Seite über, die Augen waren eingelegt; Ohren, Hörner und Sonne sind ergänzt. — Die Inschrift rühmt den Tempel von Soleb, den der König sich selbst und dem Amon geweiht hatte. Er war *sehr weit und gross gemacht und seine Schönheit wurde vermehrt, seine Thortürme erreichten den Himmel und die Flaggenstangen* (vor den Türmen) *vereinigten sich mit den Sternen des Himmels. Er war mit einer grossen Mauer umgeben, deren Zinnen mehr als der Himmel glänzten und den Obelisken glichen, die König Amenophis für eine Million von Millionen von Jahren errichtet hat.* — (Lepsius.) R. Gr. l. 2,06 m (als Gegenstück ein Abguſs). [LD III 89 a. 90 a—c] [Phot.] [Abb. 25.]

1622. Sperber, das Tier des Gottes Sopd; Oberteil ergänzt. In altertümlich unbeholfener Darstellung, wie man sie bei Götterbildern absichtlich beibehielt; an der Basis ist das Gestell angedeutet, auf dem man solche Figuren bei den Prozessionen trug. Von Amenophis III. in einen nubischen Tempel geweiht und wie der vorstehende Widder

A. f. Statuen von Göttern und Tieren.

von einem der späten Aethiopenkönige nach Napata verschleppt. — Der Name Amenophis ist wieder vom Sohne des Stifters ausgekratzt, weil er den Namen Amon enthielt (S. 13) und durch einen andern, ihm nicht anstößigen ersetzt. — (Lepsius) Schw. Gr. h. 1 m. [LD III 90 d—f].

Abb. 25. 7262. Widder, von Amenophis III. geweiht (nach Mertens).

9941. Affe, das Tier des Thoth, von einem Hohenpriester von Theben (aus Dyn. 21) in den Tempel des Thoth, des *Herrn von Schmun* geweiht, damit ihm dieser *Leben, Heil und Gesundheit, Stärke und Sieg* verleihe. Das Tier, ein langmähniger Pavian, ist betend dargestellt, da man glaubte, dafs diese Affen die Morgensonne anbeteten; in dem Pfeiler vor ihm war wohl ein Bild des Herrschers befestigt. — (Gesch. Küstner, 1886.) D. Gr. Die Schnauze ergänzt. h. 1,10 m.

9942. Ähnlicher Affe, vor sich das Bild eines Königs; wohl aus demselben Tempel. — (Gesch. Küstner, 1886.) R. Gr. Schnauze und Vorderpfoten ergänzt. h. 1,06 m.

g. Obelisk.

12800. Obelisk, der in den Tempel des Gottes Chent-cheti zu Athribis im Delta geweiht war. Er war im Mittelalter nach Kairo verschleppt, wo er 1804 in einem alten Hause, als Schwelle vermauert, aufgefunden wurde. Er trägt heute in seinen Mittelzeilen die Namen Ramses II. (S. 14), z. B.: *Horus „der starke Stier, geliebt von der Göttin Maat"; der König von Ober- und Unteraegypten, der Herr der beiden Länder: „Weser-ma-re, erwählt vom Re"; der Sohn des Re, der Herr der Kronen „Ramses, geliebt vom Amon"; der ewiglich mit Leben beschenkt ist gleich dem Gotte Hor-merti".* Neben das untere Ende der Zeilen hat sein Sohn, König Mer-en-ptah wieder (S. 78; 80) roh seinen Namen gesetzt. Darüber hat dann noch König Sethos II. (S. 14) auf jeder Seite zweimal seine Namen angebracht, z. B. *Horus „der starke Stier, grofs an Kraft"; der König von Ober- und Unteraegypten, der Herr der beiden Länder „Weser-chopre-re, erwählt vom Re"; der Sohn des Re, der Herr der Kronen „Sethos, geliebt vom Ptah", geliebt vom Ptah, dem Herrn der Wahrheit, dem König der beiden Länder oder der Vereiniger beider Aegypten „mit starkem Arm, der die neun Bogenvölker (S. 112) vertreibt"; der Goldhorus „grofs an Mannheit in allen Ländern"; der König u. s. w. geliebt von der Sechmet, der grofsen im Gau von Athribis.* — Bemerkenswert ist, dafs in dem Namen Sethos bei dem Zeichen des Gottes Set der Kopf ausgetilgt ist, vgl. S. 78, 7264. Übrigens scheint auch dieses Denkmal wieder aus einem noch älteren Bauwerk, etwa des m. R., zu stammen, denn der mittlere Teil seiner Seiten ist leicht vertieft, als sei dort eine frühere Inschrift fortgenommen worden. — (1895 durch Reinhardt) Schw. Gr., die Spitze ergänzt. h. 3 m. 20. [Phot.] [Abb. 20].

h. Aus den Grundsteinen.

Bei der Grundsteinlegung wurden an den vier Ecken des Tempels Täfelchen der für die den Bau bestimmten Materialien mit dem Namen des Königs, Modelle des Handwerkszeuges u. ä. vergraben.

Aus dem Tempel von Der-el-bahri.

Mit dem Namen der Königin Hat-schepsut (S. 12, Gesch. Egypt Exploration Fund 1896).

Nachbildungen von Handwerkszeug: 13115 der Dächsel der Zimmerleute, die Klinge mit roten Riemen angebunden — 13113 ähnlich ohne Klinge — 13114 Hacke wie S. 224. — 13116 wiegenartig, unbekannter Bestimmung.

Kruguntersatz aus Schilf geflochten.

Gefäfse aus Thon und Alabaster; auf dem letzteren: *der gute Gott Hatschepsut, mit Leben beschenkt, vom Amon von Derelbahri geliebt.*

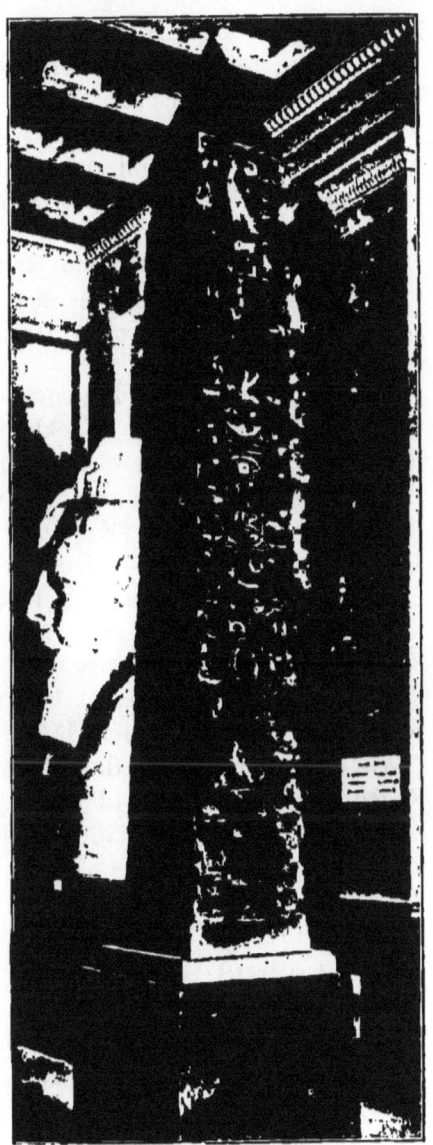

Abb. 26. 12800 Obelisk (nach Mertens).

Aus dem Tempel von Koptos.

Vom Neubau Thutmosis IV. Gefunden von W. Fl. Petrie (Gesch. M. Kennard 1894).

Nachbildung von Werkzeugen aus Kupfer: Messer, Beilklinge, Meifsel.

V. Neues Reich (1600—1100 v. Chr.).

Reibsteine aus Granit mit dem aufgemalten Namen des Königs, wohl zum Polieren der Steine.

Thongefäfse: Flaschen, Näpfe, Töpfe, von der gewöhnlichen Gebrauchsware der Zeit.

Alabastergefäfs mit der Aufschrift: *der gute Gott, Thutmosis III., vom Min von Koptos geliebt.*

Aus dem Ramesseum.

Das Ramesseum ist der für den Totenkultus Ramses' II. (S. 14) bestimmte Tempel auf dem Westufer von Theben. (Gef. u. gesch. von W. Fl. Petrie 1896).

Kleiner Ziegel aus Fayence, auf den der Königsname in vergoldetem Stuck aufgeklebt war.

Fayenceplatten in Gestalt des Ringes, der die Königsnamen umgiebt; darin der Name des Herrschers.

Kleine Meifsel aus Kupfer.

Blütenähnliche Stücke aus Silber und Fayence.

Geschlachtete Stiere, Schenkel, Kalbsköpfe aus Fayence.

Aus dem Totentempel des Siptah (S. 14).

Ebenfalls im westlichen Theben. (Gef. u. gesch. von Petrie 1896.)

Klingen, etwa von einem Dächsel, in kleinen Nachbildungen.

Goldblättchen mit dem Namen des Königs.

Schmucksachen aus blauer Fayence: Ringe mit dem Namen des Königs oder Götterbildern — Skarabäen mit dem Namen — Perlen.

Steingeräte: Poliersteine — Kleine Mörser und Reibkeulen.

Geschlachtete Stiere, Schenkel, Kalbsköpfe aus Fayence.

Aus verschiedenen Tempeln.

Königin Ahmose Nefret-ere (S. 12), von Täfelchen in dunkelblauer Fayence.

12768. Königin Hatschepsut, kleiner Meifsel, wohl aus Theben.

Ramses II., drei glasierte Ziegel vom Tempel zu Nefischeh im Delta.

Sethos II. (S. 14), halbrunder Ziegel.

Psusennes (S. 15), drei glasierte Ovale.

Osorkon II., gebogener Ziegel, vom Tempel zu Bubastis (S. 115); innen *gut* (d. h. wahrscheinlich *rechts*) 3 als Versatzmarke.

B. Aus der Zeit der Ketzerkönige.

1825. **Goldplättchen** mit dem Namen des Königs Hri-hor (Dyn. 21) aus dem Tempel von Tanis. — (Gesch. Brugsch 1867).

6414. **Stierschenkel** aus grüner Fayence.

10715. **Stein** mit dem Namen Thutmosis' I. (S. 12), vielleicht in ein Gebäude eingelassen.

B. Aus der Zeit der Ketzerkönige (S. 13).

Abgesehen von den Gräbern von Tell Amarna und wenigen andern Privatgräbern sind fast nur vereinzelte Bruchstücke aus dieser Zeit erhalten, da ihre Bauten absichtlich zerstört worden sind. — Gleichzeitig mit seiner religiösen Neuordnung hat Amenophis IV. auch eine ähnliche Umwälzung in der bildenden Kunst versucht. Der neue Stil strebt nach gröfserer Naturwahrheit und lebendiger Bewegung; die Künstler wissen indessen dabei nicht immer Mass zu halten. (Vgl. auch die Gipse Abschn. XIV, D, e.)

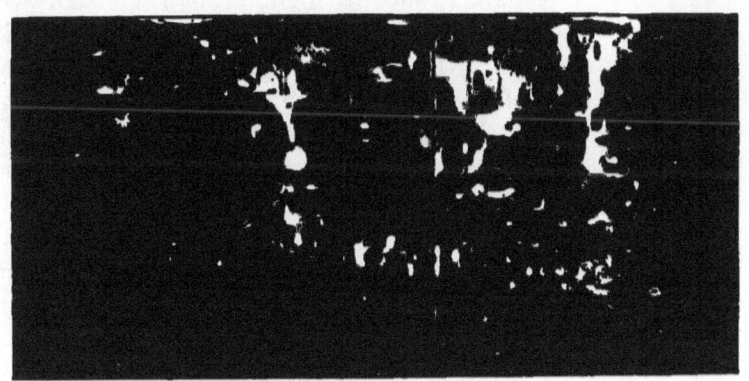

Abb. 27. 2072 Amenophis IV. und der Sonnengott.

2072. **Tempelrelief Amenophis' IV.** aus Theben; von Haremheb (S. 13) als Baumaterial für sein Thorgebäude in Karnak verwendet und dadurch erhalten. — Der König war zweimal betend dargestellt. Von dem r. Bild ist der Oberkörper des Königs erhalten, das Gesicht augenscheinlich Porträt; über ihm sein neuer Gott, die Sonne, von der Lebenszeichen herabhängen. Von dem l. Bild der Gott erhalten, noch sperberköpfig wie der alte Sonnengott, aber mit dem umgestalteten Namen *Harmachis, der im Horizont jauchzende, in seinem Namen: Glanz, welcher* *in der Sonnenscheibe ist.* — Aus dem Anfang der Umwälzung und noch im herkömmlichen Stil. — (Lepsius) Sdst. l. 1,50 m. [LD III 110 c] [Abb. 27].

14145 **die Königliche Familie**, in neuem Stil; wohl aus einer Darstellung des Königlichen Palastes, wie sie in den Gräbern von Tell-Amarna häufiger vorkommt. In einem Gemach, das von schlanken Papyrussäulen getragen wird und das mit einer Matte belegt ist, sitzt das Königspaar sich gegenüber und spielt mit seinen drei Töchterchen; hinter dem Könige stehen Weinkrüge auf Gestellen. Oben zwischen ihnen der neue Sonnengott, dessen lange Strahlen ihnen Lebenszeichen reichen. — Der König hält das älteste Prinzefs'chen Merit-aten auf den Armen und küfst es; auf dem Schoofse der Königin sitzt das zweite, Mekt-aten, und spricht mit der Mutter, das kleinste, Anches-en-pe-aten, steht auf dem Arm der Mutter und spielt mit deren Krone. Der lange dünne Hals des Königs, das spitze Kinn, die vortretenden Backenknochen, die dicken Schenkel und dünnen Waden grenzen wie oft bei diesen Bildern an die Karikatur und auch die Königin und die Kinder sind ähnlich gestaltet. Abweichend von allem bisher üblichen ist es auch, dafs der König in seinem Privatleben dargestellt ist, während man in ihm sonst den „Gott" darzustellen pflegt. Dem entspricht auch die Kleidung, bei der nur die eigentümlich gestalteten Kronen die Herrscher als solche kennzeichnen. Man beachte auch die ungewöhnlichen hohen Sessel mit Fufsschemel. — (Vermächtnis des Dr. O. H. Deibel 1898) K. br. 40 cm.

14113. **Kopf einer der Töchter des Königs**, von einer Statue; im neuen Stil, der indessen nur in der übertriebenen Länge des Hinterkopfes störend wirkt. Das fein empfundene Köpfchen erinnert in Haltung und Formen an das des Vaters, wie es in gleicher Vortrefflichkeit nur die Pariser Statue desselben (G 30, Abschn. XIV, C, b) wiedergiebt. — (Vermächtnis des Dr. O. H. Deibel 1898) K. h. 14 cm.

14107. **Denkstein**: König Tuet-anch-amon (S. 13), der hier noch seinen früheren ketzerischen Namen trägt, betet vor Amon und Mut, die vielleicht später an die Stelle des Gottes Amenophis' IV. eingesetzt sind. (1898 durch Reinhardt.)

B. Aus der Zeit der Ketzerkönige.

14122. **Grabstein (?) des ausländischen Söldners
Terura.** Der bärtige Fremde, der mit einem bunten
Schurz mit schwarzen Troddeln bekleidet ist und einen
Dolch im Gurt trägt, sitzt auf einem mit einem Fell belegten Feldstuhl und trinkt mittelst eines Rohres aus einem
Krug, der auf einem Gestell steht; vor ihm der ihn
bedienende Knabe, der noch einen Becher hält. Ihm
gegenüber sitzt seine Frau, die *Hausherrin Erbura*, in
lebendiger Haltung. Hinter dem Krieger seine Lanze.
— Söldner gleicher Tracht und Bewaffnung sind auch
sonst unter der Leibwache Amenophis' IV. bekannt, vgl.
auf G 119 (Abschn. XIV, D, e) den siebenten der
oberen und den achten Soldaten der unteren Reihe;
nach der Tracht wird es ein Amoriter (Nordsyrer) sein.
Die Sitte, aus einem Rohr zu trinken, bestand auch im
östlichen Kleinasien. — (Vermächtnis des Dr. O. H.
Deibel 1898) K. h. 30 cm.

10187. **Stein mit den Namen des neuen Gottes**,
Amenophis' IV. und seiner Gemahlin; derartige Steine
wurden in den Tempel von Tell Amarna geweiht. —
(1887) K. h. 10 cm. — 2045. **Alabastertäfelchen**
gleicher Bestimmung. Zu oberst die Namen des Gottes:
*Harmachis, der im Horizont frohe, in seinem Namen: Glanz,
der in der Sonne ist.* Darunter kniet der König, neben
ihm sein Name und der seiner Gemahlin.

Aus dem Palaste in Tell Amarna, zumeist Teile von
Säulen, mit Einlagen aus Stein oder Fayence. Bemerkenswert: 12030 von einem Säulenschaft in Stuck. Mit eigentümlichen Ranken verziert (vgl. S 381—383 in Abschn.
XIV, D, e). — 12033 desgl. mit Netzwerk. — 12031 desgl.
mit Spiralen. — 12002, 12003 von Kapitälen. — 11996 von
einer Palmensäule (vgl. S. 23), deren Blätter aus den daneben liegenden schwarz und roten Steinplättchen gebildet
waren. — Fayencekacheln, mit denen Säulen bekleidet
waren, die Rohrstengel nachahmten. (Gesch. Petrie 1893.)

Desgleichen, Bruchstücke von Inschriften und Reliefs in
meisterhafter Behandlung. Dabei: 11593 von einer Bauinschrift. — 12042 der neue Sonnengott mit seinen Strahlen.
— 12039 die als Hände gestalteten Enden der Strahlen. —
(Gesch. Petrie 1893; 11593 Gesch. Mosse.) — 13273 mit
dem Namen der Königin (1897 durch Reinhardt.) —
2069 von einem Thürpfosten. (Lepsius.)

V. Neues Reich (1600—1100 v. Chr.).

Desgleichen, Bruchstück des Estrichs aus einer doppelten Lage Stuck; die obere feinere ist mit Haaren angerührt. (Gesch. v. Bissing 1897.)

Aus Gräbern.

2070. Aus dem Grab des Meriti-aten, *Gütervorstehers der Güter der Sonne*, der vor der Ketzerzeit Meriti-Neit hiefs. Zwei Leute bringen dem Toten Gaben, der eine u. a. eine Straufsfeder, der andere zwei Streifen Leinen (aus Sakkara). — (Koller.) K. h. 40 cm. [Proceed. Soc. Bibl. Arch. XVII, 154.]

14123. Grabpyramide eines Bediensteten des Sonnentempels von Tell Amarna, bemerkenswert, da sie zeigt, dafs die Bestattungsgebräuche auch unter dem neuen Kultus im Ganzen dieselben blieben. Auf zwei Seiten beten der Tote mit Frau, Knabe und Mädchen leicht geneigt zur *lebenden Sonne, der Herrin von allem was die Sonne umkreist, die Aegypten erleuchtet, der Herrin der Sonnenstrahlen*. Auf den andern empfängt der Tote und seine Frau Neb-nofret die Verehrung ihres Sohnes Hui; zwischen ihnen ein Tischchen mit Speisen. Die Inschriften bei der ungeschickten Schrift fast unlesbar. — Der obere Teil, der das Bild des neuen Sonnengottes getragen haben dürfte, ist wohl nach dem Sturze des neuen Glaubens durch eine unverzierte Spitze aus Kalkstein ersetzt. — (Vermächtnis des Dr. O. H. Deibel 1898) Al.; Gesamthöhe 60 cm.

C. Aus Nubien.

Die nubische Provinz Aegyptens erlebt jetzt die Zeit ihrer Blüte und wird mit grofsartigen Tempelbauten versehen. Zwei grofse Skulpturen daher S. 122.

2056, 2057. Amenophis II. bringt kniend zwei Weinkrüge dar; er heifst *geliebt vom Chnum, der die Bogenvölker bändigt*, d. h. einem Gotte Nubiens. In der That sind beide Figuren in Ben-Naga (nördl. von Chartum) gefunden, es sind die südlichsten Spuren der aegyptischen Herrschaft. — (Lepsius.) Roter, nicht aegyptischer Sdst. Bei 2056 der Kopf, 2057 der Unterteil ergänzt. [LD III 70 a—d.]

C. Aus Nubien.

2283. **Setau, Statthalter von Aethiopien unter Ramses II.** (S. 14), aus dem von ihm gegründeten Ptah-Tempel von Gerf Husen in Nubien. Er hockt auf einem Kissen, in sein Gewand gehüllt, aus dem nur die Hände hervorsehen, deren eine, wie oft im n. R., eine Frucht(?) hält. (Der Kopf ist ergänzt; eine vollständige Statue desselben S. 140.) — Die Inschrift bittet den *schöngesichtigen Ptah* um *ein schönes Leben und ein freudiges Herz* für ihn. — (Lepsius) Sdst. h. 82 cm. [LD III 178 f—i.]

13725 **Erlass Thutmosis' I.** an Turo, den Statthalter von Aethiopien, behufs Anzeige der erfolgten Thronbesteigung und Mitteilung der bei den verschiedenen Gelegenheiten zu brauchenden Titulaturen des neuen Herrschers. Das vorliegende verstümmelte Exemplar ist in Kuban gefunden, ein zweites besser erhaltenes aus Elephantine jetzt in Kairo. *Königlicher Befehl an den Prinzen und Vorsteher der Südländer Turo. — Siehe, dir wird dieser Befehl des Königs überbracht, um dir mitzuteilen, dafs meine Majestät (welche lebt, heil und gesund ist) als König gekrönt ist auf dem Horusthrone der Lebenden, ohne ihresgleichen ewiglich.*

Meine Titulatur soll lauten: Horus „der starke Stier, geliebt von der Göttin Maat"; der Vereiniger beider Aegypten „der mit der Königsschlange gekrönt ist, der Kraftreiche"; der Goldhorus: „mit schönen Jahren, der die Herzen belebt"; der König von Ober- und Unteraegypten „A-cheper-ke-re"; der Sohn des Re „Thutmosis, der immer und ewig lebt.

Lasse die Opfer den Göttern von . . . . bringen unter Anrufungen(?) für das Leben, das Heil und die Gesundheit des Königs von Ober- und Unteraegypten „A-cheper-ke-re", des mit Leben beschenkten.

Lasse schwören bei dem Namen meiner Majestät (welche lebt, heil und gesund ist), geboren von der Königsmutter Seni-seneb, welche gesund ist.

Das ist geschrieben, damit du dieses erfahrest, sowie dafs das Haus des Königs wohl und heil ist.

Gegeben am 21ten Tage des dritten Wintermonats des Jahres 1, am Tage des Krönungsfestes. Oben war der

V. Neues Reich (1600—1100 v. Chr.).

König vor zwei Göttern betend dargestellt. — (1807 durch Borchardt.) Sdst. h. 67 cm.

D. Denksteine.

In Tempel geweiht, die kleinen oft von Leuten niederen Standes, etwa in Erfüllung eines Gelübdes oder zur Erinnerung an ein Gebet. — Vgl. auch den Denkstein aus dem Mnevisgrabe S. 313.

1634. Denkstein vom Jahre 47 Thutmosis' III. auf die Erbauung der Ringmauer des Tempels von Heliopolis: *Seine Majestät befahl, diesen Tempel mit einer Umfassungsmauer zu umgeben, als er Heliopolis, das Haus des Re, reinigte.* Oben: der König (Krone von Oberaegypten) übergiebt dem sperberköpfigen Sonnengott *vier Krüge Wasser*, indem er das Götterbild *viermal umkreist*. Darüber die geflügelte Sonne (S. 77). — (Lepsius) K. h. 96 cm. [LD III 20 b].

1638 des Amen-em-het, *Fürsten der Stadt „Haus Thutmosis' I."* Oben die geflügelte Sonne. Darunter Thutmosis III. in alter Tracht, mit dem sogenannten Kriegshelm, wie er dem *Amon-Re, dem Herrn von Karnak, dem König der Götter, dem Ersten von Theben, dem grofsen Gotte, dem Herrn des Himmels* Wein überreicht. Das Gesicht des Königs hat etwas Ungewöhnliches und könnte ein Porträt sein. — (Drovetti) Sdst. h. 59 cm. [LD III 29c.] [Phot.]

2290 des Nefer-ronpet, Hohenpriesters von Memphis, sowie Veziers und Oberrichters unter Ramses II. und zugleich Vorstehers aller Priester. Er hatte das ungewöhnlich gestaltete Denkmal geweiht, damit die Götter ihm *ein schönes Leben mit Gunst beim Könige* und *ein langes Leben voll Freude* schenkten. Auch der *Geist* (Ka) des Königs ist unter den angerufenen Göttern. Vorn eine Nische, die durch eine metallene Thür verschlossen war; darin in hohem Relief Nefer-ronpet in der Amtstracht des Veziers, in jedem Arm einen Stab mit Götterbild (Hathor und?). An den Seiten betet er in gleicher Tracht (aber im Profil gezeichnet) r. zum Ptah *dem Herrn der Wahrheit, dem Könige beider Länder*, l. zum Amon-Re, *dem Herrn der Götter, den Brüsten* (d. h. wohl dem Ernährer) *Aegyptens*. — Hinten steht er in priesterlicher Tracht vor der Göttin der Wahrheit, der er als

D. Denksteine.

Oberrichter dient; sie heifst *die Tochter des Re, die Herrin des Himmels, die Herrscherin Aegyptens, das Auge des Re, die nicht ihres Gleichen hat* (alles eigentlich Namen der Hathor) und trägt auf dem Haupt eine Feder, das Schriftzeichen für „Wahrheit". — Oben die Namen Ramses' II., von einer Sonne mit den Flügeln beschützt. — (1852 Athanasi) Grün. St., h. 62 cm. [Sharpe 103.] [Phot.]

7769. Denkstein? Der Prinz Amen-nacht betet mit seiner Frau Mut-nofret vor dem (thronenden) Amenophis III., indem er *sein schönes Antlitz preist und seine Schönheit verehrt*. Der Name des Amon ist ausgemeisselt, vgl. S. 13.) — (1878 durch Travers) Sdst. l. 70 cm.

2093. Denkstein? Nefer-rompet, Beamter der thebanischen Gräberstadt und eine andere Person beten vor Amon-Re und vor dem *Königlichen Geiste* (Ka) König Ramses' II. — (Lepsius) K. l. 31 cm.

2081. Denkstein von Har-e, *Schreiber des Pharao* unter dem sonst fast unbekannten König Ramses VII. (S. 15) aufgestellt, als er in einem amtlichen Auftrage in Abydos (S. 45) weilte. Da Har-e aus Busiris, der anderen heiligen Osirisstadt, gebürtig war, so sagt er auf dem Steine zu dem Gotte von Abydos: *ich bin ein Knecht aus deiner Stadt Busiris, deiner Stadt, die im Delta liegt. Ich bin der Sohn des Knechtes deines Hauses, des Schreibers des Pharao, Pakauti, des Sohnes des Senii, deines Dieners. Ich bin aus meiner Stadt im Delta nach deiner Stadt Abydos gereist und zwar als Abgesandter des Pharao, eures Dieners. Ich kam, um euch zu verehren, und um für ihn um Regierungs-Jubiläen* (d. h. eine lange Regierung) *zu bitten. Ihr werdet seine Anrufung hören .... Wer wendet euren Plan um? ihr seid die Herren des Himmels, der Erde und des Jenseits. Nach dem was ihr sagt, wird gethan.* Oben der König in altertümlicher Tracht, der den Göttern ein Bild der Wahrheitsgöttin überreicht. Es sind: der Kriegsgott Onuris *mit den hohen Federn,* in langem gelben Gewand, Federn auf dem Haupt; Osiris von Abydos als Mumie; Osiris von Busiris als Mensch, Horus, *der seinen Vater schützt,* und Isis. Unten betet die Familie des Har-e, zuerst sein Vater, dann er selbst und seine Kinder. — (Passalacqua.) K. h. 97 cm.

9427 aus Memphis, *gemacht* (d. h. geweiht) *von dem Salbenkocher Pe-o;* mit einem Bilde des Ptah. — (1885.) K. 14 cm.

V. Neues Reich (1600—1100 v. Chr.).

3422 *gemacht von dem Diener Amen-em-opet;* einer Königin Ese (wohl der Gemahlin Ramses' III.) wird von einem vornehmen Manne Pa-ser (?) ein grosses Sistrum (?) überreicht, hinter ihm steht klein Amen-em-opet. — (Lepsius) K. h. 13 cm.

1052 mit dem Bild der Taït, *der Westgöttin,* der die Mumienbinden unterstellt sind; der Name des Weihenden ist nicht ausgefüllt. — K. h. 21 cm.

8670 des Offiziers An-hotep; er betet in Soldatentracht zu Osiris, unten beten seine Frau und seine Tochter. — (1885) K. h. 18 cm.

7354 *gemacht von Neb-mehi:* zwei Ohren und der Name des Amon-Re; die Ohren deuten an, dafs der Gott auf das Gebet hört. — (Gesch. Travers 1875.) K. h. 15 cm.

13271 ähnlich. Ptah und ein Ohr; ohne den Namen des Weihenden. — (1897 durch Reinhardt.) K. h. 7 cm.

7302 *gemacht von dem Offizier Amen-mose;* er betet in Soldatentracht vor Osiris. — K. h. 33 cm.

9500 unvollendet: zwei Männer und eine Frau (Blumen im Haar) beten vor einem Gott. Interessant durch die skizzierende Behandlung. — (1886 Theben.) K. h. 27 cm.

8440 des Maurers Thuti(?)-nofer aus Theben, der zu den von ihm verehrten Göttern betet. Oben zuerst die Hauptgötter Thebens: Amon-Re von Karnak und seine Gemahlin Mut; dahinter ein anderer kleiner Amon-Re. Unten: voran der *Ptah vom grofsen Thore,* dann der kleine krokodilköpfige Sobk und ein widderköpfiger Amon. Zuletzt der Kriegsgott *Sutech, der Herr der Kraft,* in unaegyptischem Schmuck (S. 22). — (1883, Posno.) K. h. 44 cm.

2091 eines Amen-em-heb, nur mit Tinte beschrieben; etwa aus Dyn. 18. Amen-em-heb stellte ihn *als ein Denkmal für seinen Herrn Osiris* auf; er nennt auf ihm neben seinen Eltern auch 7 Schwestern. — (Anastasi 1857.) K. h. 26 cm.

818. Holztafel, von einem *Diener* der thebanischen Gräberstadt in einen Tempel geweiht; sie zeigt ihn vor seinen Göttern knieend. Zu oberst das Schiff der Sonne, in dem sie den Himmel befährt; in der Sonnenscheibe hockt sperberköpfig der Sonnengott, bezeichnet als *Re-Harmachis, der grofse, friedvolle (?) Gott; Amon-Re, der Herr von Karnak, der von Theben, der grofse Gott, der geliebte.*

D. Denksteine; E. Statuen von Privaten. 135

Darunter der Sonnengott Chepre in Gestalt eines fliegenden Käfers. Links eine ganz ungewöhnliche Darstellung: ein niedriges Gebäude mit Thür, darüber (d. h. wohl: darin) sieben Fische, vermutlich heilige Tiere. — Rückseite und Schmalseite waren mit Inschriften bedeckt, von denen nur noch die Verse: *ich rede von (dem Ruhm) deiner Person im ganzen Lande, ich werde dich mir zum Gotte machen und dir* ... lesbar sind; sie gehören keinem der alten Hymnen an. Wohl später als Dyn. 18. — (Minutoli.) H. h. 38 cm. [Minutoli, Reise Taf. 34, 2.] [Phot.]

3429. Von dem Denkstein eines *Fürsten*. Vorn schöne Schrift, hinten Harmachis. K.

10284. Von einem Denkstein aus Fayence (blaue Schrift auf weifsem Grund), der dem Paser, Vezier und Oberrichter Sethos' I. und Ramses' II., gehörte.

E. Statuen von Privatleuten.

Die Statuen des n. R. zeigen zumeist nicht mehr die frische Wiedergabe der individuellen Gesichtszüge und Körperformen, wie sie für die guten Arbeiten des a. R. und m. R. charakteristisch ist. Dagegen werden oft die Kleider und Haartrachten mit grofser Zierlichkeit nachgebildet. — Besonders beliebt sind drei Arten der Darstellung: 1) Gruppe sitzender Personen; 2) auf dem Boden hockender Mann, ganz in sein Kleid gehüllt; 3) Betender, knieend, vor sich hält er ein Bild des Gottes, den er verehrt. Sie stammen teils aus Gräbern, teils aus Tempeln, in die sie ähnlich wie die Denksteine geweiht wurden.

a. Eigentliche Statuen.
Gruppen.

2298 des Amen-hotep-user, *Thürhüters des Horizontes* (d. h. des Palastes) und seiner Frau Tent-uazu. Am Sitz Bilder der Kinder: *seines Sohnes, des Schreibers Thutmosis* und *seiner Tochter, der Königlichen Nebenfrau Henut-taneb;* die letztere trägt den Kopfputz der Prinzessinnen und hält das Sistrum, das Musikinstrument der Frauen. Der Tote wünscht sich u. a. *einzugehen in jenen Berg der Gerechten, Kränze zu empfangen in Peker* (in Abydos) und *zu fahren an der Spitze der Sterne.* — Dyn. 18. Der Name des Amon ist unter Amenophis IV. ausgetilgt. — (Anastasi 1852.) Sdst. h. 58 cm.

10338 des Neb-anen-su, *Diener des Amon* und seiner Mutter Amen-em-onet. Am Sitz vorn Bilder der Kinder, dreier Mädchen und eines Knaben; ein ganz kleines Kind, mit einer Blumenknospe, steht neben dem Vater auf dem Sessel. Neb-anen-su rühmt sich, er sei *gerechten Herzens, frei von Sünde* gewesen, *habe nicht zwischen zwei Menschen gestanden* und habe *nicht vergessen, was ihm aufgetragen sei,* auch nennt er sich einen Mann *des Festes, von den Myrrhen geliebt, einen Freund des Gelages*. Dieselben Ausdrücke schon im m. R. (S. 81, 10115 und 10756 S. 220) Dyn. 18. — (1888, Theben.) K., der Kopf modern übermalt; h. 48 cm.

2289 des Amen-em-het, zubenannt Euti, *Vorstehers der Güter des Hohenpriesters des Amon* und der Amen-em-opet, die, wie die meisten Frauen des n. R. im Tempel des Amon (oder eines anderen Gottes) als Sängerin diente. Die Inschrift wünscht dem Toten u. a. *Glanz im Himmel bei Re, Kraft auf Erden in Theben, Rechtfertigung im westlichen Lande beim Wen-nofre*. (Dyn. 18.) — (Minutoli.) Sdst. h. 40 cm.

2297 des Ptah-mai, Priesters des Ptah, seiner Frau Hatschepsut (zu seiner Linken) und seiner Tochter der *Favoritin des Königs* Eneuhai; er hält eine Frucht (?), ist kahl und trägt eine Halskette, beide Frauen umfassen ihn. Neben der Eneuhai steht, klein, eine zweite Tochter Henut-dime, die ihren Eltern und ihrer vornehmen Schwester diese Statue geweiht hat. Die kleine Figur auf der anderen Seite ist ihr Sohn Ra-mose, ein *Diener des Pharao*. — Die Sessel sind mit Kissen belegt.

Auf der Rückseite der Gruppe Reliefs wie sonst auf Grabsteinen: Oben sitzt Enii, *oberster Schreiber des Königs* (wohl der Vater des Ptah-mai) mit seiner Frau beim Mahl, vor ihnen ein Mann und ein Mädchen mit Blumenstrauss. Darunter Ptah-mai und seine Frau, vor ihnen ihre 3 Töchter; die *Favoritin* Eneuhai (als Prinzessin gekleidet) bringt Halskragen, die beiden andern (kleiner) bringen Blumen. Unter dem Sessel noch ein kleines Mädchen, dahinter ein Knabe. (Saulnier.) K. h. 99 cm. [Phot.] [Abb. 28.]

2303 des Nefer-hor, *Oberarchivars der Scheunen des Pharao* und *seiner geliebten Schwester, der Herrin seines Hauses,*

E. Statuen von Privatleuten.

Auf der Rückseite Gebet an Osiris, Horus und Isis um Beistand im Totenreich. — (Athanasi 1843) K. h. 74 cm.

2302 des Pe-char, *Dieners der Göttin Mut* und seiner Frau Tupa, nach der Tracht aus niederem Stand. Sie sitzen auf einem Lehnsessel. Hinten rohe Inschrift: *geöffnet ist dir der Himmel, geöffnet ist dir die Erde, geöffnet sind dir*

Abb. 28. 2207 Der Priester Ptah-mai und seine Angehörigen (nach Mertens).

die Wege, die im Totenreich sind. Du gehst aus und ein zusammen mit Re, o Osiris (S. 24) *Pe-char.* Demnach aus seinem Grab. — (Pass., Theben) K. h. 40 cm.

Hockende.

2206. Sen-mut, Erzieher (wörtlich *die große Amme*) der Prinzessin Ra-nofru, Tochter und Thronerbin der Königin Hat-schepsut. Er sitzt auf dem Boden und hüllt sich und seinen Zögling in das Kleid. — Sen-mut war eigentlich Verwalter der Scheunen und Güter des Amonstempels, wurde aber von seiner Herrscherin, die ihm auch diese Statue *als Belohnung gegeben* hat, *grofs gemacht vor beiden Ländern. Er wurde der Oberste der*

Abb. 79. 296. Sen-mut und die von ihm erzogene Prinzessin (nach Mertens)

Obersten und *Vorsteher der Vorsteher der Arbeiten*, und scheint Ehren erhalten zu haben, wie sie *in den Schriften der Vorfahren nicht gefunden* wurden. Vermutlich aus

E. Statuen von Privatleuten.

diesem Grunde ist auch sein Name hier und auf seinem Grabstein (S. 160) ebenso verfolgt worden wie der seiner Königin. — An den Seiten ähnlich wie auf seinem Grabstein alte Sprüche aus der Totenlitteratur; in dem einen wird u. a. Gott Atum gebeten, dem Toten *den süfsen Atem zu geben, der in seiner Nase ist* (d. h. den göttlichen Atem, durch den er selbst lebt), in dem andern bittet der Verstorbene *jenen Fährmann des Feldes Earu*, ihn auf diese Insel der Seligen *zu jenen Broden* zu fahren. — (Athanasi 1843.) Schw. Gr. h. 1 m. [Sharpe II 107; LD III 25] [Phot.] [Abb. 29.]

2082. **Unterteil der Statue des Bek-en-chons**, Hohenpriesters des Amon, Sohnes des Amen-em-opet, des Generals der Truppen des Amon. Er erzählt: *ich war ein Mann, den sein Gott lobte; er liefs meinen Namen wie den der Günstlinge sein bei seinem leiblichen Sohne, dem Herrn beider Länder Amenophis, dem Lieblinge des Amon*. Nach einer anderen Inschrift ist damit Amenophis III. gemeint. — Bek-en-chons hockt auf einem Kissen, auf seinem Kleide Götterfiguren. — (Lepsius.) Schw. Gr. h. 40 cm.

2277. **Ramses-nacht**, *Schreiber des Heeres* unter Ramses III., hockt in sein Gewand gehüllt, aus dem nur die Hände hervorsehen; er hält eine Frucht (?) und ein Band. Auf der Schulter die Namen seines Königs. — (Koller.) K. h. 48 cm.

Schreibende.

11635. **Sebek-hotep**, *Fürst des Seelandes* (d. h. des Faijum), sitzt mit untergeschlagenen Beinen und hält ein aufgerolltes Buch auf den Knieen; über der l. Schulter hängt sein Schreibzeug. Die fette Brust deutet sein Alter an. Er war Vorsteher der Gärten, Rinder, Scheunen, Bauten und des Schatzhauses in seinem Gaue, war *ein wirklicher Liebling seines Herrn* und begleitete den König *auf den inneren Inseln des Seelandes*, d. h. wohl bei der Jagd. Etwa Dyn. 18; angeblich aus dem Tempel von Dime. — (Gesch. Mosse 1893.) D. Gr. h. 59 cm.

2294. **Chai**, *Schreiber der Getränke des Königs*, sitzt mit untergeschlagenen Beinen und schreibt in einem Buch; die leichte Neigung des hübschen Kopfes läfst ihn lebendiger erscheinen als die ähnlichen Figuren des a. R.

V. Neues Reich (1600—1100 v. Chr.).

(S. 68). Was er schreibt, ist ein altes Lied an den Totengott Osiris: *Gelobt seist du, Osiris, Sohn der Nut, — mit Hörnern und hoher Krone; — dem die Krone gegeben ward — und Freude vor den Göttern; — dessen Ruhm Atum erschuf in den Herzen der Menschen, — der Götter, der Geister und Toten; — dem die Herrschaft gegeben wurde in Heliopolis, — grofsen Wesens in Busiris u. s. w.* — K. h. 42 cm.

Betende.

2203. **Cheriuf, Vorsteher der Güter** unter Amenophis III. (S. 12), ein vornehmer Mann, der *vom Könige selbst erzogen war.* Er hält betend vor sich eine Art Gestell mit dem Affen des Thoth und einem Sonnengott; in Wirklichkeit sind es aber Schriftzeichen, die zusammen die Worte *Neb-maat-re* (Vorname Amenophis' III.), *geliebt vom Thoth* ergeben. Der Kopf (mit einem heiligen Käfer darauf) gehört nicht zu dieser Statue. — War in einen Tempel des Thoth geweiht, daher als Inschriften zwei Lieder auf diesen Gott. Das eine feiert ihn als den Gott des Mondes:

ich komme zu dir, du Stier unter den Sternen,
Thoth, du Mond der am Himmel ist.
Du bist am Himmel, aber dein Glanz ist auf der Erde,
dein Strahl — er erleuchtet Aegypten.

Das andere preist ihn als Gott der Gelehrten und Richter:
Gelobt seist du, du Herr der Hieroglyphen,
du Richter in Himmel und Erde . . . .
der die Worte und die Schrift giebt.
Der die Güter überweist und die Häuser ausstattet,
der die Götter kennen lehrt, was ihnen zukommt.
— (Palin 1859) Schw. Gr. h. 43 cm. [Ä. Z. 1895, 21.]

2287. **Setau**, *Königssohn von Aethiopien* (d. h. Statthalter), unter Ramses II.; er betet zum Osiris, dessen Bild (in einem Schrein) er vor sich hält. Eine andere Statue desselben S. 131. — (Athanasi 1843.) K. h. 82 cm.

2085. Von der Statue des **Ram**, *obersten Vorstehers der Güter des Ptahtempels,* eines Mannes von fürstlichem Rang; er hielt kniend einen Schrein mit einem Bild des Ptah vor sich. An der r. Seite des Schreins sein Gebet: *O mein Herr Ptah, Schöngesichtiger — setze mich vor dich, dafs du vor mir seiest und meine Augen deine Schönheit*

E. Statuen von Privatleuten.

schauen; an der l. Seite beschwört er alle Menschen und insbesondere die Priester des Ptah, für ihn zu beten, so wahr als sie wünschen, *dafs der Gott der Götter, Ptah, sie belohne, dafs ihnen gethan werde, was ihnen nach einem angenehmen Alter gethan werden mufs* (d. h. das Begräbnis) *und dafs sie ihre Aemter ihren Kindern vererben.* Die Statue war also im Tempel von Memphis aufgestellt. — (1855 durch von Penz) Sdst. h. 50 cm.

1038. Picai, Schreiber der Getränke des Königs, betend; im Schrein, den er hält, Bilder des Osiris und der Hathor. Auf dem Schrein safs Horus als Sperber, aus einem besonderen Stück gearbeitet. Roh. — (Pass., Abydos.) Sdst. h. 41 cm.

2284. Betender, mit einem Bild des Osiris; auf seinen Schultern hockt ein heiliger Affe, der seine Stirn umfafst. Die Statue war auf Vorrat gearbeitet, Kleidung, Gesicht und Inschrift sollten von dem Käufer ausgeführt werden, was aber unterblieben ist. — (Koller) K. h. 62 cm.

Bruchstücke.

13460. Kopf eines Hohenpriesters von Memphis lebensgrofs, mit seinem Amtsabzeichen, der Locke (vgl. S. 150) und dem kurzen Bart. — (1897 durch Reinhardt) S. h. 25 cm.

7775 desgleichen. — (Gesch. Lepsius 1878.) K. h. 18 cm.

8804. Männlicher Kopf. Dyn. 18. — D. Gr. h. 14 cm.

2068. Von einer sitzenden Statue aus der Zeit Königs Tuet-anch-amon (S. 13); nur Brust und Arm, auf beiden der Name des Königs. (Palin 1859.) K. h. 24 cm.

3426. Vom Kleid der Statue des Hu..., eines Hohenpriesters des Amon und der Königin Ahmose-nefret-ere (S. 12). — (Lepsius, Theben) K. h. 17 cm.

b. Kleinere Figuren.

4422. Gruppe des Nacht-min, *Grofsen des Hauses der Königin* und seiner Frau Mer-seger. Aus Heliopolis, daher trägt Nacht-min einen Stab mit dem Sperberkopf des dortigen Sonnengottes, die Frau hält das Sistrum, das Instrument der Frauen. — (1833) Schw. St. h. 32 cm.

4508. Fayencefigur des Fürsten Pei-nahsi, *Schatzmeisters des Königs;* er hält betend vor sich eine Kapelle mit dem Bilde des Ptah von Memphis. Merkwürdig durch das für Statuen ungewöhnliche Material. — (Minutoli.) h. 24 cm.

2310. **Hockender Mann** in sein Gewand gehüllt, in der Hand das Schreibzeug; es ist ein *Schreiber der Getränke des Königs*. — K. h. 26 cm.

10675. **Sitzende Frau**, nach der Haartracht etwa aus Dyn. 18 (vgl. 2298 S. 135). h. 14,5 cm.

10242. **Oberkörper einer stehenden Frau** mit gleicher Haartracht. Dyn. 18. h. 11 cm.

9571. **Cheru-ere (?)**, *Oberster der Sandalenmacher des Amonstempels*, betet stehend zur Sonne, *die das Gute für alle macht, den Herrn des Lebens, der die Menschen gedeihen läfst*. — K. h. 24 cm.

2312. **Si-mut**, *Goldschmied des Amon*, hält knieend eine Tafel mit einer kurzen *Verehrung der Sonne, wenn sie aufgeht und wenn sie untergeht*. — K. h. 27 cm. [Minutoli, Reise Taf. 33, 15.]

2314. **Si-ese**, ebenfalls *Goldschmied des Amon*, ähnlich dargestellt; mit einem Gebet an die Morgensonne. — K. h. 30 cm.

2316. **Amen-em-het**, *Schreiber der Kornrechnungen im Speicher des Amon*, ähnlich dargestellt; das Gebet gilt dem *Re-Harmachis, wenn er im Horizont des Himmels aufgeht, strahlend im Osten und die beiden Länder mit seinem Lichte erhellt*. — (1861.) K. h. 34 cm.

9572. **Oberkörper eines Betenden**, das Gesicht gut. — (1886.) K. h. 18 cm.

9570. **Männerkopf** von einer ähnlichen Figur. K. h. 9,5 cm.

c. Holzfiguren.

6910. **Amen-em-opet und seine Frau Hathor**, genannt Henro, sitzen, sich umfassend, auf zwei Sesseln; der des Mannes hat Löwenfüfse und eine Lehne, der der Frau, auf dem ein Lederkissen liegt, gleicht dem Stuhl 12553, S. 195. Unter dem Stuhl der Frau ihr Schoofsaffe mit zwei Früchten; neben ihr (klein, eingeritzt) ihr Sohn Minnes. Amen-em-opet war Beamter und Schatzmeister der thebanischen Totenstadt; ursprünglich war er wie sein Vater Nacht Priester des Amon in Aethiopien gewesen. Die langen (gelb ausgefüllten) Inschriften enthalten Gebete an verschiedene Götter, so z. B. an Amon-Re die schönen Verse in der Sprache des n. R.: *O mein*

E. Statuen von Privatleuten.

Gott, Herr der Götter, Amon-Re von Karnak! Reiche mir die Hand, rette mich. Gehe auf für mich, belebe mich. Du bist der einzige Gott, ohne seines Gleichen, die Sonne, die am Himmel aufgeht, Atum, der die Menschen schuf; der die Bitte dessen, der ihn anruft, erhört, der den Menschen aus der Hand des Mächtigeren befreit . . . . . . der den Atem dem, der noch im Ei ist, giebt, an Menschen und Vögel; er macht, was die Mäuse brauchen in ihren Löchern und die Würmer und die Flöhe desgleichen. Dyn. 18. — (1807.) H. h. 32 cm. [Phot.]

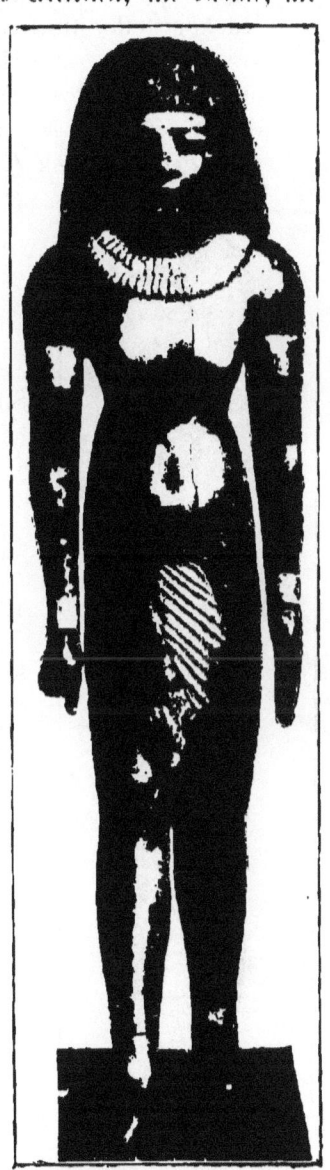

Abb. 30. 4667. Ein Offizier. Nach Mertens.

4667. Unbekannter Mann in Soldatentracht, die L. hielt den Kommandostab; Kragen und Armringe aus vergoldetem Stuck. Reizend der naive Ausdruck des Gesichts. Dyn. 18. — (1860; aus einem Grab in Theben.) H. h. 29 cm. [Phot.] [Abb. 30].

14134. Unbekannter Mann, in Soldatentracht, aber das Haupt geschoren. In der L. hält er eine Geissel, deren Schnüre nur aufgemalt waren. Derber im Ausdruck als die vorstehende Figur. Dyn. 18. — (1808, aus der Sammlung Graf Prokesch von Osten) H. h. 32 cm.

10269. Ein Offizier mit dem Schurz der Soldaten; die L. hielt den Kommandostab. Gute Arbeit. Dyn. 18. — (1887 durch Reinhardt) H. h. 43 cm.

913. ein Geistlicher, kahlköpfig, die Augen waren eingelegt; unten im Relief klein sein Sohn Paser, der ihm die Statue geweiht hat. - (Pass., Theben) H. h. 40 cm.

V. Neues Reich (1600—1100 v. Chr.).

6909. **Amen-nachtu**, ein *Oberkünstler* der thebanischen Totenstadt; in der L. hält er einen Stab, der ein Götterbild trug, die R. hielt den Kommandostab. Auf dem Rückenpfeiler und auf dem Stabe Gebete an die Götter von Theben, an Harmachis, Osiris und Hathor, sowie an den *leiblichen Sohn des Amon*, den König Amenophis, damit sie ihm *ein schönes Leben, den Besitz von Gesundheit, Frohsinn und Freude alle Tage* sowie *ein schönes Begräbniſs nach dem Alter in der groſsen Totenstadt von Theben* geben. Der genannte König dürfte Amenophis III. (S. 12) sein. — (Minutoli) H. h. 60 cm. [Minutoli, Reise Taf. 31,2.]

801. **Stehender Mann** mit kurzem Bart, die Hände läſst er ehrfurchtsvoll herabhängen. Die Einzelheiten waren in der Bemalung angegeben und fehlen daher jetzt. — H. h. 26 cm.

10716 ähnlich, roh bemalt. — H. h. 21 cm.

807. **Sitzender Mann** auf einem Lehnsessel, die L. hielt wohl eine Blume. n. R. — H. h. 25 cm.

8041. **Stehende Frau**, die L. hielt eine Blume; die Augen eingelegt. Sehr hübsche Arbeit. Dyn. 18. — H. h. 22 cm. [Phot.]

4651. Ähnliche Figur, doch weniger fein. Die Augen waren eingelegt, sie trug Ohrringe und in der R. einen Strauſs. — H. h. 25 cm. [Phot.]

10504. **Mädchen**, stehend, die Arme untergeschlagen; nach der Haartracht eine Dienerin (vgl. 7706 S. 70; 9605 S. 106); vielleicht älter als n. R. — H. h. 18 cm.

Abb. 30a. 8041. Stehende Frau.

12463 **Mädchen**, nur mit einem Gürtel bekleidet, mit eigentümlicher Frisur. In dem vorgestreckten Arm trug sie wohl ein Gefäſs. Etwa Teil eines Gerätes. Dyn. 18. H. h. 15 cm.

6908. **Königin Ah-mose-Nefret-ere**, Stammmutter der Könige des neuen Reiches (S. 12) und in späterer Zeit in der Totenstadt von Theben als heilig verehrt (vgl. 2060, S. 157 und 8818, S. 169). Auch diese Statuette ist ihr im n. R. von *einem Maler des Amonstempels Paï* geweiht, damit sie *ihm ein schönes Leben, den Besitz von Gesundheit, Frohsinn und jeder Freude und ein schönes Begräbnis im Westen von Theben nach dem Greisenalter schenke*. Die Königin heifst *die Erbfürstin, reich an Lob; die Herrin der Anmut, die liebenswürdige; die einen Platz im Amonstempel hat; mit schönem Antlitz, einzig hübsch; mit reinen Händen, wenn sie das Sistrum trägt, mit beliebter Stimme, wenn sie singt* — Ausdrücke, die sich auf ihre Stellung als *Gottesweib des Amon* (S. 12) beziehen. Über ihren Schmuck vgl. zu 2060 S. 157; der Kopfschmuck fehlt hier, die Haut ist rot. — (Minutoli.) H. h. 43 cm. [Minutoli, Reise Taf. 31,1.]

1277. 1278 Füfse einer lebensgrofsen Holzstatue.

F. Aus Königsgräbern.

Die Könige dieser Zeit sind in Felsgräbern zu Theben in dem Wüstenthale Biban-el-moluk bestattet.

2073. **Vom Sarg des Königs Eï** (S. 13), der zerschlagen in seinem Grab in Theben liegt. Unterer Teil einer Ecke; dargestellt war eine Göttin, die ihre Flügel schützend über zwei Seiten des Sarges breitete. — (Lepsius.) R. Gr. h. 56 cm.

2058. **Aus dem Grabe Sethos I.**, (S. 14) Seite eines viereckigen Pfeilers, oben das Ornament des oberen Randes der Wände (S. 77). Der König betet vor dem Osiris (als Mumie in weifsen Binden mit grünem Fleisch), der ihm dafür *die Stärke des Re* giebt. — Wie überall in diesem schönsten aller Felsengräber ist der Name des Königs, der „dem Set gehörig" bedeutet, geschrieben, als hiefse er „dem Osiris gehörig"; man fand es unpassend, im Bereich des Totengottes den Namen seines Mörders Set zu nennen. — (Lepsius.) K. h. 2,51 m. [LD III 136c.]

2079. **Aus demselben Grabe**, aus dem Bilde der vier Menschenrassen, das vollständig in den Wandbildern des

Saales VII (schmale Fensterwand) wiederholt ist. R. ein Asiat mit heller Haut, spitzem Bart und buntem, gesticktem Schurz; l. ein Aegypter, dunkelbraun mit schwarzem Haar, kurzem Bart und weifsem Schurz. — Dieses Bild ist einem Buche über das Totenreich entnommen; es gehört zu einer Stelle, in der Horus die Menschen durch Wortspiele benennt. — (Lepsius) K. h. 94 cm. [LD III 136d.]

G. Aus Privatgräbern.

Im n. R. gelten die verschiedenen Gebräuche der Bestattung bereits als eine unerläfsliche Pflicht für alle Stände. Jede Stadt hat ihren eigenen Friedhof, und Massengräber, die von Unternehmern angelegt werden, gewähren selbst Ärmeren die Möglichkeit, sich den Anforderungen der Religion entsprechend beisetzen zu lassen. Infolge dessen ist die Gestalt der Gräber, Särge u. s. w. jetzt eine sehr mannigfaltige. Die meisten Requisiten der Bestattung wurden jetzt übrigens fabrikmäfsig angefertigt und zur Ausstattung des Grabes fertig gekauft. — Die sogen. Totenbücher in Abschn. XIII, B.

a. Von Grabwänden u. ä.
Säulen und Pfosten.

1627, 1628. Säulen aus dem Grab des Eneuca, *Vorstehers der Rinder des Amon*. Aus 8 zusammengebundenen Papyrusstengeln mit geschlossenen Büscheln; die Stiele waren gelb, die Bänder blau-rot-blau. Vgl. die ähnlichen des m. R. (S. 87) und die Bemalung der Säulen in Saal V. — (Lepsius) K. h. 1,52 m. [Phot.]

1446. Säulenschaft aus dem Grabe des Fürsten ..uimose, *Wedelträgers zur Rechten des Königs* und *Vorstehers des Schatzhauses*. Sein Grab mufs früh verfallen sein, denn als man in der Spätzeit die Pyramide des Zoser herstellte (S. 43), benutzte man diesen Stein beim Stützen eines schlecht angelegten Ganges der Arbeiter. — Von einer Säule in Form von Rohrbündeln (wie S. 129 unten), die aber mit Bildern (Könige) geschmückt war. — (Lepsius, Sakkara.) K. h. 1,10 m. [Perring and Vyse, Pyramids, Text III, Taf. D].

2083. Basis einer kleinen Säule mit dem Namen Ramses' III., der Schaft ruhte lose auf derselben. — (1871 durch Brugsch) Al. Dm. 36 cm.

2280. Ähnliche Basis, vielleicht für den Opfertisch, aus dem Grabe des Pe-gerger, obersten Graveurs des Königs;

die Inschrift ruft die Götter von Memphis an, Ptah den *Herrn der Wahrheit*, Sechmet die *vom Ptah geliebte* und Hathor die Herrin der *südlichen Sykomore*, also die Göttin eines heiligen Baumes der Stadt. — (Passalacqua, Memphis) K. Dm. 30 cm.

1632. Thürpfosten eines Grabes mit der Aufschrift: *es verehrt den Mond, wenn er untergeht im Lande Ma-nu* (fabelhaftes Gebirge im Westen) *der . . Vorsteher der Arbeiten, Ptah-mose der selige*. — Die Grabthür trägt solche Aufschriften, weil der Tote in sie tritt, um Sonne und Mond zu verehren. — (Lepsius, Sakkara.) K. h. 1,96 m.

1631 desgleichen, aus demselben Grabe. *Es verehrt die Sonne im Horizont der . . . Gütervorsteher des Herrn der Wahrheit* (d. h. des Ptah), *Ptah-mose*. — (Lepsius, Sakkara.) K. h. 1,50 m.

2007. Aus dem Grabe des Ra..., Hohenpriesters des Amon in zwei Tempeln der Westseite von Theben, und Thutmosis' III., der diese Tempel gegründet hatte. — (Lepsius.) S. br. 15 cm.

Reliefs.

7275. Aus einem Grabe zu Memphis. Oben der Tote und seine Frau beten zu dem sperberköpfigen Sonnengott, der in einer Kapelle steht; vor dem Gotte Wasserkrug und Blume, die Betenden bringen ihm Papyrusstengel. Ihre jugendlichen Züge und die leichte Neigung des Kopfes sind vortrefflich wiedergegeben. — Unten Teil einer kleineren Darstellung: sechs Diener mit Speisen; der erste, der Kuchen und Blumen trägt, ist der *Diener Kaa*, der vierte führt eine Antilope, der fünfte trägt einen Krug. (Vgl. das folgende Relief.) Ende Dyn. 18. — (Pass., Memphis) K. h. 1,31 m.

7277. Gegenstück zum Unterteil des vorhergehenden. Sieben Diener mit Speisen; der dritte bringt ein Kalb, der vierte einen Reiher. — (Pass., Memphis) K. l. 1,03 m. [Phot.]

2063. Aus dem Grab des Cha-em-het, *Vorstehers der Scheunen* (d. h. der Einkünfte an Korn), unter Amenophis III. (S. 12) zu Theben. Er ist in altertümlicher Tracht dargestellt, mit Szepter und Kommandostab, am Hals ein Amulett in Herzform; vor ihm Wasserkrug und Blumen, die ihm gespendet sind. Ein anderes Relief ebendaher Abschn. XIV, D, 1. — (Lepsius.) K., durch Ruſs

148   V. Neues Reich (1600—1100 v. Chr.).

geschwärzt, da das Grab modern bewohnt worden ist; h. 1,14 m. [L D III 77a] [Phot.] [Gips.] [Abb. 31.]
14220. Aus dem Grab des Königlichen *Briefschreibers* Zai. Die Westgöttin, die *gegenüber ihrem Herren* (d. h. dem Amon von Theben) wohnt, steht an ihrem Berge und nimmt den Toten zu sich auf. Auf dem Kopf trägt sie das Zeichen des Westens. Schöne Arbeit der Dyn. 18. — (1868 durch Reinhardt.) K. h. 65 cm.

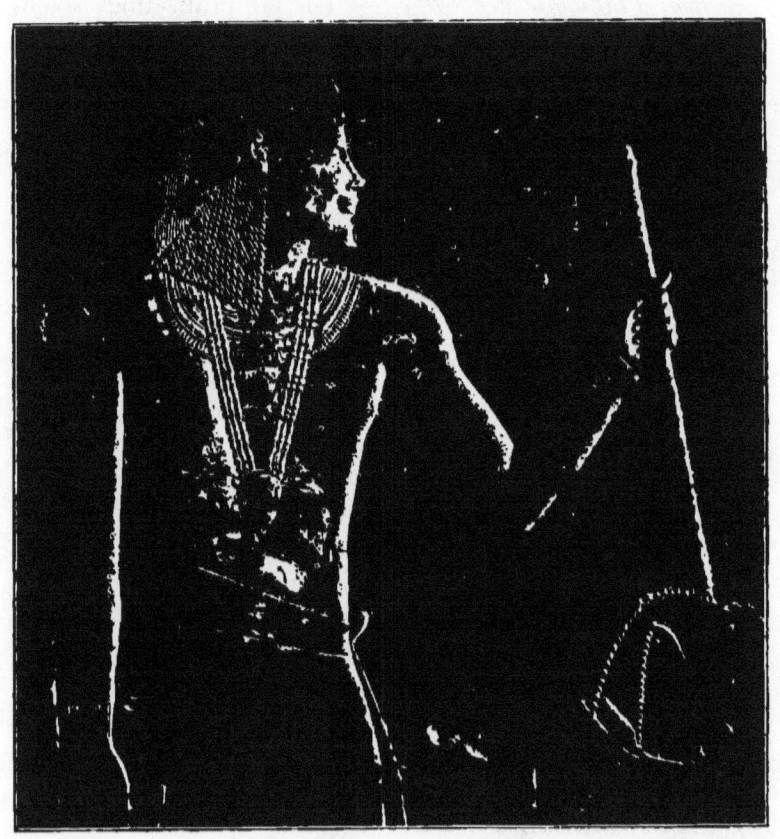

Abb. 31. 2063 Cha-em-het, Vorsteher der Scheunen unter Amenophis III. (nach Mertens).

7278. des Rii, *Obersten der Hülfstruppen und Vorstehers der Pferde*, der beim Könige in Gunst stand und von ihm wegen seiner *wunderbaren* Eigenschaften geliebt wurde. Das schöne Relief stellt Rii und seine Frau Maea beim Mahle dar, von den Angehörigen verehrt. L. sitzen die Verstorbenen in reichen Gewändern, gesalbt und mit Blumen geschmückt; die

Hand, mit der Maca ihren Gatten umfaßt, ist durch sein dünnes Kleid zu erkennen. Am Stuhl der Frau ist ihr Schooßaffe angebunden. Vor ihnen ein reich be-

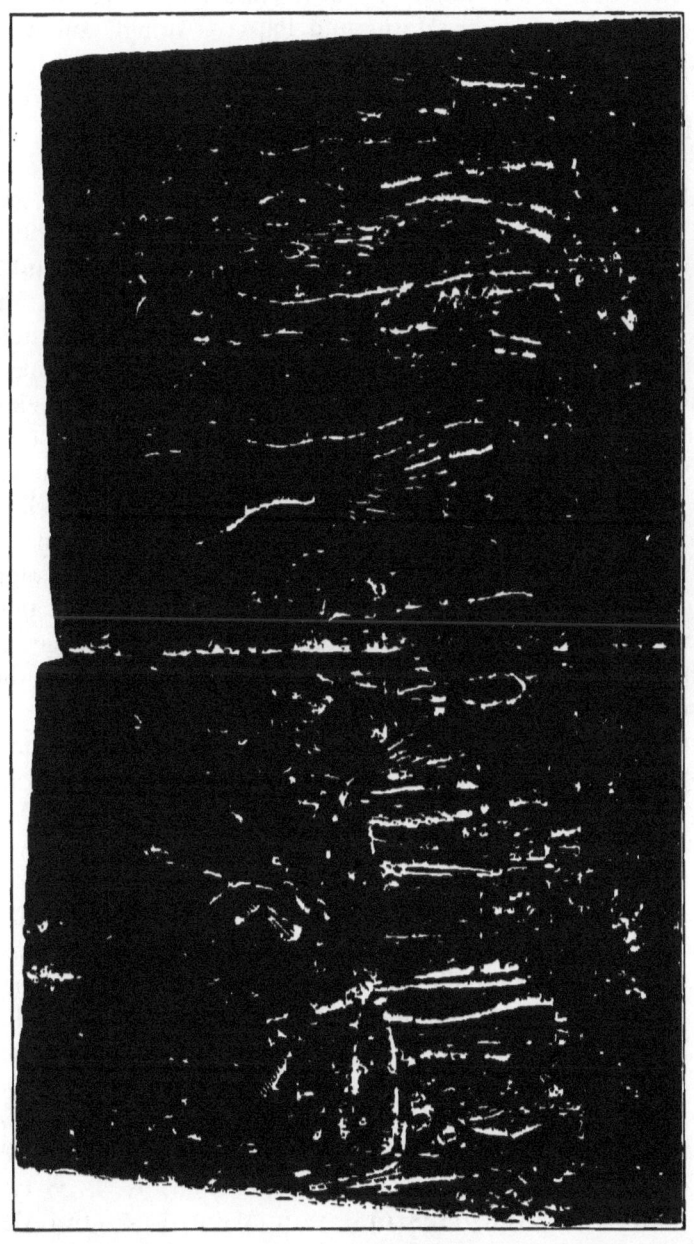

Abb. 32. 7278 Rii und seine Frau, von den Hinterbliebenen verehrt (nach Mertens).

setzter Tisch und zwei Krüge. Unter den Angehörigen steht voran der *Stalloberst Maca*, der räuchert und

Wasser sprengt. Ihm folgt *Ahe-nofer*, Beamter der Totenstadt, priesterlich gekleidet und kahl; das Wasser, das er spendet, spritzt über die Häupter der Toten hin. Dann ein Mädchen, das Speisen [dabei eine Weintraube mit Rebe] auf einer Matte und Papyrus bringt, am Arm trägt sie vier Enten. Zuletzt ein Mann mit einem Kalb und einem Blumenstrauſs. Dyn. 18. Der Grabstein des Rii S. 163. — (Passalacqua, Memphis.) K. l. 1.69 m. [Phot.] [Abb. 32.]

7322 des Nicaï, Schreibers des Königs und Priesters der Göttin Sechmet. Es war hier zweimal dargestellt, wie eine Göttin von einem Baume herab den Toten speist und tränkt. Das eine Bild (jetzt in Hannover) zeigt sie wie üblich auf den Feigenbaum (S. 168); auf unserm Bilde hat eine Dattelpalme mit Früchten selbst zwei Arme, die den Krug und die Speisen halten. Neben dem Toten kniete noch seine Frau (fehlt jetzt); ihre beiden Seelen sitzen als Vögel neben der Palme und scheinen aus einem mit Lotusblumen bewachsenen Teich zu trinken. Vor jeder das Zeichen *Seele*. Dyn. 18. — (Lepsius, Abusir.) K. h. 74 cm.

8816 eines Unbekannten. Neben dem Stuhl des Toten steht seine kleine Tochter, unbekleidet, eine Blume und einen Vogel in den Händen; ihr Schoofsaffe, den sie an einer Schnur hält, nascht unbemerkt an den Früchten, die das Kind neben sich stehen hat. Vor dem Toten räucherte jemand, merkwürdig ist dabei die Darstellung der Flamme. Dyn. 18. — (1885 aus Memphis.) K. h. 43 cm. [Phot.]

2087. Aus dem Grabe des Hui, *Königlichen Schreibers des Herrn der beiden Länder* (d. h. des Königs); er betet vor mehreren Göttern den *Spruch vom Eingehen unter die Götter*. — (Lepsius, Sakkara) K. h. 50 cm. [LD, Text I S. 161.]

9570 des Nefer-hotep, Vorstehers der Bauern des Amonstempels, mit gut erhaltenen Farben, doch ist der ursprünglich farblose Firniſs braun geworden und deckt z. B. das Weiſs des Gewandes. — Der Tote betet zur Morgensonne: *Gelobt seist du, Re, wenn du aufgehst und als Gott Atum bei deinem schönen Untergang. Du glänzest und leuchtest auf dem Rücken deiner Mutter Nut, indem du als König der Götter glänzest u. s. w.* — (1886, Theben) K. l. 28 cm.

12410 eines Hohenpriesters von Memphis, etwa des Nefer-rompet, des Zeitgenossen Ramses' II (S. 14). Der Tote in seinem Ornat mit der Locke (S. 141), dem seltsamen Brustschmuck und altertümlichem Schurz, betet, vermutlich vor Osiris: *ich komme in Frieden auf den Sand* (des Gräberfeldes), *versehen mit dem Brustschmuck. Ich nahe mich dem Lande der Seligkeit* .... — L. zwei Söhne, die Gaben für den Toten bringen (Korb mit Früchten, Enten, Blumen u. s. w.), der erste ist *der Priester des Ptah, Pe-hen-nuter*, (offenbar nach dem Vorfahren aus der Zeit Thutmosis' III. (S. 158) benannt); der zweite *der Priester des Ptah, Ptah-em-ua*. — (1894 durch Reinhardt.) K. br. 95 cm. [Ä. Z. 1895, 18.] [Phot.]

12411. ebendaher, aus dem Bilde der Totenfeier, vortreffliche Darstellungen von einer sonst in der aegyptischen Kunst selten vorkommenden Lebendigkeit, besonders in der oberen Reihe.

Oben r. die Frau des Toten vor der (hier fehlenden) Mumie schmerzlich klagend. Dahinter sind zwei Lauben mit grofsen Blumensträufsen und Zweigen dekoriert, in denen grofse und kleine Krüge aufgestellt sind; ein Knabe giefst einen vor der Leiche aus, andere sind schon entleert und liegen umher. Zwei andere Diener schlagen sich das Haupt, hinter ihnen hockt auf der Erde der *Oberste des Altars des Ptah, Ramses*, der diese Spenden zu leiten scheint. — Dann *Gärtner*, die aus grofsen Blumensträufsen und einer Matte ein weiteres Zelt errichten; der eine hat sich klagend auf den Boden geworfen. Dahinter noch ein fertiges Zelt, dem ein Knabe noch einen grofsen Blumenstraufs zufügt.

Unten der eigentliche Leichenzug, dessen Anfang eben so wie auf dem nächsten Relief zu denken ist; von dem Schlitten mit der Leiche ist hier insbesondere noch das Ende des Sarges zu sehen. — Voran zwei Söhne des Toten, leidenschaftlich jammernd; *ich wollte, du wärest ewig bei mir, du mein Vater, mein Leiter!* klagt der älteste, Saï. Dann folgen in gemessener Trauer die gesamten Grofswürdenträger Aegyptens. Allen voran der *königliche Schreiber, Erbfürst und General*, dann zusammen die beiden *Stadtvorsteher und Veziere* von Ober- und Unteraegypten; hinter ihnen eine neue Gruppe: der *Gütervorsteher*, der *Schatzmeister*, der *Magazinvorsteher(?)*, der *General*, der *Kabinettvorsteher*, der *Vorsteher des Silberhauses* und 4 kahlköpfige Hohepriester, dabei der von Heliopolis. Die letzten dieser hohen Be-

V. Neues Reich (1600—1100 v. Chr.).

Fische und Enten zwischen Lotusblumen schwimmen, stehen Palmbäume mit Wurzelschößlingen.

In der Mitte Lauben mit Speisen und bekränzten Krügen wie auf dem vorigen Relief; Diener stehen wieder davor und gießen Wasser aus oder räuchern.

Unten der Schlitten mit der Leiche. Er hat die Gestalt eines Schiffes; in dem Sarge sieht man die amten sind anscheinend in ein lebhaftes Gespräch geraten. — Am Schluß der *Fürst*, d. h. wohl der Kommandant von Memphis, der sich mit der L. das Haar streicht und sich redend zu den hinter ihm gehenden Priestern umwendet. Diese, deren Namen einzeln angegeben sind, rufen: *nach Westen, nach Westen, zum Lande der Seligkeit! ... du warst ja unser Vater.* — Die Stimmung der ganzen Darstellung drückt die Beischrift des Sarges aus: *Niemand hört auf, dich zu beweinen.* — (1894 durch Reinhardt.) K. Eine Stelle (Name des zweiten Sohnes) war durch Einfügen eines Steinstückes nachträglich geändert. br. 1,30 m. [Ä. Z. 1895, 18] [Phot.]

13297 aus einem ähnlichen Bilde, wohl aus demselben Grabe: Der Leichenzug verläßt den Vorraum des Ptahtempels, in der oberen Reihe ein Totenpriester mit Pantherfell und die beiden Veziere, in der unteren andere hohe Beamte in der gleichen Haltung wie oben. Im Inneren des Tempels lehnt der Thürhüter trauernd an der Thür, die Diener, die mit Blumen u. a. sich dem Zuge anschließen wollen, sprechen mit ihm. — Man beachte die durch die ausgehängte Skizze erläuterte Darstellung der Tempelräume. Der Vorraum ist von zwei Säulen getragen, die über einander gezeichnet sind. Aus ihm führt eine Thür in einen schmalen langen Raum, in dem ein Tisch mit Opferspeisen steht. Eine zweite Thür führt in einen großen Raum, der einen Denkstein und einen hoch beladenen Altar zeigt. — (1897 durch Reinhardt) K. h. 65 cm. [Phot.]

14221. Klage vor der Leiche. Die Mumie ist (nach andern Bildern vor dem Grabe) aufgestellt und wird von Anubis, der ihre Balsamirung besorgt hat, gehalten. Vor ihr kniet jammernd die Frau des Toten; dahinter drei Priester, die räuchern, Wasser sprengen usw. — Unten waren wieder die Lauben dargestellt, bei denen Priester und Priesterinnen thätig waren. — (1898 durch Reinhardt.) K. h. 55 cm.

12412. Aus dem Bilde der Totenfeier, wohl auch aus derselben Gräbergruppe, aber auf einen andern Toten bezüglich und künstlerisch ungleich geringer.

Oben Transport einer Statue des Toten, die in einer Kapelle in einem Schiff steht; daneben zwei Männer und zwei Klageweiber. Das Schiff wird von einem Ruderboot geschleppt; am Ufer des Kanales, in dem Mumie, Figuren von Isis und Nephthys stehen daneben. Am Kopfende klagt *seine Mutter, die Hausfrau Maia*, am Fußende räuchert ein Priester. Ochsen, vor denen mit einem Wedel Wasser gesprengt wird, ziehen den Schlitten; man ruft ihnen zu: *ihr zieht den Gepriesenen, damit ihr ihn führt zu dem schönen Westen, zu seinem Hause der Ewigkeit, daß er komme zu seinem Vater und seiner Mutter, daß die Herren des Gräberfeldes* (d. h. die Toten) *zu ihm sagen: „sei willkommen, sei willkommen"*. — (1894 durch Reinhardt.) K. br. 1 m.

2089. Aus dem Grabe des Maia, *eines Erbfürsten und Fürsten, ... eines nächsten Freundes* (des Königs), *Schreibers des Königs, Vorstehers des Schatzhauses des Herrn der beiden Länder* (S. 9), *und Vorstehers der Arbeiten an den Denkmälern seines Herrn*, der unter Ramses II. in Memphis lebte. Aus einer Darstellung der Begräbnisfeierlichkeiten; von dem darüber befindlichen Bilde sieht man noch die Reste der oben erwähnten Lauben und Speisetische. — a) Transport des Sarges. Voran ein Untergebener des Maia, der *Schreiber des Schatzhauses Pen-neit*, der sich klagend die Stirn schlägt. Dann vier Mann, die den altertümlich gestalteten Sarg ziehen, dabei der *Vorsteher der Maurer im Schatzhause, Pen-dua*. Am Sarge, der auf einem Schlitten steht, der Priester Er-nofer, der dem Toten Wasser spendet. — b) Transport einer Statue des Toten, die ihn knieend, einen Schrein vor sich haltend (S. 140), darstellt. Neben der Statue geht, sich die Stirn schlagend, der *oberste der Maler, Meriu*. — c) Transport einer stehenden Statue, die einen Rückenpfeiler (S. 25) hat. Ihre Ausschmückung ist noch nicht ganz vollendet, und ein Künstler legt ihr noch einen Halskragen an. Ein Arbeiter gießt Wasser vor den Schlitten, um den Sandboden zu befestigen. — d) Transport einer sitzenden Statue; ähnlich wie c. — e) Fünf Mann tragen die Gegenstände, die man dem Toten ins Grab beigiebt: grofse Krüge, Kasten (die die Totenfiguren des Maia enthalten werden), sowie Bücherfutterale mit den Totenbüchern. Bei dem vierten Mann war der Name beigefügt, ist aber nachträglich ausgekratzt. — f) Fünf Leidtragende, die ehrfurchtsvoll die Hand auf die Schulter legen. — g) Die wehklagende Dienerschaft des Toten; der erste, besonders erregte ist sein *Wagenlenker Ramses*. — (Lepsius, Sakkara.) K. l. 1,53 + 2,52 m. [LD III 242 a b] [Phot.] [Abb. 33.]

1269.4 Schiffe die heimgekehrt sind, wohl eine auf das Amt des betreffenden Toten bezügliche Darstellung. Die oberen Schiffe haben Rinder geladen, mit denen sich einer der Arbeiter zu schaffen macht. Auf dem

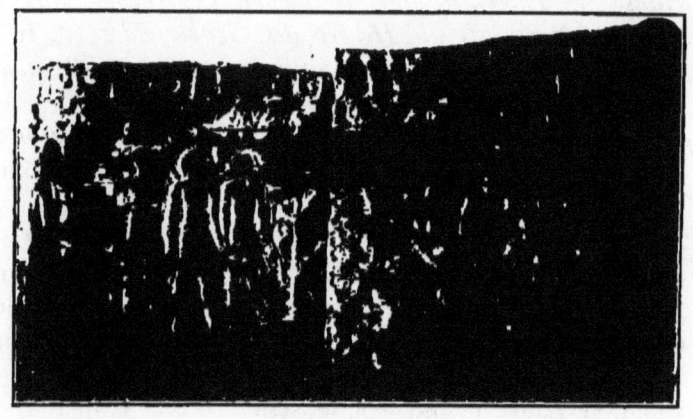

Abb. 33 a. 2089 Leichenzug des Maia (nach Mertens).

Schiffe l. unten wird eben das Landungsbrett ausgelegt; der Schiffer des danebenliegenden schaut aus der Kajütenthür. Die Schiffe haben Kajüten und Verschläge für die Rinder; zwei tragen noch Mastbaum und Raaen, bei andern liegen diese und die zusammengerollten Segel auf den Kajütendächern. Über die Steuernden vgl. S. 98, 14, die Ruder sind auf dem Schiffe r. unten in ein Bündel gebunden und aufgestellt. — Man beachte die Darstellung des Wassers und die derbe, aber höchst lebendige Zeichnung der Leute. Auch die Rinder sind anders gezeichnet wie in der älteren aegyptischen Kunst. (1895 durch Reinhardt) K. br. 45 cm. [Phot.]

1415.0 desgleichen; mehrere Schiffe liegen am Ufer, die Maste und Raaen liegen zusammengeschnürt auf den Kajüten. Auf den beiden ersten Schiffen Frauen, deren eine ihr Kind säugt, in lebhafter Unterhaltung; auf dem dritten schnürt ein Schiffer die Masten und Raaen zusammen, hinter ihm schläft ein Hund. Vor ihm hockt ein schlafender Mann, den seine Frau weckt. — Oben zerstörte Bilder, kenntlich noch ein Arbeiter auf seinem Schemel, Knaben mit einem Ochsen, Baum u. a. — (1898 durch Reinhardt) K. br. 70 cm.

14149. Aus einem Bild der Dattelernte. Zwei Affen, die die Früchte vom Baum geholt haben, werden fortgeführt. Ein Knabe trägt die Ernte in Körben an einer Tragstange fort, ein anderer hat sich auf die Stange und die Körbe gesetzt und macht den Korb für einen Dritten zurecht. Darüber Leute mit Säcken. — (1898 durch Reinhardt) K. l. 50 cm.

Sogenannte Königstafeln.

In Gräbern des n. R. wird zuweilen dargestellt, wie der Tote vor als heilig verehrten Königen alter Zeit betet.

1625. Aus dem Grabe des Chabechnet, *Dieners* der thebanischen Gräberstadt. Er selbst steht r. betend, vor ihm ein Speisetisch für die heiligen Toten, die in zwei Reihen sitzen. Oben zuerst Amenophis I., hinter ihm seine heilige Mutter Nefret-ere, dann zwei Könige, deren einer Ah-hotep heisst, dahinter allerlei *königliche Schwestern*, u. ä. In der unteren Reihe ein König Mentu-hotep (S. 10), dann der Vertreiber der Hyksos Ah-mose (S. 12) und zwei andere Herrscher dieser Zeit; dahinter verschiedene

Abb. 33 b. (Nach Mertens.)

Prinzen und Prinzessinnen, die durch die Locken (S. 31) als solche gekennzeichnet sind. Soweit die Namen uns bekannt sind, gehören alle dargestellten Personen mit Ausnahme des Mentu-hotep in die Anfangszeit des n. R.; sie dürften sämtlich in Theben bestattet gewesen sein und vermutlich war Cha-bechnet mit der Pflege ihrer Gräber beauftragt. — (Lepsius, Der-el-medine) K., ergänzt; l. 1,71 m. [L D III 2 a.]

1116. Desgleichen aus einem Grab von Sakkara. Erhalten sind fünf Könige des alten Reiches; der erste war vermutlich Chaf-re, die folgenden sind Dedef-re, Men-ke-re, Hor-ekau und Ra-en-user. Man ersieht aus dieser Probe, dafs nur ein Teil der Könige aufgezählt war. — (Lepsius) K. l. 60 cm. [L D II 152 d.]

Malereien auf Nilschlamm.
Die Wände der Gräber und Häuser wurden mit Schlamm beworfen, dieser mit Kalk abgeweifst und bemalt. Es war dies ein billigeres Verfahren als die Ausschmückung mit Reliefs.

1104. Rupfen von Gänsen, aus einer Bilderreihe, die die dem Inhaber des Grabes unterstellten Arbeiten darstellte. R. sitzt ein Arbeiter mit wirrem Haar und schlecht geschorenem Bart auf einem niedrigen Sessel und rupft eine Gans, die auf einem Tische liegt; dahinter schon gerupfte Gänse. Vor ihm steht reich gekleidet der Aufseher, der auf seinem Schreibzeug (S. 216) die Zahl der Gänse notiert. Hinter dem Arbeiter Reste eines grünen Baumes; r. und l. Pfähle von Gestellen. — (Minutoli) h. 25 cm.

13616. Kopf des Neb-seni, Hohenpriesters des Onuris. Mit kurzem Bart und buntem Halskragen. Vor ihm ein Blumenstraufs. Aus seinem Grabe in Theben. Dyn. 18. — (Gesch. Carl Schmidt 1806) h. 28 cm.

1619. Kopf des Anhor-chaui, obersten Baumeisters der Gräberstadt und des Königsgrabes unter Ramses IV.; aus seinem Grabe, dem auch die folgenden grofsen Bilder entstammen. Er war betend dargestellt. Nase und Lippen ergänzt. — (Lepsius, Theben) h. 52 cm.

2061. Amenophis I. als heiliger König; stand mit 2060 zu beiden Seiten einer Thür in dem eben erwähnten Grabe. Gegen Ende des n. R. galten dieser König und seine Mutter Nefret-ere als Schutzheilige des thebanischen Gräberfeldes, auf dem sie bestattet waren. (Vgl. auch S. 145 und S. 169, S. 180.) Die Tracht unserer Bilder ist natürlich die dieser

späteren Zeit. Man beachte die manierierte Zeichnung der
Köpfe. — Amenophis I. trägt über einem durchsichtigen,
gefältelten Gewand den mit Gold und Steinen geschmückten
Königsschurz; aufserdem Halsschmuck, Armbänder und
Sandalen. Um die blaue Haartracht das Diadem mit der
Königsschlange. Er hält die Zeichen der Herrschaft und
das Zeichen „Leben"; über ihm schwebt die Sonne mit
zwei Königsschlangen, als Sinnbild der Herrschaft über
beide Hälften des Landes. Beischrift hinter dem König:
Beständigkeit, Leben, Heil, Gesundheit stehen hinter ihm
(d. h. beschützen ihn), *wie hinter seinem Vater Re im
Himmel, alltäglich, immer, bis in Ewigkeit.* — (Lepsius,
Theben) h. 1,38 m. [LD III, 1.] [Phot.]

2060. Nefret-ere, Mutter Amenophis' I., Gegenstück
des vorigen. Sie ist abweichend von anderen Darstellungen (S. 145) hier schwarz dargestellt, was irgendwie mit ihrer Göttlichkeit zusammenhängen wird. Sie
trägt Sandalen, Halskragen, Armbänder und Ohrringe.
Als Königin bezeichnen sie die bunten Bänder, die vom
Gürtel herabhängen, der eigentümliche Wedel und der
Kopfputz, der aus Königsschlangen und Geiern besteht.
— (Lepsius, Theben) h. 1,67 m. [LD III, 1]. [Phot.]

b. Grabsteine und Pyramiden.
Pyramiden u. ä.

Zu den Wünschen des Toten gehört es, Auf- und Untergang der
Sonne von der Thür des Grabes aus sehen zu dürfen; dies wurde
ihm vielleicht erleichtert, wenn man ihm ein Abbild des Grabes oder
der Grabthür mitgab, auf dem er zur Sonne betend dargestellt war.

7781. Bruchstück; eines Si-pe-er, *Vorstehers des Ka-
binetts* (des Königs). Er war (zusammen mit einem Angehörigen) dargestellt, wie er aus dem Grabe über eine
Brüstung hinweg schaut und die Sonne verehrt; merkwürdig ist das flache Relief bei Darstellung von vorn. —
(Gesch. Travers 1878.) K. h. 40 cm.

12748 in Form eines Grabsteins, oben sieht der Tote,
Em-nofer aus einer Nische; daneben die zur Sonne betenden
Paviane. Er betet u. a.: *Du glänzst auf dem Rücken
deiner Mutter, gekrönt als König der Götter, der Gerechtes
thut. Lafs mich begraben werden auf dem Totenfelde meiner
Stadt, um die Sonne zu sehen, wenn sie aufgeht.* Dem Toten
von einem Angehörigen, einem *Maler in Memphis* geweiht.
— (1895 durch Reinhardt). K. h. 50 cm.

2270. **Pyramide des Ptah-mose**, Hohenpriesters von Memphis unter Thutmosis III.; mit Thüren, in denen der Tote betend kniet. Auf der einen Seite betet er zur Morgensonne: *du gehst schön auf, du Herr der Götter. Wie schön war, was du mir thatest, als ich auf Erden war, und ich führte mein Leben schön und erreichte die Würdigkeit* (des Alters) *in Frieden.* Auf der andern Seite betet er zur Abendsonne: *du gehst unter, mein Herr Re. Lafs mich in deinem Gefolge zum Totenreich gehn, dafs mir die Götter sagen: Willkommen, du von dem grofsem Gotte Belohnter.* (Passalacqua aus Memphis.) Schw. Stein h. 39 cm.

13456. **Pyramide des Pen-mehit**, *Dieners des Onuris* (S. 21), also wohl aus This. Auf zwei Seiten kniet der Tote in der Thür des Grabes und hält eine Tafel mit Speisen, die er wohl der Sonne darbringt; darunter Angehörige, die ihn verehren, darüber waren Morgen- und Abendsonne dargestellt. Auf den anderen Seiten Osiris und Isis sowie Anubis als Schakal; darunter der Tote. In seinem Gebete heifst es u. a.: die Sterne *verehren dich; sie sagen zu dir: Preis, Preis dir, du Kalb, das aus dem Himmelsocean hervorgeht.* Die aufgehende Sonne ist also als das Kalb der kuhgestaltigen Himmelsgöttin gedacht. — (1897 durch Reinhardt) K. h. 65 cm.

Grabsteine aus dem Anfang des n. R.

Ähnlich wie die des m. R. und noch ohne die Darftellung des betenden Toten.

7320 **eines Beamten Amen-ma**. Oben sitzen der Tote und *seine Schwester, die Hausfrau Tui* (d. h. seine Frau) beim Mahle, unten seine Mutter und eine andere Frau, gesalbt und bekränzt; vor den ersteren der Diener Ptahdidi, der ihnen räuchert und Wasser spendet. Unter dem Sessel der Mutter eine Schminkbüchse. Am Rand Opferformeln. Über die Augen u. s. w. S. 88. Aus Memphis. — (Lepsius.) K. h. 82 cm. [LD, Text I. S. 159.]

7272 **des Beamten Sa**, der *Schreiber des Herrn beider Länder* (des Königs), *Verfertiger der Briefe (?) in Memphis, vom Gefolge des Königs in allen seinen Wohnsitzen, Briefschreiber des Obergütervorstehers des Königs und Schreiber der Honigrechnungen des Schatzhauses* war. Oben sitzen beim Mahl r. Sa und *seine geliebte Schwester Beti*, l. ein

Verwandter, der auch *Schatzmeister* und *Vorsteher eines Speichers* war, mit seiner Frau. Alle sind gesalbt, die Männer halten Blumen, die Frauen sind bekränzt; unter dem Sessel Spiegel und Schminkbüchse. — Unten eine andere *Schwester* (d. h. Frau) des Sa allein beim Mahle; sie sitzt auf einem niedrigen Sessel mit Kissen, neben ihr ihre kleine Tochter, nackt; ein Verwandter räuchert ihr und spendet Wasser. Dahinter drei mit Blumen umwickelte Weinkrüge. In den Inschriften erzählt der Tote u. a., er sei *ein Greis geworden und habe das Alter erreicht* und wünscht sich *Brot, Wasser und Luft, die Sonne zu schauen und den Sonnengott zu verehren, wenn er aufgeht, täglich.* — (Passalacqua, Memphis) K. h. 95 cm.

7276 des Fürsten Mer-en-ptah, Hohenpriesters von Memphis. Er sitzt in seiner Amtstracht (hohes Kleid, Pantherfell, Locke, Sandalen) beim Mahl und hält an einer Schnur seinen Schoofsaffen. Unten ein *Vorleser* im Pantherfell, räuchernd und Wasser spendend; auf dem Tisch eine Blume, daneben ein Weinkrug. — Auch oben war ursprünglich wohl noch eine Figur dargestellt; diese ist aber ausgetilgt und durch ein Gebet ersetzt: *O ihr Götter, die ihr im westlichen Gebirge seid, gebt, dafs der Priester Mer-en-ptah der selige sein Grab beziehe, seinen glänzenden, ewigen Sitz; dafs ihm gegeben werde das Opfer täglich, auf dem Tische des Wen-nofre* (d. h. Osiris). Umrahmung wie bei den Scheinthüren. — (Passalacqua, Memphis) K. h. 80 cm.

822. Grabtafel des Min-mes, Vorstehers der Rinder des Amon; er sitzt mit Frau, Tochter und einer andern Verwandten beim Mahl, sie halten Blumen, sind gesalbt (S. 31) und bekränzt. Vor ihnen amtiert ein Priester des Osiris; der auch Min-mes heifst (also wohl ein Sohn), er sagt die Opferformel: *ein Opfer das der König giebt — rein, rein, für euren Ka* Schöne Schnitzerei, die Inschrift gelb ausgefüllt. — (Passalacqua aus Memphis.) H. h. 44 cm. [Phot.]

7284 eines Ah-mose, der oben mit einem andern Toten beim Mahle sitzt, seine Tochter Nai steht hinter ihm. Unten auf einem Feldstuhl der *Schreiber* Cha-em-uaset (der einzige Titel in der Familie), dahinter wohl die Eltern des Ah-mose und eine Tochter. *Seine Schwester*, neben der eine Dienerin mit Körben an einer Tragstange steht, spendet ihnen Wasser. — (Passalacqua, Abydos.) K. h. 50 cm.

9610 des Vorlesers Pe-tua; er und seine Frau sitzen auf einem Sessel (auf einer Matte) und werden von ihren Kindern verehrt; der Sohn spendet ihnen Wasser, die Tochter bringt einen Vogel. Vom Sohne errichtet. — Die erste Zeile der Inschrift unter Amenophis IV. (S. 13) ausgemeifselt, weil Amon in der Opferformel genannt war. — (1886, aus Theben.) K. h. 45 cm.

2066 des Sen-mut, desselben, dessen Statue wir besitzen (S. 137). In der Form der Scheinthüren des a. R. (S. 45); dieser gesuchten altertümlichen Form entspricht es, dafs als Aufschrift ein wenig verbreiteter alter Spruch von den 7 Kühen des Sonnengottes und den 4 *Steuerrudern des Himmels* gewählt ist. Der Anfang lautet: *Preis dir, der (in seiner Sonne) erscheint! Der Gütervorsteher Sen-mut kennt dich und kennt deinen Namen und kennt den Namen deiner sieben Kühe und (ihrer Stiere), die denen im Westen* (den Toten) *Nahrung geben. Gebt dem Gütervorsteher Senmut Brot und Bier* u. s. w. Links sind die Stiere und Kühe dargestellt, dabei ihre Namen *Himmelssturm der den Gott erhebt, Liebesreiche* und *Rothärige* u. s. w.; rechts Gott Anubis und die vier *schönen Steuerruder* in Mumiengestalt. Auf der Platte über der Thür (S. 58) sitzt der Tote zwischen seinem Vater Ra-mose und seiner Mutter. Der Name des Senmut ist, wie auf seiner Statue, ausgekratzt. — (Lepsius aus Theben) Br. Sdst. h. 1,50 m. [LD III 25 bis a].

Gewöhnliche Grabsteine des n. R.

Das Hauptbild zeigt jetzt den Verstorbenen im Gebet vor den Göttern, die für die Toten die wichtigsten sind, vor dem (mumiengestaltigen) Osiris, dem Könige des Totenreichs, und meist auch vor dem (sperberköpfigen) Sonnengott, der dieses Reich in der Nacht erleuchtet. Die Gebete, die der Tote dabei an die Götter richtet, werden auf den gröfseren Steinen ausführlich mitgeteilt, besonders die schönen Anrufungen des Sonnengottes. Das Bild der alten Grabsteine: der Tote beim Mahle von den Hinterbliebenen verehrt, steht jetzt nur an zweiter Stelle oder fehlt ganz. Die Form des Steines ist meist die seit dem m. R. übliche, doch sind auch viele wieder von einer Hohlkehle oder auch von einer Pyramide bekrönt. - Die meisten Grabsteine des n. R. in unserer Sammlung stammen übrigens aus Memphis, aus Passalacqua's Grabungen.

7317 des Pei-nahsi, *Schreibers der Getränke* in der Wohnung des Königs, ihm von seinem vornehmen Sohne, dem Up-uat-mose errichtet, dem der folgende Grabstein gehört. Unten betet der Tote zum Re, *wenn er untergeht im westlichen Horizont des Himmels.* Er sagt u. a.: *Preis dir, der die Götter machte, — o Atum, der die Menschen schuf. — Liebenswürdiger, liebreicher, — wenn er strahlt, leben alle Menschen. — Ich preise dich am Abend; — ich verehre dich, wenn du untergehst.* Des weiteren schildert er, wie die Sonne Nachts im Totenreiche scheint, zur Freude von dessen Insassen: *Schön gehst du unter, mit frohem Herzen im Horizont am Berge Manu* (S. 147, 1632). *— Dort strahlst du für den grofsen Gott* (Osiris) *— den Herrn der Ewigkeit, den Herrscher von Agret. — Du giebst Licht denen, die dort sind, — dafs sie deine Schönheit schauen. — Die in den Hallen sind, in ihren Höhlen, — deren Arme preisen deinen Geist; — die im Westen sind, jauchzen, — wenn du ihnen leuchtest; — die im Jenseits sind, deren Herzen sind froh, — wenn du den Westen erleuchtest. — Ihre Augen öffnen sich, weil sie dich schauen, — ihr Herz ist voll Wonne, wenn sie dich sehn - und jauchzt, wenn dein Leib über ihnen ist.* Daran knüpft er das Gebet: *Gieb, dafs meine Seele vor ihnen sei, — dafs dein Glanz über meinem Leibe strahle, — dafs ich die Sonne schaue, — wann jene trefflichen Verklärten sie schauen, -- die vor dem Wen-nofre* (Osiris) *sitzen.* Dyn. 18. — (Pass., Memphis.) K. h. 1,38 m. [Reinisch, Chrestomathie I, Taf. 15.]

7316 des Up-uat-mose, Schreibers des Königs und *Vorstehers der Scheunen* von ganz Aegypten, des Sohnes des Vorigen. Oben l. Gebet vor Osiris um *Brot, Wasser und Luft,* r. vor Re um *die Luft des Nordwindes;* vor jedem Gott ein Wasserkrug mit einer Blume. Unten noch zweimal der Tote betend. Die Inschriften sind seine Loblieder. In dem an Osiris (l.) sollten noch zwei Verse nachgetragen werden, was unterblieben ist. In dem an Re (r.) heifst es u. A.: *Gelobt seist du, der im Himmelsocean aufgeht, um zu ernähren alles was er geschaffen hat, der den Himmel schuf und seinen Horizont geheim machte. — Gelobt seist du, der zu seiner Stunde sich zeigt; wenn er erglänzt, leben die Menschen. — Gelobt seist du, der dieses alles schuf; verborgen ist er, seine Gestalt weifs man nicht. — Gelobt seist du, du umkreist den Himmel; die in deinem Gefolge sind, jauchzen.* — In der mittleren Zeile bittet der Tote alle, *die die Schrift des Thoth kennen* (d. h. lesen können) und *kommen, dieses Grab zu besehen,* ihm

Abb. 34. 7316 Grabstein des Up-uat-mose (nach Mertens).

die Opferformel (S. 59) zu sprechen. Dyn. 18. (Pass., Memphis.) K. h. 1,61 m. [Phot.] [Abb. 34.]
7300 des **Ra-mose**, eines *Obersten der Hülfstruppen, der vom Könige wegen seiner wunderbaren Thaten belohnt* wurde. Oben r. in einer Kapelle Anubis, der die Mumie des

Ra-mose hält, so wie er einst die des Osiris gehalten hatte.
Vor ihm spendet *sein Bruder, der Schreiber Zai,* Wasser
und vollzieht die Zeremonie des *Mundöffnens,* indem er
rezitiert: *Du bist rein, Horus ist rein — Horus ist rein,
du bist rein. — Du bist rein, Set ist rein — Set ist rein,
du bist rein — Du bist rein, Thoth ist rein — Thoth ist
rein, du bist rein.* — Dabei Tische mit Speisen und ein
Gestell mit Räuchergerät (S. 251) und Krug. Als Inschrift ein Loblied auf die Sonne. Von der Morgensonne heißt es u. a.: *Du nimmst deinen Sitz ein in der
Barke Maadet, die bemannt ist mit den Unvergänglichen
(Name von Sternen); du erscheinst darin frohen Herzens,
nachdem du alle deine Feinde niedergeworfen hast . . . Die
Mannschaft des Re jauchzt und jubelt, freudig über die Feinde
ihres Herren.* Von der Abendsonne: *Es ruhet Re in der
Barke Semektet, die bemannt ist mit den Ruhelosen* (Name
von Sternen); *Schakale stehen an ihrem Vorderteil, damit
sie dich freudiger ziehen, bis du eingehst im Horizont am
Berge Manu. Die Verklärten, die Seelen, die Bewohner des
Westens jauchzen, wenn deine Majestät sich naht, wenn sie
dich sehen, wie du in Frieden kommst, in deiner Würde
einer himmlischen Seele.* Dyn. 18. — (Passalacqua aus
Memphis.) K. h. 1,95 m.

2074 des Nacht-min, Hohenpriesters der Götter von Koptos
und *Vorstehers der Scheunen aller Götter* zu Achmim, der
im Jahre 4 des Königs Eï (S. 13) starb. Die Namen
dieses Königs sind nach seinem Sturze ausgekratzt. Oben
jetzt die Up-uat als Schakale (S. 22) und ein Wasserkrug,
doch befinden sich unter diesem Bild Spuren eines andern,
etwa der Sonne Amenophis IV, mit ihren langen Strahlen.
Nach der Inschrift begehrt der Tote u. a. *den angenehmen
Nordwind zu atmen* und aus dem *Strome zu trinken;* er
wünscht, sich *nach Belieben verwandeln zu können;* er will
*den Sonnengott verehren, wann er aufgeht und ihn preisen,
wann er untergeht;* er will *auf der Fähre im Jenseits über-
fahren zu dem Felde Earu* und *Teil haben an den schönen
Dingen und Speisen* dieses Feldes. — (Athanasi 1843.)
K. h. 1,55 m. [Sharpe II 106; L D III 114 i].

7290. Grabstein desselben Rii, den das Relief 7278
(S. 148) darstellt. Oben beten der Tote und seine Frau
Maea vor Osiris, der unter einer Art Baldachin sitzt; vor
ihm ein Stab, um den ein Schlauch gewunden ist (ein

wunderliches Bild des Anubis), hinter ihm Isis und Nephthys. Unten die Toten zweimal beim Mahle; zwischen beiden Gruppen der Tisch, der altertümlich mit dem Belag von Blättern gezeichnet ist. Die Inschrift erbittet für Rii in der alten Formel *tausend an Brot, Bier, Ochsen, Gänsen, kühlem Wasser, Wein, Milch, Kleidern, Weihrauch, Öl, Blumenspenden, an allem Guten und Reinen, wovon ein Gott lebt, was der Himmel giebt, die Erde erzeugt und der Nil aus seiner (Quell)grotte bringt*. Sodann dafs er *hin- und herfahre auf dem Felde Earu und herausgehe am Tage unter dem Gefolge des Horus, um die Sonne bei ihrem Aufgange zu schauen*. — Dyn. 18. — (Passalacqua, Memphis.) K. h. 1,44 m.

7305 des Har-min, Schreibers, Schatzmeisters und Beamten des königlichen Harems in Memphis. Oben betet der Tote mit seiner Frau, die Blumenstraufs und Sistrum (S. 220) trägt, vor Osiris, der unter einem von phantastischen Säulen getragenen Baldachin sitzt. Hinter dem Gotte seine *beiden Schwestern Isis und Nephthys*, vor ihm auf einer Blume die vier Schutzgeister. Unten der Tote und seine Frau beim Mahle; unter dem Sessel der Frau ihr Schoofsaffe. Vor ihnen ein Priester, der räuchert und Wasser spendet, eine Frau und zwei Mädchen, die Speisen bringen. In der Inschrift unten betet der Tote, dafs *sein Name in seinem Grabe wachsen* möge. — Der Name der Gattin Mai ist erst nach Vollendung des Steines eingefügt und dabei in der unteren Darstellung vergessen worden. — Har-min lebte unter Sethos I (S. 14). Auch der folgende Grabstein gehört ihm. — (Pass.) K. h. 1,38 m.

7274 desselben Har-min. Oben: Vor Osiris, der in einer Kapelle sitzt, beten der Tote und seine Frau; die letztere, eine *Sängerin der Isis*, hält auch hier eines der von Frauen gebrauchten eigentümlichen Musikinstrumente. Dabei Wasserkrug mit Blume und Weinkrug. — Mitte: Dieselben beten vor Anubis. Har-min trägt seine eigene Seele in Gestalt eines menschenköpfigen Vogels; die Frau trägt einen Blumenstraufs, an ihrem Arm hängt das Sistrum. — Unten: Der Tote beim Mahle, hinter ihm sitzt seine Frau; der Priester Nechu-nofer räuchert vor ihnen, ein anderer bringt Blumen und eine Gans. — (Passalacqua) K. h. 1,75 m.

7307 des Archivars Pen-amon. Oben beten Pen-amon, seine Frau und ihr Sohn (?) Zaï zu Osiris; hinter diesem die Göttin Hathor, vor ihm auf einer Blume die vier Schutzgeister. Unten sitzt Pen-amon mit seiner Frau, *seiner geliebten Schwester, der Hausfrau, der Sängerin des Amon, Tes-ere* auf einem bekränzten Lehnsessel. Vor ihnen räuchert der oben genannte Zaï und betet eine Frau. Am oberen Rande: die Zeichen des Osiris und der Isis (vgl. S. 169). — Der Tote betet vor Anubis. Im Gesims die Abendsonne, von Seelen, Affen (S. 123, 9941) und von Isis und Nephthys verehrt; man sieht Brust und Arme der Göttin des Westens, die die Sonne zu sich nimmt. — (Pass., Memphis) K. h. 1,26 m.

7273 des Neheh-en-iotf, der *Diener* (eines Gottes oder des Königs) war. Oben: Vor Osiris, der in seinem Sarge thront, beten der Tote, Blumen in der Hand, und seine Frau, die als *Sängerin des Re* ein Sistrum trägt. Unten: Vor dem Toten und seiner Mutter betet eine Frau mit ihren zwei Töchtern; die Frau spendet dem Toten Wasser, die Töchter bringen einen Beutel, Oel und eine Gans. Am oberen Rande betet der Tote vor Anubis. Im Gesims die Sonne, von Pavianen und Göttern angebetet. — (Pass., Memphis) K. h. 1,34 m.

7314 des Chai, auch Ja-chai genannt. Er betet vor dem Osiris, der in seinem Sarge steht; vor dem Gott auf einer Blume die Schutzgeister. — (Pass., Memphis.) K., Gesims ergänzt; h. 75 cm.

7310 des Pe-wer, *Standartenträgers* irgend einer Truppe. Oben: der Tote betet mit Frau und Sohn zu dem Totengotte Osiris. Vor dem Gotte sein Tisch mit den Speisen, an denen die Toten Teil haben sollen. Der Sohn trägt einen Blumenstrauß. — Unten: Pe-wer mit seiner Frau und seine Eltern (?) sitzen beim Mahl, seine 4 Töchter speisen an kleinen Tischen; sie sind gesalbt und bekränzt. Dem Toten wird gewünscht, daß ihm Osiris *alles Gute, Reine und Kühle gebe, Wein und Milch, und die Luft zu atmen mit Myrrhen und Weihrauch.* Etwa Dyn. 19. — (Bartholdy.) K. h. 46 cm.

7270 des Raea, *Bogenträgers des Königs* und *Vorstehers seiner Pferde;* er war zugleich *Vorsteher des königlichen Harems in Memphis* und hatte den hohen Rang eines *Wedelträgers zur Rechten des Königs.* — Er betet auf diesem Stein zu dem Re, den die Göttin des Westens umfafst: *Wie schön gehst du auf im Horizont und erleuchtest die beiden Länder mit deinen Strahlen. Die Götter jauchzen, wenn sie dich als König des Himmels sehen, gekrönt als Harmachis-Atum, dessen Gestalt man nicht kennt. Lass mich herausgehen an allen Orten, wo ich will, dafs ich den Re sehe, jedesmal wenn er aufgeht.* — Am Arm des Raea hängt eine Brusttafel wie S. 188. — (Lepsius, Sakkara) K. h. 1,10 m.

7271 desselben Raea; er sagt zu Osiris (hinter diesem Isis) in der alten Formel, dafs er *Brot den Hungernden gegeben habe, Wasser den Durstigen und Kleider den Nackten* und bittet den Gott, ihm zu erlauben, *herauszugehen aus dem Totenreich, um die Sonne bei ihrem Aufgehen zu sehen.* — (Lepsius, Sakkara) K. h. 1,17 m. [l. D III 242 d.]

7269 des Euti, eines *Malers des Gottes Re.* Oben: Euti, seine Frau und sein kleiner Sohn Niea beten vor Osiris, der in seinem Sarge sitzt. Auf dem Sarge liegt *Horus, der seinen Vater schützt,* als Sperber; dahinter die kuhköpfige Hathor, *die Herrin der südlichen Sykomore* (S. 146, 2286), *die Beherrscherin des schönen Westens.* — In der Mitte beten Euti, seine Frau (hält ein Sistrum) und zwei Töchter vor der Morgensonne in ihrem Schiffe. — Unten: Euti verehrt mit seinem älteren Sohne, dem Maler Charu, seine Eltern, den Maler Nicai und die Frau Urenro. Unter dem Stuhl der Urenro ihre gleichnamige Enkelin als nacktes Kind. Dahinter andere Mitglieder der Familie. — (Passalacqua, Memphis) K. h. 94 cm.

7292 des Hui, *Obersten der Truppen und Verwalters der fremden Länder.* Oben beten Hui und seine Frau Merit vor Osiris. Unten wird Hui von der Merit und einer anderen Frau verehrt. — (Pass., Abydos) K. h. 46 cm.

14151 des Amon-cha. Oben Anubis; dann der Tote betend vor Osiris; unten Knabe und Mädchen bringen der Westgöttin, die auch hier Hathor heifst, Blumen dar. — (Leihgabe Wynecken.) K. h. 47 cm.

10186. Vom Grabstein des Schreibers Ptah-mai: nur der Unterteil: der Tote und seine Frau beim Mahle; er hält Blumen, sie eine Frucht. Sein Bruder Pai-ser räuchert und spendet ihnen Wasser. — (1887.) K. l. 41 cm.

7773. Roher Grabstein. Oben Anubis; unten: ein Mann und eine Frau, mit unleserlichen Namen, beten vor Osiris. — (Gesch. Lepsius 1878.) K. h. 32 cm.

Grabsteine mit Pyramiden bekrönt.

Wie 7315 zeigt, setzte man zuweilen die Pyramide, in der der Tote zur Sonne betend dargestellt ist (S. 157), oben auf den Grabstein als Bekrönung. Daraus sind wohl auch die anderen spitzen Bekrönungen der Grabsteine entstanden, in denen Anubis als Schakal, der Horizont, die Augen und ähnliche Zeichen dargestellt sind.

7315 des Dua, *Schreibers des Schatzes* des Ptah und *Schreibers des Opfergutes* dieses Gottes; er war *sehr belohnt von Ptah, ein Vortrefflicher, dem Widersetzlichkeit ein Ekel war*. In der Thür der Pyramide betet der Tote knieend zur Sonne, beiderseits ein Anubis. Darunter eine Hohlkehle mit bunten Streifen, und ein breiter Rand, auf dem die Sonne von Affen, Schakalen, der Nilpferdgöttin Toëris und dem Toten angebetet wird. Oben betet der Tote vor Osiris; der Gott sitzt in seinem Sarge, auf dem Horus (der „Beschützer seines Vaters") als Sperber liegt; neben ihm Nephthys und Isis, die ihm das Zeichen „Leben" an die Nase hält, d. h. ihn vom Tode erweckt. Unten verehren die Angehörigen den Toten; voran sein Vater Ken-na, ein hoher Offizier des Königs, dann seine Mutter, seine Frau (?), zwei Söhne und eine Tochter — ihre Gröfse deutet ihren Rang in der Familie an. — (Passalacqua, Memphis.) K. h. 1,33 m.

7279 des Meri-ptah, Goldschmiedes des Königs. Oben der Tote und seine Frau vor Osiris. Unten ein verstorbener Verwandter priesterlichen Standes mit seiner Frau beim Mahl; vor ihnen ein Mann mit Blumen und zwei Frauen. — Auf dem oberen Rande betet der Tote vor dem als Schakal dargestellten Anubis. Über dem Gesims ist die Pyramide dargestellt, in der die vogelgestaltigen Seelen der Toten zur Abendsonne beten, daneben die Verstorbenen noch einmal als Menschen — (Pass., Memphis) K. h. 86 cm.

2080 des Hui, *Königlichen Schreibers des Heeres*, und *Gesandten des Königs an alle Länder*, ihm errichtet von seinem Sohne Jui, dem *Obergütervorsteher* der Gemahlin Ramses' II. Oben: Hui und Jui beten vor Osiris, dem *grofsen Gott, dem Herrscher der Lebenden*. Unten: die Mutter des Hui beim Mahle, von der Familie verehrt; hinter ihr ihre Salbbüchse. Die Betenden sind Hui, sein Bruder Ptah-mose, zwei Enkel und vier Töchter;

Ptah-mose und ein Enkel waren *Stallobersten* und tragen, ebenso wie Hui, Soldatentracht; ein anderer Enkel war *Schreiber des Schatzhauses der Herrscherin beider Länder*, diente also wie Jui der Königin. — (Passalacqua, Abydos) K. h. 85 cm.

7291 des Ka-mose, Schreibers des Schatzhauses des Königs. Oben l. Osiris, hinter ihm Horus und Isis und Nephthys, vor ihm ein Wasserkrug. R. auf einem alten Sykomorenbaum (wilde Feige), mit Löchern im Stamm, die Göttin Nut, die den Toten und seine Frau speist und tränkt (S. 24). Unten beten der Tote, seine Eltern und Geschwister zu Osiris und zu allen Göttern von Abydos. — (Koller) K. h. 1,28 m. [Phot.]

7281 des Chai, eines Beamten des Königs. Oben vor Osiris, Isis und Nephthys die hübsche Gruppe des Toten und seiner Frau; er räuchert und betet: *meine Seele möge herausgehen, um die Sonne zu sehen an jedem Morgen, möge ich die Luft des Nordwindes atmen und trinken aus dem Strome*. Unten: Chai und seine Frau von dem Beamten Ra-mose und dessen Frau verehrt, die Wasser und Blumen bringen. Chai hält eine Frucht und ein Band; durch das durchsichtige Gewand des betenden Mannes sieht man die Hand seiner Frau. Dyn. 18. — — (Passalacqua, Memphis) K. h. 1,06 m.

7289 des Kama, *Obersten des neuen Geflügelhofes* im Tempelgut des Ptah von Memphis. Oben: der Tote und seine Frau beten vor zwei Särgen, im r. Osiris, im l. Sokaris, der sperberköpfige Totengott von Memphis. Unten: die betenden Hinterbliebenen, r. 4 Söhne und 2 Enkel, l. 5 Töchter; der älteste Sohn ist der Amtsnachfolger des Vaters, die andern sind *Gänsehirten des Ptah*. Darunter, neben einem Speisetisch und Weinkrügen, 6 Enkel und eine Enkelin. — (Passalacqua aus Memphis.) K. h. 1,18 m.

7321 des Ptah-mose, Bierbrauers des Ptah. Oben betet Ptah-mose vor Osiris, der in einer zierlichen Kapelle sitzt; hinter ihm Anubis als Mumie. Unten räuchern und opfern die Kinder des Verstorbenen vor ihren Eltern. Darunter drei Frauen, die, Blumen in den Händen, beim Mahle sitzen; ihnen gegenüber knieen zwei Männer. — (Passalacqua aus Memphis.) K. h. 89 cm.

7318 der Toëre, roh. Oben betet Toëre zum Osiris, vor dem die vier Schutzgeister auf einer Blume stehen. Unten

verehrt sie eine Frau, vielleicht ihre Mutter. (Passalacqua, Memphis) K. h. 46 cm.
8819. Von einem Grabstein aus Ehnas, in der bekrönenden Pyramide ist hier Gott Ptah dargestellt, abweichend von den Grabsteinen anderer Herkunft. — (1886.) K. h. 21 cm.
8818 mit Bildern alter Herrscher. Wie auf den Bildern (S. 156) sind die Königin Nefret-ere und Amenophis I dargestellt, die hier anstatt des Osiris von dem Toten und seiner Frau (Namen unleserlich) verehrt werden. In der Pyramide das Sonnenschiff, der Gott in Käfergestalt. — (1885 durch von Niemeyer.) Sdst. h. 40 cm.
12577 ähnlich, doch musiziert hier die Königin Nefret-ere selbst vor den Göttern Amon und Ptah; daher vielleicht kein Grabstein. — (1895 durch C. Schmidt). K. br. 23 cm.

c. Opfersteine.

2292. Opferstein alter Form für Flüssigkeiten (S. 63) mit dem Namen des *von Amon geliebten* Amenophis I. und der Aufschrift: *von dem, was der Königliche Verwandte Sen-nofer ihm machte;* also vielleicht von diesem Privatmann zu Ehren des Königs in den Amonstempel geweiht. Auch hier Ausmeifselungen Amenophis' IV. (S. 13.) — (Lepsius.) Schw. Gr. l. 43 cm.
2273. Opferstein des Meri-ptah, Hohenpriesters des Ptah; lag ebenso wie die alten Opfersteine auf dem Boden, die Abflufsrinne dem Grabstein zugekehrt. Dargestellt eine Opfertafel (S. 62), Brote verschiedener Form, zwei Wasserkrüge, Schale und Töpfchen. Napf mit Früchten, Gans und Blumenstrauß. Am Rande Inschriften wie: *O Priester Meri-ptah, empfange dieses dein Brot (noch) warm und dein Bier.* [Abb. 35.] — (Passalacqua.) K. br. 65 cm. [Phot.]

d. Särge und Mumien.

Der Deckel in Gestalt einer Mumie, bei der Gesicht und Hände nicht verhüllt sind, bei Männern halten die Hände zwei Amulette, den heiligen Pfahl Ded, in dessen Gestalt man den Osiris in Busiris verehrte und eine Art Knoten, in dem man eine Hindeutung auf Isis sah. Die Bemalung ahmte ursprünglich nur die Binden nach, die das äufserste Leichentuch zusammenhalten; in der Regel besteht sie aber aus vielen bunten Bildern auf weifsem (durch das Dunkeln des Firnisses jetzt gelbem) Grund. Auch für die Steinsärge der Vornehmen behält man diese Form bei. — Über die Arten der Einbalsamierung der Mumien ist noch wenig bekannt; in der Regel wurde Asphalt dabei benutzt; die Mumie wurde in schmale Leinenstreifen von großer Länge eingewickelt und außen in gröbere Leinen eingeschlagen, sodaß die Körperformen ganz verdeckt wurden.

Abb. 35. 2273 Opferstein des Meri-ptah (nach Mertens).

Steinsärge.

2 des **Meriti**, eines hohen Offiziers der Hülfstruppen und der Wagenkämpfer, der gleichzeitig Hoherpriester des Re war. In den Händen die Amulette, auf der Brust eine Göttin, die ihre Flügel über ihn breitet. — Unten: am Kopfende Nephthys, am Fußende dieselbe und Isis; an den Seiten die Schutzgeister und andere Götter. R. die Augen wie im m. R. (S. 104). Die Streifen am untern Teil des Kopfendes, die sich bei vielen dieser Särge finden, sind aus der Zeichnung des Haares des Toten entstanden.

Nur Unterteil und Gesicht poliert; beachte die Löcher für die hölzernen Dübel und Nägel. — (Drovetti) R. Gr., l. 2,10 m.

G. d. Steinsärge.

57 des Har-e, Hohenpriesters von Memphis, etwa aus Dyn. 19, die grofse Locke an der Seite gehört zu seiner Amtstracht. In den Händen die Amulette; auf der Brust seine Seele als Vogel, darunter breitet Nut die Flügel über ihn. Am Unterteil Götter, die ihn behüten: Nephthys und Neith am Kopfende, die Göttin des

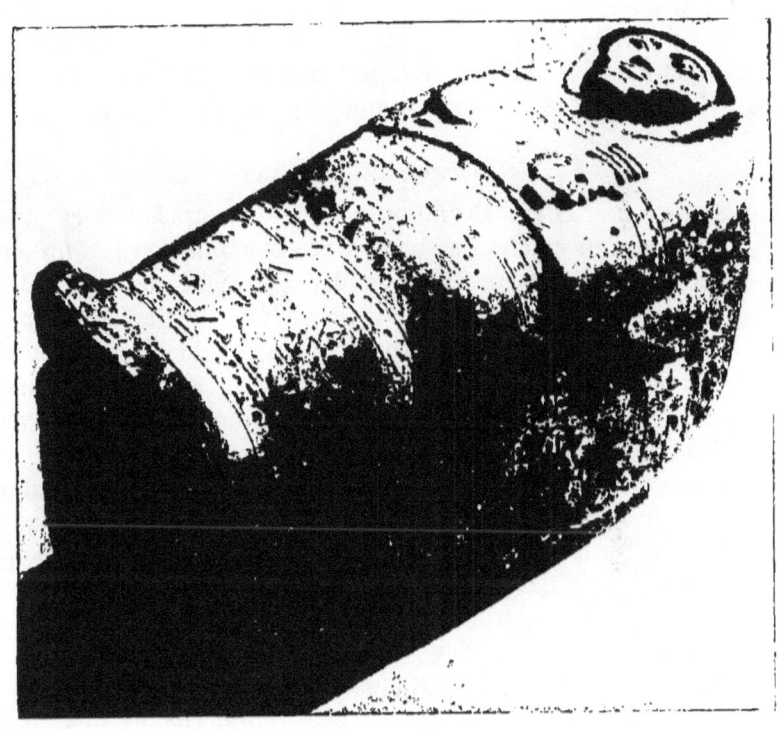

Abb. 36. 57 Steinsarg des Har-e, Hohenpriesters von Memphis.

Himmels der Unterwelt am Fufsende, Horus, Thoth, Anubis und die 4 Schutzgeister an den Seiten; einer von diesen (Hapi) sagt: *ich bin dein Sohn, Osiris Hoherpriester Har-e; ich bin zu dir gekommen und habe deinen Feind unter dich geschlagen; ich habe ihn unter deine Sohlen gelegt.* — Ähnliche Inschriften am Deckel, z. B. *es sagt Nut, die Glanzreiche: ich lege meine Hände auf den Hohenpriester Har-e*, oder *es sagt der Nordwind: ich habe Luft in deine Nase gegeben.* — An der r. Seite die Augen über einer Thür (S. 61 u. 104): *es sieht der Hohepriester Har-e mit dem Horusauge u. s. w.* (Drovetti, Memphis.) Sdst., die Lücken des Steins waren mit Stuck ausgefüllt; war z. T. grün bemalt. l. 2,40 m. [Abb. 36.]

33 des Pe-hen-nuter, Hohenpriesters von Memphis, etwa Dyn. 19, ähnlich dem vorigen. Nur das Unterteil vollendet; der Deckel, der zudem nicht genau pafst, ist unfertig und ohne Politur. — Unten die üblichen Bilder der Schutzgötter des Toten (Thoth, Anubis, die 4 Geister); am Kopfende Nephthys. Am Fufsende beklagen Isis und Nephthys den Osiris, der als Pfahl (S. 21) gebildet ist. An der r. Seite wieder die Augen über einem Grabgebäude. — (Gesch. König Friedrich Wilhelms IV. als Kronprinz 1831; aus Memphis.) R. Gr. l. 2,36 m.

Holzsärge und Mumien.

1. Sarg des Meri, Beamten des Amonstempels, bildet ganz eine Mumie nach; die blauen Streifen mit den Inschriften stellen die äufseren Binden der Umwickelung dar. Bemalung schwarz mit Gold (oder an weniger sichtbaren Stellen: gelb), nach der unter Dyn. 18 in Theben herrschenden Sitte. — Mit buntem Kragen, Armbändern und eingelegten Augen; auf der Brust die Göttin Mut als Geier, die die Flügel über den Toten breitet. Am Fufsende steht Isis. Aufserdem Thoth (Ibiskopf), Anubis (Schakalkopf) und die Schutzgeister der Toten. — (1862 durch Lutteroth.) II. mit Leinen und Stuck überzogen; l. 1,90 m.

47. Sarg und Mumie des Bek-en-chons, Priesters des Amon-Re von Theben. Die Mumie unausgewickelt. — Der Sarg (Bart ausgebrochen) mit grofsem Blumenkranz auf der Brust. Auf dem Deckel sind die Farben dick aufgetragen, um Einlagen bunter Steine nachzuahmen, wie sie bei besonders kostbaren Särgen Gebrauch waren. — Unter den Bildern sind hervorzuheben: Deckel: Götterfiguren und heilige Zeichen ohne inneren Zusammenhang. — Unterteil (r. Seite des Toten): Sonne, von Affen angebetet. — Göttin des Westens — Anubis — Osiris, dem die Göttin des Westens den Toten zuführt; dahinter die Göttin Sechmet. — Der Tote betend. — Zwerghafter geschwänzter Dämon mit Schlangenkopf, eine Schlange am Arm; desgleichen mit Schakalkopf. — Göttin des Westens. — Anubis, vor ihm Blume mit den Schutzgeistern; der Tote, den eine Göttin mit Schlangenkopf begleitet, räuchert vor ihm. — Isis sitzt auf einem Baum und spendet der Seele des Toten Wasser. — Innen:

Bilder auf rotbraunem Grund, u. a. Osiris sitzend. Dyn. 20.
— (Gesch. Graf Sack, Theben). H. l. 1,82 m.

28. **Sarg der Frau Teu-hert**, einer *Sängerin des Amon*. Die Brüste halb vom Haar bedeckt, die Hände ausgestreckt, auf der Brust ein Kranz; grofse Ohrringe.

Auf dem Deckel u. a.: der Sonnengott als Käfer mit Sonne zwischen zwei Osiris; Isis und Nephthys schützen diese Gruppe mit den Flügeln. — Nut breitet die Flügel über den Sarg. — Tempelchen, darin der Käfer mit der Sonne und zwei Osiris. — Der Reliquienbehälter von Abydos (Kasten auf einem Pfahl, mit Federn geschmückt), in dem das Haupt des Osiris bestattet ist; daneben klagen Isis und Nephthys. — Tempelchen, darin der Sonnengott als fliegender Käfer in seinem Schiff.

An der Seite des Deckels: Die Tote, im Sarg stehend, das Sistrum (S. 220) in der Hand, betet vor 4 Göttern (Osiris; Sokaris als Sperber; ein Gott als Widder; der obige Reliquienkasten), deren jeder in einer Kapelle von Isis beschützt wird.

Auf dem Unterteil u. a.: Auf einer Schlange liegt eine Matte, auf der Osiris thront; Isis und Nephthys verehren ihn, Neith schützt ihn. — Halle, in der Osiris sitzt, hinter ihm Nephthys. Vor der Halle sitzt als Wächter ein fabelhaftes Tier mit zwei Messern. Zu dieser Halle führt Thoth die Tote, die einen Blumenstrauſs trägt; hinter ihnen Anubis und Horus, die dem Osiris die Kronen Aegyptens bringen. — Baum, an dem die *Westgöttin* Wasser spendet; die Tote und ihre Seele knieen davor.

Innen ebenfalls Bilder auf jetzt gelbem Grund. Am Fufsende Osiris als Pfahl und Isis als Knoten (vgl. S. 109) von Schlangen bewacht. Dyn. 20. 21. — (Gesch. Graf Pourtalès 1825, aus Theben.) H. l. 1,85 m.

8. **Sarg der Frau Tent-amon**, Sängerin des Amon; ähnlich dem vorigen und ebenfalls mit Ohrringen und Kränzen.

Auf dem Deckel oben: Der Sonnengott als Käfer mit Sonne, von zwei Göttinnen beschützt. — Nut breitet die Flügel über den Toten. — Geflügelte Sonne. — Der Reliquienkasten von Abydos, neben dem Isis und Nephthys klagen. — Gott Schu und seine löwenköpfige Schwester Tefnut.

An der Seite des Deckels: Der Reliquienkasten. Die Tote betet vor Osiris. — desgl., der Gott anders gestaltet. — Die Seele der Toten in einer Kapelle.

Am Unterteil: Oben eine Borte aus Königsschlangen und Federn; die letzteren sind das Schriftzeichen für „Wahrheit". — Darunter vom Fufsende an: Die Tote opfert vor dem Apis und 6 heiligen Kühen. — Osiris thront, vor ihm klagen Isis und Nephthys. — Die Entstehung der Welt: der Erdgott Keb, grün, liegt auf dem Boden; der Gott Schu hebt die Himmelsgöttin Nut, die bis dahin auf der Erde lag, in die Höhe. Auf dem Rücken der Himmelsgöttin fahren die Schiffe der Morgen- und Abendsonne.

Innen (rotbrauner Grund): Osiris als der Pfahl Ded; der Pfahl hat Gesicht und Arme und ist mit Binden behängt, mit grofsen Flügeln umfasste er schützend die im Sarg liegende Mumie.

Am Fufsbrett oben Nephthys zwischen Schlangen; unten Isis als Knoten. Dyn. 20. 21 — (Gesch. Graf Pourtalès 1825) H. l. 2 m.

10832. Sarg der Ta-maket, Frau des Chons, eines *Dieners* in der thebanischen Gräberstadt. Die Hände über der Brust gekreuzt; das Haar nach der Mode der Zeit geordnet und bekränzt; mit Ohrringen und Brustschmuck. Der Sarg war wie gewöhnlich weifs; einzelne Stellen, die besonders hell erscheinen sollten, wurden ungefirnifst gelassen. — Auf dem Deckel: Nut breitet die Flügel über die Tote; darauf bezieht sich die Inschrift: *Steige herab, meine Mutter Nut, dafs du dich über mich beugest; setze mich unter die unzerstörbaren Sterne und unter die ruhelosen Sterne.* — Ta-maket oder ihr Gatte beten vor Anubis, Isis oder Nephthys. — Eine Göttin spendet von einem an Teichen stehenden Baum herab Wasser und Brot an die Tote und ihren Gatten. — Auf dem Unterteil u. a.: am Kopfende Nephthys, am Fufsende Isis, an den Ecken Thoth. — In diesem Sarge lag über der Mumie das folgende Reliefbild der Toten; vgl. über diese Sitte S. 176. Dyn. 20. — (1890) H., das Gesicht modern übermalt; l. 1,80 m.

10859. Bild der Ta-maket, aus dem vorstehenden Sarge. Sie ist hier als Lebende dargestellt; durch das Gewand, das man sich weit zu denken hat, sind die Körperformen sichtbar. Sie trägt eine grofse bekränzte Perücke, einen Halskragen über einem weiten Kranz, Armringe und kleine Ketten am Arm. In den ursprünglichen Ohrringen sind nachträglich noch ein Paar Elfenbeinringe befestigt. In der L. hält sie einen Blumenstrauſs. — Auch hier ist der Firniſs, mit dem die Fleischteile überzogen waren, dunkel geworden, so dafs die Frau jetzt braun, anstatt gelb erscheint; auch Stellen, wo der Maler aus Versehen das Gewand mit Firniſs betupft hatte, erscheinen jetzt braun. — (1891.) II. h. 1,73 m. [Phot.]

9679, 9680. **Sarg und Mumie einer Frau aus Mehalle bei Gebelen in Oberaegypten,** als provinziale Arbeit ungleich roher als die vorigen (dieselbe Erscheinung im m. R. S. 101). Die Inschriften wiederholen sinnlos die ersten Worte der Opferformel, ohne den Namen der Toten zu nennen. — Mit der Geierhaube der Göttinnen und grofsem Kragen, um den Hals eine rote Binde, wie sie seit dem Ende des n. R. so von Mumien getragen wird. Auf dem Deckel u. a.: Osiris sitzend; Schlangen, die mit ihren Flügeln den Toten schützen; geflügelte Sonne. Sarg mit 4 Geistern neben einem Szepter; zwei Seelen in Vogelgestalt; Osiris, über ihm die Sonne, sitzt beim Mahle. Am Rand u. a. Reihe von Schlangen. — Die Mumie noch

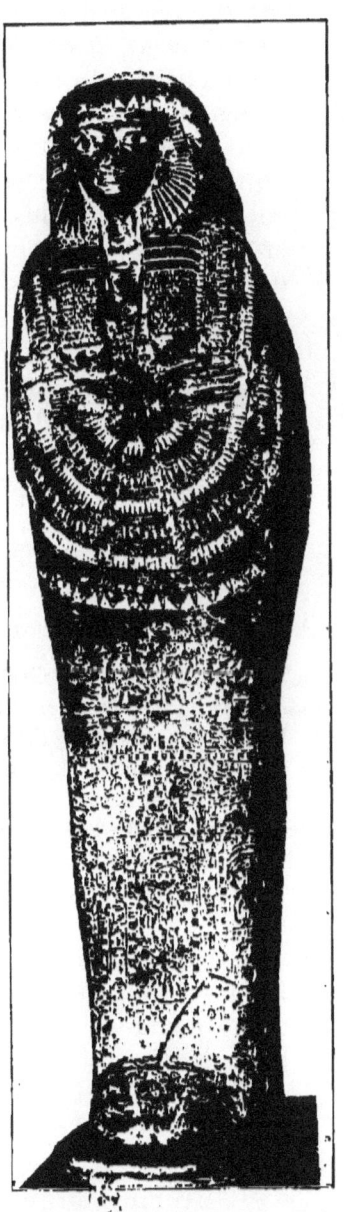

Abb. 37. 9679 Sarg einer Frau mit sinnlosen Aufschriften (nach Mertens).

in der äufseren Umhüllung. Dyn. 21. 22. — (Gesch.
Todrus 1886) H. l. 1,90 m. [Phot.] [Abb. 37.]

8505. 8506. Sarg und Mumie des Chnem-ensa-ne-peh-su,
Vorstehers der Rinder des Gottes Min zu Koptos; ungefirnifst,
das Gesicht gelb wie bei Frauen. Unter den Bildern der
r. Seite bemerkenswert: Maat schützt den Pfahl Ded (den
Osiris von Busiris) mit den Flügeln. — Horus spendet
Osiris Wasser. — Der Tote betet vor Osiris. — Anubis
balsamiert den Osiris, unter der Bahre die Eingeweidekrüge, Isis und Nephthys klagen. Die Mumie noch mit
der unverletzten äufseren Umhüllung. Dyn. 21. 22. —
(1884 Achmim) H. l. 1,86 m.

8516. 8517. Unterteil eines Sarges und Mumie; der
Sarg mit halb sinnlosen Inschriften, ohne den Namen
des Toten. Auf dem Boden grofses Bild einer Göttin,
von ihrem Kopfschmuck hängen Schlangen herab. Am
Kopfende fliegt die Seele zum Sternenhimmel zur Sonne
auf. An den Seiten allerlei Götter. Dyn. 21. 22. —
(1884 aus Mehalle bei Gebelen.) H. l. 1,90 m.

Aus einem Massengrabe thebanischer Priesterfamilien.

Das 1891 gefundene Grab lag unweit des Verstecks der Königsmumien (S. 233) bei Der-el-bahri. Die Särge gehörten ursprünglich Priestern und ihren Frauen aus der 19. oder 20. Dynastie, sind
aber später in libyscher Zeit noch einmal benutzt worden. Von dieser
zweiten Benutzung stammen auch die Totenfiguren und ihre Kasten.
— Jede Leiche hatte einen äufseren und einen inneren Sarg; über der
Mumie lag dann weiter noch ein deckelartiges Mumienbild, als Ersatz
für einen dritten innersten Sarg. — (Gesch. des Museums zu Kairo
1893.)

11084, 11985. Innerer Sarg und Mumienbild einer
Frau. Auf dem Boden grofs die Göttin des Westens,
darüber die Seele der Toten als Vogel mit Menschenkopf, darunter der Reliquienkasten von Abydos. Auf dem
Mumienbild ist in der Inschrift der Name der Toten freigelassen, ein Beweis, dafs der Sarg fertig gekauft war. --
H. 1,80 und 1,75 m.

11086. Unterteil eines Innensarges. Auf dem Boden
wieder die Westgöttin, am Kopfende die Seele. Daneben
an den Seitenwänden die Schutzgeister und andere heilige
Wesen in seltsamen Gestalten von Schlangen, Hasen,
Geiern u. s. w., der eine (Amset) hält eine Eidechse.

Aufsen merkwürdige Bilder, u. a. (r. Seite): Schakale ziehen das Sonnenschiff — das Sonnenschiff, in dem der Gott als Widder sitzt, wird von einem Schiff geschleppt. — Schiff, in dem der Sonnengott als Krokodil liegt. — Aufrichten von zwei Obelisken. — Opfer vor dem *weifsen Stier*, dem heiligen Tier von Heliopolis. — H. 1,85 m.

11081—11083. Särge der Ich-mut-..., *Sängerin des Amon*; später noch einmal für einen Toten benutzt, dessen Name roh aufgeschrieben ist. Äufserer Sarg: Osiris als Pfahl, gekrönt; darüber die Seele; unten die Tote mit der Göttin Nut. Auf der Aufsenseite r. u. a.: der König vor Göttern. Innensarg: Eine Göttin; darunter u. a. zwei Osiris; daneben u. a. wieder Amset mit der Eidechse. — Die eigentümliche Musterung der Haare an den Köpfen der Deckel soll vielleicht Locken andeuten. — H. 2,10, 1,90, 1,75 m.

11078—11080. Särge des Pe-..., Priesters des Amon. Zum zweiten Male benutzt in libyscher Zeit; dabei ist der Name des ursprünglichen Toten getilgt und der zerfallene äufsere Sarg ausgebessert worden. Die Bemalung in der Hauptsache wie bei den vorigen Särgen; zu beachten an der l. Aufsenseite des äufseren Sarges das Gebet vor der als Kuh gebildeten Westgöttin, neben der hier ein Stier steht. — H. 2,15; 1,80; 1,70 m.

11987. Kasten zu Totenfiguren (vgl. S. 185) des Anchefen-chons, niederen Priesters und Graveurs im Amonstempel; dreiteilig, die Knöpfe zum Festbinden des Deckels.

11988 desgleichen für Chens-mose, Schreiber des Amonstempels; dreiteilig.

11989 desgleichen für Nes-amon, vierten Priester des Amon. Zweiteilig.

Totenfiguren (S. 180) verschiedener Personen aus blauer Fayence und weifsgetünchtem Thon; hervorzuheben 11949 und 11948, aus derselben Form, aber der einen ein Schurz angesetzt.

Thonsärge.

Särge aus gebranntem Thon sind im n. R. an manchen Orten (Delta) üblich.

1077. Frauenkopf von guter Arbeit, darunter die gekreuzten Arme. Dyn. 20? (1840 Saulnier).

1037 roherer Kopf (Gesch. Zenker aus el Kantara).

13280 desgl., sehr roh, mit kleinem Bart und bemalt; oben ein Knopf. (1897 durch Reinhardt.)

Verschiedenes.

895. Vom Boden eines Sarges: Osiris als König mit dem Kopftuch, den Leib in Flügel gehüllt; zu den Seiten zwei Geier, Isis und Nephthys und die vier Schutzgeister. (Minutoli) H. l. 05 cm. [Minutoli, Reise, Taf. 30, 1.]

10803 ff. Fournierbrettchen aus ausländischem Holz, von dem Sarge eines *Gütervorstehers des Amon;* der Sarg muſs ein besonderes Prachtstück gewesen sein, die Brettchen bildeten die Mumienbinden nach (vgl. bei 1 S. 172). — Theben. Dyn. 18.

799. Von einer Mumienhülle aus Stuck und Leinen; die eingeritzten Figuren stellten u. a. die Königin Ahmose-Nefret-ere, die Schutzpatronin der thebanischen Gräberstadt dar. Etwa Dyn. 20.

13709. Von einem Leichentuch? Sorgfältige Malerei auf Leinen. Die Tote Te-nezem-hemes sitzt vor dem Speisetisch; vor ihr *räuchert und spendet Wasser . . . ihr Vater, der Graveur Hui.* Auf dem Tisch ein Korb mit Speisen, zwei runde Kuchen, zwei Gurken usw., darunter ein Weinkrug und eine groſse Frucht. — (1896 durch Borchardt in Theben.) br. 40 cm.

4603. König, betend. Relief aus einer durchbrochenen Darstellung (etwa von einem Schrein oder Bett); die Teile, wo die Figur mit anderen zusammenfiel, sind hier ergänzt. Tracht des n. R., auf dem Kopf ein Götterdiadem. II.

9646. Betender Mann, *der Priester des Chons und des Amon von Karnak,* Sobti; aus einer ähnlichen durchbrochenen Wand. II.

Hölzerne Blumensträuſse, die Verwendung zeigt das Relief 10850 S. 174.

9643. Von einer Geiſsel, wie sie Osiris als Totenkönig trägt. II.

Namensschilder von Mumien aus einem Grab in Theben, in dem kleine Kinder der Königlichen Familie von Thutmosis III. bis auf Amenophis III. beigesetzt wurden: 2146: *Jahr 37* (Thutmosis' III.). *am elften des 4. Wintermonats. Prinzessin Nebt-ea, Tochter des Prinzen Sai-tem.* Das Datum ist das der Beisetzung. [Petrie, History of Egypt II, 144.] — 2145: Von einem Mädchen Urenro, ohne Datum.

e. Eingeweidekrüge u. ä.

Um den Toten vor Hunger und Durst zu schützen, empfahl man seine Eingeweide der besonderen Obhut der vier Schutzgeister (S. 24); man bestattete sie in 4 Krügen und gab einem jeden den Kopf eines dieser Geister als Deckel. (Amset als Mensch, Hapi Affe, Dua-mutef Schakal, Kebeh-senuf Sperber).

2075, 2076 einer Prinzessin Ha-nofer, die Deckel fehlen, (Lepsius) K. h. 23 und 27 cm.

8429 des Snefru-min, Schreibers des Veziers; mit Kopf des Amset. Auf dem Gefäfs Bäume und Segel als Zeichen von Kühlung und frischer Luft; die Inschrift erbittet dem Toten *Brot, Bier und angenehme Luft* und sagt, Osiris habe ihn unter die unvergänglichen Sterne gesetzt. — (1883) K. h. 34 cm.

7415 des Picai, Obersten der Hülfstruppen, *des bei Amset, dem Herrn der Ewigkeit, dem grofsen Gotte, dem Sohne des Osiris, geehrten*. Mit dem Kopf des Amset. — Al. h. 40 cm.

7184—7187 eines Ati, Graveurs im Amonstempel. — K. die Inschriften aufgemalt.

7170 des Kesa(?), Vorstehers der Rinder, ursprünglich hatte der Krug einen andern Namen getragen. Dem Duamutef geweiht, mit einem wohl nicht dazu gehörigen Menschenkopf. — Al. h. 38 cm.

11638 des Ramses, der Deckel fehlt. — (Gesch. Mosse 1802.) Al. h. 34 cm.

13317 eines Hohenpriesters von Heliopolis. Der Kopf und das Gefäfs sind als Mensch gedacht; dabei trägt der letztere einen Kranz und eine Brusttafel (S. 188), auf der der Tote vor Osiris und Isis dargestellt ist. Darunter Reste einer aufgemalten Inschrift. — (1807 durch Reinhardt.) Al. h. 39 cm.

Aus Thon: 9498 schwarz gestrichen, die Stelle für die Inschrift war mit Leinen überzogen. Mit dem Kopf des Amset. 14204 nur mit einem Streifen Inschrift.

811 aus Holz mit Asphaltüberzug, der gelb bemalt war. Mit dem Kopf des Kebeh-senuf.

4727. Kleiner Stab mit dem Namen des Schutzgeistes Dua-mutef bezeichnet, vielleicht Ersatz eines Armen für den Eingeweidekrug. Aus dem Massengrab der Dyn. 19. (S. 190).

f. Totenfiguren und Kasten für sie.

Die alte Vorstellung, dafs der Verstorbene im Jenseits für den Totengott Osiris auf dem Felde arbeite, erschien den gebildeten Aegyptern der späteren Zeit nicht mehr als eine erfreuliche Aussicht. Sie suchten sich daher mit kleinen Zauberfiguren zu helfen, die ins Grab gelegt wurden; diese sollten als Ersatzmänner des Toten die Feldarbeit verrichten. Sie sind in der Regel als Mumien gebildet und halten Ackergeräte (Hacken, wie S. 224 und Sack); nur in Dyn. 19 ist es vorübergehend Sitte, ihnen, im Widerspruch zu ihrer Bestimmung, die Tracht der Lebenden zu geben. Auch die, die ihre Seele in Gestalt eines menschenköpfigen Vogels auf der Brust halten, dürften in Dyn. 19 gehören. — Sie tragen den Namen des Toten, dem sie dienen sollen und meist auch die Formel: *O du Figur, wenn NN. bestimmt wird zu den Arbeiten, die im Jenseits gemacht werden, ... um die Felder wachsen zu lassen, um die Ufer zu bewässern, um den Sand des Ostens nach Westen zu fahren, so (sprich) du: ich bin es, hier bin ich.* Ähnliche Figuren, freilich ohne die Ackergeräte und die Aufschrift, kommen vereinzelt schon im m. R. vor (S. 106); im n. R. wird die Sitte allgemein, besonders seit Dyn. 19, und man giebt sie dem Toten oft in grofser Anzahl bei. Die Ausführung ist seitdem eine sehr ungleiche, die Aufschriften sind meist entstellt und verstümmelt. Zwei des n. R. für Apisstiere S. 311. [Phot.] [Abb. 38.]

Für Könige und ihre Angehörigen.

9544. Unbekannter König, dessen Name ausgekratzt ist, also vielleicht aus dem Ende der Dyn. 18 (S. 13): anstatt der Ackergeräte hält er die Abzeichen des Osiris, auch die Aufschrift ungewöhnlich. — Kopf fehlt. Al. h. 30 cm.

Sethos I. (S. 14). Rohe Holzfiguren, mit Asphalt überzogen, der die Inschriften fast verdeckt; in grofser Menge in seinem Grabe gefunden. — Bruchstücke von Figuren in Fayence: 13866 grün, 13685 blau.

Ramses II. (S. 14), im königlichen Kopftuch, mit Hacken und Sack; von vorzüglicher Arbeit, aber schon im Altertum von Grabräubern (vgl. S. 233) der goldenen Einlagen beraubt und zerbrochen. Merkwürdig auch als eine der ältesten hohl gegossenen Kupferfiguren.

Cha-em-ueset, Sohn Ramses' II. und Hoherpriester von Memphis, noch in griechischer Zeit der Volkssage bekannt; mit der Locke der Prinzen und Bart; w. und blaue F.

Ese-nofre, Gemahlin Ramses' II. und Mutter des Vorigen. gr. F.

Ese, Gemahlin Ramses' III., mit der Locke der Prinzessinnen, gr. F.

Ramses VI.; ein längliches Stück Alabaster mit roh aufgezeichnetem Gesicht, mit Wachsfarben bemalt.

Für Privatleute.

Mit dem Bart der Götter, aus dem Anfang des n. R.: 7428. Al., ohne Schrift und Geräte. (Gesch. Travers 1875.) — 4419, 7655 des Beki, Beamten des Amonstempels, ohne Geräte.

Mit der Seele auf der Brust: 808 des Dieners Medii, H., Haartracht der Lebenden. — 8958. Ungebrannter Schlamm. — 4605. Zierliches Bruchstück, H., Tracht der Lebenden.

Abbildung 38. Totenfiguren und Scheingefäfse.

In der Kleidung der Lebenden: 4403 des Hui, Sdst. rot gestrichen. — 4402 ohne Aufschrift, Al. — 4401. Amulett am Hals, die Zeichen für Osiris und Isis in den Händen. War zum Verkauf gearbeitet mit Freilassung des Namens in den Inschriften; der Käufer hat es versäumt, diese Lücken auszufüllen. Grauer St. — 4648 des Schreibers Paschedu. H. mit gelber Schrift. — 2313. Pe-nahsi, oberster Vorsteher des Schatzhauses des Königs, in der Tracht der Lebenden, mit Sandalen, die Zeichen für Osiris und Isis in den Händen. Von ungewöhnlicher Gröfse. K. 51 cm.

Desgleichen aus Fayence, dabei merkwürdig: 9607. Weifs, Gesicht und Hände rot, das Haar sollte grün werden. — 4518. Weifs; Gesicht, Arme und Füfse lila. Der Name leer gelassen.

Aus Holz mit vertiefter, bunt ausgefüllter Schrift, sorgfältige Arbeiten: 4652. Frau Ta-mit, das sehr niedliche Gesicht anscheinend Porträt; der Grund war rosa, die Einlagen gelb. — 13210 des Schreibers Wez-mose, aus schwarzem Holz, die Schrift weifs ausgefüllt. Bart und Geräte besonders gearbeitet. Besonders reizend das Gesicht. Dyn. 18. — 4653. Frau Mes-nacht, am Hals ein Amulett; die Einlagen waren grün. — 4644. Bildhauer Nefer-rompet, die Hände der Figur modern entfernt.

Desgl. mit schwarzem Anstrich, z. T. gelb bemalt, wie manche Särge der Dyn. 18 (S. 172, 1): 851. 4642 ein Amen-em-het — 862 Frau Scheret-re — 8710 mit Asphalt überzogen, ohne Schrift.

Desgl. meist bunt bemalt, z. T. sehr roh: 858 eines Bek-en-chons. — 7692 Bek-en-chons, Hoherpriester des Amon unter Ramses II., bunt aber roh. — 7481. Offizier Mahu (Gesch. Travers 1876.) — 10785. Amen-mose, Ober-archivar des Schatzhauses des Amonstempels. Mit Firnifs-überzug. — 8713 ein Bu-ken, sehr roh. — 865 ein Nefa (?), die Binden der Mumie durch rote Streifen an-gedeutet.

Desgl., der Grund unbemalt, z. T. sehr roh, mit hiera-tischen Aufschriften: 4654. Notem, Goldschmied des Amonstempels; derselbe, dem die Scheingefäfse 7229, 7231 (S. 187) angehören. Gute Arbeit. — 804. Frau Uri, die Arme gekreuzt. (Gesch. Graf Sack 1820.) — 10814. User, Sohn der Kahedu. Am Schlufs der Formel der ungewöhnliche Zusatz: *Gehorche (nur) dem, der dich machte; gehorche nicht seinem Feinde*, der die unbefugte Benutzung der Figur seitens anderer Toten verhindern soll.

Desgl., aus den Gräbern von Ehnas, besonders roh: 9449, 9450, 9453 Frauen. — 9451, 9452 Männer in der Tracht der Lebenden.

Aus dunkeln Steinen; meist von sorgfältiger Arbeit, da sie nicht in Mengen hergestellt wurden: 4391 besonders schön; aus braunem, poliertem Stein, am Hals ein Amu-lett, die Hände leer. Trägt den Namen eines Ptah-mose, Schreibers der Getränke des Königs und Güter-vorstehers in der südlichen Residenz (Theben); die In-schriften, die im Verhältnis zum übrigen schlecht gear-beitet sind, scheinen erst nachträglich aufgesetzt zu sein, vielleicht an Stelle von älteren. — 4386 Ramose, Offizier der Hülfstruppen. — 4395 Ptah-mose, Priester des Re. — 4398 Hari, oberster Beamter der Gräberstadt; in Mumienform, aber mit der Haartracht der Lebenden.

Aus Alabaster: 4407 von einer Figur, die mit bunten Glasflüssen ausgelegt war; erhalten sind davon die Hacken; die die Binden der Mumie nachahmenden Streifen sind in Gips ergänzt. Der Kopf war besonders gearbeitet. — 4408. Fürst Eea, aus Memphis, ganz roh.

Aus Kalkstein, oft von beträchtlicher Gröfse; z. T. unbemalt, meist ist aber Gesicht und Haar bemalt, der weifse Grund entspricht dann den weifsen Mumienbinden. Zumeist Dyn. 20: 4418. Uah, Beamter der thebanischen Gräberstadt. — 4396 ein Ahmose; daneben 3462 sein Käferstein (vgl. S. 188). — [L D, Text I. S. 157]. — 968. Der ursprüngliche Name ist ausgekratzt, um das Stück aufs neue zu verwerten. — 10104, 10193. Sennotem und Chons, Beamte der thebanischen Gräberstadt, aus dem 1886 entdeckten Familiengrabe des ersteren. — 4388 Frau Henut-mehit, bemalt wie ein Sarg; auf der Brust sitzt wie dort Göttin Nut mit ausgebreiteten Flügeln. — 4400 dieselbe, gewöhnliche Form. — 4393. Neb-entere, Schreiber der thebanischen Gräberstadt; als Mumie, aber mit sichtbaren Füfsen, die Haare wie ein Lebender und bekränzt. — 4392 ein Chai-nebes-men; er trägt die Säcke zur Saat in den Händen, statt wie die andern auf dem Rücken. — 4413. Frau Uea, ungewöhnlich klein. — 13276 als Aufschrift irrig der Spruch der Herzskarabäen (S. 188) gesetzt.

Aus Fayence, seit Dyn. 19, zumeist klein, da grofse schwierig herzustellen waren: 10713 ein Ka-em-ueset. Ungewöhnliches Prachtstück: der Grund weifs oder himmelblau glasiert, besondere dunkelblaue Glasflüsse geben Schrift und Haare wieder, die drei Zeichen des Namens sind grau gehalten. Beim Brennen ist besonders das Hellblau verlaufen. — 10810. Thutmosis, Gütervorsteher des Amon; Haar blau glasiert, Gesicht und Hände rot gefärbt. — 14077 Schreiber des Schatzes Mehi, Gesicht und Hände rot glasiert. (Gesch. v. Bissing.) — 4510 ein Anat-em-nechu. Weifs und lila Glasur, Gesicht und Hände aus besonderen graugrünen Glasflüssen. — 4530, 343. Hülfstruppenoberst Sunro. — 10207. Mai,

Sängerin des Amon, bekränzt, Gesicht und Hände rot; der Halskragen mit Sperberköpfen verziert. — 12625 Schreiber Anhor-chau; blau.

Aus gebranntem Thon, ein billiges Surrogat: z. T. in Formen geprefst, dann oft nur einseitig, um die Hälfte der Form zu ersparen: 7482, 7694 ein Mahu (Gesch. Travers 1876, 1877) mit der Haartracht der Lebenden. — 584 ein Neb-neheh, als Lebender mit vorspringendem Schurze. — 13279 in den Händen das Zeichen „Leben" und die Geifsel. — 962, 12465 Mann als Lebender, einseitig. — 963. Zu der vorigen gehörig, aber als Mumie. — 10783, 10784 ein Pen-renut, liegt als Lebender gekleidet, mit ausgestreckten Händen auf einer weifsen Unterlage. — 10781, 10782 derselbe, Figuren gewöhnlicher Art. — 9448 einseitig und unbemalt; als Aufschrift die Opferformel.

Ganz kleine Figürchen aus Fayence, der Länge nach durchbohrt, wohl keine Totenfiguren: 4007 *des Grofsen der Matoï* Wer; die Matoï waren eine Truppe nubischer Söldner, die als Polizei diente. — 5832 ohne Namen, blau. — 5833 desgl. gelb.

788. Roher Knüppel, der lediglich durch Aufschreiben der üblichen Formel in eine Totenfigur für eine Frau Ta-nofer verwandelt ist.

Kleine Särge für Totenfiguren.

Die Diener werden gleichsam neben ihrem Herrn bestattet.

10200. Thonsarg (Deckel fehlt), darin die Figur des Pu-em-re, zweiten Priesters des Amon unter Thutmosis III.; sein prächtiges Felsgrab ist in Theben erhalten.

9500. Unbemalter Holzsarg altertümlicher Form, auf dem Deckel die Opferformel für einen Thutmosis; darin 3 rohe Holzfigürchen in Leinen gewickelt.

13608 ähnlich für einen Nefer-dehuti.

Ähnliche rohe Figuren in Särgen, die vor dem Massengrabe der Dyn. 19 (S. 190) im Sande verscharrt waren, aber wohl älter als dieses sind; mit Aufschriften in Tinte: 582, 764 eines Enne. — 767 eines Ka-hapu.

10244, 10245. Deckel eines bemalten Holzsarges, für einen Ah-mose; darin lag die rohe weifse Mumienfigur desselben.

6747. Deckel eines ähnlichen Sarges, der den bunten der Dyn. 20 (S. 172, 47), nachgebildet ist; für die Figur des Pa-nofer-nofer, Archivars des Schatzhauses des Amonstempels.

10292. Figur, einem Sarge nachgebildet, für einen Thuti.

Holzkasten für Totenfiguren.

Ihre Gestalt ist dem Sarge des Osiris nachgebildet, vgl. S. 165, 7314. Die grofsen weifsen stammen aus Dyn. 21 und Dyn. 22. Vgl. die ähnlichen oben S. 177.

9581 des Pen-pa-chenti, zweiteilig. — Vorn: die Göttin Nut steht vor ihrem Baume und reicht dem vor ihr knieenden Toten Wasser. Hinten: der Tote vor Osiris; an den Seiten die vier Schutzgeister. — Darin lagen die 4 danebenstehenden bunten Holzfiguren.

733 des Pen-renu, Beamten des Amonstempels, dreiteilig. — Vorn: der Tote bringt knieend dem Osiris und der Nephthys eine Weinranke dar. Vor den Göttern der Opfertisch mit Früchten und Blumen. — Hinten: Aehnlich, vor dem Sonnengotte und Isis. Der ursprüngliche weifse Grund ist durch den Firnifs vergilbt. — Daneben zwei der darin gefundenen Holzfiguren. [Minutoli, Reise Taf. 34, 1.]

629- -632. Von zwei Kasten der Schedes-en-mut, Sängerin des Amon Re; sie trägt als solche überall das Sistrum (S. 220). Sie betet: auf 629 vor der Göttin des Westens (d. h. des Totenreiches), die als gefleckte Kuh vor der mit Geröll bedeckten Bergwand, der westlichen Begrenzung des Nilthals, steht. Auf dieser Bergwand das Grab der Schedes-en-mut, eine weifs getünchte Ziegelpyramide auf einem Unterbau. Die Kuh trägt ein Halsband; neben ihr stehen ein Krug und ein Becher (dessen innere Bemalung sichtbar ist), wohl das Wasser, das sie den Toten spendet. — Auf 630 vor der Göttin Nut, (S. 24.) Sie steht hier auf dem Baum und hält einen Teller mit Broten und einen Krug; die Tote und ihre Seele (Vogel mit Menschenkopf) trinken das Wasser. — Auf 631 vor Osiris, Isis und Nephthys. — Auf 632 vor Sokaris und denselben Göttinnen. [Minutoli, Reise Taf. 30, 2—3.]

252. Dreifach, für den *Priester und obersten Schreiber im Amonstempel* Har-em-chebet. Die rohen Bilder zeigen

den Toten in verschiedener Tracht vor Osiris. Die
Knöpfe vorn und am Deckel dienten zum Zubinden des
Kastens. — (Minutoli) l. 75 cm.
825 des Amonspriesters Pai-ser mit bunten Bildern. Vorn
die 4 Schutzgeister; r. und l. der Tote in verschiedener
Tracht, betend; hinten die übliche Formel der Totenfiguren. Deckel fehlt.
608 des Chens-mose, Schreibers der Opfer des Amonstempels und Priesters des Amon und der Mut. Dreiteilig; mit der Formel der Totenfiguren.
609 der Chnemet-en-chons, Sängerin des Amon-Re.
Zweiteilig; angerufen Re-Harmachis-Atum und Osiris.
251 des Amonspriesters Anchef-en-chons. Dreiteilig,
mit dem Namen Amenophis' I., des Schutzpatrons der
thebanischen Gräberstadt (S. 156, 2061); die angerufenen
Götter sind Neith und Anubis. [L D III 4 d.]
250. Tent-unam (?), Sängerin des Amon und Tochter des
Amonspriesters Ef-chons. Dreiteilig; mit dem Namen
Amenophis' I., angerufen Osiris, Isis und Nephthys.
[L D III 4 c.]

g. Figuren von Frauen u. ä.

Teils wie die des m. R. (S. 106) puppenähnliche Figuren, die
ihre Haartracht schon als in den Harem gehörig kennzeichnet; teils
auf Betten liegend. [Phot.]
9323 aus rot bemaltem Thon, auf dem Kopf den Salbkegel (S. 31).
Oberkörper aus rotem Thon mit grofsen Haarbüscheln,
besonders auffällig 10601.
Zierliche aus Thon mit eigentümlichem Kopfputz, besonders hübsch 10251.
12067. Aus Holz mit breiten Hüften, und bezeichnender
Haltung der Hände.

Auf Betten.

12042. Die Frau liegt auf der Seite, unter dem Hals die
Kopfstütze; zu ihren Füfsen hockt ihr Kind, das mit
etwas zu spielen scheint.
513. Mit grofsen Ohrringen und einem Salbkegel (S. 31),
unter dem Kopf ein Kissen. Neben ihren Füfsen liegt
das Kind. Th.
12061. Ähnlich; aufser dem Kind liegen auch noch die
ausgezogenen Sandalen auf dem Bett.

13408. Die Frau will dem Kind die Brust geben.
9640. Bruchstück, auf den Seiten zwei Wülste, vielleicht die Lehnen des Bettes.
10317 Form zu einer solchen Figur.

10808. Bett aus Thon, die Bespannung aus weifsen Riemen (vgl. 9592, S. 166) aufgemalt, am Kopfende eine Kopfstütze. Wohl einem Toten anstatt eines wirklichen Bettes beigegeben.
12705 desgl. mit Löwenfüfsen, hatte zwei Kopfstützen.

10288. Thönerne Zauberfigur?, ähnlich einer rohen Totenfigur, aber hinten ist aufgeschrieben: *ich lafse dir die vier Dienerinnen bringen und gebe ihre drei . . . . . zweimal. Mut-em-per-amon.* Dies letzte Wort ist der Name einer Frau.

h. Speisen und Nachbildungen von solchen.

14213. Brot aus grob gemahlenem Weizen, aus dem neu entdeckten Grabe Amenophis' II. zu Theben. (Gesch. Schweinfurth 1898.)
10743. Datteln in Holz nachgebildet, dem Toten als Speise beigegeben.
13221. Gans in Holz nachgebildet, wohl auch als Speise gedacht.

i. Scheingefäfse.

Aus Holz oder Thon; man gab sie dem Toten anstatt der wirklichen Gefäfse mit Ölen u. s. w. mit. [Abb. 38.]
7229, 7231 für Notem, Goldschmied des Amonstempels (seine hübsche Totenfigur 4654 siehe S. 182). Aus Holz, nicht ausgehöhlt, auf dem Deckel bunte Blumen. Das eine (ursprünglich weifs) ahmt Alabaster nach, das andere buntes Glas in der Art wie Abschn. XIII, C, d. [Minutoli, Reise Taf. 31, 8].
9559 für Frau Merit, Nachahmung eines Alabastergefäfses.
7224, 7222, 7223 für Frau Kafi, Steingefäfse in Thon nachgeahmt, das eine mit einem Deckel mit einer bunten Blume. Das erste ahmt roten Granit, das zweite Diorit nach, das dritte wohl auch roten Granit, wozu freilich der zierliche bunte Henkel, den es hatte, nicht recht pafst.
7221. Krug aus Thon, ähnlich wie 7223.
7220. Becher aus Kalkstein, nicht hohl; weifs mit grauem Fufs und rotem Rand, wohl Nachahmung von Glas.

9531. Krug aus weifsgetünchtem Holz, nicht hohl; ahmt wohl Alabaster nach.
1279, 1280. Kleine Modelle von Krügen. Aus einem Grab in Sakkara, vielleicht noch aus dem m. R.

k. Sogenannte Brusttafeln.

Tafeln, die man wie ein Amulett auf der Brust trug, deren eigentliche Bestimmung aber nicht bekannt ist; auch Könige (S. 78, 7264) und Götter (S. 249) tragen sie. Die folgenden waren Mumien des n. R. als Amulette beigegeben, daher ihre Darstellungen.

1984 des Obersalbenkochers Pe-nahsi, aus Fayence mit Einlagen bunter Steine, sehr schön. Oben in der Hohlkehle die geflügelte Sonne (S. 76), unten ein Kranzornament. Vorn das Sonnenschiff mit dem Gotte als Käfer, hinten der Tote vor Osiris. — (Bartholdi.) [Abb. 30.]

1983 des Königlichen Schreibers Neb-ua, der vorigen ähnlich, Hohlkehle ergänzt. (Pass., Memphis.) [Abb. 30.]

Rohere Exemplare ohne Namen, meist aus Stein: 3474 einer Frau gehörig. — 3473 vorn: der Tote betet vor der Morgensonne (Käfer) und vor Osiris; hinten das Osirisgrab. — 7427 vorn Anubis auf dem Osirisgrab, hinten die Zeichen für Osiris und Isis. 6827 aus blau gestrichenem Holz, Nachahmung von Fayence.

l. Skarabäen von Mumien.

Da man später annahm, dafs das Herz des Menschen im Totenreiche durch Wägen auf seine Sündlosigkeit geprüft werde, gab man dem Toten seit dem n. R. einen Vertreter des Herzens bei, entweder in einem steinernen Herz (S. 190) oder in einem grofsen Skarabäus (Stein in Käferform), den man auf die Brust der Mumie unter die Binden legte. Er trägt meist die Aufschrift: *O Herz, das ich von meiner Mutter habe, o Herz, das zu meinem Wesen gehört, tritt nicht gegen mich als Zeuge auf! bereite mir keinen Widerstand (?) vor den Richtern! widersetze (?) dich mir nicht vor dem Wagemeister! Du bist mein Geist, der in meinem Leibe ist . . lafs unsern Namen nicht stinken . . sage keine Lügen gegen mich bei dem Gotte . .* — Diese Skarabäen wurden zum Verkauf gearbeitet, wobei man vor der Inschrift Raum für den Namen des Toten liefs, oft ist vergessen, ihn nachzutragen.

Andere Skarabäen ohne Inschriften legte man in den Bauch der Mumie. Vgl. solche Abschn. XIII, A, o.

Herzskarabäen gewöhnlicher Art. [Abb. 30]. Hervorzuheben: 3470 des Prinzen Ment-her-chopschef, Sohnes Ramses' II.; sehr einfach. 3454 des Amen-mose, *Vorstehers der Schiffe, Lieblings des Königs, des höchst vor-*

trefflichen an seinem Platze. — 3485 des Amonspriesters Bek-en-chons, vgl. seinen Sarg und Mumie S. 172.

Durch Material oder Technik interessant: 1820 eines anderen Amonspriesters Bek-en-chons, aus Lapislazuli, vergoldet. — 2046 barbarische Inschriften, aber mit Vergoldung, die die Riefen der Flügeldecken andeutete. — 6807, 6808 aus einem bernsteinähnlichen Harz. 3468, 8350 die Inschriften nur aufgemalt.

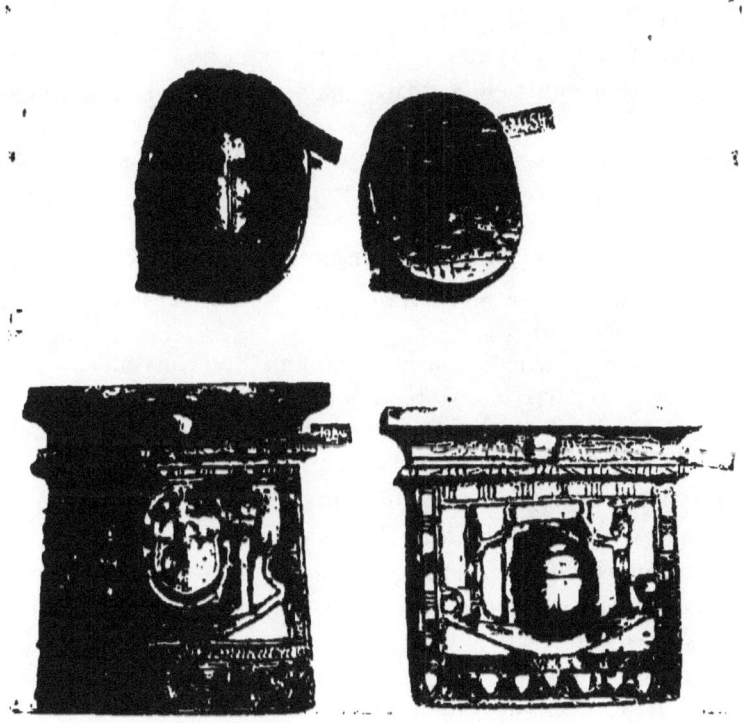

Abb. 39. 3480. 3454. Herzskarabäen. 1934. 1983. Brusttafeln.

Bei mehreren ist der Name gar nicht oder unleserlich eingefügt; bei 3464 ist der Name des ursprünglichen Besitzers getilgt, um den Stein noch einmal verwenden zu können.

3455. Auf dem Rücken ein Phönix und die Beischrift *sich verwandeln*; vermutlich sollte dieser Käfer dem Toten auch die Verwandlung in diesen Vogel ermöglichen, die auch sonst von den Verstorbenen gewünscht wird.

3456. Nur mit Bildern; auf dem Rücken Re und Osiris, anstatt der Inschriften Osiris zwischen Isis und Nephthys.

Herzskarabäen mit Menschenköpfen. Da der Käfer das Herz und damit auch den Toten vertritt, so giebt man ihm auch das Gesicht desselben: 10700 ungewöhnlich grofs, die Unterseite des Käfers hat die aegyptische Form eines Herzens. Gehörte ursprünglich einem *Obersten der Ruderer*, dessen Name aber getilgt wurde, um den Skarabäus noch einmal für einen gewissen Merneruf zu benutzen. — 3466 ohne Namen. — 3458 das Gesicht wird durch das Halsschild gebildet und hat eingelegte Augen. Auch hier ist der ursprüngliche Name durch einen späteren ersetzt. 2000. Mit Kopf und Händen, auf einer Platte in Gestalt eines Halskragens. Gehörte einem Parotea.
13898 Stein mit dem Herzkapitel in einem Oval, wohl Versuch eines Lehrlings.

m. Verschiedene Amulette.

Vgl. die späteren S. 282, wo auch näheres über die einzelnen Amulette angegeben ist.

Augen aus Karneol, glasiertem Stein und Fayence.
Schlangenköpfe aus Karneol, hübsch 2033.
Knoten, dabei: 2031 für den Obersten der Goldschmiede Amen-em-opet, roter Jaspis. 11220 aus Fayence.
Papyrusstengel: 2044 für einen Bai.
Skarabäen (S. 188) aus Fayence.
Herzamulette (S. 188) aus blauem und gelbem Glas.
9591. Herzamulett aus bunter Fayence, halb in Menschengestalt; es endet unten in eine Blume; die Arme gekreuzt.
Kopf der Mut auf einem Kragen, aus Karneol.

H. Aus einem Massengrabe in Theben, aus der Zeit Ramses' II.

Das Grab, das aus einem Gang im Felsen von 9 Fufs Höhe und 100 Fufs Länge nebst zwei Nebengängen bestand, war in seiner ganzen Länge mit Mumien und einfachen Särgen, die übereinander getürmt waren, angefüllt. Wie bei den meisten ähnlichen Gräbern, waren diese in späterer Zeit in Brand gesetzt worden, doch ertging in diesem Fall ein Ende des Ganges, das durch einen Einsturz der Decke abgesperrt war, der Vernichtung. Dieser Theil wurde von Passalacqua entdeckt und lieferte ihm sehr zahlreiche Altertümer; leider läfst sich nur noch für einen Teil der Altertümer die Herkunft aus dem Massengrabe nachweisen. — Ebendaher: Schmuck (211. 212), Sessel (196), Kästchen (197), Fächer (215), Schlüssel und Eisenstab (225), Mal- und Schreibgerät (218), Musikinstrumente (219. 220), Waffen (222), Schlägel (220), Hacke (224), Stricke (226), Netz (224), Szepter (223). Totenfiguren in Särgen (184), Holzstab (224). — [Phot.]

Von der Mumie eines Mädchens.

In einem sehr einfachen Sarge lag in Linnen gewickelt die durch schöne Formen auffallende, jugendliche Mumie; der l. Arm deckte die Brust, die r. Hand (713) lag am Unterleib. Die Haare waren sorgsam geflochten und mit Haarnadeln besteckt, die Brust schmückten drei Halsbänder (1991—1993); in den Ohren trug sie goldene Ringe (1826, 1827), am Zeigefinger der l. Hand einen in Gold gefafsten Käferstein (8063). Um die Hüften waren Schnüre aus Gold, Lapislazuli und Karneol (etwa wie 1990 S. 210) geschlungen, um den l. Arm eine doppelte Schnur kleiner Perlen (etwa wie 1994 ebenda); beide wurden leider nach der Auffindung entwendet. — Unter dem Kopf der Mumie lag ihr Spiegel (2818), daneben das Fayencekästchen (2038), das die Kette 1997 enthielt; längs der Mumie standen der hölzerne Napf 4702 und die drei Alabastergefäfse.

1991. Dreifache Kette mit Figürchen von Göttern und Tieren (die Volksgötter Bes und Toëris; Sperber, Fische, Krokodile, Enten) u. a. m. aus Gold, Lapislazuli, Karneol und grünem Feldspath; ein Teil der Perlen auch aus Elfenbein und Silbergold („Elektron"). [Phot.]

1992. Kette aus kleinen Rosetten in Gold, Lapislazuli und Karneol. [Phot.]

1993. Kette aus Perlen in Gold und Karneol. [Phot.]

1997. Kette aus kleinen weifsen und aus Karneolperlen, aus dem Kästchen 2038. [Phot.]

1826, 1827. Ohrringe aus goldenen Röhrchen.

8063. Kleiner Käferstein (Skarabaeus) in Gold gefafst. Haarnadeln aus Bronze; zwei mit breiten, verzierten Knöpfen.

2818. Bronzespiegel, vergoldet, mit dem Kopf der Liebesgöttin Hathor, ähnlich wie 2774 S. 207. [Phot.]

2038. Kästchen aus dunkelgrüner Fayence, auf dem Deckel eine Blume, die Wände aus den Zeichen für Osiris und Isis gebildet. [Maspero, Aegypt. Kunstgesch. S. 254.]

4474. Schminkbüchse aus Alabaster mit Untersatz aus demselben Stück; innen noch ein Leinenpfropfen und der Holzgriffel; vgl. die ähnlichen S. 206.

7127, 4401. Alabastergefäfse zu Salben.
4702. Viereckiger Holznapf ohne Verzierung.
7037. Flechten schwarzen Haares.
713. Rechter Arm der Mumie, der Zeigefinger ausgestreckt, der Daumen eingeschlagen.

Verschiedenes.

Stengel der Papyrusstaude, der eine noch mit Resten des Büschels.
4720. 4731. Teile eines Schiffsmodelles, der Mastbaum und das Steuerruder, auf dessen Platte ein Auge aufgemalt ist. Ob von einem Schiffchen, wie sie im m. R. (S. 98; 100) üblich sind?

I. Aus Gräbern von Sakkara.

a. Aus einem Grab aus der Zeit zwischen m.R. und n.R.

In einem Grabe der Dyn. 5 zu Sakkara (Nr. 16) fand Lepsius zwei später dort beigesetzte rohe Sargkasten, die die Mumien zweier Frauen und eines Kindes enthielten; nach den Ornamenten der Mumienmaske des Kindes gehören sie in die dunkle Zeit zwischen dem m.R. und n.R. Es waren offenbar Leute geringen Standes. Die Beigaben lagen in den Särgen, meist in Körben, von denen nur einer erhalten ist. [LD, Text I S. 167 ff.]

Mumienhülle des Kindes, aus Stuck, am Kopf Vergoldung. Als Aufschrift nur die Opferformel ohne Nennung des Kindes.

Schmucksachen der Mumien: 1207 Tropfenförmiges Kettenglied und Perle aus Gold. — 1205c. Augenamulett (S. 190) von einem Armband — 1205b. kleiner Skarabaeus, Aufschrift: *gut*.   1205a. rundes Kettenglied.

1280 Haarnadel aus Holz, sehr einfach.
1301 Holzkamm.
1324 Doppelte Schminkbüchse mit Griffel, in dem einen Rohre steckt noch Leinwand.
1226 Schminkbüchse aus Alabaster.
Kleine Gefäfse zu Salben usw.: 1250 aus Alabaster. — 1254 aus Fayence, mit schwarzen Strichen bemalt. — 1253 aus Thon, rot gefirnifst.
1227 Flasche mit Henkel, phönicisch-cyprische Waare.

I. Aus Gräbern von Sakkara.

1244 Flaches Töpfchen mit drei Henkeln, sogenannte mykenische Waare; Abschn. XIII, C, a.
1415 Teller.
1392 Korb mit Früchten (Feige u. a.).
Früchte, dabei 1313—1316 Granatäpfel — 1332 Frucht der Dumpalme.
1287. 1288 Kleine Holzstäbe, wohl Werkzeuge zu einer weiblichen Arbeit.

Aus einem Grab der Dyn. 18.

In einem kleinen Ziegelgebäude in Sakkara (bei Grab Nr. 10), in dem der Grabstein des Amen-ma (S. 158) stand, fand Lepsius einen kastenförmigen Sarg mit zwei Mumien. [L D Text I S. 154 f.]
239 Spiegel aus Bronze, der Griff fehlt. (Lag im Sarg.)
1267 Alabasterschale in Gestalt eines Granatapfels (desgleichen).
1308. Kopfstütze, lag neben dem Sarg.
Schmucksachen, die in einem Kästchen neben dem Sarg lagen: 1935. 7991 Kettenglieder mit dem Namen Amenophis' III. — 5097 Skarabaeus mit dem Namen Thutmosis' III.

Aus einem andern Grab etwa derselben Zeit.

In einem daneben liegenden Ziegelgebäude, das in ein Grab des a R. hineingebaut war, waren drei Mumien im Sand ohne Särge bestattet. [LD Text I S. 100.]
Alabasterringe, an einer Stelle offen, vielleicht zum Zusammenhalten der Mumienbinden, zwei gröfsere fanden sich auf den Schultern, die anderen auf der Brust der einen Mumie.
4706 Kopfstütze, lag unter dem Kopf derselben Mumie.
6724 Art Knopf aus Alabaster, der dazu gehörige Unterteil fehlt.
Schmucksachen:
    Figürchen von einem Halsschmuck aus blauer Fayence:
        Frauen, Löwen, Affen, Ibis, Skorpion, Fliege.
    3875. Kettenglied mit Ornament.
    2830. Bronzenes Armband.

VI. Geräte des mittleren und des neuen Reichs.

Die in diesem Abschnitt zusammengestellten Gegenstände der Kleinkunst und des täglichen Lebens lassen sich im Ganzen noch nicht so genau datieren, wie diejenigen, die von der Bestattung und dem Kultus herrühren und sind deshalb hier unter dieser Rubrik vereinigt worden. Immerhin fehlt es auch hier nicht an Stücken, die sich bestimmt dem m. R. oder dem n. R. zuweisen lassen und diese sind dann entsprechend bezeichnet.

A. Hausrat.

Die Niedrigkeit der meisten aegyptischen Sessel erklärt sich aus der Sitte, auf dem Boden oder auf einem Kissen zu hocken.

a. Stühle und Bett.

10748. Stuhl mit Lehne aus weifs getünchtem Holz; der Sitz war geflochten. Ebenso wie die beiden folgenden nur zur Beisetzung im Grabe und nicht für wirklichen Gebrauch gearbeitet. n. R. (Abb. 40.) — (1889 aus Theben.) [Phot.]

10749. Rückenlehne eines Sessels, wie er z. B. auf den Reliefs 7321 S. 168, 8816 S. 150 abgebildet ist. Die Rückseite ahmt Füllungen nach. Weifs getüncht. (Mit dem vorigen erworben.) n. R.

Niedrige Sessel mit geflochtenem Sitz und Löwenfüfsen: 10741. Holz und Geflecht weifs getüncht. Auf den 4 Ecken safsen kleine Löwen. (Mit den vorigen erworben.) n. R. — 12550 ähnlich, ungetüncht.

Löwenfüfse verschiedener Gröfse von ähnlichen Sesseln, dabei: 7038 gute Arbeit. — 10739 auffallend klein.

10740. Vorderteil eines Löwen, wohl Bein einer Totenbahre, wie die aus später Zeit (vgl. S. 358).

A. a. Stühle und Bett.

12553. **Sessel mit gedrehten Beinen und Beine von solchen**, vergleiche ähnliche auf den Reliefs 2080 (S. 167),

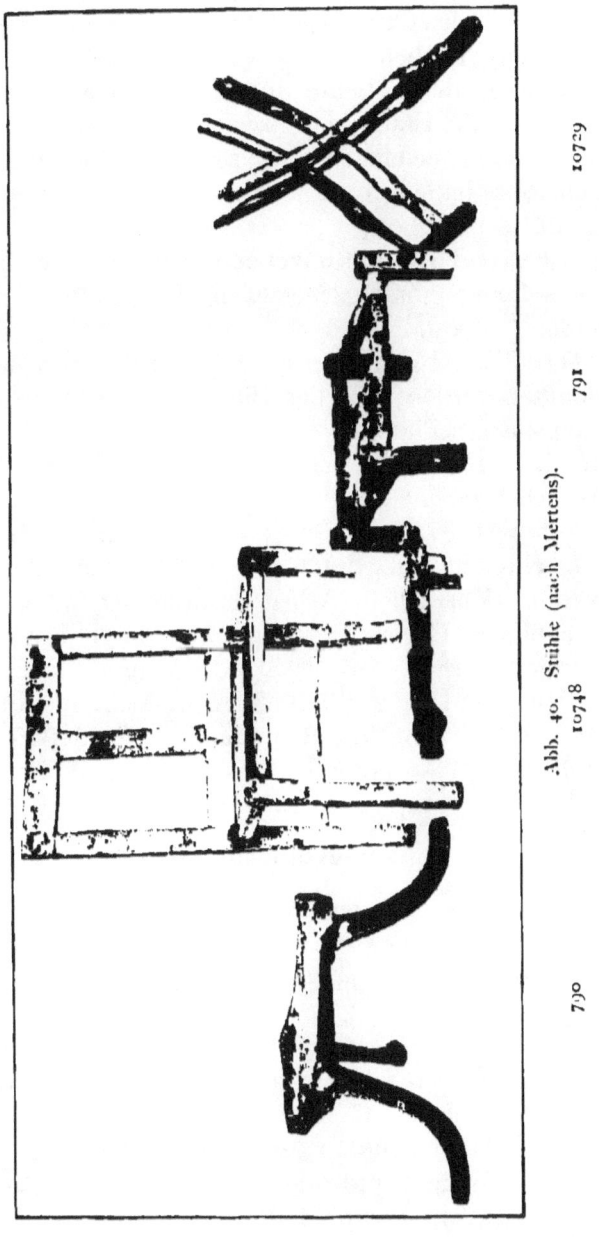

Abb. 40. Stühle (nach Mertens).

7318 (S. 168) und bei der Gruppe 6910 (S. 142), wo sie von Frauen benutzt werden. n. R.

791. **Einfacher Sessel** mit engem gemustertem Geflecht. Aus dem Massengrabe der Dyn. 19 (vgl. S. 190). (Abb. 40.) — (Passalacqua, Theben.) [Phot.]
792, 10726. **Ähnliche einfache Sessel.** (Lepsius und 1889 aus Theben.)
Feldstühle, deren Beine durch Hälse von Enten gebildet werden; die Enten sind fressend gedacht. n. R.: 12552 mit Elfenbeineinlagen, die z. T. modern ergänzt sind; den Sitz bildete rotes Leder. — 10729 ohne Einlagen. (Abb. 40.) [Phot.]
12551. **Feldstuhl** mit unverzierten Beinen, den Sitz bildete rotes Leder. n. R. Vergleiche den Stuhl auf dem Relief 7284. (S. 159.)
790. **Dreibeiniger Schemel**, wie sie z. B. von Arbeitern benutzt werden; vgl. das Bild 1104 S. 156. — (Abb. 40.) (Lepsius.) [Phot.]
10241. **Zwei Tierbeine**, die wohl nicht als Füfse von Möbeln gedient haben.
14119. **Kopf eines Löwen** aus dunklem Holz, dessen schlechte Stellen durch angesetzte Stückchen ergänzt waren. Vorzügliche Arbeit, etwa aus Dyn. 18, vermutlich von einem Throne, dessen Seiten durch Löwen gebildet waren. — (1898. Aus der Slg. des Grafen Prokesch-Osten.)
9592. **Bettstelle**, war mit einem Geflecht aus roten Lederstreifen bespannt; die Beine sind als Rinderfüfse gebildet. (Vgl. S. 33.) — (1886.) H. l. 1,98 m. [Phot.]

b. Kopfstützen.

Vgl. S. 75, der besseren Haltbarkeit wegen sind sie meist aus drei Stücken zusammengesetzt. Andere S. 70. 74. 75. 100. 102. 193.

7230 des **Nebseni**, am Stiel Gott Bes, das Oberteil nicht zugehörig. n. R.
11625. **Zwei Besfiguren** tragen die Stütze, unten zwei ähnliche Wesen mit Messern, die wohl den Schlafenden schützen sollen. (Gesch. Mosse 1892.) n. R.
14120. **Ähnlich**; unten zwei Besfiguren, die mit dem Bogen auf die Feinde des Schlafenden schiefsen, neben dem einen ein Löwe. n. R.
10246. **Mit eingelegten Lederstückchen** verziert.
9584. **Von zwei Händen gehalten.**
4705. **Ungewöhnlich klein.**

A. b. Kopfstützen. c. Kasten. 197

c. Kasten aus Holz u. ä.

Vgl. auch die Kasten für Totenfiguren S. 185. Meist am Deckel und am Kasten je ein Knopf, die zusammengebunden wurden, wenn man den Kasten verschliefsen wollte.

Einfache Kasten mit Schiebedeckeln: 10787 aus einem Stück — 10771 gröfser, aus Brettern — 9587 doppelt, mit zwei Deckeln, die quer zu einander liegen.

11381 mit Einlagen von schwarzem und rotem Holz und Knochen. Darin Einsatz mit zwei Fläschchen aus Fayence. m. R. (1893 durch von Kaufmann.)

4703 mit doppeltem Schiebedeckel; die Ränder mit Hornplatten belegt, n. R. Aus dem Massengrab der Dyn. 19. (S. 190.)

4701. Unten gerundet, mit einfachen Schnitzereien verziert. In einem Grab von Memphis zusammen mit dem Schreibzeug 6766 (S. 217) gefunden, n. R.

4696. Ähnlich, aber auch der Deckel geschnitzt; die Muster waren grün ausgefüllt, n. R. — (Pass., Memphis.)

10195. Bemalter Kasten mit zwei Klappdeckeln, innen vierteilig; die Bemalung stellt z. T. Kränze (S. 161) dar. Einem gewissen Ramses ins Grab beigegeben und wohl nicht zu wirklichem Gebrauch bestimmt. Dyn. 20, Theben.

11162. Oval, mit Leder bespannt, der eigentliche Kasten fehlt jetzt. Mit eingedrückten Mustern: Löwen, die Gazellen jagen, in eigentümlichem, nicht aegyptischem Stil, n. R. (Gesch. Willmann 1891.)

10987. Rund, mit durchbrochenen Wänden, die aus den Zeichen für Osiris und Isis zusammengesetzt sind. n. R. (Gesch. Bosch 1891.)

3401. Knauf mit dem Namen Ramses' III. (S. 14), wohl von einem grofsen Kasten. — (Gesch. Brugsch 1867.)

13239. Von der Seitenwand eines Kastens, die Aufschrift mit weifser Farbe ausgefüllt. Aus der Zeit Amenophis' IV., dessen neuer Gott dem Besitzer des Kastens, einem Statthalter von Aethiopien, *Leben, Heil, Gesundheit und Fröhlichkeit* geben soll. — (1897 durch Reinhardt). H.

6768. Randleiste, wohl von einem gröfseren Kasten, der dem Paser, Vezier Sethos' I. (S. 14) gehörte. Aufschrift: *Ach wie schön ists in der südlichen Residenz (Theben) zu wohnen, mit zufriednem Herzen alle Tage, wenn die Augen dich Amon zu Karnak schauen, der du befiehlst, dafs den, der in deiner Gunst steht, nichts Böses treffe, sondern sein*

VI. Geräte des mittleren und des neuen Reichs.

Leib wird geschützt und behütet sein, bis die Würde (des Alters) in Frieden kommt. — (1860 durch Brugsch). H.

12648. **Brettchen**, vielleicht Etikett eines Kastens. Mit den Namen des Königs Tuet-anch-amon (S. 13) und seiner Gemahlin.

d. Körbe u. ä.

Zumeist aus zerschnittenen Palmblättern geflochten; die Technik und die einfachen Formen, Muster und Farben sind noch heute ganz ähnlich in Nubien in Gebrauch. Vgl. auch den Korb zum Worfeln S. 224.

755. **Grofser runder Korb**, ungemustert. [Phot.] — 6917, 6920, 6923 **kleinere runde Körbe**, ungemustert. — 1395 **länglicher Korb**, farbig gemustert, aus einem Grab in Sakkara, in ihm lag die Flasche 1245 in Abschn. XIiI, C, a.

9631. 9632. **Deckel**, farbig gemustert.

6925. **Längliches Körbchen**, das zwei Silberfiguren der Isis und des Gottes Min enthielt; beide waren wohl Amulette, die des Min ist sehr roh.

Aus feinstem gemustertem Geflecht, das ein gröberes verdeckt; zusammen gefunden: 13836, 13837 länglich, Deckel und Ränder mit Leder überzogen, der erstere innen mit Zeug gefüttert. — 13835 als kleine Büchse.

13886. **Flacher offener Korb**, mit durchbrochenen Wänden, wohl für Früchte.

6913. **Korb in Sackform**, gröberes Geflecht.

6924. **Geflochtenes Kästchen** mit vier Füfsen, der Deckel im Scharnier beweglich, innen ein vierteiliger Einsatz. Ähnlich dem Toilettenkasten 1177 S. 108 und wohl auch m. R.

757. **Säckchen**, grob aus Leinen geflochten, innen mit Fell ausgenäht; darin Dumpalmenfrüchte und Brot.

B. Silber- und Elfenbeinschalen, Salblöffel u. ä.

Ihre Motive entnimmt diese Kleinkunst mit Vorliebe den Sümpfen, die für das ägyptische Volksleben die Rolle des Waldes spielen (Papyrus, Lotusblumen, Enten, Fische u. a.).

a. Silberschale.

14117. **Schale**, wohl zum Trinken bestimmt und daher mit dem Bilde einer Lustfahrt in den Sümpfen verziert, wie sie noch bis in die römische Zeit hinein beliebt waren.

Äussere Reihe: Voran ein Papyrusnachen (S. 57) mit Ruderern, der das reich verzierte Schiff der Herrschaft schleppt. Dies ist als Ente mit erhobenen Flügeln gestaltet; auf dem Hinterteil, das den Schwanz nachbildet, sitzt der Steuermann. Im Schiff ein Baldachin, unter dem der Herr auf einem Sessel sitzt, vor ihm in durchsichtigem Gewand eine Frau. Im dritten Schiff drei unbekleidete Musikantinnen mit Leier, Pauke und Doppelflöte, zwischen ihnen Weinkrüge, dahinter der Fährmann; im vierten die Weinkrüge auf Gestellen, ein Mädchen, das eine Schale erhebt und ein Diener, der eine Gans schlachtet. Zwischen den Schiffen Dinge, die am nahen Ufer zu denken sind: ein Wagen mit dem Herrn und dem Kutscher, Wasservögel, Pferde und Rinder, über denen Vögel fliegen. Den Hintergrund bildet das Papyrusdickicht. — Innere Reihe: Fische, ein schwimmender Mann und Pferde; als Hintergrund Lotusblumen. — Die Schale hatte noch eine Aussenseite, die jetzt fehlt. n. R. In einem cyprischen Grab gefunden. — (Slg. Cesnola) Silber. Dm. 16 cm. [Pietschmann, Gesch. der Phönicier 246—247; Jahrb. d. Archaeol. Instit. XIII, 35.]

b. Elfenbeinschalen.

Wohl zum Trinken bestimmt.

12470 mit Henkeln in Palmettenform, die Metallarbeit nachahmen.

12655 mit Tierfiguren auf dem Rande.

c. Näpfchen und Löffelchen zu Salben.

Näpfchen.

14115. Näpfchen mit breitem Griff, der als Strauss von Lotusblumen und einer Lilie gedacht ist. Das untere Ende ist mehrfach umschnürt; auf der grossen Lilie in der Mitte ruht die zierliche Schale. Die Vertiefungen waren blau (jetzt grün) ausgefüllt, das Holz z. T. bemalt. n. R. (1898 durch Reinhardt.)

1877. Näpfchen mit Deckel und breitem Griff, auf dem eine Sängerin dargestellt ist. Sie sitzt unbekleidet auf einer Matte und hält die Laute und das Stäbchen, mit dem sie die Saiten schlägt. Den Hintergrund bilden

200 VI. Geräte des mittleren und des neuen Reichs.

Papyrusstauden, die durch einen breiten Kranz unterbrochen werden. Die Vertiefungen waren blau (jetzt grün) ausgefüllt. n. R. (Abb. 41.) — (Pass., Memphis.) — 11340. Deckel eines ähnlichen Näpfchens. n. R.

14076. Aus glasiertem Stein, mit breitem Griff, auf dem vor Papyrusbüschen ein badendes Mädchen dargestellt ist, das eine Ente gegriffen hat. Am Rand des Näpfchen Lotusblumen. (Gesch. v. Bissing 1897.)

6770. In der Form des sogenannten Namensringes, d. h. des Ovals, in das man die Namen der Könige einschließt. n. R. — (Pass., Memphis.)

7661. Ebenso, aber mit einem Stiel, der in einen Entenkopf endigt. Die Vertiefungen waren blau ausgefüllt. n. R. — (Pass., Memphis.)

In Gestalt schwimmender Mädchen; sie schieben in der Regel einen Napf vor sich her durch das Wasser; vermutlich waren derartige Szenen in dem von Wasserarmen durchschnittenen Lande oft zu sehen; 1876 mit viereckigem Kasten, vollständig. n. R. (Pass., Memphis.) — 10281 aus Alabaster mit rundem Napf; an der Seite

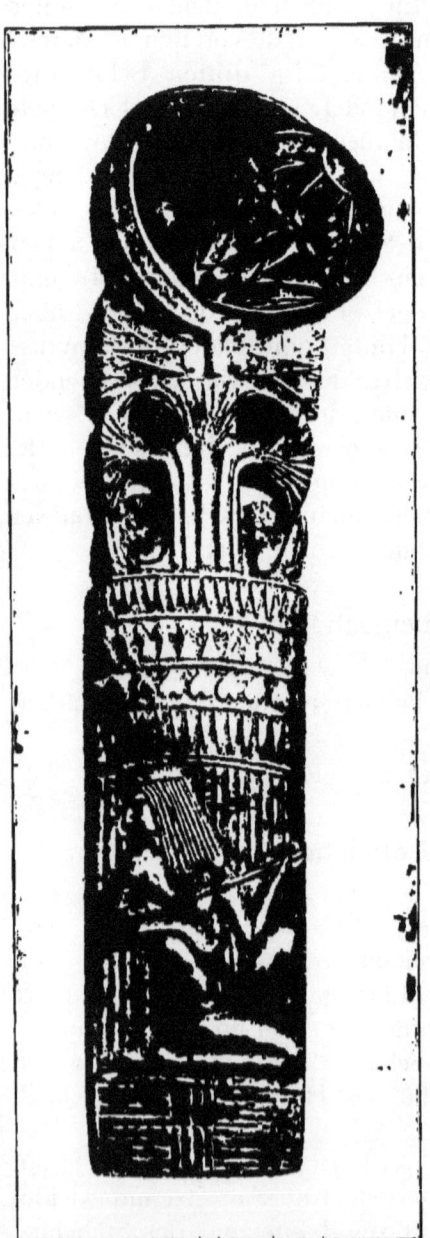

Abb. 41. 1 : 77 Näpfchen.

eine Locke aus schwarzem Stein. n. R. (1887 durch Reinhardt.) — 12455 aus grauem Stein, roh. — 8673 mit einem Tier, von dem nur der Schwanz erhalten ist. n. R. (1885).

8920. Mädchen, das einen Kasten auf dem Kopf trägt. (1886.)

12409. Laufender Hund, der (nach anderen Exemplaren) einen gestohlenen Fisch davontrug. — (1894, Theben.)

9010. In Gestalt einer Ente, die drehbaren Flügel bilden den Deckel; war bemalt. — (1886.)

6774. Ente mit zurückgelegtem Kopf, vor ihr ein Näpfchen, das einen Deckel hatte. Auch der Leib der Ente ist hohl; er steht mit dem Napf durch ein Loch in Verbindung und bildete vielleicht das Reservoir für das Öl oder die Salbe. — (Pass., Theben.)

6794. Kopf einer Frau (Haartracht des m. R.), darauf eine Muschel (?); Ausgufs eines Salbgefäfses. m. R. (Lepsius.)

6708. Löwe, der eine Gazelle zerfleischt; der Leib der Tiere bildet zwei Näpfchen. Elfenbein. — (Pass., Theben.)

Gebundene Antilopen, der Bauch bildet die Schale: 8925 vorzügliche Arbeit; Holz. — 14108 klein, grauer Stein, sehr hübsch. — 12457 Bruchstück aus glasiertem Stein.

12668 von einem greifenähnlichen Vogel (S. 117), nur die Flügel erhalten. Glasierter Stein.

6816. Gurke n. R. (Pass., Memphis.)

10600. Näpfchen als Pfanne, der Stiel endet in einen Papyrusstengel.

6709. Näpfchen in Gestalt einer Metallschale, wie aus dem Buckel und der Art der Henkel ersichtlich. — (Pass., Memphis.)

10253. Teil eines Holzkruges; der Bauch war mit Blättern verziert, oben Kampf eines Löwen mit einem Stier. — (1887 durch Reinhardt.)

Grössere Näpfchen aus Stein.

Geschlachtete Steinböcke, die Beine zusammengebunden (vgl. oben 8925): 12304 auf dem Schenkel ein Stempel. — 10228 mit dem Stiel einer Lotusknospe gebunden, die eine zweite kleinere Schale bildet; innen die Rippen des aufgeschnittenen Tieres sichtbar.

10730 geschlachtete Gans aus Kalkstein.

Fische: 3400 klein, aus grünem Stein. — 11156 aus Alabaster. 14114. Ausländer, der als Tribut einen Steinbock und Gefäfse bringt. Das eine trug er auf dem Kopf, die andern hingen wohl am Arm; unter dem einen ein Papyrusstengel. (Vgl. 11004. S. 204.)
Verschiedene Formen: 9000 Spiegel. — 4480 aus dem Fisch entstellt?

Löffelchen.

Aus Stein, als Muschel, die von einer Hand gehalten wird: 12753 mit der Aufschrift: *ich gebe Myrrhen an den von Horus Geliebten und von seinem Gott Gelobten.* m. R. — 12717 ähnlich, gröfser, der Stein glasiert.
Aus Holz: 12760 derselbe Gedanke, aber die Muschel wird nur von einem Finger gehalten und der Arm geht in einen Stiel über, der in einen Entenkopf endigt.
Aus Elfenbein: 1887 Der Löffel von einer Hand gehalten. — 1886. Der Stiel endet unten in einen Steinbockkopf, oben in ein Säulenkapitäl. Auf diesem steht ein nackter Knabe, der eine Muschel auf dem Kopf trägt. — 13246 die Knabenfigur von einem ähnlichen. — 1888 Endet in eine Faust.
Desgleichen aber ohne Vertiefung, wohl zum Auftragen von Salben: 9588 endet in einen Gänsekopf. — 9620. 9589 als Hände gedacht.
Aus Bronze: 8021. 8189. nicht bestimmbarer Zeit.

C. Figuren, Schnitzereien u. ä.

Zum Teil von Geräten, anderes wohl nur als Nippfigur gedacht. Der niedere Gott Bes, ein halb tierisches halb menschliches Wesen, das als Diener und Gehülfe der grofsen Götter galt, ist eine volkstümliche Figur, die mit Vorliebe von der Kleinkunst benutzt wird. Die Art seiner Darstellung ist eine eigentümliche und vielleicht aus dem Auslande übernommen.

a. Köpfchen.

Waren in Statuetten eingelegt.
12772 eines Königs. II. Etwa Dyn. 18.
2040. Schön, die Augen aus Steinen und Glasfluss.
9745. Köpfchen aus Fayence, wohl nur von einer Totenfigur, wie S. 181.

b. Verschiedenes.

Kleine Kalksteinfiguren.

Die folgenden rohen Kalksteinfiguren gehören wahrscheinlich alle dem m. R. an; es sind Nippfiguren oder Kinderspielzeug. — Anderes bei den Schminkbüchsen S. 206.

14202. **Tänzerin**, die rückwärts mit den Händen den Boden berührt.
13622. **Knabe** mit der Locke der Kinder (vgl. S. 31), spielt mit einem Hund.
9573. **Äffin und ihr Junges** musizierend: die Alte spielt die Laute, das Kleine pfeift dazu auf den Pfoten. Auf der Laute sind Augen aufgemalt.
11327. **Musizierender Affe**, er schlägt die Laute, neben ihm zwei Weinkrüge. — (Gesch. Rau 1892.)
10276. **Affe, der die Harfe spielt**.
14203. **Festgefahrenes Boot**, das die Schiffer von der Sandbank schieben.

Schiffe: 10611 mit Kajüte und Steuerruder. — 14201 mit Krügen.

Liegende Tiere: 13214 Hyäne? — 9165 Rind?

Fayence- und Thonfiguren.

Götterfiguren: Isis — Nephthys — Horus mit grofser Krone — Sechmet — dieselbe sitzend, hält ein Sistrum (n. R.).
9623. **Säugende Frau**, Karikatur, hellblau mit dunkelblau. Wohl m. R.
5929. **Flötenbläser** als Knabe mit zwei Locken; grau.
10311. **Hockender Schreiber**.
5694. **Köpfchen**, wohl von einer Karikatur. Haare blau.
8967. **Bes** in dunkelbl. Fayence, die Arme waren vorgestreckt.
5666, 9515. **Bes spielt die Harfe**, in w. und grauer Fayence; der Körper gefleckt.
10503. **Figürchen eines jungen Königs** (oder Horus als Kind?), sehr schön, Krone und Königsschlange waren wohl aus Gold. Als Schmuck getragen. n. R.
10250. **Igel**, hellblau, die Stacheln dunkelblau; wohl m. R.
6018. **Hase**, grünblau. m. R.
12627 **Affe** auf allen Vieren laufend; blau, m. R.
10282. **Kuh** mit einem Halsband, blau.
9648. **Kuh**, vertieft auf einer blauen Platte.
12638 **Heuschrecke** aus grauer Fayence.

Hunde: 12564 der Kopf wohl nicht zu diesem Exemplar gehörig. — 6012 liegend.
9938. Affe, der eine Gurke hält, Thon, roh, wohl m. R.

Bronzefiguren.

Anderes bei den Spiegeln S. 207.

11004. Von einem Kasten mit durchbrochenen Wänden aus Bronze: Ausländer, der dem Könige Tribut bringt; er führt einen Löwen und trägt Bogen, Köcher und ein Gefäfs. n. R. — (Gesch. Jacoby 1891.)

9256. Affe aus Bronze, mit Halskragen und einer Schnur um den Leib, also als Schoofstier; wohl von einem Toilettengefäfs, das er vor sich hielt. Auf dem Rücken eingeritzt: *Chons schenke ein schönes Neujahr dem Priester des Amon* ....; also als Neujahrsgeschenk benutzt. Ende des n. R. — (1886.) Br. h. 33 cm.

13103. Liegende Antilope, im Begriff aufzuspringen. Gut beobachtet; die Hörner waren besonders gearbeitet.

10278. Affe, der eine Frucht frifst; wohl später.

Holz- und Elfenbeinfiguren.

Anderes bei den Spiegeln S. 207.

4670. Zwerghafter Hirt, der ein Lamm auf dem Rücken trägt, mit Glatze und Vollbart. Vielleicht m. R.

1878, 6787. Gefangene Neger, etwa Füfse eines Kästchens o. ä. Der eine trägt die Hände in Handschellen auf der Brust; dem anderen sind die Arme so auf dem Rücken zusammengeschnürt, dafs der Kopf in die Höhe gereckt ist. n. R. — (Pass., Memphis.)

12070. Aufgerichteter Löwe, der die Vordertatzen erhob, im Maul ein Ring. Er stand auf einem Papyrusstengel. Wohl von einem gröfseren Möbel oder Gerät. Gute Arbeit.

14110. Ähnlich, die Tatzen waren beweglich, der Kopf war vielleicht aus Elfenbein.

10147. Holzfigur des Bes, wohl von keinem Gerät.

6702. Zwerghafter Gott, der den Sarg des Osiris trägt; auf dem Sarg sitzt Horus als Sperber und schützt ihn mit den Flügeln. Etwa als Schmuck getragen. n. R.

1883. Unvollendete Elfenbeinschnitzerei: der König tötet einen vor ihm knieenden Feind mit dem Beile, eine von Alters her übliche Darstellung des Triumphes. Vgl. die Wandbilder 1, 3, 4. 5, in Saal VII, Rückwand.

4114. **Liegender Ochse**, der sich mit dem Hinterfuſs den Kopf kratzt. Elfenbein.

7743. **Krokodil** ⎫
6776. **Fisch** ⎬ Teile gröſserer Darstellungen.

1882. **Schnitzerei** in „mykenischem" Stil, wie er insbesondere auch in Griechenland um 1400 v. Chr. herrschte; rundes Brettchen, das als Ornament verwendet war, in der Mitte war ein Stein(?) eingelegt. Dargestellt sind jagende Raubtiere; eine Gazelle wird von einem Greifen, zwei andere werden von einem Löwen verfolgt. Auf dem bergigen Boden ein Baum und eine Palme. — (Lepsius aus Memphis; vermutlich aus dem Grabe des Sarobibina, Propheten der Astarte und des Baal unter Amenophis IV., vgl. S. 209. 211. 223.)

c. Skizzen und Formen.

3425. **Aus der Skizze zu einem Tempelrelief**, das die siegreiche Heimkehr des Königs (Thutmosis III.?) aus Asien darstellte. — Links schreitet der jugendliche König, der zwei asiatische Fürsten in gestickten Kleidern und mit langen Bärten im Arme davonträgt; er hält seinen Bogen und die Zügel der Hengste, die vor ihm her den Streitwagen ziehen. Aus dem Streitwagen ragen die Waffen des Königs hervor, Wurfspieſse, die hinten mit Kugeln und Bändern versehen sind und Schwerter. Darüber war eine Inschrift skizziert, von der der Vers *er erbeutet die Groſsen des elenden Aethiopien mit seinem starken Arm* erhalten ist. — Unten einzelne Linien, der Anfang eines anderen Bildes. Dyn. 18. — (1859 durch Brugsch.) K. h. 21 cm.

13267. **Versuche eines Bildhauerlehrlings**. Auf der einen Seite der widderköpfige Amon und die Karikatur eines Priesters, der einen am Boden liegenden Mann prügelt. Auf der andern Männerköpfe.

9657. **Skizze eines Kopfes**, auf eine Scherbe gezeichnet.

521. **Kopf aus einem Stuckrelief** aus den Gräbern von Tell Amarna, vgl. das Relief 14145 S. 128 und die Gipse Abschn. XIV, D, e.

Goldschmiedeformen aus schwarzem Stein, zu kleinen Schmucksachen: 8920 mit 15 Formen zu Skarabäen, Perlen, Augen, einem Ring u. a., zu einem Amuletttäfelchen mit dem Bilde eines Gottes Sched, der als Prinz dargestellt ist, wie er zu Wagen einen Löwen tötet und zu einem Bilde des fremden Gottes Sutech. — 11855. Amuletttäfelchen mit dem Bild des Horus, der die wilden Tiere bezwingt, vgl. S. 308.

D. Toilette und Schmuck.

a. Schminkbüchsen.

Die Aegypter schminkten insbesondere die Augenlider und ihre Umgebung, um das Auge gröfser erscheinen zu lassen; die verwendete Schminke ist - wie noch heute — meist Bleiglanz. Vgl. auch 4474 (S. 191), 1226 und 1324 (S. 192); 4471 (S. 223).

In Röhrenform.

10817. **Drei Schilfrohre**, mit Rohrstücken und rotem Leder verbunden; darin noch der zum Auftragen der Schminke benutzte Griffel. — 6772. **Nachbildung dieser Art aus Holz. — Desgleichen aus Fayence** mit 2, 3 und 5 Rohren.
Doppelte Rohre aus Holz; bei 11402 Deckel, Boden und Griffel aus Elfenbein.
11558. **Vierfaches Rohr** aus Holz, *einem Schatzschreiber des Amon* Amen-mose gehörig. Drei Rohre enthielten Augenschminken für die drei Jahreszeiten der Aegypter, das vierte *Augenschminke für jeden Tag*. n. R. (Gesch. Mosse.)
13554. **Einfaches Rohr** aus Holz, der drehbare Deckel und der Boden aus Knochen. Der Deckel wurde durch Einstecken des Griffels verschlossen.
6669 als **Säule**, mit Palmenkapitäl (S. 23).

Büchschen, meist aus Alabaster.

4698 **aus Holz**, der drehbare Deckel wird durch Einstecken des Griffels verschlossen. — 14067. 3408 **aus Eisenstein**, klein. m. R. — 12805. 11376 **aus Fayence**.
7138 **ungewöhnlich grofs**, Alabaster.

In Tiergestalt.

Mit Ausnahme von 8966 vielleicht später als n. R.
8966 Affe, der die Büchse hält. — 10077 Äffin mit Jungen 14072 Affe, der eine Schale hält, unter dieser seine Jungen — 6240 Igel.

D. a. Schminkbüchsen. b. Spiegel. 207

b. Spiegel und ihre Griffe.

Aus Metall, in einem Lederfutteral getragen. Vgl. die Darstellungen 13 S. 99; 45 S. 104; 7272 S. 158 u. a.; andre des n. R. S. 191. 193. Die Griffe gern als Papyrusstengel, in den auch der Kopf der Liebesgöttin eingefügt wird, oder als Mädchen, das der Dame den Spiegel hält, oder als Bes, der komische Gehülfe der Götter (S. 202).

2776 einer Königlichen Verwandten Mehget, mit verziertem Rand. Der Holzstiel fehlt. m. R.

2774 aus gelber Bronze, am Griff der Kopf der Liebesgöttin Hathor (S. 115, 10834), vgl. den ähnlichen S. 191. (Pass., Theben.) [Phot.] (Abb. 42.) Dyn. 19.

13895. 4430 Hathorköpfe aus Elfenbein und Stein, von ähnlichen Spiegeln. Wohl m. R.

13187 ein unbekleidetes Mädchen trägt den Spiegel; unter diesem noch der Büschel des Papyrusstengels. Schöne Arbeit der Dyn. 18. (Abb. 42.) — (1897 durch Reinhardt.) Br.

2775 ähnlich, doch nur der r. Arm erhoben. n. R. — (Pass. Memphis.) [Phot.] Br.

9064 Nur das Mädchen erhalten, das Sandalen trägt und eine eigentümliche Haartracht hat; die Augen waren eingelegt. Etwa Dyn. 19. Br.

9004 Desgleichen, hatte Ohrringe; oben ein Widderkopf. Wohl später als n. R. Br.

9252 Ähnlich der vorigen, die L. hält den Kopf einer Gottheit vor die Brust. Wohl später als n. R. Br.

14223. Unbekleidetes Mädchen, der vorigen in der Haltung ähnlich, aber noch n. R. Unvollendet. H.

240 Bes steht auf einem Sessel (wie ein zwerghafter Diener, der anders nicht zu der Herrin hinaufreichen kann) und trägt den Spiegel. n. R. Br.

11007 derselbe auf einer Säule, um die sich eine Schlange windet; in den Händen hielt er vielleicht Waffen. — (Gesch. Jacoby 1891.) Br.

4671. Grofser Bes aus Holz, er stand auf einer Säule, die Augen und die Zunge waren eingelegt. Schöne Arbeit.

4672. Kleiner Bes aus Holz, gute Arbeit.

13683 Spiegelgriff einfacher Form, grofs. H.

14121 Spiegel? aus einem Stück Marienglas geschnitten (Theben) — (1898 durch Reinhardt).

208   VI. Geräte des mittleren und des neuen Reichs.

c. Rasiermesser u. ä.

Die Deutung dieses Instrumentes ist sicher. Das Rasieren spielte bei den Aegyptern, die Haar und Bart schoren (S. 30) eine grofse Rolle.

Gewöhnliche Form (Abb. 42): 12751 mit Stiel, 2766 ohne Stiel.

Längere Form: 2758 mit zwei Schneiden.

Messerchen mit einem Pfriem daran, der sich beiden Enden des Messers anlegen läfst. (Abb. 42.) Dabei 2781

Abb. 42. Spiegel. Rasiermesser u. ä.

grofs — 12477 als laufender Hund gestaltet.
2783 Pincette aus gelber Bronze.
10207 Messerchen, der Stiel endet in einen Entenkopf.

d. Kämme.

Ein sicher zu datierender S. 192.

6813. 6814. Einfache Holzkämme, wie sie noch heute ganz ähnlich in Aegypten verfertigt werden.

e. Haarnadeln.

Wohl von Frauen getragen. Vgl. einfache des n. R. S. 191. 192.

Aus Holz, mit den Köpfen heiliger Tiere und Götter: 11160. Mit dem Kopf eines Widders, der als Tier des Amon eine Königsschlange aus vergoldetem Silber trägt. (Gesch. Willmann 1891.) — 6778 war dem vorigen ähnlich. — 9658 Mit dem Kopf des Thoth, des Gottes der Weisheit.

f. Verschiedene Schmucksachen.

1819. **Armring aus Goldblech.** (Anastasi 1857.)
8404, 8405. **Goldene Ohrringe**, vgl. ähnliche S. 191.
13190. **Ohrringe (?)** aus buntem Glas, wohl n. R.
7787. **Goldenes Plättchen** mit dem Zeichen der „Vereinigung beider Länder" (S. 80, 7265); am Henkel 4 Sperberköpfe. (1878 durch Travers.)
1791. **Bronzener Spiralring** mit einem vergoldeten Knopf.
11349. **Muschel** mit dem eingravierten Namen Königs Usertesen I.; die Schrift war blau ausgefüllt. Oben zwei Löcher zum Aufhängen. m. R.
13210, 13217 **desgleichen**, die eine mit dem Namen desselben Königs.

g. Fingerringe.

Meist aus Dyn. 18, mit dem Namen des regierenden Königs; die Ringe mit Siegelsteinen siehe Abschn. XIII, A.

Metallringe.

Goldringe (das blasse Gold ist sogen. Elektron, eine Mischung von Gold und Silber): 1783 Ra-nofru, Thronerbin der Hat-schepsut (S. 12). — 10510, 10511 Amenophis III. und seine Gemahlin Tii. — 1785 Amenophis IV (aus dem Grab des Sarobibina, vgl. S. 205. 211. 223).
Silberringe: 8043 Men-chepru-re-meri-Amon, *erster der Generäle* unter Thutmosis IV. — 8042 Sonne und fliegender Käfer, ähnlich wie auf Skarabäen Thutmosis' III. (Abschn. XIII, A, d). — 2682 wohl Ramses VI. — 1788 Aufschrift: *Schöne Gunst (schenke) Amon-Re*.
Bronzeringe: 13573 Thutmosis III — 2680 Amenophis IV., der hier noch *von der Zauberreichen (Isis) geliebt* heißt, also vor seiner Reform (S. 13). — 1787 Löwe mit Beischrift *Herr der Kraft*. [LDV, 42, 43.] — 1786 sitzende Mut. 2083 *Amon Re, der Herr des Himmels, der Herrscher von Theben*. 1789. *Ptah (schenke) Gunst*. — 13572 Sitzende Frau, die an einer Blume riecht.

Steinringe.

Karneol: 4343 auf dem Schild ein Sistrum. — 13586 mit dem Namen des Gottes Set. — 4341 doppelt, Aufschrift *schönes Leben*. — 4314 Aus Lotusstengeln und einer Schlange gebildet. — 4340 mit einem Knopf.

VI. Geräte des mittleren und des neuen Reichs.

Grauer Stein: 11209 mit dem Bild der Sonnenbarke (vgl. S. 134, 818).

Fayenceringe.

Blau, grün, gelb, braun oder mehrfarbig; merkwürdig 11863 gelb, rot und blau. Vgl. die Formen dazu S. 213.

Mit Königsnamen, vertreten: Amenophis III. (Gesch. Jacoby u. Mosse) — Königin Tii, seine Gemahlin (11863 Gesch. Pierson) — Tuet-anch-amon — Eï — Har-em-heb — Mut-nodmet, seine Gemahlin. — Ramses II.

Als Lotusstengel, besonders schön (vgl. auch 1781, Abschn. XIII, A, d): 13195 als Mittelstück zwei Seelen, die auf gebundenen Gefangenen sitzen. — 12628 in der Mitte ein Käfer. — 13199 in der Mitte ein Auge, zweifarbig und durchbrochen.

Verschiedene: Hockender Harpokrates — Hathorkopf — Katze — Fisch — Schlange — Käfer — Weintraube — Lotusblume mit Knospen — Augen, dabei zweifarbige (Gesch. Jacoby) — Ringe ohne Bild.

h. Ketten und Kettenglieder.

Vgl. auch S. 74 aus der Zeit zwischen a. R. und m. R. und S. 191 aus der Zeit Ramses' II. Teils einfache Halsbänder, teils zu grofsen Halskragen gehörig. Die Zusammensetzung meist modern und gewiss vielfach unrichtig.

Ketten aus Metall und Halbedelsteinen.

1998. **Kettchen** aus Lapislazuli, Karneol und Elfenbein, daran ein Kopf der Sechmet mit breitem Brustschmuck. (S. 299.)

1990 in **Gestalt von Knoten** aus Gold, Lapislazuli und Karneol; benutzt, um der Mumie des Schreibers Apu den ebenfalls in Gold gefafsten Skarabäus 2047 umzuhängen. n. R.

1994. **Kettchen** aus Gold, Lapislazuli, Karneol und grünem Feldspath; daran das Bild einer Seele in Gold und Zellenschmelz. (Passalacqua, Theben.) n. R.

1822. **Kette aus Schneckenhäusern** in Karneol, Feldspath, Lapislazuli; daran eine silberne Muschel. Eine Kette aus wirklichen Schnecken 8398 S. 213.

1769—1777. **Palmetten** verschiedener Form aus Goldblech, mit Ösen.

Kleine Figuren: 1812, 1813 Granatäpfel (wie S. 212, 214). 1814 in Form eines Glöckchens, hatte Einlagen aus

D. h. Ketten und Kettenglieder.

Glasflüssen; vielleicht später. — 1815 zwei Affen mit dem Mond auf dem Haupt (S. 301), aus Elektron. (S. 209.) — 1809 Geschwänzter Dämon, der ein Messer hält. — 1806, 1811 Fische.

Perlen: 1830 längliche aus Silberblech. — 2003 Perlen aus Lapislazuli, Karneol und andern Steinen; wirkliche Schnecken; Auge, Muschel u. a. aus Elektron und Silber. — 1988 aus Karneol und Lapislazuli. Meist als Granatäpfel.

Grofse Perlen aus Karneol, Jaspis und Feldspath: 2035 des *Vorstehers der Goldschmiede* Pa-roï. n. R. [LDV, 42, 7.] — 1949 mit dem Namen Ramses' II. — 2034 des Obergütervorstehers Amen-hotep. n. R. — 3848 eines Sennutem. — 3648 der *Hausfrau Raea(?)*. Aus dem Massengrab der Dyn. 19 (S. 190).

11150. Perle aus Bernstein, formlos.

Aus Fayence und Glas.

1290. Eckstücke und Endperlen (?) von einem Halsband des a. R. oder n. R., ganz ähnlich denen aus dem Grabe des Apa-anchu (S. 74), von besonders schöner Farbe. (Lepsius, aus Grab 54 von Gise.)

1323. Kette mit blattförmigen, zweifarbigen Anhängern. m. R.

5002. Mehrfache Schnüre, vielleicht ein Armband des m. R.

Ähnliche, aber wohl modern zusammengesetzt: 1989 durch silberne Glieder zusammengehalten.

0711. Stege aus Knochen, von einem Armband, das aus elf Schnüren Perlen bestand.

8665. Doppelte Schnur, die Perlen in Tropfenform, noch durch hölzerne Doppelperlen und runde Glasperlen verbunden; die Holzperlen waren mit Stuck überzogen und bemalt. Aus dem Grabe des Sarobibina unter Amenophis IV. (vgl. S. 205. 209. 223). — Eine ganz ähnliche Schnur auf dem Relief 2063 (S. 148, Abb. 31) aus Dyn. 18, wo sie zum Tragen eines Amulettes dient.

Ähnliche: 4901, 4903, 4904 modern zusammengesetzt.

Mit runden Perlen aus Glas und Fayence, dabei: 5664 hellbraun, flach. — 5950 grün, flach und dünn. m. R.?

2001. Kette aus kleinen Fayenceperlen, dazwischen Käferchen in grüner Fayence.

1260, 1257 desgleichen mit kleinen Anhängern in Form von Tropfen und Lilien. Dyn. 18.

Grofse Perlen in Fayence: 9668 blau, darauf der Name Amenophis' III. dunkelblau. — 8789 mit dem Namen des Hui, eines Schreibers des Schatzes. n. R.

1986. Kette mit Figuren aus blauer Fayence, Jaspis und Karneol; von gröberer Arbeit. Dabei Zeichen der Ewigkeit (Mann mit zwei Jahreszeichen), kleine Krüge und Zeichen für „Leben". Aus dem Massengrab der Dyn. 19. S. 190. [Phot.]

Mit angehängten Figuren: 1995 lange Perlen aus Knochen, daran u. a. Amulette und Flaschen aus Fayence, die aber zu einer mehrreihigen Kette gehört haben müssen. - 1988a Götterbilder in Kapellen, Besfiguren, Schwein.

9020. Von einer Halskette, die aus Perlen und länglichen Blüten gebildet war: die Blüten waren wohl wie bei den Fliederkränzen unserer Kinder ineinander gesteckt. Das Mittelstück mit durchbrochenen Figuren von gröfster Feinheit. Einerseits der junge Horus auf der Lotusblume (S. 292), um ihn her die Papyrusstauden des Sumpfes; hinter ihm stand Isis, vor ihm Buto als Löwe (S. 294). Andererseits Horus, der einem (jetzt fehlenden) Könige viele Regierungsjahre zuzählt; dahinter Nechbet. Aus dem Ende des n. R. — (1885.)

1082. In Form der Halle des Regierungsjubiläums (S. 42), darin die Worte *Sethos I., von den Göttern gebildet.*

1850. Gott mit Jahreszeichen und den Zeichen *schön* und *Leben* auf dem Zeichen *Fest,* so geordnet, dafs das ganze der erwähnten Halle gleicht.

6301 das Zeichen *Leben* hält das Zeichen *Genufs,* unten das Zeichen *jedes;* in gleicher Weise angeordnet.

13733. Gott Re sitzt in einer Kapelle.

Namensringe (S. 200): 5196 Thutmosis III. — 10188 Nefret-iiti, Gemahlin Amenophis' IV. -- 5210, 1980, 1981 Sethos I.

Als Weintrauben, dabei: 9473 Amenophis III.

Als Granatäpfel, zweifarbig 9052, 9053; vgl. die gleichen dargestellt auf 10859 S. 174.

Als Distel und Blumenkelch. - Palmetten, ähnliche in Gold S. 210.

Verschiedene Tiere, z. T. in Stein: Löwe — Fisch — Fliege — Schlange — Skorpion — Widderkopf — Nilpferdkopf — Pantherkopf.
6422, 5224. Muscheln vgl. S. 209; 210, 1822.
Mit Bildern in Relief: Toëris — Bes, die Pauke schlagend — Thoth — Maat — Re-Chnum — Schu — Onuris und Tefnut (Gesch. Stern) — 9520 die Hathorkuh zwischen Papyrusstauden. — 13737 der Nil von Unteraegypten. — 8976 Kalb (?).
6399. Dreieckiger Anhänger, unklarer Bedeutung.
14118. Ente aus mehrfarbigem Glas (Gesch. v. Luschan), vielleicht später.

Verschiedenes.

5073. Kette aus Thonperlen, wohl sehr alt, vgl. S. 41; 110.
8398. Aus Schneckenhäusern, vgl. oben 1822 S. 210.
1087. Vierfache Leinenschnur, daran ein Apis aus Lapislazuli; war um den Leib einer Mumie gebunden, die einzeln im Sande beigesetzt war. n. R.

E. Aus Fayencefabriken und Glasfabriken in Tell-Amarna.

Aus der Zeit Amenophis' IV. (S. 13). Gefunden und geschenkt von Petrie.

Fayence.

Formen zu den kleinen Fayencen wie S. 190; 210 (die zum Teil gewifs auch aus Tell-Amarna stammen), sowie Stücke, die aus ihnen oder aus ähnlichen hergestellt sind.

Täfelchen mit Königsnamen: Amenophis IV. — Seine Gemahlin. — Namen des neuen Gottes.

Bügel zu Ringen.
Platten von Ringen mit Königsnamen: Amenophis IV. — Smench-ke-re — Tuet-anch-amon.
Desgleichen mit Segenswünschen wie *schönes Leben*.
Desgleichen verschiedene: Augen — Lotusblumen — Gazellen, dahinter Zweige — Bes tanzend — Fische — Palmetten — Skarabäus.

VI. Geräte des mittleren und des neuen Reichs.

Götterfiguren: Bes, auch tanzend — Harpokrates — Toëris — Hathorkopf.
Tierfiguren: Skarabäus, auch mit ausgebreiteten Flügeln — Frosch — Königsschlange — Stierschenkel (vgl. 6414 S. 126) — Kalbskopf.
Einzelne Schriftzeichen: *Gutes — Leben — Dauer — Genuss*.
Früchte und Blumen, die grofsen Stücke von Wandverzierungen: Lotusblumen — Weintrauben — Disteln — Granatäpfel — Datteln — Dreiteiliges Blättchen.
Blumenblätter von Kranzverzierungen (Abschn. XIII, E.), sowie die dreieckigen Zwischenstücke zur Herstellung des Grundes zwischen den Blättern.
Rosetten und Palmetten, beide sehr mannigfaltig, z. T. von Ketten.
Verzierungen für Bauten (vgl. S. 129). Schuppenförmig, viereckig u. s. w. Dabei auch Kopf einer Königsschlange.
Verschiedene Kettenglieder: kleine Gefäfse — Auge — Tropfen — Perlen.

Vielleicht anderer Herkunft.

Formen: Weintraube — Bes zwischen zwei Toëris — Toëris — Hathorkuh (Plättchen mit Öse) — Sitzender Prinz (vgl. S. 203, 10593).

Glas.

Bruchstücke von Gefäfsen aus buntem Glas, vgl. vollständige derselben Zeit Abschn. XIII, C, d.
Glasperlen, länglich und rund; die Glasmasse wurde um einen Kupferdraht gewickelt.
Platten und Stäbe zu weiterer Verarbeitung.

F. Kleidung.

a. Kleider und Schurz.

Die Kleider aus feinstem Leinen, wie sie nach der Sitte des n. R. von Männern auf dem Oberkörper getragen wurden; das untere Ende war in den Schurz eingebunden. Anstatt der Ärmel Schlitze, für den Hals ein einfacher Ausschnitt. Uebermäfsig weit, da sie in grofsen Falten getragen wurden; vgl. z. B. die Statue 2303, S. 136.
10966, aus Gurob, einer Stadt des n. R. am Eingang des Faijum. — (Gesch. Petrie.) l. 1,39 m.

740, 741 aus Theben; zusammengelegt. — (Passalacqua.) l. 1,75 m.

12600 aus Theben, angeblich noch aus dem m. R., über die Gestalt ist nichts mehr zu ersehen. Mit blauer Webekante und Fransen, verschiedentlich gestopft.

624. Lederschurz, wie ihn nach den Bildern des n. R. Tänzerinnen trugen; das lange Ende ward zwischen den Beinen durchgezogen. Vorn eine aufgenähte Tasche. — (Lepsius.) [Phot.]

b. Ringe und Knöpfe von Kleidern u. ä.

Die Ringe sind an einer Seite durchschnitten; bei den Knöpfen, die paarweise zusammengehören, wurde die Spitze des einen in die Höhlung des andern gesteckt. Wie der Ring und die Knöpfe verbunden wurden, zeigt noch 1804; vermutlich wurden die zu vereinigenden Gewandstücke durch den Ring gezogen und mit den Knöpfen zusammengepreßt.

Ringe aus Karneol (dabei 10985 der Rand gemustert; 0410 mit Ösen), Goldblech und Alabaster.

1804. Goldener Doppelknopf, darum noch ein Knochenring.

Knöpfe aus Alabaster und Karneol.

Pilzförmige Gegenstände, vielleicht ebenfalls Knöpfe, aus Holz.

11567. Knöpfchen (?) aus glasiertem Stein, mit dem Namen des *vom Sobk* (S. 78) *geliebten* Königs Amenemhet. m. R.

c. Perücke.

6011. Perücke eines Mannes (?), aus schwarzer Schafwolle. Auf dem Kopf kleine Löckchen, um Hals und Schultern Strähnen, in die kurze Haare eingeflochten waren. — (Minutoli) l. 60 cm. [Phot.]

d. Fächer.

10733. Griff eines Wedels, die Federn waren halbkreisförmig in denselben eingesetzt.

4713. Stab eines Fächers, an den Enden Elfenbeinknöpfe; das rote Leder, das daran hing, fehlt jetzt. (Aus dem Massengrab der Dyn. 10. S. 190.)

e. Sandalen.

Bislang nicht genau zu datieren. Solche, die sicher in das m. R. gehören S. 110. — Zumeist aus Palmblättern geflochten. Die Art, wie sie getragen wurden, sieht man aus Bildern wie 2060 und 2061, S. 156.

6994. 6990. **Sandalen, vorn gerundet,** die Schnüre aus Palmblättern oder aus Papyrus. (Abb. 45.) [Phot.]

6989. **Vorn spitz.** [Phot.] — 6931 mit langer Spitze, die nach hinten umgewendet ist. n. R. (Abb. 45.)

6987. **Sandale eines Kindes,** mit hohem Rand wie ein Schuh. — 6991 **Kindersandale** aus Palmblättern, sehr klein.

10823, 6980 desgleichen aus weißsem und braunem Leder; sehr klein, als Nachahmung großser einem Toten beigegeben.

G. Geräte und Spiele.
a. Schreib- und Malgeräte.

Fast sämtlich in das n. R. gehörig. Das aegyptische Schreibzeug ist ein Brettchen, auf dessen oberes Ende die beiden Tinten (schwarz und rot) aufgerieben werden. Die untere Hälfte dient zur Aufbewahrung der dünnen Binsen, mit denen man wie mit einem Pinsel schrieb.

9642. **Von einer hölzernen Schreibtafel(?),** auf beiden Seiten in hieratischer Schrift (S. 28) des m. R. beschrieben. Die rote Schrift bezeichnet die Anfänge der Abschnitte.

10747. **Schreibzeug des Roui,** von seinem Besitzer zu Notizen benutzt. Auf der Vorderseite Anfang eines Briefes; auf der Rückseite Aussage eines Zeugen über eine Schlägerei, die er *früh morgens, als er beim Ruder safs,* gesehen hatte. Der Anstifter war *Wen-nofre, Sohn des Eï, wohnhaft in der südlichen Festung, untergeben dem Stadtvorsteher Penacht. Er hatte bei einem Gelage geflucht* u. s. w. n. R. (Abb. 43.) [Phot.]

10330 eines **Schatzschreibers des Gottes Ptah,** der es vorn und hinten zu Rechnungen benutzt hat. n. R.

6767 des **Cha-em-opet,** *Gauschreibers der Stadt* (d. h. Thebens). n. R.

8042 des **Tana,** *Schreibers des Heeres des Königs.* Seinem doppelten Berufe entsprechend, bittet er in der einen Inschrift den Gott der Weisheit Thoth, *das Oberhaupt der*

Bücher, um *Verständnis im Schreiben und Geschicklichkeit in den Hieroglyphen*, in der anderen aber den Kriegsgott Onuris um *Leben, Heil und Gesundheit, um Freude, Gunst und Liebe*. n. R. — (Memphis.)

6765. Schmales Schreibzeug, auf der Rückseite einzelne Worte. — (Gesch. Brugsch 1867.)

6766. Ohne Namen, mit dem Kästchen 4701 (S. 197) in einem Grab in Memphis zusammen gefunden.

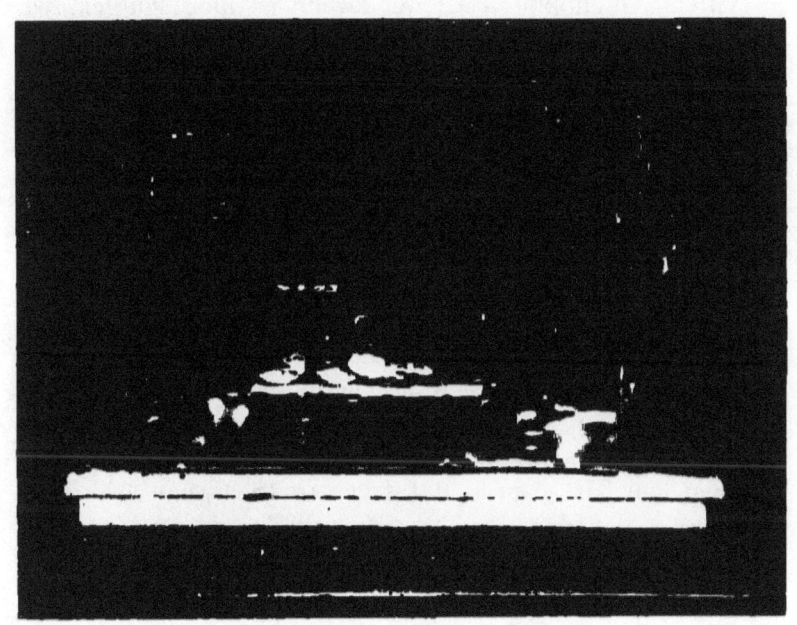

Abb. 43. Schreib- und Malgerät.

7798. Teile des Schreibzeuges des Schreibers Atu, ihm von einem Hyksoskönig Apophis geschenkt; von ungewöhnlicher Form und Einrichtung. Dieser Hyksoskönig (S. 11) muſs schon die aegyptische Kultur angenommen haben, denn er nennt sich hier wie die Pharaonen: *das auf Erden lebende Abbild des Sonnengottes*. Die zerstörten zierlichen Inschriften des Schreibzeugs scheinen alle sein Lob zu enthalten; man erkennt noch: *höret ihr Menschen, es ist Wahrheit und keine Lüge ist dabei: seines Gleichen giebt es nicht in allen Ländern*. — (1879 durch Travers aus dem Faijum.) [Phot.]

6763. Nachbildung eines Schreibzeugs, wie man sie Toten in das Grab mitgab. Die Federn sind einmal dargestellt und wirkliche Federn überdies noch angebunden. Aus dem Massengrab der Dyn. 19 (S. 190). [Phot.]

3427. **Desgl. aus Stein.** Gehörte dem Hohenpriester von Memphis Ptah-mose, dem Sohne des Veziers Thutmosis. n. R.

9554. **Holzstückchen**, vielleicht aus dem Schreibzeug eines Schülers, mit der Aufschrift *Anfang des Lehrbuches*. n. R.

Deckel von Bücherfutteralen aus der Bibliothek Amenophis' IV. in Tell Amarna (S. 13). Mit den Namen seines Vaters Amenophis' III.; der zweite ist meist ausgekratzt. — Mit den Thontafeln von Tell Amarna gefunden. — (Gesch. J. Simon 1888. — Mitt. a. d. Or. Slgen III., Taf. III.)

8927. **Palette eines Malers**, ähnlich wie die Schreibzeuge, aber gröfser und roher, und mit acht Löchern zu den Farben. (Abb. 43.)

6764. **Malerpalette des Amen-uah-su**, Graveurs im Tempel des Amon unter Ramses II.; mit 7 Farben. Oben betet er vor Ptah und Thoth, den Göttern der Kunst und der Schrift; den ersteren ruft er als *Ptah Ramses' II.* und als *Ptah des Men-ne* an, vermutlich weil der Tempel des Ptah zu Memphis von dem alten Könige Menes (S. 9) gegründet und von Ramses II. ausgebaut war. Aus dem Massengrab der Dyn. 19 (S. 190). (Abb. 43.) [Phot.] [Ä. Z. 1892, 43.]

4700. **Kästchen eines Malers**, in dem 6 Muscheln als Farbennäpfe lagen. Mit Schiebedeckel; die Ösen dienten zum Zubinden des Deckels. (Abb. 43.)

b. Musikinstrumente.

Das alte Saiteninstrument ist die Laute, die Leier wird erst im n. R. von Syrien aus eingeführt.

7101. **Grofse Laute** einfachster Art, die nach den erhaltenen Wirbeln zu urteilen vierseitig war; die schaufelförmige Verbreiterung bildete den Resonanzboden und war bemalt. (Abb. 44.) (Koller.) [Phot.]

9586. **Von einer kleinen Laute** gleicher Art, mit eigentümlichen pflanzenartigen Ornamenten bemalt. m. R. — (1886, Theben.) [Phot.]

10734. **Wirbelstock** einer achtsaitigen Laute.

10247. **Grofse hölzerne Leier**; der Kasten diente als Resonanzboden, die Saiten gingen von dem wagerechten Stabe zu dem an dem Kasten befindlichen Vorbau, wie man dies an 7100 noch erkennt. Der wagerechte Stab endet auf einer Seite in einen Entenkopf, auf der andern Seite in eine Blume; die senkrechten Stäbe sind mit Pferdeköpfen verziert. Diese senkrechten Stäbe konnten von dem Spielenden etwas herausgeschoben werden, wodurch sich der Ton erhöhte. n. R. — (1887 durch Reinhardt aus dem Faijum.) [Phot.] [Maspero, Aeg. Kunstgesch., deutsche Ausg. S. 268.]

10248, 10249. Wickel aus Kalkstein, mit dieser Leier gefunden und vermutlich für die Saiten bestimmt. [Phot.]

Abb. 44. Laute und Leier (nach Mertens).

7100. Leier, etwas kleiner als die vorige, aber mit der gleichen Einrichtung. An dem Vorbau noch die Löcher für 13 Saiten. n. R. (Abb. 44.) (Minutoli, angeblich aus einem der Königsgräber in Theben.) [Phot.]

13101. Stab einer kleinen Leier, mit einem Gazellenkopf geziert. Auf dem Stab vier Ringe zum Befestigen der Saiten.

Flöten aus Rohr, z. T. vielleicht später: 6823 aus dem Massengrab der Dyn. 19 (S. 190). [Phot.] — 12461 mit Mundstück aus Papyrus.

220   VI. Geräte des mittleren und des neuen Reichs.

10706. **Doppelflöte** mit je 4 Löchern; beide Rohre sind oben durch Leinwand und Asphalt verbunden. [Phot.]

Kastagnetten in Gestalt von Armen [Phot.]; man gab ihnen diese Gestalt, da man den Takt beim Singen durch Klatschen zu markieren pflegte. Hervorzuheben: 4715 noch mit der ursprünglichen Schnur verbunden. — 8177, 8179 mit Armbändern, aus Knochen. — 10725 der ursprüngliche Gedanke durch Einfügung einer Blume und eines Hathorkopfes entstellt.

4708. **Trommelstock**; die dabei gefundene Pauke bestand aus einem Thongefäfs von 15 Zoll Weite, das mit Haut bespannt war. (Aus dem Massengrab der Dyn. 19. S. 190.)

10721. **Trommelstock?**, der Knochen eines Straufses, mit rotem und weifsem Leder umwickelt.

6940. **Nachbildung eines Sistrum** aus Papyrusschilf, mit Leinen und Stuck überzogen und grün (fayencefarbig?) gestrichen; der untere Stab fehlt. — Das Sistrum ist das klirrende Musikinstrument der Frauen, vgl. die Exemplare 252; 375. (Aus dem Massengrab der Dyn. 19, S. 190.) [Phot.]

Teile von Sistren in Fayence; das Oberteil aus Bronze wie gewöhnlich nicht erhalten: 9497 Hathorkopf (S. 115, 10834), hellgrün, das Haar aus dunkelblauer Masse. m. R. oder Anfang n. R. — 11568 mit dem Namen Amenophis' III.

c. Brettspiel und Brettsteine.

10756. **Brettspiel des Sen-nofer**, der *dem Könige folgte zu Wasser und zu Lande, im südlichen und nördlichen Fremdland*, dann aber, vermutlich im Alter, als Palastbeamter fungierte und sich als solcher wieder einen *Mann des Festes, geliebt von den Myrrhen, Freund des Gelages* (vgl. S. 83, 10115; S. 136, 10338) nennt. Etwa aus dem Anfang des n. R. — Das Brett ist unten in 4, 10 und 4 Felder geteilt, oben in 3 mal 10 Felder, von denen einzelne Namen (*Wasser, gut* u. s. w.) tragen. Innen war ein Kasten für die Steine.

Brettsteine aus Fayence (nicht zu diesem Brettspiel gehörig) von verschiedener Form: Grofse, kegelförmig; von den kleinen zwei mit Hundeköpfen, weil die Steine „Hunde" hiefsen, einer (Gesch. Jacoby) als gefangener Neger.

d. Bälle und Spielzeug.

Die Bälle u. a. von Tänzerinnen gebraucht.

9577 aus gelbem und rotem Leder, vierteilig, mit Spreu gefüllt. [Phot.]
Aus blauer Fayence, die Bemalung ahmt die Streifeneinteilung des Lederballes nach. [Phot.]
Aus Schilf geflochten. [Phot.]
10825. Schwamm mit Garn umwickelt und mit einem Netz umsponnen. Wohl kein Ball; ob dies vielleicht ein „Salbkegel" (S. 31) ist? [Phot.]
6817. Hölzernes Krokodil, das den Rachen öffnen und schliefsen kann; gewifs Kinderspielzeug. [Phot.]
12413. Mädchen aus braunem Holz, das bewegliche Arme und Beine hatte. Wohl Spielzeug.

e. Messer und Waffen.

Vgl. auch die Waffen und die Bogen.

Steinmesser aus Koptos, m. R. — Andere aus Tell-Amarna, (Dyn. 18.) (Gesch. Petrie.)
Steinmesser der Slg. Passalacqua, dabei: 3431 grofses Messer ohne Griff. — 3430, 3432 mit Griffen, wie sie auf den Bildern des a. R. von den Schlächtern benutzt werden (S. 53 c. d.).
12761. Bronzemesser, als Antilopenschenkel gedacht.
10779. Kriegsbeil. Das kupferne Blatt ist noch mit Lederriemen an den Stiel gebunden; der Stiel aus Holz mit Kupferbeschlägen. Wohl noch aus dem m. R. (Abb. 45.) (1890 aus Theben.) [Phot.]
13203. Klinge eines Beils, das als Schmuckwaffe diente. Durchbrochen, dargestellt ein Löwe, der einen Stier packt. n. R. — (1897 durch Reinhardt.)
14000. Klinge eines Beils, rund, wie es z. B. im m. R. von Holzarbeitern benutzt wurde.
2700 desgleichen, sehr dünn; ob wirklich benutzt?
4711. Wurfspiefs. (Passalacqua, Theben.) [Phot.] — 13708 Spitze eines ähnlichen.
10154, 10155. Bogen und Pfeile. Die Sehne war mit Asphalt befestigt. Die Pfeile aus Rohr mit Holzspitzen, an die bei einigen noch dreieckige Stückchen Feuerstein mit der Schneide nach vorn angekittet sind; sie waren hinten gefiedert. m. R. (1887 aus Theben.)

VI. Geräte des mittleren und des neuen Reichs.

4709. 4710. **Grofser Bogen** aus braunem Holz und drei Bündel Rohrpfeile mit eingesetzten Holzspitzen, die ihrerseits Feuersteinspitzen trugen. Aus dem Massengrab der Dyn. 19 (S. 190). [Phot.]

4712. **Bogen, aus Horn und Holz** kunstvoll zusammengesetzt, wie das noch heute asiatische Sitte ist, während es in Afrika und insbesondere in Aegypten sonst nicht vorkommt. Er ist mit hellbrauner Rinde überzogen, die durch Einlegen dunklerer Rinde und durch eingeprefste Linien gemustert ist. (Ebendaher.) [Phot.]

Abb. 45. Waffen und Sandalen.

7353. **Klinge eines Schwertes** aus Bronze, vielleicht später. (1872 durch Brugsch.)

Wurfhölzer zur Vogeljagd; dabei drei (4734) aus dem Massengrab der Dyn. 19 (S. 190). (Abb. 45.) [Phot.]

9602, 9065. **Keulensteine** aus Alabaster und Granit. [m. R. oder aus den ersten Dynastien?] (Abb. 45.) (1886 aus Theben.)

11345. **Dolch** aus Bronze, der zierliche Griff aus Horn und Elfenbein.

Waffen aus Tell Amarna, der Residenz Amenophis' IV. (S. 13): Beil aus Kupfer, Pfeilspitzen aus Kupfer und aus Feuerstein. (Gesch. Mosse.)

Waffen und Schmuck eines Kriegers des n. R. (Abb. 45), von Passalacqua in Theben bei einer Mumie gefunden, die ohne eigentliches Grab im Schutt bestattet war: 2053 Dolch aus Bronze; der Griff aus Muschel (?) und einer Haut, mit Gold beschlagen. — 2054 Lederscheide des Dolches. — 2769 Klinge einer Streitaxt, aus Bronze. — 274 Schleifstein. — 6694 Armring aus Elfenbein. — 4471 Schminkbüchse aus Stein.

12476. Köcher des n. R. aus rotem Leder, das mit Verzierungen aus grünem Leder benäht ist. Der Deckel rund, ebenso verziert.

12618a. Nachbildung eines Schildes, das mit Rinderhaut bespannt zu denken ist. Dem Toten ins Grab mitgegeben. m. R. Aus einem Grab in Siut. (Abb. 45.)

f. Stäbe.

Vgl. andere S. 86. 100. 103.

4723. Stab des Hor, Priesters des Gottes Month, aus dem Ende des n. R. (Pass., Theben.)

1284. Stab des Sarobibina, Hohenpriesters des Amon zu Schemnofer (?), der *vom König wegen seiner trefflichen wunderbaren Eigenschaften geliebt* war. Er lebte unter Amenophis IV. und war ein Ausländer, der mit seinem aegyptischen Namen Abaï hiefs. Da er auch Priester des Baal und der Astarte war, so dürfte er ein Phönicier gewesen sein. (Anderes aus seinem Grabe S. 205. 209. 211.)

4733. Spitze vom Stabe des Schreibers Mahu, aus dem n. R., die Inschrift wünscht ihm *das Greisenalter in Theben* und *ein schönes Begräbnis nach dem Alter*. (Pass., Memphis.)

10002. Spitze eines Stabes, oben ein Papyrusbüschel, unten ein Ornament aus aufgelegten Rindenstreifen.

Aehnliche: 4721 vom Stabe des Schreibers Hapi — 4730 aus dem Massengrab der Dyn. 19 (S. 190).

4724. Oberteil eines Stabes, das höchst zierlich mit verschiedenfarbigen Einlagen von weifser, schwarzer und brauner Rinde verziert ist. Dyn. 18. (Lepsius.)

g. Geisseln, Wedel u. ä.

13694. Peitschenstiel, der unten in ein Pferd endet. Weifs und rot bemalt. n. R.

Griffe von Wedeln, wie sie zum Verscheuchen der Fliegen üblich waren (vgl. die Darstellung des a. R.: 14009. S. 56): 6647 als Arm gedacht. — 9578, 10236 desgleichen, doch ist widersinnig an den Arm noch eine Blume und ein Fisch gefügt. n. R.

h. Fischergeräte.

Aus dem Massengrabe der Dyn. 19; S. 190.

Fischernetz und Zubehör [Phot.], lag unter dem Kopf einer Mumie: 6034. Zwei Bruchstücke eines Netzes mit feinen Maschen; am Rand stärkere Schnur mit Bleistücken. — 6035. Holzstück, das am Netz befestigt war. — 7406. Hohle Frucht, die als Schwimmer diente.
2761, 10293. Netznadeln aus Bronze, den heutigen gleich.
4728. Holzstab zum Netzflechten? [Phot.]
12759. Angelhaken der noch heut üblichen Form.

i. Ackergeräte.

7103, 7104. Hacken, wie man sie auf dem Felde zum Zerkleinern der Erdschollen benutzte; Griff und Blatt sind durch einen Strick verbunden. (Abb. 46). — (Passalacqua aus Theben, die erstere sicher aus dem Massengrab der Dyn. 19. S. 190). [Phot.]
7105 ähnliche kleiner. — (Lepsius.)
13876—13879. Pflug, nach den kleinen eigentümlichen Jochen zu urteilen, vielleicht für Eselbespannung bestimmt; die Deichsel ergänzt. Die Griffe der Sterzen haben die im n. R. übliche Form; ob die eiserne Schar zu diesem Pfluge gehört, ist fraglich. Das zweite Joch von einem anderen Pfluge; das Holz mit dem Strick 13879 vielleicht von der Leine. (Abb. 46.) — (1897 in Theben.)
13881. Kleine Schlitten, etwa zum Transport von Kornsäcken. Mit dem Pflug erworben. (Abb. 46.)
10773, 12478. Schaufeln zum Worfeln des Korns auf der Tenne. Vgl. die ähnliche des m. R. S. 110. (Abb. 46.)
Sicheln, sägeartig, aus Feuerstein, waren mit Kitt in einem Holzgriff befestigt. (Tell-Amarna, Gesch. Petrie.)
13711. Sack aus weißem Leder.
13885. Korb von eigentümlicher Gestalt, wie er zum Reinigen des Getreides benutzt wurde, mit dem Pflug erworben. (Abb. 46.)

G. h. Fischergeräte. i. Ackergeräte. k. Schlüssel. 225

k. Schlüssel.

Sämtlich aus Eisen. Wie das ausgelegte aegyptische Schloß (das vielleicht sehr jungen Ursprungs ist) zeigt, wurde der Riegel im Schloßkasten durch Fallstifte festgehalten, die, wenn man den Riegel

Abb. 46. Ackergeräte und Kornmaaße.

bewegen wollte, mit den Zacken des Schlüssels aus ihren Löchern gehoben wurden. — Das hölzerne Modell eines Schlüssels S. 227.
2846. Schlüssel mit drei Zacken, mit dem Säckchen 757 (S. 198) gefunden. — 13693 ähnlich.

Aegyptische Altertümer. 15

2847 desgleichen mit vier Zacken, aus dem Massengrabe der Dyn. 19 (S. 190).
2841. Eisenstab, mit dem vorigen zusammen gefunden.
12480. Schlüssel mit zwei Zacken.

1. Gewichte und Maafse.

Das gewöhnliche Gewicht, wie es z. B. im n. R. gebräuchlich war, wog etwa 91 grm und zerfiel in 10 Teile. Ein Gewicht des a. R. siehe S. 71. — Im n. R. gab man ihnen gern die Gestalt von Kühen oder Kuhköpfen. Vgl. die ausgelegte Zeichnung.

13804, in Form einer Kuh bezeichnet als *1 Deben*; es wiegt jetzt etwa 93 grm. Vielleicht aus dem Palaste Amenophis III. in Theben. Br.

13905 desgleichen ohne Bezeichnung, wiegt etwa 23 grm, also $^1/_4$ Deben. Zum genauen Ausgleichen des Gewichtes hat es im Bauch ein kleines Loch, das mit Blei nachgefüllt werden konnte und an der Seite einen Ansatz, von dem abgefeilt werden konnte. Ebendaher. Br.

10711 aus Kalkstein mit der Aufschrift *Kupfer 15*; jede der mit „Kupfer" bezeichneten Einheiten entsprach 27,3 grm, d. h. $^3/_{10}$ des gewöhnlichen Pfundes.

7358. Bruchstück einer Elle, in sehr hartem Steine meisterhaft gearbeitet. Sie war in *Spannen* und *Finger* geteilt und mafs ursprünglich etwa 51 cm. Aufser der Einteilung trug sie noch, wie andere Ellen älterer Zeit, Listen aegyptischer Götter, Gaue und Monate, — aus welchem Grunde ist nicht ersichtlich. (Gesch. Travers 1875.)

797. Mefsstrick? aus Palmfasern, hatte an einem Ende eine Schleife, am andern einen Knoten. (Aus dem Massengrab der Dyn. 19. S. 190.) [Phot.]

13893, 13894. Kornmaafse, etwa $3^1/_3$ Liter und $1^1/_2$ Liter Inhalt. Vielleicht später (Abb. 46).

m. Verschiedene Geräte.

7102. Stab mit einer Rolle. Zum Winden benutzt.
7106, 7107. Schlägel von Zimmerleuten. (Aus dem Massengrab der Dyn. 19. S. 190.) — 13695 desgleichen, stark abgenutzt. [Phot.]
10772. Niedriger Schemel, wahrscheinlich Unterlage zum Formen der Brote. [Phot.]
10812. Ähnlich, aber kleiner; noch mit den Schrammen und Flecken der Arbeit. [Phot.]

13880. Holzklotz, etwa zum Recken des Leders? Vgl. G. 248 in Abschn. XIV, B, b.

Handfeger aus Palmfasern, verschiedener Form, stark abgebraucht. — 6036 desgleichen aus Ölbaumreisern. Derartige Handfeger dienten u. a. zum Abstäuben der Asche von den in der Glut gebacknen Broten.

7160. Reibstein, wie man sie zum zerreiben, polieren u. s. w. benutzte.

9530. Reibsteine, wohl zum Reiben der Schminke.

Nähnadeln aus Kupfer mit geschlagenem und gebogenem Öhr. Eine andere aus dem m. R. s. S. 110.

Pfriemen aus Knochen. — Garnwickel aus Stein (beides aus der Stadtruine von Gurob, n. R., Gesch. Petrie).

Bronzene Stempel der Tempelverwaltung des Amon: *Haus des Amon*; der gröfsere zum Einbrennen für Vieh u. s. w.

2743 desgleichen, mit den Zeichen *Affe* und *Stadt*. Vielleicht später.

9625. Ein Stück Elfenbein an einem Stiel; wozu dieses mehrfach erhaltene Gerät diente, ist nicht klar.

n. Nachbildungen von Geräten.

Hölzerne Nachbildungen, zusammen gefunden; wohl aus einem Grabe des m. R. (Gesch. Mosse 1892.) Dabei 11617—11621 der „Dächsel" der Zimmerleute. — 11607 Stemmeisen. — 11605, 11609, 11616. Keulen. — 11608 in Gestalt eines Fingers. — 11610 Stierschenkel. — 11613 11614 Schlüssel.

Hacken, wie S. 224, in Bronze und Fayence.

Werkzeuge (Beilklingen, Säge, Meifsel u. a.) in Bronze etc.

14064. Beil mit Stiel aus Bronze, auch die Riemen, die die Klinge halten (vgl. S. 221, 10770), sind angegeben. Zierliche Arbeit.

VII. Libysche Zeit.
Etwa 1100—700 v. Chr.

Das Volksleben dieser verworrenen Epoche zeigt mancherlei Fremdartiges, bewegt sich indessen zunächst noch in den aus dem n. R. überlieferten Formen fort. Erst zur Zeit der aethiopischen Eroberer (S. 16) machen sich die archaïsierenden Tendenzen geltend, die dann die Spätzeit beherrschen (S. 243).

A. Aus Tempeln.

7973. Stein mit dem Namen Königs Amen-em-opet, fast das einzige Denkmal desselben (S. 15). Aus dem Tempel *der grossen Isis, der Beherrscherin der Pyramiden*, einem kleinen Heiligtum, das unweit der grofsen Pyramide von Gizeh lag. (1878 durch Travers) K. h. 1,09 m.

2094. Von dem Siegesdenkmal Scheschonk's I., auf der Aufsenwand des Tempels von Karnak; das Bild — vgl. die freie Nachbildung unter den Wandgemälden in Saal VII (zu beiden Seiten des ersten Fensters) — stellt vor, wie Gott Amon-Re dem Könige die Ortschaften übergiebt, die dieser in seinem Feldzuge gegen Rehabeam von Juda, den Sohn Salomos, erobert hat. Eine jede ist durch einen Mauerring dargestellt, in dem ihr Name steht; darüber als ihr Vertreter ein Gefangener mit gekrümmter Nase, hervortretenden Backenknochen und Schnurr- und Spitzbart. Unser Bruchstück nennt vier unbekannte Orte (etwa: Chitbah, Tiwati, Chakrem, Arta); Abgüsse anderer Namen Abschn. XIV, E, a. — (Lepsius) Sdst. br. 70 cm. [LD. III 252, No. 105—108.] [Phot.] [Abb. 47.]

2101. 2102. Osorkon II. (S. 15) bei verschiedenen Zeremonien im Tempel, auf 2101 mit der Krone von Oberaegypten, auf 2102 (Opfer *für seinen Vater Osiris*) mit der von Unteraegypten; in der L. Keule und Stab, die R. betend erhoben. Gute Probe der gewöhnlichen Tempelreliefs. — (Lepsius, Theben) Sdst. h. 1,47 m; 1,45 m.

10838. **Osorkon II. und die Königin Karama** opfern der Nechbet, der (hier fehlenden) Göttin von Oberaegypten, eines der Symbole langer Zeit (im Original S. 305). Ebenso wie das folgende Relief vom Thor der Halle, die Osorkon II. im 22. Jahre für die Feier seines Regierungsjubiläums erbaute. Darstellungen des a. R. aus einem Bauwerk der gleichen Bestimmung S. 42. — (Gesch. des Egypt Explor. Fund 1890.) R. Gr. h. 2,06 m. [Naville, Fest. Hall, Taf. II 13, III 13.] [Abb. 48.]

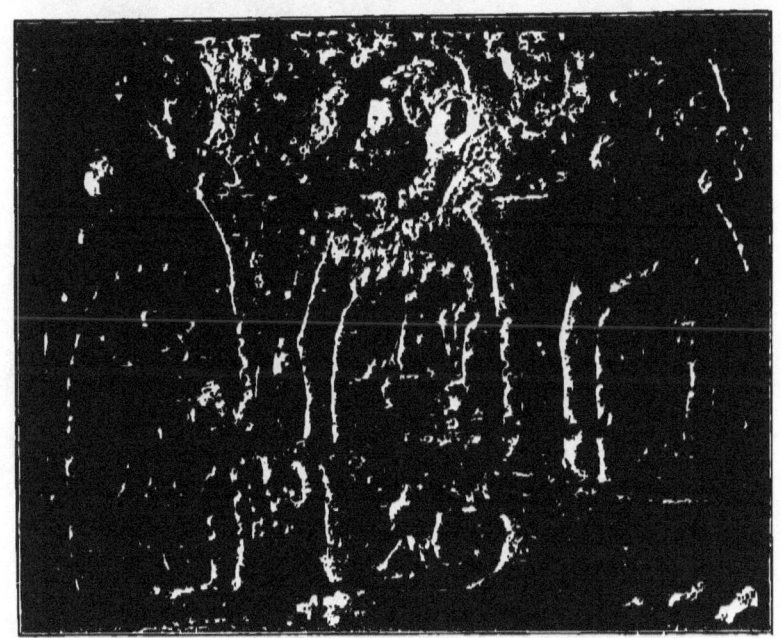

Abb. 47. 2094 Gefangene Juden vom Denkmal Scheschonk's I. (nach Mertens).

10837. **Zeremonien beim Regierungsjubiläum**, ebendaher. Unten rechts: der König (Krone von Oberaegypten und eigentümliches Kleid) wird von Priestern mit Wasser besprengt und *gereinigt*; das Wasser scheint ihm von den Händen zu traufen. Links steht er in einer Kapelle und opfert einer Gottheit das oben erwähnte Zeichen langer Zeit. Hinter ihm zwei Priester, deren einer ein zweites Exemplar bereit hält. Alle Priester tragen Pantherfelle. Oben rechts musizierende Priester, der eine schlägt eine

Pauke, die sein Gehülfe trägt; andere klatschen und singen. Links Priester, die einander zurufen *zur Erde! zur Erde!*

Abb. 48. 10838 Osorkon II. und die Königin Karama.

— (Gesch. des Egypt Explor. Fund 1890.) R. Gr. h. 1,44 m.
[Naville, Fest. Hall, Taf. XI, 6.]

B. Denksteine.

Z. T. mit silhouettenartigen Bildern.

7344 vom Jahre 28 Scheschonk's III., verewigt eine Schenkung an einen Tempel. Oben überreicht der König *dem grofsen Gott, dem Herrn des Himmels* und der Hathor das Zeichen des Feldes; hinter ihm betet der eigentliche Stifter, wie es scheint ein Hoherpriester des Amon und Nachkomme der Ramsesfamilie. Unten Anfang der Inschrift in der sonst nur auf Papyrus verwendeten hieratischen Schrift (S. 28). — (1875 durch Travers.) K. h. 28 cm.

8437 unter einem König Takelothis; er opfert Wein vor den Göttern seiner Hauptstadt Bubastis, der katzenköpfigen Bast und dem Sopd, dem Gotte des Ostens. — (Posno) K. h. 22 cm.

7295 eines Amen-em-opet; er bringt dem *Amon-Re im Wüstenthal* eine Lampe mit Untersatz dar; hinter dem Gott eine Gans auf einem Grabe, vielleicht sein heiliges Tier. Darunter als Widder mit Federkronen zwei andere sonst unbekannte Götter: *Amon-Re der Löwe(?) des Ruhmes* und *Amon-Re des Surorii*. — (Pass., Abydos.) Sdst. h. 30 cm. [Mélanges Ch. de Harlez p. 373.]

70 eines Ripa. Er betet mit seinem Vater vor Osiris und Anubis; neben diesen Göttern wird auch hier der *Amon-Re im Wüstenthal* genannt. — (1890.) Sdst. h. 27 cm. [Mélanges Ch. de Harlez p. 373.]

7297 des Penr...; er betet mit seiner Frau vor Osiris, Isis und Horus. Isis trägt hier schon eine Sonne, die eigentlich der Hathor zukommt. — (Pass., Abydos.) Sdst. h. 22 cm.

8169 des Nes-ptah, Priesters des Ptah. In der Mitte das zerstörte Bild dieses Gottes, r. davor betet Nes-ptah, l. (mit Pantherfell und Stab) sein vornehmer Ahnherr, der Hohepriester Anchef-en-sechmet, der als Zeitgenosse König Scheschonk's I. (S. 15) bekannt ist. Auf der Rückseite Aufzählung anderer Mitglieder der Familie, die verschiedenen Göttern in Memphis — darunter auch dem fremden Gotte Baal — dienten. — (Gesch. von Saurma-Jeltsch 1881) K. h. 28 cm. [Brugsch Thes. 811 ff.]

VII. Libysche Zeit. (1100—700 v. Chr.)

C. Statuen von Privatleuten.

2278. Betender Mann; er hält vor sich den Widderkopf des Amon, der mit Halsketten und einem Kranz geschmückt ist. Auf dem Untersatz dieses Kopfes ist links derselbe Gott in ganzer Figur, der *Amon-Re vom südlichen Theben* (Luxor?) dargestellt; vor ihm stand ursprünglich ein als *Diener des Amon-Re* bezeichneter Mann, der die Statue zur Zeit des n. R. gestiftet hatte. In der libyschen Zeit hat dann ein *Oberwasserspender* diese alte Statue zu seinem eigenen Bilde gemacht, indem er das ursprüngliche Bild tilgte und aufser seinem Namen noch die Figur der Königin Karomama (Gemahlin Takelothis' II., S. 15) einritzte, die als Gottesweib (S. 12; 16) vor dem Gotte mit zwei Sistren musiziert. — (Lepsius) K. Kopf fehlt; h. 50 cm. [LD. III, 256h.]

9320. Statue eines Häuptlings der libyschen Söldner und seiner Frau, ihnen von ihrem Sohne Nes-ptah geweiht. Vater und Sohn tragen den libyschen Titel: „mes" *Herr*. Die Mutter war *Sängerin* eines Gottes; sie hält eine Blume. — (1886) Schw. Gr. h. 30 cm.

8806. Von der Statue des Har-si-ese, Priesters zu Athribis, der einen Schrein mit Osiris hält; noch in der Tracht des n. R. Er war nah verwandt mit einem Fürsten Bek-en-nife, wahrscheinlich demselben, den der Assyrerkönig Assurbanipal (etwa 667 v. Chr.) zum Herrscher von Athribis einsetzte. — (1885) Gr. St. h. 22 cm.

D. Aus Königsgräbern.
a. Aus der Zeit Scheschonk's I.

11000. Behältnis für die Eingeweide Scheschonk's I., des Eroberers von Jerusalem (S. 16), aus dem noch unbekannten Grabe des Königs. In Form einer Kapelle, innen vier Vertiefungen für die Krüge, in denen die Eingeweide beigesetzt waren. Auf dem als Dach gebildeten Deckel breitet ein Geier die Flügel schützend aus (der Kopf in Relief); an den Seiten Isis und Nephthys in derselben Handlung. Die Seiten des Daches sind mit Schlangen verziert. Vorn der Name des Königs. — (Gesch. Julius Isaak 1891) Al. h. 71 cm. [Phot.]

C. Statuen. D. Aus Königsgräbern.

2105, 2106. Eingeweidekrüge der Königin Karoama, Gemahlin Scheschonk's I., die als „Gottesweib" des Amon eine der königlichen nachgebildete Titulatur trägt. Die Deckel fehlen. — (Lepsius) Al. h. 23 cm. [LD. III, 256b, c.]

b. Aus dem Fund der Königsmumien von Der-el-bahri.

Der Verfall Aegyptens gegen Ende des n. R. war ein solcher, dafs der Staat nicht mehr imstande war, die Gräber des thebanischen Gräberfeldes wirksam vor Räubern zu schützen und insbesondere waren die Gräber der Könige in dem abgelegenen Wüstenthal von Biban-el-moluk der Plünderung ausgesetzt. Wir besitzen noch Akten aus den Untersuchungen, die unter Ramses IX. über die Zustände der Gräberstadt Thebens angestellt wurden. Schliefslich musste man einige Gräber als unhaltbar aufgeben; man brachte z. B. die Mumie Ramses' II. zuerst in das Grab Sethos' I. und dann, als auch dieses nicht mehr sicher schien, in das Grab Amenophis' I.; zuletzt erschien es als die einzige Rettung, die noch erhaltenen Königsleichen (dabei Amenophis I. und seine Mutter Ahmose-Nefret-ere, Thutmosis III., Sethos I., Ramses II., Ramses III. u. a.) zusammen in einer Felsspalte des Berges von Der-el-bahri, die man unten seitwärts verlängerte, zu verstecken. Es war dies etwa gegen Ende der 21. Dyn., deren Angehörige z. T. auch in dem gleichen Versteck beigesetzt sind. — Aufgefunden etwa im Jahre 1874 von Fellachen, die aber ihren Fund lange geheim hielten; seit 1881 im Museum zu Kairo.

10696. Feinstes Linnen mit blau und roter Webkante und Franzen, ein Beispiel der im Altertum berühmten durchsichtigen aegyptischen Gewebe. Wohl von einer der Prinzessinnen der 21. Dyn. — (Gesch. eines Ungenannten 1889.)

Totenfiguren von Angehörigen der Dyn. 21.

Sämtlich aus dunkelblauer Fayence mit trefflicher Glasur und schwarzer Malerei; die meisten als Mumien mit den Ackergeräten (vgl. S. 180), einige auch in königlicher Tracht. Als Aufschrift meist nur der Name. — (Z. T. Gesch. Brugsch 1875, Gesch. Travers 1875, 1877.)

König Pinotem I., die sorgfältigeren Figuren in der neueren Königstracht (besonders schön 7377, 7378); bei den anderen deutet wenigstens Kopftuch und Schlange auf den Herrscher.

Königin Henut-taui, Gemahlin des Vorigen, ebenfalls mit der Königsschlange und von guter Arbeit (z. B. 8520, 8530).

Prinzessin Mat-ke-re, als Gottesweib des Amon (S. 12; 16), ebenfalls mit der Königsschlange. Gut 8536.

Hoherpriester Masaharti, klein und roh (8537, 8538).

Prinzessin Ese-em-chebt, Frau des Hohenpriesters Mencheper-re, mit dem Titel des *ersten Kebsweibes* des Amon. Plumpe Figuren mit langer Aufschrift (z. B. 8542, 8546).
Hoherpriester Pinotem II., roh, mit langen Aufschriften (z. B. 8547, 7695).
Prinzessin Nes-chons, *erstes Kebsweib* des Gottes und Gemahlin des Vorigen (8551, 8552).
Prinzessin Nes-ta-neb-ascher, plumpe Figuren (z. B. 8556).
Prinz Ze-ptah-efonch, ein dritter Priester des Amon (z. B. 8557, 8560).

E. Aus Privatgräbern.
a. Grabsteine.

8441 des Nes-pher-an, Priesters des *heiligen Feldes* zu Bubastis und Enkel eines dortigen Hohenpriesters; beachtenswert, weil er aus dem *schönen Westen*, d. h. dem Gräberfeld, dieser Stadt des Delta stammt, während unsere Grabsteine sonst meist aus Memphis oder Oberaegypten herrühren. Der Tote betet vor Osiris. — (1883 Posno.) K. h. 37 cm.

7293 des Meri, Hohenpriesters beim Totenkult eines Königs (Thutmosis II.? Scheschonk IV.?); Tracht und Darstellung sind schon absichtlich altertümlich gehalten. — Oben opfert ein Priester dem Osiris, unten betet ein anderer vor Meri und seiner Frau. — (Passalacqua, Abydos.) Sdst. h. 48 cm.

Hölzerne Tafeln.

Seit der libyschen Zeit wird besonders Toten niederen Standes an Stelle des Grabsteines eine bemalte Holztafel beigegeben. Wie der späte Grabstein (S. 264) trägt sie meist oben eine geflügelte Sonne; darunter betet der Tote vor den verschiedenen Sonnen- und Totengöttern, an die sich auch die Opferformeln der Inschriften wenden.

10258 des Pete-chons, Priesters des Amon und der Mut; der Tote in langem Kleid opfert und räuchert vor Harmachis; blauer Grund.

823. Der Nes-tru-en-mut, Tochter des Hor, Schatzbeamten des Amonstempels. Unter dem Himmel, der auf den Zeichen des Westens und Ostens ruht, betet die Tote vor Re-Harmachis: *Gelobt seist du Re — in deinem Namen Re. Gelobt seist du Atum — in deinem Namen Atum. Gelobt seist du Chepre — in deinem Namen Chepre. Gelobt seid ihr Götter, die ihr ihm folgt. Bringt meine Worte*

hinauf zu Re, dass er mir gebe das schöne Leben, von dem die Seelen der Götter leben, an Brot, Bier, Ochsen, Gänsen, Weihrauch, kühlem Wasser, dass er mich dauern lasse wie einen von seinen Dienern, unzerstört ewiglich.

b. Särge und Mumien.

Die Mumien werden in eng anliegende Hüllen gelegt, die aus mehrfach übereinander gelegter Leinwand und Stuck (sogenannte aegyptische Pappe) sorgfältig gearbeitet sind. Die Bemalung zeigt wenige bunte Bilder auf weissem Grund; die Köpfe der Frauen rosa oder vergoldet. Diese Mumienhüllen und die Särge haben meist am Fussende eine Art Sockel, der denen des n. R. fehlt. — Auf den Enden der Mumienbinden befestigt man Streifen aus gepresstem Leder, auf denen der König vor einem Gotte dargestellt wird (S. 238); auch Wachsfiguren der 4 Schutzgeister giebt man dem Toten bei (S. 238).

30 und 927. Hülle und Mumie des Nes-pnuter-re, Priesters zu Theben. Auf der Hülle Gottheiten, die ihre Flügel über den Toten breiten: ein widderköpfiger Sperber, ein Sperber mit der Sonne auf dem Haupt, Isis und Nephthys, zwei Sperber und ein Geier. — Oben rechts der Reliquienkasten von Abydos (S. 173) als ein mit einem Teppich verhülltes Kästchen auf einem Pfahl. — Die Mumie ist (1827 in Paris) ausgewickelt; am Körper haften noch Stücke der Binden, am Bauch klebt ein Papyrusblatt mit religiösen Bildern. Haar und Bart waren rötlich und kurz geschoren; der Schädel ist bei der Öffnung aufgesägt. Zwischen den Beinen liegt ein (jetzt formloses) Bild des Osiris, das aus Schlamm, Harz, Gerste und Hafer besteht; ein ähnliches Bild wurde bei den Osirisfesten verfertigt, um das Wiederaufleben des Gottes durch das Keimen des Getreides darzustellen. In den Binden zwischen den Schenkeln lag der folgende Papyrus. — (Passalacqua.) l. 1,73 m.; 1,62 m. [Abb. 46.] [Phot.]

P 3037. Zwei Papyrusstreifen mit Sprüchen zum Schutze des Nes-pnuter-re; alte bis zur Sinnlosigkeit entstellte Formel. Der Anfang lautet etwa: *Er gleicht dem Set, der da kommt, um den Ruhenden zu schlagen; ich sage zu dem mit dem Widdergesicht: Set kommt, um deinen Sohn Osiris zu schlagen ... Zurück Set! nahe nicht dem Gottesgesicht u. s. w.* (Aus der obigen Mumie.)

7325. Mumienhülle der Frau Tent-amon, Tochter eines Priesters in Theben unter Osorkon I. (S. 15); mit sehr zierlichen Zeichnungen: Unter dem Halskragen der Sonnen-

230 VII. Libysche Zeit. (1100—700 v. Chr.)

gott als Käfer mit Sperberkopf. — Die Tote (Hautfarbe rosa) wird von Horus und Thoth vor Osiris und Isis ge-

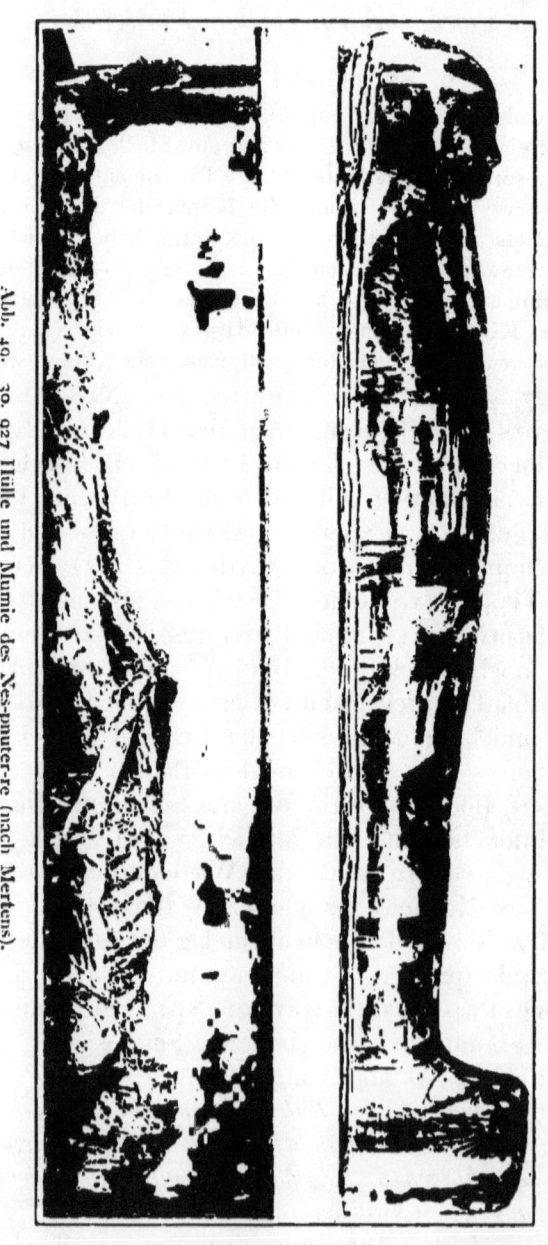

Abb. 49. 30. 927 Hülle und Mumie des Nes-pmeter-re (nach Mertens).

führt: Horus sagt dabei zu Osiris: *bei deinem Geiste! wir haben nicht gefunden, dass sie leer ist* (von guten Thaten);

sie ist selig. Vor Osiris die Schutzgeister auf einer Blume.
— Der Reliquienkasten von Abydos, von Isis und Nephthys
geschützt, und Standarten mit heiligen Zeichen. (S. 250.)
— Osiris von Busiris als Pfeiler, von Isis und Nephthys
geschützt. — Der Sonnengott als Käfer mit Widderkopf.
— (1872. Pückler-Muskau.) — Leinen und Stuck, das
Gesicht modern vergoldet; l. 1,62 m.

7401—7408. **Von der Mumie der Tent-amon.** Leder-
stücke mit König Osorkon I. vor Amon, von den Enden
der Mumienbinden. — Wachsfiguren der 4 Schutzgeister
des Toten. — Roher Käferstein ohne Inschrift (vgl. S. 188).

32. **Mumienhülle der Frau Ze-mut-es-oneh**, mit sorg-
fältigen Bildern. In der Mitte breiten ein widderköpfiger
Geier und ein Sperber, sowie Isis und Nephthys die
Flügel über die Tote aus. — An den Seiten die Osiris-
söhne. — Neben den Füßen zwei Geister mit Stier- und
Schlangenkopf, mit Messern bewaffnet, der linke heißt
Flammenhorn. — (Passalacqua) Leinen und Stuck, l. 1,70m.

40. **Mumienhülle einer Frau**, darin noch die Mumie.
Das Gesicht rosa; die Bemalung der Brust ahmt die
Mumienbinden nach. Bunte Bilder auf weißem Grund;
Götter (Geier, Sperber, Isis und Nephthys) schützen den
Toten mit ihren Flügeln. — (Gesch. Graf Pourtalès 1825)
Leinen und Stuck, l. 1,65 m.

7478. **Särge und Mumien des Kindes Nes-chons**,
Tochter eines *Fürsten der Maschawascha*, d. h. der libyschen
Söldner; das Kind gehörte bei dieser vornehmen Herkunft schon zu dem weiblichen Hofstaat des Amon, der
aus dem Gottesweib, den Sängerinnen u. s. w. bestand.
Die Holzsärge einfach. Auf der Hülle der Mumie u. a.
zweimal Isis und Nephthys; das eine mal mit einem Kopftuch (oder weißem Haar?) klagend, das andere mal in
ganz ungewöhnlicher Weise mit Sperberköpfen. — (Gesch.
Todrus Bulos 1876.) l. 1,24 m.

11163. **Mittlerer (?) Sarg einer Frau Schep....**, mit
grünem Gesicht und einer Opferformel an Atum-Har-
machis. — (1890) H. l. 2,10 m.

8507, 8508. **Sarg und Mumie einer Frau.** Der einfache
rot gestrichene Sarg war fertig gekauft; der Käufer hat
unterlassen, den Namen der Toten in der Inschrift ein-
zufügen. Die Mumie noch in der äußeren Hülle: rosa,

mit weifs und schwarzen Streifen festgebunden. — (1884, Achmim.) II. l. 1,87 m.

8284. **Mumienhülle der Frau Nes-chens-pe-chrod**, eigentlich, wie das braune Gesicht zeigt, für einen Mann bestimmt. Bemalung: widderköpfiger Geier, Sperber und Reliquienkasten zwischen schützenden Göttern; am Fufsende ein Apis. (Vgl. S. 275.) Der Grund jetzt gelblich durch Nachdunkeln des Firniss. — (Gesch. Prinz Friedrich Karl 1883.) Leinen und Stuck. l. 1,68 cm.

48. **Sarg des Ze-mut-ef-onch**, Wasserträgers im Amonstempel. Das Gesicht braun und gefirnifst. Grün auf weifs. Einfache Bilder, dabei: Horus vor dem geöffneten Sarg, in dem Osiris als Mumie steht. — (Passalacqua, Theben) II. l. 1,89 m.

2100. **Vom Sarg einer Prinzessin**, die die Tochter eines Königs Pef-tew-di-bast war; ihre Mutter war die Tochter eines Königs Rud-Amon. Der erstere ist vermutlich mit einem Fürsten der Stadt Herakleopolis (Ehnas) identisch, der um 775 v. Chr. von dem Aethiopenkönig Pianchi (S. 16) besiegt wurde. — (Lepsius, Theben.) II. l. 1,18 m.

Theile eines geschnitzten Sarges (Bild der knieenden Mut u. ä.), die auf dem Sarge etwa so wie bei 50, S. 273, aufgeleimt waren.

Köpfe von Sargdeckeln libyscher Zeit, mit eingelegten Augen: 6746 bartlos, braun. — 815 breit, grün (wie manchmal Osiris) mit Bart.

6749. **Kopf der Mumienhülle** einer Frau, mit rosa Hautfarbe (wie 7325 oben), gute Arbeit.

c. Beigaben.

Den Schmuck und die Amulette der Mumien, die schwer von denen der Spätzeit zu trennen sind, siehe S. 282.

Lederenden von Mumienbinden (S. 235. 237), weifs mit rotem Rand, mit eingeprefsten Bildern. Dargestellt meist König Osorkon I., der einen Gott (Min, Horus, Ptah, Mut) salbt. — 6964, 6965 ein roter Lederstreifen mit zwei solchen Enden: Takelothis II. vor der Mut. — 6973 nur mit einem Ornament.

Figuren der Schutzgeister aus Wachs (vgl. S. 235. 237). Das Wachs rot oder gelb, einige haben einen Kern aus Thon. Bemerkenswert: 10174 mit umgelegten Binden und einem Kranz (Gesch. Todrus 1887). — 6837, 6829, 6850, 6845 mit den Abzeichen des Osiris. — 6846, 6842, 6847, 6828 schreitend, nicht als Mumien gebildet.

Hölzerne Schakale; wurden so auf die Mitte des äufseren Sarges gesetzt, dafs der Schwanz des Tieres an der Seite herunter hing; ebenso hatte wohl der schakalförmige Anubis schützend auf dem Sarg des Osiris gesessen. Dabei: 1082 grofs, eine rote Binde um den Hals, wie sie die Mumien dieser Zeit tragen. — 4674 ungewöhnlich, da der Schwanz um den Hinterschenkel geschlungen ist. (Minutoli, Reise Taf. 32, 3.)

Hölzerne Sperber, wie man sie auf die vier Eckpfosten der äufseren Särge setzte, wenn diese wie 50, S. 273, oder 8497, S. 274 gestaltet waren. Über ihre altertümliche Bildung S. 122, 1622. Dabei: 4687, 873 mit einem bunten Perlennetz und einem Halskragen geschmückt. — 4686 schwarz mit gelber Zeichnung; roh. — 13381 aus den unten erwähnten Gräbern des Ramesseums.

4680. Sperber gewöhnlicher Bildung, der grofse Kopfputz anscheinend nicht dazu gehörig.

Seelen als Vögel mit Menschenkopf; das Gesicht vergoldet, am Hals ein Amulett. Wurden auf die Brust des mittleren (mumienförmigen) Sarges gesetzt, als sei die Seele zu dem Toten zurückgekehrt: 4676 auf dem Kopf eine Sonne.

Zeichen für Osiris und Isis, die bei den Särgen des n. R. von den Toten gehalten werden (S. 169); wohl auch in den Sarg gelegt: 13489, 4694 der Pfahl Ded (Osiris); 13488, 812 der Knoten (Isis).

13320. Kleiner Sarg, etwa zur Beisetzung von Eingeweiden.

4561. Sperberkopf als Deckel, aus dunkelblauer Fayence, von einem Eingeweidekrug (vgl. S. 179).

517—519. Menschenköpfe als Deckel, aus rotem Thon, von Eingeweidekrügen; daneben Bruchstück eines dieser Krüge.

13209 desgleichen aus blauer Fayence.

Totenfiguren.

Zumeist aus blauer oder grüner Fayence, klein und flüchtig gearbeitet, da die Figuren in grofsen Mengen dem Toten beigegeben werden; häufig gegen die ursprüngliche Bedeutung dieser Figuren in der Tracht der Lebenden, mit einer Geifsel (?) in der Hand. Vgl. auch S. 233.

VII. Libysche Zeit. (1100–700 v. Chr.)

Königin Henut-taui als *Gottesweib* des Amon: 9545 als Mumie, 9546 in Männertracht. Wohl eine andere als die oben (S. 233) genannte.

Königin Meht-usech, „Gottesweib" aus dem Anfang der Dyn. 22: 4523 [LD. III 256 d] und 7418 als Mumie, 4521 in Männertracht. — 4522. Ähnliche Figur mit dem Namen Amon-Mut-em-het.

Königin Karo[ama?], „Gottesweib" aus der Dyn. 22: 303 bis 305, 323, 324 als Mumie, aber mit der Königsschlange; [LD. III 256 f] — 325 in Männertracht.

321. Har-em-chebt, Priester und *Tempelschreiber* des Amon; in dem tiefen Blau der Figuren des Königs Pinotem I. (S. 233.)

Frau Mert-amon, z. T. als Mumie (z. B. 10137), z. T. in Männertracht mit Ackergeräten (10141) oder mit der Geifsel (10140).

Amen-em-opet, *Priester des Amon-Re* und *oberster Maler des Amonshauses*; von seinen Figuren trägt nur eine (8331) die gewöhnliche Formel (S. 180), auf den anderen steht, freilich in völliger Entstellung, das sogenannte 5. Kapitel des Totenbuches, das die gleiche Wirkung hatte wie jene.

12679. Frau Teu-hert, mit Geifsel, in Männertracht.

8578. Frau Ese, *Sängerin des Thoth*, hellgrün.

8582 ein Oberster der Künstler, als Mumie, aber mit der Geifsel.

Frau Nes-te-uza (?), rohe kleine Figuren mit schlechter blauer Glasur; z. T. als Mumie (7596), z. T. in Männertracht mit Geifsel (7599).

Aus Gräbern im Ramesseum; die Wirtschaftsgebäude dieses Tempels waren in dieser Zeit schon eingestürzt und dienten Priesterfamilien als Begräbnisplatz. Viele der Figuren nur aus weiss oder blau getünchtem Thon, als billige Nachahmung der Fayence. (Gesch. Petrie.)

Ohne Aufschriften, was seit dieser Zeit häufig wird, dabei: 10168 in der vollen Tracht der Lebenden, aber ohne Geifsel oder Geräte. — 8904 mit kurzem Schurz und Geifsel. — 7606—7610 sehr klein, himmelblau.

8613 in der Tracht der Lebenden, in der Hand anscheinend zwei Leinenbinden.

Steinerne Figuren der Frau Uza-rans; in Mumienform, mit vollständigen Aufschriften, ähnlich den Figuren des n. R.

Holzfiguren eines Pscher-ese, plump, unbemalt.
Thonfiguren: 8611 blau gestrichen — 10170 Frau Ze-mut-es-onch, ohne Farbe.

Sogenannte Gegengewichte.

Man hängte derartige Stücke hinten an die grofsen Halskragen und Ketten, und zwar ursprünglich um diese in richtiger Lage zu erhalten. Auch müssen sie irgend eine Rolle beim Tanze der Frauen gespielt haben.

14068. Oben ein Isiskopf, unten eine Rosette. Dazwischen Bild der Isis, die mit dem Sistrum musiziert. F. schwarz bemalt.

12718. Oben Löwenkopf der Buto (S. 294), die fehlende Rosette war durchbrochen. Dazwischen geflügelte Schlange mit Menschenfüssen.

11329 durchbrochen, höchst zierlich: oben Bast, unten Auge, das mit einem Arme etwas hinreicht.

8039 unteres Ende, die Kuh der Hathor, den Kopf ihrer Göttin um den Hals gehängt, zwischen Papyrusstauden; mit dem Namen des Karo, Grofsen der Maschawascha. (S. 15.)

F. Verschiedenes.
a. Schreibgeräte eines Schülers u. ä.
Aus einem Grabe libyscher Zeit (1885).

8034. Schreibtafel mit einem Schuldiktat, der Titel eines Weisheitsbuches in altertümlicher Sprache: *Anfang der richtigen Unterweisung, verfafst vom Schreiber Anii*, mit dazwischen geschriebener Übersetzung in der Sprache des n. R. — Dieses Weisheitsbuch ist uns in einer Handschrift derselben Zeit (Museum von Kairo) erhalten. [ÄZ. 1894, S. 127.] [Phot.]

8035. Schreibtafel, eine Zeile Schrift und Übung einzelner Zeichen.

8936, 8937. Teile von Schreibtafeln, sie waren aus zwei Brettchen zusammengesetzt.

8932. Grofses Schreibzeug (S. 216), die Tinte in zwei rohen Löchern; das Behältnis für die Schreibrohre war an der Seite zu öffnen.

8933. Kleines Schreibzeug, ohne Löcher für die Tinte; aufgeschrieben die Zahl *14*.

242   VII. Libysche Zeit: F. b. Schmuck.

8038. Näpfchen, wohl für das Wasser beim Schreiben.
8930. 8931. Wohl Kommandostäbe, wie sie Beamte nach
alter Sitte trugen (z. B. S. 48a; S. 147, 2003).

b. Schmuck.

Sicher gehört auch ein Teil des S. 285 ff. beschriebenen Schmuckes schon in diese Zeit, doch ist die Scheidung noch nicht möglich.

12766. Grofse Fayenceperle mit dem Namen der königlichen Mutter Nodmet, Gemahlin des Hrihor (S. 15), und der Aufschrift: *Bast von Memphis schenke ein schönes Leben.*
8060. Figur eines Widders aus blauer Masse, mit dem Namen Scheschonk's I.; an einer Kette getragen.
Fayenceringe mit langer Platte, die mehrere Finger bedeckt (vgl. die ähnlichen Ringe später Äthiopenkönige auf dem Wandgemälde der Fensterwand von Saal VII): 1972 mit dem Zeichen „Leben" und fünf Göttern, dabei Set. — 7749 mit *Amon-Re, der Herr des Himmels, der Herrscher von Theben.* — 11564 mit *Bast, die Herrin von Bubastis, das Auge des Re, die Herrin des Himmels, die Herrscherin der Götter.* (Gesch. Mosse.)
Verbindungsstücke von Ketten, die die einzelnen Schnüre zusammenhielten (S. 211): 5393 Königin, Endstück. — 6537 Rosetten.

VIII. Aus der Spätzeit.
Seit 700 v. Chr.

[Diesem Abschnitt sind auch solche Altertümer der griechischen Zeit beigefügt, die sich im Ganzen nicht sicher von denen der saïtisch-persischen Epoche trennen lassen (Särge, Tiermumien, Kleinkunst u. a.)]

In der Zeit der äthiopischen Herrschaft wird eine gelehrte Altertümelei Mode, die das a. R. in allem nachahmt (S. 15. 17) und auch die beiden Jahrhunderte der grofsen saïtischen Könige, unter denen Aegypten noch einmal aufblüht, stehen unter dem Druck dieser Tendenzen. — Der Zeit der persischen Fremdherrschaft läfst sich nicht viel mit Sicherheit zuschreiben (4548 S. 252; 7493 S. 255; 7707 S. 266; S. 312), dagegen haben die einheimischen Herrscher, die zeitweise Aegypten den Persern entrissen, viel gebaut.

Ihre Skulpturen arbeitet die Spätzeit gern im härtesten Material (besonders dem grünen Stein), das man meisterhaft zu behandeln weifs. Der Stil hat meist eine glatte, bestechende Eleganz; die innere Leere dieser altertümelnden Kunst zeigt sich aber, wenn man Bilder, wie 11865 und 10290, die Reliefs des a. R. nachahmen, mit wirklichen alten Bildern wie S. 52c; S. 55; 1128 oder den Gipsabgüssen, Abschn. XIV, B, b, vergleicht, oder Statuen wie 8812 mit den alten Statuen S. 67. — Über den abweichenden Stil einiger Porträtköpfe vgl. S. 319.

A. Aus den Tempeln.
a. Reliefs und Bauglieder.
Aus der Zeit der aethiopischen Eroberung.

2103. Der Aethiopenkönig Schabaka opfert zwei Krüge Wein; über sein Diadem siehe unten 1480. Aus dem Ptahtempel in Theben. — (Lepsius.) h. 65 cm.

2104. Kopf desselben Aethiopenkönigs, mit der Krone von Oberaegypten und dem Königsbart. Aus dem Tempel zu Medinet Habu. — (Lepsius.) Sdst. h. 78 cm. [LD. V, 1c. III. 301, 79.] [Gips.]

1480. Wände aus einem kleinen Gebäude, das der Aethiopenkönig Schabataka in Theben neben dem heiligen

See für *das gesamte tägliche Opfer* des Amon-Re, also wohl als Magazin, erbaut hatte. — Auf der Thürwand aufsen Amon-Re und vor ihm, als Sperber gebildet, der König; innen: die Löcher zur Befestigung des Balkens der zweiflügligen Thür. — Auf der Seitenwand (die eigentlich rechts von der Thür stehen müfste): der König bringt dem Amon-Re und seiner Gemahlin Mut ein Weifsbrot dar. Schabataka trägt als Aethiope ein Diadem mit Bändern und zwei Königsschlangen, die seine Herrschaft über Süden und Norden andeuten; unaegyptisch sind auch die Ohrringe, die als Widderköpfe gestaltet sind, da der Widder dem Lieblingsgott der Aethiopen, dem Amon, heilig ist. Über dem König die Göttin von Oberaegypten als Geier. Amon-Re begrüfst ihn als seinen *leiblichen, süfsgeliebten Sohn und verspricht ihm, alle Länder und alle Barbarenländer unter die Sandalen zu legen;* Mut verheifst ihm *sehr viele Jubiläen* (S. 42; 229). — Nach der Vertreibung der Aethiopen sind die Namen des Königs ausgekratzt (nur aufsen, links unten einer erhalten) und ebenso die Schlange von Oberaegypten an seiner Stirn. — (Lepsius) Sdst. h. 2,48 m. [LD. V., 2 b, 3,4 III 301, 80.] [Gips.] [Phot.]

1621. Steinbalken (Architrav) aus einem Tempel von Medinet Habu, der von dem Aethiopenkönig Taharka erbaut war. Vorn das Franzenornament des oberen Randes der Wände, die geflügelte Sonne und die Namen des Königs. Unten auf blauem Grund ein fliegender Geier, der zwei Wedel hält; die Sitte, die Decken der Säle mit fliegenden Geiern zu verzieren, erklärt sich daraus, dafs man die Decken als Himmel auffafste. — (Lepsius) Sdst. l. 2,00 m.

1068. Von dem Siegesdenkmal eines Aethiopenkönigs (vgl. Abschn. XIV, F, a), das dessen Eroberungszüge in Aegypten erzählte. Man erkennt noch, dafs er *nach Theben* kam, *viele Opfer* brachte, weiter *nordwärts* zog und auf *das Heer von Unteraegypten* stiefs. — (Lepsius) Grünlicher Gr., h. 16 cm. [ÄZ. 1891, S. 126.]

Aus saïtischer und persischer Zeit.

2112. Aus dem Tempel von Karnak: Anchnes-nefereb-re, „Gottesweib" des Amon (S. 16), die nominelle Herrscherin von Theben unter den letzten Herrschern der 26. Dynastie, steht mit ihrem höchsten Beamten Scheschonk vor den Göttern Amon und Chons. Amon fafst ihre Hand und reicht ihr drei Schriftzeichen für „Leben". Die Königin hatte rosa Hautfarbe und trägt ein weites Gewand; Scheschonk ist als Unterthan kleiner als sie dargestellt und trägt ein Amtskleid und einen Wedel. — (Lepsius) Sdst. l. 91 cm. [LD. III 273 f.] [Phot.]

14126. König Amasis tritt in den Tempel ein, in altertümlicher Tracht, mit der Krone von Oberaegypten, in den Händen Stab und Keule. — Rohes Relief eines Tempels. — (1898 durch Reinhardt aus Oberaegypten.) Sdst. h. 80 cm.

14127. Der Nilgott von Oberaegypten tritt vor einen Gott und bringt ihm seine Gaben: kühles Wasser und Blumen. Der Gott hat wieder fast weibliche Brüste; vgl. S. 80. 81. — (1898 durch Reinhardt aus Oberaegypten.) Sdst. h. 50 cm.

9059. Aus einem Tempel der Isis(?). Mit den Bildern *der Isis im Sumpfe* und *der grofsen Isis, der Göttermutter. Ich gebe dir Gesundheit ewiglich* und *ich gebe dir Leben und Reinheit wie dem Re* verheifsen sie dem Könige, und reichen ihm, dessen Bild nur durch seinen Namen angedeutet war, die Zeichen des Lebens und des Genusses. — (1886 durch Travers) K. br. 98 cm.

2098. Sperber als Schriftzeichen, aus dem Anfang einer königlichen Titulatur. — (Herkunft unbekannt.) K. h. 35 cm.

1050. Kopf der Hathor, von einem kleinen Pfeiler (Sdst. Minutoli).

2113, 2114. Von Tempelreliefs des Königs Nepherites aus Karnak: Der König opfert ein Weifsbrot. — Der König vor dem Gotte Month und der Göttin Anit. — Kopf der Göttin Nechbet. — (Lepsius.) Sdst. l. 44 cm; 86 cm. [LD. III 284 b, c.]

2095. Von einer Thür des Königs Psammuthis aus Karnak. Vorn die geflügelte Sonne: *der von Edfu, der grofse Gott, der Herr des Himmels, der buntgefiederte, der aus dem Horizont hervorgeht.* An der Seite reicht der Mondgott Chons dem Könige, der nur durch den seine Namen beginnenden Sperber dargestellt ist, das Zeichen des Lebens. — (Lepsius.) Sdst. l. 70 cm. [LD. III, 259 b.]

240   VIII. Aus der Spätzeit. (Seit 700 v. Chr.)

2090. Aus dem Tempel von Bubastis, aus der Halle, die König Necht-har-heb aus rotem Granit erbaute. Der König betet vor zwei Gottheiten, deren eine in einer von Schlangen gekrönten Kapelle steht. Vor dem Könige großs sein Name, der spielend mit Götterfiguren geschrieben ist. — (Saulnier) R. Gr. l. 90 cm. [Phot.]

1509. Aus der Vorhalle des Tempels von Philae, Architrav mit den Namen des Königs Nektanebus. — (Lepsius.) S. l. 1,65 m. [L.D. III, 285.]

b. Königsstatuen.

Abb. 50. 10114 Statue einer Königin (nach Mertens).

10114. Statue einer Königin im herkömmlichen Ornat (S. 157): mit einem Gürtel mit langen Bändern, auf dem Haupt den Kopfschmuck der Isis, in den Händen eine Art Wedel und eine Blume (?); mit Halskragen, Ohrringen und Armbändern. Die schlanke Figur zeichnet sich durch Grazie und gute Erhaltung aus. — (1885) Gr. St., h. 55 cm. [Phot.] [Abb. 50.]

7072. Sphinx als Bild der Schepen-upet, Fürstin von Theben (S. 16) und Schwester des Taharka. Sie ist unter diesem Sinnbild der Könige (S. 112) opfernd dargestellt; das Gefäß, das sie dem Gott überreicht, hat als Deckel den Kopf des Widders des Amon. In der Inschrift heißt sie *die mit schönen Händen das Sistrum* (S. 220; 252), *hält, indem sie ihren Vater Amon befriedigt*; auch ihre Tante Amen-erdis, Gemahlin eines Aethiopenkönigs Pianchi, ist genannt, da sie von dieser ihre Würde ererbt hatte. Gefunden im heiligen See in Karnak. — (1870 durch Travers.) Schw. Gr. l. 82 cm. [Abb. 51.]

13255. **Kopf einer Königin** mit eigentümlich platter Frisur aus kurzen Locken. Vielleicht auch eine der Fürstinnen von Theben. — (1897 durch Reinhardt.) Schw. Gr. h. 16 cm.

11864. **Kopf eines jugendlichen Königs** im Kopftuch; schönes Porträt, aber in üblicher Weise idealisiert. Die eigentümliche Stellung der Ohren ist auf einen hohen Standpunkt der Statue berechnet. Aus Saïs, der Residenz der Dyn. 26 und ohne Zweifel einer dieser Könige. — (Gesch. Mosse 1892) Gr. St., h. 25 cm. [Phot.]

2275. **Von einer Statue Psammetich's II.**, dem Osiris von Ro-set geweiht, dessen berühmtes Heiligtum uns wahrscheinlich in dem sogenannten Sphinxtempel erhalten ist. — (Lepsius aus Gise, nahe der grofsen Sphinx) Gr. St. h. 34 cm. [LD. III, 273 c.]

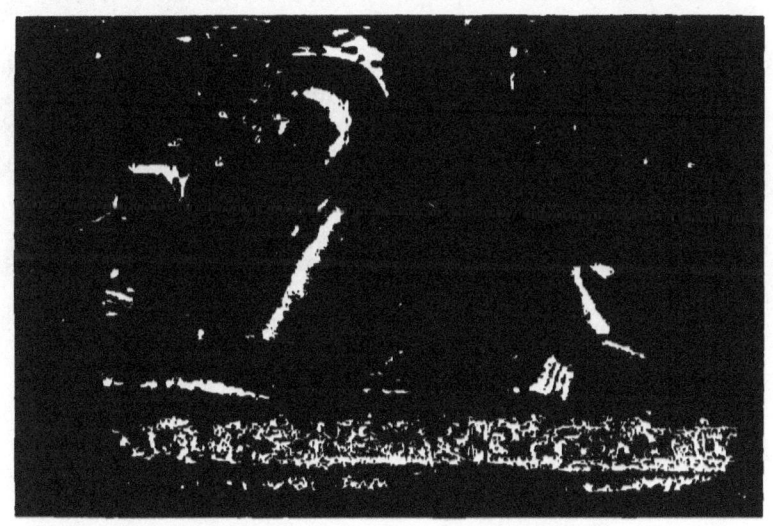

Abb. 51.   7972. Schep-en-upet als Sphinx.

1205. **Nektanebus**, knieend, die Hände hielten zwei Schalen mit Wein; auf dem Gürtel der Name. An Augen und Schläfen sind die Streifen Schminke angedeutet, die man um die Augen zog. Die Stellung und Bildung der Ohren ist auf einen besonderen tiefen Standpunkt der Statue berechnet; vermutlich stand sie auf dem Boden, neben der Kapelle des Gottes, als knie der König vor diesem. — (1871 durch Brugsch aus Memphis.) Diorit, Unterteil ergänzt; h. 45 cm.

11577. Basis einer kleinen Statue des Necht-har-heb, die in den Hathortempel von Hetpet bei Heliopolis geweiht war. — (Gesch. R. Mosse.)

c. Statuen von Göttern und heiligen Tieren.

4432. Isis, sie schützt Osiris mit den Flügeln, unvollendet. Grauer St., h. 33 cm.

9590. Kopf der Isis aus ungebranntem Nilschlamm, auf der Tafel am Rücken stand ein Gebet.

11470. Amon; auf dem Kopf seine Federn, deren bunte Farben durch Musterung angedeutet sind. — (Gesch. Mosse 1892). K. h. 61 cm.

9674. Hathor auf einem Thron, der von Kühen getragen wird; der Kopf war besonders gearbeitet. Vorn am Kleid eingeritzt ein Hathorkopf, der in eine Blume endet. — (1886.) K. h. 30 cm.

12709. Die Götterfamilie von Memphis (Ptah, Sechmet und Nefer-tem), geweiht von der Familie eines Ak, und zwar so, dass der Vater dem Schutze des Gottes, die Mutter der Göttin und der Sohn dem Kinde Nefer-tem empfohlen wird. — (1895 durch Reinhardt.) K. h. 16 cm.

1449. Kopf des Gottes Sobk; er trug auf seinem Krokodilkopf eine Krone oder Sonne, die Augen waren eingelegt. — (1871 durch Brugsch.) Grüner St. h. 32 cm.

7674. Sobk, Kopf und Rücken als Krokodil; die Krone fehlt. — Grauer St. h. 29 cm.

11486. Sobk, und zwar *der in der grofsen Festung verehrte*, als ein Krokodil, das auf seinem Rücken eine Mumie trägt; beide hatten eingelegte Augen. — (Gesch. Mosse 1892.) Schw. Gr. l. 17 cm.

11405. Der Sonnengott Chepre in Gestalt zweier sich umarmenden Käfer mit Menschenkopf und menschlichen Armen statt der Beine; zwischen den Hinterfüßen die Sonne, etwa als das Ei gedacht, das dieses Doppelwesen erzeugt hat. — (Erw. 1893 durch von Kaufmann.) Stuck. h. 40 cm.

7740. Isis als Schlange mit Menschenkopf, der Kopfschmuck fehlt. Vgl. die Holzfigur 870 S. 280 und 2529 S. 365. (1877.) h. 33 cm.

7790. Kniende Mischgestalt aus Horus (Sperber), Amon (Widder) und Min (ithyphallisch), bezeichnet als *Amon-Re*,

Leiter des Schiffes (der Sonne), *Herr der Kraft.* Vgl. 7501
S. 290. — (1878 durch Travers.) Al. h. 27 cm.

9537. **Thoth als sitzender Affe**; die lange Mähne verdeckt die Arme, die Schnauze ergänzt. Er trägt eine Brusttafel (S. 188) am Hals und sitzt auf einer Terrasse, zu der eine Treppe hinaufführt; die Statue ist in die Basis eingelassen. — (1886 in Theben.) K. h. 32 cm.

4438. desgleichen, auf dem Kopf trug er den Mond; auf der Brusttafel das Schiff des Mondes. Schöne Arbeit. — (Gesch. Brugsch 1867.) Serpentin. h. 17 cm. [Phot.]

1051. **Oberkörper eines Affen**, der zur Sonne betet (vgl. S. 123), doch ist dieser hier kein Pavian. Schöne Arbeit. (Alter Besitz des Kön. Hauses, wohl von Bellori.) Gr. St. poliert, h. 17 cm.

2280. Löwe, von Nektanebus dem Amon-Re von Karnak geweiht. Der Kopf zu klein; an der Basis die Namen des Königs. — (1845) Sdst. l. 1,06 m. [LD. III, 286 d—g.]

8822. **Sphinx als Löwe mit Widderkopf**, wie sie z. B. in Theben gestaltet wurden. — (1886). K. l. 44 cm.

12396. **Sperber**; der Kopf platt, um eine besonders gearbeitete Krone (S. 116) zu tragen. — (Gesch. Wilhelm 1894.) Sdst. h. 35 cm.

d. Altäre, Schreine u. ä.

8708. **Tragbarer Schrein für ein Götterbild**, von König Amasis in einen thebanischen Tempel geweiht. Um das Gewicht zu verringern, waren nur die Eckstücke aus Bronze hergestellt, die Zwischenstücke aber, wie es hier ergänzt ist, aus Holz. Das Ganze war vergoldet, die Inschriften und Zierraten mit farbigen Glasflüssen ausgelegt. — Innen Ringe für Vorhänge, die die Seiten schlossen; wie das Dach gebildet war, ist nicht zu ersehen. — (1885.) Br.

Teile ähnlicher Kapellen, dabei 10274 Thürangel.

Blumen, wie sie auch als Kapitäle kleiner Säulen vorkommen; wohl Verzierungen eines Schreines. Br.

11404. **Kopf eines Steinbockes**, von der Spitze einer grofsen Tempelbarke, vgl. S. 252, 7506. Von dem zweiten Exemplar, das das andere Ende der Barke zierte, war nur ein Horn erhalten, das zur Ergänzung des vorliegenden verwendet ist. Der sehr schöne Kopf des Tieres ist mit Gold und bunten Glasflüssen ausgelegt. Vielleicht

VIII. Aus der Spätzeit. (Seit 700 v. Chr.)

noch u. R. — (1893 durch von Kaufmann.) Br. h. 32 cm. [Phot.]

8681. **Kopf der Isis**, wohl auch von dem Vorderteil einer Barke. Br.

11014. **Nagel mit Sperberkopf**, wohl auch von einer Barke; als Versatzmarke ein *m* eingeritzt. — (Gesch. Jacoby.)

11576. **Opferstein von Psammetich I.**, dem Gotte Atum geweiht. Unten abgeschrägt, um auf einen Untersatz gestellt zu werden; dargestellt aufser den üblichen Speisen eine Antilope. — (Gesch. Mosse 1892, angeblich aus Saïs.) Schw. Gr. br. 30 cm.

8811. **Lampe von König Hakoris** geweiht. Diese in später Zeit beliebte Form ahmt den Napf auf dem Ständer nach, wie er im a. R. (S. 64) üblich war. — (1885; von der Landenge von Suez.) Schw. Gr. h. 39 cm, ohne den ergänzten Teil.

e. Kleineres Tempelgerät und Nachbildungen von solchem.

Neben den Gefäfsen zum Wasser spenden und den Räucherpfannen besonders zu beachten die sogenannten Standarten: bei Prozessionen trugen die Priester als Abzeichen Stäbe mit Bildern heiliger Tiere u. ä. (Vgl. z. B. die Statuen 6909 S. 144 oder 2290, S. 132. Diese Geräte wurden auch von Frommen in die Tempel geweiht. — Die kleinen Nachbildungen von Opfertafeln s. S. 303. [Phot.]

8674. **Kapelle zu einer Götterfigur**, den wirklichen Kapellen nachgebildet. Auf dem mit Königsschlangen geschmückten Dach sitzt Horus als Sperber. Die Seiten durchbrochen, mit Götterbildern: Re auf der Lotosblume von Göttinnen geschützt und Re als Sperber. Vorn in halber Höhe durch eine Schranke geschlossen. Br.

Eimer zu Wasserspenden für die Toten, mit schöner Gravierung, aus späten thebanischen Gräbern: 4376 für die Tet-amon, die Tochter des Amonspriesters Nechtefmut. In der Mitte der Name des Osiris, zu dessen Reich ja die Tote gehört, wie ein Königsname geschrieben; daneben spenden ihr Isis und Nephthys hinter Bäumen (S. 24. 168. 185) Wasser und sagen: *du empfängst dieses Wasser, du empfängst diese Kühlung, durch welche du lebst* u. s. w. 4377 für Chas-en-mut, die Tochter des Priesters Ef-o. Isis steht auf dem Baume und spendet der Toten *das kühle Wasser, das aus Elephantine kommt* (wo die sagenhafte Nilquelle lag, S. 84), *durch das dein Herz kühl wird und dein Fleisch lebt*. Br. [Minutoli, Reise Taf. 31, 9.] [Abb. 52.]

Eimerchen mit rohen Reliefs; wohl ebenfalls zu Wasserspenden. Br. Unten eine Blume, oben der Weihende vor neun Göttern, deren erster Min ist: 8312 gut erhalten. — 8676 auf dem Ausguſs ein Frosch, wie oben bei den Opfertafeln. — 7503 Min allein, in einem Tempelchen. — 8675 ohne Reliefs.

Abb. 52. Tempelgerät.

4383, 4367. **Krug und Napf**, das herkömmliche Gerät der Wasserspenden (aus einem Tempelchen griechischer Zeit bei Medinet Habu) Br.; vgl. 1439 Abschn. XIII, C, a; 4558 Abschn. XIII, C, e und Bilder wie 2003 S. 148. [Abb. 52.] **Schöpflöffel** mit langen Stielen, die oben in Entenköpfe enden; bei zweien läſst sich der Stiel zusammenlegen. Br. 10708. **Räucherpfanne** sehr später Zeit, aber in alter Form. Br. Der Stiel, der in einen Sperberkopf endet, war ursprünglich als Arm gedacht, der das Kohlenbecken

hält; hier ist vor der Hand noch ein Papyrusbüschel
eingefügt (ähnlich S. 224); das Becken ist verloren. Auf
dem Stiel das Näpfchen für die Weihrauchkörner, das
eine Königsfigur dem Gotte zu überreichen scheint;
daran demotische (S. 28) Weihinschrift an Isis. Beim
Räuchern streute man einzelne Körner auf die Kohlen,
vgl. 12412 S. 152 [Abb. 52.]
9025. Stiel einer ähnlichen Pfanne, die doppelt war. Br.
10522. Salbgefäfs? Eine Art Flasche; davor ein Knieender,
der ein Kästchen mit beweglichem Deckel auf dem Kopf
trägt. Daneben zwei Horuskinder. Br.

Musikinstrumente.

Sistren aus Bronze, (S. 220); mit dem Kopf der Hathor;
die Oberteile verloren (vollständige aus Bronze, S. 375);
2545 guter Stil. — 2543 mit dem Bild der Bast, der
Göttin der Freude und ihres Tieres, der Katze.
Desgleichen aus Fayence: 12623 vollständig bis auf die
fehlenden Drähte und die Bekrönung, die der folgenden
glich. (1895 durch Reinhardt.) [Abb. 52.] — 11809. Bekrönung eines gleichen: der Geier schützt einen knieenden
König.
Griffe aus Fayence: 8182 mit den Namen des Schabaka
und Psammetich's I. und den Aufschriften: *spiele das
Sistrum für den König* und *jauchze für den König*. Da
Psammetich bei dem grofsen zeitlichen Abstand nicht
der Vasall des Schabaka selbst gewesen sein kann, so
müssen uns unbekannte Verhältnisse die Nennung des
Schabaka erklären. — 8084 mit dem Psammetich's III.
— 8181 mit dem des Amasis. — 4548 mit dem des
Darius, mit der Aufschrift *Bast gieb Leben seiner Herrin*,
d. h. der Besitzerin des Sistrums. [LD. III, 283a.] —
10225 der Hathorkopf erhalten, mit Aufschriften wie *Isis ..
gieb Leben und Schutz ihrer Dienerin*. 4547 der
Namensring des Königs nicht ausgefüllt. Wohl schon
aus griechischer Zeit.
Glocken mit Widder- und Katzenköpfen verziert, gewifs
beim Kultus gebraucht.

Bronzefiguren von Standarten.

7506. Götterbarke; da die Götter gern in Schiffen fahrend
gedacht wurden, so pflegte auch der Schrein mit dem
Götterbild bei den Prozessionen auf einem Schiffe ge-

tragen zu werden (vgl. das Wandbild in Saal VII, schmale Fensterwand). Eine solche Barke ist hier klein nachgebildet, in der Mitte stand die Kapelle (wie 8674, S. 250) mit dem Götterbild, daneben Figuren von Göttern oder Königen.

7793. **Silberner Schakal**, das Tier des Anubis. Später Stil, mit Resten einer demotischen Weihinschrift. (1878 durch Wilhelm.)

13151. **Liegende Kuh** mit dem Kopfschmuck der Hathor.

2618. **Ichneumon** (S. 301) mit der Krone der Buto betend.

11015. **Katzenfamilie** (S. 301), neben der vordersten Katze drei Junge, deren eines saugt; zu hinterst stand wohl noch die Bast, der das Stück von Pet-amon-p-ohe und seinen Kindern geweiht ist. (Gesch. Jacoby.)

2548. **Gans**, wohl dem Amon heilig, vgl. S. 251, 7205.

2541. **Skorpion** mit Menschenkopf und Mond(?).

13125. **Ein nacktes Weib** (vermutlich Bast wie S. 306) auf deren Schultern Bes (S. 298) reitet. Der komische Gott war wohl musizierend dargestellt; zwei Affen, die daneben sitzen, pfeifen dazu auf den Pfoten. (Verm. Springer.)

8996. **Standarte** als Untersatz eines kleinen Tierbildes (Schakal?). Aus Tell esseba (S. 290).

f. Aus Grundsteinen (wie S. 125).

Täfelchen: 10080 mit dem Namen Psammetich's I. aus Defenneh. (Gesch. Egypt Exploration Fund.) — 7744 desgl. des Apries. — 1966 desgl. des Nektanebus, in Form des Namensringes.

B. Denksteine.

Die Denksteine aus dem Serapeum s. S. 311.

2090. **Denkstein auf eine Priesterweihe**, vom zweiten Schalttag im 3. Jahre des Aethiopenkönigs Tanut-amon. Der an diesem Tage in den Amonstempel eingeführte Geistliche, Pete-chons, entstammte einer thebanischen Priesterfamilie und führt 17 Generationen derselben auf. Er selbst war Priester des Amon, der Mut und des Chons; sein Vater, Grofsvater und Urgrofsvater waren Priester der Mut, 8 andere Vorfahren solche des Month und der Mut, die ältesten Ahnen, die etwa in das Ende der 20. Dyn. gehören werden, solche des Amon und des Chons. — (Lepsius, war verbaut im Tempel von Luxor.) [Champ. mon. IV 349.] Sdst. br. 52 cm.

2097. **Ähnlicher Denkstein** für den am selben Tage eingeführten Priester Pet-amen-ope. Auch dieser zählt 16 Generationen priesterlicher Ahnen auf. — (Lepsius) Sdst. br. 44 cm.

8438. **Denkstein auf die Erbauung eines Hauses(?)**, das, soviel die barbarische Inschrift verstehen läfst, ein Unterthan des Hor-merti-Tempels der Stadt Schedenu (Pharbaethus im Delta) im Jahre 51 Psammetich's I. (613 v. Chr.) errichtete und zwar wohl als Geschenk für den Gott. *Südlich von ihm das Haus des Etha, Sohnes des Anch-hor; nördlich der Stall der Göttin Bast, der von dem Mann des Hor-merti-tempels, Hor, dem Sohn des Anch-pef-hri verwaltet wird; westlich von ihm das Haus des Wasserspenders Beb, Sohnes des Har-si-ese ... Wer dies zerstört, den zerstören die Götter, die lebenden Geister von Schedenu.* Dann als Nachtrag: *östlich von ihm liegt die Strasse der Burg.* — Auf dem Bild opfert Psammetich I. vor dem Hor-merti und der Hathor. — Unten am Stein Kritzelei eines Besuchers des Tempels: *Hor-merti, schenke Leben dem Wen-nofre, dem Sohne des Pete-sam-taui.* — (Posno 1883.) K. h. 48 cm. [Brugsch. Thes. 797; Rev. égypt. II. 32.]

7780. **Stiftungsurkunde des Königs Apries**, der vor *Amon-Re, dem Widder von Mendes,* und vor der Göttin Mut opfernd dargestellt ist. Soweit die barbarische Inschrift sich verstehen läfst, hat Apries in seinem zweiten Jahre (587 v. Chr.) eine Schenkung, die ein Privatmann unter seinem Vorgänger Psammetich II. den genannten Göttern gemacht hatte, neu bestätigt: *Amon läfst bestehen den, der sie bestehen läfst, er zerstört den, der sie zerstört.* — (1878 durch Travers) K. h. 50 cm.

2111. **Kleine Weihinschrift aus der Zeit des Apries**, der betend vor den Göttern von Memphis, Ptah und Sechmet, dargestellt ist: *gegeben ein Arm mit der Lampe, Eigentum des grofsen Gottes Ptah, an den (? lies: von dem?) Thürhüter des Ptah, Min-didif. Er lasse dauern den, der ihn dauern läfst, er zerstöre den, der ihn zerstört, bis in Ewigkeit.* Der „Arm" war wohl der Halter der Lampe. — (Athanasi 1843) K. h. 27 cm. [Sharpe

B. Denksteine. 255

II, 113; Visconti. Mon. Eg. della raccolta del Sign. Papandriopulo p. 11.]

8439. **Weihinschrift eines kleinen Heiligtums**(?), das ein Mann Namens Heker im 34. Jahre des Königs Amasis (etwa 535 v. Chr.) der Göttin Bast von Bubastis stiftete. Das Bild zeigt den König, der der Bast und einem Gotte Wein opfert, während Heker mit einem Korbe hinter den Göttern steht. Auch die Inschrift nennt nach alter Sitte den König als den eigentlichen Stifter; des weiteren giebt sie die Lage des geschenkten Grundstückes an *(südlich das Haus (?) des Soldaten Uah-eb-re, nördlich der Stall des Joh-erdis u. s. w.)* und verflucht den Schädiger der Stiftung. Sprache und Schreibung ganz barbarisch. Unter der Inschrift Kritzeleien (Panther und Kuh?) späterer Besucher des Heiligtums. — (Posno 1883) K. h. 38 cm. [Rev. égypt. II, 42.]

7493. **Weihinschrift des Pet-osor-pre an Darius**. Vor dem als Sperber dargestellten Könige „*diesem Königs-Horus*" betet der Weihende; sehr roh. — (Gesch. Travers, aus dem Faijum) K. h. 30 cm.

2092. **Denkstein mit hieratischer Aufschrift in Tinte**; nur der Anfang, eine Aufzählung der Götter von Memphis, noch lesbar. — (Anastasi 1857) K. h. 25 cm.

1487. **Hieratische Inschrift später Zeit**, Herkunft unbekannt. Gebet an den Sonnengott, man erkennt u. a. *meine Thore und meine Frau (?) verlassen.* — (Lepsius) Sdst. l. 25 cm.

8034. **Bruchstück mit einer Liste der Feste von Theben.** — (1881 durch Brugsch) K. h. 15 cm.

10259. **Kleiner Denkstein aus Schiefer**: eine Frau betet vor Hathor, die Schriftzeilen leer.

C. Statuen von Privatleuten.

Die zahlreich erhaltenen kleinen Statuen von Privatleuten, die sie betend in alter Tracht darstellen, waren als Weihgeschenke in Tempeln aufgestellt.

a. In Stein.

8163. **Statue des Fürsten Harua**, Obergütervorstehers der Amen-erdis, Fürstin von Theben. Er hockt in sein Gewand gehüllt, die L. hält ein Band (S. 31). Die langen Inschriften auf dem Kleide berichten in sehr altertümlicher Sprache von den Würden und Tugenden des Harua, *des trefflichen Edlen, des mit Lob versehenen, dessen Wohlthun Aegypten kennt.* Er erzählt von sich: *Meine Herrscherin machte mich grofs als kleines Kind und erhöhte meinen Rang als Säugling. Der König sandte mich aus als Jüngling und der Palast-Horus* (d. h. der König) *erhob mich. Jede Gesandtschaft, zu der mich ihre Majestät schickte, vollzog ich richtig; nie redete ich Lüge dabei .... Ich beschenkte den, der nichts hatte und kräftigte den Elenden in meiner Stadt.* Aufserdem beschwört er die Priester des Amon und *jeden, der bei dieser Statue vorbeigeht,* die Opferformel (S. 59) für sein Heil zu sprechen. Auch das Äufsere der Statue ist altertümlich, die Augen sind wie im a. R. behandelt, das Haar wie im m. R. — (1880 aus Theben) Grauer Gr. h. 48 cm. [Ztsch. d. Deutsch. Morgenl. Ges. XXVII, 137.]

4437. Statue eines hockenden Mannes, der Beamter einer aethiopischen Königin Pekerser und *Schreiber des Herrn der Zehntausende, des an Hunderttausenden reichen,* d. h. wohl des Aethiopenkönigs war. In der R. hält er das Schreibzeug, die L. fafst das Knie. — (1859 durch Brugsch.) D. Gr. h. 18 cm. [ÄZ. 1892, S. 47.]

10076. Ähnliche Statue eines Pa-tenfi, der anscheinend Priester in Herakleopolis und Heliopolis war; die Opferformel nennt die Osiris dieser beiden Orte. — (1886.) D. Gr. h. 25 cm.

8809. Von der Statue des Nefer-eb-re-si-neit, *Gesangvorstehers des Pharao* unter Psammetich II.; er hielt auf den Knieen einen Schrein. Bein und Fufs von ungewöhnlicher Schönheit. Die Titel des Mannes *einzig geliebter Freund, im Herzen seines Herren befindlich, Gesangsvorsteher des Pharao,* und die Inschrift *in Frieden, in Frieden zum grossen Gotte .., er befahre den Himmel in Frieden* sind genau (sogar in der Orthographie) solchen des alten Reiches nachgebildet. — (1885 aus Memphis.) Gr. St., h. 49 cm. [Brugsch, Thes. S. 1063.]

11332. Von der Statue des Fürsten Necht-har-heb mit dem Beinamen *Psammetich (II.) ist der Sohn der Neith;* er führt die alten Titel des *Kön. Sprechers* und *des Vorstehers der Scheunen* und war ein Sohn des Priesters Pete-neit von Saïs. Er hält einen Schrein mit dem Bilde des Ptah und betet in der Inschrift, dass der Gott seine *Statue gedeihen lasse in seinem Tempel, indem sie die Schön-*

C. Statuen von Privatleuten.

heit des Ptah (d. h. dies Bild) *ewiglich trägt*. — (Gesch. Sr. Maj. des Kaisers 1892.) Gr. St. h. 26 cm.

2272. Von der Statue des Nekao-monch, der unter König Amasis lebte und sich mit alter Titulatur den *nächsten Freund des Königs, Leiter des Palastes, Priester der Weisheitsgöttin, Schreiber des Königs in dessen Gegenwart* nennt; auch die Orthographie der Inschriften ist die des alten Reichs. Schöne Politur. — (Palin.) D. Gr. h. 31 cm.

7737. Statue des Hare, Priesters zu Heliopolis, etwa aus dem Anfang der Perserzeit, da sein Vater unter König Amasis lebte. Er trägt ein langes Kleid und schlägt die Hände in ungewöhnlicher Weise übereinander. Auf Kleid und Rückenpfeiler seine Titel und ein Gebet an den Totengott Osiris, dessen Priester er auch im Leben gewesen war. — (Dutilh 1877.) R. Gr. h. 62 cm. [Abb. 53.]

2291. Statue des Petamon, Beamten des Neithtempels zu Saïs, der den altertümlichen Titel eines *Königlichen Verwandten* trägt; ihm geweiht von seinem Sohne, dem Amonspriester Pete-hor. Er hockt mit untergeschlagenen Beinen und fasst mit

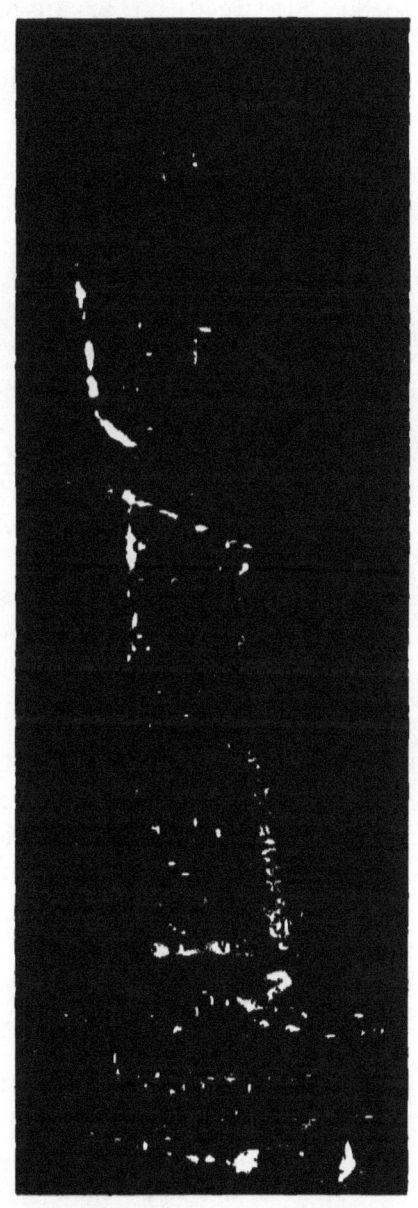

Abb. 53. 7737 Der Priester Hare.

VIII. Aus der Spätzeit. (Seit 700 v. Chr.)

den Händen seinen Schurz. — (Minutoli) Schw. Gr., ohne Kopf. h. 40 cm.

10289. **Statue des Her-en-hapi**, der einen altertümlichen Richtertitel trägt; aus dem Tempel des Ptah-Sokaris-Apis, also aus Memphis. Zierlich die Fufsnägel. — (1888) K. h. 50 cm.

8171. **Basis der Statue des Ze-ba-neb-ded-emou**, der kniend dargestellt war. Er bittet alle Vorübergehenden die Opferformel für ihn zu sprechen, und sagt von sich: *Ich war einer, der das that, was seine Majestät liebte, alle Tage, ohne müde zu werden, wenn er suchte nach dem, was seiner Stadt nützlich war. — Ich war ein von seinem Herrn geliebter und von ihm gelobter alle Tage.* Und weiter: *Wenn einer von seinem Herrn geliebt wird, der lebt und der ist glücklich und der steigt hinab in sein Grab in der Totenstadt im westlichen Gebirge.* — (1881). K. br. 32 cm.

8434. **Von der Statue des Gem-nef-hor-bek**, Priesters der Hathor. Er bittet *alle auf Erden Lebenden, die wünschen zu leben bis zur Ehrwürdigkeit, und die Habe ihrer Kinder festzustellen*, seinen *Namen zu beleben mit Lob alltäglich* vor Osiris, dem grofsen Gotte von Athribis, in dessen Tempel die Statue aufgestellt gewesen sein wird. Die Inschrift ist so gesucht altertümlich, dafs sie fast unverständlich ist. — (Posno 1883) Gr. St. h. 20 cm. [Proc. Soc. Bibl. Arch. 1888 p. 533f.]

7736. **Von der hockenden Statue eines Pete-amon**, der den alten Titel eines *wirklich von ihm geliebten Verwandten des Königs* trägt. Aus dem Tempel des Chentcheti zu Athribis im Delta. — (Dutilh) K. h. 20 cm.

11482. **Von der Statue eines Pe-er-joh**, der sich mit Titeln des a. R. einen *von seiner Stadt geliebten Richter* nennt. Ebenso heifst seine Mutter wie im a. R. *die von ihrem Gatten geehrte*. War in einen Tempel der Hathor im nordwestlichen Delta geweiht. — (Gesch. Mosse) K. h. 20 cm. Wohl modern zu einem Mörser verarbeitet.

7500. **Von der Statue eines Aha-hor(?)**, der den Sarg mit dem Osirisbild hält. — (1876 durch Travers) Grauer Gr. h. 16 cm.

10102. **Pete-neit**, der Priester einer nicht bekannten *Königsmutter* Eset-cheb (S. 310) war. Er hält einen Schrein mit dem Bilde des Osiris; der Schrein endet in einen

C. Statuen von Privatleuten.

Pfahl, sodafs er überall aufgepflanzt werden konnte. Aus Saïs. — (1887 durch Consul Schmidt) Br. St. h. 35 cm.

12421. Von einer ähnlichen gröfseren Statue mit feiner Politur. Auf dem Pfahl die Weihinschrift an Osiris; der erhaltene Anfang *ich bin zu dir gekommen, mein Herr, du grofser Gott, du Herrscher der Ewigkeit* zeigt, dafs die Statue von einem Besucher des Tempels errichtet war. (Gesch. Mosse 1893; aus Saïs.) — Grauer Gr. h. 29 cm.

9057. Von einer Statue, die einen sitzenden Osiris hielt; die Muskulatur der Beine ist angegeben. — (1886) Grau. Gr. h. 16 cm.

11471. Har-chebt, Priester der Isis, sitzend dargestellt; er hielt wohl den Kopf eines heiligen Tieres. An den Seiten Opferformel an den Osiris und den Sobk des Faijum. — (Gesch. Mosse 1892.) D. Gr. h. 23 cm.

8805. Kahler Kopf von vollendeter Ausführung, aber wenig individuell. — (1885 durch Dr. Grant.) D. Gr. h. 22 cm.

13263. Ähnlicher Kopf. — (1897 durch Reinhardt) Grauer Gr. h. 18 cm.

253. Kopf einer hockenden Statue, die den Priester des Ptah, Pan-mone, darstellte und die in wunderlicher Weise mit Götterfiguren verziert war; auf dem Kopfe: der heilige Käfer, auf den Haaren: Min (ithyphallisch, hinter ihm sein Tempel), Osiris, Horus, Isis und die katzenköpfige Bast. — (Koller.) Gr. St. h. 15 cm.

1048. Von der Statue eines hohen Offiziers. Konventionelle Arbeit; aus dem Tempel von Saïs — (um 1803 in Paris) Gr. St. h. 18 cm.

7789. Von einer ähnlichen Statue. — (1878 durch Travers) Gr. St. h. 18 cm.

11003. Weiblicher Kopf von einer späten Statue, hübsch. (Gesch. Jacoby 1892.) Gr. St.

8821, 7783. Füfse von Statuen, interessant durch die verschiedene Behandlung der Formen. D. Gr. — (8821 aus Memphis.)

b. In Bronze und Holz.

2309. Bronzefigur einer Frau, das Gesicht aufgerauht, wohl damit ein Überzug von Emaille oder Gold besser haftete; das Haar ist abzunehmen (S. 303), um die Tracht der Statue wechseln zu können. Auf dem Kleid Götterbilder: vorn die heilige Barke des Sokaris von Memphis, auf beiden Seiten Osiris, hinten der Reliquienkasten von Abydos (S. 173), vielleicht weil es die Statue einer Verstorbenen ist, die unter dem Schutze dieser Totengötter steht. — (Minutoli.) h. 57 cm. [Minutoli, Reise, Taf. 31, 3.] [Phot.]

9258. **Mann, der ein Osirisbild hält, das auf einem Sockel steht.** In langem Gewand, der kahle Kopf und der Hals im Stil der naturalistischen Köpfe (S. 319); die Augen waren eingelegt, ein Gußfehler am l. Ohr war ergänzt. Auf einer ähnlichen Figur in Kairo, die die gleiche Herkunft wie die unsere haben soll, findet sich der Name Nepherites, der im 4. Jahrh. vorkommt (vgl. S. 17). — (1886) Br. h. 28 cm. [Phot.]

2514. **Priester, der ein Osirisbild trägt,** in langem Gewand. — (Passalacqua, Karnak) Br. h. 31 cm.

8812, 8814, 8813. **Holzstatuen einer Familie, des Ptahpriesters Psammetich, seiner Frau Ze-chens-esonch und ihres Sohnes Ma-re,** von dem letzteren in das gemeinsame Grab geweiht. Zierliche Nachahmung ähnlicher Figuren alter Zeit, doch ist die alte Tracht nicht ganz getroffen und die Frau ist gegen die alte Sitte schreitend dargestellt. Die Inschriften waren gelb ausgefüllt. — (1885) H. h. 50, 45 und 41 cm. [Phot.] [Maspero, Aeg. Kunstgesch., deutsche Ausg. S. 206.]

11637. **Pef-tew-di-bast, Hoherpriester von Memphis, hockend in ungewöhnlicher Stellung.** Das eigentümliche Halsband ist sein Amtsabzeichen (S. 150, 12410). Rohe Figur aus Sykomorenholz, sch. und gelb bemalt. — (Gesch. Mosse 1892.) [Phot.]

11850. **Ähnliche rohe Figur eines hockenden Mannes,** der (wie 2283, S. 131 u. a.) eine Frucht in der Hand hält. (1894.) H.

D. Musterstücke, Skizzen u. ä.

a. Musterstücke für Steinmetzen.

Bei der festen Manier, in der die meisten Bildhauer der Spätzeit arbeiten, war es möglich, ihnen ihre Arbeit durch derartige Vorlagen zu erleichtern. Sie waren um so bequemer, als sie dem Künstler nicht nur zeigten, was er schließlich erreichen sollte, sondern

D. Musterstücke, Skizzen u. ä. 261

ihm auch seinen Weg im einzelnen angaben, denn für jedes Stadium der Arbeit gab es ein besonderes Modell. Linien auf der Rückseite der Modelle geben die Verhältnisse ihrer einzelnen Teile an und erleichtern so die Vergröfserung der Vorlage. Neben den Originalmodellen in Kalkstein verwendete man auch billige Abgüsse solcher in einer Stuckmasse. — Zum Teil wohl schon aus griechischer Zeit.

Für Statuen.

8431. **Thronender König.** An der Seite war das Zeichen der Vereinigung beider Länder (S. 80) vorgezeichnet. — (Posno) K. h. 32 cm.

4436, 8957. Königsköpfe im Kopftuch, beide nur im Groben bearbeitet.

Königsköpfe bis zur Stirn, um mit verschiedenen Kronen verwendet werden zu können: 11647, 11648 an den Seiten das Kopftuch; sehr schön. (Gesch. Mosse 1892.) — 9552 ohne das Kopftuch; Stuck. — 10677 bärtig, mit dem Unterteil der Krone.

8035. Gesicht ohne Schultern. Stuck.

4444. Kahler Kopf für eine Priesterstatue.

Löwen aus dem Funde von Tell esseba (Leontopolis) im Delta, wohl aus einer zu dem Tempel des Schu gehörigen Werkstatt: 9000 guter Stil. — 8999 alter Abguss in Stuck.

Löwenköpfe: 12622, 13253, 13646 sämtlich aus Stuck.

Köpfe von Widdern: 14196, ungewöhnlich grofs h. 25 cm. (1898 durch Reinhardt.) — 10673 sehr schön (1889). — 13257 kleiner, mit den Höhlungen für die einzulegenden Augen. (1897 durch Reinhardt.)

12710. Kopf eines Stiers, gute Arbeit, die Hörner abgebrochen. (1895 durch Reinhardt.)

8826. Kopf eines Krokodils, aus dem Faijum, wo der Krokodilgott verehrt wurde (1886).

Für Reliefs.

14194. Einführung eines jungen Königs in den *südlichen Palast*. Horus von Edfu und Thoth von Schmun geleiten den unbekleideten Knaben; vor ihnen stand die Schutzgöttin von Oberaegypten, von deren Händen Wasser träuft. — (1898 durch Reinhardt) K. br. 40 cm.

14138. Lebensgrofser Königskopf ohne Krone und Hinterkopf, wohl das Porträt eines der griechischen Könige. Auf der Rückseite Vorzeichnung zu einem Sperberkopf. — (Vermächtnis Dr. O. H. Deibel 1898.) K. h. 23 cm.

14139. Kleineres Köpfchen (König oder Gott), mit der Königsschlange; Haar und Kragen nicht ausgeführt. — (Vermächtnis des Dr. O. H. Deibel) K. h. 15 cm.
14140. Köpfchen einer Göttin oder Königin, sowie zwei schreitende Füsse. — (Vermächtnis des Dr. O. H. Deibel) K. h. 12 cm.
13262. Schreitender Widder, der aufser seinen Widderhörnern noch Bockshörner hat. — (1897 durch Reinhardt.) K. l. 17 cm.
8896. Schwalbe(?), das Schriftzeichen für *wer* „grofs"; fast vollendet, am linken Fufs ist die Kralle unbearbeitet gelassen. Schön.
4445. Schreitender Löwe, schlechter Stil.

Für Architekturteile.

14135. Säulenkapitell in Form einer aufbrechenden Lotusblume, an die kleine Knospen und Blätter angebunden sind. — (1898 durch Reinhardt.) K. h. 22 cm.
14136 desgleichen: vier Papyrusdolden, an die Blüten einer anderen Pflanze angebunden sind. — (1898 durch Reinhardt.) K. h. 12 cm.
14137 desgleichen: vier Lotusblumen, an die vier kleinere Lotusblumen mit je drei Knospen angebunden sind. Das Stück veranschaulicht auf seinen verschiedenen Seiten drei Zustände aus dem Anfang der Arbeit. — (1898 durch Reinhardt.) K. h. 26 cm.
13258 desgleichen für ein sogenanntes Lilienkapitell, das auch aus vier grofsen und vier kleinen Blumen bestand. Jeder Zustand der Arbeit war wohl durch ein besonders gearbeitetes Viertel des Kapitells vertreten. — (1897 durch Reinhardt.) K. h. 30 cm.
13261. Wasserspeier als Vorderteil eines Löwen, wie man sie an den Tempeldächern zum Ablaufen des Regenwassers anbrachte. Unten Skizze eines Widderkopfes. - (1897 durch Reinhardt.) K. h. 12 cm.
12733. Grabstein?, auf der andern Seite eine Art Treppe und ein Wasserabflufs. - (1895 durch Reinhardt.) K. h. 11 cm.

b. Unvollendetes und Skizzen.

Die unvollendeten Statuen waren zum Verkauf gefertigt, um nach Wunsch des Käufers ausgeführt zu werden. Vgl. eine ähnliche des n. R. S. 141, 2284.

2315. Mann mit Osirisbild. Zum Teil erst angelegt. Der Bildhauer hat das harte Material nur mit kleinen Schlägen bearbeiten können. — (Minutoli.) Grauer St. h. 41 cm.

10525. Schreitender Mann, im Wesentlichen fertig. - (1888.) K. h. 44 cm.

8236. Reliefkopf einer Göttin, schöne Arbeit; an den Seiten roh gelassen. — (1881 aus Bubastis.) Grauer Gr. h. 16 cm.

8473. Reliefkopf eines Mannes. — (Sabouroff.) Grauer Gr. h. 13 cm.

9095. Löwe, hinter ihm ein Wedel; Skizze eines Reliefs. K.

E. Aus Privatgräbern.
a. Von Grabwänden.

2110. Aus dem Felsengrabe des Ker-ker(?)-amon in Theben. Vorn: der Tote mit geschornem Haupt und alter Tracht betet vor Horus und einer Göttin, die einen Stern trägt. Links löwenköpfige Göttin. Von glattem Stil, aber von grofser Sicherheit der Zeichnung. — (Lepsius.) K. l. 1.04 m. [LD. III. 282c.] [Phot.]

2282, 2281. Aus dem Grabe des Bek-en-ranf, Stadtvorstehers zu Memphis; von Inschriften religiösen Inhalts. — (Lepsius) K. b. 63 cm; 35 cm. [LD. Text, I, 181.]

Ähnliche Bruchstücke: 14133 aus einem thebanischen Grabe. (1898 durch Reinhardt.) — 11624 mit den Titeln der Neith (Gesch. Mosse). K.

11580. Aus dem Grabe eines Hohenpriesters, wahrscheinlich von Ehnas: der Tote war in alter Tracht (Pantherfell, Amulett am Hals) dargestellt. Sehr zierlich, wohl aus demselben Grabe wie die folgenden Reliefs. — (Gesch. Mosse 1892.) K. h. 48 cm.

11865. Bauern bringen Speisen für den Toten; ein Mann bringt einen Kasten mit Geflügel, eine Frau einen Fruchtkorb. Nachahmung von Bildern des a. R. wie S. 55, aber mit unrichtiger Haartracht. — (Gesch. Mosse 1892.) K. l. 48 cm.

11570. Zwei Priester, die den Toten verehren; der erste räuchert, der zweite spendet Wasser. — (Gesch. Mosse 1892.) K. l. 58 cm.

Bruchstücke ebendaher: 11582 Priester, der die Mumie
hielt, hinter ihm sein Name Osor-wer; er war Priester
des Horus vom Faijum. — 11583. Von einer Inschrift religiösen Inhalts. — (Gesch. Mosse 1892.) K.

7729. Aus einem ähnlichen Grabe: der Tote (der nach
der Sitte des a. R. eine Schärpe trägt), vor ihm stand
klein der *Obertotenpriester*. Weniger zierlich als die vorigen.
— (1877, Dutilh.) K. l. 47 cm.

10290. Papyrusernte, aus einem Grabrelief, das ähnliche
Bilder des a. R. (Abschn. XIV, B, b) nachahmte, sehr
zierlich, aber ohne die Frische derselben. Zwei Mädchen,
die den Papyrus aus dem Sumpf holen, schnüren ein
Bündel zusammen und binden zwei Gänse, die sie gegriffen haben, zugleich mit ein. Rings umher andere
Wasservögel, deren einer sich einem Mädchen auf den
Kopf gesetzt hat; daneben ein fertiges Bündel. — (1888.)
K. h. 14 cm.

14131. Ein Geist des Totenreiches, stierköpfig, mit
Messern in den Händen, wie der Totenrichter „Flammenhorn" (vgl. S. 269, 41.) — (1898 durch Reinhardt.) K. h. 25 cm.

7299. Aus einem Grabe? L. safs Osiris, hinter ihm Isis,
r. sitzt Sokaris, hinter ihm Nephthys. Vor dem Gotte
uralte Formeln aus dem bei der Darbringung von Speisen
gebräuchlichen Ritual; sie sind hier nicht an einen Toten,
sondern an den Gott selbst gerichtet: *Zufrieden ist, der
da zufrieden ist mit seinem Ueberflufs; zufrieden ist Sokaris
mit seinem Ueberflufs .... Komme zu diesem deinem Brot,
das dir dein Sohn gegeben hat* .. Die für die einzelnen
Speisen bestimmten Formeln, wie *Sokaris, gebracht wird
dir vom Wasser, das in ihr ist*, oder *Sokaris, geopfert wird
dir die Feuchtigkeit(?), die aus dir kommt*, enthalten Wortspiele. — (Koller.) K. br. 41 cm.

14290. Grofses Bruchstück mit den Anfangsworten ähnlicher Formeln. — (Gesch. Mosse.) K. br. 49 cm.

12420. Malerei von der Decke des Grabes des Amonspriesters Anch-pe-chrod in Theben, das Muster zeigt ein
Perlennetz mit rosettenartigen Punkten; daneben die Herstellung. — (Lepsius.)

b. Grabsteine u. ä.

Ähnlich wie im n. R. (S. 160): der Tote betet vor Osiris; die
Opferformeln stark entstellt; oben aufser Siegelring, Wasserbecken u. s. w.

E. a. Grabwände. b. Grabsteine.

(S. 88) gern die geflügelte Sonne. Zum Teil wohl auch schon aus griechischer Zeit.

Eigentliche Grabsteine.

7323. Vom Grabstein des Har-si-ese, Hohenpriesters zu zu Abydos; den Scheinthüren des a. R. (S. 58) nachgeahmt. Auf dem runden Balken wie dort der Name des Toten; die andern Inschriften waren alte Formeln, z. B. *der Himmel deiner Seele, das Jenseits deinem Bilde, deine Mumie dem Wen-nofre*. Schöne Schrift. — (Saulnier.) K. br. 95 cm.

7700 des Priesters Ef-o von Achmim, zierliche Arbeit. Oben: vor Osiris und Horus beten der Tote und zwei Verwandte mit ihren Frauen, Salbkegel (S. 31) auf dem Haupt. Unten: Der Tote und seine Frau empfangen stehend die Verehrung der Hinterbliebenen. In der Inschrift beschwört der Tote die Priester, *seinen Namen zu rufen neben dem Osiris in der Gräberstadt*. — (Gesch. Travers 1877.) Thonartiger K. h. 63 cm.

7588 der Nes-hathor, Tochter eines Priesters in Achmim. Oben zwei Anubis als Schakale; darunter betet die Tote vor Osiris, Anubis und Isis, dafs sie ihr *angenehmen Wind geben*. — (Gesch. Travers 1877.) K. h. 34 cm.

7298 eines Psen-ioh. Vor Osiris und Isis bringt der Tote einen Korb mit Früchten; das ursprüngliche Verhältnis, wonach der Tote von dem Gotte Speisen empfängt, ist hier also schon in sein Gegenteil, ein Opfer an den Gott, verkehrt. Unten beten die Angehörigen. — (Passalacqua, Abydos.) K. h. 54 cm.

7587 der Frau Nes-hathor, Tochter des Opferschreibers an einem Osiristempel, vielleicht zu Achmim. Die Tote zweimal vor Osiris. — (Gesch. Travers 1877.) K. h. 46 cm.

7514 des Anhor-erdis, Priesters in der Totenstadt von Memphis. Das Bild — der Tote betet vor Osiris — ist nur in Umrissen eingeritzt, die rot ausgemalt waren. — (Gesch. Travers 1876.) K. h. 37 cm.

7303 des Pete-har-pe-chrod, Oberkornmessers des Osiristempels von Abydos; die Bilder nur eingeritzt. Oben Augen, Ring, Wasser wie auf Grabsteinen alter Zeit, unten betet der Tote vor Osiris. — (Pass., Abydos.) K. h. 31 cm.

1066. Kleiner unvollendeter Grabstein: der Tote vor Osiris und Isis. — (1868.) K. h. 28 cm.

7283 eines Ze-hor-ef-onch, der *77 Jahre, 9 Monate und 20 Tage* lebte. Oben betet er vor Ptah und Isis; darunter eine völlig unorthographische Inschrift, in der die meisten Worte sich nur erraten lassen. Der Tote scheint zu erzählen, daſs er, als *in der Wohnung(?) des Pharao kein Pharao gefunden* wurde, eine Kapelle derselben, die verfallen war, und auf der *die Kinder und die Groſsen* spielten, wiederhergestellt und mit neuen Opfern versehen habe. Wenn diese Deutung richtig ist, hätte er also zur Perserzeit eine Kapelle des Ptah im früheren Palast zu Memphis hergestellt. — (Saulnier.) K. h. 41 cm. [Ä.Z. 1893, 94.]

7707 der Syrerin Achet-abu und ihres Gatten, vom Jahre 482 v. Chr. Oben unter der geflügelten Sonne (die nicht rein aegyptische Form hat) beten zwei Tote vor Osiris, Isis und Nephthys. Zwischen ihnen in sehr barbarischen Hieroglyphen die Opferformel: *Ein Opfer, welches der König giebt. Osiris, der erste derer im Westen, der groſse Gott von Abydos, er gebe ein schönes Begräbnis in der Gräberstadt, und einen guten Namen auf Erden der von dem groſsen Gotte, dem Herrn des Himmels, geehrten Achet-abu.* — Mitte: Die Mumien der beiden Toten, auf löwenförmigen Bahren, werden von Anubis balsamiert; unter jeder Bahre ein Kessel; zu Häupten und zwischen den Bahren Leidtragende. Darunter die Familie klagend. Beachte die ungewöhnliche Haartracht der Personen. — Unten: Aramäische (syrische) Inschrift: *Gesegnet sei Aba, der Sohn des Hor, und Achet-abu, die Tochter des Adija, alle beide . . . . . vor Osiris, dem Gotte. Abseli, der Sohn des Aba, dessen Mutter Achet-abu ist, so sprach er im Jahre 4, im Monat Mechir des Xerxes, des Königs der Könige . . .* — (1877 durch Travers, aus Sakkara.) K. h. 52 cm. [ÄZ. 1877, S. 127.] [Phot.]

Steine mit aufgemalten Bildern.

13260 der Anches, Tochter des Priesters Ze-bastefonch. Sie betet vor Re, Isis und Nephthys. (1897 durch Reinhardt.) K. h. 32 cm.

10590. Bruchstück eines ähnlichen Steines: die Götter Horus und Atum. — (Gesch. Sr. Maj. des Kaisers Friedrich) K. h. 14 cm.

Bemalte Holztafeln.

Vgl. über sie S. 234. Zum Teil wohl auch in griechische Zeit gehörig.

932 der Teschep-en-chons, die vor Re, Isis, Nephthys und zwei Schutzgeistern betet; blauer Grund, die Zeilen abwechselnd braun und gelb.

821 des Hor, Sohnes des Cha-su-chons, geschnitzt, mit der Darstellung eines Tempels. Gedacht ist, dafs man von vorn in den Tempel blickt und zwar durch drei hintereinander liegende Thore bis zu dem hintersten Raum, in dem die viereckige Kapelle des Osiris steht. Auf den beweglichen Thüren der Kapelle beiderseits der Gott Thoth, um den Besucher vor dem Eintritt *viermal* mit Wasser zu reinigen; in der Kapelle das vergoldete Bild des Toten. Über ihr schwebt der Sonnengott als Käfer. — (Pass., Theben.) [Phot.]

829 der Ze-mont-es-onch, Sängerin des Amon-Re, Frau und Tochter von Priestern dieses Gottes. Wie die vorige, in dem von Säulen getragenen Tempel die Kapelle, in der die Tote vor Re-Harmachis und Atum betet.

894 des Amonpriesters Mert-hor-erou; ebenso, in dem nur angedeuteten Tempel der Tote vor Re-Harmachis und Atum.

7772 der Sängerin des Amon Nai(?)-nub; die Tafel ruht auf Klötzen, auf ihr sitzt die Seele der Toten. — Oben betet die Tote mit ihrer Seele vor dem Sonnenschiff und seinen Insassen (Re, Atum, Chepre, Schu u. a.), unten vor Osiris und seiner Sippschaft. [Phot.]

772 der Kenesti(?), klein, auf Klötzen. Die Tote betet vor Osiris, Horus und Isis; als Inschrift Gebet vor Atum.

928 der Te-chem, Tochter des Nes-chons. Oben betet die Seele vor einer Neunheit von Göttern (Re, Atum und andere Sonnengötter), unten die Tote selbst vor einer anderen Neunheit (Osiris, Horus, Isis u. s. w.). Hinter dem Namen der Toten steht schon *es lebe deine Seele*, die Formel der demotischen Grabsteine (vgl. S. 335).

830 der Eti, Tochter des Schreibers einer der geistlichen Fürstinnen von Theben, also noch aus dem sechsten Jahrhundert (S. 17); die rohen Bilder wie auf den späten Särgen (Götter mit Binden in den Händen u. s. w.); die Schriftzeilen vergoldet aber leer.

934 der Ne-monch-amon, gelbe Bilder auf blau.

930. Zweimal benutzt, der Name des ursprünglichen Toten ausgekratzt und durch den eines Pet-amon, Sohnes des

VIII. **Aus der Spätzeit.** (Seit 700 v. Chr.)

Nes-min ersetzt. — Der Tote betet vor Harmachis und Osiris; der Grund, auch der Bilder, abwechselnd gelb und weifs, was vielleicht Gold und Silber darstellen soll.

785 der Cha-su-en-hapi; Thoth führt sie vor Osiris, Isis und die Schutzgeister.

786 des Hor, Sohnes des Ment-erdif, ähnliche Darstellung; in den gelben Zeilen über den einzelnen Göttern steht statt ihrer Namen nur *Gott*.

936 des Maurers An-za, Sohnes des Maurers Ere-o; er steht vor Osiris, Isis und fünf nur als *Gott* bezeichneten Gestalten.

773 der An-za, Tochter des Ze-ho; sie trägt ein weites Kleid und einen grofsen grünen Salbkegel. — 893 der Tema, Tochter eines Thürhüters; die Schutzgeister auf einer Blume (S. 164, 7305 u. o.). — 935 der Te-ka-su, vor Harmachis und Atum; sehr roh. — 784 der Muten-et, Tochter eines Thürhüters; sehr roh.

819 des Hri-bes; der Tote selbst als Osiris dargestellt, vor ihm die Schutzgeister. Sehr roh, die Schrift barbarisch; der Grund gelb.

931 des Pesche-mut. Aufschriften fast sinnlos; die Bilder kindisch.

933. Ohne den Namen des Toten, für den aber eine Zeile vor den Namen der Eltern freigelassen ist. Mit einer Sonne, deren Flügel unterhalb derselben sitzen und drei Göttern mit Affen- und Sperberkopf, bei denen der Verfertiger etwa an die vier Schutzgeister gedacht haben mag. Bilder und Schrift kindisch.

c. Pyramide und Opfersteine.

2090. Pyramide des Nes-pe-mede, eines Veziers und Oberrichters, aus seinem Grabe. Hier ist (abweichend von 2276 S. 158) der Totengott Anubis dargestellt, der das Grab bewacht. — (Passalacqua, Abydos.) K. h. 26 cm.

7497. Opferstein aus dem Grab des Gem(?)-ese-penhor, Beamten der Amen-erdis, Fürstin von Theben. Dargestellt die Opfertafel (S. 62), Gänse, Töpfe und Brote; die Inschrift versichert dem Toten in alten Formeln: *dein Brot gehört dir, dein Wasser gehört dir, deine Flut gehört dir, dein Ka* (S. 24) *wird mit deiner Seele sein.* — (1876 durch Travers.) Schw. Gr. l. 63 cm.

7586. Opferstein des Schreibers Osor-nacht, der sich mit altem Titel einen *königlichen Verwandten* nennt. Sein Vater führte den selben Namen Pete-pre, den das alte Testament als Namen des Herrn des Joseph verwendet. Die üblichen Brote, Krüge, Vögel, Opfertafeln sind so dargestellt, dafs der Stein zwischen den Bildern nur gestockt ist. Am Rand eine seltsame Opferformel, in der die Götter menschliche Königstitel tragen, z. B. *der König von Ober- und Unteraegypten, Isis . . . . . welcher ewig lebt.* — Aus Abydos. (Gesch. Travers 1877) br. 58 cm.

d. Särge.

Steinsärge.

Für die Gräber der Vornehmen verfertigt man jetzt wieder häufiger Steinsärge, in schlichten Formen (deren alte Vorbilder wir nicht kennen) aber in kostbaren Steinarten, deren Härte man mit glänzender Technik überwindet. Indessen wird der Eindruck dieser schönen Denkmäler gestört durch eine Überfülle kleiner Bilder und Inschriften, die alten religiösen Texten entnommen sind.

41 des Fürsten Anch-hor, der sich *Obersten der Diener eines Königs* nennt und alte Adelstitel trägt. Von vortrefflicher Arbeit und noch nicht so überladen, wie die anderen Särge. Innen ungeglättet; am Deckel jederseits zwei Zapfen als Handhaben für die nötigen Manipulationen innerhalb des engen Grabes.

Deckel. Eine Zeile mit der uralten Formel: *O Osiris, Erbfürst, Fürst, Oberschatzmeister, Nächster Freund, Oberster der Diener, Anch-hor du Seliger, Sohn des Bek-en-ranf des Seligen, geboren von der Ese-rascht, der Seligen — es neigt sich über dich deine Mutter Nut, in ihrem Namen Schetpet.*

Unterteil. Am Fufsende Anubis als Schakal. Am Kopfende die strahlende Sonne, wie sie der Tote zu sehen wünscht, in ihr der Sonnengott als Käfer: l. Osiris von Abydos in Gestalt seines Reliquienkastens (S. 173), Isis und der betende Tote; r. der Osiris von Busiris in der Gestalt des Pfahles (der hier Arme, ein Kleid und eine Krone hat), Nephthys und der Tote. — Auf den Längsseiten betet der Tote vor den 42 Geistern, die ihn im Jenseits richten sollen. Sie sind durch Messer und Federn (Schriftzeichen für „wahr") als strafende Richter gekennzeichnet, haben zumeist Tierköpfe und wunderliche Namen, z. B. sitzen auf der l. Seite vom Kopfende an:

VIII. Aus der Spätzeit. (Seit 700 v. Chr.)

Weitschritt, Mundöffner, Nase, Schattenfresser . . . ., *Doppellöwin, Feuerauge, Flamme, Knochenbrecher, Feueratem, Wendegesicht* . . ., *Heifsfufs, Weifszahn, Blutfresser, Gedärmefresser, Wahrheitsherr, Verirrer* u. a. — (Saulnier, aus Memphis.) D. Gr. l. 2,45 cm.

29 des Generals Pete-ese, eines Mannes von fürstlichem Rang, der *erster grofser General seiner Majestät, Leiter von Ober- und Unteraegypten, der sehr Grofse, der grofse Erste an der Spitze der Menschen* war und aufserdem verschiedene Priestertümer in Saïs, Buto und andern Städten bekleidete. Seine Mutter hiefs Nitetis wie die Tochter des Königs Apries. Der Sarg übertrifft den vorigen noch an Schönheit der Arbeit, steht aber in der Gesamtwirkung hinter ihm zurück.

Deckel: Bild der Himmelsgöttin (der Kopf besonders schön), die die Morgensonne Re und die widderköpfige Abendsonne Atum trägt. Darüber die Inschrift: *Es sprechen Re und Atum: Ach Osiris Pete-ese . . ., du gehst mit Re am Morgen auf und gehst mit Atum am Abend unter, alltäglich und ewig.* — Neben der Göttin die Sonne in den vier Gestalten (Kind, widderköpfiger Mann, Widder und Käfer), die sie im Laufe des Tages und der Nacht annimmt.

Unterteil: An den Längsseiten 50 Geister mit seltsamen Köpfen, die dem Toten ihren Schutz versprechen. So sagt der als Affe gebildete Geist *Pavian: ich richte mein Messer gegen den, der sich gegen dich verschwört;* der folgende affenköpfige *Glutkocher* sagt: *ich koche deine Feinde* u. s. w. — Am Kopfende zweimal das Schiff, in dem die Sonne nachts durch das Totenreich fährt und viele der dort wohnenden Geister. — Am Fufsende: die Sonne betritt ihre Tageslaufbahn; die Westgöttin (l.) reicht sie aus dem Schiffe, in dem sie die Nacht gefahren ist, der Ostgöttin (r.) zu, die in dem Tagesschiffe steht. Darunter Götter, die im Norden und Süden des Himmels wohnen.

Innen: Nur eine Zeile am Rand. Da der innere hölzerne Sarg nicht in den Steinsarg hineinpafste, so hat man diesen nach seiner Vollendung noch gegen das Kopfende hin erweitern müssen. — (Drovetti.) D. Gr. l. 2,50 m. [Phot.] [Abb. 54.]

40 des Ze-hap-emou, der Rechnungsbeamter des Königs war und aufserdem in verschiedenen Orten Unteraegyptens

Priestertümer bekleidete. Deckel und Unterteil gehörten ursprünglich zwei verschiedenen älteren Särgen an; beide waren schon stark beschädigt, als sie für den Ze-hap-emou bearbeitet wurden, daher gehen die Inschriften und Bilder über die Brüche fort.

Deckel: Die Seele des Toten fliegt aus und sieht die Sonne. Darunter ein Gebet des Toten, in dem er seinen *Vater* den Gott bittet, seinen Leib vor dem Verwesen zu bewahren wie den der Götter und Göttinnen, damit *das Fleisch nicht schlechtes Wasser werde . . . ., stinke und sich in viele Würmer verwandele,* und ihn zu

Abb. 54. 29 Steinsarg des Pete-ese (nach Mertens).

schützen *vor allen Tieren, vor allen Vögeln, vor allen Fischen, vor allen Schlangen und vor allen Würmern.* — Am Rand das Franzenornament (S. 77) und Anubis als Schakal.

Unterteil: Enthält fast das ganze alte Buch *Was im Jenseits ist,* das die nächtliche Fahrt der Sonne durch das Totenreich darstellt. Es ist nach den 12 Stunden eingeteilt. In der Mitte jedes Abschnittes ist der Fluß dargestellt, auf dem der Sonnengott und seine Begleiter in Schiffen fahren; darüber und darunter (d. h. auf beiden Ufern des Flusses) stehen die Geister, die den betreffenden Teil des Totenreiches bewohnen. Am Kopfende Stunde

1—4, links 5—6, rechts 7—8, am Fufsende 9—11. Das Buch, eines der ärgsten Erzeugnisse der alten aegyptischen Litteratur, war seit dem neuen Reiche wieder hervorgesucht worden, und zwar zuerst zur Ausschmückung der Königsgräber. (Vgl. Handschriften desselben Abschn. XIII, B, b.)

Innen am Deckel die Himmelsgöttin (von vorn gesehen), die über sich die Sonne hält. — Im Unterteil eine grofse Figur und eine Reihe von Göttern u. s. w. — (Drovetti.) Deckel schw., Unterteil rötlicher Gr.; l. 2,42 m.

7 des Fürsten Necht-nebf (Nektanebus), eines *grofsen ersten Generales seiner Majestät*. Er war Fürst in der Grenzstadt Zar des östlichen Delta und *Beherrscher der Fremdvölker* (d. h. der Beduinen) in der dortigen Gegend; sein Grofsvater mütterlicherseits war Fürst in Sebennytos im Delta gewesen und hatte eine Schwester des Königs Nektanebus (S. 17) zur Frau gehabt. Necht-nebf dürfte somit schon in der ersten griechischen Zeit gelebt haben. Er *kämpfte für Aegypten, bändigte die Fremdländer dem Könige,* sodafs *alle Leute zu den Göttern für sein Wohlergehen beteten.* Der Sarg ist innen und aufsen mit Inschriften und Bildern übersäet (es dürften etwa 20000 Schriftzeichen und 1000 Bilder sein), die den Gesamteindruck stören und überdies mangelhaft gearbeitet sind. Es sind meist lange Reihen von einzelnen Geistern, Schlangen u. s. w., die aus dem oben genannten Buche „Was im Jenseits ist" und aus ähnlichen Schriften entnommen sind.

Unterteil am Kopfende: die Sonne geht aus den Armen des Himmelsgewässers Nun hervor; Isis und Nephthys halten sie. L. daneben: das Sonnenschiff wird von Affen u. s. w. gezogen und fährt über den Löwen hinweg, der den Horizont trägt. U. a. m.

Innen: Deckel und Seiten sind so wie aufsen verziert; auf dem Boden das grofse Bild der Göttin des Westens, des Totenreiches. — (Drovetti.) Schw. Gr. l. 2,76 m.

Holzsärge und Mumien.

Die äufseren Särge viereckig mit Pfeilern an den Ecken; die inneren mumienförmig ohne Hände, meist mit dem unten gekrümmten Bart der Götter, da der Tote als neuer Osiris gedacht ist. Vielfach innen und aufsen mit Totenbuchtexten (siehe Abschn. XIII, B, a) beschrieben. Die Särge aus der Provinzialstadt Achmim sind wieder roher als die aus Theben.

50-56. **Särge und Mumie des Amonspriesters Pestenf aus Theben.** (Minutoli.) — Äufserer Sarg (50) mit Eckpfosten und gewölbtem Deckel. Am Unterteil Schnitzereien: die Schutzgötter der Toten in Särgen. Der Deckel mit bunten Ornamenten. Der Grund des Sarges war gelb, die geschnitzten Teile rot. — H. l. 2,11 m. [Minutoli, Reise Taf. 35,1.]

Mittlerer Sarg (51) in Mumienform, einfach in der Bemalung (am Kopfende Nephthys klagend), aber schön. Die Augen waren eingelegt, der Bart wie bei den Göttern geflochten. — H. l. 1,91 m. [Minutoli, Taf. 36.]

Innerer Sarg (52) zierliche bunte Bemalung auf hellem Grund, die Schriftzeilen abwechselnd gelb und weifs. Das Unterteil ist mit Totenbuchtexten beschrieben. H. l. 1,76 m.

Mumie (53) in ihrer äufseren rosa Umhüllung, über die ein Netz aus blau und gelben Perlen gespannt ist. Auf dies Netz sind aufgenäht: ein fliegender Käfer, die Schutzgeister und ein Streifen mit dem Stammbaum des Toten. — l. 1,68 m. [Minutoli, Taf. 38.]

Kasten (54) mit den Eingeweiden, auf dem Deckel die 4 Schutzgeister. [Minutoli, Taf. 35,2.]

Osirisfigur (55), benutzt zur Beisetzung einer Art kleinen Mumie (56), vgl. bei 30 S. 235.

3-6. **Särge und Mumie der Tere-kop**, vermutlich der Grofsmutter des obigen Pes-tenf und wohl aus demselben Grabe. (Minutoli.) — Äufserer Sarg (3) in Mumienform, weifs mit grünem Gesicht, buntem Halskragen und wenigen Bildern; die Inschriften auf abwechselnd gelb und weifsen Zeilen. Z. B. am Deckel als Zauber gegen Schlangen: *Es spricht die ehrwürdige Hausherrin Tere-kop, die selige, die Tochter des Künstlers im Amonstempel Hor, des seligen: O Schlange Rekrek komme nicht! Siehe, Keb und Schu stehen gegen dich! Du hast Mäuse gefressen, das ist ein Ekel für Re; du hast Katzenknochen gekaut, das ist stinkend für die ehrwürdige Hausherrin Tere-kop, die Selige* . . . H. l. 2,10 m. [Minutoli, Taf. 37.]

VIII. Aus der Spätzeit. (Seit 700 v. Chr.)

Innerer Sarg (4), dem äußeren ähnlich, voller Inschriften, am Fußende breitet Isis die Flügel aus.

Mumie (5); über der äußeren rosa Umhüllung ein Netz aus blauen Perlen. In dieses sind mit bunten Perlen gestickt: ein Halskragen, ein fliegender Käfer, ein geflügelter Gott und die Schutzgeister, ein Streifen mit (unlesbarer) Schrift.

Kasten mit den Eingeweiden (6); auf dem Deckel die vier Schutzgeister.

8407—8500. Särge und Mumie des Ken-hor, Priesters des Gottes Min.

Äußerer Sarg [8407] mit Eckpfosten und gewölbtem Deckel, bunt bemalt. Am Unterteil sind Särge

Abb. 55. 8407 Sarg des Ken-hor.

gemalt, in denen Mumien stehen; dazwischen Thüren. Auf dem Deckel beiderseits der Tote, wie er vor allerlei Göttern und Geistern betet. Neben den 4 Pfosten sind die 4 Sperber aufgemalt, die sonst als Holzfiguren auf dieselben gesetzt werden (S. 230), nach den Beischriften stellen sie den Horus dar, *der auf seiner östlichen* (oder: *westlichen*) *Ecke sitzt*. H. l. 2,20 m. [Abb. 55.]

Mittlerer Sarg [8408] in Mumienform, rot getüncht, das Gesicht grün. Mit Opferformel an Ptah-Sokaris-Osiris. H. l. 2,15 m.

Innerer Sarg [8409], gelb getüncht, das Gesicht rot. Mit Opferformel an Harmachis-Atum. H. l. 2 m.

Mumienhülle (8500), darin die Mumie. Bunte Bilder auf gelbem Grund, leider durch den Asphalt der

Mumie beschädigt. Beachtenswert die tierköpfigen Götter an der Unterseite. Auf dem Fufsbrett der heilige Stier Apis mit einer roten Decke, bezeichnet als *Osiris, der lebende Apis, der Priester Ken-hor*; der Tote wurde also in der späten Zeit mit diesem Gotte ebenso identifiziert, wie sonst mit dem Osiris. (1884 aus Achmim.) l. 1,85 m.

42. Sarg und Mumie des Pchel-en-chons, Barbiers des Chonstempels zu Theben. Ohne Firnifs. Auf der Brust Isis, die den Toten mit den Flügeln schützt, auf dem Leib kleine Bilder verschiedener Götter. — Die äufserste Hülle der Mumie rötlich. — (Saulnier.) H. l. 1,77 m.

8237. Sarg des Har-si-ese, Priesters des Month zu Theben. Wenige kleine Bilder (am Fufsende Isis klagend), aber innen und aufsen Totenbuchtexte; die Zeilen aufsen abwechselnd braun und gelb. — (1881) H. l. 1,85 m.

43. Sarg und Mumie eines Petu-bast; dem vorigen sehr ähnlich. — Deckel: Aufsen u. a.: Thoth und die Maat (die anstatt des Kopfes eine Feder, das Zeichen ihres Namens, trägt) führen den Toten vor die Götter. — Anubis balsamiert ihn. Innen: Göttin mit erhobenen Armen, in rotem Gewand. Unterteil: Aufsen als Rand grofse Schlange, die sich in den Schwanz beifst. Innen: Göttin, wie auf dem Deckel, aber mit hängenden Armen. — Mumie noch in der äufseren Umhüllung; nur am Kopf sind blau gestreifte innere Binden sichtbar. — (Passalacqua, Theben) H. l. 1,80 m.

8501, 8502. Sarg und Mumie der He, Tochter des Pete-chons-i. Sarg nach später Sitte breit und stark gewölbt, einfache Bemalung auf rotem Grund. Am Fufsende: die Mumie von einem laufenden Apisstier getragen, über ihr fliegt die Seele. Im Unterteil das grofse Bild einer Göttin. Das Tuch im Kopfende diente der Mumie als Kissen. (H. l. 1,80 m.) Die Mumie in braunem Leinen mit weifsen Binden verschnürt. Pappstücke mit Isis und Nephthys und den Schakalen liegen auf ihr. Reste der beigegebenen Kränze in der Schale daneben (1884, Achmim.)

8503. Sarg des Pechor, Priesters des Min, mit sorgfältigen bunten Bildern. Dabei: Totengericht, die Göttin Maat

18*

wie oben bei 43 dargestellt; r. sitzt der *Fresser*, ein Tier.
Der Reliquienkasten von Abydos von Göttern umgeben.
— Der Sonnengott als Käfer zwischen ihn schützenden
Schlangen. — Am Fufsende der Tote als schwarzer Apis,
seine Mumie liegt auf ihm, über ihm fliegt die Seele.
— Die Barbarei der Inschriften, die Binden in den
Händen der Götter, die grünen Salbkegel (S. 31) deuten
auf späte Zeit. (1884 aus Achmim.) H. mit Leinen
und Stuck überzogen; l. 1,70 m.

633. Vom Sarge des Kena, *Vorstehers der Pferde* und
wirklichen Königlichen Verwandten, Eckpfosten; gute Arbeit.
— (Lepsius) H. h. 55 cm. [LD. III. 276c.]

34. Vom Sarge des Senbef, Priesters des Ptah; Längsseiten und Teil des Deckels. Er war u. a. auch Priester
des Osiris auf dem Gräberfelde von Sakkara und Priester
der uralten Könige Menes und Zoser, deren Totenopfer
vermutlich in der Spätzeit wieder eingeführt waren (S. 43).
Die Schnitzereien stellen die vier Schutzgeister, sowie
Anubis und Horus dar; die Inschriften sind alte Formeln
in uralter Orthographie: *es kommt zu dir deine Schwester
Nephthys, sie hebt dein Haupt hoch, sie umfafst deine
Knochen, sie vereinigt deine Glieder; sie giebt dir Luft
in deine Nase, du lebst; sie läfst atmen (?) deine Kehle,
du stirbst nicht.* — (Lepsius) H. l. 2 m. [LD. III,
276, a—d.]

2108. Bretter vom Sarg des Pen-sechmet, der Priester
des Anubis und des Amon und der Statuen des verstorbenen Königs Psammetich I. war, in einem Heilig-
tume *Mumienhaus*. (Gesch. Clot Bey. 1842.) — H. l.
1,45 m. [LD. III, 271, c—d.]

e. Krüge und Kasten zu Eingeweiden.

Ähnlich wie die des n. R. S. 179. (Vgl. auch S. 273. 274.)

11040, 11639 eines Ptah-hotep, der kleinere unter dem
Schutz des Amset, der gröfsere unter dem des Kebeh-
senuf. Die Inschriften grün ausgefüllt. — (Gesch. Mosse
1892.) Al. h. 17 cm. 21 cm.

7180, 7179, 7174, 7183 eines Har-cheb, Sohnes der
Tefnut; zusammengehörig, aber von verschiedener Gröfse.
Es sind geweiht der mit Sperberkopf der Göttin Selket
und dem Kebeh-senuf, der mit Affenkopf der Nephthys
und dem Hapi, der mit Menschenkopf der Isis und

dem Amset, der mit Schakalkopf der Neith und dem
Dua-mutef. Al.

7053, 7054 eines Har-cheb, Sohnes des Anch-pe-
  chrod, Priesters der Buto; dem Kebeh-senuf (Sperberkopf) und Hapi (Affenkopf) geweiht. Noch mit ihrem
  Inhalt. Al.

7165, 7167 eines Hap-erdis und eines Nefer-eb-re
  (Gesch. Lietz 1855.) Al.

8425, 8426 eines Pef-tew-di-amon, verschiedener Gröfse,
  aber zusammengehörig. Al.

7173, 7174 eines Teti, Fürsten einer Stadt Anu im Delta. Al.

11641 des Nekao-men-em-aneb-hez, Hohenpriesters
  von Memphis, der nach seinem Namen (*Necho bleibt in
  der weifsen Mauer*, d. h. in der Citadelle von Memphis)
  unter König Necho lebte. Nach der Inschrift: *es sagt
  Kebeh-senuf: ich, dein Sohn* (der Tote gilt ja als ein neuer
  Osiris, S. 24), *ich bin dein Schutz; ich setze dein Herz auf
  seine Stelle und dein Herz auf seinen Platz*, enthielt dieser
  Krug das Herz des Toten. – (Gesch. Mosse 1882.)
  Al. h. 28 cm.

Ohne Aufschriften vollständige Reihe, Al. roh. – desgl.
  zwei gut gearbeitete K.

Kasten in Gestalt der Schutzgeister, zusammen-
  hörig: 6758 des Geistes Hapi. — 6756 des Amset. —
  6757 des Dua-mutef, darin noch das balsamierte Eingeweide. (Der vierte fehlt.)

f. Totenfiguren und ihre Kasten.

Die Menge der Figuren, die man dem Toten beigiebt, ist, wenn
möglich, noch gröfser als früher. Sie sind als Mumien mit dem Götterbart (wie die Särge der Zeit) gebildet; sorgfältige haben eine Basis
und einen Rückenpfeiler (S. 25), als wären es Statuen. Meist hellgrüne Fayence, die vertieften Inschriften enthalten die alte Formel (S. 180).
[Abb. 56.]

Von Königen.

4524, 8085 eines Psammetich, mit Kopftuch und Königsschlange. Die eine war in Leinen gewickelt.

7483 des Königs Amasis, ohne königliche Abzeichen.

Aus Kalkstein.

959, 971, 4510 des Har-er-o, Beamten des Tempels von
  Memphis unter Psammetich II. Schöne Arbeit.

Aus Fayence.

Blaue Fayence: 4516, 10508 Priester Psammetich, himmelblau. — 4517 Priester Harmachis. Kleinere mit schlechter Glasur, ohne Inschriften, z. T. wohl sehr spät.

Hellgrüne Fayence: 037, 4512, 4514 Priester Wah-eb-re-em-ache, Zeitgenosse des Apries. — 045, 4513 Priester Imhotep, wohl Bruder des vorigen. 4511, 4515 Uza-hor, zubenannt *Psammetich ist der Sohn der Sechmet*; aus seinem Grabe in Gise auch die Vogelform 1275 (S. 280.). [LD. III 276 i.] — 8567, 8568 Pa-ebu-meh, Verwandter des Königs, zubenannt *Psammetich ist stark* — 8784 beim Brand verfärbt. 7437, 7971 Psammetich, oberster Schreiber der Speisen des Königs.

Abb. 56. Totenfiguren der Spätzeit.

Von dunklerem Grün: 4390 Har-chebti, Schreiber des Königs, sehr zierlich, glasierter Stein. 7371 Schreiber Hor. — 042 ein Wah-eb-re, d. h. Apries. 8593 ein Si-hor, senkrechte Schriftzeilen. 7328, 7484 grofse und kleine Figur für denselben Toten. 8504 Aufschrift mit Farbe, wohl spät. 322 Frau Nitetis, plump.

Mit schwarzem Haar und Bart: 302 ein Anch-pe-chrod, mit Fürstentiteln. 376, 378 Pete-ptah, Priester der Buto in Memphis. 7007, 5829 Bek-en-ranf, Hoherpriester von Memphis.

Sehr späte (römisch?), mit dünner Glasur, meist klein: 8502 Frau Uza-hor.

E. f. Totenfiguren.   g. Holzfiguren.

Kasten zu Totenfiguren.

Mit einem Schiff auf dem Deckel: 761 Frau Teteerhe(?), enthält rohe Figürchen, die grün bemalt sind, um Fayence nachzuahmen.   734, 759 für die Frauen Amenerdis und Nes-mut.
4358, 4360. In Sargform, ohne Namen. Als Bemalung Scheinthür und Götter in Särgen.

g. Holzfiguren aus Gräbern.

Die Figuren der Sperber, Schakale und Seelen, die auch in der libyschen Zeit schon auf die Särge gesetzt werden, siehe oben S. 239. [Phot.]

Osirisfiguren.

Sie dienten als Futteral der Totenpapyrus oder wurden auch wie 55 S. 273 benutzt.

4350 für einen Thot-erdis, gelb auf schwarz, zierlich. Über dem Halskragen eine Brusttafel; auf der Brust ein altes Lied an Osiris.

900 für die Frau Nai-nai, schon aus griechischer Zeit; enthielt ihr Totenbuch (P. 3008 in Abschn. XIII, B, a). Grofser Osiris mit bunter Krone und Szepter und Geifsel. Ueber den weifsen Mumienbinden ein Perlennetz, wie bei den Mumien S. 273. 274.

Andere: 918 rote Binden mit blauem Perlennetz. — 914 die Krone weifs; in rotem gesticktem Überwurf mit langen Bändern. — 920 Kopfschmuck ergänzt, roh, Inschrift sinnlos. In der Basis Kästchen für den Papyrus; der ihn schützende Deckel ist als Sperber gebildet, d. h. als Horus der „Schützer" des Osiris. — 916 mit Perlennetz über roten Binden (Kopfschmuck ergänzt). In der Basis der Kasten; die Thür, die vor den Füfsen des Gottes gemalt ist, stellt den Eingang zu seinem Grabe vor.

1700. Vergoldeter Kopf des Osiris, die Augen eingelegt, Bart und Königsschlange aus Bronze. Vielleicht älter.

Andere Götter.

Isis und Nephthys klagen um Osiris; die Figuren wurden an die Enden des Sarges gestellt, vgl. das Relief S. 153 und das Schiff S. 98: 915 Isis erhebt klagend die Hand; auf dem Kopf das Zeichen ihres Namens. — 9561, 9562 Isis (mit Hörnern und Sonne, wie Hathor) und Nephthys

VIII. Aus der Spätzeit. (Seit 700 v. Chr.)

(mit dem Zeichen ihres Namens) strecken die Arme nach der Leiche aus, die zwischen ihnen liegend zu denken ist
12410. Anubis, der den Osiris bestattet hat, hält diesen in Gestalt des Pfahles von Busiris so vor sich, wie er auf anderen Darstellungen (S. 162, 7306) ihn als Mumie hält. Das rote Kleid deutet auf späte Zeit. (Vgl. auch 7508, S. 293). (1894 durch Reinhardt.)
Figuren der Schutzgeister, an die vier Ecken des Sarges gestellt (S. 80, 14): 10234, 10235 Hapi und Dua-mutef (unrichtiger Kopf), die der Frau Schep-en-ese *Freude* und *die Luft des Nordwindes* geben sollen. 10710. 10731 Dua-mutef und Hapi, mit roten Binden (wie sie zur Bestattung des Toten nötig sind) und einer Sonne auf der Brust; für den Priester Pet-amon.
870. Isis als menschenköpfige Schlange wie 7740, S. 248; der Kopfschmuck wohl nicht dazu gehörig.
Heilige Tiere auf eigentümlichen Gestellen, von Standarten, wie man sie bei Prozessionen trug (S. 252), aber auch bei der Bestattung verwendete (vgl. die ausgestellte Zeichnung): 10671 Ibis, das Tier des Thoth — 12653 Schakal (des Anubis) — 10672. 13192 Widder (des Amon).

h. Formen für den Gebrauch der Toten.

Auf welcher Anschauung es beruht, dafs man in der Spätzeit in die Gräber Formen zu Vögeln u. ä. legt, ist nicht bekannt. K.
Formen zu Vögeln, etwa junge Reiher mit kurzen Flügeln: 7698, 7699 beide Hälften vorhanden, Striche an den Seiten zeigen an, wie die Teile zusammengehören.   1275 aus dem Grabe des Uza-hor, dem die Totenfigur 4511 entstammt; schön.
284. Form zu einer mumienartigen Figur, beide Hälften vorhanden.

i. Verschiedene Beigaben.

13696. Bett, vorn ein Vorhang, auf dem zwei Bes und eine Göttin mit Blumensträufsen dargestellt sind. Thon (vgl. die des n. R. S. 187).
Kopftafeln, runde Tafeln aus Leinen und Stuck, mit seltsamen Götterbildern; man legte sie in der Spätzeit als Amulett unter den Kopf der Mumien: 6900 für einen Pen-chas. Als Hauptbild der Sonnengott mit 4 Widderköpfen, *der mit ehrwürdigem Leib, der mit verborgnem Leib,*

der die Seelen umfaſst, dessen Gestalt verborgen ist; er wird gebeten: komme zu dem Osiris Pen-chas auf die Erde, und setze ihn in das Totenreich. Ein anderer zweiköpfiger Gott soll den Leib des Pen-chas schützen. Auſserdem ein Schiff mit einem Vogel u. a. — 7792 ähnlich. Affen beten zu dem Sonnengott.

k. Schmuck und gröſsere Amulette der Mumien.

Stücke, die auſsen auf die Mumie genäht oder auch in ihren Bauch gelegt wurden. Zum Teil noch aus dem n. R. oder aus libyscher Zeit, doch ist die genauere Datierung meist unmöglich.

898. Perlennetz von einer Mumie, wohl sehr spät; vgl. ähnliche auf den Mumien 53. 5 (S. 273). Unter dem gelben Gesicht der Toten der Halskragen, der fliegende Käfer, die Göttin Nut, ein anderes geflügeltes Wesen und die 4 Schutzgeister. Dann die Opferformel in durch die Stickerei seltsam verzerrten Hieroglyphen. — (Pass., Theben.)

12029, 12030. Fliegender Käfer und Isis geflügelt, zusammengehörig; schön. — (1895 durch Reinhardt.)

13581. Fliegender Käfer und die Schutzgeister, klein, spät, zusammengehörig.

Käfer mit ausgespannten Flügeln. Meist aus Fayence, die Flügel in besonderen Stücken, so 5075, 7634. — 11020 aus einem Stück, mit Zusatz von Federn, einer Sonne und einem Siegelring. (Gesch. Jacoby 1891.) — 9476 Flügel aus Glas.

7988 Käfer aus nachgeahmtem Lapislazuli, war wohl nicht fliegend dargestellt. Sehr schön.

Geflügelte Götter.

Sonne: 7630 aus Zinn.
Sperber: 3392 aus Zinn, 2812 aus Kupfer.
Käfer: 3391 aus Zinn.   1761 aus vergoldetem Stuck.
Göttin (Nut): 3393 aus Zinn — 12423 aus vergoldetem Stuck.

Schutzgeister.

12631—12634 groſs aus Fayence (1895 durch Reinhardt). Kleine desgleichen flach, zum Aufnähen, z. T. nach später Sitte als Totengötter mit Mumienbinden in den Händen dargestellt. — Ungewöhnlich 5822, rund.

Aus Stein 0039—0041, 4068.

Augen.

Es ist stets das r. Auge gewählt.

Aus Wachs, libysche Zeit, dabei 6880 teilweis weifs und schwarz gefärbt.

Aus Metallblech, dabei 3386 aus Zinn, 2730 aus Bronze.

8091 Skarabaeus in der Art der Herzskarabäen des n. R. (S. 188), als Aufschrift die Opferformel für einen Keref-amon.
Finger, je zwei ausgestreckte, aus schwarzem Stein, vergoldet; es ist nicht bekannt, was sie bedeuteten.
Vogelfiguren aus Wachs: 6838 Ibis; 6839 Reiher.

1. Kleinere Amulette von Mumien.

Seit der libyschen Zeit wächst die Zahl der den Toten beigegebenen kleinen Amulette ins Übertriebene; auch manches, was unten unter Schmucksachen aufgeführt ist, gehört vielleicht richtiger hierher. Eine genauere Datierung derselben ist sehr schwer; solche des n. R. siehe S. 190, doch gehören gewifs auch manche der hier aufgeführten Stücke noch in das n. R. [Abb. 57.]

Fayence und Stein.

Auge, in altherkömmlicher Weise dargestellt: oben die Brauen, unten seltsam stilisierte Anhängsel, die ursprünglich wohl die das Auge umgebenden Falten andeuteten. Das „Auge des Horus" galt als ein Quell des Guten und vielleicht rührt die Verwendung des Auges als Amulett daher. — Bemerkenswert: 6117, 10222 besonders grofs.   12731 grofs, mit Affe und Schlange. — 1867, 6118 auf viereckiger Platte; 6227 daneben Sechmet; 6228 hinten Bes auf Schlangen; 6110 durchbrochen. — 6007 oben ein Löwe.   1871 mit Königsschlangen. — 432 desgl. mit einem Apis.   12813 das Auge als Sperber gedacht; vor ihm eine Katze.   Steinerne, z. T. zierlich.   6130 in der Umrahmung des Auges noch ein zweites. — 6137 mit vielen anderen darin.   1805, 6120 vier Augen verbunden. ↙ 9474 mit buntem Glasmosaik eingelegt, wohl griechische Zeit.   6160 gelb.
Augen ohne Umrahmung, mit Öse, aber wohl nicht Amulett. 406 doppelt.
Papyrusstengel (das Schriftzeichen für „grünen, frisch sein") als Amulett: 10064, 10065 besonders grofs. —

E. 1. Amulette von Mumien. 283

9028 desgl. (Gesch. E. Brugsch). — 2022 aus Eisenstein. — 4815 auf viereckiger Platte, grüner Feldspath.

Säule, darauf der Kopf einer Göttin: 14192 aus blauer Masse.

Der Pfahl Ded als Amulett (S. 169d), ursprünglich der Osiris von Busiris. Er soll eigentlich aus Gold hergestellt werden. Dem Toten um den Hals gehängt, bewirkt er, „dafs er an den Thoren des Westens (S. 23) nicht zurückgeschlagen wird; man giebt ihm Brot, Bier, Kuchen, viel Fleisch auf dem Tisch des Osiris; er ist gegen seine Feinde im Totenreich gerechtfertigt, trefflich, unendlich oft." — Meist nur aus Stein und Fayence; aber bei 1837 der Vorschrift entsprechend wenigstens vergoldet. Z. T. mit dem Kopfschmuck des Osiris: 1838 sehr schön. — 6205 zwei Sperber darauf.

Abb. 57. Kleine Amulette.

Knoten als Amulett, das Zeichen der Isis (S. 169d). Dem Toten um den Hals gehängt, bewirkt es, dafs „Isis ihn schützt und dafs Horus sich freut, wenn er ihn sieht", oder nach anderer Angabe „dafs er dem Osiris folgt im Totenreich, dafs ihm die Thore im Totenreich geöffnet werden, dafs ihm Gerste und Spelt gegeben werden auf dem Felde Earu (am Himmel) und dafs er jenen Göttern gleicht, die dort sind". — Eigentlich sollte es aus rotem Jaspis hergestellt werden, doch

sind die meisten aus blauer, grüner oder grauer Fayence.
Bemerkenswert 3847 rot, mit Aufschrift *Blut der Isis*.
Knoten anderer Form, wohl meist das Zeichen *Leben*.
Herz als Amulett, vgl. S. 188; 190. Auf 4745 dieselbe Formel wie auf den Herzskarabäen, für einen Priester Si-mut.
Merkwürdig: 4740 weil es die Form des Herzens, wie es der Aegypter sich dachte, genau wiedergiebt; die Ansätze sind die abgeschnittenen Hauptadern. — 6430 mit den Worten *Leben* und *Schutz* darauf. — 4780 mit dem Kopf des Käfers. — 4747 geteilt wie die Flügeldecken des Käfers.
Schlangenkopf aus Fayence, hübsch (S. 190).
Kopfstützen (S. 196), oft mit Kissen darauf, meist Eisenstein; 4211 hübsch, 14189 mit Besköpfen.
Kronen von Ober- und Unteraegypten.
Zwei Federn, wie sie Götter tragen.
Szepter, wie es die Götter tragen.
Kopf der Sechmet auf breitem Kragen (S. 290).
Treppe, vielleicht in Erinnerung an die *Treppe* von Abydos (S. 88b)?
Winkelmaſs und Setzwaage, alle aus Eisenstein.
Knoten des Gürtels aus Stein: 4910 durchbohrt. — 13870 nicht durchbohrt.
Troddeln wie man sie hinten an den Halskragen trug.
Das Zeichen „vereinigen". — **Sonnenschiff**. — Das Zeichen „Ka" (*Geist*, vgl. S. 24). — Das Zeichen des Gaues von Letopolis. Sonne, allein und zwischen zwei Bergen aufgehend. — **Namensringe der Könige**, z. T. Federn darauf. — **Kleine Opfertafeln**, dürften dem Toten Nahrung verschaffen. — **Obelisken**. — **Sistren**. **Sperberkopf** über einem Rechteck, ein Gerät, das auch beim Totengericht (S. 24) dargestellt wird. **Sperberkopf**. **Hand**. **Geballte Faust**. **Geschlechtsteile**. 6410 Unverständlich.

Metall.

Goldene und silberne Amulette: Augen Herz Leben Kopf der Sechmet — Hand.
Figürchen in Goldblech: Isis, Nephthys und Sperber mit ausgebreiteten Flügeln.

F. Schmucksachen, kleine Fayencen u. ä.

a. Schmucksachen und Ketten.

Nicht sicher von denen der libyschen Zeit (S. 242) zu scheiden.

Fingerringe und Ohrringe.

Goldringe: 11858 des Priesters der Bast und der Isis Pete-mahes, Sohnes des Psammetik-si-neit. (Gesch. Deibel 1894.) — 8000 mit den Bildern des Sobk, der Neith und des Schu, in denen sich wohl eine Inschrift versteckt.
Silberring: 9275 mit einem heiligen Fisch.
Bronzering: 12574 Name eines Priesters?
Fayenceringe: Durchbrochene mit dem Bilde des Sonnengottes und Lotusblumen; 9521 nur mit einfachem Muster. — Mit dem Kopf der Sechmet oder denen von Sechmet und Mut, die wie bei 8688 S. 288 hinten in ein Plättchen enden.
Ohrringe mit Tierköpfen.

Kettenglieder, Perlen u. ä.

Zum Teil auch Amulette, vgl. oben S. 282.

6302 die Zeichen des Osiris und der Isis nebeneinander, als Kettenglied.
8283. Die Zeichen „Leben, Dauer, Genufs" auf dem Zeichen „jedes", als Segenswunsch.
6612. Von einer ähnlichen Zeichenverbindung, auf der noch eine dreifache Götterkrone safs.
Schu, dargestellt wie S. 174, den Himmel erhebend, auf dem Haupt die Sonne: 5438 neben ihm das Zeichen „Leben". 6611 über ihm der Himmel mit der geflügelten Sonne, beiderseits von ihm die Pfeiler des Himmels, die die Gestalt von Sistren haben.
Perlen mit Augenamuletten: 8066 mit dem Namen des Schabaka (S. 16). — Durchbrochene.
Perle als Muschel, durchbrochen: Bast als Katze zwischen den Schutzgöttinnen Nechbet und Buto als Schlangen, dabei 7431 angeblich mit dem dabei liegenden Goldschmuck und den Löwenfigürchen (7431 S. 285) in einem Grabe zu Cervetri in Etrurien gefunden.
6404. Perle als Traube?
13552. Blumen, sechs Glieder einer Kette.
13838. Schwarze platte Perle mit weißem Rand. Persische Zeit, wie ein ähnlicher Schmuck in Kairo zeigt.

Täfelchen mit Götterbildern: Amon und Mut. – Thoth — Horus — Schu, als Onuris gebildet; hinten der Name der Isis.
Desgleichen mit Tieren: Widdersphinx (S. 249), dahinter ein Wedel — Apis — Widder — Schlange — Mann mit Tier.
Desgleichen, nur mit Strichen.
Kleine Platten mit Griffen, z. T. mit Bildern und Schriftzeichen.
Ähnlich, rund mit Ösen oder in Form des Namenszuges.
Kleine Kapellen (S. 250) durchbrochen; besonders hübsch 11029, mit dem Bilde des Re darin.
Kleiner Pfeiler mit Öse: 13235 mit Mischgestalten von Göttern (S. 299) F. — 12722 mit unverständlichen Aufschriften. K.
Köpfe des Bes (S. 202), schön 404, 5789. 6085 einem Löwen ähnlich. — 11795 auf einer Rosette.
Hathorköpfe, die Frisur anders als sonst bei diesen Köpfen (S. 115).
Nilpferdkopf (?). — Widderköpfe: 6082 mit Sonne. 10302 mehrfarbig.

Kleine Denksteine.

Wohl als Brustschmuck getragen.

10261. Amon-Re thronend. F. — 13220 Ptah in seiner Kapelle.
Elfenbein. 12555 König stand vor einer Göttin.
Glasierter Stein.

Figürchen von Göttern und heiligen Tieren.

Meist von Ketten wie S. 191. 212, über die Darstellung der Götter vgl. S. 290 ff. Gehören z. T. wohl noch in das n. R., wenn auch die meisten jünger sein dürften.

Steinfiguren.

Meist aus Lapislazuli, Karneol, Feldspat, Eisenstein.

Götter: Isis — Nephthys — Horus als Kind, 4008 Karneol, roh — Anubis? 4084 zierlich — Neith — Thoth — Maat — Selket — Bes, 4100 eigentümlich — Toëris, 4112 eigentümlich.
Heilige Tiere: Widder, 9734 Lapislazuli, sehr schön — Löwe — Katze; 7650 Lapislazuli, schön — Steinbock — Geier — Sperber — Krokodil — Königsschlange — Frosch.

14103 Äffin, die ihr Junges an sich drückt, ähnlich
einem Gefäfs der Dyn. 6 (G. 329 in Abschn. XIV, B, d).
Lapislazuli (1898 durch v. Bissing.)
Fabeltiere: Seele (S. 24) — Widder mit vier Köpfen, der
Sonnengott (S. 280) — Käfer mit Sperberkopf, Vermischung
der Sonnengötter Chepre und Harmachis.
Opfertiere, wohl dem Toten zur Nahrung beigegeben:
Stiere, gebunden.

Fayencefiguren.

Z. T. höchst zierlich, meist wohl libysche und Spätzeit. Vgl. auch
die in Relief aus dem n. R. S. 213.

14071. Sechzig Figürchen blau, von demselben Schmuck,
Götter und Amulette. Vgl. für die einzelnen das Folgende
sowie S. 282 ff.
Alte Götter: Isis — Isis säugend, 12481 mehrfarbig —
Horus als Sonnengott — Horus als König — Horus auf
der Blume — Nephthys — Anubis — Amon — Mut —
Chons, sperberköpfig — Ptah — Sechmet, Buto oder
Bast: 5455 mit der Sonne, 5474 mit dem Schmuck der
Hathor, 5488 mit der Krone der Mut, 8216 mit der Königs-
schlange — Hathor — Hathor säugt wie Isis — Hathor
kuhköpfig — Min — Chnum — Thoth — Maat — Schu
stehend — Schu wie er den Himmel erhebt — Nilgott.
Volksgötter u. ä.: Bes: 6651 mehrfarbig; 10844 weiblich
(Gesch. Auhagen. Vgl. die sicher weiblichen in Abschn.
XIV, F.) — Toëris — Imhotep — Patäken, verschiedene —
Neheb-ka, als Schlange mit Armen und Füfsen —
Mischgestalt aus Patäke, Horus und Chnum.
Göttergruppen: Horus zwischen Isis und Nephthys —
Onuris und Mehit (Gesch. Travers).
Unbestimmte Götter: 5357 Göttin mit Sonne.
Heilige Tiere: Stier — Widder — 5010 Affe, daneben das
Zeichen langer Zeit wie S. 305 — Löwe — Schakal —
Katze: 5076 zierlich, mit Jungen, 13901 mit Weiber-
kopf als Bast — Sperber: 6050 mit grofser Krone, 10304
besonders zierlich — Ibis, als Thoth gedacht, vor ihm
sitzt klein seine Genossin, die Maat; 6008 blau und grün
— Krokodil, 1870 sieben nebeneinander — Schlange
— Schlange mit Löwenkopf.
Fabeltiere: Seele, die Sonne auf dem Kopf; auch zwei
nebeneinander — zwei Löwen mit der Sonne zwischen sich,

Darstellung des Horizontes — zwei Stiere, ähnlich verbunden.

Nicht heilige Tiere: Hase — Sau — 11161. Affe, der eine Frucht frißt, vgl. S. 307, unten anscheinend Name Pepi's I., doch wohl nicht so alt. (Gesch. Willmann 1891.)

Sogenannte Gegengewichte.

Vgl. S. 241.

7700 von Anch-nehtif, Amonspriester und drittem Priester und Siegelbewahrer vom Anubistempel der Deltastadt Anaris (S. 12); der Hathor geweiht. Oben Horus verleiht dem Könige Leben, indem er ihm das Zeichen „Leben" an die Nase hält; unten Hathor auf einer Blume zwischen den Schutzgöttinnen von Ober- und Unteraegypten. Sehr schön.

8049 eines Thürhüters Har-cheb.

8921 durchbrochen, Reihen verschiedener Götter.

8193, 7761 mit dem Namen des Amasis.

7492 aus Kupfer, mit Gold eingelegt, oben ein Löwenkopf. Einerseits die Bilder von Sechmet, Hathor, Bast, Mut und Buto, andererseits die Aufschrift: *es sagt die große Bast von Bubastis, das Auge des Re, die Herrscherin der Götter: sie giebt Leben, Heil und Kraft dem Hor-nef-ka-emou(?) dem seligen, dem Sohn des Har-en-cheb, geboren von der Te-dena-en-bast.*

2607, 8688 aus Bronze; oben auf einem Kragen die Köpfe des Onuris und der Mehit; unten der heilige Fisch der Mehit, eine Blume im Maul.

b. Formen, kleine Fayencen u. ä.

Aus einer Fayencefabrik von Naukratis.

Naukratis (S. 17) wurde 1884 von Petrie wieder aufgefunden und ausgegraben. Es zeigte sich als eine im wesentlichen griechische Stadt, doch arbeiteten ihre Fabriken, wie die folgenden Stücke zeigen, auch vielfach in aegyptischem Stil. Die ebendort gefundenen Skarabäen u. s. w. s. Abschn. XIII, A, 1.   (Gesch. des Egypt Exploration Fund 1888.)

Formen zu Skarabäen, Köpfchen u. a. Vgl. die älteren S. 213.

Figürchen eines Nefer-tem, roh.

Spätere Formen anderer Herkunft: 11478, 9151 zu einem Beskopf wie 7623.   9140 Großes Auge, darauf

Götterbilder.   9150 Horus als Kind, sitzend. — 11480 Nefertem.

Löwenköpfe unklarer Bestimmung, dabei 1841 schön.

13555 Kopf einer Königsschlange aus Fayence, wohl von einer Götterstatue. Schön, vielleicht noch n. R.

Einlagen aus Fayence und Glas aus Inschriften hölzerner Schreine, Särge u. s. w., wohl aus griechischer Zeit: 4541 Sperber. — 6648 Leib einer Gottheit mit buntem Kragen; Füfse, Hände und Kopf waren besonders gearbeitet. — 2041 Gesicht einer ähnlichen Figur. — 11024 Thoth. — 1868 Hand, das Zeichen *d*.

6610. Fayence-Kapitälchen für den Pfeiler einer Kapelle, als Blüte mit Tropfen. Wohl schon aus griechischer Zeit.

6636. Rosette, aus Fayence, war eingelegt.

Ohren, vielleicht Weihgeschenke? vgl. 7354 S. 134.

G. Figuren aus Silber und Bronze.

Zumeist Bilder von Göttern und heiligen Tieren, wie sie in der Spätzeit von Privatleuten in die Tempel geweiht wurden. Man kaufte

Abb. 58. Nefer-tem, Anubis, Sobk, Bast, Neith, Thoth, Isis, Hathor, Horus, Ptah, Imhotep, Amon, Osiris, Min.

sie fertig vom Fabrikanten, liefs aber oft noch ein kurzes Gebet („Isis schenke Leben dem NN" od. ähnl.) auf sie gravieren. Andere, die mit Ösen versehen sind, wurden trotz ihrer Gröfse an Ketten um den Hals getragen, so besonders Figuren des Nefer-tem. Wieder in

VIII. Aus der Spätzeit. (Seit 700 v. Chr.)

anderen wurden Gebeine heiliger Tiere beigesetzt. Die sorgfältigeren Figuren haben Einlagen von Schmelz und Gold, aber auch die roheren waren oft leicht vergoldet. Die kleinen Attribute aus Draht (Szepter u. s. w.) fehlen jetzt meistens. Viele dieser Bronzen gehören übrigens sicher in griechische Zeit, einige ohne Zweifel auch in das n. R., doch ist jede Scheidung hier schwierig.

Unsere Sammlung verdankt ihren Reichtum an grofsen Stücken guter Arbeit hauptsächlich dem Vermächtnis des Herrn Rud. Springer, das ihr die erste Auswahl aus dem Fund der Weihgeschenke des Tempels von Saïs zuführte.

Auch ein ähnlicher Fund im Tempel des Schu im alten Leontopolis (heut Tell esseba), hat unsere Bestände bereichert (vgl. aufser bei den Bronzen auch S. 261. 253. 306. 308. 366. Abschn. XIII, C, a.).

Bei der Beschreibung sind im Folgenden die Angaben über die einzelnen Götter S. 20 ff. zu vergleichen. Wo nicht anderes angegeben ist, sind die Götter rein menschlich, stehend, in altertümlicher Tracht gebildet. — [Drei Tafeln mit Götter- und Tierbronzen: Phot.] [Abb. 58.]

a. Silberfigur.

Eine andere S. 253.
11001 des Gottes Nefer-tem von vorzüglicher Arbeit. Auf dem Haupt sein Abzeichen, eine Blume, aus der eigentümliche Spitzen ragen; hinten eine Öse. An der Basis demotische (S. 28) Inschrift des Weihenden oder des Besitzers. — (Gesch. Jacoby 1892.)

b. Bronzefiguren von Göttern.
Die Familie des Osiris.

Osiris als Mumie gebildet, durch die eigentümliche Krone, Geifsel und Herrscherstab als Totenkönig bezeichnet: 8671 von ungewöhnlicher Gröfse und auch im Stil und Ausführung von den gewöhnlichen abweichend. Geifsel, Herrscherstab und die Krone waren mit bunten Glasflüssen ausgelegt; andere Teile, die jetzt fehlen (Federn, Bart, Augenbrauen), waren aus Gold. Vielleicht noch aus dem n. R. (1885) h. 30 cm. ohne die fehlenden Füfse. [Phot.]

2307 grofs, mit eingelegten Augen, von einem Pete-nub geweiht. 13781 h. 35 cm. (Verm. Springer). — 2324 auf dem Rücken der Kasten seiner Reliquie in Abydos (S. 173). — 2318 reichere Krone. 2320 die Vergoldung teilweis erhalten. — 2319 reiche Krone, vergoldet;

G. Silber- und Bronzefiguren.

sehr dünn gegossen. — 2327 reicher Schmuck. — 7432 roh, aber Augen und Bart mit Glasflüssen ausgelegt. — 8869 neben ihm eine Schlange auf einem Szepter, wohl Buto.

2328 derselbe sitzend.

Figürchen desselben, mehrere zusammengegossen und dann zerschnitten: 2360 drei, 2358 zwei, 2352 eine.

Isis sitzend, mit Horus auf dem Schofs; sie greift nach der Brust, sie dem Kinde zu geben. Dabei: 13780 wie fast alle diese Figuren mit dem ursprünglich der Hathor eignenden Kopfschmuck, am Thron eingravierte Bilder. Aufschrift: *Isis die grofse, die Mutter des Gottes, gieb Leben und alle Gesundheit dem Pete-meden* (Verm. Springer). — 2365 der Thron ebenfalls aus Bronze. — 11569. Thron einer Isis, von einem Har-si-ese geweiht. Durchbrochene Wände: vorn Hathorkopf; auf den Seiten Isis auf einer Blume; hinten Horus als Sperber in den Sümpfen.

Desgleichen, der Thron war aus Holz und fehlt jetzt: 13782 von ungewöhnlicher Gröfse (43 cm) (Verm. Springer). — 2366 das Kind fehlt jetzt; Hals- und Armbänder, sowie die Augen sind mit schwarzer Emaille und Gold eingelegt. — 7350 mit Weihinschrift: *Isis schenke Leben dem Ze-ho, dem Sohn des Pete-har-somtus, geboren von der Amen-erdis*. — 2372 ganz klein, wohl von einer Kette.

14078. Isis hockt auf der Erde und säugt das Kind; in jeder Hinsicht ungewöhnlich. Auf der dünnen Platte, auf die die Figur aufgesetzt ist, stand eine Rede der Isis an ihren Sohn, in der eine Königin genannt war (1898).

Isis säugt Horus im Stehen, eine ungewöhnliche Darstellung: 8288 der Knabe reicht der Mutter schon bis an die Schulter. — 2377 wohl ebenso gedacht, doch ist der Knabe fortgelassen.

Isis schützt den Osiris mit Flügeln, die sie an ihren Armen trägt. Diese alten Darstellungen, die oft bei mütterlichen Göttinnen vorkommen, sind wohl aus dem bildlichen Ausdruck „unter die Flügel nehmen" hergeleitet: 13778 mit Weihinschrift: *Osiris Wen-nofre und Isis die grofse, die Mutter des Gottes, schenkt Leben dem Pete-hor* (Verm. Springer). — 13779 (Verm. Springer) und 2379 aus ähnlichen Gruppen.

13776. **Isis mit erhobenen Händen**, wie sie ähnlich auf Bildern schützend hinter Osiris steht (z. B. S. 291). Auf dem Kopf ausnahmsweise das wirkliche Zeichen der Isis. Voll gegossen, h. 29 cm. (Verm. Springer.)

Horus als Kind (Harpokrates), meist durch den Finger am Mund und die Locke als kindlich bezeichnet. Meist sitzend (der Thron war aus Holz und fehlt jetzt); mit verschiedenem Kopfschmuck.

13777 sehr schön, am Hals altertümliches Amulett. h. 34 cm. (Verm. Springer.)

2388 als dickes Kind, die Füfse setzt er auf Blumen.

2403. Das krause Haar durch Gravierung wiedergegeben, ein Amulett am Hals; von Ese-erdis, dem Sohn des Peteneit, geweiht. 2389. 2390 mit Doppelkrone, sitzend. 2384 ebenso, stehend, das Kindliche in Gesicht und Körper gut wiedergegeben. — 2396 Kopf einer gröfseren Figur. — 11010 klein, ohne Krone, stehend (Gesch. Jacoby). 2406 mit Krone von Unteraegypten. — Ganz kleine, wohl von Ketten.

4424. **Thron eines Harpokrates** mit der Weihinschrift: *Harpokrates, schenke Leben und Gesundheit dem Ptah-men, Sohn des Pete-neit, geboren von der Hausfrau Ese-erdis.* Der Thron von Löwen getragen; auf der Rückenlehne die Götter Month und Neith, auf den Seitenlehnen Isis und Nephthys mit ausgebreiteten Flügeln. Vorn auf der Basis zwei kleine Sphinxe.

Horus in der Lotusblume, in der er nach einer Vorstellung als junger Sonnengott aus dem Meere des Himmels aufgetaucht war.

13150. **Horus mit Szepter und Geifsel** als neuer König, aber noch mit der Kinderlocke. Mit Gold und Emaille eingelegt.

Har-somtus, „Horus, der beide Länder vereinigt", wie er in Ehnas verehrt wurde, ähnlich wie Harpokrates, aber mit einer grofsen zusammengesetzten Krone: 2381 mit seinem Namen, sitzend. 8684 stehend.

Horus als erwachsener Gott, sperberköpfig: 13136 thronend (Verm. Springer). — 2417 mit der Doppelkrone (S. 120. 2064) als erster König der Menschen. 2419 mit der Sonne als Sonnengott.

13201 als Besieger des Set, nach dem er mit der Lanze sticht. Sehr roh und vollgegossen, wohl aus römischer Zeit.

2420 er sprengt Wasser, aus einer Gruppe, die in üblicher Weise (z. B. 821 S. 267) darstellte, wie Horus und Thoth den Osiris oder einen König „reinigten".

13143 er steht neben einem Obelisken, in dem ein heiliges Tier beigesetzt war; der Obelisk gilt dieser späten Zeit augenscheinlich schon als eine heilige Form. Vgl. auch 11485 S. 300 und S. 318 (Verm. Springer).

Die Familie des Osiris (Horus fehlt jetzt): 8870 von einem Nes-ptah der Isis geweiht.

Set, der seit dem Ende des n. R. als böser Gott gilt (S. 79; 124) und seitdem nicht mehr dargestellt wird: 13186 mit dem Kopfe seines Fabeltieres und der Doppelkrone. Figur mit Öse, gewifs noch n. R.

2416. Nephthys mit den Schriftzeichen ihres Namens auf dem Kopf.

Anubis, schakalköpfig: 2465 mit Gold eingelegt. — 2466 war vergoldet, die Augen sind mit Gold eingelegt. — 2468, 2471 mit Geifsel wie Osiris. — 7508 hält vor sich den Osiris von Busiris, der als Pfahl (S. 280) gebildet ist; Anubis hatte ja den toten Osiris bestattet. - 2469 hockend, klein. — 2470 klein von einer Kette.

976 derselbe? (oder der Schutzgeist Dua-mutef?) als schakalsköpfige Mumie.

13148. Anubis und Isis; der Gott, der gröfser als die Göttin gebildet ist, war der Schützer und Berater der von allen verlassenen Isis gewesen. Vor ihnen kniet ein Betender, der einen Topf und ein Brot (?) hält. War vergoldet, h. 24 cm. (Verm. Springer.)

Die Götter von Theben.

Amon, Krone mit zwei hohen Federn: 2441 ungewöhnlich grofs. — 2442 gut erhalten. — 2391 als Kind, eigentlich wohl Harpokrates, der mit Amon-Re zusammengeworfen wird, da beide als Sonnengötter gedacht werden.

Mut, als Gemahlin des Götterkönigs mit der Doppelkrone; · bei 2449, 9069 umgiebt das Haar die Schultern.

2717. Basis einer Figur der Mut mit der Weihinschrift: *Grofse Mut, Herrin von Escher* (Karnak), *schenke Leben, Gesundheit, ein langes Leben, ein grofses schönes Alter dem Ser-er-bu, dem Sohne des* ... *Schreibers Amen-erdis, geboren von der Hausherrin Ta-amon-pa-sobk.*

Chons, altertümlich unbeholfen wie eine Mumie gebildet, dem Osiris oder Ptah ähnlich; auf dem Haupt Vollmond und Mondsichel, in der Hand Hirtenstab und Geifsel. Sitzend und zwar auf einem einfachen Sessel: 2458 mit griechischer Weihinschrift: *Zenes, Sohn des Theodotos, liefs sich ein Bild der Selene machen*, daneben in Hieroglyphen *schenke Leben*. Aus der ersten Hälfte des 4. Jahrh.; der Name deutet auf einen Jonier. — Stehend: 2456 dem Ptah ähnlich.

Mischgestalt aus den Mondgöttern Chons und Thoth, über dem Mond des Chons der Ibiskopf des Thoth: 2453 sitzend. — 205 Kopf eines ähnlichen, die Augen mit Gold eingelegt.

2359. Amon, Mut und ihr Kind Chons, wohl von einem Halsschmuck. Chons hier sperberköpfig und als Mensch gebildet.

Month, sperberköpfig, mit zwei hohen Federn und Sonne: 12680 mit Öse.

Gottheiten des Delta.

Buto? mit der Krone von Unteraegypten wie Neith, aber mit zwei Schlangen an der Krone: 11011 sitzend, ein Amulett in der Hand. (Gesch. Jacoby 1891). — 13140 ähnlich. (Verm. Springer.) 11887 stehend (Gesch. Mosse).

Buto, löwenköpfig, wie sie als *Schiedsrichterin beider Länder* in Saïs verehrt wurde, mit Ausnahme der ersten fast sämtlich aus dem Vermächtnis Springer:

11867 von Pe-wawa, dem Sohn des Anch-hor, unter König Apries geweiht; die schöne Figur diente als Sarg eines Ichneumon (seine Knochen daneben). — Sorgfältige Arbeit mit goldenen Augen; unter der Mähne trägt sie die Haartracht der Frauen, sie hat Ringe an Armen und Beinen und anderen Schmuck. — Auch der Thron reich geschmückt. An den Seiten sitzt Buto auf einer Blume, Göttinnen schützen sie. Die sperber- und schakalsköpfigen Wesen, die sich die Brust schlagen, sind die „Seelen" der Stadt Buto; sie trauern wohl um das heilige Tier, das in der Figur beigesetzt ist. Hinten ein Sperber, der die Namen des Apries schützt; darunter die „Vereinigung Aegyptens" ebenso dargestellt, wie auf dem alten Relief an 7265, S. 80. (Gesch. Mosse 1892, Saïs) h. 75 cm. [Phot.]

G. Bronzefiguren.

13780 ähnlich: geweiht von einem *Manne des Pharao*, Namens Psammetik-si-Neit, Sohn des Meka. h. 56 cm.

13787 ähnlich; aber statt der Sonne trägt sie eine Schlange auf dem Haupt. Geweiht von Nebasti (?) Sohn des Tutu. h. 60 cm. [Phot.]

13141 der Thron schön so wie oben graviert — 11389 schön, mit eingelegten Augen (1803 durch von Kaufmann) — 13135 voll gegossen, roh. h. 36 cm.

13137 mit dem Kopfschmuck der Hathor.

13133. Stehend. h. 31 cm. — 212 mit dem Kopfschmuck der Hathor.

Zur Bestattung heiliger Tiere (vermutlich des Ichneumon vgl. S. 301): 13147 sie steht neben dem Osirissarg (S. 165, 7314). h. 40 cm. — 13144 sie sitzt vor einem Obelisken. Geweiht von einem Uza-hor-resnet, Sohn des Apries und einem Pet-amon. 13130 sie sitzt auf einem Sarg. Geweiht von einem Pete-joh, Sohn des Psen-ese und einem Pet-amon.

Horus Sohn der Buto (also von dem gleichnamigen Kind der Isis verschieden), löwenköpfig, auf dem Kopf eine Schlange wie seine Mutter: 13788 von Har-uza geweiht; mit Goldaugen, an der Basis vier grofse Ösen. h. 58 cm. (Verm. Springer) [Phot.] — 13131 ohne seinen Namen. (Verm. Springer.)

Neith, die Göttin von Saïs, mit der Krone ihrer Heimat Unteraegypten, die R. hielt ein Szepter.

13784 prächtige Figur, die Augen mit Gold eingelegt; vorn der Name Psammetichs I. Weihinschrift: *Neith gieb Leben dem Pete-neit, dem Sohn des Karer, geboren von der Hausfrau Kepeteker, erzeugt von der Hausfrau Neit-em-het Tawah-eb-re;* der Weihende Pete-neit („Gabe der Neith") ist also der Sohn einer Aegypterin (ihre Namen bedeuten: „Neith voran" und „Psammetich I gehörig") und eines Fremden Karer, Sohnes der Kepeteker, der, wie sich aus dem folgenden Stück ergiebt, zu den karischen Söldnern Psammetich's gehört haben wird. (Verm. Springer.) h. 38 cm.

13785. Basis einer ähnlichen Figur, die von demselben Manne geweiht war und aufser der obigen Weihinschrift noch eine Aufschrift von dreizehn Buchstaben trägt, in der noch unentzifferten Schrift, die man den Karern zuschreibt. Die Göttin trat als Siegerin auf die neun Bogen (S. 81, 7702),

neben ihr standen (wie bei 13142 unten) zwei kindliche
  Götter, vor ihr kniete der Weihende. (Verm. Springer.)
Ähnliche gröfsere Figuren aus dem Springer'schen Vermächtnis,
  dabei: 13146 mit goldenen Augen h. 40 cm.   13134
  geweiht von Pete-neit, Sohn des Pete-hor   13130 geweiht
  von einem Har-cheb.
13132 sitzend, rohe Figur, die Augen aus Knochen. (Verm.
  Springer)   7708 geweiht von Kanscho, Sohn des Pete-
  neit   — 2428 auf dem Rücken ist ein Sperber eingraviert,
  dessen Flügel sie einhüllen.
11012 Gruppe, von Pe-wah-usire geweiht. Die Göttin, die
  Armbänder und eingelegte Augen hat, sitzt zwischen zwei
  kindlichen Göttern; vor ihr kniet der Weihende mit einem
  grofsen Gefäfs. (Gesch. Jacoby 1891.)   13142 ähnliche
  schöne Gruppe, geweiht von einem Har-si-ese (Verm.
  Springer).
Bast, katzenköpfig, mit Sechmet zusammengeworfen. In einem
  gestickten Kleid ungewöhnlicher Form; sie hält den Löwenkopf der Sechmet, einen Korb, ein Sistrum oder ein Bild
  des Nefer-tem, des Sohnes der Sechmet.   Besonders schön
  11354.
Schu, löwenköpfig, mit Krone, der Gott von Leontopolis
  (Tell esseba): 8988 guter Stil. — 8992 hält eine Feder,
  das Schriftzeichen seines Namens. — 8918 sein Thron,
  von Löwen getragen, ein Geier als Lehne (darauf safs ein
  Götterbild).

Andere alte Gottheiten.

Ptah, altertümlich unbeholfen dargestellt, als wäre er eine
  Mumie; mit Szepter, aber ohne Krone, und auch im Bart
  abweichend von den anderen Göttern. Er steht auf einer
  Terrasse, zu der eine Treppe führt: 2423 eingelegte Augen
  — 2425 der Tierkopf des Szepters deutlich.   8682 hält
  Szepter und Amulette.   2427 Terrasse mit Treppe, von
  einer Ptahfigur.
Sechmet, löwenköpfig, die Sonne oder eine Schlange auf
  dem Haupt; von Buto nicht sicher zu trennen: 2434 mit
  der Weihinschrift *Sechmet schenke Leben dem Teun-se-pnofer,
  dem Sohn des Amen-erdis.*   1764 noch mit der Vergoldung.
  — 203 ganz klein, von einem Schmuck.
Thoth, ibisköpfig: 2460 von gutem Stil. — 2461 als Gott
  der Weisheit, mit einem Buche unter dem Arm. — 8687

G. Bronzefiguren.

als Gott des Mondes, sitzend mit einer Mondscheibe. — 2464 mumiengestaltig, dem Osiris oder Chons ähnlich. — 2463 war wohl schreibend dargestellt. — 13994 er sprengt Wasser, aus einer Gruppe, in der er mit Horus (s. oben S. 293) den König „reinigte".

Maat, die Göttin der Wahrheit; kauernd, auf dem Haupt trug sie die Feder, das Schriftzeichen ihres Namens: 9468 hübsch. — 2537 auf einem Sessel.

Hathor, kuhköpfig; früh mit Isis und anderen Göttinnen zusammengeworfen: 8680 der Kragen mit Gold eingelegt. — 9253 roh. — 2418 aus einer Gruppe, in der sie (wie Isis 8288) einen jungen Gott stehend säugte; schön der Kopf.

Min, ithyphallisch, mit zwei Federn auf dem Haupt, in der erhobenen R. die Geifsel; die ganze rohe Gestalt gewifs Nachbildung eines uralten, unbeholfenen Kultusbildes: 2437 die Federn wohl modern. — 2439 mit Gold ausgelegt. — 2361 Min zwischen zwei Osiris, Relief mit Ösen, als Halsschmuck getragen.

Chnum, der widderköpfige Gott von Elephantine, früh mit Amon zusammengeworfen: 13123 mit einer Geifsel (Verm. Springer). — 2474 mit dem sogenannten Sichelschwert, der alten Waffe der Könige. — 7480 er reichte wohl dem Könige das Sichelschwert.

Sobk, krokodilköpfig, mit reicher Krone: 2472 sitzend. — 2473 schreitend.

Her-ka, jugendlicher Gott zu Esneh: 7557 als Kind, auf dem Kopf der Mond. Die Augen eingelegt.

Osor-joh „Osiris Mond", nicht näher bekannt. Als Mensch, mit dem Mond auf dem Haupt; sitzend oder stehend: 2451 mit seinem Namen. — 2457 schön. — 8003 über dem Mond eine Krone. — 13124 in der R. hält er ein Augenamulett (S. 282), in der L. zwei Dächsel(?). Über dem Mond hängen Schlangen (Verm. Springer).

2447. Nechbet mit der Krone von Oberaegypten.

Jüngere und unbekannte Götter.

Onuris, der spätere Kriegsgott; in langem Kleid, mit Federn auf dem Haupt. Er hielt eine Lanze, mit der er einen Feind durchbohrte, der vor ihm liegend gedacht war.

12621. **Sutech** oder ein anderer aus Syrien angenommener Kriegsgott des n. R. Der Gott trägt ein aegyptisches Götterkleid und auch die eigentümliche Krone aus Schilf findet sich ähnlich bei aegyptischen Göttern. In der R. schwang er ein Beil, die L. hält den Speer, auf der Brust trägt er ein rundes Schmuckstück. Gewifs noch aus dem n. R. — (1895 durch Reinhardt.) h. 27 cm.

2404. **Ähnlicher fremder Kriegsgott** mit gleicher Krone, aber mit einem dem Bes (siehe unten) ähnlichen Kopf. Das Beil ist noch erhalten. Wohl noch n. R.

8198. **Gott mit Mäusekopf** (?), sonst nicht bekannt.

2495. **Gott mit Schlangenkopf**, mit grofsem Diadem, vielleicht der Gott Neheb-ka.

191. **Unbekannte Göttin** sitzend, mit einem Kopfschmuck, der dem der Hathor ähnlich sieht.

Volksgötter.

Bes, die seltsame, halb tierische Gestalt (vgl. S. 202 C.), die man als Beschützer der Menschen dachte; in der Spätzeit meist mit einem Federschmuck: 2490. Er würgt einen Löwen. Aufgefafst, als sei er in ein Tierfell vermummt, zu dem Schwanz und Kopf gehören. — 8705. 8706. Musizierend, der eine mit Pauke, der andere mit Leier. Standen wohl als Diener neben einer gröfseren Götterfigur. — 2492 schwingt ein Schwert.

2480. **Mischgestalt aus Bes und Horus**, der Kopf des Bes mit der Locke des kindlichen Horus; der schöne Körper ist der des Horus, aber tierisch behaart. Vgl. die Bilder des kleinen Horus mit dem Kopf des Bes darüber, S. 309. Vielleicht moderner Abgufs.

8685. **Toëris**, volkstümliche Schutzgöttin; als Nilpferd, das auf den Hinterfüfsen steht, der Rücken endet in einen Vogelschwanz.

Nefer-tem, der Sohn der Sechmet, auf dem Kopf eine Blume. Dabei 2477 mit dem eigentümlichen „Sichelschwert" der Könige, das hier in einen Sperberkopf endet. Weihinschrift: *Nefer-tem, schenke Leben dem Pensab-hor, dem Sohn der Eri und der Hausfrau Tete-kesri*.

Imhotep, ein Halbgott in Memphis, der als Arzt und Verfasser alter Schriften galt. Schon sein Gesicht ist nicht das idealisierte der wirklichen Götter, und ebenso kennzeichnet ihn seine Tracht und der kahle Kopf als

G. Bronzefiguren. 299

einen Priester. Das Buch, das er stets hält, ist das von
ihm verfaßte: 7505, 7975 sitzend, er liest selbst in dem
Buche; sehr hübsch. — 2517 auf dem Buche steht wie
öfters: *das Wasser aus dem Näpfchen* (vgl. S. 242) *jedes
Schreibers sei dir gespendet*; vielleicht spendeten die
Schreiber bei Beginn ihrer Arbeit die ersten Tropfen diesem
Gotte. — 2518 stehend, das zusammengerollte Buch in
der Hand.

Mischgestalten aus vielen Göttern.

Die Zusammensetzung der verschiedenen Götter soll ihre verschiedenen Schutzkräfte vereinigen; die Figuren dürften zur Vertreibung von Schlangen u. ä. in den Häusern aufgestellt worden sein.

7501. Hockende Mischgestalt aus Chnum (Widderkopf), Re (Sonne), Min (ithyphallisch, in der R. die Geißel) und Horus (Rücken als Sperber), auf großem Bronzepostament. Eine ähnliche Figur (7790, S. 248) ist als „Amon-Re" bezeichnet.

8678 vorn widderköpfig wie Chnum, ithyphallisch wie Min, geflügelt wie Mut, gekrönt wie Osiris. Hinten schakalköpfig wie Anubis, gefiedert wie Horus. — 2547 als Leib vorn der Käfer des Chepre, hinten der Geier der Mut. Als Kopf vorn der Schakalskopf des Anubis mit den Federn des Min, darüber der Ibiskopf des Thoth; hinten der Widderkopf des Chnum mit der Krone des Osiris. An den Beinen katzenköpfig wie Bast; mit den Händen würgt er Schlangen. — 9469, 7977 mit dem Schakalskopf des Anubis und den verkrüppelten Beinen des Bes; hinten Geierleib und Widderkopf. Als Bezwinger von Schlangen und Krokodilen. — 13120 Bes, geflügelt wie Isis; hinten als Sperber des Horus mit den Widderköpfen des Chnum; er steht auf Krokodilen und Löwen, nach denen er mit zwei Speeren sticht. Um die Basis Schlange, die sich in den Schwanz beißt. Aus Blei. (Verm. Springer.) — 8677 ähnlich der vorigen, war aber noch künstlicher.

Götterköpfe auf Halskragen.

Hinten oft ein eigentümlicher Griff. Derartige Köpfe von Göttern oder ihren heiligen Tieren galten als Abzeichen derselben. (Vgl. auch 1998 S. 210.)

Kopf der Hathor: 2820 schön graviert. — 2773 der Kopfschmuck erhalten. — 8308 der Griff erhalten.

Kopf einer löwenköpfigen Göttin: 2664 hinten noch der Griff. — 8792, 2744 ganz kleine.

Papyrusstäbe mit Götterbildern.

Nechbet als Schlange mit weifser Krone, sie ringelt sich um den Stab.

2436. Löwenkopf mit Krone auf einem Kragen.

c. Bronzefiguren heiliger Tiere.

Über ihre Verehrung S. 311; im Folgenden ist den Tieren der Name des Gottes, als dessen Vertreter sie gelten, beigefügt. Die als Sarg bezeichneten umschlossen die Gebeine des Tieres, vgl. S. 290. [Abb. 59.]

Katzen.

2055. Lebensgrofse Katze, aus Bronze, wohl als Sarg benutzt; hat ein graviertes Halsband und trug Ohrringe. — In der Form war der Kern mit Eisenstäben befestigt,

Abb. 59. Apis, Ibis, Katze, Ichneumon, Katzenfamilie, Affe.

die beim Gufs z. T. in der Bronze zurückgeblieben sind, wo man sie an den Rostflecken erkennt. — (Anastasi 1857.) h. 55 cm. [Phot.]

Kleinere, bemerkenswert: 11330 auf dem Kopf, wie oft, ein Käfer; dieser und das Fell durch Einlagen von Gold, der Halskragen und die Schwanzhaare durch solche von Silber wiedergegeben. — 11385 Amulett am Hals, Augen modern; die Ohrringe antik, aber wohl nicht dazu gehörig. h. 21 cm. (1893 durch v. Kaufmann.)   2598 ein Amulett am Hals, noch mit dem antiken Holzpostament.

2609 mit bronzenen Ohrringen, antikes Postament. — — 8191 klein auf Kasten, wohl Sarg.   11485 auf einem Obelisken, der auch als Sarg diente (vgl. S. 293). (Gesch. Mosse.)

G. Bronzefiguren. 301

Köpfe von Katzen (der Leib war wohl aus Holz), dabei
2605 mit silbernem Nasenring. — 8192 auf dem Kopf
ein Käfer.
Katzenfamilien: 9321 die Alte (die Ohrringe trug) liegt,
zwei Junge klettern an ihr in die Höhe. An der Basis,
die mit Silber überzogen war, die Weihinschrift: *Bast
schenke Leben dem Uza-pen-tho, Sohn des Pechor, geboren
von der Hausherrin Neit-chent-rasche.* Sehr hübsch. —
13122 die Alte liegt; zwei Jungen wollen saugen, eines
sitzt still, eines neckt die Mutter mit der Pfote. (Verm.
Springer.) — 2596 die Alte sitzt, drei Junge liegen vor
ihr. Roh. — 2601 an einer Öse getragen. — (Vgl. auch
11015, S. 253.)

Verschiedene Tiere.

Löwen aus dem Tempel des Schu zu Tell esseba im Delta.
Große liegende: 9255 schön. — 8962 massiv gegossen.
Kleinere mit übereinander geschlagenen Tatzen, wie G.
in Abschn. XIV, D, c.
Relief eines schreitenden (8915), diente mit ähnlichen als
Beschlag eines großen Gerätes; sehr schön. — 8981 Kopf
eines größeren Exemplares.
Apis (Ptah zu Memphis), zwischen den Hörnern die Sonne,
auf der Stirn ein Dreieck, auf dem Rücken ein Käfer und
ein Geier, beide fliegend. Außerdem noch als Schmuck
eine Decke und ein Halsband. Dabei: 7675 dem Apis
und dem Ptah von mehreren Personen geweiht. — 2574
vor dem Stier kniet ein Mann mit zwei Weinkrügen, der
vielleicht nicht dazu gehört.
Kuh: 2580 liegend mit einer Decke; sie scheint *die des Amon*
zu heißen.
9467. Stierkopf von gutem Stil, die Haare angegeben.
9254. Widder (Amon) mit lang herabhängendem Haar.
Pavian (Thoth): 8089 mit dem Mond, auf einer Basis. —
2589 hübsch.
Schakal (Anubis), klein, wohl Anhängsel von Ketten: 2614
liegend. — 2615 stehend. — 12673 desgleichen, eigentümlich, vor ihm zwei Schlangen.
Ichneumon, ein kleines Raubtier, der Buto heilig: 13145
aufgerichtet, die Hände betend erhoben, auf dem Haupt
die Sonne, am Hals ein Augenamulett. Schöne Arbeit,
geweiht von einem Psam (d. h. wohl Psammetich), Sohn
der Taiunat (Verm. Springer) 13783 laufend (Verm.

Springer) — 2610 auf dem Rückzeichen ein Käfer und ein Geier fliegend. Abzeichen, wie sie der Apis hat.
2621. **Spitzmaus** (S. 298, 8198), Sarg.
Ibis (Thoth): 0701 schreitend, die Augen mit Gold eingelegt. — 8672 hockend, der Leib aus Alabaster; der Schwanz fehlt. — 2633 hockend, die Augen aus buntem Glas, dem *zweimal grofsen Thoth* geweiht; vor ihm safs Maat, vgl. die kleinen S. 287. — 7529. Kopf eines grofsen Ibis; der Leib dürfte wieder aus Alabaster bestanden haben.
Sperber (Horus) mit Königskrone: 2636 grofs und schön, Augen eingelegt, Federn graviert. — 230 aus Stein und Bronze. — 7519 auf dem Sarg eines kleinen Tieres, den er schützt, wie er einst den Osirissarg geschützt hat (S. 166, 7269).
Schlangen (Atum) Särge: 12392 kleine Schlange, dem Atum geweiht. (Gesch. von Ustinoff 1803.) — 8840 desgleichen, mit einer Eidechse daneben.
Schlangen mit Götterköpfen: 8807 mit dem des Atum und der Inschrift *Atum schenke Leben dem Jah-erdis, Sohn des Pes-schu*. — 14069 mit den Köpfen von Mut und Chons. — 2558 mit dem Kopfschmuck der Isis.
Skorpion (Göttin Selket): 13200 mit Menschenkopf und dem Kopfschmuck der Hathor.
Karpfenartiger Fisch, vielleicht der nach den Griechen viel verehrte Latus: 2570 zwei nebeneinander auf einem Untersatz (vgl. S. 135), — 11489 fünf nebeneinander, der Neith geweiht. — 2566 mit dem Schmuck der Hathor.
Oxyrrhynchus (Spitzschnauze) der Griechen, ein im heutigen Behnesa verehrter Fisch: 2568 aus Blech geschnitten (vgl. S. 317).

Fabelwesen.

7507. **Sphinx** (S. 112, 2301), wohl ebenso wie die folgende Figur kein Weihgeschenk.
7490. **Menschliche Seele** als Vogel mit Menschenkopf, voll gegossen, war mit Gold ausgelegt. (Vgl. die hölzernen S. 239.)

d. Figuren der Weihenden u. ä.

Meist von kleinen Gruppen wie 11012 S. 296, wo sie mit dem Bilde der verehrten Gottheit vereint waren.
Betende und Opfernde: 2509 ein Wah-eb-re betend, dem Horus geweiht. — 13786 Tutut, Sohn des Pete-nebet

G. Bronzefiguren. 303

(Verm. Springer). — 11884 Betender, neben ihm Bast.
— 8298 bringt Wein dar. — 7352 bringt einen Krug.
(Gesch. Stern 1874.) — 13126 hält kniend einen Teller
mit fünf Broten auf dem Kopf. (Verm. Springer.) —
2508 hält ein Bild der Maat. — 11874 mit einem Bild
der Neith. — 7434 mit dem Bild eines heiligen Affen.
10309. Lautenspieler, nackt, mit eigentümlich gestaltetem
Kopf; vielleicht nur eine Karikatur.
2503, 2504. Opfernde Könige, die (wie S. 120, 10645)
Weinschalen darbringen; mit den Kronen von Ober- und
Unteraegypten. Etwa von einer heiligen Barke, wo solche
Figuren zu beiden Seiten des Schreines mit dem Götterbild zu stehen pflegten. — 8433 mit Weinschalen; auf dem
Gürtel hinten als *König Send* bezeichnet, also wohl aus
einem Tempel, der von diesem uralten Herrscher (Dyn. 2)
gestiftet sein sollte. — 8199, 2505 im Kopftuch und im
sogenannten Kriegshelm.
Kleine Opfertafeln. Nach der späteren Sitte stifteten
auch Privatleute Opfersteine in die Tempel (vgl. S. 268 f.);
diese kleinen werden billige Ersatzstücke derselben sein
oder mögen auch aus Gräbern stammen: 2749 der
Weihende kniet dahinter, einen Teller mit Broten auf dem
Kopf. Auf der Abflufsrinne des Wassers sitzt ein Frosch,
der gleichsam durch die stete Besprengung der Tafel
dorthin gelockt ist (vgl. ebenda). — 2748 ähnlich der
vorigen. — 2747 der Weihende betet. Aufser dem Frosch
sitzen hier noch Schakale, Affe, Sperber u. a., vielleicht
als heilige Tiere, die das Opfer kosten, gedacht.

e. Teile von Götterbildern u. ä.

14075. Grofser Sperberkopf mit Lapislazuli eingelegt.
Die Statue des Horus, in die er als Gesicht eingefügt war,
dürfte halbe Lebensgröfse gehabt haben. (Gesch. v. Bissing
1898.)
Kopftracht von Götterbildern zum Abnehmen, so dafs
die Bilder verschieden gekleidet werden können (vgl. die
Statue S. 259, 2309): 2552 geschorene Kopfhaut, wie
sie z. B. bei Ptahfiguren erscheint. — 11005 oberaegyptische
Krone (Gesch. Jacoby). — 14063 Doppelkrone in getriebenem Kupfer, war vergoldet. — 9257 Geierhaube
einer Göttin, daran die Stirnhaare. — 2699 Geierkopf und
zwei Schlangen.

VIII. Aus der Spätzeit. (Seit 700 v. Chr.)

Kopfschmuck von Götterbildern, aus Hörnern und Federn. Schlangen u. s. w., dabei 2554 Feder von einer lebensgrofsen Statue. — 12771 ähnlich. wohl griechische Zeit. — 2551 Horn einer Amonsstatue.
8900 Götterbart mit Glasflüssen eingelegt.
Königsschlangen mit bunten Einlagen, meist wohl von Kapellen u. ä., dabei: 7518 die Einlage Lapislazuli, vergoldet; etwa von einer Königsstatue. — 13194 doppelt, mit Glasmosaik eingelegt. — 2563 ebenso, klein.
Geifsel des Osiris: 2778 vollständig. — 2823 grofs, mit Glasflüssen ausgelegt. — 10283 mit Troddeln daran.
2771. Hirtenstab, als Szepter des Osiris.
7978. Sichelschwert einer Götterfigur. Der Griff als Blume; auf dem Blatt, das in einen Widderkopf endet, eine Schlange.

H. Figuren aus Fayence, Thon, Stein und Holz.
a. Figuren aus Fayence und Thon.

Z. T. Weihgeschenke, z. T. an Ketten getragen, z. T. aber wohl auch als Götterbilder in den Häusern verwendet, daher sind die Volksgötter wie Bes und Toëris unter diesen Figuren besonders häufig. Die Glasur blau oder hellgrün; auch eine durch und durch gefärbte Masse für bessere Stücke.

Die ganz kleinen Figürchen von Göttern und Tieren, die als Kettenglieder gedient haben, siehe oben S. 286.

Alte Götter.

Isis säugend (S. 291): 9482 gute Arbeit. — 4534 vorzügliches Bruchstück, glasierter Stein. — 11481 ebenso, grofs, hellgrüne Fayence (Gesch. Mosse). — 4535 himmelblau.
Harpokrates (S. 292): 13000 aus blauer Masse.
Horus: 1846 mit Doppelkrone (S. 292), schön. — 8903 von einer guten Figur in blauer Masse. — 14190 schiefst mit dem Bogen.
Anubis (S. 293): 5510 zierlich.
Bast (S. 296): 10229 sitzend, das Sistrum in der Hand; unter ihrem Thron ein löwenköpfiger Gott (vgl. auch unten dieselbe als nacktes Weib). — 5462 ein Amulett in der Hand (11011, S. 294).
Neith (S. 295): 14188 hält zwei Krokodile.
Ptah (S. 296): 11328 zierlich.
Sechmet (S. 296): 7742 von König Schabaka (S. 16) in einen Tempel geweiht. Hatte einen besonders gearbeiteten Kopfschmuck. — 12742 Thron einer Figur ungewöhnlicher Gröfse, mit Götterbildern.

Thoth (S. 296): 4526 im Schurz. — 4527 unbekleidet. 4604 den Mond auf dem Haupt. — 14187 hält ein Augenamulett.
Schu (S. 285): 5414, 5415 den Himmel erhebend. Nach der Sage schied er Himmel und Erde, indem er die Nut in die Höhe hob (S. 174); er ist dargestellt, wie er sich langsam mit seiner Last erhebt. 7758 löwenköpfig, mit Krone (vgl. S. 296).
Hathor (S. 297): 7392 (kuhköpfig), säugt einen jungen Gott, den Isisbildern nachgeahmt. — 11023 stehend, auf dem Kopf das Oberteil eines Sistrums, wie es auch als Pfeiler den Himmel (S. 285, 6611) trägt. (Gesch. Jacoby.) — 5391 bunt, wohl spät.
10978. Basis einer Maat (S. 297) in blauer Masse. Aufschrift: *König Amasis* (S. 17) *kommt zu dir o Sobk; er ist es, der dich (am meisten) unter Menschen und Göttern liebt. Er bringt dir diese Maat* (die Wahrheit), *die du liebst und verscheucht von dir, was du verabscheust.*

Ungewöhnliche Götter.

5576. Mischgestalt (S. 299) aus Min, Horus und einer geflügelten Gottheit.
Göttin mit Affenkopf hockt auf dem Schriftzeichen der Feste, auf dem Rücken ein Schriftzeichen für lange Zeiträume. Das Ganze war irgendwie ein Symbol langer Zeit, das bei den Regierungsjubiläen eine Rolle spielte, vgl. S. 229. (Gesch. E. Brugsch.)

Volksgötter.

Bes (S. 298): 5722 der Rücken in ein Fell gekleidet. — 8210 die Federn zweifarbig. — 5721 mit Pauke. — 7759 hält eine Gazelle, die er fressen zu wollen scheint, vor ihm ein Affe. — 7658 Bes und Nefer-tem zusammen.
4537. Zwei Bes nebeneinander auf einer Blume; man nahm wohl an, daſs es viele dieser niederen Götter gäbe.
Toëris (S. 298): 7784 sie hält das Schriftzeichen „Schutz" als Schützerin der Menschen. 10710 ebenso, aber höchst zierliche Arbeit in glasiertem Stein. Das Haar war mit Glasflüssen ausgelegt, auf dem Kopf trug sie einen Schmuck. Die Körperformen weniger derb als bei den anderen. — 13890 schön. — 7785 auf dem Kopf saſs ein Krokodil. (Gesch. Dutilh.) — 14191 das Krokodil auf dem Rücken.

Nefer-tem (S. 298): 5392 auf einem Löwen stehend; mehrfarbig. — 8204 mit der Aufschrift: *Nefer-tem, Sohn der Bast, gieb ihr ein gutes Neujahr*, also ein Neujahrsgeschenk (vgl. S. 204 u. o.). — 390 mit der Weihinschrift: *Nefer-tem, Sohn der Sechmet, gieb Leben dem Anch-Wen-nofre*.

Sogenannte Patäken, Schutzgottheiten in Gestalt krankhafter Kinder mit grofsem Kopf, dünnen Armen und krummen Beinen (meist Gesch. Jacoby): 11016, 11383 von erschreckender Wahrheit. — 11017. 4062 hält Messer. — 5668 Schlangen haltend; Isis-Hathor schützt ihn. — 5670. 11018 hält Schlangen und steht auf Krokodilen. Isis und Nephthys stehen um ihn her, auf dem Kopf ein Käfer, auf seinen Schultern Sperber. — 11022 hinter ihm Nefer-tem. — 11020 Sonne und Federn auf dem Kopf.

Bast als dickes nacktes Weib; dafs diese in der Spätzeit häufige, seltsame Gestalt die Bast ist, zeigt: 12424 mit Bastköpfen, Katzen und Körben (vgl. S. 296); auf den Schultern Affen, unten blasen Affen die Flöte. — 7757 roher und einfacher. — Die Darstellung pafst zu dem späteren Charakter dieser Göttin, die von den Frauen mit Orgien gefeiert wurde.

12676 dieselbe, rohe Figuren aus Thon, auf den Schultern trägt sie die Katze und einen Krug.

Heilige Tiere.

Katzen: 1830 blau. — 12685 gefleckt, vor ihr safs ein Junges.

Löwen, die ersten aus dem Funde von Tell esseba (S. 290): 9001 grofs, schreitend, aus (dunkelblau) glasiertem Stein, die Augen waren eingelegt; etwa von einem Throne des Gottes Schu. — 8907 kleine Figur. — 8968 liegend, schöne Arbeit.

Widder 8969, liegend.

13541 Kopf einer Antilope, wohl nicht als heiliges Tier gedacht.

Pavian (S. 301): 10988, 5926 schön der kluge Ausdruck des Tieres. (Gesch. Bosch.) — 7390 mit dem Mond, da Thoth Gott des Mondes ist.

Meerkatzen, schön 5927 der schleppende Gang des Tieres.

Sperber (S. 302): 4540 mit Krone von Oberaegypten, sehr schön. — 6052 wohl spät.

Schlange: 7780 Buto als Schlange schützt den als Sperber dargestellten Horus, der ja in ihren Sümpfen im Delta aufwuchs.

Nicht religiöse Figuren.

9021. **Köpfchen** einer Statuette, die die Haartracht des a. R. hatte.
8337. **Affe**, der eine Frucht frifst und vorsorglich schon eine zweite bereit hält; sehr hübsch. (Vgl. S. 204.)
13197. **Affe**, der eine Pauke schlägt, auf seinen Schultern Junge.
7984. **Esel mit Menschenfüfsen** vergewaltigt eine Frau.
Flötenspieler, die grofsen rohen wohl sehr spät; 12425 bucklig. — 13734 hübsch.
Knabenfiguren: 12645 er spielt mit einem Affen. — 12646 schlägt die Pauke, auf seinen Schultern ein Affe.
Obscöne Figuren: Männer in verschiedenen Stellungen, z. T. musizierend. — 13198 Lautenspielerin und Mann — 12741 Liegende Frau, beachte das Kopfkissen.

b. Figuren aus Stein.

Teils Weihgeschenke, teils an Ketten getragen, teils Götterbilder aus den Häusern. Die ganz kleinen s. oben S. 286.

Götter.

Osiris: 7047 thronend, gute Arbeit, am Rücken der Pfahl von Busiris; aus Athribis. Al. — 9024 ähnlich, von dem Amonspriester Ef-o geweiht. Merkwürdig, weil in Tyrus gefunden. — 4400 von Nes-bast geweiht, stehend.
Isis: 11472, 4416 Isis säugt Horus, die erstere von dem Priester Pef-tew-di-neit geweiht.
Horus: 7050 als Kind, mit Weihinschrift.
Ptah: 4411 stehend. — 14083 sitzend, Al., die Kopfhaut aus Bronze.
4428. **Amon und Mut** thronend, daneben safs ursprünglich noch Chons. War als Schmuck getragen.
8866. **Neith** säugte einen vor ihr stehenden jungen Gott; ähnlich 8288 S. 291. Gute Arbeit. Grauer St.
7648. **Maat** (S. 297) schöne Arbeit; ihr Abzeichen, die Feder, fehlt.
14105. **Toëris** (S. 298), aus rotem Jaspis, hatte einen besonders gearbeiteten Kopfschmuck. Merkwürdig durch die bei dem kostbaren Material ungewöhnliche Gröfse.
13268. **Neheb-ka** als menschenarmige Schlange. Gute Arbeit (Al.).
4058. **Bes**, wohl als Amulett getragen. Stein. Noch n. R.?

Tiere.

Löwen: 7776 (Gesch. Lepsius) 9002 späten Stils, bemalt; aus dem Fund von Tell esseba (S. 296).

258. Affe, bemalt.

4443. Nilpferd, als *Opi*, ein Name der Toëris, bezeichnet.

3403. Krokodil — 3404 Sperber.

4446. Fisch, (Latus) hatte wie 2566, S. 302, den Kopfschmuck der Hathor auf dem Rücken.

c. Figuren aus Holz.

Die zierlichen mit Osen an Ketten getragen, die anderen wohl aus Häusern. — Gröfsere Figuren aus Gräbern S. 279.

1876. Isis schützt einen Patäken (S. 366) mit den Flügeln (S. 291).

Anubis: 1881 er kniet und weint um Osiris [Minutoli, Reise, Taf. 32,6].

4664 Ptah   6790 Sechmet — 6780 Min   6780 Maat. [Minutoli, Reise, Taf. 32,10.]

Toëris (S. 298), mit dem Zeichen „Schutz": 4666 hatte ein besonders gearbeitetes Kopftuch. — 9624 gute Arbeit.

6701. Neheb-ka mit Schlangenkopf und -schwanz hält ein Augenamulett (S. 287).

6793 Sphinx.

586. Katze, mit aufgemalten Kränzen um den Leib.

6785. Schakale, bemalt, mit Halsband.

Königsschlangen, meist mit der Sonne, hinten eine Öse. Bestimmung unbekannt: 596 gute Arbeit. — 4688 mit der Krone von Oberaegypten.   686 mit den gewöhnlichen Farben der Schlange, auf der Sonne ein Stern.

Vergoldete Holzfiguren von Göttern mit Glasaugen, aber roh und wohl recht spät: Osiris stehend, bei 6780 mit zu kleinem Leib. — Isis säugt ihr Kind, 557 besonders roh. — Schu (S. 305), hier sperberköpfig, weil mit den Sonnengöttern vermischt.   6783 Löwe.

J. Schutztafeln gegen böse Tiere u. ä.

Zum Schutz gegen Schlangen u. s. w. stellte man in den Häusern Tafeln oder Figuren auf, die einen kindlichen Gott   Horus sollte als Kind von einem Skorpionstich gerettet sein — als Besieger schädlicher Tiere zeigten. Auch die aus mehreren Göttern zusammengesetzten Gestalten (S. 299) und die sogenannten Patäken (S. 306), die beide oft auf Tieren stehen, dürften zu dem gleichen Zweck gedient haben.

Größere Tafeln zum Aufstellen: 4434 Horus steht als Kind auf Krokodilen und hält einen Löwen, eine Gazelle, zwei Skorpione und vier Schlangen. Daneben Hindeutungen auf andere schützende Götter: oben der Kopf des Bes, r. die Blume des Nefer-tem, l. Mischgestalt aus Min und Horus. Hinten lange Beschwörungen der Tiere: *Wendet euch, legt euch auf euren Rücken, verschließt euren Mund! Re selbst verstopft eure Kehle, Sechmet zerhackt euch, Thoth blendet eure Augen.* Angefertigt für Pen-ta- . . . . . den Sohn des Hap-erdis. (Schw. St. h. 10 cm.) 10264, 8868 ähnliche aus K., roh.

12770. Bruchstück eines sehr großen Exemplars von vorzüglicher Arbeit. In Rom im Tiber gefunden.

Kleine Tafeln, als Amulett getragen: 11353 hübsch, aber durch das Tragen abgenutzt. — 7369 roh, hinten Isis mit ihrem Kinde in den Sümpfen, wo es der Skorpion stach. (Gesch. Travers.) — 4060 ganz klein.

7500. Horus in langem Kleid steht auf Krokodilen und hält eine Schutztafel vor sich. Sehr roh, die Inschriften sinnlose Striche.

7652. Götterkind, das den Mond trägt (Her-ka? S. 297), auf einer Terrasse, deren Stufen mit Glasflüssen ausgelegt sind. An der Terrasse Bilder, hinten Horus auf Krokodilen, in den Händen Schlangen, Skorpione, Gazelle, Löwen; l. Toëris, Horus als Sperber auf einer Gazelle, Onuris einen Feind durchbohrend u. a.; r. Toëris und Anrufung an den *Greis, der Kind wird: „sende mir den Thoth, damit er mir das Krokodil abwehre".* K. u. Br.

7554. Mann, der ein Osirisbild hält, in der Art der gewöhnlichen Statuen dieser Zeit, aber vorn und hinten bedeckt mit wunderlichen Götterbildern und Zaubersprüchen zum Schutz gegen böse Tiere. (1877 durch Brugsch) Schw. St. h. 18 cm.

9675. Bruchstück einer Sphinx(?), auf dem zwei Hunde, zwei Skorpione, ein Käfer dargestellt sind. (1886) K. l. 13 cm.

K. Verschiedene Geräte.
a. Astronomische Instrumente.

Sie dienten zur Feststellung der Stunden während der Nacht. Zwei Horoskopen genannte Priester saßen einander gegenüber. Jeder hielt das Lot in einer ausgestreckten Hand und visierte danach durch

VIII. Aus der Spätzeit. (Seit 700 v. Chr.)

den dicht vor ein Auge gehaltenen Spalt der Palmrippe. So visierte der südlich sitzende nach dem Polarstern und ließ den nördlich sitzenden sich so setzen, daß das Lot vom Polarstern scheinbar durch jenes Scheitel ging. Umgekehrt visierte der nördlich sitzende nach den Fixsternen, die sich gerade über dem Scheitel seines Gegenübers fortbewegten und bestimmte so die Kulmination dieser Sterne oder er las auch die der Kulmination nahen Stellungen ab, je nachdem sich der Stern über dem rechten oder linken Auge, rechten oder linken Ohr, der r. oder l. Schulter seines Gegenübers befand. Aus Tabellen, welche diese Stellungen in den verschiedenen Nachtstunden angaben (s. Kopien derselben an dem Deckenbild in Saal XI) wurde dann die genaue Zeit abgelesen und verkündet. Die einzigen bisher bekannten Instrumente dieser Art [1898 durch Borchardt].

14085 der Griff des Lotes, aus Knochen. Aufschrift: *ich weiß den Gang der Sonne, des Mondes und aller Sterne zu ihrer Stätte*. Gehörte dem *Horoskopen Horus*, der Sohn eines Prinzen Har-woz und der (Königin) Esetcheb (S. 258) war. l. 11 cm.

14084 die dazu gehörige Palmrippe. Aufschrift: *wache um das Fest zu leiten und bringe alle Leute auf ihre Stunden*. l. 34 cm.

b. Gewichte.

Solche älterer Zeit S. 71 und 225; auch von den hier aufgeführten mögen manche älter sein.

Verschiedener Herkunft. Meist in der Form eines abgestumpften Kegels mit gewölbter Oberfläche. Zu dem gewöhnlichen Pfunde von 91 grm. gehören 11518 (2 Pf.), 11531 ($^1\!/_2$), 11543 ($^2/_{10}$), 11548, 11545 ($^1/_{10}$), 11551 ($^1/_{20}$), 11552 ($^1/_{30}$). — (Gesch. R. Mosse.)

10061—10072. Kleine Gewichte, vielleicht eines Goldschmiedes; das Pfund (10061) und seine Teilstücke ($^1/_4$, $^1/_5$, $^1/_{10}$, $^1/_{20}$, $^1/_{60}$ u. a.).

10073—10075. Probiersteine und Hämmer, vielleicht eines Goldschmiedes; mit den vorstehenden Gewichten zusammen erworben.

4506. Aus Alabaster, $2^1/_2$ des Pfundes.

c. Verschiedenes.

Walzenförmige Stücke mit viereckiger Durchbohrung, etwa von Möbeln? Dabei: 14186 aus hellgrüner Fayence (Gesch. v. Bissing). 6644 Nachahmung von Lapislazuli.

K. Verschiedene Geräte. L. Tiergräber.

Gabelförmige Enden von Szeptern oder Lanzen, z. T. zierlich mit Drähten verziert. Ähnliche sind in Gräbern cyprischer Söldner zu Nebeshe im Delta (7.—5. Jahrh. v. Chr.) gefunden worden.
Stempel (?): 7301 Name der Erntegöttin Renen-utet. K. — 10312 Anubis mit der Osirismumie. K. 11563. Stempel(?); mit dem Namen eines Priesters von Athribis. K. — 13298 mit dem Namen eines Thoth. K. — 13840 mit Widder und Osiris und dem Namen eines Priesters. Wohl griechische Zeit.

L. Tiergräber.

Die Vorstellung, dafs gewissen Göttern gewisse Tiere zugehören (etwa wie in Griechenland die Eulen der Athene und die Tauben der Aphrodite), ist alt und auch die göttliche Verehrung einzelner Exemplare, wie z. B. des heiligen Stieres Apis im Tempel zu Memphis, ist schon im a. R. nachzuweisen. Ebenso besteht die Verehrung des Stieres Mnevis von Heliopolis schon im n. R. Aber erst der Spätzeit scheint die Anschauung anzugehören, dafs alle Katzen oder alle Schlangen heilige Tiere sind, die ein Frommer nicht töten darf und die wie einen Menschen beizusetzen, ein verdienstliches Werk ist (vgl. z. B. den Grabstein der Giftschlange S. 339). Übrigens war die Verehrung der einzelnen Tiere zumeist nur auf bestimmte Gegenden beschränkt. Die Beisetzung geschah in Massengräbern, je nach der Sitte des Ortes in verschiedener Weise. — Neben den hier mit aufgeführten Holz- und Steinsärgen vgl. auch die als Sarg benutzten Bronzefiguren mit den Gebeinen heiliger Tiere S. 294. 295. 300. 302.

a. Aus den Apisgräbern (Serapēum).

Die Verehrung des Apis, des heiligen Stieres des Gottes Ptah, äufserte sich seit dem n. R. besonders in der übertriebenen Fürsorge für seine Bestattung. — In der Spätzeit galt das gemeinsame Grab der Apisstiere bei Memphis als eine heilige Stätte, an der die Besucher kleine Denksteine zur Erinnerung an ihre dort gehaltene Andacht aufstellten. Da man den Stier wie einen Menschen bestattete, so nannte man ihn auch wie die menschlichen Verstorbenen „Osiris". Der so entstehende Name „Osiris-Apis" wurde mit dem von Ptolemäus I. eingeführten fremden Gotte Serapis zusammengeworfen, und dieser trat seitdem mehr und mehr als Totengott un die Stelle des Osiris. (Vgl. auch sein Bild auf den Särgen S. 238. 275. 276.)

Totenfiguren (vgl. S. 180) des Apis; die Bestattung des heiligen Ochsen wurde auch in diesem Punkt der der Menschen nachgebildet; 398. 399: Dyn. 19 400, 401 Dyn. 20.

2141. **Denkstein eines Mannes**, der im *Jahre 12* eines Königs die Apisgräber besuchte; rohe hieratische Schrift. (Gesch. Brugsch 1867) K. h. 13 cm.

3123. **Denkstein**, unter König Darius von einem gewissen Psen-ptah dem Apis-Osiris geweiht für sich und seine Geschwister; er nennt vier seiner Vorfahren, die wie er Priester des Ptah waren. — (1859 durch Brugsch) K. h. 15 cm.

2137. **Denkstein im 15. Jahre des Darius** (506 v. Chr.) von einem Priester geweiht; oben der Apis, vor ihm ein Opferstein in Gestalt des Namensringes der Könige, dahinter standen die Betenden. Das Datum schon in demotischer Schrift. — (1859 durch Brugsch) K. h. 14 cm. [Brugsch, Gramm. dém. Taf. 4,1.]

2143. **Kleiner Denkstein** eines Besuchers aus der Zeit des Königs Tachos (S. 17), die Inschrift nur aufgeschrieben. — (1859 durch Brugsch.)

2127. **Denkstein der Bauleute**, die die Gruft eines Apis angelegt haben, vom Jahre 3 des Nektanebus (358 v. Chr.). Der leere Oberteil war vielleicht bemalt, 3 Zeilen der Inschrift sind ausgekratzt. (1855 durch von Penz) K. h. 17 cm.

2131. **Ähnlicher Denkstein** demotisch: *im Jahre 36 ... des Königs Ptolemaeus, Sohnes des Ptolemaeus, des Gottes, welcher fernhält das Übel* (d. h. Soter), *des ewig lebenden, welches gleich ist dem Jahre 5 des lebenden Apis von der Kuh Sai. Es wurde gemacht ein Neubau der Apisgruft für den lebenden Apis von der Kuh Sai im Serapeum.* Folgt das Verzeichnis der beim Bau beteiligten Personen, deren erster der Hohepriester von Memphis ist. Vom Jahre 287 v. Chr. — (1859 durch Brugsch.) K. h. 20 cm. [Brugsch., Gramm. dém. Taf. 4,2.]

2128. **Ähnlicher Denkstein** für denselben *lebenden Apis von der Kuh Sai, welcher erschienen war in der Stadt Damanhur*. Oben Gebet vor Apis. — (1855 durch von Penz) K. h. 42 cm.

2144. **Kleiner Denkstein** eines Maurer, Sohn des Pinofer-rech und anderer; die Inschrift auf der einen Seite aufgeschrieben, auf der andern eingemeißelt. (1855 durch von Penz) K.

7777. 7778. **Sphinxe** aus der von Strabo erwähnten Allee, die zum Serapeum von Memphis führte; bedeckt mit griechischen Kritzeleien. Die Königsköpfe weißlich, die Schlange am Kopftuch war besonders eingefügt. — (1878) K. l. 1,20 m.

7157. **Kopf eines Apis**; die Sonne mit der Königsschlange zwischen den kurzen Hörnern, auf der Stirn ein weißes Dreieck als Abzeichen (vgl. S. 301) — (Passalacqua, angeblich aus Elephantine.) K. 32 cm.

7404. **Der tote Apis in einem Schiff**. Darin eine große Kapelle, mit Säulen und durchbrochener Wand, von Schlangen bekrönt. Links die Vorderseite der Kapelle; durch die Außenthür erblickt man die innere Thür, hinter der der heilige Stier ruht. An den Enden des Schiffes klagen Isis und Nephthys um ihn. — (1875 durch Brugsch.) K. br. 32 cm.

b. Aus den Mnevisgräbern.

Die Verehrung war ähnlich der in den Apisgräbern, ist aber nie so populär geworden.

14200. **Denkstein**, errichtet von den darauf unten dargestellten Leuten, Ken, einem Diener des Tempels von Heliopolis, und seinem Sohne Atum-hotep. Oben räuchert ein Hoherpriester von Heliopolis, der Prinz Amosis, vor dem Bilde des heiligen Stieres, das auf einem Gestell steht, wie man sie bei Prozessionen trug (vgl. S. 280). Vor dem Stier Wasserkrug und Blume; die Weihenden bringen Früchte und Kuchen, vor ihnen zwei bekränzte Krüge. Wohl noch aus Dyn. 18. — (1898 durch v. Bissing.) K. h. 58 cm.

c. Mumien und Särge.
[Zusammenstellung von solchen: Phot.] [Abb. 60.]

Säugetiere.

Katzenmumien in Binden, meist mit Nachbildung des Kopfes; von verschiedener Größe. 6941, 6942, 635 sehr zierlich. — 10644 bunte Binden. — 10651 rote Ohren. Aus Benihassan (Gesch. Reifs 1889) und Theben.

6037. **Katze zwischen Papyrusstengel** geschnürt; war überdies in einen demotischen Papyrus (P. 3137, Rechnungen) eingewickelt. Theben.

6056, 9628. **Katzen ohne Binden** beigesetzt. Aus Theben.

314   VIII. Aus der Spätzeit. (Seit 700 v. Chr.)

Särge in Katzengestalt: 8824, auf dem Kopf hatte sie einen Skarabäus, die Augen modern. — 6944 aus Theben. — 4673 kleinere Holzkatze, die etwa oben auf dem Sarg saſs.

747, 748, 749. Widdermumien; nur die Köpfe sind wirklich beigesetzt, der Leib ist aus Binsen und Leinen ergänzt. — 6951 von einer ähnlichen Schafmumie. Aus Theben.

9491. Kopf eines Schafes aus Thon, anscheinend von einer Schafmumie. — (1885.)

Schädel: 752—754 von Mähnenschafen.

637, 6945. Haushunde, ähnlich den Katzen eingewickelt. (Theben.) — 6949, 6950 Schädel von Haushunden.

Abb. 60. Tiermumien.

9549. Sarg einer Maus, die auf dem Deckel dargestellt ist; darin noch die Mumie in Leinen. — 7073, 768 andere kleine Tiere.

724. Mumie einer menschlischen Miſsgeburt, die in einem Affengrab in Schmun beigesetzt war; in ihre Binden war die Fayence-Figur eines hockenden Affen hineingelegt. Man nahm also wohl an, die betreffende Frau habe einen Affen geboren (Pass.).

Vögel.

Mumien von Sperbern und verwandten Vögeln. Die übliche Bezeichnung „Sperber" für den heiligen Vogel des Horus ist wohl zu eng, wie dies auch durch die

L. c. Tiermumien.

Mumien der sogenannten Sperbergräber wahrscheinlich wird: Es sind: 7097 Sperber, 7091—7093 Turmfalk, 7096 vielleicht Wanderfalk, 7081 vielleicht Habicht.

644. **Sperber in Binden**, wie eine menschliche Mumie, aber mit Sperberkopf.

7095. **Sperber in Binden und Papyrusstäbe** eingeschnürt.

10239, 11862. **Grofse hölzerne Sperber** als Särge, darin noch die Mumien; auf dem Kopfe Krone. — (Durch Reinhardt.)

746. **Sperber in bunter Papphülle**, die der der menschlichen Mumien nachgebildet ist.

8518, 9456. **Särge von Sperbermumien** aus Achmim, bunt bemalt; an den Seiten Löcher wie zu Tragstangen. **Vorderseite**: Ein Tempeleingang (S. 207, 821), durch den man den Sperber auf seinem Grabe erblickt; Thoth und Horus besprengen ihn mit Wasser. **Rückseite**: Der Sperber mit ausgebreiteten Flügeln. **Längsseiten**: Der König und bestimmte Götter schlagen sich aus Trauer um das heilige Tier die Brust. — 8518 mit sinnloser Inschrift (1884); 9456 ohne Inschrift (Gesch. Wildt 1886).

8521 ähnlicher roher Sarg aus Achmim, nach der demotischen Aufschrift von einem Herakleios geweiht. Vorn Tempeleingang, der von Besfiguren getragen wird, darunter der Sperber von Thoth und Horus besprengt. An den Seiten die sich schlagenden Götter, hinten der Sperber.

8520. **Ähnlicher Kasten**, der aber vielleicht als Eingeweidekasten für den darauf genannten Mann Hep-mench benutzt war. Vorn eine Thür mit Beschlägen und Riegeln, hinten der Sperber; an den Seiten Osiris als Pfahl zwischen den Schutzgeistern.

1065. **Sperbersarg aus Kalkstein**, die Farben jetzt verblafst. Vorn eine Thür, hinten der Sperber, an den Seiten je ein Totengott im Schrein. [Minutoli, Reise, Taf. 35,3.]

Aus einem Sperbergrabe zu Sakkara.

Aus griechischer Zeit. Erworben 1886.

Sperberköpfe in Stuck, waren auf die Mumien aufgesetzt. 9429 schöne Arbeit. — 9070 frische Farben.

Königsköpfe in Stuck, auf die Mumien aufgesetzt, weil man den Sperber als den königlichen Gott Horus betrachtete: 0428 vollständig. — 0071 frische Farben.
Thonsiegel, mit denen die Töpfe der Mumien geschlossen waren: 0457 griechische Gemme: weiblicher Kopf. 9463 griechische Gemme: Frau, die sich über einer grofsen Schale wäscht(?) — 9458 Pavian, den Mond auf dem Kopf (d. h. Gott Thoth); vor ihm ein Betender. 9459, 9460. Sphinx und Name Thutmosis' III., anscheinend alte Skarabäen des n. R., (vgl. Abschn. XIII, A, d), die wieder in Gebrauch gekommen waren.
9014. Einer der Töpfe, in denen die Mumien beigesetzt waren.

8173. Ibismumie in weifses Leinen gehüllt, darauf aufgenäht das leinene Bild einer Göttin in einer Kapelle. Daneben ihr Topf. — 6057 ähnlich, aber ohne das Bild. (Gesch. Grisinger 1869.)
6947. Ibismumie mit künstlichem Hals und Schnabel; aus Schmun.
Ibismumien aus Theben: 639, 641, 642 und wohl auch 1096. 1097 in Binden als formlose Bündel. — 7099, 6966 ausgewickelt. — 6961 Ei des Ibis?
6938. Bemalter Holzsarg eines Ibis, darin noch die Mumie. Vorn betet ein König vor Thoth, dessen heiliges Tier der Ibis ist. Auf der einen Längsseite betet der Mann, der den Sarg geweiht hat, zu dem Ibis, der auf einem grünen Kissen sitzt (den Mond auf dem Kopf) und 7 andern Göttern mit Tierköpfen. In den Inschriften heifst der tote Vogel *Osiris Ibis der selige*, als wäre er ein Mensch (S. 24), und auf dem Deckel betet er ganz wie ein solcher die übliche Anrufung an die Totenrichter. — (Passalacqua, Schmun.)
765. Holzkästchen mit Asphalt gefüllt, neben dem vorigen gefunden; diente vielleicht, nach der bei menschlichen Mumien üblichen Sitte, zur Aufbewahrung der Eingeweide des Ibis.
Töpfe mit Ibismumien aus Schmun; als Deckel ein Teller, über den Kalk geschmiert ist. Meist noch geschlossen.
6950. Geiermumie; der Geier war das Tier der Mut. (Theben.)
7004. Eulenmumie; dafs die Eule verehrt wurde, ist sonst nicht bekannt. (Theben.)

Vögel, Mäuse, Kröten, Schlangen, Käfer, 55 an
der Zahl, zusammen eingewickelt und in einem Tiergrabe
Thebens als eine Mumie beigesetzt. Es sind 16 Schwalben
— 1 Ziegenmelker (7065) — 29 kleine Spitzmäuse, crocidura religiosa — 2 gröfsere, crocidura crassicauda
3 grüne Kröten — 1 Teichfrosch (7050) — eine Schlange
(Brillenschlange?) — ein Mistkäfer (Skarabaeus) und ein
anderer Käfer (Buprestide). Vermutlich sollten sie den
dort beigesetzten Tieren als Nahrung dienen.
13604 ähnliche Packete aus einem Tiergrabe in Achmim.

Amphibien.

7249. **Grofses Krokodil**, war in Leinwand gewickelt und
mit Palmzweigen umgeben. — (1852, Monfalut.)
Krokodileier aus Hawara (Gesch. von Levetzau 1892)
und Monfalut.
6958. **Krokodil**, ziemlich roh eingewickelt. Aus Theben.
Junge Krokodile, noch eingewickelt: 7079, 10707 zierlich.
— 7076, 7078. 7080 Kopf und Augen angedeutet. —
7040 war in Papyrusstäbe eingebunden. — Wohl meist
aus Theben (z. T. Gesch. Wallner 1872; Gesch. Reifs 1889).
Desgleichen, ausgewickelt, aus Theben.
11058. **Hölzerne Osirisfigur**, als Sarg eines Krokodiles,
und junge Krokodile zwischen Binsen (Gesch. von Levetzau,
aus Hawara).
7232. **Bemalter Sarg einer Schlange**, darin die ein-
gewickelte Mumie. Auf dem Deckel war sie aufgerichtet
dargestellt. Nach den demotischen Aufschriften geweiht
von Min, Sohn des Nes-pe-mete, *dessen Mutter Es-weri
heifst*; vorn ist er dargestellt, wie er, schon nach griechischer
Sitte, betet; auf den Längsseiten, wie er der Schlange
eine Gans schenkt. — (Minutoli, Theben.)
7074. **Schlange**, vielleicht junge Brillenschlange.

Fische.

8446. **Hölzerner Oxyrrhynchusfisch**, mit dem Kopfschmuck der Hathor, wohl von einem Fischsarg. Auf dem
Fische sorgfältige Bilder. Einerseits das Totengericht (wie in
den Totenbüchern, vgl. Abschn. XIII, B, a) wegen des toten
Fisches. Andererseits eine Prozession: zwei Priester
tragen einen Schrein, auf dem die Maat als Affe sitzt,

zwei andere tragen einen Schrein der Hathor; voran ein
räuchernder Priester.

Fischsärge: bei 769 der Fisch auf dem Deckel dargestellt,
die andern in Gestalt von Fischen. In 6759 das Tier
(junger Nilkarpfen?) sichtbar. (Aus Theben.)

Fische: 6952 Stück eines grofsen Nilkarpfen. — 7072 junger
Nilkarpfen? — 13330 grofser Nilbarsch (Lates niloticus)
l. 80 cm. — 13341 Kopf desselben, noch eingewickelt. —
Kleine aus Esne.

Verschiedene kleine Särge.

10660. Sarg eines Käfers aus Kalkstein.

Kleine Särge aus Kalkstein, der eine (aus Saïs) hatte
einen Schiebedeckel.

Osiris an einem Obelisken, der den Sarg bildete, vgl.
13143, S. 293.

IX. Aus der griechisch-römischen Zeit.

[Altertümer, die wie Grabsteine, Särge, Mumien, Bronze- und Fayencefiguren u. a. ganz im herkömmlichen Stil weiter gearbeitet sind und daher nicht sicher von denen der saïtisch-persischen Zeit zu scheiden sind, siehe auch in Abschnitt VIII.]

Die griechische Bildung, die unter den ptolemäischen Königen in Aegypten zur Herrschaft gelangt, läfst den alten Glauben und die alte Kunst fortbestehen, bewirkt aber doch deren allmähliche Zersetzung. — So lange der Stil noch rein aegyptisch bleibt, hat er eine gesuchte Weichheit (die Glieder sehen „verschwollen" aus) und gefällt sich in der Anhäufung kleiner Ornamente und kleiner erhabener Schriftzeichen. Später drängt ihn der spätgriechische Stil mehr und mehr zurück und es entsteht eine Mischkunst, in deren meist wenig erfreulichen Werken oft nur noch Einzelheiten der Kleidung und des Schmuckes an die aegyptische Überlieferung erinnern. Die hieroglyphische Schrift gerät beim Volke ganz in Vergessenheit und es treten die demotische (S. 28) und griechische Schrift an ihre Stelle. Wo nach dem Herkommen Hieroglyphen stehen müfsten (z. B. in den Beischriften der Reliefs) setzt man anstatt ihrer oft leere Felder.

A. Porträtskulpturen in freiem Stil.

Die folgenden Skulpturen legen Zeugnis ab von einem wunderbaren neuen Aufleben und Aufblühen der aegyptischen Kunst, das indessen nur von kurzer Dauer gewesen sein kann, da nur sehr wenige Arbeiten in diesem Stil vorliegen.

Ohne den überlieferten aegyptischen Stil ganz aufzugeben, bilden die Künstler dieser Werke mit Liebe und vollem Verständnis die Gesichtszüge und den Bau des Kopfes nach und wissen dabei soviel Gröfse und Ernst zu bewahren, dafs ihre Arbeiten den Höhepunkt der aegyptischen Porträtkunst bezeichnen. Um den Fortschritt dieser Künstler richtig zu würdigen, vgl. man den Kopf 12500 mit den technisch ebenso vollendeten Köpfen 11864 S. 247 und 8805 S. 259.

Dafs diese Skulpturen frühestens der saïtischen Zeit angehören, zeigt der grüne Stein, in dem sie gearbeitet sind. Einen Anhalt zur Datierung gewährt unsere Bronze 9258 S. 260 (4. Jahrh.?) und unser Relief 12693 S. 328 (griechische Zeit); danach mögen sie in das 4. oder 3. Jahrh. gehören.

12500. **Kopf eines Mannes**, das künstlerische Hauptstück der Sammlung. Besonders schön der kahle Schädel mit seinen mannigfaltigen Flächen und seinem nicht ganz symmetrischen Bau, die Mundpartie und die eigentümlich gebildeten Ohren. Die Augen nach aegyptischem Herkommen ohne Thränendrüse und mit dünnen Lidern, aber dennoch mit höchst lebendigem Ausdruck; man beachte die leichte Faltung der Oberlider. Rein aegyptisch ist auch die Behandlung der Oberlippe und die Angabe des Konturs der Lippen (vgl. z. B. 11864, S. 247) Merkwürdig sind die kleinen Fältchen in der Oberlippe und an der Nase. — Von einer stehenden oder knieenden Statue, wie der Rest des Rückenpfeilers zeigt. — Der kahle Kopf bezeichnet den Dargestellten als Priester; da indessen fast jeder vornehme Aegypter der Spätzeit ein Priesteramt bekleidet, so kann der Dargestellte auch ebenso gut eine weltliche Stellung eingenommen haben. (1894) Gr. St. h. 22 cm. [Phot. Gips.]

10100. **Kopf eines alten Mannes**, kahl geschoren; schön, wirkt aber, mit dem vorigen verglichen, doch nur wie eine Nachbildung desselben. — Gr. St. h. 19 cm.

255. **Köpfchen eines alten Mannes**, weniger grofs im Stil als die anderen. Hinten Anfang einer Inschrift. (Herkunft unbekannt.) Gr. St., h. 10 cm.

10072. **Statue eines alten Mannes**, der Kopf giebt vorzüglich die müden Züge des Greises wieder, während der Körper in gewöhnlichem Stil und altertümlicher Tracht gearbeitet ist. Wahrscheinlich hat der Künstler die Statue schon halb fertig gekauft (S. 292) und nur Kopf, Hals und den oberen Teil der Brust überarbeitet. (Gesch. Jacoby 1892.) Grünlicher schiefriger Stein, h. 40 cm. [Phot.]

B. Aus Tempeln.
a. Säule und Kapelle.

7324. Säule von der Insel Philae und zwar aus der Mitte der westlichen Säulenhalle des Vorhofs, deren Erbauung etwa in die Zeit des Augustus fällt. (Vgl. die ausgehängte Photographie dieses Vorhofs.) Die Verehrung der Isis von Philae war in griechischer Zeit sehr in Aufnahme gekommen. Das Kapitell als Palme mit 9 Zweigen,

A. Porträtskulpturen in freiem Stil. B. Aus Tempeln.

zwischen denen Datteltrauben hängen; darunter die Schuppen des Stamms und Bänder. Auf dem Schaft demotische Inschrift eines Thotus, Oberpriesters des Amon

Abb. 61. 12500 Männlicher Kopf (nach Mertens).

im westlichen Theben, der im Jahre 35 des Augustus (1 n. Chr.) vor der *Isis von Abaton und Philae* für sich

IX. Aus der griechisch-römischen Zeit.

und die Seinen betete. — (Lepsius) Sdst.; Schaft ergänzt; h. 2,12 m. [LD VI., 108 III; ÄZ. 1884, 40.] [Phot.]

13841. **Kapelle aus demselben Tempel**, von Ptolemäus IX. und seiner Schwester Kleopatra geweiht. Sie diente zur Aufbewahrung eines Bildes der Isis und war bis zur halben Höhe durch eine Bronzeschranke geschlossen; darüber befand sich eine Flügelthür. Die Vorderseite ist (wie 821 S. 267) so gebildet, als ob man auf die Kapelle durch ein davor liegendes Thor blickte, das von Säulen mit Hathorköpfen getragen wird. Über den Thüren geflügelte Sonnen. Die Decke innen mit Sternen (S. 43) und fliegenden Geiern (244) verziert. Das Dach war mit Königsschlangen bekrönt. — Man vergleiche die kleinen Kapellen S. 286. (1897 durch Borchardt.) R. Gr. h. 2,10 m ohne das ergänzte Unterteil. [Abb. 62.]

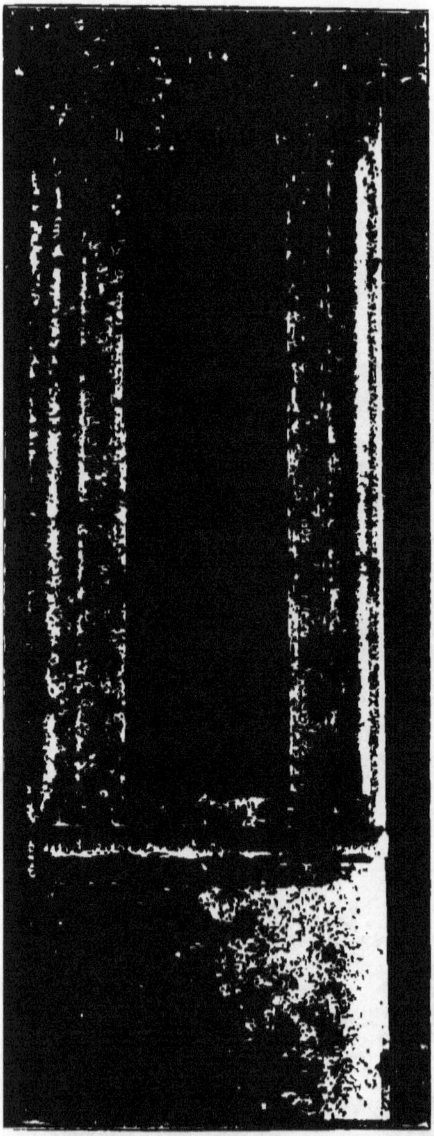

Abb. 62. 13841 Kapelle aus Philae.

b. Reliefs und Inschriften.

2115. **Relief aus dem Tempel von Der-elmedine** in Theben, der unter den Ptolemäern neu erbaut wurde. Die Brüder Ptolemäus VII. Philometor, Ptolemäus IX. Energetes II. und ihre Schwester Kleopatra II.,

B. b. Reliefs u. Inschriften von Tempeln.

die Gattin des ersteren (S. 18), opfern vor Amon-Re, *dem Vater der Väter, der 8 Götter* und vor diesen 8 Urgöttern selbst, von denen nur zwei, ein Amon und eine Amonet hier erhalten sind. Amon-Re hat einen blauen Körper und seine Federkrone und trägt eine Brusttafel (S. 188) am Hals, die Urgötter haben keine Kronen; sie sagen zu den Königen *ich gebe dir jede Gesundheit und jede Freude u. ä.* — Der Tisch in ungewöhnlicher Form, die Brote und Kuchen darauf sind mißverständlich blau gemalt.

Die griechischen Könige sind als Pharaonen dargestellt und führen altaegyptische Titel. Philometor heißt *der König von Ober- und Unteraegypten: „der Erbe der Götter Epiphanes von Ptah geschaffen, von Re erwählt, von Amon gemacht"; der Sohn des Re: „Ptolemäus der ewig lebende, von Ptah geliebt; der von der Mutter geliebte Gott."* Er trägt die Krone von Oberaegypten, *sein Bruder* Euergetes die von Unteraegypten und *ihre Schwester, die Gattin des Zwillingsbruders des lebenden Apis* (d. h. des Philometor), *die Herrscherin, die Herrin beider Länder, Kleopatra* trägt den Kopfschmuck der Hathor.

Vom Oberteil einer Wand, daher das Ornament der Franzen (S. 77). — (Lepsius) Sdst. l. 2,40 m. [LD IV. 28a.] [Phot.]

2116. **Relief eines Tempels im westlichen Theben:** Ptolemäus IX. Euergetes II. (Krone von Unteraegypten) und seine Gemahlin Kleopatra (Hathorkrone) opfern Wein (?) und Blumen. — (Lepsius) Sdst. h. 81 cm. [LD IV. 38a.] [Gips.]

2117. **Ähnliches Relief aus Karnak:** Ptolemäus XIII. Neos Dionysos (Krone von Oberaegypten) überreicht dem Osiris dessen Abzeichen, Herrscherstab und Geißel; dafür verspricht ihm der Gott: *ich lasse deinen Leib jung sein wie den des Re, ewiglich.* Osiris trägt gegen die alte Sitte über seinen Mumienbinden noch ein Gewand. — (Lepsius) Sdst. h. 80 cm.

14130. **Thronender Sonnengott** aus einem großen Tempelrelief; er ist auch in der Haartracht als Mensch dargestellt, die Augen waren eingelegt. (1898 durch Reinhardt) K. h. 70 cm.

2119. **Rohe Reliefs aus einem Osiristempel im westlichen Theben.** Oben ein später Kaiser in altem Ornat überreicht dem *Osiris Wen-nofre, dem König der Götter,*

IX. Aus der griechisch-römischen Zeit.

dessen Abzeichen, Geifsel und Herrscherstab; hinter dem Gotte Isis. Über dem Kaiser die Sonne, er heifst *Sohn des Re, Herr der Kronen: „Autokrator"; König von Ober- und Unteraegypten, Herr beider Länder: „Kaisar".* - Unten opfert derselbe Speisen vor Keb und Nut, den Eltern des Osiris. Keb gewährt ihm dafür *alle guten Dinge* und Nut *alle Speisen*. — (Lepsius.) Sdst. h. 1,05 m.

2120. Pfeiler aus einem Tempel in Karnak, unter Tiberius errichtet. Die Inschrift (ein gutes Beispiel später Schrift) enthält einen Lobpreis des Osiris, *des Königs von Ober- und Unteraegypten, des Gottes von Aegypten; des Herrschers der Gebiete des Geisterlandes. Die Gaue sind mit seinem Namen ausgestattet und die Tempel haben sein ... Seine Schwester Isis ist der Schutz seiner Glieder, und Nephthys behütet seinen Leib. Sein Sohn Horus bleibt auf seinem Throne, als der König der Götter bis in Ewigkeit*. u. s. w. Am Schlufs: *Neige dein schönes Antlitz dem König von Ober- und Unteraegypten „Tiberius"*. - (Lepsius) Sdst. h. 1,80 m.

2121. Kopf des Kaisers Antoninus Pius, mit der Krone von Oberaegypten, über ihm die Sonne, vor ihm seine Namen: *der König von Ober- und Unteraegypten, der Herr der beiden Länder: „Autokrator, Kaisar, Titus Aelius"; der Sohn des Re, der Herr der Kronen: „Hadrianus Antoninus, welcher herrscht, Eusebus* (so)" (Lepsius, aus Medinet Habu.) Sdst. h. 95 cm.

14128. Die Namen des Hadrian: *der König von Ober- und Unteraegypten, der Herr der beiden Länder: „Autokrator Kaisar"; der Sohn des Re, der Herr der Kronen „Trajanos Hadrianos Sebastos"* in fehlerhafter Wiedergabe. Aus einem oberaegyptischen Tempel. - (1808 durch Reinhardt) Sdst. h. 15 cm.

c. Statuen von Königen.

8810. Von einer Statue Ptolemäus' X. Soter II. (S. 18), aus dem Tempel von Memphis. Aegyptisch in Material und Stellung, aber das Gewand halb griechisch. Hinten Inschrift in schlechten Hieroglyphen, Namen und Ehrentitel des Königs. (1886) Schw. Gr. h. 59 cm.

1418. Kopf einer Königsstatue? stark ergänzt (auch Nase, Mund und Kinn); die erhaltenen Reste zeigen.

dafs es eine männliche, unbärtige Statue war, die auf dem königlichen Kopftuch eine Götterkrone mit Hörnern trug. (Minutoli.) R. Gr. h. 76 cm.

14079. **Kopf einer Kaiserstatue**, deren Körper wie der Rückenpfeiler mit den Resten einer hieroglyphischen Inschrift zeigt, in griechisch-aegyptischem Stil gearbeitet war. Die Züge stimmen etwa zu Caracalla. – (1897 durch v. Bissing.) R. Gr. h. 26 cm.

Königsköpfe: 11891 sehr roh.   11899 der König stand in einem Heiligtum (wie die Isis 7770, S. 327), daher die Schranken vor der Brust. — (Gesch. Mosse 1892) K. h. 16 und 22 cm.

d. Statuen von Göttern.
Aegyptischer Stil.

2311. **Osiris**, ohne jedes göttliche Abzeichen, in weiße Binden gehüllt, die Hände auf der Brust gekreuzt, das Haar schwarz; die Augen waren eingelegt. Die demotische Weihinschrift lautet: *Osiris . . . schenke Leben dem Pete-ese und seinem Sohne und den Kindern der Ta-baste, welche seine Kinder sind.* — (Pass. aus Abydos.) K. h. 37 cm.

4421 derselbe thronend, das Gesicht war vergoldet, die Augen eingelegt, das Perlennetz der Mumie u. a. aufgemalt. Nach der aufgemalten Aufschrift vielleicht aus einem Grab. — (Pass. Abydos) K. h. 25 cm.

1039 ähnlich, kleiner, mit demotischer Weihinschrift.

13254. **Thoth** stehend. - (1897 durch Reinhardt.) Al. h. 42 cm.

8442. **Bes**, in Relief; er schwingt ein Schwert; um den Leib ein Gurt. — (Posno.) K. h. 29 cm.

Isisköpfe, das Haar nach spätester Sitte in kleinen Locken; 8492 aus Thonschiefer, die Augen waren eingelegt; zierlich.   4440 aus schw. St.

14129. **Kopf eines Gottes** von einer lebensgrofsen Statue. Es scheint derselbe Sonnengott gewesen zu sein, den auch das Relief 14130 S. 323) darstellt.   (1898 durch Reinhardt) Schw. Gr. Die Augen waren eingelegt. h. 30 cm.

In griechischem Stil.

8321. **Kopf des Serapis** nach griechischer Auffassung, der Scheitel abgesägt. — (1883) W. Marm. h. 13 cm.

12440. **Isis** mit steifen Locken, in dem ihr eigenen Mantel mit einem Knoten auf der Brust; als Kopfputz Sonne,

IX. Aus der griechisch-römischen Zeit.

drei Federn und Schlange. In der vorgestreckten R. hält sie eine Schlange, in der L. einen Eimer. Die Augen waren eingelegt. Vgl. die Bronzen S. 304 f. (1804 durch Reinhardt) W. Marm. h. 83 cm. [Phot.] [Abb. 63.]

7000. Statue einer Göttin (?) angeblich aus Hadrians Villa in Tivoli, die der damaligen Liebhaberei für Aegypten entsprechend auch mit aegyptischen Bildwerken verziert war; im vorigen Jahrhundert stark ergänzt. Antik sind nur der Leib, der linke Arm (ohne die Finger) und der Oberschenkel; auch diese sind noch teilweise überarbeitet, und der ursprüngliche Rücken ist abgemeißelt. (1742, aus der Slg. Polignac.) Schw. Marmor. h. 1,70 cm.

7340. Harpokrates, d. h. Horus als Kind; aegyptisch noch der Thron, die Königsschlange, die Kinderlocke und das freilich sehr entstellte Zeichen „Leben", das er hält. (1873 durch Brugsch aus Mendes) Grauer St. h. 55 cm.

Abb. 63. 12440 Isis (nach Mertens).

7405 derselbe hockend; in der L. ein Krug (?). Roh. (1884.) M. h. 20 cm.

13457 **Kopf desselben**, hatte einen Kopfschmuck. — (Gesch. E. Fischer) Al.

12058. **Von der Statue eines Gottes**, der ein Krokodil, das heilige Tier des Faijum, hält. — (1895 durch Reinhardt) Gr. St. h. 9,5 cm.

7770. **Isis in ihrem Tempel**; sie schaut über eine Schranke herüber. Sie trägt einen kleinen Kopfschmuck, ein Szepter und hält das Krokodil. — (1878 durch Travers, aus dem Faijum.) K. h. 44 cm.

8164. **Osiris und Isis als Schlangen** in einem Tempelchen, das von Königsschlangen bekrönt ist. Die linke breite ist Isis, neben ihr ein Sistrum; die rechte bärtige Osiris, neben ihr Mohn. Zwischen beiden ein Gefäfs zu Wasserspenden, wie es in dieser späten Zeit als charakteristisch für den Isiskultus galt. — (1880.) K. h. 42 cm.

e. Aus den Grundsteinen.

Vgl. S. 125. — Aus dem ptolemäischen Tempel zu Koptos.

Kleine Barren der zum Bau verwendeten Materialien: Gold (in Wirklichkeit vergoldeter Thon), Kupfer, grüne Fayence — Alabaster — Pech — Glas.

C. Denksteine und Weihinschriften.
a. Aegyptische.

7515. **Auf einen Mauerbau in Karnak**: *König (Ptolemäus?) machte dies als sein Denkmal für seinen Vater, den Gott Chons . . den grofsen Gott, indem er ihm die Umfassungsmauer neu erbaute, ganz und in bester Arbeit.* Der Königsname ist hier nicht lesbar; auf dem Relief darüber, wo König und Königin dem sperberköpfigen Chons das Zeichen „Feld" überreichen, sind die Namen leer gelassen. (Gesch. Travers) Sdst. h. 40 cm.

11578. **Oberteil eines ähnlichen Denksteins.** Der König reicht das Feld hier drei Gottheiten (die zweite ist Isis); hinter dem Könige die Königin. Oben die geflügelte Sonne mit lang herabhängenden Königsschlangen, die Wedel (?) tragen. Die Schriftzeilen unausgefüllt. — (Gesch. Mosse 1893) K. l. 50 cm.

8823. **Desgleichen**, der König übergab dem Onuris (Federn und Lanze (wie bei 13201 S. 292) noch sichtbar) und einem Sonnengotte das Feld. Darüber unausgefüllte Zeilen. (1886) K. h. 17 cm.

IX. Aus der griechisch-römischen Zeit.

12603. Von einem Denkstein(?), der etwa (wie 2096 S. 253) die Einführung eines neuen Priesters verewigt haben mag. Erhalten sieben Betende in Priestertracht; der erste, der unter seinen Priestertiteln, den eines *Kahlen* führt, trägt die Kinderlocke wie die Prinzen und die Hohenpriester von Memphis; ihm folgen fünf priesterliche Brüder, die als *Graveure* und *Bildhauer* im Tempel thätig waren und ein Sohn. Ihrem verschiedenen Alter entsprechend, sind diese *in aller Arbeit trefflichen Künstler* von verschiedener Gröfse. Bemerkenswert die Behandlung der Köpfe, die an die S. 310 besprochenen Skulpturen erinnert; nach der Schriftform und den Namen der Dargestellten (Cha-hapi, Herieus u. s. w.), gehört der Stein mutmafslich in die spätere Ptolemäerzeit. (1805 durch Reinhardt) K. br. 24 cm.

12710. Von einem Denkstein, auf dem Harmachis und Buto in einem von Liliensäulen getragenen Tempel verehrt wurden. (1895 durch Reinhardt) K. br. 15 cm.

8820. Horus und Amon, vor ihnen eine Sphinx als Bild des sie verehrenden Königs. Das Relief hatte etwa die Form des Tempeleingangs; der Rand scheint mit metallenen Zierraten besetzt gewesen zu sein. (1886.) K. br. 51 cm.

14132 mit der Anbetung vor einer Art Sphinx, deren Schwanz in eine Schlange endigt. Hinter ihr die Göttin Sechmet, über ihr ein fliegender Geier. (1898 durch Reinhardt) K. br. 20 cm.

12659. Ähnliche Sphinx, mit der noch Teile anderer heiliger Tiere (Sperber, Widder, Schlangen u. s. w.) verbunden sind. (1895 durch Reinhardt.) K. h. 28 cm.

13264. Mit dem Bild des Amon Re von Schmun. (1897 durch Reinhardt) K. h. 30 cm.

12047 aus Thon, in einem Tempel Harpokrates als junger Sonnengott auf der Blume (S. 202), daneben Thoth und ein andrer Gott.

11672 mit demotischer Inschrift eines Mannes, der *Osiris dem grofsen Gotte* seine Verehrung bezeugt. (Gesch. Mosse 1893.) K.

13270 ähnlich, eines Priesters Har-em- . . . (?), der *vor den Osiris kam. Er wünscht, dafs sein Name vor ihm bis in Ewigkeit bleibe.* (1897 durch Reinhardt.) K. die Inschrift war aufgeschrieben h. 15 cm.

b. Griechische.

9062. Von einem Ehrendekret für Chelkias, den jüdischen Feldherrn der Kleopatra Kokke (S. 18); auf Beschluſs einer Versammlung wird ihm ein goldner Kranz verliehen. — (1886 durch Travers) W. Marm. h. 34 cm.

11869. Von einem Denkmal zu Ehren des Ptolemäus Philometor (S. 18) und seiner Gemahlin Kleopatra. Im Jahre 172 v. Chr. geweiht von den 6 Mitgliedern des Richterkollegiums der Chrematisten, *die im 8. und 9. Jahre im Gau Prosopites und den (diesem) zugeteilten Gauen* dieses Amt geführt hatten. Es waren drei Richter, ein Vorsitzender, ein Schreiber und ein Diener, sämtlich Griechen. — (Aus Sawijet beta Ghazin in Unteraegypten, Gesch. Mosse 1892) K. br. 34 cm. [Gött. Gel. Nachr. 1892, 539.]

11634. Stiftungsurkunde aus dem Tempel von Dime im Faijum vom Jahre 87 v. Chr.: *Für das Wohlergehen des Ptolemäus Alexander, des Gottes Philometor, hat Apollonius, Sohn des Ischyrion, Sekretär des im Range eines Königlichen Verwandten stehenden Pantaleon, Fiscals der Naturalsteuern, im 18. Jahre, in seinem eigenen Namen und in dem der Kaufmannschaft des Heraklides-Bezirks eine jährlich auch in Zukunft zu liefernde Weihgabe von je 182$^{1}/_{2}$ Artaben Weizen gestiftet. Die erste Gabe ist am 1. Thoth des 19. Jahres an die Bäckerei für die gröſsten Götter Sochnopaios und Neferses abgeliefert.* Es war also zum Unterhalt der Priester täglich $^{1}/_{2}$ Artabe (= 19,6 L.) Weizen gestiftet. — (Gesch. Mosse.) Schw. Gr. h. 51 cm. ÄZ. 1893, S. 31. [Gött. Gel. Nachr. 1892, 533.]

2135. Weihinschrift eines Moschion für die Heilung seines Fuſses, daneben dieselbe aegyptisch in demotischer Schrift. Die Hauptinschrift ist die ursprünglich in 1521 Felder eingeteilte, oben rechts, die richtig angeordnet die Worte *Dem Osiris* (weiht dies) *Moschion, dessen Fuſs durch Heilkunst gesund wurde* ergab. Darunter in Jamben die schwülstige Anweisung zur richtigen Lesung des Scherzes: *Die Mitte der Mitte der Tafel nimm als leitenden Anfang und spüre vorschauend, damit dir das Aufhören meiner Leiden und die Sorge um die Tafel wohl verständlich werde. Und wie ein im mühseligen Gartenbau Erfahrener, so führe von dort einen Sprudel von der honigflieſsenden Quelle und leite das Wasser reihenweis in die vielgeteilten*

IX. Aus der griechisch-römischen Zeit.

Gärten. Nun übersieh nicht, dafs das Ganze in vier schelmische Zahlen zerlegt ist; und wenn du doch Verwirrung gemacht hast, so wolle nicht deine Unwissenheit dem aufbürden, der in nichts unwissend gewesen ist. Wenn du aber richtig ordnest, so wirst du sehen, *wie gütig der Herr* (Osiris) *meine Weihung angesehen hat, und welche Frucht ich vom göttlichen Willen empfangen habe.* — Darunter redet die Tafel selbst in neun Zeilen Trochäen den Leser an und rät ihm, zur Kontrolle seiner Lesung auf ein Anagramm zu achten: *um den Sinn der Verse zu begreifen, die den Musen an Zahl gleichen, brich von jedem ein verständliches Zeichen ab . . , das wird dir zeigen, wenn du es befragst, ob du einen richtigen Sinn gefunden hast.* Dies Anagramm ergiebt den Namen Moschion. Zuletzt noch in Distichen der Dank des Osiris: *Ich schaue des scharfsinnigen Gelübdes angenehmes Weihgeschenk, ich schaue es und nicht entgeht mir die Frömmigkeit. Dafür empfange aus unsrem Willen freudig ehrenvolles, hoffnungsreiches Lob.* — Den Grund, weshalb Moschion eine so seltsame Art zu schreiben gewählt hat, deutet er selbst an: *wer leicht kenntliche Zeichen setzt, mufs das Feld verstecken, damit er dem, der es* (suchen) *will, Irrung bereite,* d. h. wer dem Osiris nicht Hieroglyphen schreiben kann, mufs wenigstens auf andere Art so geheimnisvoll sein, wie es sich nach der späten Auffassung für die aegyptische Religion schickt. — (Lepsius.) Al. h. 86 cm. [L.D.VI, 273, 274; Rev. égypt. II, 272. Puchstein. Epigr. Graeca p. 4 ff.; tab. I.]

14080. **Denkstein des Heraklit**, Sohnes des Ainesidamos von der Insel Kos, wohl noch aus dem 3. Jahrh. v. Chr. Oben der Ibis des Thoth — (1897 durch v. Bissing.) K. h. 38 cm.

10231. **Basis zur Figur** *des grofsen Gottes Herakles-Harpokrates* (S. 362, 10516); im Jahre 5 des Augustus (26 v. Chr.) von jemand geweiht zur Erinnerung an seine *Vorsteherschaft in den Jahren 4 und 5.* — (1886.) Schw. Gr. Dm. 16 cm.

12576. **Basis einer Statue**, von Dionysius dem Vorsitzenden des *Vereins der Jünglinge der Syn . . . strafse* im Jahre 17 des Tiberius (30 n. Chr.) dem Vereine gewidmet. (1895 durch C. Schmidt.) — Marmor l. 20 cm.

10232. **Weihgeschenk des Isidorion**, unvollendet. Vorderseite eines Tempels; über den Aufsenthoren sollte die Sonne stehen, in der inneren Thür wohl ein Götterbild. (Vgl. S. 267, 821.) — (1886) K. h. 56 cm.

12575. **Weihinschrift** des Veteranen Markus Antonius Didymianus für die *tausendnamige gröfste Göttin Isis*. — — (1895 durch C. Schmidt.) K. h. 33 cm.

14289. **Weihinschrift**: *Harpokration mit seinem Sohne Sempronius weihte es zum Guten* auf einem hölzernen Täfelchen, das Löcher zum Anhängen hat. — H. br. 31 cm. (1898 durch Reinhardt.)

11603. **Fufsspur** in Stein nachgebildet, als Zeichen der Anwesenheit eines Pilgers im Tempel niedergelegt. — (Gesch. Mosse 1892) K. br. 13 cm.

D. Fremde Kulte.

Die Figuren der rein griechischen Götter s. S. 369.

12639. **Mithrasrelief**. Der persische Gott, dessen Verehrung sich durch alle Provinzen des römischen Reiches verbreitet hatte, ist in der üblichen Weise dargestellt, wie er einen Stier tötet, auf dessen Rücken er kniet. Roh. — (1895 durch Reinhardt) K. h. 18 cm.

13592. **Kopf** eines bärtigen Gottes, bekränzt, mit eigentümlichem Kopfschmuck, die erhobene R. hält einen Dolch. — (1897 durch C. Schmidt). Marmor h. 13 cm.

7733. **Erlafs der Königin Zenobia** und ihres Sohnes Vaballath (etwa 270 n. Chr.). Oben griechisch: *Auf Befehl der Königin und des Königs soll anstatt der vorher aufgestellten die Weihung des Bethauses betreffenden Tafel die folgende geschrieben werden: König Ptolemäus Euergetes weihte das unverletzliche Bethaus.* Darunter als Formel der Kanzlei: *regina et rex jusserunt.* — Das „Bethaus" ist nach dem Sprachgebrauch eine jüdische Synagoge; der Erlafs scheint bestimmt, von den Juden erhobene Ansprüche auf ein besonders hohes Alter ihres Bethauses offiziell anzuerkennen. — (Dutilh) W. Marm. h. 42 cm. [Rev. Archéol. 1873 p. 111; Zeitschr. f. Numism. V, S. 229 ff.]

13632. **Grabstein** eines Juden Lazar, hebräisch: *möge das Ruhen seiner Seele sein im Bündel des Lebens.* Darunter der siebenarmige Leuchter und der Baum des Lebens. Gefunden von Dr. C. Schmidt in Antinoe — (1897) K. h. 17 cm. [ÄZ. 1896, 164.]

IX. Aus der griechisch-römischen Zeit.

E. Aus Nubien.

Der nördliche Teil von Nubien gehörte noch in griechisch-römischer Zeit zu Aegypten. Die Denkmäler des südlichen unabhängigen Nubiens s. in Abschn. XII b. — (Bis auf das erste 1897 durch Borchardt.)

8166. Denkstein eines aethiopischen Königs oder römischen Kaisers, der sich nur *Pharao* nennt. Er opfert Wein dem Horus von Edfu, der Hekt und dem Chnum von Elephantine und der Kataraktengöttin Satis, also den Göttern des südlichsten Aegyptens, das wiederholt unter aethiopischer Herrschaft stand. Oben die Sonne, unter der ein Löwe und ein Sperber die Götter von Philae und Edfu vertreten. In Girgeh erworben, aber von nubischem Stil. (Gesch. Saurma-Jeltsch 1881.) Grauer Gr. h. 81 cm.

13728. Denkstein mit 3 Göttern, etwa Osiris, Ptah und Horus in sehr spätem Stil. — Kalabsche. Sdst. h. 37 cm.

13726. Stein mit dem rohen Bilde eines Gottes, der eine Wage hält, etwa des Thoth (vgl. S. 350). Daneben Reste einer griechischen Inschrift von einer früheren Benutzung des Steins. - Dakke. h. 33 cm.

13729. Sphinx(?) auf Postament. Sdst. l. 23 cm.

13842. Säulenförmiger Meilenstein, unter Vibius Maximus, Statthalter von Aegypten unter Kaiser gesetzt. Auf der einen Seite lateinisch und griechisch: *von Philae 32*. Auf der anderen Seite war die Entfernung von einer anderen, mehr als doppelt so weit entfernten Stadt angegeben. Aus Abutarfa, südlich von Kalabsche, vom Westufer des Flusses. Sdst. h. 50 cm.

F. Statuen von Privatleuten.

8867. Von der Statue eines Anubispriesters, der stehend ein Osirisbild vor sich hielt; er lehnte an einem Pfeiler, auf dem Osiris von Busiris als Pfahl zwischen Isis und Nephthys dargestellt ist. An den Seiten Totenformeln an verschiedene Götter, u. a. an die von Achmim in Oberaegypten, von wo die Statue stammen dürfte. — (1886.) Schw. Stein. h. 26 cm.

4433. Betender, der ein goldenes Bild des Osiris in einem Schrein hält; das vergoldete Gesicht und das blaue Haar des Betenden sollen ihn wohl als göttlichen Toten bezeichnen. K. [Minutoli, Reise, Taf. 33, 17.]

2271. Statue des Har-si-nebef, obersten Befehlshabers der Truppen im Delta und Priesters der Neith in Saïs, in halb griechischem Stil. Alter beleibter Mann mit kurzgeschnittenem Haar (Nase ergänzt). Über einem doppelten Gewande trägt er ein Wehrgehenk aus Riemen; außerdem trug er ein metallenes Ehrenzeichen o. ä. an einer Kette auf der Brust. Auf dem Rückenpfeiler Inschrift, in der er sich u. a. nennt: *der den Elenden durch sein Wort groß macht . . . reich an Tapferen . . ., hinter seinem Herren stehend . . . ihm seine Gegner bringend* u. s. w. — (1858 durch Brugsch aus Saïs). Schw. Gr. h. 1,13 m. [Phot.]

11633. 11632. Späte Statuen aus dem Tempel von Dime, vielleicht Priester desselben. In dem kurz geschorenen Haar ein dünner Reif, das Oberkleid mit gezacktem Rand. Die eingelegten Augen z. T. erhalten; 11633 besonders unangenehm im Stil. — (Gesch. Mosse.)

10060. Männerkopf mit kurzem Haar und Bart, wohl unvollendet; von einer ähnlichen Statue. (Sabouroff) Schw. Gr. h. 23 cm.

11147. Bekränzter Kopf einer späten Statue, aus einem Tempelchen zu Hawara. Sehr roh. — (Gesch. von Levetzau) K. h. 30 cm.

G. Opfersteine u. ä.

Teils aus Gräbern, teils auch aus Tempeln, wohin sie von Privatleuten geweiht wurden.

2269 aus dem Grab des Osor-wer, Sohnes des Priesters des Amon Nes-min. Opfertafel mit Broten und Früchten und zwei Krügen, aus denen in einen dritten Wasser läuft. Als Inschrift die Formel: *Gespendet wird diese deine Kühlung, dein Wasser gehört dir . . . Komm zu deinem Brot, komm zu deinem Bier, daß du die Spende empfangest an allen guten Dingen.* — (Lepsius.) Grauer St. l. 28 cm.

11631 aus dem Grab der Tasuchion, zweisprachig. Aus zwei Krügen läuft Wasser in eine ovale Vertiefung; darüber die Lampe mit dem Weihrauch und die griechische Inschrift: *die Erde sei dir leicht, Tasuchion, Tochter des Achilleus.* Die hieroglyphische Inschrift, die die herkömmlichen Formeln (*dargebracht wird dieses dein kühles Wasser, dein Wasser dir, von Horus* u. s. w.) enthält, nannte die Tote anders, fügt aber hinzu *zubenannt Tasuchion*. — (Gesch. Mosse 1892.) K. br. 32 cm.

2270. Von dem Priester Pete-emhit dem Osiris geweiht. Dargestellt die Opfertafel, darauf Brote, Gurke, Gans,

Stierkopf, Keule, Milchkrug u. a.; aufserdem zwei Krüge, aus denen Wasser durch die Ausflufsrinne der Tafel läuft. Als Aufschriften alte Formeln: *O Osiris, Erster der Toten, dargebracht wird dir diese Kühlung, die von deinem Sohne kommt, die von Horus kommt, die von Keb kommt,* oder: *Isis und Nephthys bringen dir diese deine Kühlung, den vielen Wein . . . an dem du reich bist bei dem Götterkreis, an dem du grofs bist im Lichtreich.* — (Minutoli.) Schw. St. br. 61 cm. [Ed. Meyer, Gesch. des alt. Aeg. S. 96.]

2304 mit dreisprachiger Inschrift, ohne Bilder. Nach der griechischen Aufschrift im Jahre 18 eines Kaisers, am 27. Pachon *von Paniskos, dem Sohne des Sarapion, dem grofsen Gotte Sarapis geweiht.* Nach der demotischen Inschrift hiefs der Weihende eigentlich Pamin, der des Min (Pan), und sein Vater Psen-usire *Osirissohn;* Pamin hatte die Tafel dem Osiris von Koptos geweiht, damit er ihm *Leben schenke und seinen Knaben und seinen Leuten bis in Ewigkeit.* Die hieroglyphischen Aufschriften richten sich an den Gott, dem sie u. a. verheifsen: *überschwemmt wird der Osiris von Koptos, der im Goldhause ist, mit weifser Milch* oder *es füllt dir der Pharao das Horusauge* (S. 282) *mit seinem reinen Wein; Harmachis läfst den Osiris von Koptos, der im Goldhause ist, trinken von seinem Wasser, von seinem Bier und von seinem Wein.* — (Athanasi 1843.) Schw. Gr. br. 53 cm.

2305. Mit griechischer Inschrift: *Im Jahre 10* (eines Kaisers) *am 9. Thoth weihte Pharsos* (dieses) *der sehr grofsen Göttin Isis.* Im Mittelfeld: ein Altar mit Broten, Blumen, Früchten u. a.; zwei Wasserkrüge, Blumensträufse und zwei Vertiefungen, in der schon im n. R. zu Schalen gebräuchlichen Form des Namensringes (S. 200) der Könige. Vorn in der Ausflufsrinne ein Frosch, als wäre dieser durch die ständige Besprengung der Tafel angelockt (S. 303). (Minutoli.) Schw. St. br. 48 cm. [Phot.]

8105. Aus rotem Granit. Ohne Inschrift, die Ausflufsrinne fehlt. (1880 durch von Niemeyer.) br. 52 cm.

1064. Aus Marmor; die Opfertafel schon entstellt; darauf Brote, Krüge und wieder zwei Vertiefungen in Form des Namensringes. (Pass., Abydos.) br. 27 cm.

7738. Ähnlich der vorigen, aber die Namensringe entstellt und eine Rinne um den Stein. Mit demotischer Inschrift. (1877.) R. Gr. br. 39 cm.

11419 mit einem Teiche. Wie es auch sonst vorkommt, ist die Vertiefung im Stein, die vom Wasser nicht trocken werden soll, als Teich gebildet, zu dem eine Treppe herabführt. Da nun ein solcher Teich in den aegyptischen Gärten sich zu finden pflegte, so ist wohl auch hier der Raum um ihn her als Garten mit Blumen gedacht. Die ihn umschliefsende Linie, in der metallene Zierraten angebracht waren, soll vielleicht die Mauer darstellen. Ob auch der mäanderartige äufsere Rand eine bestimmte Bedeutung haben sollte, ist nicht klar; er diente zum Ablaufen des Wassers, wie die Oeffnung an der Rückseite zeigt. — (1893 durch von Kaufmann) K. br. 41 cm. [Ztschr. f. Ethnol. 1892. 302ff.] [Phot.]

13250 aus Thon: Über dem Abflufs liegt ein Mann; innen Fische und Krokodile, die gleichsam in dem eingegossenen Wasser schwimmen – (1897 durch Reinhardt.) l. 18 cm.

11592. Rand eines grofsen Beckens, das mit Hathorköpfen verziert war; geweiht von dem Osirispriester Chensthouth. — (Gesch. Mosse 1892) D. Gr. br. 40 cm.

8033. Von einem ähnlichen Becken, das eine griechische Weihinschrift hatte. – (1881 durch Brugsch) D.Gr.br. 17 cm.

H. Aus Gräbern.
a. Von Grabwänden.

Da die Gräber jetzt einfache Gruben zu sein pflegen, die nur zur Aufbewahrung der Leichen dienen, so fehlt meist die Gelegenheit zur Ausschmückung mit Reliefs. Auch die folgenden Stücke bilden eigentlich keine Ausnahme.

9426, 9425. Geschnitzte Bretter, etwa Wandbekleidung eines Grabes. Die Mitte ähnlich wie die Wände der Tempel angeordnet: oben mit einem Himmel, unten mit Pflanzen, die die Erde andeuten, dazwischen Götter. Über dem Himmel: Anubis an der Bahre; unter den Pflanzen die Up-uatschakale auf Gräbern. — (1886; Fundort unbekannt.)

b. Grabsteine.
Aegyptische.

Meist mit demotischer Inschrift; die Formel dieser Inschriften ist: *es lebe die Seele des N. N. vor Osiris.*

2118 des Cha-hapi, Befehlshabers der Truppen zu Memphis vom Jahre 203 v. Chr. Oben der Tote in fremder, vielleicht syrischer Tracht und mit natürlichem Haar und Bart auf dem alten aegyptischen Sessel vor dem Speisetisch.

Vor ihm die Göttin Nut in ihrem Baume (S. 185 u. o.), die ihm Wasser und Speisen spendet; am Fufs des Baumes seine Seele. Hinter ihm die Westgöttin, die ihm *ihre Arme reicht, um ihn zu empfangen.* Die hieroglyphische Inschrift bittet die Götter von Memphis (dabei auch Osiris-Apis, d. h. Serapis), dem Toten *alles Gute, Reine, Angenehme, Süfse, was der Himmel giebt, die Erde hervorbringt, der Nil herbeiführt aus seiner Höhle* zu gewähren; auch die *Priester und Gelehrten,* die zu diesem Grabstein kommen, werden in herkömmlicher Weise ersucht, für den Toten zu beten: *du wirst nicht zurückgedrängt; du gehst hervor; du wirst nicht eingeschlossen; du bist in der Halle des Osiris unter den ehrwürdigen Geistern im Westen. Deine Seele lebt im Himmel bei Re, dein Leib ist heil im Jenseits bei Osiris, dein Haus bleibt auf Erden bei deinen Kindern, ewig, ewig immerdar.* -- In seinem militärischen Amt *bewachte er die weifse Mauer* (die Citadelle von Memphis), *erhielt die Bewohner heil und breitete die Arme aus hinter seinen Soldaten nach dem Befehl des Königs.* Aufserdem bekleidete er noch Priestertümer und Stellungen in der Tempelverwaltung, er war Priester der Göttin Mut, *Wärterin* zweier jugendlichen Götter, und hatte für die Bestattung des Apis und Mnevis (S. 311, 313) zu sorgen, u. a. m. Die untere demotische Inschrift giebt sein Leben auf 60 Jahre, 9 Monate und 20 Tage an. Er soll neben dem Serapeum in dem phönicischen Sarge 2123 (S. 342) bestattet gewesen sein. - (Lepsius) K. h. 74 cm. [Ä. Z. 1884 S. 101].

7308. Eines Priesters und Schreibers Pete-pep; sorgfältige Arbeit. Der Tote (kahl) betet vor Osiris und Isis, auf dem Tische des Gottes Blumen, Früchte, eine Gans. Oben die geflügelte Sonne. Als Inschrift die alte Formel: *tausend an Brot und Bier, tausend an Weihrauch, tausend an Öl, tausend an Kleidern, tausend an allem Guten, wovon ein Gott lebt* für den Toten und für die 6 Kinder, die ihm seine beiden Frauen geboren hatten. (Pass., Memphis) K. h. 64 cm. [Proc. soc. bibl. arch. 1888 S. 534 f.]

7304. Eines Imhotep. Oben betet er vor dem Totengotte von Memphis Ptah-Sokaris-Osiris, unten vor dem neuen Totengotte der griechischen Zeit, dem Osiris-Apis oder Serapis (S. 311). Hinter dem ersteren (rotes Gewand) steht Isis, hinter dem letzteren, der noch als heiliger Stier gebildet ist, Nephthys; vor jenem betet der Tote nach

H. b. Aegyptische Grabsteine.

alter Weise, vor diesem kniet er. Hinter ihm seine Frau Ptah-erdis. — (Pass., Memphis) K. h. 48 cm.

13205 der Hathor, genannt Sar(?) zweiseitig, mit den Bildern des Anubis (der hier *Sohn der Isis und des Osiris* heifst) und des Thoth, die der Toten ein *schönes Begräbnis* geben sollen. — (1897 durch Reinhardt) K. h. 46 cm.

11870. Des Pete-herka, Priesters des Ptah. Dafs es ein Grabstein ist, zeigen nur noch die Bilder der Up-uat-schakale, sonst enthält er nur den Namen des Toten und seiner Eltern. Unten Mörtel, mit dem er im Grabe befestigt war. — (Gesch. Mosse 1893) K. h. 26 cm.

2130 des Paschebek. Oben Verehrung des toten Osiris, der als Pfahl in dem Schrein einer Barke ruht. Davor ein Altar und der betende Tote, hinter dem sein Geleitsmann Anubis in einem seltsamen Mantel steht. R. und l. Isis und Nephthys klagend. — Unten wird die Tote als bekränzte Mumie von Anubis dem Osiris vorgestellt; Anubis trägt gegen alle Sitte eine Königskrone und hinter Osiris stehen zwei Isis, womit vermutlich Isis und Nephthys gemeint sind. Die demotische Inschrift lautet: *es lebe die Seele des Paschebek, Sohnes des Psenosiris, der neun Jahre alt starb ..., es lebe seine Seele und sie verjünge sich vor Osiris, dem grofsen Gotte, dem Herrn von Abydos bis in Ewigkeit.* — (Anastasi 1857) Sdst. h. 40 cm. [Sharpe II, 70.]

2124 eines Kazoza. Oben eine schiffartige Bahre, auf der die Mumie liegt. Unten Anubis, der den Toten dem Osiris und der Isis vorstellt. — (Anastasi 1857.) Sdst. h. 34 cm.

2126 mit unleserlichem Namen. Oben: Anubis stellt die Tote dem Osiris vor, hinter dem Isis und Nephthys (wieder als zwei Isis dargestellt) stehen. Unten: Bahre als Löwe gebildet, auf der die Mumie liegt, l. und r. die Zeichen für Osiris und Isis (S. 283). — (Anastasi 1857.) Sdst. h. 30 cm.

2132 der drei Kinder eines Pemsah. L. Osiris, vor dem zwei Männer und ein Knabe nach griechischer Art beten. R. giefst Anubis Wasser auf einen Altar, wohl zur Erquickung der Toten. (Anastasi 1857.) Sdst. br. 30 cm. [Sharpe II, 64.]

2129 zweier Kinder. Oben zwei Anubis als Schakale mit aufgerichteten Schwänzen. Darunter Anubis, der die Toten (beide in seltsamer Tracht) vor Osiris und Isis führt. Die Namen scheinen griechisch zu sein. (1855 durch von Penz.) K. 44 cm.

IX. Aus der griechisch-römischen Zeit.

2248 in Gestalt eines Tempeleinganges. Darin 1. der Tote in griechischer Tracht (von vorn gesehen und ein Buch in der Hand) vor vier Göttern (etwa Anubis, Horus, Osiris und Isis), die dazu gehörigen Schriftzeilen sind nicht ausgefüllt. Darunter griechische Inschrift, die den Namen des Toten und sein Alter, 20 Jahr, angab. — (Lepsius.) K. h. 33 cm.

2125 der Ta-usire, Tochter eines Harpokrates. Anubis führt die Tote an der Hand vor Osiris, hinter dem Isis steht. Die demotische Inschrift wünscht ihr *es lebe ihre Seele vor dem Osiris, dem Ersten derer im Westen, dem Herrn von Abydos.* — (Anastasi 1857) Sdst. h. 20 cm. [Sharpe II, 64.]

2133. Grabstein zweier Kinder. Anubis stellt sie dem Osiris und der Isis vor. Die Inschrift dreisprachig aber ganz barbarisch; in der kurzen hieroglyphischen sind die Zeichen durcheinander gewürfelt; man erkennt *Osiris, der Erste derer im Westen* und die Worte *Götter* und *ewig.* Die demotische Inschrift lautet etwa: *vor dem Osiris, dem grofsen Gotte, dem Herrn von Abydos für die Namen der Tap . . ., der Tochter der . . . . . . und für Pahor, den Sohn der Ta . . . .* Die griechische etwa *an den Herrn Serapis. Grabstein der Tapchoï und des Paoros.* (Anastasi 1857) Sdst. h. 46 cm. [Sharpe II, 91.]

Griechische.

Die aus Hawara s. S. 351. 353.

7516. Ohne Namen. Der Tote sitzt auf einem Sessel und spielt mit seinem Hund; oben ein Schild. — (Gesch. Travers 1876.) W. Marm. h. 42 cm.

8883. Bruchstück aus Alexandrien. Jüngling in der L. einen unkenntlichen Gegenstand. Haar und Mantel rot, auch die Umrisse rot vorgezeichnet. — (Gesch. Pantazzi 1885.) W. Marm., bemalt, h. 21 cm.

14081 der Taaimais, die im Jahre 9 eines Kaisers 35 Jahre alt starb. Der Stein in Tempelform, die Tote liegt auf einem Ruhebett und hält eine Schale; unter dem Bett Dreifufs und Krug, darüber Schwert und Hund. — (1898 durch v. Bissing.) K. h. 40 cm.

14082 eines Didymos, der *etwa 30 Jahr* alt starb. Ähnlich dem vorigen. — (1898 durch v. Bissing.) K. h. 36 cm.

2134. Grabstein eines kleinen Mädchens, der Kleopatra, Tochter des Menon, vom Jahre 8 n. Chr.: *Tül-*

H. b. Griechische Grabsteine.

bejammerte (?), lebe wohl, die du ruhmlos und ohne Recht durch einen gewaltsamen Tod umgekommen bist, wie ihn deine Güte nicht verdient hat. Denn von einem Skorpion im Heiligtum der Thripis am Berge, am 10. Thoth des Jahres 38, in der fünften Stunde gestochen, starb sie am 11ten. — (Anastasi 1857, aus Abydos) K. h. 40 cm.

11594 des Asklepiades: *Hier ruht Asklepiades, Sohn des Chairemon, gewesener Gymnasiarch und Exeget* (d. h. oberster städtischer Beamter) *66 Jahr* (alt). Römische Zeit. — (Aus Tanis, Gesch. Mosse 1892) K. h. 35 cm. [Gött. Gel. Nachr. 1892, 532.]

1408 eines Demetrius vom Jahre 10 eines Kaisers. — (Lepsius, Faijum?) K. h. 20 cm.

7974 einer Schlange, die von einem Unbekannten getötet war. Oben die Schlange mit dem Schmuck der Hathor, darunter Distichen in gelehrtem aber fehlerhaften Griechisch: *Fremdling, bleibe am Kreuzweg stehen, gegenüber dem gewaltigen Steine, und du wirst ihn von Schrift zerborsten finden. Laut jammernd beklage mich, die geheiligte, langlebende Schlange, die durch schändliche Hände zu den Unteren voranging. — Was hast du davon, schlimmster der Menschen, daß du mich dieses Lebens beraubt hast? denn dir und deinen Kindern zugleich wird meine Brut das Verhängnis sein; hast du doch in mir ein Wesen getötet, das nicht allein auf Erden ist. Sondern so zahlreich wie der Sand am Meeresstrande, ist auch das Geschlecht der Tiere auf Erden und traun nicht als ersten, sondern als letzten werden sie dich in den Hades senden, wenn du mit eigenen Augen deiner Kinder Tod wirst gesehen haben.* — (1870 durch Travers.) K. h. 51 cm. [Puchstein, Epigr. Graeca 77; tab. II.]

Abb. 64. Grabstein des Sklaven Epitynchanon.

13471. Grabstein des Negersklaven Epitynchanon aus Antinoë in jambischen Versen. *Wenn du einen Mann mit Namen Pallas kennst, der Dekadarch ist und Vorsteher der Steinbrüche von Antinoë, dem hat mich ein Gott als Sklaven zugeführt aus dem Aethiopenlande, wo meine Erzeuger waren. An Farbe war ich schwärzlich unter den Menschen, so wie einen der Sonne Strahlen färben, doch meine Seele, die von weifsen Blüten sprofs, erwarb mir die Gunst meines verständigen Herren, denn Schönheit ist minder wert als eine wackere Seele. Das war es, was mir meinen schwarzen Leib schmückte. . . . . Jetzt habe ich Seele und Leib, die ich früher hatte, mit mir in den Grabhügel hinabgenommen und nichts ist von mir übrig als mein Name. Denn Epitynchanon (Glückskind) lernst du in mir kennen, Fremdling, dem alles zufiel, was den Menschen lieb ist. Als Lohn dafür gebe der Gott meinem Herren eine lange Lebensbahn und einen guten Namen.* Etwa aus dem Ende des zweiten Jahrh. n. Chr. Gefunden von Dr. Carl Schmidt. — (Erw. 1897) K. br. 55 cm. [Aegyptiaca, Festschrift für G. Ebers. S. 99. [Abb. 64.]

c. Steinsärge.

Sämtlich in Mumienform.

38 **des Ah-mose**, Hohenpriesters von Letopolis und Priesters zu Memphis, der (nach einer anderen Inschrift) wahrscheinlich im 22. Jahre des Ptolemäus Epiphanes (184 v. Chr.) bestattet wurde. Auf dem Deckel Bilder der Schutzgeister und ähnlicher Wesen, sowie Aufzählung der vielen Priestertümer des Toten. Er war u. a. Priester der Götter der weifsen Mauer (d. h. der Citadelle von Memphis), Priester der grofsen Nut, der Göttergebärerin und Priester der Götter des Nuttempels, Priester der Isis des Tempels des (?) Smen-maat, *Oberster des Geheimnisses* der Gräberstadt von Memphis und *von Himmel, Erde und Unterwelt, Thüröffner an dem geheimen Schrein* u. a. m. Er war Priester *der Götter Energetes und Philopator* (d. h. der Vorgänger seines Herrschers) und verwaltete aufserdem noch zwei Ämter uralter Stiftung, das eines *Priesters vom Ramseshause vom Tempel von Memphis* (also am Ptahtempel R.'s II., vgl. S. 218) und das eines *Priesters der Sechmet vom Sechmethause des Sahu-re* (S. 10): das letztere war damals mindestens 2400 Jahre alt. (Drovetti) K.; l. 2,18 m. [Brugsch. Thes. 909 ff.]

46 **des Wen-nofre**, Priesters zu Memphis und Letopolis, mit schöner Politur. Auf dem Deckel betet der Tote

vor Osiris und einem der göttlichen Toten, in deren Mitte er von nun an leben wird. Er spricht: *Gelobt seid ihr, ihr Herrn der Wahrheit, frei von Lüge, die ihr immer und ewig leben werdet. Ich bin jetzt verklärt in eurer Gestalt, ich habe eure Zauberkraft erworben, ich zähle zu eurer Zahl. Ihr befreit mich von dem Frevel in diesem Lande der Wahrheit. Ihr gebt mir meinen Mund, daß ich mit ihm rede. Ich habe Teil an den Speisen vor euch, denn ich kenne eure Namen und kenne den Namen jenes großen Gottes . . . . . .* Wie es im Totenbuch (vgl. Abschn. XIII, B, a) heißt, dem dieser Spruch als sogenanntes 72. Kapitel angehört, kann der, der „ihn gelernt hat, als er auf Erden war, oder dem er auf seinen Sarg geschrieben wird", in jeder beliebigen Gestalt aus Tageslicht hinaufsteigen und ungehindert wieder in sein Grab zurückkehren. — (Lepsius.) K. l. 2,10 m. [Abb. 65.]

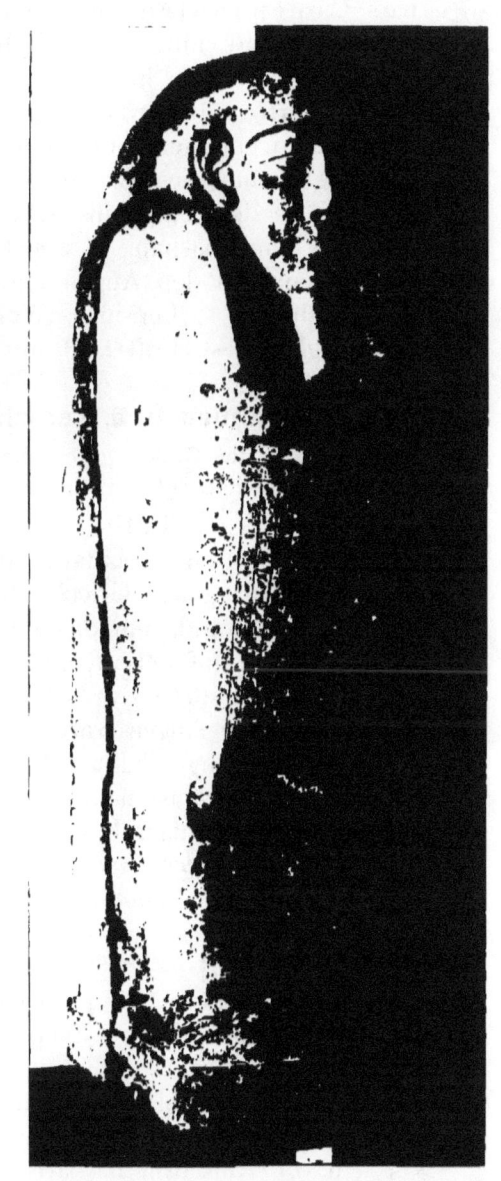

Abb. 65. 40. Sarg des Wenen-fre,

41 des Neb-onch, Priesters der Götter von Athribis.

IX. Aus der griechisch-römischen Zeit.

Mit breitem Gesicht; Totenformel für Osiris-Chent-cheti, den Gott von Athribis. — — (Minutoli) K. l. 1,03 m.

30 eines Ungenannten, mit breitem häfslichem Gesicht; die Kniee sind unter der Umhüllung angedeutet. — (Lepsius.) Schw. St. h. 2 m.

2123. **Kopf eines phönizischen Marmorsarges** in schönem, griechischem Stil, aber dem aegyptischen angenähert; genau wie die aus den Gräbern von Sidon. In der Nähe des Serapeums gefunden. Er gehörte wahrscheinlich dem Cha-hapi, dessen Grabstein 2118 (S. 335) wir besitzen. An den Augen und an den Lippen Reste der Bemalung. — (Lepsius.) Weifser Marmor. h. 45 cm. [Furtwängler, Festschrift f. Brunn.] [Phot.]

d. Särge, Mumien u. ä. verschiedener Herkunft.

Auch hier ist die Grenze gegen die saïtische Zeit schwer zu ziehen. Für Einzelheiten vgl. die Bemerkungen zu c.

31. **Sarg der Frau Tete-har-si-ese (?)**, in Gestalt einer lebensgrofsen Holzstatue der Hathor, die später als Totengöttin galt. Griechischer Stil. Sie trägt ein rotes enges Gewand, um das sie ihre bunten Flügel geschlungen hat; auf dem Kopf trug sie Geierhaube und einen (jetzt fehlenden) Kopfschmuck. Die Hände hielten ein Szepter; die Augen waren eingelegt, das vergoldete Gesicht ist jetzt abgeschabt. Auf dem Gurt eine Inschrift, die wohl mit Glasflüssen ausgelegt war, in wilder Orthographie und unrichtiger Formulierung: *Es sagt Osiris der grofse Gott, der Herr (von Abydos?); er gebe Öl, Ochsen, Öl, Kleider, Ochsen, Gänse, ..., der Ehrwürdigen Tete-har-si-ese(?).* — (Lepsius aus Memphis.) H. h. 1,00 m. [Phot.] [Abb. 66.]

7517. **Vom äufseren Sarge eines Hap-usire**, der die alte Kastenform hatte, Eckpfosten. — (Gesch. Travers 1878) H. h. 45 cm.

8500. 8510. **Sarg und Mumie der Tete-har-pre.** Sarg roh, gelbe Bilder auf weifs (u. a. der Reliquienkasten S. 173 u. ö.), Aufschrift barbarisch. — Mumie sorgfältig, noch in der äufseren Umhüllung, die mit Binden (eine rosa) umschnürt ist. Darüber ein blaues Perlennetz. (1884 aus Achmim) H. l. 1,80 m.

8513. **Sarg eines kleinen Mädchens**, bunt auf weifs, mit sinnloser Inschrift und mifsverstandener Ausstattung.

Das Gesicht ist z. B. gelb, wie bei Frauen üblich, hat aber einen Bart, und die Götter haben Schlangen statt der Szepter. Am Unterteil eine große Schlange. (1884. Achmim.) H. l. 1,50 m.

8515. **Sarg der kleinen Nes-ese.** Das Unterteil schwarz gestrichen, der platte Deckel mit wenigen bunten Bildern und einer Totenformel an Harmachis. — (1884. Achmim.) H. l. 1,30 m.

839. 837. **Sarg und Mumie des Mädchens Hathor-Tsenusire.** Roher Sarg, der die Mumienform nur ungefähr erreicht, das Gesicht zu klein. Als Bemalung ein Perlennetz und allerlei Götterbilder, dabei auch wieder Anubis, der die Tote vor Osiris führt. Am Hals trägt sie ein Herzamulett. Als Inschrift die seltsame Formel: *der Himmel ist über der Erde verschlossen, die Erde ist über dem Jenseits verschlossen, das Jenseits ist über dieser starken Mumien(hülle) verschlossen, diese starke Mumien(hülle) ist über dem Osiris Hathor-Tsen-usire der seligen verschlossen, der Tochter des (noch) lebenden Pete-har-pre, geboren von der (noch) lebenden Hausfrau (Tse)u-min*; die Leiche liegt also im Zentrum der ganzen Welt.

Die Mumie, deren äußere Binden jetzt entfernt sind, ist so sorgfältig gewickelt, daß die Form der Glieder nicht verdeckt ist; die Zehen und ihre Nägel sind durch andersfarbige Leinwand

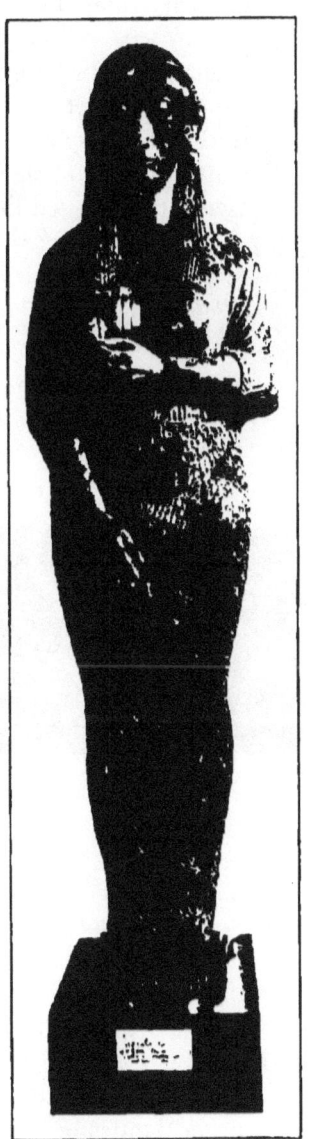

Abb. 66. Sarg der Tete-har-si-ese. (Nach Mertens.)

angegeben. Der Kopf ruht auf einem Wulst; auf dem Kopf lag bei der Auffindung ein Leinenstreifen mit der griechischen Aufschrift *Hathor*, um den Hals trug sie ein bleiernes Amulett in Form eines Opfersteines. Brüste und Nabel waren mit vergoldetem Wachs belegt. — (Passalacqua, Theben) H. l. 1,66 m. [Abb. 67.]

7499. **Deckel vom Sarg eines Zi-hor-tet**, der Bediensteter des Serapeums war; auf dem (früher weiß getünchten) Brett schwarze Bilder mit dem gleichem Text und den gleichen Bildern wie 46 S. 340, nur daß hier statt des Toten irrig die Isis gezeichnet ist. Mit demotischen Beischriften. — (Travers 1876.) H. l. 1,80 m.

7227. **Von einem Sargdeckel**, auf dem ein großer Osiris mit seiner Krone schwarz aufgemalt war. Oben griechisch: *Ptolemäus, Sohn des Ptolemäus*, daneben demotisch: *es lebt, der da lebt, der Name des Ptolemäus, Sohnes des Ptolemäus, dessen Mutter Dionysia heißt. Du bist eingegangen in die Tiefe . . . Horus ist mit dir . . .* (1850 durch Brugsch, aus Gize.) H. l. 43 cm. [Brugsch, Gramm. dém. pl. VIII.]

Abb. 67. 837 Mumie der Hathor-Tsen-usire.

775. **Sarg des Knaben Pete-seb**, die Vorderseite als Thor, der Deckel als Dach einer Kapelle gedacht; an der Seite des Deckels eine Schlange. Am Fußende die Mumie auf der Bahre. — In dem Sarge lagen: 6966 der Lederball des Kindes. 6915 ein Körbchen mit Deckel. — (Passalacqua.) H. 1,05 m.

504. **Sarg des Phaminis**, des zweijährigen Sohnes eines Heraklius und Enkels des Soter, des Archonten von Theben unter Hadrian. (Um 130 n. Chr.) Vorn ein Bild des Sonnenschiffes (der Gott darin als Käfer), darüber eine Mumie. Die griechische und demotische Inschrift geben Alter und Herkunft des Kindes an; die hieroglyphische bittet Osiris und *Anubis den Sohn des Osiris: höret die Stimme des Osiris Pa-min . . nehmt ihn zu euch.* — Der Boden des Sarges (darüber ausgestellt) zeigt das rohe Bild

II. d. Särge und Mumien.

eines größeren Kindes zwischen Isis und Nephthys; der
Sarg war wohl fertig gekauft. — (Minutoli.) H. l. 1 m.

505. **Sarg und Mumien der kleinen Schwestern
Sensaos und Tkauthi, der Kinder einer Kleopatra
und des genannten Soter.** — Vorn ein Tempeleingang mit
seltsamen Säulen, in dem man Horus und Thoth sieht,
wie sie die Mumie besprengen (S. 267; 293); an den Seiten
Osiris und Isis; dann Anubis, wie er die Mumie balsamiert
(unter der Bahre die Eingeweidekrüge) und Klagende. —
Der Boden hat wieder ein nicht passendes Bild: ein
größeres Mädchen, mit gescheiteltem Haar, in gelbem
Kleid; oben Isis und Nephthys, zu Füßen die Schakale.
Umher rohe Ornamente. — (Minutoli.) H. l. 1,10 m.

13402. **Mumienhülle einer Frau in der Tracht der
Lebenden,** die aber natürlich stark stilisirt ist. Der Kopf
vergoldet und bekränzt; auf den Schultern ein Mäntelchen,
das Kleid mit einer Art Schürze (?), die hohen Schuhe
aus rotem Leder. Als Schmuck: Arm- und Fingerringe,
Ohrringe, Halsband, ein breiter Kragen und goldene Buckel
auf den Brüsten. Am unteren Teil allerlei Götter und
Geister, am Fußende Sandalen. Oben eine demotische
Aufschrift. - (1807 durch Reinhardt) l. 1,54 m. [Phot.]

13403. **Mumienhülle eines Mannes aus drei besonderen
Stücken,** wie bei den Mumien von Hawara (S. 348). -
Die Maske reich vergoldet mit einem Kranz von Königsschlangen auf der Stirn. Auf dem Kopf ein Käfer mit
der Sonne, ein Kranz aus Lotusblumen und ein Band mit
Besfiguren und Rosetten. Das Mittelstück durchbrochen, mit bunten und vergoldeten Bildern der üblichen
Art, dabei: Horus und Thoth reinigen die Mumie, Anubis
an der Bahre u. ä. Auf dem Rand demotische Aufschrift.
Auf dem Fußstück die Füße in Sandalen mit frei-
gearbeiteten Riemen; darüber liegende Sphinxe. Die Unterseite als Tempel, in dem aber die Sandalen sichtbar sind.
(1807 durch Reinhardt) l. 1,57 cm. [Phot.]

13404. **Mumie,** der Angabe nach zu einem der beiden
vorhergehenden Särge gehörig, in zierlicher Umwickelung,
die Hände auf dem Unterleib. - (1807 durch Reinhardt)
l. 1,57 cm.

14291. **Mumienhülle eines Knaben Pei-nacht,** so
gedacht, als ob der Tote mit Kopf und Brust aus der in
aegyptischem Stil gehaltenen Hülle heraussehe (vgl. die

ähnlichen aus Hawara S. 351). Das Gesicht bekränzt, mit Glasaugen und halb geöffnetem Munde. Auf der Hülle oben der Osiris; am Kopfende Bilder des Bes, mit Schlangen und Schlüsseln in den Händen; an den Seiten die Schiffe von Sonne und Mond, u. a. Unter den Füfsen des Toten besiegte Feinde (vgl. S. 347). Das Fufsende wieder als Kapelle, in der die Sohlen sichtbar sind. — (1898 durch C. Schmidt) l. 1,36 cm.

14202. **Bruchstücke einer Totenbahre** (vgl. S. 358) auf der die vorige Mumie im Grabe aufgebahrt war. — (1898 durch C. Schmidt) H. l. 1,45 m.

13465. **Mumienmaske mit Sperberkopf**; der Tote ist natürlich auch hier, wie immer, als Osiris gedacht, nur dafs dieser hier durch Vermischung mit dem Sokaris von Memphis (S. 22), sperberköpfig dargestellt ist. Auf dem Kopf Horus, der ihn schützt; auf den Seiten betet die Seele vor den Schiffen der Sonne und des Mondes. (1897 durch Reinhardt) h. 58 cm.

Von **Mumienhüllen mit goldenen Bildern auf rotem Grund**: 13285 Osiris zwischen Isis und Nephthys, darüber der Halskragen. — 10662 Sitzende Affen, darüber das Fransenornament. Die Affen sind in barbarischen Beischriften als *Amon-Re, König der Götter* bezeichnet.

Masken von Mumien, wie wir sie in gröfserer Zahl und besser aus den Hawaragräbern besitzen, vgl. S. 348 f.: 8400, plattes Gesicht, vergoldet. — 8447 ganz vergoldet, auf dem Kragen geprefste Ornamente (Posno). — 813 das Haar altertümlich, auf der Stirnbinde sinnlose Hieroglyphen, auf der Brust goldene Götterfiguren. Hinten Göttin in halbgriechischem Stil, wohl die Maat, aber auch mit einer Sonne auf dem Kopf. (Alter Besitz des Kön. Hauses.) [Beger, Thes. Brandenb. III, 402.]

Masken mit dem Porträt des Toten, aber roher als die S. 353 f. beschriebenen: 13282 Jüngling braun, mit Bärtchen, bekränzt. 13608 bärtig mit rosa Hautfarbe, auf der Stirn Königsschlangen. 13284 ähnlich, aber vergoldet, über den Königsschlangen noch (13286) ein Reif mit Götterbüsten und goldenen Blättern.

12712. **Malerei vom Boden eines Sarges**: Isis in griechischer Tracht, ein Szepter in den Händen. (1895 durch Reinhardt) H. h. 51 cm.

H. d. Särge, Mumien und Beigaben.

Fufsbretter von Särgen, die, wie aus dem Namen Aurelius hervorgeht, der ersten Hälfte des 3. Jahrhunderts n. Chr. angehören: 12650 aufsen Osiris, vor dem ein Mann eine Posaune bläst; ein jedenfalls unaegyptischer Gedanke. Innen: *Aurelia Teremuthis, die unvergleichliche, 20 Jahr alt, hat ihr guter Vater bestattet*. Vom Jahre 3 eines Kaisers. — 12652 *Aurelia Techosun, die unvergleichliche, sechs Jahr alt gestorben, haben ihre Eltern bestattet*. 12651 *Aurelius Kastor, der auch Senecio heifst, den unvergleichlichen Knaben, fünf Jahr alt, hat der [Vater] bestattet. Lebe wohl.* — 12649 Osiris zwischen zwei Göttern, die ihn balsamieren.

13323. **Flügel**, ob von einem Sarge? vergoldet und mit buntem Glas ausgelegt.

Mumienköpfe: 7476, 712 mit Leinwand überzogen, die in natürlichen Farben bemalt ist; auf den Schädel sind kurze Locken aufgeklebt. — 10273 in Leinen und griechische Papyrus gewickelt; hatte einen Kranz aus Goldblech. — 710, 708 mit eingelegten Augen; 710 hatte vergoldete Lider und Lippen.

Siegel von Mumien aus Achmim: 13594 Venus, — 13607 Löwe und Antilope. (Vgl. ähnliche aus Hawara S. 352, 353 aus Sakkara S. 316.)

Verschiedene Beigaben.

Sandalen aus Pappe,

wie man sie den späten Mumien unter die Füfse legte. Diese hier von verschiedener Herkunft und noch besser im Stil als die ähnlichen aus Hawara. (S. 353.)

Mit Bildern gebundener Feinde, meist eines Negers und eines Asiaten, der traditionellen Feinde Aegyptens. Den Grund dieser Darstellung giebt 6983 in der Beischrift *deine Feinde fallen unter deine Sandalen;* Osiris triumphierte noch im Tode.

Ohne diese Bilder, die Bemalung ahmt das Geflecht der Sandale nach; 6685 mit Schnüren. — 6818 aus Holz.
7260 aus alten Papyrusblättern (Rechnungen einer Behörde) zurechtgeschnitten. Etwa 2. Jahrh. v. Chr.

13473. **Grofses Augenamulett** auf einer Fayencekachel. In der Wand eines Grabes zu Antinoë gefunden von Dr. C. Schmidt.

IX. Aus der griechisch-römischen Zeit.

Medusenmasken, dabei 6745 mit erhaltener Bemalung, von der Brust einer Mumie.

13790. Eingeweidekrug? Von ungewöhnlicher Form, der Deckel mit Sperberkopf. Aus Italien; falls der Deckel nicht eine Arbeit des 18. Jahrh. ist, aus hadrianischer Zeit. (1830 aus Museo Capponi in Florenz.) Al. h. 77 cm.

12484. Eingeweidekrug, eiförmig, oben darauf ein Schakal, vorn eine viereckige Öffnung. Th.

12330. Kleiner Sarg aus Pappe, als Mumie mit den Abzeichen des Osiris. Vielleicht benutzt wie 55, S. 273.

e. Mumien u. ä. aus Hawara.

Die folgenden Altertümer entstammen dem Gräberfeld von Hawara, am Eingang des Faijum (S. 85), auf dem die Herren Flinders Petrie, Brugsch-Pascha (für Herrn R. Mosse), von Kaufmann, von Levetzau u. a. in den letzten Jahren gegraben haben; diese Gräber dürften zumeist in das zweite Jahrh. n. Chr. gehören. Die Mumien dieser Zeit werden oft höchst sorgfältig eingewickelt, aber der mumienförmige Pappkasten, der sie seit der libyschen Zeit umschlofs (S. 235) wird auf eine Kopfmaske, ein Mittelstück für den Bauch und ein Fufsstück beschränkt, die man vergoldet und bunt bemalt. Unter dem Einflufs der griechischen Kunst werden dann diese Masken porträtartig gestaltet und schliefslich durch rein griechische Porträts ersetzt. Es sind dies je nach der Gegend teils Stuckköpfe (vgl. unten bei f), teils, wie immer in Hawara, gemalte Porträts. Diese letzteren, zumeist mit Wachsfarben auf Holz (selten auf Leinen) gemalt, sind besonders wichtig als einzige Denkmäler griechischer Porträtmalerei.

Ein Teil dieser Mumien ist übrigens nicht mehr in ihren Gräbern gefunden worden, sondern daneben im Sande verscharrt; man hatte sie dahin entfernt, um die Gräber noch einmal benutzen zu können.

Ohne Bilder.

11050. Mumie, die in das alte Leichentuch einer andern verkehrt eingewickelt ist. Das Tuch mit späten Bildern: Nut zwischen Stieren, die den Horizont darstellen (S. 288); Thoth und Horus besprengen die Tote u. a. (Gesch. von Levetzau 1892.)

11111. Mumie noch in der äufseren Umwicklung, die die Maske zeigt, aber Mittel- und Fufsstück verdeckt. (Gesch. von Levetzau 1892.)

11749. 11751. Maske, Mittel- und Fufsstück (zusammengehörig?). Die Maske mit Stirnlocken, auf der

II. e. Mumien u. ä. aus Hawara.

Stirn ein Augenamulett; auf dem Mittelstück Osiris und die Schutzgeister; auf den vergoldeten Füfsen die Schnüre der Sandalen. — (Gesch. Mosse 1892.)

10075. **Mumienmaske**, ähnlich der vorigen, Augen und Augenbrauen aus Glas. Das Gesicht von den Binden eng umrahmt. An kleinen Bildern darauf: Isis und Nephthys neben der Mumie. — (Gesch. Bosch 1891.)

11746. **Maske**, mit geprefsten vergoldeten Bildern (der Tote vor Isis und Nephthys; Thoth und Horus beten zu den Schutzgeistern, etwa für das Heil des Toten); Käfer und Sonne auf der Stirn, sowie das Bild der Maat, das sie am Halse trägt, waren aus Glas. Auf dem Stirnband steht *Mysthas, Sohn des Alexander, Vergolder,* vielleicht nur die Firma des Verfertigers. — (Gesch. Mosse 1892.)

Andere Masken mit Käfer und Sonne auf dem Kopf, dabei: 11039 statt der Sonne ein Auge. — 11036 nicht vergoldet. (Gesch. von Levetzau.) — 11743 das Gesicht klein, unten zwei Göttinnen. (Gesch. Mosse.)

Verschiedene Masken, dabei: 11040 hinten Bilder: Osiris als Pfahl mit Menschenkopf und Schlangen, zwischen Isis und Nephthys; der Tote betet vor drei Schutzgeistern; Horus breitet schützend die Flügel aus. (Gesch. von Levetzau.)

Mittelstücke: 11744, 11747 Gesch. Mosse; auf 11744 u. a. das Totengericht (vgl. S. 275), Isis und Osiris, der Fresser (S. 276); Anubis an der Bahre, deren Löwenkopf bekrönt ist. — 11040 Gesch. von Levetzau: Anubis an der Bahre, Sonnenschiff.

Fufsstücke: 11144 die Füfse rot (Gesch. von Levetzau.) 11745, 11748 u. a. (Gesch. Mosse). z. T. wie die auf S. 347 beschriebenen mit Figuren besiegter Feinde, die aber hier schon sehr entstellt sind.

11763. **Maske einer Kindermumie** mit Halskette und Amulett. (Gesch. Mosse.)

———

11741. **Mumie eines Mannes**, die vergoldete Maske noch in altem Stil, aber schon mit kurzem unaegyptischem Bart. (Gesch. Mosse 1892.) l. 1,72 cm.

11417. **Maske der Frau Serapus**, Tochter des Polion in Übergang zum griechischen Stil, mit Angabe der Brüste,

350 IX. Aus der griechisch-römischen Zeit.

der Ohrringe und der Frisur. (1893 durch von Kaufmann.) Hierzu gehört der Grabstein No. 11416 (vgl. S. 353).

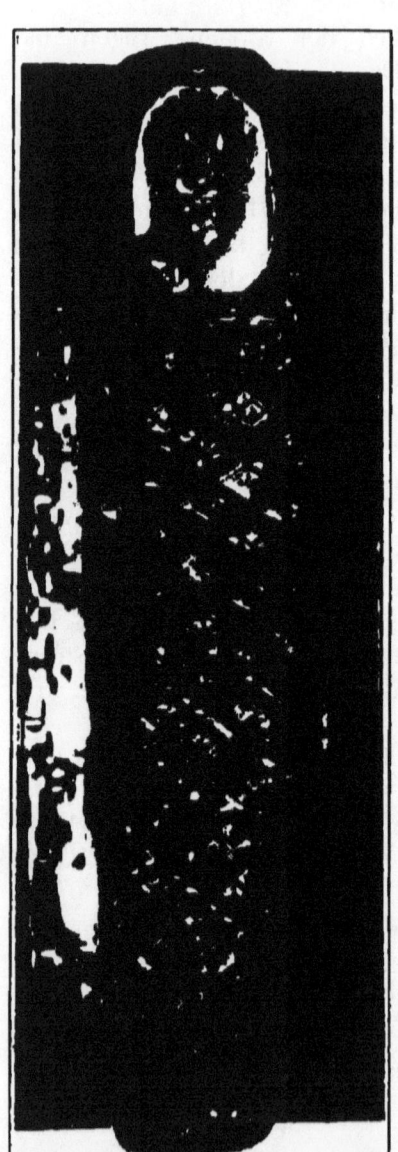

Abb. 68. 11673 Mumie mit Bild.
(Nach Mertens.)

14211. **Maske halb griechischen Stiles**, bärtig; Kopf und Arme in ein rosa Tuch geschlagen; in der Hand ein Rosenkranz (Leihgabe von Levetzau).

11757. **Maske einer Kindermumie**, bekränzt, eingelegte Augen mit bronzenen Wimpern.

Mit Bildern.

11673. **Mumie eines Mannes** mit seinem Bild und mit höchst sorgfältiger Umwickelung; in den durch die Binden gebildeten Vertiefungen vergoldete Knöpfchen. Lag nur in ein Tuch verhüllt ohne Sarg im Sande. — Das Bild (Holz, grauer Grund) zeigt einen etwa 30jährigen Mann, schwarzbraun, die Lippen etwas wulstig, das Haar und der kurze Bart kraus; ohne Kleidung. Von höchst lebendigem Ausdruck und eines der besten dieser Bilder. — (Gesch. Mosse 1892) l. 1,68 m. [Phot.] [Abb. 68.]

11742. **Kissen** mit Rosenblättern gefüllt, das unter dem Kopf dieser Mumie lag.

11752. **Mumie einer jungen Frau** mit einem guten Bild auf Leinwand; mit schwarzen Locken und grofsen goldenen

Ohrringen. Lag unverhüllt im Sand. (Gesch. Mosse 1892) l. 1,53 m.

11753. **Mumie eines jungen Mannes** mit einem Bild auf Leinwand. Die Umwicklung zierlich; das Bild zeigt ihn mit keimendem Bart, in einem weifsen Gewand mit zwei lila Streifen. — (Gesch. Mosse 1892) l. 1,53 m.

Aus einem Familiengrabe zu Hawara.

Gefunden von Prof. von Kaufmann, vgl. dessen Bericht in den Verh. der Berl. anthrop. Gesellsch. vom 9. Juli 1892 und vom 20. Juli 1895. In dem aus Ziegeln gebauten Grabe waren mehrere Mumien kreuzweis aufgeschichtet, zu unterst die der Aline, 11411, die nicht, wie die anderen Mumien dieses Grabes auf dem Rücken, sondern auf der linken Seite lag. Neben ihr lagen die Kindermumien 11412 und 11413. Das Kopfende der Aline mit dem Bilde war durch ein Tuch geschützt. Zu Häupten ihrer Mumie stand ihr Grabstein No. 11415. Über diesen Mumien lag die Männermumie 11414 und neben ihr die Kindermumie 12125. Ganz oben lagen noch drei ärmlich ausgestattete Mumien. Von Beigaben fanden sich in dem Grabe nur Kränze und der Topf No. 11403.

11411. **Bild der Frau Aline auf Leinwand.** Von energischem derbem Ausdruck, mit grofsen Perlen in den Ohren und goldnem Halsband. Eines der besten dieser Bilder. — (1893 durch von Kaufmann.) [Antike Denkm. 1893—94. Verh. der Berl. anthr. Gesellsch. vom 21. März 1896.] [Phot.]

11415 ihr Grabstein: *Aline, auch Tenos genannt, Tochter des Herodes, gute, lebe wohl;* (verstorben) *am 7. Mesore des Jahres 10* (eines Kaisers), *35 Jahr* (alt). — (1893 durch von Kaufmann.) K. h. 23 cm.

11414. **Maske des Gatten der Aline**, vergoldet, aber schon in griechischem Stil. Der Bart ganz kurz, die Augen eingelegt, mit Wimpern aus Bronze. Um Kopf und Arme ist ein Tuch geschlagen; die R. hält einen Rosenkranz. (1893 durch von Kaufmann.)

12125. **Mumie einer Tochter der Aline**, die Maske (bis auf einen sie schützenden Geier) wieder in griechischem Stil. In weifsem Kleid mit zwei blauen Streifen; mit Ohrringen und Schlangenarmbändern, einen Rosenkranz in der Hand. — Das rote Leichentuch zierlich bemalt, u. a.: das Kind zwischen Isis und Nephthys; Anubis balsamiert die Leiche, unter der Bahre die Eingeweidekrüge, Thoth steht daneben. — Auf dem Fufsstück sieht man oben die

Füfse, unten zwei Gefangene (vgl. S. 347). (Gesch. Seidel 1892.) l. 95 cm.

11412. 11413. Mumien zweier kleinen Kinder der Aline, mit Bildern auf Leinwand, die indefs dem der Mutter nicht zu vergleichen sind. Die Kinder tragen Goldkränze, das gröfsere auch Ohrringe. Die Einwicklung zierlich, mit Knöpfchen in den Vertiefungen. — (1893 durch von Kaufmann.) l. 80 cm; 75 cm.

Thonsiegel von diesen Mumien; teils Herakles mit dem Löwen und teils Königsköpfe in halb griechischem Stil.

11403. Grober Topf mit kurzen Ösen.

Bilder von Mumien.

Z. T. aus Rubaijat, einer anderen Gräberstätte des Faijum. Sämtlich auf Holz.

10074. Junge Frau mit kurzem wolligen Haar; in rotem Gewand, einen Reif im Haar, mit traubenförmigen Ohrringen und einem Halsband. Schön und gut erhalten. [Der Rahmen einem antiken nachgebildet.] — (Gesch. Bosch 1891.) Die Tafel aus zwei Stücken zusammengesetzt. [Petrie, Hawara, Frontispiece 8.] [Phot.]

10272. Junges Mädchen mit einem goldnen Kränzchen aus Weinranken. Schönes Bruchstück, auf Goldgrund. (1887 durch Reinhardt; Rubaijat.)

10271. Alte Frau mit goldnem Kranz, am Hals eine einfache Perlenschnur. Gutes Bild. (1887 durch Reinhardt, Rubaijat.)

11880. Junger Mann, hellbraun, mit struppigem Haar und kurzem Bart; weifses Gewand. — (Gesch. Mosse.)

10131. Junger Mann(?) mit kurzem Haar. — (Gesch. Graf Tyskiewicz 1887, Rubaijat.)

11081. Junge Frau, gut, aber verblafst. (Rubaijat, 1889.)

10130. Frau von dunkler Hautfarbe, in grünem Kleid, mit goldnen Ohrringen und einem goldnen Pfeil im Haar. (Gesch. Tyskiewicz, Rubaijat.)

Rohere Bilder aus Rubaijat (meist Gesch. Tyskiewicz): Männer in weifsem Kleid mit kurzem Bart: 10679 mit Goldkranz; 10534 das Kleid auf der Schulter genäht; alle sehr roh. — Frauen, in weifsen oder lila Kleidern, mit Halsketten: 10680, 10127; besonders roh: 10129 in gelbem Kleid und 10128.

Verschiedenes.

Die Thongefäfse aus Hawara S. 439, die Steingefäfse S. 414, verschiedene Geräte S. 376.

11416. Grabstein einer Serapus, Tochter des Polion, die 35 Jahr alt starb. — (1893 durch von Kaufmann.) K. h. 24 cm. — Hierzu gehört die Mumienmaske No. 11417 (vgl. S. 350).

Von Särgen (Gesch. von Levetzau): 11116 Kopf- und Fufsende eines Kindersarges (wie S. 345, 505), darauf Isis und Nephthys. — 11110 Breites Gesicht von einem Sarg in Mumienform.

Sandalen aus Pappe, wie man sie den späten Mumien unter die Füfse legte. Vgl. die ähnlichen S. 347.

Totenfiguren aus Thon und Fayence, ähnlich wie S. 278 unten (Gesch. v. Levetzau).

Mumienschmuck aus Fayence: Perlen, dabei 11090 als Muschel wie S. 285; 11088 Figur eines Bes (Gesch. v. Levetzau).

Zeugstreifen mit eingebrannter Inschrift, Name und Herkunft einer Frau Sebek-nofru, auf deren Brust er lag. (Gesch. Mosse.)

11096. Namensschild von der Mumie eines Pinute (vgl. S. 360).

11097. Bleisiegel von einer Mumie mit dem Namen Phaneas. (Gesch. v. Levetzau.)

f. Stuckköpfe von Mumien.

Wohl ebenfalls aus dem 2. Jahrh. n. Chr.; sie vertreten in Schmun (Hermopolis) die gemalten Porträts anderer Gegenden. Teils einfache Masken, teils vollständige Köpfe, die senkrecht auf einem Bruststück stehen, als erhöbe der Tote erwachend das Haupt.

11640 eines Mannes, noch mit dem Bruststück; mit Glasaugen, Haar und Bart lockig und braun; die Hände ausgestreckt. Hinten rohes Bild der Mumie. (Gesch. Mosse 1892.) [Abb. 69.]

12010 eines Priesters, Kopf und Bart rasiert.

Männer: 12436 mit keimendem Bart, mit Rosen bekränzt, das Gesicht hellrot; daneben noch Streifen der Mumienhülle. — 12437 Haar und Vollbart kraus. — 13283 mit kleinem Bärtchen, grobes lebendiges Gesicht. 12438 Glattes Haar, Vollbart, das Gesicht braun, die Augen eingelegt. 12439 mit kurzem Haar und Bart, mit einem Lorbeerkranz, das Gesicht braun.

354   IX. Aus der griechisch-römischen Zeit.

11050 einer Frau, noch mit dem Bruststück, mit Glasaugen, mit Rosen in der Hand. Am Hals hinten Bilder: Isis und Nephthys klagend neben der Mumie.   (Gesch. Mosse 1892.)
12426. einer Frau, der vorigen ähnlich; hatte Ohrringe, im Haar Loch zu einem Haarpfeil. (1804 durch Reinhardt.)
Frauen: 12432 mit langen Locken, mit Rosen bekränzt, mit Ohrringen, Finger- und Armringen; das Kleid rot mit zwei grünen Streifen.   12433 mit langen Locken, Rosenkranz und Ohrringen, die Augen eingelegt.   12434 mit hoher Frisur, Ohrringen und eingelegten Augen; das Gesicht war vergoldet.   13102 der Kopf war aufgerichtet; mit

Abb. 60.   11649 Stuckkopf einer Mumie.

Schmuck und eigentümlicher Haartracht.   12435 roherer Kopf mit kurzem Haar.   13103 als Göttin gedacht, mit Geierhaube und Schlange.

12428. Weibliches Köpfchen, in der Arbeit den Stuckmasken ähnlich und mit ihnen gefunden, aber wohl von einer Statue. Bekränzt, mit Ohrringen.   (1804 durch Reinhardt.)

g. Mumienhüllen spätester Zeit.

Kopf, Hände und Füße gemalt, der Leib mit kleinen Ornamenten bedeckt. Weitere Fortbildung der Bildermumien, wohl aus dem dritten Jahrh. n. Chr., aber noch heidnisch.

II. f. Stuckköpfe v. Mumien. g. Späteste Mumien. h. Leichentücher. 355

11659. **Hülle einer jungen Frau**, mit hübschem jugendlichem Gesicht und reichem Schmuck; die R. hält ein goldenes Schmuckstück, die L. spielt in den Halsketten. An den Ketten Medaillons. — Der Grund war rot, die aufgesetzten vergoldeten Ornamente sind mit Stempeln geprefst. In der Mittelreihe: Das Sonnenschiff. — Osiris zwischen Isis und Nephthys, von Thoth und Horus besprengt — Zwei Löwen — Die drei Grazien — Zwei Sphinxe — Die Mumie auf der Bahre wird von Anubis besorgt, dabei ein Klagender — Schlangen — Schiff als Meerweib, darin die Mumie, auf der ein Widder steht, dabei eine klagende Frau u. a. m. Seitenstreifen: Isis mit den Flügeln schützend oder mit Segel (vgl. S. 358) — Drei Geister — Apis — Betender — Horus u. a. m. (Gesch. Mosse 1892) Lwd l. 1,70 m.

11660. **Von der Hülle eines Mannes.** Der Kopf mit kurzem grauem Haar und grauem Schnurrbart. — Die Hülle in kleine Felder geteilt mit blauem, rotem und goldnem Grund. Auf den blauen Feldern Sterne, auf den andern kleine Figuren wie geflügelte Schlange, Apis, Sphinx, Ibis, Altar und Krüge, Mumie auf Bahre, Nut u. a. m. — (Gesch. Mosse 1892) Lwd l. 1,70 m.

h. Leichentücher.

Das grofse Leinen, in das man die Mumie einschlug, wird oft bemalt, zuerst in aegyptischem, dann in griechischem Stil.

11054. **Osiris in einer Kapelle**, deren Säulen Hathorköpfe haben; der Gott als Mumie im Perlennetz, mit Szepter und Geifsel. Zu beiden Seiten des Kopfes Anubis; der Hintergrund mit Götterbildern ausgefüllt. Mit Aufschriften in hieratischer (S. 28) Schrift. (Gesch. Mosse 1892.) l. 2,15 m.

11655 **derselbe in einfacher Zeichnung**, unter ihm Schu mit erhobnen Armen. (Gesch. Mosse 1892.) l. 1,65 cm.

11656 **derselbe in einer Art Mantel**, unten die Füfse sichtbar. Mit hieroglyphischer Inschrift. (Gesch. Mosse 1892.) l. 1,30 m.

11651. **Der Tote zwischen Osiris und Anubis**; in griechischer Tracht mit schwarzem Haar und Bart, in der L. einen Rosenstraufs, in der R. eine Flasche, etwa mit dem „kühlen Wasser", das Osiris den Toten giebt. Anubis schakalköpfig, aber mit einer Sonne, wie sie allmählich

IX. Aus der griechisch-römischen Zeit.

zum Abzeichen fast aller Götter wird; als Totengott ist
er schwarz und trägt ein aegyptisch sein sollendes Gewand. Er legt dem Toten die Hand auf die Schulter und
führt ihn dem Osiris zu. Dieser ist noch als Mumie gestaltet und trägt seine Krone, alle drei stehen in dem
Sonnenschiff, auf dessen Enden Schakale auf Sonnen sitzen.
Dazwischen kleine Bilder: Anubis an der Bahre.
Kniender König mit Wage und Schlüssel; es soll wohl
Thoth sein. Die Eingeweidekrüge. Ein Gott mit
Krone läfst an einer Schnur einen Kessel herab; dabei
kleine schwarze Figuren, vielleicht Tote, die getränkt
werden? Schlange. (Gesch. Mosse 1892) l. 1,85 m.

11053. Von einem ähnlichen Tuch, die Köpfe des Toten,
der eine Rose in der Hand hält, und des Osiris. Dazwischen Anubis an der Bahre. — (Gesch. Mosse 1892)
l. 88 cm.

11052. Die Tote zwischen Hathor und Osiris. Die
junge Frau in griechischer Tracht mit weifsem Unter-
und rotem Oberkleid, die Nägel an Händen und Füfsen
rot gefärbt, mit Sandalen und grofsen Ohrringen. Hathor,
die in ihre Flügel gewickelt war (vgl. 31, S. 342), legte ihr
die Hand auf die Schulter und führte sie Osiris zu.
Kleine Bilder: Anubis an der Bahre Schlange
Schakal auf dem Pfahl „Ded" (S. 280, 12410). (Gesch.
Mosse 1892) l. 1,82 m.

13277. Leichentuch eines Dion, der 24 Jahr alt starb und
einen Spaten und einen Zweig hält, also wohl Gärtner war.
Beiderseits von dem grofsen Bilde des Toten kleinere Bilder
aegyptischer Götter. Dabei l. unten Osiris; darüber beiderseits Göttinnen am Baum (S. 24; 168 u. o.), die l. säugt
den Toten; die r. begiefst ihn mit Wasser aus einer Amphore. Darüber führen Götter den Toten an der Hand.
(1897 durch Reinhardt) l. 1,80 m. [Abb. 70.]

12427. Der Tote allein, bekränzt, als neuer Osiris mit dem
Herrscherstab (S. 200). Neben dem Kopf klagen Isis und
Nephthys. Daneben u. a. der Knoten als Zeichen der
Isis (S. 100 d). (Herkunft unbekannt.)

778. Leichentuch mit kleinen Bildern, das nur den
Leib bedeckte (oben der Halsausschnitt und Kragen).
Die arg entstellten Bilder zeigen u. a.: Isis und Nephthys
klagend Osiris zwischen Anubis und Horus und zwischen
Isis und Nephthys Anubis an der Bahre, Göttinnen

H. h. Leichentücher. 357

halten Töpfe, etwa mit den zum Balsamieren nötigen Dingen. (Gesch. Graf Sack; Fundort unbekannt.)

13278. Leichentuch; die Tote als Mumie, bunt, in seltsam roher Zeichnung. An den Seiten Götter und Inschriften

i. Leichenbretter.

Späten Mumien, die ohne Holzsarg bestattet werden, verleiht man Halt, indem man sie auf ein Brett aufbindet.

13318 einer Tatriphis. Oben der Pfeiler, das Zeichen des Osiris, in dem man in später Zeit sein Rückgrat sehen wollte. Inschrift: *O Osiris . . . ältester Sohn vom Leibe seiner Mutter Nut, siehe der König (?) befestigt dir den Pfeiler und er setzt dir den Pfeiler hinter dich. Wenn er heil ist, so ist der Pfeiler heil und umgekehrt, so ist heil Tatriphis, die Tochter des Pete-har-neb-sechem.* — (1807 durch Reinhardt.) H. l. 1,44 m.

787 eines Kindes Apollonius mit langen religiösen Aufschriften in spätem Hieratisch. — H. l. 87 cm.

13889 durchbrochen geschnitzt und zwar als der Speer, mit dem Horus den Set besiegt hatte. Oben eine große Harpune und zwei kleine Spitzen; darunter u. a. Horus als Sperber auf dem Krokodil, dessen Gestalt Set im Kampfe angenommen hatte. — (1897.) H. l. 93 cm.

k. Totenbahren.

12708 für ein Kind, völlig erhalten. Das Bett selbst nach alter Art als zwei Löwen gebildet; darauf ein Kasten in alter Sargform, aber mit durchbrochenen Wänden, die Bilder der Totenrichter (S. 269) enthalten. Oben eine Bekrönung von Königsschlangen und eine gewölbte durchbrochene Decke. Als Inschriften hat der Verfertiger, so gut er konnte, die Worte kopiert, die auf einer ähnlichen Totenbahre des m. R., die ihm als Vorbild dienen mochte, gestanden haben werden: *Fürst . . . nächster Freund des Königs, Vorsteher aller Aufträge, Schreiber . . . . . .* (1895 durch Reinhardt.) [Phot.] H. l. 1.26 m. [Abb. 71.]

12441 für die Kinder Apollonius und Zizoï, Söhne eines Har-uza von verschiedenen Müttern. Wieder in Gestalt zweier Löwen. — Die Vorderseite hat eine Bekrönung von Königsschlangen; zwischen den Löwen durchbrochene Bilder: Osiris und Isis; ein Gott belebt den Osiris, indem er seiner Nase Leben einflößt; Anubis und Horus führen den Toten vor. — Osiris wird von Isis, Nephthys und Horus (als Sperber) mit den Flügeln geschützt. — Hinterseite: das Sonnenschiff vom Toten angebetet. Auf den Längsseiten, die oben durchbrochene Bilder (Franzen: Osiriszeichen zwischen Scha-

II. i. Leichenbretter. k. Totenbahren.

kalen) haben u. a. l.: Opfernde; Osiris als Pfahl, mit Kopf und Kleid zwischen Isis und Nephthys; Begießen eines Baumes; Nut spendet Wasser vom Baum; Horus vor seinen Eltern, die seltsam dargestellt sind, Osiris als Reliquienkasten und Pfahl, Isis als Knoten mit ihrem Kopf darauf. R. u. a. das Totengericht (vgl. Abschn. XIII, B, a).

Die Inschrift der l. Seite enthält die Totenklage der Isis: *O Herr von Busiris, du hast dein Haus bezogen, o großer Gott, du hast dich in dein Heiligtum begeben, deinen großen geheimen Ort, der deinen Leib verbirgt, deinen geheimen*

Abb. 71. 12703 Totenbahre für ein Kind (nach Mertens).

schönen Ort, der dein Wesen verbirgt. Wende mir dein Antlitz zu, mein Bruder Osiris! Ich bin deine Schwester Isis u. s. w. (1894 durch Reinhardt.) H. l. 2.20 m.

Bretter von anderen ähnlichen Totenbahren: 12442 der „Fresser"; das Wiegen des Herzens; Anubis, einen Schlüssel in der Hand, führt die Tote in griechischer Tracht dazu. Auf einem andern Brett die sperberköpfige Mumie wird von Horus und Thoth gereinigt — die Schutzgeister; Grab von Horus geschützt; Grab von Anubis geschützt, darin ein Kopf. Schiffe mit Osiris u. a. m. 12443 noch roher, auf dem einen das Kind in grie-

chischer Tracht vor Osiris und Isis. — (1894 durch Reinhardt.)
11476. Bes als Holzrelief, um den Leib ein Gurt. Etwa von einer Bahre ptolemäischer Zeit.

l. Holzfiguren aus Gräbern.

Zu den Bahren 12441, 12442 gehörig(?): Sperber, die mit ausgebreiteten Flügeln den Osiris schützten. Isis und Nephthys klagend — das tote Kind in weifsem Kleid mit roter Kappe, dazu Isis und Nephthys in grünen Kleidern. (1894 durch Reinhardt.)
13245. Neith hockend.
588. Schakal sitzend.
13542. Seele, auf dem Kopfe die Sonne.
Nachbildungen von Eingeweidekrügen mit Schakal- und Menschenkopf.
12740. Brusttafel? (vgl. S. 188). Der Sonnengott als Käfer zwischen zwei Göttinnen, die die Sonne hochheben.

m. Namensschilder von Mumien.

Vgl. solche älterer Zeit S. 178. In manchen Volksgräbern der römischen Zeit scheinen alle Mumien so bezeichnet gewesen zu sein wohl für die Verwaltung der Gräber; einzelne, die von aufserhalb in ihren Heimatsort geschickt werden mufsten, tragen die Adresse desselben. Zumeist aus Sohag bei Achmim, dem alten Panopolis. Die Inschriften sind griechisch oder demotisch oder in beiden Sprachen abgefafst. [ÄZ. 1894, 36 f.]

Genau zu datierende: 10628 der 72jährigen Tatetriphis, die im 4. Jahre des Hadrian (120 n. Chr.) starb. — 11850 der vierjährigen Hatres, die *im 3. Jahre der Herren Philippus* (245 n. Chr.) starb.

Mit Angabe des Standes: 11820 des Epaphrys, *Sklaven des Philosophen Julius Isidorus*. — 13528 Mikkalos, Sohn des Didymos, der Schiffbauer. — 10682 des Zimmermanns Psenesis. 10374 des *Barbiers Panisneu*, ungewöhnlich grofs. — 11847 Matrona, Frau des Arztes Apollonius. 13352 Thesis, Tochter des Feldmessers Paniskos.

Mit Angabe der Adresse: 13347 *der Tatemgos, Tochter des Haremephis, nach Panopolis*. 13349 *Mumie des Mikkalos, genannt Psemisios, Panopolis*. 13351 *Silvanos, nach Panopolis, abzugeben beim Leichenbesorger Panisas*. 13353 des Hierakapollon; mit Tinte beigeschrieben *an den*

Totengräber Sekes, nach Panopolis. — 13521 Gieb die
Mumie in Panopolis ab, weil Didymus aus Panopolis ist.
Didymus Sohn der Tatriphus. 13515 Serenus mit seinem
Vater Dioskorus nach Panopolis. — 13514 Mumie der
Anubas, in die Hauptstadt Pano[polis]; Mutter Heronus.
Verschiedene, dabei: 11825 des Apollonios, Sohnes des
Eusebes; starb durch einen Skorpion auf der Apollinarias-
Insel. — 10627 des Senbesis, gestorben am 25. Mesore
des Jahres 1, begraben am 11. Pachon des Jahres 2,
also erst fast 9 Monate später.
Mit Bildern, dabei: 10684 einer Tapu, Opferstein zwischen
Zweigen. — 10686 Bes. — 10585 Mumie auf der Bahre.
Mit demotischer Aufschrift, vor dem Namen die Formel
seine Seele (oder *sein Name*) *bleibt vor Osiris-Sokaris dem
grofsen Gotte, dem Herrn von Abydos*, dabei: 11830 des
Hiarakapullen, Sohnes des Apelluni, d. h. Hierakapollon,
Sohn des Apollonios.
Mit aegyptischer Aufschrift in griechischen Buchstaben, merkwürdig als einer der ältesten Versuche, die
unzweckmäfsige demotische Schrift durch eine bessere zu
ersetzen: 10541 der Senpsaïs, Tochter der Es-were aus
Atripe; von r. nach l. geschrieben, wie der Schreiber es
vom Demotischen her gewöhnt war. — 10550 Schlew,
Sohn des Diogas.
Christen gehörig: 11843 eines Psenthëus mit dem Christusmonogramm. — 11820 einer Taësis, die 28 Jahr alt starb,
mit dem Zusatz: *sie ging von dannen in das leuchtende
(Land)*. — 11827 Satripis, Sohn des Psenmagos *in Alexandrien zur Ruhe gegangen*.

I. Schmucksachen und Figürchen, Schnitzereien u. ä.

a. Eigentliche Schmucksachen.

Fingerringe, goldene: 7990 Isis säugend. — 13614 Sechmet
oder Buto. — 7998 Büsten dreier Göttinnen. — 1784
Bes tanzt und schlägt die Pauke.
Silberner: 2672 Horus als Sperber.
Bronzene: 11380 Frauenkopf. (Erw. 1893 durch v. Kauf-
mann.) — 8880 zwei Schlangen (ursprünglich drei).
Steinerne: 4342, ohne Gravierung.

Ohrringe, goldene: 12701 mit Löwenkopf; 12703 als Vogel; 12702 als Gefäfs? 13444 mit Delphinköpfen und bunten Perlen. — 11098 aus Silberdraht, aus Hawara (Gesch. von Levetzau).
Anhänger von Halsketten: 12699 Ring mit Königsschlangen. — 12700 Isisbüste. — 12829 Ring mit goldner Perle (Vermächtnis R. Springer).

b. Figürchen aus Metall.
Aus Gold.
Getrieben oder, bei gewöhnlichen Stücken, geprefst. Wegen der Darstellung der einzelnen Götter vgl. unten S. 365ff., 367ff.
10510. Harpokrates in langem Kleid, mit königlichem Kopfschmuck und Kinderlocke, in der L. die Keule des Herakles. Vgl. 10231 S. 330. (1888.)
10752. Harpokrates auf der Gans, das Füllhorn im Arm. Sehr zierlich. — (Gesch. J. Simon 1889.)
11158. Kopf des Bes. — (Gesch. Jacoby 1891.)

Aus Bronze.
2535 Osiris, hinten eine Inschrift in hieratischer Schrift.
14320 Osiris als Mumie, die schon die Gestalt eines Gefäfses angenommen hat (vgl. unten S. 365, 9008).
Harpokrates: 2533 stehend. — 9271 stehend zwischen zwei Göttinnen.
8200. Göttin mit hoher Fackel, wohl Artemis.
8402 sitzender Knabe mit erhobenen Armen.
10986. Sphinx, am Vorderteil ein Tierkopf, als Schwanz eine Schlange (vgl. 14132, S. 328). — Gesch. Bosch 1891.)
9470. Tempelchen, darin Aphrodite, Isis und eine dritte Göttin.

c. Figürchen aus Stein und Fayence.
2006. Apis in schw. Stein.
Harpokrates: 9442 auf der Blume. 5762 mit dem Topf (S. 308).
Aphrodite: 13620 sie drückt sich das Haar aus.
Priap im Mantel, als Herme.
Kettenglieder: 8075 Plättchen mit Apis. — 9045 mit Hund.

d. Reliefs und Figuren aus Glas.
Das Glas verdrängt in griechischer Zeit vielfach die Fayence.
9717. Von einem Glasgefäfs aus drei Schichten. Bei den Figuren ist die obere blaue entfernt und die Zeichnung

dann mit grofser Feinheit in die mittlere weifse geschnitten.
Man erkennt noch eine in ihre Flügel gewickelte Göttin
(wie S. 342, 31); hinter ihr ein Hathorkopf auf einer Säule.
9744. Kopf des Bes in einer Art Glasmosaik. Nur eine
Hälfte des Kopfes wurde aus Glasstücken zusammen-
gefügt, man zerschnitt sie und erhielt so die zweite.
10078. Affenkopf? in sehr feinem Glasmosaik, wie es durch
Ausziehen eines dickeren Stabes mit demselben Muster
hergestellt wurde. Aus Tell Defenne. [Gesch. Egypt
Expl. Fund 1887].

Figürchen in altem Stil.
Wohl Mumienschmuck, meist als Relief.

Götter: Osiris — Isis, 6635 klagend — Set, es ist bemerkens-
wert, dafs dieser später verpönte Gott hier ausnahmsweise
dargestellt ist — Re — Thoth, er zählt die Jahre an den
Kerben eines Palmzweiges — Hathor, kuhköpfig? — Neith
— Bes — Toëris.
Tiere: 1001 Apis, z. T. geschnitten — Schakal — Schwein?
Affe — Fisch — Schlange auf Papyrusstengel d. h.
Buto — Schlange mit Löwenkopf — Fliegende Seele.
Amulette: Skarabäus — Fliegende Käfer, der eine mit Sperber-
kopf. — Zeichen des Osiris und der Isis — Papyrusstengel —
Herz — Aufgehende Sonne — Gefangener Feind (S. 347)
Brusttafel — Federn — Obelisk — Geschlechtsteile.
Aus Gräbern von Achmim: grofse Skarabäen — rohe
Figuren von Göttern (Schutzgeister, Sonnengott).

Figürchen in griechischem Stil.
Aegyptische Götter: Harpokrates — Bes — die auf dem
Boden hockende Göttin (vgl. S. 369).

e. Verschiedenes.
8707. Elfenbeinornamente eines Kastens(?), die Figuren
ausgeschnitten, die innere Zeichnung geritzt und z. T.
leicht gefärbt. Erhalten: geflügelte Sonne, thronende Götter,
Opfernde, Krüge auf Untersätzen, Thoth, der vielleicht
wie oben Jahre zählend dargestellt war, Krokodil u. a.
13446. Elfenbeinreliefs von einem Kasten: Leda, Dionysos.
10647. Stuckmodell mit dem Bilde eines aegyptischen
Festes. Vortrefflicher Entwurf eines griechischen Künstlers,
etwa für ein Gefäfs. Vor dem bekränzten Tempelthore
sitzt Isis (auf eine Sphinx gelehnt), neben der Harpokrates steht, neben ihnen lagert der Flufsgott des Nils.

R. von den Göttern zwei Mädchen mit Fackeln, die eine entzündet damit eine hohe stehende Fackel. — L. Zurüstung des Opfers: ein kahlköpfiger Priester in langem Kleid schlachtet die Gazelle(?), ein Tempeldiener (mit Mütze) rüstet den hohen Altar zu, ein anderer prefst eine Traube in eine Schale. Dahinter ein hoher Krug auf einem Untersatz (das Oel?) und eine Dienerin, die nach ältester Art (S. 76) im Korbe über einem Topf Bier bereitet. — Dahinter ein Kameelreiter, etwa ein von weit her kommender Besucher des Festes, sowie eine sitzende Frau, die sich zu der Mittelgruppe umwendet, vielleicht die Göttin der Stadt. — Im Hintergrund die Stadtmauer, zwei heilige Tiere (Widder und Wolf?) auf hohen Basen und Palmbäume. — (1887 durch Reinhardt aus Athribis.) Gufsformen von Goldschmieden (wie S. 205): 8959 Armring, Fingerring u. a. — 8185 Krokodile, deren eines einen Fisch frifst; Federn; Hathorschmuck — 11854 Ringe und Stäbchen mit Schlangen, das wohl auch zu einem Ring gebogen werden soll. — 11337 Entenköpfe; Siegelring, griechische Aufschrift. (Gesch. Sr. Maj. des Kaisers.) — 8876 drei Siegelringe, die Form bestand aus drei Teilen.

K. Bronzefiguren.

Diese Bronzen, die Goldfiguren und Siegelsteine und vor allem die zahlreichen Thonfiguren veranschaulichen den eigentümlichen Charakter der späteren aegyptischen Religion, die von den alten einheimischen Göttern fast nur noch Osiris-Serapis, Isis, Harpokrates, Anubis, Bast und Bes kennt, zu diesen aber die grofsen griechischen Götter und andere heilige Wesen fügt. Diese verschiedenen Elemente werden dann untereinander vermengt, so dafs es oft schwer ist, derartigen Figuren einen bestimmten Namen zu geben. — Der Stil ist auch bei den Figuren der aegyptischen Götter meist der griechische, in allerdings wenig erfreulicher Abart. Charakteristisch ist, dafs die Kronen der alten Götter oft so klein gebildet werden, dafs sie kaum noch als Kronen kenntlich sind. [Die Götterfiguren in rein aegyptischem Stil siehe oben S. 290.]

Isis, meist mit dem Kopfschmuck der Hathor; charakteristisch auch der eigentümliche Knoten auf der Brust, wie er ähnlich in der Frauenkleidung des n. R. vorkommt: 8285 mit Geierhaube, steifen Locken und Sandalen. 2523 in bewegter Stellung, setzt den Fufs auf eine Sphinx. 7502 mit doppeltem Füllhorn und Steuer, Abzeichen, die sie von der Fortuna übernommen hat. — 10518 in der vorgestreckten R. eine Schlange. — 11008 die Schlange windet sich um ihren Arm.

8060. Isis (?) mit dem Mond als Kopfschmuck; sie trägt den Mantel und einen Hut, das Haar altertümlich.

2520. Isis (?) mit der Sonne ohne Federn und nicht mit dem richtigen Mantel; in der R. ein Sistrum.

Isis als Aphrodite: eine Vermischung, die insofern möglich war, als Isis mit der alten Liebesgöttin Hathor zusammengefallen war. Unbekleidet und von häfslichem Stil: 13791 mit einem grofsen Aufsatz auf dem Kopf, dessen Mitte ein Hathorschmuck bildet; unter dem vielen Schmuck, den sie trägt, bemerkenswerth das Osirisbild am Halse. Die Augen eingelegt. h. 40 cm. [Verm. Rud. Springer]. — 13792 Ähnlich, die L. hielt wohl einen Spiegel. Sie steht auf einer Basis, zu der eine Treppe hinaufführt; darunter ein Untersatz mit Löwenfüfsen. h. 52 cm. [Verm. Rud. Springer]. — 7763 mit Geierhaube und Hathorschmuck, in der L. eine Frucht (?). 11302 ohne jedes Abzeichen, in der R. einen Kranz (wie S. 351, 11414 u. ö.); vielleicht keine Isis [1803 durch von Kaufmann].

Isis als Schlange (S. 248): 2550 über ihrer Kapelle. — 2520 mit Menschenkopf, Hut (wie 8060 oben) und Kopfschmuck.

Harpokrates hockend, mit der Kinderlocke und dem Finger am Mund; ein Füllhorn kennzeichnet ihn als Spender alles Guten: 11000 bekleidet; um das Haupt Strahlen als Sonnengott, mit der Krone des Horus, den Widderhörnern des Amon und dem Monde des Chons. (Gesch. Jacoby.) — 14473 nur mit der Krone. — 2410 unbekleidet, sehr hübsch, er spielt nach Art kleiner Kinder mit seinem Fufs. — 12724 mit einem Topf statt des Füllhorns, wie auf den Thonfiguren (Blei).

Harpokrates stehend: 10517 bekleidet. — 7550 unbekleidet, mit einem Amulett am Hals. (Gesch. von Heyden-Linden.)

Harpokrates auf der Blume (S. 292): 2414 roh, etwa von einer Isis getragen, daher der Arm, der ihn hält.

9008 Osiris, einem Gefäfs ähnlich dargestellt. Diese Darstellung ist durch Mifsverständnis aus der Mumienform entstanden, daher die Bilder auf demselben: das Grab von Sperbern, Isis und Nephthys geschützt, daneben die

IX. Aus der griechisch-römischen Zeit.

Geister, die sich aus Trauer die Brust schlagen (S. 264; 315), der fliegende Käfer u. ä.

Bes als Fufs von Geräten: 2493 auf dem Kopf anscheinend eine Kappe — 12444 endet in einen Löwenfufs 11006 nur der Kopf auf einer Säule.

Götterköpfe als Zierraten: 11479 Serapis, bärtig, mit Widderhörnern und dem sogenannten „Modius" auf dem Haupt — 2528 Isis — 2412 Harpokrates — 11355 unbärtiger Gott mit Sonne — 12444 Köpfe des Serapis, eines unbärtigen Gottes (Horus?) und zwei der Isis.

2540. Sperber mit der Krone, ein Amulett am Hals, sitzt auf einem Krokodil.

9269, 9270. Hunde, am Hals Stricke.

Löwen aus dem Fund von Tell esseba (S. 290): Löwe mit Öse als Henkel. Henkel mit Löwenköpfen. 8005. Fufs eines Gefäfses, als Löwe. — Löwenmasken.

13225 Apis, stehend (Gesch. v. Bissing).

2739. Tempelchen in griechischem Stil, darin ein Sperber mit ausgebreiteten Flügeln, der grofse Wedel hält. Auf dem Kopf die Sonne.

8008. Kopfschmuck einer gröfseren Götterfigur, noch halb in aegyptischem Stil.

12074. Szepter einer Götterstatue? Oben thronende Isis, unten Schlange.

12459. Priester, der ein Götterbild trug. In altertümlicher Tracht; am Kopf sogar die Königsschlange, die nur Göttern und Königen zukommt.

108. Bronzegefäfs als Herme eines Jünglings; mit Deckel und Henkeln.

109. Knabenbüste mit eigentümlichem Kranz(?), auf kleinem Postament.

13459. Komische Gruppe zweier Krüppel, deren einer den andern auf den Schultern trägt. Von einem Gerät. (Gesch. E. Fischer 1896.)

L. Thonfiguren.

Zumeist wohl aus römischer Zeit. Besonders zahlreich sind die Figuren der Götter (vgl. die Bemerkung S. 364), die in den Häusern des Volkes als Heiligenbilder gedient haben dürften. Viele haben kleine Löcher, in die man bei den Festen brennende Dochte, Kienspäne (vgl. z. B. die Spuren an 12743 und 9115), oder auch Blumen gesteckt haben mag. — Der Stil ist roh, besonders unerfreulich sind die Figuren, die ausnahmsweise noch ihre Bemalung erhalten haben.

a. Aegyptische Götter.

Osiris-Serapis.

als Mumie: 9368 noch in alter Art dargestellt, bekränzt 12743 mit Löchern zur Lampe.
8837. Büste des Serapis.
9167. Serapis, thronend, neben ihm der Cerberus, den er von dem griechischen Totengott übernommen hat.

Isis.

8875. Büste, auf einer Blume.
Säugend: 8704 thronend; von einer Lampe, wohl europäisches Fabrikat — 8835 auf einer Blume — 12726 auf einem Korb.

Abb. 72. Thonfiguren.

als Hundstern: dieser Stern (aeg. „Sothis") zeigte, wenn er am Morgenhimmel aufging, den Beginn der Nilüberschwemmung an: 9056 sie reitet auf dem Hund, der den Stern auf dem Kopf trägt. — 9172 der Hund liegt neben ihr; sie hält das Sistrum und einen Topf (vgl. unten bei Harpokrates).
als Schlange (vgl. 8104 S. 327): 8874 mit menschlichem Oberkörper, in der R. das Sistrum, in der L. einen Henkeltopf (vgl. 12440 S. 325). 11487 neben ihr eine Fackel; an ihrem Thron zwei geflügelte Sphinxe.

Harpokrates.

In diesen Figuren oft ithyphallisch dargestellt.

mit Doppelkrone und bekränzt: 14229 stehend, er hält ein Füllhorn; die Bemalung gut erhalten.

mit seinem eigenen Bilde in altem Stil: 9181 es steht neben ihm auf einer Säule.

thronend: 9100 mit erhobener Hand — 4570 die Hand am Mund.

hockend als kleines Kind: 0345 mit Füllhorn — 9103 hält ein Tempelchen. — 8606, 10327 spielt mit einem Hündchen und einer Traube.

auf der Blume (S. 202): 1008 mit Füllhorn. — 9099 mit Topf (vgl. die folgenden).

mit dem Topf, der vielleicht, ähnlich wie das griechische Füllhorn, die Quelle des Guten darstellt, aus dem der Gott den Menschen spendet: 9100, 9182 stehend, er greift in den Topf. — 8607 er hält ihn, auf einem Korb sitzend — 13587 er hält ihn kauernd — 7387 er stützt sich auf ihn — 13595 er zieht etwas mühsam aus ihm heraus. (Kopf modern.)

mit dem Sperber: 8795 stehend, mit dem Füllhorn, der Sperber sitzt auf einer Säule.

mit der Gans (vgl. 10752 S. 302): 9100 er reitet auf ihr und hält eine Keule. — 0325 ebenso, er hält seinen Topf und eine Rübe. — 9188 er hält die Gans unter dem Arm — 12410 er füttert sie mit einer Rübe.

auf dem Widder: 8794 er reitet auf ihm.

zu Pferde: 9100 eine Schale in der Hand. — 9493 mit Schild und Schwert. — 0326 das Pferd galoppiert.

als alter Mann mit runzlichem Gesicht, in einem Kittel: 8049 am Arm ein Korb, neben ihm der Topf. — 7520 er trägt sein eigenes jugendliches Bild; neben ihm der Topf.

im Streit mit einem andern Gott? 8790, r. Harpokrates (?) l. ein anscheinend älterer Gott, die beide um den zwischen ihnen stehenden Topf zu streiten scheinen. Über ihnen sitzt noch einmal Harpokrates in einer mit Vorhängen bekleideten Nische. Auf den Köpfen der Streitenden Federkronen, oder sind es Wipfel hinter ihnen stehender Palmen?

opfernd: 13731 er streut Weihrauch auf einen Altar. Neben ihm Topf und Weinkrug.

L. Thonfiguren.

Verschiedenes: 9540 er sitzt zwischen Topf und Weinkrug. Am Topf ein Knabe. — 9018 er sitzt mit erhobener Hand unter seinem eigenen Phallus, neben ihm eine Frau.

Verschiedene.

Horus zu Pferde: 0685 der Gott, der noch wie früher sperberköpfig dargestellt ist, sticht mit der Lanze nach seinem hier nicht dargestellten Feinde, dem Set. Auf einem ähnlichen Relief der gleichen Zeit liegt dieser als Krokodil am Boden.

Min: 13477, war anscheinend noch ganz nach alter Art gebildet (S. 297).

8608 das Sonnenschiff (S. 134, 818), darin Harpokrates zwischen seinen als Schlangen gebildeten Eltern.

14203. König? oder ein Gott in alter Königstracht. (Gesch. v. Bissing.)

Bes: 4577 nur unwesentlich gegen seine alten Bilder geändert. — 11630 in Soldatentracht, einen Topf auf der Schulter. — 9433 gewaffnet. — 0431 ebenso, aber nicht geformt, sondern frei modelliert.

Unbekannte Göttin, unbekleidet, in steifer Haltung, mit herabhängenden Armen, vermutlich die Bast, vgl. die ähnlichen älteren Figuren S. 306: 4357 von ungewöhnlicher Gröfse, mit einem Kranz von Weinblättern und einem eigentümlichen Aufsatz auf dem Kopf; interessant durch die erhaltene Bemalung. — 13247 mit demotischer Aufschrift. — 8609, 9219 mit grofsen Kränzen.

Dieselbe (?) mit ausgebreiteten Armen: 13249 am Halsband hängt ein Tempelchen mit Göttern. — 13582 ähnlich, im Tempel die nackte hockende Göttin des folgenden Absatzes. — 9670 die Arme verkrüppelt. — 8840 bis zur Unkenntlichkeit stilisiert.

Dieselbe Göttin (?) auf der Erde hockend mit gespreizten Beinen, die Hand am Unterleib: 9170 und 9436 mit dicken Kränzen. — 9054 ohne jedes Abzeichen, vgl. die Glasfiguren S. 303.

b. griechisch-römische Götter.

Oft so mit den aegyptischen vermischt, dafs jede Scheidung willkürlich ausfällt.

Zeus sitzend: 9943 neben ihm der Adler. — 9350 mit Füllhorn, auf einer Sphinx.

IX. Aus der griechisch-römischen Zeit.

Helios (oder Re): 10314 Relief, mit Strahlen und einem aegyptischen Kopfschmuck, auf der L. ein Krokodil. Über dem Haupt Kranz. Die Umrahmung ahmt den Holzrahmen eines Bildes nach. (Vgl. 10074 S. 352.)
Artemis Selene mit langer Fackel: 9119 auf dem Haupt ein Mond. — 9353 ähnlich, unter einem Blumenkranz. — 9115 die Fackel (ähnlich wie 10090 S. 374) hat wirklich zum Halten von Kiehnspähnen u. ä. gedient. — 9114 sie hält einen Schild.
Aphrodite (oder Isis-Hathor): 9120 auf der Schulter Eros, mit dem Kopfschmuck der Isis-Hathor. — 8038 neben ihr eine Muschel, auf dem Diadem Mond und Sterne. — 8039 neben ihr ein kleiner Flötenbläser und ein Krug; sie hält einen Fruchtkorb mit einer Schlange auf dem Haupt. — 9957 sie hält vor sich eine Muschel.
Dionysos: 10091 sitzend, mit dem Thyrsus. — 9116 ebenso, stehend.
Herakles: 9118 mit der Keule.
Priap: 12730 zwischen zwei Palmbäumen, er hebt das Gewand hoch.
Pan: 9102 mit erhobnem Arm und Früchten.

Nicht sicher zu benennen.

12635. Krieger, der sein Schwert schwingt, bärtig, grofs und mit völlig erhaltener Bemalung. — 12636. Büsten eines Gottes und einer Göttin auf gemeinsamem Untersatz. Bemalt wie die vorige.
8961. Büste einer Göttin mit Schild und Schwert.
12747. Kopf einer Göttin, reich bekränzt, eine Binde um die Stirn.
12773. Gott im Wagen, die Linke am Schwert; er hält eine Schale, aus der eine sich heraufringelnde Schlange frifst.

c. Heiligtümer, Priester u. ä.
Heiligtümer.

13164. Rundtempel mit Ziegeldach, aus Quadern gebaut.
Kapellen(?): 9136 oben die Büste einer Göttin. — 9087 ohne Verzierung.
Tempel mit Götterbildern: 12400 Harpokrates in griechischem Stil sitzt in dem (besonders gearbeiteten) Tempel. — 9203 ähnlich, der Gott im alten Stil. — 8900 Bast(?) (s. o.) in einem Tempel, dessen Dach zwei Besfiguren

tragen. — 12464 der Tempel von Säulen getragen, neben
der Göttin dieselbe noch einmal; vielleicht älter. —
13327 Apis, vor ihm ein Altar; im Giebel des Tempels
die Sonne mit ihren Schlangen.

Priester u. ä.

Zwei Priester, in alter Tracht und geschoren, tragen ein
Harpokratesbild: 8948 der Gott in einer Kapelle. —
12417 ohne Kapelle, unten ein brennender Dreifuß.
Priester, der einen Harpokrates mit seinem Topf auf den
Schultern trägt; in der L. hält der Priester einen Kranz:
10136, 8703 von zwei gleichen Exemplaren.
0251. Zwei Priester tragen ein Tempelchen mit einer
Schlange darin.
12174. Phallophorie? in der Mitte zwei Priester, vorn
zwei Bes, die alle zusammen den Phallus tragen; hinten
ruht er auf einem Beskopf.
Musizierende Frauen: 0352 tanzend mit Handpauke,
neben ihr ein Weinkrug. — 0170 desgl. stehend. — 0171
stehend mit Cymbeln.
10093. Mädchen, das einen Korb auf dem Kopf trägt.
Frau mit erhobenen Händen, hockend: 10326 auf einem
Sopha, auf dem noch ein Kissen liegt, Kopf und Leib
bekränzt; vor ihr ein Gestell mit einem Napf. — 0177
trug Ohrringe, mit reicher Frisur. — 0132 einfacher.

d. Volkstypen, Karikaturen u. ä.

0133. Reiter im Feldherrnmantel, unter ihm ein Besiegter.
0247. Rennwagen, das eine erhaltene Pferd bekränzt.
8834. Alte Frau mit Mantel und roten Schuhen, von älterem
und anderem Stil als die übrigen Figuren.
12720. Dame in reichgesticktem Gewand, die ihr Kleid zu-
sammenrafft.
Frau in kurzem engem Kleid, in steifer Haltung: 11483
bemalt. — 0122 mit hoher Frisur.
Damen in überreichem Putz: 0174 in der R. einen Fächer.
— 10331 sie steckt einen Pfeil durch das Haar. —
13735 desgleichen, mit einem Schoofshund.
8956. Mann in eigentümlicher Tracht, der ein Kästchen vor
sich hält.
0131, 0737. Bürger, dickbäuchig mit Mütze.
0166. Knabe, der einem Hündchen eine Traube hinhält.

IX. Aus der griechisch-römischen Zeit.

Markthändler: 10320 mit Fisch und Hühnern. — 10810 mit zwei Töpfen. — 10328 der Topf steht neben ihm auf einer Säule.
10325. Betrunkener, den Becher in der Hand, den Kranz am Hals, neben ihm der Weinkrug.
8798. Musikant: er spielt die Syrinx und eine Sackpfeife, neben ihm schlägt sein Knabe die Becken.
8833. Akrobaten, der eine hebt den andern auf einem Gestell über den Kopf.
4576. Sänftenträger, mit den auf der Brust sich kreuzenden Trageriemen. Von einer Gruppe aus mehreren Figuren.
0060. Tänzer mit Kastagnetten.
10135. Verkrüppelter Knabe, der zwei Weinkrüge trägt.
9127. Verkrüppelter Mann, auf dem Boden hockend.
Köpfe von Figuren: 9222 eines Greises. — 9217 einer Negerin.
Frauenköpfe mit reichen Frisuren und Löchern für Ohrringe. Keine Bruchstücke. Die Verwendung ist unklar.

e. Tiere.

Affen: 9440 als heiliges Tier mit Mond auf dem Kopf. — 9341 als Soldat. — 9340 als Wagenlenker, von vorn gesehen.
Pferde: 8695 Packpferd mit Körben. — 9538 in der Nase Loch für den Zaum. — 9202 Kopf eines geschmückten Rennpferdes. — 9501 Pferdekopf, vielleicht aus arabischer Zeit. — 9333 klein, aus einer Gruppe.
Esel: 10742 mit dem Sattel; in der Nase Loch für den Zaum.
Kameele: 11670 mit Körben. — 9145, 6738 mit Krügen. — 10333 mit Sattel.
Rinder: 9402 Büste eines Apis mit Sonnenscheibe. — 8842 liegende heilige Kuh. — 9404 Ochsenkopf, aufgezäumt.
515. Katze mit Halsband.
13343 Schwein. — 9260, 9967 Hunde; 13441 Hundekopf.
Sphinx: 11484 im alten Stil. — 8701 im griechischen Stil. — 9438 Vorderteil einer Sphinx.
Sperber: 9147 als heiliges Tier des Horus. — 9355 zwei Sperber (?) auf einem Untersatz.
9441 Hahn. — 9203 Taube?
9148 Krokodil.

f. Figuren von Möbeln und Geräten.

13166. Sopha, auf dem zwei Hunde lagen, der eine fehlt; daneben ein Kissen.
9146. Weinkrug auf einem Gestell.
Schiffe: 8050 mit Verdeck. — 12727 grofses Ruderschiff ohne Verdeck, vielleicht älter. — 10324 mit betrunkenen Eroten; scheint als Sparbüchse gedient zu haben.

g. Formen einer Terrakottenfabrik.

Aus dem Faijum, woher auch die meisten unserer Thonfiguren stammen. In feinem Stuck geschnitten; zur Verstärkung der Form hinten mit grobem Stuck bestrichen. In jede der zwei Hälften, die zu einer Form gehörten, wurde eine dünne Schicht Thon gedrückt; dann wurden beide Hälften aneinandergeprefst, so dafs sich die beiden Thonschichten an den Rändern verbanden.

10320. Harpokrates sitzend mit erhobener Hand (vgl. S. 368, 9100).
10323. Bes und eine Frau tanzen vor einem Altar, die Frau schlägt die Pauke (vgl. 9352).
10319. Tanzende Frau schlägt die Pauke.
Flaschen: 10322 als Kopf des Bes, mit einem Henkel. — 10321 als sogenannte Pilgerflasche, mit Ornamenten.
10318. Lampe mit zwei Brennern.

M. Figuren aus Stein, Fayence und Stuck.

12503. Eros sitzend, die Hand am Munde wie Harpokrates. Roh. Schw. Stein.
12013. Harpokrates auf dem Boden hockend. F.
13458. Sphinx, weiblich, geflügelt, sie legt die Tatze auf ein Rad; eine im römischen Aegypten oft vorkommende Figur. Relief. F. (Gesch. Em. Fischer).
12728. Frauenkopf von einer gröfseren mehrfarbigen Figur. F.
12080. Flötenspieler mit Doppelflöte, bärtig. Relief. F.
13334. Von einem Tempelchen. Stück des Eingangs, in dem eine Gottheit wie bei 7770 S. 327 gestanden haben wird. F.
9478. Löwenkopf, wohl von einem Gerät. F.
13344. Bärtiger Mann, so in ein enges weifses Kleid gehüllt, dafs die Arme verdeckt sind, während die Brust frei bleibt. Stuck.

IX. Aus der griechisch-römischen Zeit.

12637. Kopf einer Göttin? mit langen Locken, deren Enden aus natürlichen Haaren bestanden haben. Stuck.

N. Lampen aus Thon u. ä.

Die Lampen sind die übliche Ware römischer Zeit; meist aus dem Faijum und nach den Stempeln der Unterseite aus denselben Töpfereien. Das Loch in der Oberseite dient zum Eingiefsen des Öls. Vgl. auch die Form S. 373.

Mit aegyptischen Göttern: 9724 Serapis thront zwischen zwei Schlangen, vor ihm ein Opfernder (bei Sardes gefunden). — Serapis stehend. — Serapisbüste. — Isis thronend. — Harpokrates. — Isis und Osiris als Schlangen, dazwischen Weinkrug.

Mit Eroten, sehr beliebt, dabei: 9681 Eros auf der Reise, in einem Kahn, mit Reisehut, neben ihm ein Krug. — 10090 er reitet auf einem Bock. 13535 Brustbild des Eros (?) mit einer Fackel.

Verschiedene Bilder: 10754 Hirt mit Ziegen, deren eine am Baum nascht. — Heuschrecke.

Mit mehreren Brennern, dabei: 9143 zehnfach, mit der Aufschrift *brenne stundenlang*. — 12084 sechsfach, trug ein Serapisbild, daher die Aufschrift *dreifach gröfster Gott*.

Lampe als Figur: 9224 Silen, der sich den Bauch mit den Händen prefst. — 9128 Mann, der die Beine über den Kopf schlägt und sich den Mund aufreifst. — 9358 als Füfse mit Sandalen. — 9357 als Fisch.

Nur mit Mustern, späte, sehr gewöhnliche Art; am Brenner oft eine Fackel oder eine Flamme.

Mit Masken, spät: Mensch — Löwe — Bes.

Mit einem Frosch, späte, lange Zeit beibehaltene Art; das Bild wird allmählich zu Ornamenten entstellt, z. B. noch vollständig 8808; in Strichen 7582; der Kopf verschwindet 9228; nur noch die Beine 13584; zwei Zweige 9991; die Zweige mit Schleife verbunden 9220; zwei Arme 9231; Ornament aus Rechtecken 9730; zwei Knaben 13165.

Fackeln: 9137 mit dem Bild des Serapis. — 10090 mit dem Kopf einer Göttin, darüber eine Schlange.

Kienspahnhalter mit einem senkrechten Griff daran: 9201 mit Vogelkopf? 9007 Göttin an einer Säule, auf der ein Vogelkopf steht. — 12083 Eros, der den Fufs auf ein Gestell setzt.

O. Möbel und Geräte.
a. Möbel u. ä.

37. Ruhebett, nach der Form der Beine aus griechischer Zeit. An der einen Seite eine niedrige Lehne; mit Palmzweigen bedeckt, die mit Schnüren unter einander verbunden sind. — (Lepsius aus Theben.) H. l. 2,20 m.
13888. Sessel ohne Lehne, mit gedrehten Füfsen, das Geflecht fehlt. Sessel dieser Gestalt sind uns häufig aus Bronze erhalten, doch müssen sie ursprünglich wie dieser hier aus Holz gearbeitet gewesen sein, da die Gestalt der Beine auf Drechslerarbeit deutet. — (1807) H. h. 60 cm.
10527. 10526. Tisch und Eimer aus Bronze, zusammen gefunden. Der Fufs des Tisches in sehr schweren Formen; auf dem Henkel des Eimers engravierte Ornamente. — (1888.) Br.
7650. Kandelaber. Auf einer Säule mit korinthischem Kapitäl eine grofse offene Lampe mit zwei Brennern; darin noch ein Aufsatz zum Aufstellen einer zweiten. An der Lampe hängen zwei Stäbchen, die zum Herausnehmen des Dochtes dienten. — Die roh eingekratzten Inschriften modern. — (1877 durch Travers) Br. h 1,53 m.

b. Schreibtafeln.

14283. Vollständig, mit Wachs überzogen, darauf die Elegie eines armen Dichters, Namens Poseidipp, auf sein trauriges Alter; in seinem eigenhändigen, vielfach korrigierten Entwurf. Erstes Jahrhundert n. Chr.
13839 Hälfte einer Tafel, weifs gestrichen, darauf Verse aus der Ilias (II, 132—162), mit Worttrennung und Apostrophen.
13234 eines Schülers, darauf, wohl als Strafarbeit, fünfmal *sei fleifsig mein Sohn, damit du nicht bestraft werdest.*

c. Sistrumklappern.

Bei den älteren (S. 220; 252) war der Bügel meist besonders aus Draht gearbeitet und ist daher heute verloren. (Ältere vgl. Abb. 52.)
2708 einfach, Katze, das Tier der Bast, der Göttin der Freude.
9710 Der Stil besteht aus Bes, der auf Löwen steht, aus einer Eule und einem entstellten Hathorkopf (S. 115). Auf dem Bügel oben Katze mit Jungen, unten an ihm Apis, Harpokrates, Patäke und Adler. — 9711 ähnlich, innen im Bügel stehen Isis und Harpokrates. — 2707 oben Hathorschmuck.

IX. Aus der griechisch-römischen Zeit.

d. Kinderspielzeug.
12723. Zwei Vögel auf Rädern. H.
12654. Reiter auf einem Gestell mit Rädern. H.
12453. Klapper aus Geflecht, darin Glasstücke.

e. Steinwürfel mit vertieften Bildern.
Rechteckig, auf jeder Seite ein rohes Bild, dabei: ein Fisch, ein bekränzter Stier und ein Dolch. Als Formen können sie nicht gedient haben, eher dürften sie zu magischen Zwecken bestimmt gewesen sein. K. h. 13 20 cm.

7049. Neben den genannten Bildern noch: sitzende nackte Frau mit Krug und Zweig. Hahn und Krug, liegende Antilope.
10614 dafür: Kameel, Gans (?) und Altar, Vogel mit Trauben (Gesch. Schweinfurth).
9096 dafür: sitzende nackte Frau, Vogel, Vogel mit Trauben.
10015 dafür: sitzende nackte Frau, desgl. stehend, Vogel (Gesch. Schweinfurth).

f. Verschiedene Geräte.
12720. Kleiner Altar für Räucherwerk. Th., die Bemalung erhalten.
Gedrehte Holznäpfchen, Büchschen und Deckel. Aus Hawara. (Gesch. Mosse.)
11556. Schminkbüchse, vorn ein Affe, hinten eine Harpyie. F.
13028. Thönerner Löffel — 9347 Stiel eines ähnlichen mit Entenkopf.
13324. Arm, der ein Gefäfs hält; er war in die Mauer eingelassen.
13590. Löffel aus einer Muschel mit eisernem Stiel; mit unverständlicher Aufschrift.
11120. Schöpflöffel (ähnliche S. 251) aus Blei, der Stiel aus Eisen; aus Hawara. (Gesch. von Levetzau.)
Körbe, zwei gröbere (in dem einen Pinienzapfen) und ein feinerer. Hawara. (Gesch. von Levetzau.)
Schlägel eines Zimmermanns, ganz wie die alten (S. 226); aus Hawara. (Gesch. von Levetzau.)
11075. Hölzerner Stempel, darauf eine Königsschlange und Zweige. Aus Hawara. (Gesch. Mosse.)
11571 desgleichen: *des Hermutheus*, etwa zu Ziegeln (Faijum).
11627. Stempel für amtliche Urkunden, noch rot gefärbt: *Jahr 35 Caesars*, d. h. des Augustus. — 7522 ähnlicher aus Thon: *des Zenas*.

10592. Tafel von einem Pferdestall(?) mit der Angabe, dafs er zu dem *Agrippinisch-Rutilischen Vermögen des Herrn Kaisers* gehört und deshalb von Abgaben und Postdienst frei ist. Br. 15 cm. Erw. 1888.
Schnellwagen aus Bronze: 8028 mit dem Namen des Besitzers *Heron*. — 10140 grofs, durch Anfügung eines Stücks Blei justiert.
Würfel aus Stein und Holz, den modernen ähnlich.

P. Geschnittene Steine.

Gewifs zum grofsen Teil in Europa für die Gläubigen des Isiskultus, beziehentlich der gnostischen Sekten gearbeitet. — Zumeist aus der 1764 erworbenen Slg. Stosch.

a. Kameenartige.

Sehr schöne Arbeiten, als Schmuckstück verwendet; die Art des Reliefs („en creux" S. 25) ist noch die herkömmliche aegyptische.
9786. Sperber mit Krone, auf dem Zeichen „Fest"; hinten die geflügelte Sonne.
9793. Bruchstück: Neben einem Gotte, über dem die Sonne schwebte, safsen Opfernde; ihre Tracht gleicht etwa der des n. R.

b. Siegelsteine und Amulette.
Ohne gnostische Aufschriften.

Neben schönen Siegelsteinen auch rohe nur als Amulett benutzte Steine; die letzteren finden sich auch ähnlich mit gnostischen Aufschriften, eine genaue Scheidung ist nicht möglich. — Die besseren Gemmen in verschiedenen Halbedelsteinen, die roheren zumeist Eisenstein; auch die Glaspasten sind z. T. antike Abdrücke.

Serapiskopf: 9785 zwischen den Zeichen des Tierkreises. 9834 Aufschrift *einer ist Zeus Serapis.* — 9784 über dem Adler des Zeus.
Serapis und Isis: 9779 Isis auf einem Baum (? S. 24). 9830 dazu noch Hekate.
Osiris als Mumie, die oft die Form eines Gefäfses annimmt, dabei: 9833 zwischen Isis und Nephthys, darunter ein Käfer. — 10092 die Mumie zwischen Bock und Käfer, über ihr schwebt Horus als Sperber.
Isis mit Sistrum, Steuer, Füllhorn, Krug, Schlange u. ä., dabei 9827 mit dem Segel, die Göttin der Leuchtturminsel Pharus bei Alexandrien. — 9822 neben ihr Harpokrates. — 9821 sitzend.

Isis säugend wie gewöhnlich, aber merkwürdig 9820, wo
  Horus als Kalb (etwa als junger Apis) dargestellt ist.
Isis mit Anubis, der einen Zweig hält.
Harpokrateskopf, dabei: 9764 sehr schön, auf dem Kopf
  ganz klein die Krone, an einer Halskette eine Sonne. —
  9705 Kopf auf einem Kragen (S. 299).
Harpokrates auf der Blume (S. 368): 9771 auf der Blume
  ein Widder- und ein Löwenkopf.
Harpokrates im Schiff (S. 369), an den Enden sitzen Sperber
  oder betende Affen (S. 123).
Harpokrates stehend, dabei: 9769 geflügelt wie Eros, neben
  ihm Schlange und Widder. — 9707 in langem Gewande.
Harpokrates mit andern Göttern: zwischen Isis und
  Serapis oder ihren Köpfen. — 8848 zwischen zwei Göttinnen
  über einem fliegenden Käfer (vgl. oben 9833).
Horus sperberköpfig, auch sein Szepter hat einen Sperberkopf.
Horus als Sperber, dabei 9788 auf dem Grabe, mit den
  Abzeichen des Osiris, vor ihm ein Gesicht. — 8789 auf
  einem Gefäfs.
Anubis, mit Hermes als Totengott vermischt, daher z. T. mit
  Schlangenstab. — 9844 hält einen jungen Anubis.
Tempel, darin: 9704 Hathorkopf. — 9781 Isiskopf. — 9831
  Isis und Harpokrates?
Schlange, die sich in den Schwanz beifst (S. 275, 43),
  darin 9702 Augenamulett. — 11924 Käfer.
Kopfschmuck der Isis in einem Kranz.
Grofser Skarabäus, darauf Skorpion, Schlangen, Gorgonen-
  haupt(?) u. a. Wohl Amulett.

Mit gnostischen Aufschriften u. ä.

Sämtlich Amulette, mit seltsamer Vermischung aegyptischer,
griechischer und jüdisch-christlicher Elemente. Die einzelnen Bilder
sind oft nicht sicher zu benennen, und ebenso ist es nicht möglich,
eine Grenze zwischen heidnischen und christlichen Amuletten zu ziehen
Auch manche der schriftlosen Gemmen gehören gewifs hierher. Die
Aufschriften sind meist unverständlich; einige Worte darin sind aegyptisch (*anoch* „ich bin", *phre* „die Sonne"), andere syrisch (*semes ilam*
„junge(?) Sonne"), hebräisch (der Gottesname Sabaoth) oder griechisch;
eines der häufigsten, das *Abrasax*, nach dem man diese Steine „Abra-
saxgemmen" zu nennen pflegt, ist nur eine Zahlenspielerei (= 365).
  Die Aufschriften stehen oft auf der Rückseite.
Serapis in einem Schiff, auf den Enden Isisköpfe; Beischrift
  Aldabaim.

Osiris als Mumie: 9799 von Thoth als Affen verehrt: *Jao,
Sabaoth, Abasax.* — 9851. Osiris erhebt erwachend den
Kopf, auf ihm sitzt Horus, Schu(?) hebt ihn hoch.
9800 neben seinem Sarg. — 11937 um die Mumie ringelt
sich eine Schlange: *Semes ilam.* 9816 die Mumie dem
Sonnenschiff ähnlich, Harpokrates sitzt darauf: *Jao.*
Der Reliquienkasten des Osiris (S. 173, 28) mit den Auf-
schriften *Ororiuth* und *Thalbu Thalbaa Ororiuth:* 11916
von Isis und Nephthys mit den Flügeln beschützt, auf
dem Kasten die löwenköpfige Schlange Chnuphis (s. u.);
als Rand Schlange, die sich in den Schwanz beifst.
Isis und ähnliche Göttinnen: 10997 Isis säugend. — 9828
Vorn Isis mit Sistrum und Eimer (S. 325, 12440), hinten als
menschenköpfige Schlange. — 11935 mit Ähren, am Rand:
Aryktemabesikoromal.
Isis und Set, der vor ihr kniet.
Harpokrateskopf: 9798 mit Doppelkrone und Kopftuch
(S. 31), daneben aegyptisch *pri* „die Sonne".
Harpokrates auf der Blume: 9796 vorn aegyptisch *phre*
„die Sonne", hinten syrisch *semes eilam.* 9797 vorn *Jao
Abrasax,* hinten *Osire(?) mene phre.*
Harpokrates im Sonnenschiff, um dieses her Schlangen,
Sperber, Käfer, Krokodile. 9031 das Schiff: *Sabao[th]
Abrasax.*
Anubis, dabei: 9847 mit Szepter und Schwert, hinten Helios;
Aufschrift u. a. *anoch arbiaapsychna eto n phbai phrea*
aegyptisch: „ich bin A., welcher die Seele der Sonne ist?".
— 10995 mit einem kleinen Anubis: *enamoro.* — 9850
hinten Gestalt mit Feder und Lanze, um die sich eine
Schlange windet: *Gabrier Sabao,* d. h. Gabriel und Sabaoth.
— 9861 mit Geldbeutel wie Hermes: *Jao.*
Schakal auf einem Thron, wohl Anubis: *Koinaenbaion.*
Ibis des Thoth: 9877 mit dem Schlangenstab des Hermes.
13011 neben einem Altar, *Jao.*
Affe des Thoth: 12380 *Jao.* — 9803 *Abrasax.*
Min: 9881 ganz im alten Stil, vor ihm eine sich beugende
Frau: *baisoliaichphouri.*
Mischgestalt aus Bes und andern Göttern (S. 209) mit
4 Flügeln und Vogelschwanz, auf einer Schlange, die sich
in den Schwanz beifst; dabei 9848 mit dem Kopf des
Anubis.

IX. Aus der griechisch-römischen Zeit.

Helios, bei 10903 (im Wagen) und 10133 (mit einer Göttin) als Beischrift die griechischen Vokale αεϊοyô. — 11033 Helioskopf zwischen Harpokrates und Isis.

Hermes: 10901 hinten Käfer: *achrechrecharitosontrophimon.* 12387 *astromandanesiabokchothenor* und *aororio.*

Hekate: 0838 als *Bubastis*, d. h. Bast bezeichnet. — 0807 griechisch *Jao Sabaoth, beschütze!*

Gorgonenhaupt: 0808 Aufschrift: *sesengenearpharagges*, hinten *Hekate lachnia.*

Eros 0873 vor einer Frau, schießend, hinten die Grazien: *abrasax.* — 11927 mit Fackel: *iphoicha.*

Chnubis oder Chnumis, ein Wesen, das wohl den Namen von dem griechisch-aegyptischen Chnubis, d. h. Chnum, entlehnt hat. — Als löwenköpfige Schlange: 9865 *Anoch gigantor . . . aruthasse chnubi, mesi almps*, worin man das aegyptische Wort „ich bin" und das griechische für „Riese" erkennt; das Ende ist wie bei dem folgenden zu lesen. - - 11938 *Chnumis ty[rannos] anoch semes elam psephon,* aus Griechisch, Aegyptisch und Syrisch zusammengesetzt. 12390 in einem alten Silberring. - Mit menschlichem Körper: 0804 mit Zweig und Kranz, dabei griechisch *o hoher Michael, starker Gabriel*; hinten Anubis und Hekate: *phorbaphorbebrimophorbapiporthe.* Als Löwe: 0872 Eros kniet vor ihm: *marmaraioth.*

Jao, mit Hahnenkopf und meist auch mit Schlangenbeinen, Schild und Geißel: 0852 *Jao abrasax Sabaoth Adoneios* 0858 auf dem Schild *Jao*, hinten *Bainchoooch.* 11930 mit menschlichem Körper und 4 Flügeln.

0925. Schlange mit Tierkopf, der Stein als Skarabäus.

Mann mit Stierkopf(?), darüber Zweig: *Eliambro.*

Drei Männer mit Widderköpfen: *Abrasax.*

Mit Tieren: Käfer, darum Schlange; 0876 mit Menschenkopf, Armen und Flügeln. Käfer, Sperber, Krokodile, Schlangen, darum Schlange: *lailapseie.* — Tierköpfige Schlange, hinten *gigantoletir abaryophitabarakineanouêi.* — Eidechsen — Adler mit Kranz.

Gerippe auf einem von Löwen gezogenen Wagen, fährt über andere Gerippe, der bekannte von Lessing („Wie die Alten den Tod gebildet") besprochene Stein.

Mann mit Stab und Kranz, mit langen Inschriften, die auch in dem Bilde stehen.

Mit längeren Inschriften: 9871 z. T. in barbarischem
Griechisch: *ich rufe dich an, der die ganze Welt um-
leuchtet und entflammt, das* ...... *die Herrin Isis.* —
10000 mit den seltsamen Schriftzeichen der Gnostiker.
Thonkugeln mit Abdrücken gnostischer Gemmen. (Gesch.
Wiedemann): 13008 Chnubis. — 13900 Antilope.

X. Aus spätrömischer und christlicher Zeit.

Der tiefe Verfall, den die Kunst im spätrömischen Reiche erleidet, zeigt sich auch in Aegypten. Nur im Kunsthandwerk erhalten sich die guten Traditionen noch längere Zeit hindurch.

Die Inschriften werden zunächst nur griechisch abgefaßt (oft sehr barbarisch); das Koptische, die aegyptische Volkssprache, wird wohl erst unter der arabischen Herrschaft in Inschriften verwendet.

Zur Datierung benutzt man in der Regel die 15 jährigen Perioden der Steuerveranlagung (Indiktionen); später datiert man nach der Aera der Märtyrer oder des Diokletian (von 284 n. Chr. ab).

A. Von Kirchen und anderen Bauten.
Von der Insel Philae.

2136. Bauinschrift von der Quaimauer vom 14. Dezember 577 n. Chr.: *Durch Gottes des Herrn Fürsorge und durch das Glück unserer frommen Herren Flavius Justinus und Aelia Sophia, der ewigen Augusti und Imperatoren und des Gottbehüteten Caesar Tiberius Neos Konstantinos und durch die Güte des Theodorus, des erlauchten Dekurio und Dux und Augustalis der thebanischen Landschaft, wurde diese Mauer zum ersten Male erbaut unter dem Segen der heiligen Märtyrer und des ehrwürdigsten Bischofs Abba Theodorus, durch den Eifer und die Billigkeit des Mena, des vortrefflichen Singularius der Truppe des Dux. Am 18. Choiak, im Jahre 11 der Steuerperiode. Zum Guten!*
— Der eigentliche Erbauer war demnach der Offizier Mena. Der Stein war einem unvollendeten Tempel in Philae entnommen und trägt daher noch die Vorzeichnung eines Reliefs (zwei sitzende Götter). — (Lepsius.) Sdst. br. 1,50 m. [LD VI, 83.]

13845. Nische aus der großen Kirche, darin das Kreuz auf einer Säule; die Säule springt hervor, damit das Kreuz von unten gesehen auf ihr zu stehen scheine. — (1897 durch Borchardt.) Sdst. h. 54 cm.

13850. Kapitell, ebendaher von niedrigen Säulen, die die Schranken in der Kirche hielten. — (1897 durch Borchardt.) Sdst. h. 30 cm.

13851. Ähnliches Kapitell ebendaher, das mit einer Seite an der Wand stand. Auf der oberen Fläche ein Relief (2 Tiere und eine Rosette). — (1897 durch Borchardt.) Sdst. h. 25 cm.

13847. 13848. Platten von den Schranken ebendaher, mit eigentümlichen Bandornamenten. — (1897 durch Borchardt.) Sdst. br. 38 und 60 cm.

Von anderer Herkunft.

13236. Teil eines Frieses. In der Mitte eine Frau, die Blumen (?) hält, jederseits sprengt ein Reiter auf sie zu, dann eine Art Säule und ein Adler mit ausgebreiteten Flügeln. (1896 durch Reinhardt.) K. l. 1,18 m.

11300. Löwe, roh, aber in der Stellung des Tieres noch alte Tradition. — (1893 durch v. Kaufmann.) K. l. 38 cm.

9060. Geflügelter Knabe mit Füllhorn zwischen Weinranken mit schwarzen Trauben. Der Knabe war rotbraun und hatte schwarzes Haar. 1886 durch Travers, Faijum.) K. h. 22 cm.

8829. Löwenjagd. Der Jäger (nur mit einem Mantel bekleidet) stöfst den Speer in die Brust des Löwen; unter diesem sein Hund. (1886, Faijum.) K. l. 31 cm.

8831. Kinderkopf zwischen Palmzweigen, Mittelstück eines grofsen Ornaments; die Augensterne tief gebohrt, um von unten sichtbar zu sein. — (1886, Faijum.) K. h. 16 cm.

9489. Kinderkopf mit langen Locken. — (1886.) K. h. 20 cm.

9490. Taube, aus einem Ornament. (1886.) K. l. 20 cm.

11071. Holzschnitzerei in Giebelform: Rankenwerk, in der Mitte ein Kreuz. — (Gesch. Mosse 1893.) H. br. 67 cm.

13251. Bemalte Thonplatte, etwa von der Einfassung einer Nische. Einerseits der heilige Christophorus (?), er trägt das Kind auf dem Kopf — andererseits Medaillons mit Fisch, Taube und Büste. (1896 durch Reinhardt.) h. 32 cm.

B. Aus Gräbern.
a) Grabsteine u. ä.
Griechische.

8832 des 7jährigen Achillas, der betend dargestellt ist. Wohl aus sehr früher Zeit, wofür auch die Anwendung des alten „Reliefs en creux" spricht. (1885 durch Dr. Grant.) K. h. 31 cm.

9338 einer Rhodia. Die Tote steht betend in einer Kirche; sie trägt ein Kleid mit zwei langen Streifen und zwei runden Besatzstücken, einen Gürtel, ein um den Kopf geschlagenes Tuch, ein Halsband und Schuhe (vgl. S. 388 ff., 391). Das Kreuz im Giebel mit A und O daran ist eigentlich das altaegyptische Zeichen „Leben"; dieses heidnische Zeichen wurde von den christlichen Aegyptern zunächst beibehalten, weil sie in ihm das Kreuz zu erblicken glaubten (vgl. S. 395, 10529). — (1886, Faijum.) K. h. 73 cm.

9061 einer Ungenannten. Zwischen zwei Kandelabern, auf denen Lampen in Fischgestalt (S. 395, 10335) liegen, steht die Tote betend. Kleidung ähnlich der vorigen, aber einfacher. — (1886 durch Travers.) K. h. 39 cm.

8830 einer Sara. Die Tote, in langem Kleid mit Gürtel und zwei roten Streifen und roten Schuhen, betete zwischen einem Kranz und einem Räucheraltar mit gewundenen Säulen. (1886, Faijum.) K. h. 34 cm.

11391 eines Mena. Verziertes Kreuz in einer Kirche; über dem Giebel, in dem man das Mauerwerk sieht, steht *A* und *O*. Inschrift: *Herr, schenke Ruhe der Seele des Mena in Frieden,* in sehr wilder Orthographie. — (1893 durch v. Kaufmann.) K. h. 30 cm.

8827 des Diakon Petrus, wie der vorige, aber auf den Säulen Kreuze und die Akroterien des Giebels stark entstellt. Im Giebel: *Es giebt nur einen Gott, den Helfer. (Grab) des gottesfürchtigen Diakons Petrus, der im Herren entschlafen ist. Amen.* — (1886, Faijum.) K. h. 50 cm.

8828 einer Nonnus. Die Kirche ohne Giebel, das Kreuz liegend, von Rosen umgeben. Auf dem Gebälk der Kirche: *Herr, lafs zur Ruhe gehen die Seele deiner Dienerin Nonnus. Sie entschlief im Herren am 21. Pharmuthi, 15. Jahr* (der Steuerperiode?) — (1886, Faijum.) K. h. 39 cm.

7771 eines Mena, ohne Ornament: *Herr, lafs zur Ruhe gehen die Seele deines Dieners Mena, Vorlesers der (Kirche*

B. Aus Gräbern.

der) heiligen Apostel, und lege ihn in den Schoofs Abrahams, Isaaks und Jakobs. Er habe dasselbe Teil und Loos mit deinen Heiligen. — (1878 durch Travers, Faijum.) K. h. 24 cm.

13469. 13470 ähnliche aus Antinoë, schlecht erhalten. K. (1897 durch C. Schmidt).

Koptische.

7734 des Mönches (?) Abraham aus dem Jeremiaskloster zu Memphis: *(Im Namen Gottes des Vaters), des Sohnes und des heiligen Geistes. Der Erzengel Michael, der heilige Gabriel, Abba Jeremias, Abba Enoch, Amma Sibylla Maria . . . . . Abba Anup, Abba Makare. Unser Vater Abraham von Tsebik ging zur Ruhe in . . . . der (Mönche) des Abba Jeremias, in Frieden, Amen. Johannes, der Sohn des Psi.* — Die ersten Namen sind solche heiliger Männer (Abba) und Frauen (Amma); der Johannes hat vielleicht den Stein gesetzt. (Dutilh.) K. h. 42 cm. [Ä. Z. 1878, 26, Anm. 1.]

7704 eines Mena, in dialektischem Koptisch: *Gott der (Vater), der Sohn und der heilige Geist sind (gnädig) der Seele des seligen Mena, des Sohnes des seligen Stephni, des Bewohners von Pinarascht* (heut Berneschch, Dorf bei Gizeh). *Er schied aus dem Leibe und das Mitleid Gottes erweckt ihn. Sprich: Amen! Und er schied aus dem Körper am 6. Paoni, in der 10. Stunde, im (Anfangs)Jahre der Steuerperiode.* (1879.) K. h. 29 cm. [Stern, Kopt. Gramm. S. 438.]

14210. Hölzernes Grabkreuz mit koptischer Aufschrift: *Herr Jesus Christus sei gnädig der Seele des seligen Theodoros. Er ging zur Ruhe am 7. Mechir im Jahr 515 Diokletian's* (799 n. Chr.). Wahrscheinlich aus Achmim. (Leihgabe Dr. C. Schmidt.) H. h. 63 cm.

b) Verschiedenes.

Die Toten werden z. T. noch als Mumien beigesetzt; allmählich tritt an die Stelle dieser alten Sitte aber das Begräbnis in den Kleidern der Lebenden. Aus solchen Gräbern stammen die Kleider, Schmucksachen u. s. w. unserer Sammlung.

1103. Mumie aus einem Begräbnis christlicher Zeit, das in den hinteren Räumen des Tempels von Der elbahri (S. 112) angelegt war. Äußerlich den alten gleich, mit buntem Halsschmuck aus Leinwand und Stuck. — (Lepsius.) l. 1,70 m.

13475. 14222. Leichenbretter wie die S. 358, aber ohne Aufschriften; beide aus den Gräbern von Achmim (1897 durch C. Schmidt).
10032. Art Kranz aus Schilf, lag wohl unter dem Kopf einer Mumie.

C. Kirchliche Geräte u. ä.

Die Thonlampen siehe unten S. 395. [Phot.]

11325. Holzkästchen, bemalt, die Kanten mit rotem Leder bezogen. Auf dem Deckel Brustbild des Heilands, unbärtig mit einem Buch. Vorn die Heiligen Phaustos und Kosmas, hinten Lukas und Thomas, an den Seiten Engel.
10523. Kandelaber; die abnehmbare Lampe als Drache, dessen Zunge auf einem Kreuz ruht. Br.
8914. Lampe als Taube, am Hals ein Glöckchen; an Ketten zu tragen, aber auch zum Stehen eingerichtet. Br.
12705. Lampe als Löwe, am Schwanz war der Deckel des Öllochs befestigt.
11400. Lampe mit zwei Brennern von einem Kandelaber; der Deckel des Ölloches als Maske. Hinten ein beweglicher Griff: ein Pfau in einem Kranz, auf dem kleinere Pfauen (?) sitzen. Br. (1893 durch v. Kaufmann.)
10371. Mittelstück eines Kronleuchters mit sechs Ösen; mit Vögeln verziert. Br.
9564. Ölgefäfs (?) in Gestalt eines runden Gebäudes mit Arkaden, auf Löwenfüfsen. Als Deckel ein Vogel. Br.
Räuchergefäfse: 10519, 11401 als Köpfe mit hohen Mützen, die die Deckel bilden; man würde sie für Karikaturen halten, zeigten nicht die Kreuze auf Stirn und Mütze, dafs sie ernst gemeint sind (11401 erw. 1893 durch von Kaufmann). 10520 becherförmig, auf dem durchbrochenen Deckel ein Kreuz. Br.
10636. Durchbrochenes Gefäfs mit einem rohen Zuge Tanzender und Musizierender. Als Füfse Köpfe. Br.
Kreuze aus Bronze, dabei: 10372 mit Stiel, auf dem Kreuz vorn der Heiland. 10453 war eingelegt, vorn der Heiland, an den Ecken Medaillons mit Köpfen.
12060. Fufs eines hölzernen Gerätes, auf einem Dreifufs eine Säule, daran drei Figuren in roher Schnitzerei.
12450. 12451. Geschnitzte Spitzen, etwa von kirchlichen Möbeln?

Sogenannte Menaflaschen.

Das Grab des heiligen Mena bei Alexandrien bildete einen Wallfahrtsort, von dem die Pilger geweihtes Öl in Fläschchen mitnahmen. Diese Fläschchen, die selbst in den Rheinlanden gefunden werden, zeigen meist den Heiligen, vor dem zwei Kameele niederknieen; nach der Legende hatte ein Kameel, das den Leichnam des Heiligen trug, die Stelle angezeigt, wo er bestattet werden sollte. (Vgl. auch 6929 S. 397.)

Gröfsere: 8884 beiderseits der Heilige, die Kameele deutlich zu erkennen.

Kleine, entweder beiderseits der Heilige oder auf der Rückseite: *Segen des heiligen Mena*. — Ungewöhnliche haben einen Negerkopf (10125) oder ein Kreuz.

D. Kleidung und Schmuck.
a) Kleider.

Aus Gräbern des Faijum, von Antinoë, Achmim u. a. O. Charakteristisch die gewebten Besatzstücke: zwei lange senkrechte Streifen vorn und hinten, viereckige oder runde Stücke auf den Schultern und unten. Eine grofse Sammlung einzelner Kleiderteile im Kön. Kunstgewerbemuseum.

Zusammengehörige Kleidung aus Antinoë.

Von drei Leichen etwa des 5. oder 6. Jahrhunderts, die in ihren Kleidern beigesetzt waren. Die Kleider sind durch Fäulnis stark zerstört; die Beschreibung und die ausgestellten kleinen Herstellungen beruhen auf dem Befund bei der Öffnung der Leichen. (Gef. von Dr. Carl Schmidt.)

Männerkleidung ohne Mantel. Auf dem Oberkörper drei weifse Leinwandhemden (14243 14245) über einander; das unterste nur mit einem Besatz von zwei schmalen senkrechten Streifen, bei den oberen bunte Besatzstreifen am Hals, auf den Schultern und den Ärmelenden. Die Hemden reichten etwas bis über die Knie; sie wurden ohne Gurt getragen, das oberste war am Hals durch eine rote Wollschnur geschlossen, deren Quaste auf die Brust hing. — Auf den Beinen lange Hosen (14242) aus dickem weifsem Wollstoff, die unten einen breiten Besatz aus bedruckter Seide haben; die beiden Hosenbeine sind nicht verbunden und hängen in Lederösen an einer um die Hüften gebundenen Schnur. Darunter weite leinene Unterhosen (14241) gleicher Art, die etwas unter den anderen hervorsahen und den oberen Teil der Strümpfe bedeckten. — Diese Strümpfe (14238) bestanden aus

weifsem Leinen, nur die Sohle war aus grünem Stoff. — Darüber niedrige Schnürschuhe (14239) aus Leder.
Der Tote trug kurzes lockiges Haar und kurzen Vollbart.

Männerkleidung mit Mantel. Der Mantel (14231) aus grünem Wollstoff mit bunter Kante, reichte bis auf die Kniee; er wurde nur lose umgehängt getragen, so dafs die Ärmel leer herabhingen. Damit bei dieser Art des Tragens der rechte Arm sich frei bewegen konnte, ist die r. Seite verkürzt und vorn eigentümlich ausgeschnitten. — Darunter zunächst zwei Hemden (14232), die denen der vorigen Mumie gleichen, und dann ein eigentümliches Kleidungsstück, das Hemd und Hose vereinigt: ein ärmelloses Hemd, das bis auf die Knöchel reicht und von der Mitte an so geteilt ist, dafs jede Hälfte hosenartig um ein Bein gewickelt und mit den noch vorhandenen Schnüren festgebunden werden kann. Strümpfe, Stiefel, Haar und Bart wie bei der vorigen. Auf der Brust lag der Kamm 13732 (S. 394).

14256. Stück einer Leinendecke, die der vorstehenden Leiche beigegeben war. Mit der Aufschrift *Herr hilf mir*.

Frauenkleidung mit Kopftuch. Das Tuch (14250) aus weifsem Wollstoff ist (wie dies die Grabsteine 9338 und 9061 S. 384 zeigen) kapuzenartig um den Kopf geschlagen und hängt, ohne den Rücken zu decken, lang an den Seiten herunter. — Auf dem Kopfe (14246) zuunterst ein geflochtenes Haarnetz, darüber eine wollene Mütze (14247) und ein Tuch aus feinem Leinen. Zuoberst ein eigentümlicher wollener Wulst, der das Gesicht unter der Kapuze rahmenartig umschlofs. — Auf dem Körper zuoberst ein weifses wollnes Kleid (14249) mit langen Ärmeln, das bis auf die Knöchel reichte und in der Mitte durch ein buntes Band zusammengehalten wurde; vom Halsausschnitt hängt lose bis auf die Kniee herab ein breiter brauner Leinenstreifen (14251), der auf 15 cm zusammengelegt und unten mit Fransen und Querstreifen verziert war. Unter dem Kleid ein langärmliges Leinenhemd (14248) von gleicher Länge. — Die Frau trug verzierte Lederschuhe ohne Strümpfe.

Einzelne Kleider.

Die aus Antinoë, Esne und Achmim sind durch Carl Schmidt erworben.

14252. Grofses weifses Hemd mit bunten eingewebten

Zierstücken an Rücken (geflügelte Knaben), Brust, Schultern und Ärmeln. (Antinoë.)

14254. **Weifses kurzes Hemd**; anstatt der Ärmel zwei den Oberarm bedeckende kurze Lappen. (Esne, dazu gehören die beiden folgenden Stücke.)

14257. Mütze, oben gerundet, mit Bändern.

14258. Kapuze? eckig, mit Bändern. Oben Kreuze.

14253. **Wollenes Purpurhemd** ohne Ärmel, mit bunten Besätzen; die Schulterstücke rund (Knabe mit Ente); auf den Bruststreifen Knabe mit Fruchtkorb, Fisch u. s. w. (Antinoë.)

14321. Wollene Purpurhosen in der Art wie 14242 oben. (Antinoë.)

14255. Mantel grün, aus Wolle von demselben Schnitt wie 14231 oben. Die Ärmel auffallend lang. (Antinoë.)

14259. **Stück eines Gewandes** mit einfachen Verzierungen und der eingewebten koptischen Inschrift: *Dorotheos der Weber*, gewifs dem Namen des Verfertigers. (Achmim.)

11421. Kleid ohne Ärmel, vollständig; anstatt der Ärmel Schlitze, auf den Besatzstücken Betende u. ä. — (1893 durch von Kaufmann) l. 1,30 m.

10829. Kleid mit Ärmeln, die Besatzstücke einfacher (Hasen). — (1890) l. 1,30 m. [Phot.]

9504. Einfaches Wollhemd ohne Besatzstücke. Vielleicht noch spätere Zeit. — (1880) l. 1,20 m.

14260. Teil eines Hemdes mit roten Streifen und buntem Saum. (Gesch. Schweinfurth.)

14261. Kinderjacke mit Ärmeln; blauer gestickter Saum. (Gesch. Schweinfurth.)

10024. Puppenkleid, aus alten bunten Besatzstücken hergestellt.

Tücher mit koptischen Inschriften: 11433 *im Namen Gottes. Chael, der Sohn des Victor, des Sohnes des Zacharias.* — 10024 *im Namen Gottes zuvor. Ich Georg, der Sohn des Petrus, des Sohnes des Georg. Jesus Christus hilf dem Georg.* — 11326 *Jesus Christus du Sohn Gottes hilf der Maria, der Tochter des Joseph, des Sohnes des Samuel . . .* — 11432 Inschrift sinnlos.

Teile von Kleidern u. ä.

Meist die oben besprochenen Besatzstücke der Kleider; andere safsen auf den vier Ecken von Tüchern. Die Farbe ist in der Regel ein tiefes Blauschwarz.

X. Aus spätrömischer und christlicher Zeit.

11425—11427. Bunte Wollenstickereien, vielleicht von einem grofsen Leichentuch: Vier schwebende Knaben in flatternden bunten Mänteln, je zwei halten einen Kranz. — Kopf zwischen Ornamenten — Ornamente. (1893 durch v. Kaufmann.)

Viereckige Besatzstücke von langhaarigen Tüchern:
14228. Pfau zwischen Sträuchen, bunt.
11459. Petrus und Paulus beide gleich: die R. erhoben, in der L. ein Buch; zwischen ihnen ein Baum. Darüber die Namen. (1893 durch v. Kaufmann.)
11435 in der Mitte Taube, in den Ecken Knaben, dazwischen Fruchtkörbe (1893 durch v. Kaufmann).
10054 in der Mitte Reiter, in den Ecken schleudernde Krieger, dazwischen Fruchtkörbe.
11438, 11436. Löwe, Hase, Taube u. andere Tiere. (1893 durch v. Kaufmann.)
11422, 11423. Löwenjagden. (1893 durch v. Kaufmann.)

Von Kleidern:
11442, 11443. Brust- und Schulterbesatz, rot und schwarz. (1893 durch v. Kaufmann.)
11429. Löwenkampf; Löwen, Hasen, Jäger. (1893 durch von Kaufmann.)
10056. Reiter auf der Hasenjagd.
11452. Knieende Frau; fliegende Knaben. (1893 durch von Kaufmann.)
10055. Bewaffnete kämpfen gegen Hirsch und Löwe.
11444. Frauenkopf bunt auf rotem Grund, die Umrahmung ahmt einen mit Steinen besetzten Rahmen nach. (1893 durch v. Kaufmann.)
11428, 11457, 11453. Mit Ornamenten. (1893 durch von Kaufmann.)
10057. In Gestalt zweier übereinander gelegten Vierecke mit Ornamenten.
11430 rund, mit Ornament. (1893 durch v. Kaufmann.)
11424, 11455. Langer Streifen mit Medaillons, darin Hase, Taube, Blumenkörbe, Köpfe u. a. (1893 durch v. Kaufmann.)
11431, 11446—11448, 11450, 11451 desgleichen, doppelte Streifen, mit Löwen, Hasen, Figuren. (1893 durch von Kaufmann.)

11434. Langer Schulterstreifen mit buntem gewebtem Muster.
(1893 durch v. Kaufmann.)
13333. Dreifacher Streifen, im mittelsten Löwen.
10058. Ärmelbesatz mit Bäumen.
11450. Buntes Muster mit Kreuzen. (1893 durch von Kaufmann.)

Seidenstickereien, wohl spät: 11437 auf blau, Vögel und einfache Ornamente. — 11458 auf gewöhnlichem Leinen, je zwei Vögel neben einem Baum unter einer Art Arkade. (1893 durch v. Kaufmann.)

b. Schuhe u. ä.

[Einige veröffentlicht bei Frauberger, Antike und frühmittelalterliche Fufsbekleidungen aus Achmim.]

14202. Hohe Stiefel, die Schäfte sind vorn verlängert, so dafs sie das Knie bedecken. Auf dem Fufs ein geprefstes Muster. (Aus Antinoë, 1897 durch C. Schmidt.)
14203. Kürzere Stiefel; man beachte den schneckenförmigen Einsatz am Knöchel. (Aus Antinoë, 1897 durch C. Schmidt.)
14204. Halbstiefel mit niedrigem Schaft. (Aus Antinoë, 1897 durch C. Schmidt.)
Einfache Schuhe, meist aus dunklem Leder, oft zum Schnüren, dabei: 6078 zum Schnüren — 9603 zum Zubinden — 6081 für Kinder.
Schuhe mit Besatz: 10357 reich mit farbigem, ausgeschnittenem Leder benäht — 10355 einfacher — 10352 schwarz, ein Kreis aus rotem Leder vorn aufgenäht — 10353 mit Einfassung und Schnecken aus vergoldetem Leder. — Kinderschuhe, 6079 aus weifsem Leder; 14206 aus Antinoë. (1897 durch C. Schmidt.)
Schuhe mit anderen Verzierungen: 10354 mit einfacher Stickerei — 10351 rot, mit eingesetzten Ornamenten — 10350 Kinderschuh, ebenso, zum Binden.
11857. Pantoffeln, aus rotem Leder, mit geprefsten, vergoldeten Ornamenten in sehr gutem Stil (Löwe, der einen Eber im Walde überfällt; Panskopf). Die Sohle aus Kork, die Spitze offen. Wohl wesentlich älter als die anderen.
Pantoffeln: 10356, 10358, 10359 aus rotem Leder, durch das vergoldete Lederfäden gezogen sind; das Innere der

Sohle aus Papyrus. — 10360 ganz aus Leder, mit aufgenähten und eingeritzten Ornamenten. — 14207 aus rotem Leder mit eingepreßtem Muster. (1807 durch C. Schmidt aus Antinoë.)

Sandalen aus Leder: 10362 mit eingeschlagenen Verzierungen. — 13240 ebenso, mit reich geflochtenen Riemen. — 10301 Kindersandale.

6074. Soldatenschuh aus derbem Leder geschnitten, die Sohle war mit eisernen Nägeln beschlagen.

10219. Schwere Holzsandalen, wie sie z. B. im Bade getragen wurden; mit dem Namen ihres Besitzers, *Phoibammon*, und einfachen Verzierungen. Zusammen mit dem Spiegel 10209 S. 304 und den andern dort aufgeführten Geräten gefunden.

Leisten zu Schuhen für Erwachsene und Kinder.

c. Andere Kleidungsstücke.

Vergleiche für einzelne auch oben S. 387 ff.

10633. Lederner Schurz? darauf ein Stern und der Name *Paniskos*.

11344. Hut? mit schmaler Krempe, geflochten.

10830. Strumpf, rot, vorn wegen des Sandalenriemens geteilt.

10060. Fausthandschuhe, aus Leinen.

10043. Mütze, gestrickt; gelb auf Schwarz, mit Schnurre.

10039. Haarnetz, höchst zierlich aus Leder geschnitten.

Rollen aus buntem Leder, die wohl irgendwie bei der Haartracht verwendet wurden, z. T. mit Kreuzen verziert; besonders schön 13226. — 13222 aus arabischen Papyrus hergestellt, die mit Pergament umwickelt sind; darauf gemalte Heiligenbilder.

Gürtel: 10038 Leinwand, mit Schnüren benäht. — 10770 aus Leder mit eingepreßten Ornamenten.

Geflochtene Schnüre, vielleicht Enden von Gürteln: 10642 mit Goldfäden besponnen. — 10041 Silberstücke und Korallen eingeflochten. — 10037 höchst zierlich, aus Lederschnüren geflochten.

10031. Fächer an einem Stab, von der Bemalung noch ein Heiligenschein sichtbar mit der Überschrift *Erzengel Michael*.

d. Schmucksachen und Amulette.

9927. Goldring mit den altchristlichen Symbolen des Ankers und Fisches; um diese her *i-ch-th-y-s*, das griechische Wort für Fisch und zugleich die Anfangsbuchstaben der griechischen Worte „Jesus Christus, Gottes Sohn, Heiland".

Fingerringe aus Eisen und Bronze. Meist Siegelringe mit einer Platte mit roher Gravierung (2 Figuren, 2 Köpfe u. ä.); andere mit einer Art Knopf.

991. Sassanidischer Siegelstein, männlicher Kopf (vgl. Verzeichnis der Vorderasiat. Altert. S. 77). Interessant, weil vielleicht von der neupersischen Eroberung herstammend (S. 19 unten).

10390. Armringe aus Bronze mit rohen Löwenköpfen; plump und schwer.

Desgleichen bessere aus Silber, Bronze, Eisen und Knochen; die kleinen vielleicht für Kinder. Auch mit gravierten Platten daran.

Ohrringe: Einfache Ringe. — Desgl., aber mit angehängten vergoldeten Plättchen und anderen Anhängseln. — Mit aufgereihten Perlen, dabei 10421 als Delphin. — Mit einer facettirten Kugel. — Mit einer durchbrochenen Kugel. — Mit einer grofsen Scheibe aus Drähten. — Mit Ringen und Knöpfen.

1831. Eiserne dünne Ringe, z. T. an den Enden mit Schlangenköpfen.

2800. Schnalle mit Gravierung: Heiliger zwischen Bäumen.

12698. Elfenbeinscheibe an einem dreifachen geflochtenen Lederriemen.

Haarnadeln, ziemlich lang: 10439 zwei mit vergoldeten Köpfen. — 11503 aus Bronze. — 10443 aus Perlmutter. — 2726. Drei Nadeln mit einem Kopf.

10210—10214. Haarnadeln aus Knochen oder Holz; die letzteren zierlich und einst mit echten Perlen besetzt. (Aus einem Grabe bei Medum, vgl. S. 304.)

Kleine Kreuze, als Anhänger.

11596. Taube, aus Blech geschnitten, darauf ein Kreuz.

Amulette mit Salomo, der als Vertreiber von Krankheiten galt: 10255 aus geprefstem Blech. Vorn Christi Einzug in Jerusalem; der Heiland hält das Kreuz, die Begrüfsenden Palmzweige, dabei *Gelobet sei* ... Hinten *Siegel Salomos* und zerstörtes Bild. — 10040 Salomo als Reiter durch-

304 X. Aus spätrömischer und christlicher Zeit.

bohrt die Schlange, geprefstes Blech. — 10461 ebenso aus Knochen. — 9032 ähnlich, er durchbohrt ein menschliches Wesen; hinten *Salomo*. (Geschnittener Stein.)
Amulett und Schmuck eines Toten aus den Gräbern von Antinoë, ihm an einer Schnur umgehängt: Blätter aus Eisen (auf dem einen Salomo), eiserner Ring, Glasperle.
9878. Palmbaum, hinten griechisch: *ich rufe dich an Jesus Christus, den Nazarener* . . . . (Geschnittener Stein.)
9879. Betende Frau, hinten: *einer ist Gott*. (Geschnittener Stein.)
2148. Hölzerne Amulettafel mit der seltsamen Aufschrift *bus bos boai boa bus, zi psis tua laile*; der Anfang des auch sonst bekannten Zaubers ist die Deklination des griechischen Wortes *bus* „Rind", der Schlufs ist vielleicht koptisch.

e. Toilettengeräte.

10209. Spiegel aus Holz. In Gestalt eines Tempels mit rundem Giebel; mit zwei Säulen, die Büsten tragen; die Thür dient als Deckel. Innen ein kleiner gläserner Spiegel. Im Griff ein Kasten. — Daraus etwa die Schminkgriffel 10215—10217. (Aus einem Grabe bei Medum, dem auch die Haarnadeln 10210—10214, die Spindel 10218, die Badeschuhe 10219 und die Glasgefäfse S. 447 entstammen sollen.)
14226. Elfenbeinthürchen, wohl von einem ähnlichen Spiegel; mit Vögeln und Blumen bemalt.
10368. Stucktafel mit eingelassenen Glasstücken; wohl auch Spiegel?
Schminkbüchsen, einfache längere Holzrohre: 4716 mit eingeschnittenen Mustern, der Griffel Bronze. — 10382 bunt bemalt. — 9570 mit Lederüberzug und gedrehtem Stöpsel; der Griffel Eisen. — 14227. Mit der Aufschrift: *Heiliger Markus hilf*, darin silberne, vergoldete Griffel. — 13474. Von einer ähnlichen. Aus einem Frauengrabe in Antinoë.
Kämme aus Holz, doppelt, ähnlich den noch heute gebräuchlichen. Dabei: 13732 mit einem Kreuz, von einer der S. 388 besprochenen Männermumien. — 6815 mit Kreisen verziert. — 13400, 13401 mit eingeschnittenen Mustern.

13243. Ring, daran vier kleine eiserne Geräte (Zange, Messer, Pfriem), die wohl zur Toilette dienten.
2811. Löffelchen, der Griff ein Kreuz. Br.

E. Hausrat und Geräte.
a. Kästchen u. ä.

Holzkästchen mit Eisenbeschlägen, geprefsten Bronzeornamenten, Henkeln und künstlichen Schlössern. Wohl zu Schmuck o. ä.: 10528 ruht auf Löwen, innen 8 Fächer. Oben eine Maske, an den Seiten Weinranken und Victorien. — 10529. Unten ein Schubkasten, darüber ein grofses und zwei kleine Fächer. Nur Eisenbeschläge, auf dem oberen dreierlei auf Christus deutende Zeichen: das Lebenszeichen mit A und O wie S. 384 und das Monogramm in zwei verschiedenen Formen. — 10530 Hinterwand; auf dem Beschlag: Reiter, der Hirsch und Löwen jagt; Eros (?), Aphrodite in der Muschel, Leda.
10040. Kastenbeschlag? Maske, darüber Satyr und Frau tanzend?
Kästchen für Wiegeschale und Gewichte, mit eingeschnittenen Vertiefungen für die einzelnen Stücke: 12043 mit Einsatz, auf dem Deckel ein Kreuz. — 12081 einfacher.
13330. Kästchen mit Schiebedeckel, roh bemalt.
13230. Geschnitztes Holzbrett. Vögel und Rehe (?) zwischen Rankenwerk. Wohl Teil eines Kästchens.

b. Schlofs und Schlüssel.

13329. Vorhängeschlofs, das aus einem mit Blech beschlagenen Kasten und einer Kette besteht. Die innere Einrichtung der heutigen ähnlich.
2648. Schlüssel aus Eisen, schon in der heutigen Form, aber noch zum Schieben, nicht zum Drehen.
2676. 2680. Ringe mit Ansätzen, vielleicht Schlüssel.

c. Thonlampen (vgl. S. 374).

Die Bronzelampen siehe oben S. 386.
10335 als Fisch, der einen kleineren verschluckt; mit Kreuz und Christusmonogramm. Über den Fisch vgl. S. 393 oben.
In gewöhnlicher Form: 9307 neben einem Krokodil ein nacktes Weib, das in der L. ein Brot (?) mit einem Kreuz

X. Aus spätrömischer und christlicher Zeit.

erhebt. Wohl Darstellung einer Legende [Ä. Z. 1890, 63].
— 10336 Mann und Frau betend. — 10103 am Rand
Hasen, Löwen u. s. w. — 13585 das Christusmonogramm
in älterer Form. — 13533 am Henkel ein stehendes Kreuz.
— 13626 mit einem Fisch.

d. Schreibgeräte.

10405. **Ledertasche für Schreibgerät**, vorn ein breites
Futteral, in dem noch ein eigentümliches hölzernes Gerät
steckt, hinten fünf enge zu Federn.

13238 desgleichen, darin noch die Rohrfedern und die
zum Schreiben auf Wachs gebrauchten Griffel.

11352. **Schreibzeug**: an dem Futteral zu den Federn ist,
ähnlich wie bei den modernen arabischen, das Tintenfafs mit einem Lederriemen befestigt. H., bemalt.

Tintenfässer aus Fayence: 13315 rund, — 14224 in Form
eines Kastens mit Schloss; darin Fächer für Federn. —
(1808 durch C. Schmidt.)

Geräte eines Schülers aus Arsinoë (Faijum), sehr spät:
9018 Kästchen aus einem Stück, mit drei Fächern. Auf
dem Deckel Kreuz in einer Kirche. 9039 Schreibtafel
aus Holz (S. 241. 375), darauf griechisch in barbarischer
Orthographie Psalm 114 und der Anfang von Psalm 115.
— 9040 Schreibtafel in dialektischem, unorthographi-
schem Koptisch; man versteht nur: *ich sah einen Jüngling . . . . . . ich sagte zu ihm: „wer bist du? lafs es mich
wissen."* Er sagte: „ich bin Jakob." (Gesch. Schweinfurth
1880.)

10531. **Tafel zu Notizen**: Holztafel mit Wachs überzogen,
die Schrift unlesbar. (Gesch. H. Wallis 1888.)

10035. **Kerbholz zum Rechnen**: ein Papyrusstengel, auf
der einen Seite die Kerbe, auf der andern griechisch
aufgeschrieben die Summierung. Danach hat *Johannes,
Mulio* (lateinisch: Maultiertreiber) *von Ibiotropheion* hier-
auf seine tägliche Leistung notiert, was am 15. Pachon
des 8. Steuerjahres zusammen 28 Artaben Korn ergab.

e. Musikinstrumente.

10376. 10377. **Cymbeln**, zwei kleine Bronzebecken, die mit
Glöckchen besetzt waren und aneinandergeschlagen wurden. Eingravierte Ornamente.

10375. **Kastagnette** aus Holz (vgl. S. 220), schon in der
Art der heutigen.

f. Handwerkszeug u. ä.

Webegeräte: 12656. 12657. Webebäume? — 10625 das
Ried, eine Art Gitter zum Festschlagen der Fäden.
10380 die Schäfte, über die die Fäden laufen.
Flachskämme mit Stiel, 11598 mit Kreisen verziert.
Spinngeräte in mehreren Exemplaren; es gehören zusammen
eine Spindel, ein Rocken und eine Art Schlinge aus
Papyrus. Dabei: 6929 Rocken mit gelber Musterung
und der Aufschrift *empfange den Segen des heiligen Mena,
schöne Frau*, also wohl am Grabe dieses Heiligen (S. 387)
geweiht und an Pilger verkauft. — 13969. Rocken aus
Rohr mit buntem Leder überzogen; Aufschrift: *arbeite in
Gesundheit, goldene Frau Euphemia.* — 10218 Spindel
aus dem S. 394 erwähnten Grab von Medum. — 12607
Schlinge, doppelt.
10400. Pfriem aus Holz.
10402. Garnwickel aus Stein, mit einem rohen Kopf. —
10403. 10464. Köpfe von solchen?
13331. 13332. Stemmeisen und Drillbohrer, auf dem
ersteren das Lebenszeichen, ein Kreuz und *Bik* d. h.
Victor.
13328. Brett mit Rillen und einem Handgriffe, unbekannter
Bestimmung.

g. Verschiedenes.

13793. Grofser Untersatz zu drei Krügen. Durchbrochen,
unter den rohen Ornamenten das Lebenszeichen (vgl.
oben S. 384, 395.) Th.
795. Grofser Sack zu Korn u. s. w. (Lepsius aus Der-el-
bahri.)
789. Eselsattel, nur das Gestell. (Ebendaher.)
Stempel: 9076 aus Holz; vorn Löwe und Kreuz, hinten
Monogramm. — 11853 aus Stein; vorn Reiter, hinten
Ornament.
9359. Gufsform wie S. 394, ein Engel mit Kreuz, dabei
Michael.
13730. Bemalte Stuckfigur eines hockenden Knaben,
betend (?), unbekleidet, am Hals ein Amulett. Die Figur
safs in einer Art Gefäfs. Von Dr. C. Schmidt in einem
christlichen Grabe zu Antinoë, bei der Leiche eines
jungen Mädchens gefunden. (1897.)

XI. Aus der älteren arabischen Zeit.

Die Altertümer der Christen dieser Zeit siehe im vorigen Abschnitt.

a. Arabische Inschriften.

Da der Islam bildliche Darstellungen verbietet, bethätigt sich der Kunstsinn besonders in der eleganten Ausgestaltung der Schrift. Zumeist Grabschriften, voll von Koransprüchen, seltener Bauinschriften.

9063. Tafel mit einem Koranspruch (II, 256) in schöner erhabener Schrift, vielleicht aus einer Moschee: *Im Namen Gottes, des barmherzigen und gnädigen. Gott, es giebt keinen Gott aufser ihm, der Lebendige, der Ewige, ihn ergreift nicht Schlaf und nicht Schlummer, ihm gehört, was in den Himmeln und was auf der Erde ist. Wer kann bei ihm Vermittler sein ohne seinen Willen? Er weifs, was da war und was da sein wird und sie begreifen etwas von seinem Wissen nur insoweit er will. Sein Thron ist gebreitet über die Himmel und die Erde und beider Überwachung ist ihm keine Bürde und er ist der erhabene und der mächtige.* — (1880 durch Travers) W. Marm. h. 70 cm.

9563. Bauinschrift einer Moschee aus Assuan: *Im Namen Gottes, des barmherzigen und gnädigen. Nur der pflegt recht die Moscheen Gottes, der an Gott glaubt und an den jüngsten Tag und das Gebet verrichtet und die Religionssteuer giebt und nichts fürchtet aufser Gott. Fürwahr jene werden zu den recht Geleiteten gehören. Diese gesegnete Moschee gehört zu dem, dessen Errichtung befohlen hat der Emir Seif-eddaula Abu Mansur Hatlag (?) el Afdali, aus Sehnsucht nach der Zufriedenheit Gottes des erhabenen und in Hoffnung auf seine Belohnung und aus Furcht vor seiner Strafe, in den Monaten des Jahres 491* (1098 n. Chr.) *und Gott lasse es ihm wohlgehen mit ihm (?) und mit seinem reinen Geschlecht.* - Der genannte Fürst dürfte ein Präfekt von Assuan sein, das als wichtige Grenzstadt damals einen

a. Arabische Inschriften.

besonderen Verwaltungsbezirk bildete (vgl. unten 13727). Nach seinem eigenen Namen zu urteilen, war er von fremder Herkunft und ein Freigelassener des allmächtigen Veziers el Afdal; der Ehrentitel Seif-eddaula, *Schwert der Herrschaft*, deutet auf einen hohen Offizier. Unter dem *reinen Geschlechte* sind wohl die damals regierenden Fatimidensultane, als Nachkommen Mohammeds, zu verstehen. (1880.) K. br. 52 cm.

7735. Grabstein eines Mohammed ibn Jahja; die einfache Schrift deutet auf das achte oder neunte Jahrh. n. Chr. *Im Namen Gottes, des barmherzigen und gnädigen,*

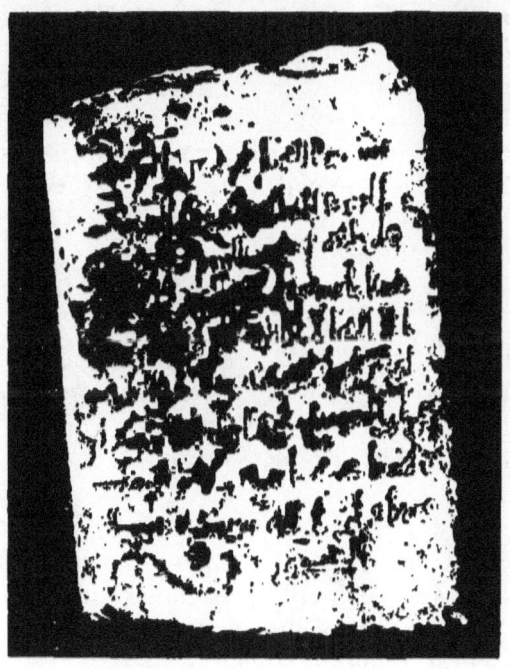

Abb. 73. 7735 Arabischer Grabstein.

Lob gebührt Gott, welcher bestimmt hat den Tod über seine Geschöpfe und zugeschrieben sich selbst das Erbarmen. Dies ist, was bekennt Mohammed ibn Jahja. Er bekennt: daß kein Gott ist außer Gott allein, der keinen Genossen hat, und daß das Paradies Wahrheit ist und daß das Feuer (der Hölle) Wahrheit ist und daß der Tod Wahrheit ist und daß die Auferweckung Wahrheit ist und daß die Stunde ganz zweifellos kommen wird und daß Gott auf-

erwecken wird, die in den Gräbern sind. (Dutilh) W.
Marm. h. 27 cm. [Abb. 73.]

10177. Vom Grabstein des .... ibn Ahmed, der im
Jahre 246 (d. h. 858 n. Chr.) starb. Mit einfachem Ornament. — (Gesch. Schweinfurth 1887, aus Alt-Kairo.)
W. Marm. br. 37 cm.

13727. Grabstein des Emir Zeid, Sohnes des Emir Tarhan,
Sohnes des Emir Adil u. s. w. Die Genannten waren
sämtlich Emire der Stadt Assuan (vgl. oben 9563); der
Titel Emir ist bei allen später ausgekratzt. (1896 durch
Borchardt.) K. h. 60 cm.

13852. 13853. Grabsteine aus dem nördlichen Nubien, der
letztere eines *Gabriel Sohnes des Jahja, Freigelassenen des
... Sohnes des Ismail.* (1897 durch Borchardt.) Sdst.
h. 60 und 36 cm.

11105. Pfeiler von der Galerie eines Minarets. Auf
dem Knauf rohe Inschrift; das Glaubensbekenntnis und
der Name Mohammed ibn Ahmed. Aus dem Schutthügel der Stadt Klysma bei Sues. (Gesch. Th. Meyer
1890.) W. Marm. h. 95 cm.

b. Verschiedenes.

12446. Spiegel, auf der Rückseite zwei menschenköpfige Ungeheuer und Segenswunsch für *seine Besitzerin*.

10521. Bronzenapf mit verwischter Inschrift.

Thürschlösser aus Bronze: 2736 als Löwe.   2737 als
Pferd.

2735. Löwe als Fuß eines Gerätes.

Hölzerner Stempel (wie S. 376) mit einem Personennamen.

Fingerringe aus Metall, meist mit Platten mit Inschriften:
987 die Platte mit Silber eingelegt.   2674 aus Bronze,
als Inschrift sinnlose Striche.

Amulette, Metalltafeln, dabei: 2720 mit einem seltsamen
Bilde (Mann, der den Eimer aus dem Brunnen zieht.)
   2723 mit Koransprüchen wie: *ich nehme meine Zuflucht zu dem Herren der Menschen, zu dem Könige der
Menschen, zu dem Gotte der Menschen, vor dem Bösen des
Einflüsterers ... der da einflüstert in das Herz der Menschen,
und vor den Geistern und den Menschen.*

P7510. Leinwandstück mit zierlicher Stickerei (Sprüche)
in blauer Seide.

XII. Aethiopische Denkmäler.

Die Denkmäler der aegyptischen Herrschaft in Nubien siehe S. 110. 122. 130; solche der älteren Aethiopenkönige, die Aegypten zeitweilig unterwarfen (vgl. S. 15), siehe S. 243. 252. 253; solche des nördlichen Nubiens aus griechisch-römischer Zeit S. 332.

Seit dem siebenten Jahrhundert entschwindet Aethiopien fast ganz unsern Blicken und wir können auch nicht annähernd die Zeit oder die Reihenfolge der uns bekannten Herrscher bestimmen. Aus griechischen Quellen wissen wir, dafs das aethiopische Königtum in der späteren Zeit von der Priesterschaft abhängig war und dafs die Residenz später von Napata (am Gebel Barkal) südwärts nach Meroë (Begerauie) verlegt wurde. Aus den aethiopischen Denkmälern selbst sieht man, wie das Land immer mehr in Barbarei zurücksinkt. Die Kenntnis der aegyptischen Sprache schwindet so sehr, dafs die darin abgefafsten Inschriften kaum verständlich sind; dann tritt an ihre Stelle die einheimische uns unbekannte Sprache, die man sowohl in einer hieroglyphischen als auch in einer alphabetischen Kursivschrift schreibt. Beide sind noch unentziffert, doch erlaubt das wichtige Denkmal 7261, S. 404 einige Zeichen zu bestimmen.

A. Aeltere Denkmäler.

1481. Altar, von König Senka-amen-seken, einem der älteren Aethiopenkönige, in den Tempel des Amon von Napata geweiht. Die Oberfläche scheint durch langen Gebrauch abgenutzt. Die Inschriften, noch in gutem Aegyptisch, enthalten den Namen des Königs. Aus Gebel Barkal. - (Lepsius) Grauer Gr. h. 1,00 m. [LD V, 15a.]

13188. Kopf einer Königsstatue mit der Krone von Oberaegypten; südlich von Wadi Halfa gefunden. — (Gesch. von Oppenheim 1896) D. Gr. h. 28 cm.

2240. Statue des Königs Amatiru, der als Osiris dargestellt war; plump, der Kopf ergänzt. An der Basis steht aegyptisch: *Alles Leben, alle Dauer und aller Genuss, alle Gesundheit und alle Freude sind an den Füssen dieses guten*

Gottes, den alle Menschen verehren. Dürfte etwa in das 7. oder 6. Jahrh. v. Chr. gehören. Aus Napata. (Lepsius) Grauer Granit h. 74 cm. [LDV, 15 n p.]

2268. **Siegesdenkmal eines Königs Nastesen**, der etwa zur Zeit der Perserherrschaft regiert haben mag. Vorn betet der König vor dem widderköpfigen aethiopischen Amon von Napata und vor dem menschenköpfigen aegyptischen Amon von Theben; beiden überreicht er eine Brusttafel (S. 188) und eine Perlenschnur. Zwei Königinnen begleiten ihn dabei und giefsen Wasser vor dem Gotte aus; r. die Königin Sechmech, die *Herrin (?) von Aegypten*, l. die Königin Mutter Perucha als *Herrin von Aethiopien*. Auch Titel und Abzeichen des Königs zeigen, dafs zu seiner Zeit die frühere Herrschaft der Aethiopen über Aegypten noch nicht vergessen war.

Die aegyptische Inschrift, deren sprachliche Verwilderung kaum ihres Gleichen hat und die offenbar von einem der aegyptischen Sprache und Schrift fast unkundigen Nubier herrührt, erzählt in schwülstigem Stil die Thaten des barbarischen Königs in den 8 ersten Jahren seiner Regierung.

Im Jahre 8, im 1. Wintermonat am 9. Tage unter Horus, dem starken Stier, der von den Göttern geliebt ist und in Napata erschien; dem Herrn beider Diademe, dem Sohne des Re, Nastesen; dem Horus, dem Stier, der seine Feinde unter seinen Sohlen zertritt; dem grofsen, verschlingenden Löwen, der alle Länder befestigt; dem Sohn des Amon, dessen Arm grofs ist, der alle Länder weit macht; dem Sohn der Götter, dem Starken, ... der alle Rede weifs wie Thoth; dessen Füfse eilen, der alle Länder baut wie Ptah; der alle Wesen ernährt wie Amon; dem Sohn der Isis, dem Starken .. der die beiden Länder schützt; dem Sohn des Re, Nastesen, dem Sohn des Amon, der im Himmel gepriesen ist.

Ich teile euch mit:

Der König von Ober- und Unteraegypten Anch-ke-re, der Sohn des Re, der Herr der beiden Länder, Nastesen spricht:

Als ich „der gute Sohn" (Thronfolger?) in Meroë war, rief mir Amon von Napata, mein guter Vater zu: „Komme!" Da rief ich alle .... des Königs, die in Meroë waren und sagte zu ihnen: „Kommt, geht und sucht mit mir unseren Schiedsrichter." Sie sagten zu mir: „Wir werden nicht mit

a. Ältere Denkmäler.

dir gehen; du bist ja sein guter Sohn und Amon von Napata, dein guter Vater, liebt dich."

*Ich brach am Morgen auf und kam nach Est-res.....
Ich brach am Morgen auf und erreichte die Stadt Te-heh, (gegenüber von Napata) den grofsen Löwen, den Garten, aus dem der König Pianchi-erur entsprossen ist. .... Es kamen zu mir alle Leute vom Amonstempel und alle Vornehmen von den Städtern und redeten mit mir. Sie sagten zu mir: „Amon von Napata, dein guter Vater, hat dir die Herrschaft von Nubien zu Füfsen gelegt." .... Ich stieg hinab in ein Schiff und fuhr hinüber zum Hause des Re. Ich stieg auf grofse Pferde und kam zum grofsen Tempel. Da warfen sich die vornehmen Leute und alle Amonspriester vor mir nieder und jeder Mund pries mich. Ich stieg hinauf und öffnete die grofsen Thore. .... Ich sagte dem Amon von Napata, meinem guten Vater, alles was in mir war, indem die Leute des Amon von Napata zuhörten. Da gab mir Amon von Napata, mein guter Vater, das Königtum von Nubien, die Krone des Königs Har-si-jot und die Stärke des Königs Pianchi-erur. ....*

Im Folgenden wird erzählt, wie er dem Amon von Napata ein Fest feiert, bei dem er von der Priesterschaft als König zu Meroë anerkannt wird. Dann fährt er nordwärts zum Amon von Per-gem-aten, der ihm *dasselbe sagte, was ihm Amon von Napata gesagt hatte* und weiter zum Amon von Pnubs (in der Gegend von Wadi Halfa). Er kehrt nach Napata zurück und erzählt dem dortigen Amon, was ihm jene geringeren Götter gesagt haben. Von Napata aus besucht er die Bast in der stromaufwärts gelegenen Stadt Ter, und auch diese bestätigt ihn in der Herrschaft. Dann macht er dem Amon von Napata grofse Geschenke: *4 Gärten mit 36 Leuten, Weihrauch, Honig, Myrrhen, 3 Statuen im Gewicht von 3 Deben* und eine grofse Anzahl silberner und kupferner Gefäfse.

Es folgen dann acht Feldzüge, in denen er besonders Vieh, Weiber und Gold erbeutet, so z. B. *Wieder etwas anderes. Ich schickte das Heer gegen die feindlichen Länder Reber und Akerker und ich machte ein grofses Gemetzel. Ich fing den Fürsten Rebden und alles was er an Gold hatte, unzählig viel und 203216 Rinder, 603107 Stück Kleinvieh und alle Weiber, sowie alles das, wovon sich die Menschen ernähren. Ich schenkte den Fürsten dem Amon von Napata, meinem guten Vater. Dein Arm ist stark, dein Rath ist gut.*

Nur bei einem dieser Feldzüge ist er selbst der Angegriffene; der Gegner *Kmbswdn*, dessen Land nicht genannt ist und der auf Schiffen ankommt, könnte wohl Kambyses sein, der bekanntlich einen vergeblichen Zug gegen Aethiopien unternahm. In den beiden letzten Feldzügen des Nastesen handelt es sich um das Zurückholen von Weihgeschenken des Königs Asperuta, die von dem nubischen Wüstenvolk der Matoï (vgl. S. 184) aus Pergem-aten und Ter geraubt waren.

Der Schluſs der ganzen Inschrift lautet etwa: *Ja, o Amon von Napata, mein guter Vater, die Sache die du nicht unterstützst, kommt nicht zu Stande; ja wenn dein Mund nicht wäre, so hätten die Menschen nichts zu leben unter dem Himmel.* In Dongola erworben, wahrscheinlich aber aus Napata am Gebel Barkal. — (Gesch. Gr. Schlieffen 1871) Grauer Gr. h. 1,63 m. [LD V, 16.] [Phot.]

b. Jüngste Denkmäler.

2259. Thürpfeiler von der Pyramide einer Königin Amenari Kandake, die Inschrift noch aegyptisch. Kandake war ein ständiger Name aethiopischer Königinnen, es braucht also nicht die in der Apostelgeschichte (8, 27) erwähnte zu sein. Begerauie. (Lepsius.) Sdst. h. 1,08 m. [LD V, 47 a.]

2246. Von derselben Thür der Königin Amen-ari. (Lepsius.) Sdst. h. 31 cm.

7201. Untersatz für einen Schrein mit dem Götterbild, von dem Aethiopenkönig Netek-amon und seiner Gemahlin Amen-tari in den Tempel der Isis zu Ben-Naga in Nubien geweiht. Wichtig als einziger Anhalt zur Entzifferung der aethiopischen Schrift, da die beiden Königsnamen innerhalb der Inschriften aegyptisch, über ihren Bildern aber aethiopisch geschrieben sind; wir lernen so acht Zeichen des aethiopischen Alphabetes (etwa *a, i, k, m, n, r, t, ta*) kennen. Vorn die Göttin *Sechmet, die Herrscherin des Südens, den Himmel tragend;* hinten eine Göttin des Nordens, links der König, rechts die Königin in der gleichen Handlung. Der König trägt als Aethiope (S. 244) zwei Königsschlangen, Ohrringe und Halsketten. Beischrift neben dem Könige: *du bleibst, du bleibst auf dem groſsen Throne, o Isis, du Herrin von Aker, wie die*

b. Jüngste Denkmäler. 405

Sonne, die im Horizonte lebt und läfst gedeihen deinen Sohn Netek-Amon auf seinem Throne. — (Lepsius.) Sdst. h. 1,18 m.
2261. Ein König mit dem Vornamen Neb-ma-re (dem Namen Amenophis' III., der soviel in Nubien gebaut hatte, nachgeahmt) sitzt unter einem Baldachin, von dem noch die vordere Säule sichtbar ist, und nimmt die Speisen entgegen, die ihm die Angehörigen geben. Vor ihm sieht man noch die Räucherpfanne. Hinter dem Könige Isis,

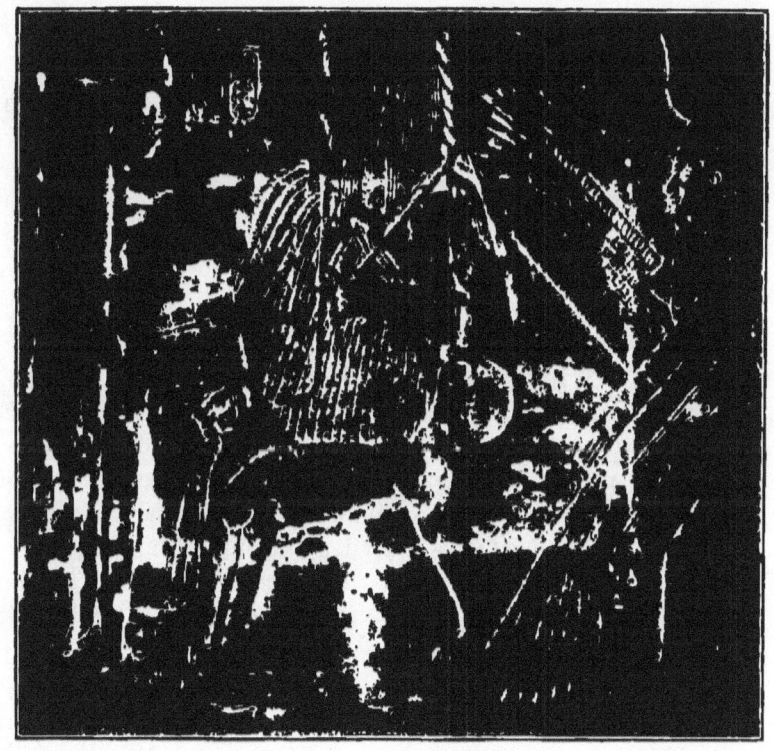

Abb. 74. 2261 König beim Totenopfer (nach Mertens).

die ihn mit den Flügeln schützt (fast ganz ergänzt). Der König hat Negertypus, einen Backenbart, Ohrringe und das Diadem der Aethiopenkönige; er trägt Ringe, deren einer 4 Finger bedeckt (S. 242), allerlei Schmuck, eine Geifsel und ein Szepter, das in einen Schlangenkopf und eine Kapelle endet. Der Name ist in aethiopischen Hieroglyphen geschrieben. Von der Pyramide des Königs in Begerauie. (Lepsius.) Sdst. l. 1,60 m. [Abb. 74.] [LD V, 51a.] [Phot.]

XII. Aethiopische Denkmäler.

2260. Von dem Gegenstück des vorigen, auf dem ihn zwei Götter bedienen; vom Könige sind nur noch Füfse und Szepter sichtbar. Anubis und Nephthys giefsen Wasser auf einen Opferstein; Anubis trägt ein langes Kleid, sein Schakalskopf ist noch gute Arbeit. (Lepsius.) Sdst. h. 1,34 m. [LD V, 50d.]

2247. Vorderteil eines Löwen, das als Verzierung aus einer Wand hervorsah. Von Begerauie. (Lepsius.) Sdst. l. 44 cm.

2244. 2245. Kopf einer Königin und ihr Name *(Amon ..... in aethiopischen Hieroglyphen)* von ihrer Pyramide (vgl. die ausgestellte Abbildung des ganzen Reliefs); derselben Königin, deren Goldschmuck S. 407 ff. besprochen ist. Sie ist sehr dick und hat kurze Locken; trägt eine Kopfbinde mit einem Widderkopf und auf dem Haupte einen Geier mit ausgebreiteten Flügeln. Ein Streifen um Kinn und Wange ist vielleicht der Saum eines Schleiers. Über dem grofsen Kragen eine Schnur mit Kugeln. — Begerauie. (Lepsius.) Sdst. [LD V, 40].

2253. Grabstein, der in einer Pyramide von Begerauie aufgestellt war, mit sechszeiliger Inschrift in der aethiopischen Kursivschrift, die eine rein alphabetische Schrift war und die Worte durch Doppelpunkte trennte. Der Tote (mit Kopfbinde, in der R. Palmzweig und Blume) betet vor dem thronenden Osiris, den Isis mit ihren Flügeln schirmt. Am Thron des Gottes das alte Zeichen der Vereinigung beider Aegypten (vgl. S. 80 u. ö.). — (Lepsius.) Schw. Gr. h. 47 cm. [LD V, 54e. LD VI, 10. 45.]

2255. Opferstein aus einem Grabe. Anubis und Nephthys giefsen aus Krügen Wasser auf einen Opferstein, von dem es in eine Schale läuft, die die Form des Namensringes der Könige (S. 200) hat. Am Rand Inschrift in aethiopischen Hieroglyphen. Begerauie, aus einer Pyramide. — (Lepsius.) Sdst. br. 63 cm.

2254. Opferstein. Wie der vorige, doch haben die Krüge hier grofse Henkel; auf dem Opferstein vier Gefäfse, unter ihm die Schale. Die Inschrift kursiv. Begerauie, aus einer Pyramide. — (Lepsius.) br. Sdst., br. 44 cm. [LD VI, 9.]

2267. Von einem Opferstein; die gleiche Darstellung eingeritzt. Inschrift kursiv. — (Lepsius) K. h. 23 cm. [LD VI, 7,22.]

b. Jüngste Denkmäler. c. Schmuck einer Königin. 407

2260. Abflufsrinne eines Opfersteins. Inschrift kursiv. Begerauie, aus einer Pyramide. — (Lepsius.) Sdst. h. 17 cm. [LD VI, 10, 48.]

2250. Von einer roh eingekratzten Darstellung aus einer Pyramide von Begerauie. Rechts stand eine grofse Göttin, hinter ihr zwei dicke, betende Frauen mit Palmzweigen. Vor der ersteren kursive Inschrift, ihr Gebet oder ihr Name. - (Lepsius.) Sdst. h. 48 cm. [LD VI, 8,39.]

2251, 2252, 2264. Von grofsen Inschriften in Kursive, aus denselben Pyramiden. — (Lepsius.) Sdst. u. R. Gr. [LD VI, 8, 38. 40; ib. 10, 46. 47.]

2263, 1071. Von kursiven Inschriften aus Begerauie und Sedeïnga. (Lepsius.) K. [LD VI, 10, 49; ib. 7, 24.]

2258. Isis und Horus (ergänzt, insbesondere die Köpfe und der Körper des Kindes). Die Statue war in älterer Zeit unvollendet geblieben; als sie später trotzdem verwendet werden sollte, wurde sie an den auffälligsten Stellen geglättet und hinten mit einer Inschrift in aethiopischer Kursive versehen. — (Lepsius, Napata.) Grauer Gr. h. 1,14 m. [LD VI, 7, 28.]

2257. Das aegyptische Zeichen für „Leben" in einer Umrahmung. Es diente wohl als Verzierung eines Gebäudes. Aus Ben-Naga. — (Lepsius.) Sdst. h. 50 cm.

c. Schmuck einer Königin.

Vgl. zu 2244 S. 406; in dem Gefäfs 4374 (S. 410) von Ferlini gefunden; ein Teil des Fundes in München. — Mit wenigen Ausnahmen wohl alles aethiopische Arbeit. Inwieweit die jetzige Anordnung der Kragen und Ketten der alten entspricht, ist nicht zu ersehen. [Abb. 75.] [LDV, 42.] [Phot.]

1757. Halskragen in der Art der älteren aegyptischen (S. 74, 210). Meist aus Perlen von Halbedelsteinen, Muscheln, Fayence und Glas; daneben auch Augenamulette.

1755 desgleichen, aber neben den Perlen und Augenamuletten auch Lebenszeichen, Osiriszeichen (S. 283), Königsschlangen, Käfer, Augen und Fische, in entstellter Form.

Armringe (Gold- und Zellenschmelz). Sie waren wohl zu mehreren nebeneinander auf einen breiten Lederstreifen aufgenäht, der den ganzen Unterarm umgab und innen geschlossen wurde (vgl. die Arme des Königs in 2261

S. 405): 1639, 1640 mit Bildern des Gottes Chons, oben am Rand Königsschlangen. — 1641, 1642. Göttinnen mit vier Flügeln und 4 Armen; auf dem Scharnier die Göttin Mut auf einer Blume. — 1643, 1644 über dem Scharnier ein Tempelthor, durch das man zwei andere erblickt (S. 267, 821), sowie Götterkopf über einem Kragen.

1758. Teile einer Kette aus getriebenem Gold und blauem Schmelz, die Anordnung ist nicht mehr herzustellen. Auf der größten Perle der Kopf des Königs, andere als Muscheln, Lebenszeichen, Augen.

1759. Ähnliche Teile, aber in Zellenschmelzarbeit: eine Lotusblume und Lebenszeichen; Augenamulett, Getreidekörner.

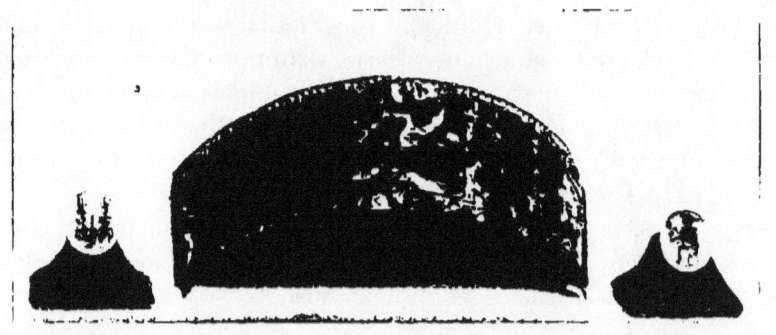

Abb. 7. Armring und Fingerringe einer aethiopischen Königin nach Mertens.

1754. Augenamulette in Gold und Zellenschmelz, ohne den unteren geraden Strich.

1759. Kettchen, die Enden als Schlangenköpfe.

1657—1660. Schakale, z. T. mit Königsschlangen vor sich.

1654—1656. Käfer, die Augen aus Schmelz.

1651—1652. Große Perlen aus schwarzem Stein, darauf ein Reifen und ein Auge aus Gold.

1650, 1653. Kleine Perlen, ähnlich, darauf ein Auge aus Gold und Schmelz.

Kugelförmige Perlen aus getriebenem Silber.

1661—1664. Hathorköpfe zwischen zwei Schlangen, getrieben und mit Schmelz.

Götterfiguren: 1649 Amon, widderköpfig. — 1645—1648 Chons, der Mondgott.

1665—1668. Löwen, liegend.   1605. Getreidekörner aus Silber.

c. Schmuck einer Königin.

Kugeln mit Ringen, 1690 aus Silber, die andern aus hellem
Gold.
Kleiner Ring mit drei kleinen Kugeln (1693), Silber,
vergoldet.
Anhänger in Form flacher Ringe mit zwei Knöpfchen.
Silber. (Ähnlich wie 12099, S. 362.)
Glöckchen aus Gold.

Griechische Gemmen.

1753. Tragische Maske und 1751 Athenekopf, Kameen.
1752. Demeterkopf, Glaspaste.

Fingerringe.

Soweit nicht anders angegeben, alle aus Gold, und von der
gleichen einfachen Form; auch die Gravierung der ovalen Ringplatte
dürfte zumeist von ein und demselben aethiopischen Künstler herrühren.

Amon, widderköpfig, dabei: 1721 in einer Kapelle, die
  nur durch die das Dach bildende Schlange angedeutet
  ist. — 1713 mit dem Zeichen „Leben" und einem Kranz.
  — 1697 er bringt 6 Lebenszeichen (?) an einer Tragstange herbei.
Amon, menschenköpfig, mit Widderhörnern: 1700 thronend,
  dem Serapis nachgebildet; unter seinen Füfsen ein Feind.
  — 1709 über eine Mondsichel geneigt, in den Händen
  einen Kranz.
Chons (S. 204), auf dem Kopf den Mond (1705).
Isis säugt den Horus, dabei: 1726 viel getragen.   1071
  aus Silber, auf dem Kopf der Göttin ein Vogel.
Isis mit zwei Lebenszeichen (1710).
Mut mit der Doppelkrone, dabei: 1728 mit zwei Lebenszeichen. — 1729 mit Kranz und Lebenszeichen.   1700
  hockend, eine Blume in der Hand.
Mischgestalt mit 4 Flügeln, Vogelleib und doppeltem
  Menschenkopf.
Götter, die Feinde töten: 1722 Amon, 1695 Isis.
Götter und Herrscher: 1723 der König zwischen Amon
  und Mut. — 1690 die Königin vor Amon. — 1711 die
  Königin empfängt von Amon einen Sohn. — 1747 sie
  giebt ihn dem König.
Herrscher: 1696 der König mit dem seltsamen Szepter wie
  auf 2261 S. 405. — 1724 die Königin hält einen Kopfschmuck.

Köpfe: 1735 des Königs: 1742 der Isis; die anderen wohl
    der Mut, dabei 1669 Silber.
Löwe als heiliges Tier: 1672 Silber, mit der Sonne. —
    1725 mit Widderhörnern, geflügelt.
Widderköpfe (der Widder ist das Tier des Amon), mit der
    Sonne, auf einem Halskragen. Dabei: 1673 zwischen
    zwei Sphinxen, Silber.
Königsschlangen, dabei 1727 mit einem Szepter, an dem
    das Lebenszeichen hängt.
Geier, das Tier der Mut, dabei: 1720 zerfleischt einen Feind.
    — 1740 mit zwei Feinden in den Krallen.
1704. Adler? — 1738. Löwe.
Biene, das alte Zeichen für den „König" (von Unteraegypten),
    hier mit einem Löwenkopf.
Hahn 1732. — Taube und ähnliche Vögel, z. T. mit Kränzen
    und Lebenszeichen.
Lebenszeichen als Gott gedacht; es ist geflügelt, hat einen
    Kopfschmuck und hält seinerseits zwei Lebenszeichen.
Ringe mit Steinen, wohl alle griechische Arbeit: 1733
    Affe — 1748 Schwein — 1750 Stier — 1749 Taube, der
    ganze Ring aus Stein.

4374. Einfaches Bronzegefäfs, in dem der Schmuck der
    Königin in der Pyramide zu Begerauie vermauert war.
    — (Ferlini).

d. Verschiedene kleine Altertümer.
Vom Gebel Barkal (Napata), durch Lepsius.
Z. T. gewifs aegyptische Arbeiten, etwa aus Dyn. 22.

Skarabäen u. ä.: 3761 aus ziemlich alter Zeit, mit Schrift-
    zeichen ohne Zusammenhang (vgl. S. 423). — 5084 mit
    dem Namen Thutmosis' III., spätere Nachahmung (wie
    S. 418). — 1910 ähnliches Stück, statt des Käfers Hathor-
    kopf über einer Blume.
Kettenglieder: 6614 vier Augen und vier Schlangen. —
    4959 grofse Perle aus rotem Stein.
4442. Pavian aus demselben Stein, schlechter Stil.
125. Osiris, Bronzefigur.
4538. Widderkopf, aus gr. Fayence, mit zwei Königs-
    schlangen an der Sonne (vgl. 1480 S. 244).
4603. Gefäfs unaegyptischer Form, oben mit eingestempelten
    Ornamenten. Bemalt mit ziemlich barbarischen Lotus-
    blumen.

d. Verschiedene kleine Altertümer.

Aus Begerauie (Meroe), durch Lepsius.
Aus dem späteren aethiopischen Reich.

Bruchstücke glasierter Thonreliefs: 1005, 1006 aus der Pyramide des Netek-Amon (S. 404), von einem schreitenden Stier (am Bauch ein Strick) und von einer Opferformel. — 2138 Inschrift in der kursiven Schrift. (S. 401). [LD. VI, 8, 37.]

4695. Stiel eines Sistrums (S. 252), auf der Blume der Hathorkopf, auf ihm die Kapelle mit einer Schlange darin (wie 11023 S. 305). H.

7108. Schlägel eines Zimmermanns (S. 110. 226), daran noch Strick aus Palmfasern. Im Schutt der Pyramide einer Königin Kenret gefunden.

Von Ferlini.
Wohl meist wie Ferlini's Goldfund (S. 407) aus Begerauie und aus dem späten aethiopischen Reich.

397. Amon, widderköpfig, mit Geißel und Stab wie Osiris; auf dem Haupt trug er die Sonne. Die Wiedergabe des Gewandes zeigt schon griechischen Einfluß. Mit blauer Glasur.

Glocken aus versilberter Bronze, mit Gravierungen; die Klöppel waren aus Eisen: 4382. Jederseits zwei widderköpfige Götter (Amon), die einen Bogen halten und in der erhobenen R. Pfeile schwingen; zwischen ihnen ein von Pfeilen durchbohrter Feind. Einerseits ist dies ein Neger, andererseits ein Mann mit Federbusch. — 4372 Jederseits drei knieende Feinde, ein Neger und zwei mit Federbüschen. — 4384. Zwei Geier, die Feinde zerfleischen (wie 1720 S. 410), dazwischen ein laufender Greif.

4375. Ähnlicher Bronzenapf, versilbert, aber ohne Gravierung und keine Glocke.

Gedrehte Kästchen aus Ebenholz, in dem einen rohe Glasstücke.

6615. Ei aus blauer Fayence, darin zusammengerolltes Blattgold.

Hölzerne Kugeln, eiförmig, mit Widderköpfen (6800) oder Königsschlangen (6799) verziert. Etwa von Halsketten, vgl. die an 2201 S. 405; 2244 S. 406.

2007. Königsschlange, in ihrem Leib eine zweite, auf der Sonne eine dritte; hinten ein Krokodil. Wohl von einer Kette. Gute späte Arbeit. Schw. St.

XII. Aethiopische Denkmäler.

Widderköpfe: 8785 vielleicht älter — 2019 spät, aber gute Arbeit.
Schu, die Sonne hebend (S. 305), blaue Fayence, vielleicht etwas älter.
Bes, Fayencefiguren wie S. 305, dabei: 5720 mit Schwert und Schild (S. 369) und gelben Augen, wohl aegyptische Arbeit griechischer Zeit. — Dunkelgrüne. — Mit dünner grüner Glasur, roh in Stein geschnitten; einheimische Arbeit.
Kleine grüne Skarabäen der gleichen Arbeit, darauf: Zwei Krokodile. — Geflügelte Schlange. — Harpokrates. — 3737 *Horus von Edfu.* — 3738 *Amen-Re.* — 3740 *Imhotep.* — 3739 Name Thutmosis' III. — 3724 mit vier Schlangen.
Andere Skarabäen u. ä.: 3743 blau. — 3723 hockender Mann. — 4118 Kalbskopf. — 3803 Affe, vielleicht älter.

e. Aus christlicher Zeit.

Nach Aethiopien drang das Christentum von Aegypten aus; daher sind die Kirchensprachen auch hier zunächst griechisch und koptisch, beide sehr verderbt.

Aus Wadi Gazal.

In der Wüste, Barkal gegenüber. Vom Kirchhof des Klosters, vgl. die ausgehängte Photographie, die hinten die Kirche zeigt, vorn die Gräber. (Lepsius.)

2256. Grabkreuz (unten ein Zapfen), griechisch: *Des Marianus aus Silai, 25 (Jahre alt?) am 4. Thoth.* — Sdst. h. 62 cm. [LD VI, 99, 558.]

1500. Grabstein der Nubierin Ochsinta in ganz barbarischem Griechisch: *Jesus Christus sei gnädig (?) der Seele deiner Dienerin Ochsinta. Lasse sie ruhen im Schofse Abrahams und Isaaks und Jakobs in einem hellen Orte, in einem Orte der Erfrischung ...* — Sdst. h. 45 cm. [LD. VI, 99, 557.]

1484 (1501, 1502) des Mönches Petrus, griechisch: *Der Tag des Entschlafens unseres seligen Bruders Petrus war der 4. des Monats Pachon u. s. w.* — Sdst. h. 20 cm. [LD. VI, 99, 549.]

1500 eines Jakob, griechisch: *Der selige Jakob entschlief am 3. des Monats Epiphi. Gott lafs seine Seele ruhen mit deinen Heiligen. Amen.* — Sdst. br. 23 cm. [LD VI, 99, 547.]

e. Aus christlicher Zeit.

1490 eines Mannes, griechisch; lesbar: ... *Gott zähle ihn mit zu den Heiligen;* unten ein Datum, anscheinend *Jahr 605*, was 889 n. Chr. wäre. — Sdst. h. 50 cm.

1505 des Nubiers Michinkuda, koptisch: *Nach dem Befehl Gottes, des Schöpfers des Alls, ging zur Ruhe der gottliebende Bruder Michinkuda, der Mönch, im Monat Phamenoth. Der Gott Abrahams und Isaaks und Jakobs gebe dir Ruhe im Königreich der Himmel. Amen. So sei es.* — Sdst. h. 42 cm. [LD VI, 103, 40.]

1507 des Nubiers Marankuda, koptisch: *Nach dem Befehl Gottes ging zur Ruhe der gottliebende Bruder Marankuda. Gott gebe seiner Seele Ruhe. Amen.* — Sdst. h. 36 cm. [LD VI, 103, 44.]

1407. Grabstein, koptisch, Schrift ähnlich den Inschriften in einheimischer Sprache (S. 414); lesbar: *er wird ihn bringen in das himmlische Jerusalem, die Stadt aller Heiligen.* br. 32 cm. [LD VI, 103, 51.]

1494. Grabtafel aus gebranntem Thon, koptisch: *Durch die Fürsorge Gottes ging zur Ruhe der Bruder Abraham ...* — (Lepsius.) h. 43 cm. [LD VI, 103, 56.]

1491. Von einer Grabtafel aus gebranntem Thon: *der Herr Jesus aber wird ihn ruhen lassen im Lande der Lebenden. Amen, so sei es.* — (Lepsius.) h. 25 cm. [LD VI, 103, 41.]

12835. 12836. Bruchstücke ähnlicher, waren oben gerundet.

Aus dem nördlichen Nubien.

1480. Grabstein eines Mädchens Je...., *das nach der unabänderlichen Entscheidung des allmächtigen Gottes entschlief.* Griechisch. — (Lepsius.) Sdst. h. 33 cm. [LD VI, 99, 537.]

13715. Grabstein eines Markus vom Jahre 775 n. Chr. mit der griechischen Aufschrift: *Herr der Geister und des Fleisches, der den Tod überwunden und die Hölle betreten und der Welt das Leben geschenkt hat, lasse ruhen die Seele deines Dieners Markus ...* — (1897 durch Borchardt.) Sdst. h. 48 cm.

13844 einer Christophoria, griechisch, mit demselben Gebet. — (1897 durch Borchardt.) Sdst. h. 25 cm.

13716 des Abraam, *Sohnes des seligen Janen, der zur Ruhe ging am 22 Phamenoth des Jahres 291 der Saracenen gleich dem Jahre 615 des Diokletian an einem Sonntag,*

XII. Aethiopische Denkmäler. e. Aus christlicher Zeit.

d. h. im Jahre 809 v. Chr. Das Gebet griechisch, das übrige koptisch. In den Ecken das A und O, Kreuz und Pentagramm. — (1807 durch Borchardt.) Sdst. h. 35 cm.
13843 einer Lisbet, koptisch: *im Namen des allmächtigen Gottes ging zur Ruhe die selige Lisbet.* Vom Jahre 376 (?) der Saracenen, also schon aus dem 10. Jahrh. n. Chr. (1807 durch Borchardt.) Sdst. h. 32 cm.
Lampen: 0744 mit Kreuz, Aufschrift: *des heiligen Polyeuktos* (aus Dechmid). — 0743 mit 4 Kreuzen, *des heiligen Aba Sergius* (aus Gerf Husen). — 13624 mit Kreuz und kleinen Ornamenten.

f. Christliche Altertümer von Soba.

Südlich von Chartum, am blauen Nil, hat bis in das Mittelalter hinein ein christliches Reich bestanden, aus dem nur die hier folgenden vier Gegenstände erhalten sind.

2262. Inschrift in unbekannter Sprache, die Schrift griechisch mit fünf neu gebildeten Buchstaben. Anscheinend der Grabstein eines *Georgios,* der in einem Jahre der Ära *Diokletians* (S. 382) starb, und dem der Gott *(Abrahams), Isaaks und Jakobs* die ewige Ruhe schenken soll. Die Schlußworte der Rückseite *Amen ena* dürften *Amen, so sei es* bedeuten. Aus Soba. — (Lepsius.) W. Marm, h. 42 cm. [LD VI, 12 a, b.]
8239, 8240. Bruchstücke ähnlicher Steine, der erstere enthält anscheinend den Namen *Liberius.* Aus Soba. — (1881 durch Dümichen) W. Marm. [ÄZ. 1881, 112.]
4378. Kirchliches (?) Bronzegefäfs mit durchbrochenen Wänden (Rankenwerk); oben Inschrift in koptischer Schrift. Hing an 3 Ketten. Aus Soba. — (Lepsius) Br. h. 15 cm. [LD VI, 12, c, d.]

XIII. Aus allen Zeiten.
A. Siegelcylinder, Skarabäen und ähnliches.

Die älteste bekannte Form des aegyptischen Siegels ist der Cylinder, wie er auch in Babylonien gebräuchlich war, vgl. Verz. der Vorderasiatischen Altertümer S. 68. Er wurde an einer Schnur oder Kette getragen und beim Siegeln über den noch feuchten Thon gerollt. Einen Cylinder aus den ersten Dynastieen s. S. 40. Die Cylinderform hat sich vereinzelt bis in die Spätzeit erhalten.

Etwa vom Anfange des m. R. an wird es Sitte, dem Siegel die Form eines Käfers („Skarabäus") zu geben. Der grofse Mistkäfer (Ateuchus sacer, vgl. das ausgestellte Exemplar) war eine der Gestalten des Sonnengottes und galt daher als ein glückbringendes Zeichen. (Vgl. auch die Skarabäen der Mumien S. 188. 281.) An die Stelle des Käfers treten, nicht selten auch andere Tiere, wie Löwen, Frösche u. s. w., die meist auf kleinen Plättchen liegen. Oft giebt man dem Stein auch nur die Form eines Plättchens, das dann manchmal wenigstens in seinen Umrissen den Skarabäus nachbildet (sogenannte Skarabäoïde), und verschieden verziert wird.

Als Material benutzte man zuweilen Halbedelsteine, meist aber geringere Steine, denen man eine (jetzt meist verschwundene oder verblafste) Glasur gab. Später verwendete man auch glasierten Thon (Fayence).

Die Siegelsteine waren meist in metallene Fingerringe drehbar gefafst und wurden so getragen, dafs die Schriftseite nach innen gekehrt war. Man siegelte in Thon (vgl. die Abdrücke S. 427).

a. Siegelcylinder.

8604. König Men-ke-re, *der von den Göttern geliebte;* mit dem Namen einer Frau Merti(?), die Priesterin der Hathor war.

13617. Amen-em-het III.; 7981 derselbe, er heifst hier *geliebt vom Sobk vom Faijum.*

14062. Sebek-hotep I, *geliebt vom Sobk, dem Herrn von I-em-joter* (einer Stadt bei Hermonthis).

12414. Amenophis III und seine Gemahlin Tii.

b. Skarabäen u. ä. mit Königsnamen des alten Reichs.
Alle aus späterer Zeit.

Skarabäen: 11601. 8444 Snofru. — 8067 Chafre. — 8445 Men-ke-re. — 1893 derselbe, dabei der Widderkopf des Amon-Re, etwa aus Dyn. 25.

Plättchen: 1889 auf der Rs. der Widder des Amon, etwa Dyn. 25.

c. mit Königsnamen des mittleren Reichs.

Für die Skarabäen vom m. R. an bis hinein in den Anfang der Dyn. 18 sind die Umrahmungen durch Spiralen sowie die Zusammenstellungen von glückbedeutenden Zeichen charakteristisch (vgl. auch unten g., i).

Usertesen I. dabei: 1304 auf dem Rücken des Käfers ein Fisch, der eine Blume im Maul hält. — 10514 zwischen den Schriftzeichen des Namens ein Nilpferd.

Usertesen III: 8889.

Amen-em-het III; dabei: 1793 Lapislazuli, in Gold gefafst. — 1944 in Form eines Krokodils.

Sebek-hotep III, dabei: 1895 *geboren von der königlichen Mutter Kemi*.

Andere Könige der Dyn. 13, dabei: 10190 König Eï. 9507 *König von Ober- und Unterägypten Nefer-re*.

7070 Plättchen mit Bild im Relief: König Hor vor dem Horus von Edfu. Auf der Rs. der Name Ne-mat-re, der dem Amen-em-het's III. gleicht.

Königinnen und Prinzen der Dyn. 13: 9079 *die grofse kgl. Gemahlin ... Ini*. 9518. 10077 *die kgl. Gemahlin Seneb-henas*. — 8082. 10984 Prinz Epek.

Könige aus der Hyksoszeit (S. 11), meist sonst kaum bekannt und oft nicht sicher zu lesen: 8891 König Chian. — 8071 König Apophis. — 8887 König Scheschi. 13152 König Jabek-her. — 1866 König Secha-en-re. 11401. 13821 zwei andere Herrscher, davon 13821 nicht in Skarabäenform.

d. mit Königsnamen des neuen Reichs.
Aus Dyn. 18.

Ah-mose: 1897. 1898.

Ahmose-nefret-ere, die Königin: 7361. 1899. 1900 als *Gottesweib* bezeichnet.

Andere Königin derselben Zeit: 3811 Plättchen, unlesbar.

A. b d. Skarabäen mit Königsnamen.

Amenophis I, dabei: 13817 der König als schreitende Sphinx, 13172 als sitzende Sphinx. — 3770 mit Spiralen-Einfassung. — 13905 als Fisch, nur mit dem Namen Amenophis.

Thutmosis III, dessen überaus häufige Siegelsteine meist seinen Vornamen Men-cheper-re tragen. Dieser wird auch später noch gern auf Siegelsteinen angebracht. — Dabei:

Nur mit dem Namen: 1922 mit dem Namen *Men-cheper-re*. — 1810 desgl., in alter Goldfassung. — 1917 desgl., der Käfer (das Zeichen *cheper*) fliegend. — 1924 mit der Namensform *Men-cheper-ke-re*, die Thutmosis III während einiger Jahre seiner Regierung annahm. — 1794 desgl. in altem Silberring. — 3510 mit den beiden Namen des Königs. — 1941 mit dem Namen Thutmosis, vielleicht später.

Mit Königstiteln wie *der gute Gott*, *der Herr der beiden Länder* und Zusätzen wie *der Herr der Ewigkeit* u. ä. Dabei bemerkenswert 3513, 1906.

Mit Zusätzen; dabei: 3530 *dessen Obelisken im Amonstempel bleiben*, also zur Feier einer Obeliskenerrichtung angefertigt. — 3520 zur Erinnerung an seine Bauten im Amonstempel. — 13011 *der von Amon-Re geliebte Herrscher von Theben, der starkarmige*. — 1906, 1923 u. a. *Teil des Re*. — 3539 ebenso, aber aufserdem noch Zusammenstellung der Zeichen *Leben*, *Dauer*, u. s. w. wie auf den Skarabäen des m. R.

Mit Darstellungen, dabei: 3531, 1920, 1919 mit dem Bilde des stehenden Königs. — 1918 der König thronend. — 13912 der König als Kind, sitzend mit einer Blume. — Mit dem Bilde des Königs als Sphinx, die oft eine Götterkrone trägt, dabei stehen Königstitel, das Bild der Wahrheitsgöttin und glückverheifsende Zeichen wie *gut*, *Gunst*; 11372 mit fliegendem Geier, alte Goldfassung; 3488 mit den beiden Augen. — 8175 der König, von einem Löwen begleitet, erschlägt einen Gefangenen; 13932 ähnlich, aber ohne den Löwen. — 3517 neben dem Namen des Königs Gefangene. — 8046 der Name über dem Zeichen der Vereinigung, mit Buto und Nechbet als Schlangen, alter Bronzering. — 1780 der Gott Schu hebt das Schiff des Sonnengottes empor, alter Silberring. — 3563, 1910, 3507 neben dem Namen das Bild der Wahr-

heitsgöttin, das Zeichen für Wahrheit oder Königsschlangen.
1781 ebenso, in schönem altem Goldring, der aus zusammengebundenen Lotusstengeln mit Knospen und Blüten besteht, (vgl. die Ringe aus Fayence, S. 210). (Geschenk der Herzogin von Sagan 1851. Aus der Sammlung Drovetti.)

Derselbe, nicht in Skarabäenform, meist Plättchen mit abgerundeten Ecken. Dabei: 1914 der König als Sphinx zerreifst einen Feind. Auf der Rs. der Name mit der Götterkrone u. a. — 5101 mit Darstellung des stehenden Königs, Rs. Name und Titel des Königs. — 3526 ähnlich, aber auf der Rs. Ornament. — 3527 neben dem Namen ein Krokodil. 13451 der Name umgeben von glückbringenden Zeichen, auf der Rs. das Zeichen der Vereinigung beider Länder. 5178 rechteckiges Plättchen, auf der einen Seite der Widder des Amon-Re, vielleicht später. 5189 in Form eines Auges, die Rs. als Königsring mit Schlange. Ähnlich 1067, in dem alten Goldring. — 3533 als längliche Perle. 3545 als runde Perle, Rs. Rosette.

Derselbe, spätere Nachahmungen, dabei: 3534, 9482, 3512 mit den Zeichen des Namens Sethos' I. — 3514 ebenso, die Rs. als Fisch. — 3550 mit Zusätzen, die den Namen Ramses' II ergeben. — 3518 mit dem Zusatz *zufrieden über die Wahrheit*, einem Beinamen des *Mer-en-ptah*, also aus seiner Zeit. 3558 mit einem Zusatz, der auf Ramses VI deutet. 1013 doppelter Skarabäus, auf dem einen ein Affe mit dem Zeichen *nofer* „gut". — 9276 grofs, mit Bildern des Bes und anderer Gottheiten. 7745 grofse Platte, auf der einen Seite ein Bogenschütze, ein Löwe und ein Krokodil. — 5803. Rechteckige Platte, mit dem Bilde des Bes, eines fliegenden Käfers u. a., Rs. Beskopf.

Amenophis II, dabei: 1929 er tötet als Sphinx einen Feind. 1927 unten der Name Amenophis' II, *geliebt vom Amon*, oben Thutmosis III, dessen Mitregent er war, als Sphinx. 5060 mit dem Zusatz *den Amon gekrönt hat*.

Thutmosis IV, dabei: 1932 in Form eines Asiaten, der sich (vor dem Könige) niedergeworfen hat.

Amenophis III (meist nur sein Vorname *Neb-ma-re* genannt) dabei: 1940, 8184 grofse, aus Fayence, nur mit dem Namen des Königs. 1933 mit dem Zusatz *Herrscher von Theben.* — 0524 ebenso, in dem alten Ring. 1043 geboren in *Theben* (?). — 1037 *Löwe unter den Herrschern.* — 1034 *der starkarmige, von Amon geliebte.* — 7687, 3050 die Zeichen des Namens zu einem Bilde geordnet, das den König opfernd darstellt. 3483, 5083 grofse mit dem Namen des Königs und dem der Königin Tii. Derselbe: ganz grofse Skarabäen, ungewöhnliche Stücke, die, etwa wie unsere Denkmünzen, bestimmte Ereignisse seiner Regierung feiern: 8443, 3482, 3481, 13274 auf seine Löwenjagden. Zuerst die Namen des Königs und seiner Gemahlin Tii, dann: *Liste der Löwen, welche seine Majestät selbst durch sein eigenes Schiefsen erbeutet hat: vom Jahre 1 bis zum Jahre 10 — 102 Löwen.* — 11002 auf seine Heirat mit der Giluchipa, Tochter des Schutarna, Königs von Mitani am oberen Euphrat. Zuerst die Namen des Königs und seiner Hauptgattin Tii, *deren Vater Juea und deren Mutter Tuea hiefsen.* Dann: *Wundervolles, was seiner Majestät gebracht wurde: Kirogipa, Tochter des Satarna, Königs von Naharina und 317 ihrer Mädchen.* Später heiratete Amenophis III noch eine andere Prinzessin von Mitani, die Taduchipa; die Korrespondenz über diese Vermählung befindet sich in unserer Sammlung (vgl. Verz. der Vorderasiat. Altert. S. 100).

Derselbe, nicht in Skarabäenform, dabei: 8081 rechteckiges Plättchen in der Art einer Kamee mit zierlichen erhabenen Bildern. Oben der König im Frieden: er kniet vor den Göttern von Memphis und Theben. Unten der König im Krieg: zu Wagen und zu Fufs. — 3853 rechteckige Platte aus grünem Jaspis, auf den 4 Seiten: Sonnenbarke, Skorpion, *Amon-Re mit angenehmem Wind, der gute Gott Neb-ma-re.* — 5175 Plättchen, vorn: *Amenophis, der Herrscher von Theben.* Hinten der König als liegende Sphinx. — 3814 in Form des Königsringes. Auf der Rs. die Beischrift *geliebt von Sobk-Re, dem Herrn von Semu.* — 7668 in Form eines Frosches aus bunter Fayence (vgl. ähnliche unten S. 425). Königin Tii, Gemahlin Amenophis' III: 7077 aus Lapislazuli. — 7082 grofs, aus Fayence, mit ihren Titeln. — 3845 Plättchen, auf der Rs. *Amon-Re, gute Gunst.* Amenophis IV, dabei 10134 mit seinen ursprünglichen Namen und noch mit dem Zusatz *geliebt von Thoth,* ovales Plättchen. 13200 sehr grofser Skarabäus aus Fayence. Oben die Namen des neuen Gottes, unten die ursprünglichen Namen des Königs und die seiner Gemahlin; an der Seite, zwischen den Beinen des Käfers, noch einmal die Namen des Königs. Auf der Unterseite ist der Vorname des Königs und der Name der Königin getilgt, während der Name Amenophis und die Namen des neuen Gottes unberührt geblieben sind. — 14070 die Namen des neuen Gottes. Stein mit blauer Glasur.

Aus Dyn. 19.

Har-em-heb: 1953, 8075.
Ramses I: 3070 mit dem Zusatz *von Amon-Re geliebt*.
Sethos I: 1055 mit dem Zusatz *Herrscher von Theben*.
Ramses II, dabei: 7070 mit schöner blauer Glasur. Unten die Zeichen der Worte *Ramses II von Thoth geliebt* so geordnet, dafs sich das Bild eines Opfers ergiebt. Auf dem Rücken des Käfers der Name des Königs zwischen Schlangen im Relief. — 11371 mit ähnlichen Aufschriften. — 3711 mit dem Bilde des stehenden Königs. — 1945 der Vezier und zwei andere hohe Beamte vor dem Könige. — 1052 mit dem Bilde des Ptah. — 1050 der eine Name des Königs so geschrieben, dafs er ein Bild des Königs als Kind enthält. — 1047 auf eine Obeliskenerrichtung bezüglich (wie 3530 unter Thuthmosis III). — 5081, 3540 vom 8. und 9. Regierungsjubiläum des Königs, also etwa aus dem 51. und 54. Jahre seiner Regierung.
Mer-en-ptah: 1956. — Sethos II, dabei: 11370 grofs.

Aus Dyn. 20.

Set-nacht 1057. — Ramses III 7681. — Ramses IV 8074. — Ramses IX 1959 in Form des Königsringes.

Mit unbekannten Königsnamen.

9753, 9935 mit Zusammenstellungen von Schriftzeichen und Götterfiguren, die vielleicht Namen von Königen des n. R. darstellen sollen.

e. Mit Königsnamen der libyschen Zeit.

Scheschonk I, dabei: 1960 mit beiden Namen.   1901 mit Titeln und Zusätzen wie *der starkarmige* u. s. w.

Osorkon II oder Scheschonk III: 1958, 7682, 9259. — Nicht in Skarabäenform: 1951, 5122. — Pemu 13906, viereckiges Plättchen, neben dem Namen Feder, Rs. Götterdarstellungen u. ä. — Scheschonk IV 8565. 9694. Scheschonk, *Oberpriester von Heliopolis und General*, wohl ein Prinz dieser Zeit (Lapislazuli).

f. Mit Königsnamen der Spätzeit.

Schabako, der Aethiope: 13154 schöner grofser Skarabäus mit dem Kopfe eines Widders, des heiligen Tieres des Amon. — 1890 neben dem Namen Schlangen und Sphinx. — 8005 in Form eines Königsringes mit der Götterkrone.
Psammetich I (oder Apries?), dabei: 1904 mit einer Sphinx, grofs. — Psammetich II 1963.

Unbekannte Königsnamen.

5188, 8068 Snefer-re. — 8070 Re-en-onch. — 7467 Re-nub-hotep. — 3705 Nub-hotep. — 3507, 13023 Men-eb-re. — 1894 Skarabäus mit Widderkopf, auf der Unterseite der Name Ne-maat-re, auf dem Rücken der Name Ra-nofer, etwa Dyn. 25. - 3056 Meri-bast-re. — 1702 mit unleserlichem Namen, dabei das Bild des sitzenden Königs, in alter Goldfassung. — 1782 etwa Ra-en-ka, dabei Sperber und geflügelte Sonne.

g. Mit Namen von Privatleuten des m. R.

Mit einer Spirale eingefafst: 3622 Kabinettsvorsteher Teti, schön. — 3667 ein Oberschatzmeister, mit alter Fassung. — 3620 ein Schreiber des Gerichts. — 1273 der Leibwächter Seneb. — 13818 der Obergütervorsteher Neb-kau. Mit anderem Rand: 9519 der Soldatenschreiber Nefer-iu, der Rand als Strick. — 3664 der Fürst Sebek-wer. — 9747 der Leibwächter Entef-anch-nefer-ka. — 3613 der Gütervorsteher Teti-nezes, Lapislazuli, war in Gold gefafst. 13618 der Gütervorsteher Sauch-sobk, *der ehrwürdige*. — 3618 einer Frau, aus Amethyst. 7417 mit der Opferformel, also wohl für einen Verstorbenen bestimmt.

h. Mit Namen von Privatleuten der Spätzeit.

5244 Psammetich. 8079 Petu-bast. 3642 Pete-ese. — 13178 Pete-hor. — 9793 Plättchen aus Lapislazuli, wohl

XIII. Aus allen Zeiten.

Name eines Privatmannes, aber vom Königsring umschlossen. Auf der anderen Seite geflügeltes Auge mit Menschenarm.

i. Siegelsteine des m. R. und n. R. ohne Namen.

Die Steine des m. R. und die des beginnenden n. R. sind hier, wie ja auch sonst (s. S. 112) kaum zu trennen. Andere hier besprochene dürften sogar der libyschen Zeit angehören.

Mit Darstellungen.

Mit Bildern des Königs: 1046 unten im Kampf auf dem Streitwagen, unter dem Wagen Leichen. Oben die siegreiche Heimkehr, auf dem Wagen ein Sonnenschirm. 13182, 3586 im Fußkampf. — 3573. 13008 betend vor einem Obelisken. — 12740 sitzend, vor ihm ein Mann, eigentümlich roher Stil. Als Sphinx, dabei: 3680 mit Doppelkrone; 3599 sperberköpfig, über einem Feinde, bezeichnet als *der gute Gott*.

Mit Bildern von Göttern, meist aus dem späteren n. R.: 3612 Amon. — 3574 derselbe zwischen Horus und Thoth (?). — 5163 Horus. — 3708 Ptah. — 3072 Onuris und Mehit. 7688 der Nilgott. 3585 der fremde Gott Sutech (?) zwischen zwei anderen Göttern. — 3071 Anubis über Gefangenen. — 3031, 3055 die Göttin der Wahrheit. — 5146 das Tier des Set. — 5112 der Widder des Amon. — 3040 Sphinx als Amon Re bezeichnet. — 13928 Sobk-Re als Krokodil mit Sperberkopf, dahinter Papyrusschilf.

Mit Königsschlangen u. ä.: 5109 mit zwei Schlangen hinter einander. — 5100 mit dem großen Götterkopfschmuck. — 3604 mit einem Käfer zwischen Federn.

Mit Darstellungen von Göttern (Menschen?) mit Tieren; meist halten sie die Tiere mit beiden Armen empor, wie auf den Darstellungen der vorderasiatischen Siegelsteine. Die Steine sollten vielleicht Schutz gegen wilde Tiere gewähren. Sie gehören meist dem m. R. oder dem Beginn des n. R. an: 13177 Mann mit zwei Schlangen. 5119 mit 2 Krokodilen. 13029 ebenso, der Mann ithyphallisch. 13019 u. a. Mann mit einer Schlange in der Hand. 13174 ebenso, gut, dabei Hieroglyphenzeichen. 13173 der Gott Bes mit einer Keule, vor ihm ein Krokodil und eine Hand.

A. i. Siegelsteine ohne Namen. 423

Mit Darstellungen von Privatpersonen, meist m. R. oder Anfang des n. R.: 9517 reisende Familie, die Frau reitet auf einem Esel, dahinter der Mann. — 3690 Mann mit Löwen und einem anderen Tier. — 3665 knieender Mann mit Blume. — 3806 nackte Frau ohne Füfse wie die Figuren S. 106. — 5108 Kopf eines Mannes. — 3704 Kind.

Mit Darstellung von Weinkrügen: 3775, 7571 der Krug bekränzt. — 3831 der Krug zwischen zwei Schlangen. — 3578 ein Tänzer, dem Gott Bes ähnlich, daneben ein Krug mit einem Rohr zum Trinken (vgl. 14122 S. 120 und unten 3805 S. 425).

Mit Darstellungen von Tieren: Antilope, meist darüber Zweige. — Löwe. — Pferd, 3621 als der König selbst bezeichnet. — Hase. — Rind im Papyrussumpf. — Sperber. 3783 mit ausgebreiteten Flügeln. — Krokodil. — Heuschrecke. — Affen, die um eine Palme tanzen. — Sphinx mit Menschenkopf. — Fliegender Geier, Käfer, Schlangen und Federn.

Mit Zusammenstellungen von Schriftzeichen und Ornamenten.

Fast alle aus dem m. R. oder dem Anfange des n. R.

Nur mit glückverheifsenden Schriftzeichen, wie Titel des Königs, das Zeichen der Vereinigung beider Länder, die Krone von Unteraegypten, die Augen, die Zeichen für Leben, Dauer, Genufs, gut, frisch, Gold u. s. w. Manchmal sind die Zeichen monogrammartig verbunden wie auf 3827.

Nur mit Ornamenten: Zusammengeflochtene Lotusstengel, 3823. — Papyrusstengel 3771. — Andere Blumen 1705. — Knoten 3757, 7365. — Frei erfundene Verbindungen von Haken und Schneckenlinien, oft geschickt angeordnet, hübsch 3763, 3764, 3772, 3709, 3787, 7690. Einige scheinen aus Schriftzeichen entstanden zu sein, so erinnern 3624, 3835 an die rote Krone und 7090 scheint auf 3787 zurück zu gehen, das das Zeichen „frisch" enthält.

Mit Ornamenten und Schriftzeichen. Die Schriftzeichen sind entweder (wie auf 13030) zwischen die Ornamente (Spiralen u. s. w.) gestreut, oder die Spiralen bilden nur den Rand, wie bei 1801. — Hübsch: 3550 mit den

Zeichen *Sonne, gut.* — 13171 mit dem Zeichen *vereinigen* in einer ungewöhnlichen Form. — 3661 mit den Zeichen *gut, Dauer, Leben, Gold, Zauber, Freude.* — Besonders groſs 5115. — 9445, 9082 wohl aus späterer Zeit.

Mit Götternamen.

Wohl meist aus dem späteren neuen Reich.
Am häufigsten Amon, auf 3560 noch ein fliegender Käfer, auf 7360 ein fliegender Sperber mit Ring in den Krallen. — 3742 Ptah. — 3677 Ptah und Amon. — 13920 Horchent-cheti als König mit voller Titulatur bezeichnet.

Mit längeren Gebeten.

Willkürliche Anordnung der Zeichen und viele Abkürzungen machen diese Gebete oft unverständlich.
Mit Erwähnung des Ptah, 3584. — des Amon: 3684, 3833 beide Male derselbe Text. — 10983 etwa: .... *Herr der Kraft .... der den Feind in Theben niederwirft.* — 3600 in alter Fassung. — 9322 mit der Opferformel für den *Bildhauer an allen Denkmälern des Königs, Nefer-mose,* also für dessen Mumie gefertigt.

Mit verschiedenen Aufschriften.

Dabei: 3003 mit Sperber, Löwen, fliegender Sonne und Gefangenen; ähnlich 5151. — Mit den Worten *Sohn des Re* und einem Krokodil. — 3714 mit den Worten: *Es lebt der Horus, der gute Gott.*

Nicht in Skarabäenform.

Die Darstellungen und Aufschriften sind dieselben wie auf den Skarabäen. Die Mehrzahl aus dem m. R. oder dem Anfange des n. R.
Längliche flache Kettenglieder, ursprünglich vielleicht als Muscheln zu denken. Meist aus dem Anfange des n. R. Dabei: 13180 mit dem Bilde des Königs. — 3870 die Königin mit einer Prinzessin. — 3840 Schlange mit dem Schmuck der Hathor. 3841, 3872 Weinkrug. 3854 Affe mit dem Zeichen *gut.* 1778 Fisch, in alter Fassung. — 3861 u. a. mit glückbringenden Schriftzeichen, dabei 8803 auf der Rs. graviertes Ornament. — 5203 u. a. Blumen. — 3862 u. a. nur Ornamente. — 3863 Name des Amon. — 3859 mit der Aufschrift *alle guten Dinge.* — 8047 ohne Gravierung, mit alter Fassung.

A. i. k. Siegelsteine ohne Namen.

Ähnliche runde Kettenglieder, aus derselben Zeit, dabei: 3874 mit Biene und Eidechse. — 3876 mit zwei Eidechsen. — 7575 Auge. — 3873 Blumen. — 3878 Ornament mit Schlangen. — 13546 Sitzendes Kind mit einer gegen Ende des a. R. üblichen Haartracht. Roh, aus Knochen, mit Öse auf der Rs.

Rechteckige Plättchen, dabei: 7000 Nilpferd im Relief, Rs. Auge, hübsch. Lapislazuli. — 3812 mit Darstellung des Re, Rs. Sperberkopf. 4057 als Kopf des Bes, wohl aus libyscher Zeit.

Als Knoten (vgl. 1000 S. 210): 13170 unten Ornament aus 2 Kronen von Unteraegypten.

Als Ausländer, die sich (vor dem Könige) niedergeworfen haben, dabei: 13108 mit Angabe der Tracht, unten die Aufschrift: *Herrscher über die Fremdländer*. (Vgl. 1932 oben S. 418.)

Als Tiere: Löwe. — Nilpferd. — Hyäne. — Katze, dabei schön 13160 aus gelber und blauer Fayence, unten die Kuh der Hathor im Papyrussumpf. — Affe. - Hase, 13185 mit der Aufschrift: *das Nordland*. — Igel. — Schlafende Ente, die den Kopf auf den Rücken gelegt oder unter die Flügel gesteckt hat. — Fisch, oft auf einem rechteckigen Plättchen. — Frosch, dabei: 1770 aus Lapislazuli, in alter Fassung, unten die Hathorkuh; 7067, 7577 aus blau und roter Fayence, unten die Zeichen *Leben* oder *Schutz*. 3805 desgleichen, unten Tänzer als Bes mit Handpauke, daneben wieder Weinkrug mit dem Rohr darin (vgl. oben 3578 S. 423). — 13107 desgleichen, unten Mann zwischen zwei Antilopen. — 10515 desgleichen grofs, unten zwei Gefangene an das Zeichen *grün* gebunden. — Fliege.

Als Auge: 5003 in durchbrochener Arbeit.

k. Siegelsteine der Spätzeit ohne Königsnamen.
Skarabäen.

Mit Darstellungen von Göttern und Tieren: 3649 Ptah und Sechmet. 3626 *Sechmet von Memphis*. — 6674 *Thoth von Schmun*, aus Glas. — 5114, 10018 Bes. — 5173 Sperber. 3044 Skorpion. — 5134 Greif. — 5160 Affe mit Blumen.

Mit Anrufungen und Segenswünschen: an Chons z. B. 3615 *Chons schütze*. — 13027, 13170 *Bast gebe Gutes*, das letzte Wort spielend geschrieben als Affe, der eine Laute hält. — 9934 an Chnum? — 5103 an Ptah? — 5161. 3614. 3776 an Amon? — An die Sonnenbarke, von der aus der Sonnengott die Welt regiert, darunter z. B. 7570 *Dauer, Genufs, Liebe, o Sonnenschiff* u. ä. — 3663 mit längerer Aufschrift: *Komm zu mir . . . o Herr von Theben*, also an Amon. — 13175 in alter Fassung. — 7760 etwa: *Thue die Wahrheit und was der Gott lobt*. — 13871 *Speise*, die Inschrift in Relief, blaue Masse. Mit Neujahrswünschen, z. B. 10124 *ein schönes Neujahr, o Isis*, grofs.

Mit verschiedenen Aufschriften, meist unverständlich: Hübsch z. B. 11600. 1805 mit zierlicher alter Fassung. — 13017 der Skarabäus mit Widderkopf.

Nicht in Skarabäenform.

Längliche Plättchen, die nur im Umrifs noch an die Entstehung aus dem Skarabäus erinnern, oft gut geschnitten: 6089 grofs, mit einem Fisch, Rs. ebenfalls Fisch. — Mit Erwähnung von Göttern: 3807 mit dem Namen des Chons, Rs. sein Bild; 3843 der Schakal des Anubis, der Affe des Thoth u. a.; 13034 Toëris; 5171 *schöne Würde, o Amon*. — Mit Erwähnung des Sonnenschiffs, z. B. 7468 *schöne Würde o Sonnenschiff*. — Mit Segenswünschen, wie: 3842 *ein schönes Alter als Herr der Würde*, 7083 *Herr der Freude*, 8072 *Herr der Ruhe*, 3807 *fest in der Stellung*.

Als Igel, dabei: 13189 mit der Aufschrift *Bast gebe Gutes*.

Als liegende Katze: 9552 aus bunter Fayence, Rs. Schlange.

Als Namensschild: 7400 mit der Aufschrift *ein schönes Neujahr, o Amon*.

Als Negerkopf: 13183 Rs. Greif.

Rechteckige Plättchen, dabei: 13169 mit schönem Hathorkopf und Anrufung an die Hathor (?) — 7902 mit einer Katze, Rs. Auge. Blaues Glas. — 7308 mit dem Bilde des Sonnenschiffs.

1. Skarabäen u. ä. aus einer Fabrik in Naukratis.

Griechische Nachahmungen aegyptischer Arbeiten, meist in schlechter Fayence mit Löwen, Greifen u. s. w. Dabei: 10478 Widderkopf, unten Mann der zwei Tiere hält, wie unten 7431. 10479, 10480 als Löwen.

A. k—o. Siegelsteine.   p. Siegelabdrücke.   427

m. In Etrurien gefunden.

Meist denen aus Naukratis ähnlich.
Aus Orvieto: 10506 Skarabäus, unten Greif.
Aus Cervetri: 7431 Widderkopf (genau wie oben 10478), Löwen, Skarabäen.

n. Nichtaegyptisches.

Die Form des Skarabäus wurde früh auch von anderen Völkern für ihre Siegelsteine angenommen; vergl. Verz. der Vorderasiat. Altertümer S. 96; 119. Die folgenden Stücke sind in Aegypten gefunden.

Skarabäen: 3645 Hirsch neben Baum.   3594 Isis breitet schützend die Flügel aus. — 3641 Antilope. — 3830 liegender Stier, die Käferform nicht durchgeführt.

In Form einer schlafenden Ente: 14088 Gottheit mit Bocksfüfsen, syrische Arbeit.

Siegelcylinder: 10254 Hirsch, Baum und Mann, aus Fayence. — 13196 aus Stein, mit alter Goldfassung, geflügelte und tierköpfige Götter, syrische Arbeit.

Viereckiges Siegel mit Griff: 11375 Jäger mit Tieren, syrische Arbeit. (1893 durch von Kaufmann.)

o. Ohne Bild und Aufschrift.

Wohl meist Amulette von Mumien, die gröfseren wurden in ihren Bauch gelegt (vgl. S. 188; 190; 281; 282). Andere aber wohl auch Schmuckstücke, von Ringen, Ketten u. s. w.

Grofse, dabei 3383 aus Bergkristall.

Kleine, rohe aus Halbedelsteinen oder Fayence; die aus Amethyst gehören wohl alle dem m. R. an.

Kleine, mit durchgeführter Unterseite, darunter solche von guter Arbeit.

7429 aus grünem Wachs, zusammengehörig, auf einem ein Ornament.

p. Alte Abdrücke von Skarabäen, Siegelringen u. s. w.

Thonsiegel, die die Verschlufsbänder von Papyrusrollen, Gefäfsen u. ä. sicherten.

Andere S. 316; 352; 353; bei den Gefäfsen s. unten in diesem Abschn. unter C.

13996 mit dem Namen Amenophis' III. Einmal sind in den Namen die Zeichen: *Leben*, *Dauer*, *Genufs* eingefügt, das andere Mal ist das Wort *neb* „der Herr" spielend mit einem Sperber geschrieben. Aus dem Palaste Amenophis' III. in Theben.

XIII. Aus allen Zeiten.

10580 mit dem Namen Amenophis' IV, mit den Thontafeln von Tell-Amarna (s. Verzeichnis der vorderasiatischen Altertümer, S. 103 ff.) zusammen gefunden. (Geschenk J. Simon 1888.) [Mittheilungen a. d. orient. Samml. III, Taf. III.]

14303 mit dem Namen des Nefer-eb-re, eines Priesters von Athribis unter König Psammetich II. (1858 durch Brugsch.) [Brugsch, Thes. VI, 1415.]

6739 mit langen Priestertiteln. Der Besitzer war unter anderm Priester der Isis. Etwa der gleichen Zeit.

7237. Drei Siegelabdrücke mit dem Namen des *Königlichen Schreibers Amen-hotep*, von einem demotischen Papyrus (P. 3115) der Ptolemäerzeit.   8664. Siegel desselben.

B. Totenpapyrus.

Die Papyrus litterarischen, wissenschaftlichen und geschäftlichen Inhalts sind in dem Handbuch „Aus den Papyrus der Königlichen Museen" ausführlich beschrieben und ebenda ist auch näheres über die verschiedenen Schriftarten, das Schreibmaterial u. s. w. gegeben. Hier sind nur einige Proben aus den Totenpapyrus gegeben, um auch diese Seite der Bestattungsgebräuche zu veranschaulichen; näheres über diese Totenlitteratur in dem Handbuch „Götter und Tote nach aegyptischen Vorstellungen".

Schon gegen Ende des a. R. werden den toten Königen alte Sprüche, die das Leben nach dem Tode betreffen, in das Grab geschrieben (S. 44); im m. R. schreibt man andere ähnlichen Inhalts in die Särge (S. 73; 98; 104); seit dem n. R. giebt man sie in Buchform den Toten bei. Man schreibt sie in Hieroglyphen, da die sonst auf Papyrus übliche Schrift (Hieratisch S. 28) nicht würdig genug für so heilige Bücher ist; erst in der Spätzeit, wo das Hieratische durch das Demotische ganz aus dem täglichen Leben verdrängt ist, ist auch das Hieratische veraltet genug, um ebenfalls als zulässig zu gelten.

Die z. T. höchst umfangreichen Rollen sind heut in einzelne Tafeln zerschnitten, von denen hier meist nur eine ausgestellt und besprochen ist.

a. Sogenannte Totenbücher.

Längere Texte und kurze Sprüche von verschiedenem Alter und verschiedener Herkunft, die willkürlich aneinander gereiht werden. Erst in der Spätzeit wird Auswahl und Reihenfolge dieser Texte regelmäfsiger. Unsere Einteilung in „Kapitel" ist willkürlich. — Diese Handschriften wurden fabrikmäfsig hergestellt und sind daher voll von

Fehlern, um so mehr, als die alten Texte den Schreibern des n. R. kaum noch verständlich waren. Über die Beisetzung der Totenbücher vgl. S. 279.

P 3157 für Mut-em-ua, *Sängerin des Amon-Re*, etwa aus Dyn. 19; enthält das sogenannte Kapitel 17, einen sehr alten, längeren Text, der schon im m. R. mit einem Kommentar versehen war. Der Tote ist erwacht und fühlt sich göttlicher Natur, als wäre er einer der Götter: *Ich bin Atum . . . . . . der ich allein war auf der Flut. Ich bin Re bei seinem (ersten) Aufgehen, als er zu beherrschen begann, was er geschaffen hatte. [Erklärung: Das ist Re am Anfang seiner Herrschaft. — Das ist Re, der als König dessen, was er geschaffen hatte, aufging, ehe noch Schu erhoben* (S. 174) *hatte, als er auf der Terrasse zu Schmun war. Es wurden ihm aber die Kinder des Aufrührers auf der Terrasse von Schmun gegeben.] Ich bin der grofse Gott, der sich selbst schuf [Erklärung: Der grofse Gott, der sich selbst schuf, ist das Wasser. Es ist der Ozean, der Vater der Götter. — Nach einem andern: Es ist Re] und der seinen Namen schuf, der Herr der Götterneunheit [Erklärung: das ist Re, der seinen Namen schuf . . .] u. s. w.* Zuweilen bringt der Kommentar gesuchte Deutungen vor; so sieht er z. B., wenn der Tote von sich sagt: *ich war gestern und kenne morgen* (was gewifs nur allgemein sein göttliches Wesen bezeichnen soll) in *gestern* den Osiris, in *morgen* den Re.

Über dem Text bunte Vignetten, meist einzelne darin erwähnte Wesen, dabei: Katze unter einem Baum, die eine Schlange mit einem Messer tötet — der Phönix als Reiher — der Osirissarg, vor dem Anubis liegt — die Mumie des Osiris liegt auf einer Matte, Isis und Nephthys als Vögel daneben, der Horizont von zwei Löwen getragen, die Tote betet davor — die Tote sitzt in einem Saale beim Mahl, vor der Thür sitzt ihre Seele — die Seele betet vor dem Zeichen des „Westens". — Am Schlufs ein gröfseres Bild: die Tote opfert dem Osiris.

P 3156 eines Karoza aus der Spätzeit. Enthält zunächst die Kapitel 1—15, die den gemeinsamen Titel *Sprüche vom Herausgehen am Tage* haben. Wenn man das erste, das meist Gebete an verschiedene Götter enthält, dem Toten beigiebt, so erlangt er die Fähigkeit, *an jedem Tage, wo er will*, *herauszugehen* aus seinem Grabe. Auch die anderen Sprüche betreffen meist dieses „Herausgehen und (wieder) Eingehen"; aber auch die Formeln der Totenfiguren (S. 180, 240) stehen als Kap. 5 und 6 dazwischen. — Über dem ganzen als Vignette das Bild des Begräbnisses, das solchen des n. R. (wie S. 151 bis 153) nachgeahmt ist: klagende Frauen und Kinder; zwei grofse Särge und ein Schiff, auf dem die Mumie liegt, werden zum Grabe gezogen; Leute mit Standarten u. a. gehen voran. Opferszene: Kuh und Kalb als Opfertiere, ein Rind wird schon zerlegt; ein Priester rezitiert aus einem Buch, ein anderer vollzieht die Zeremonie des Mundöffnens, dabei Kasten mit Geräten zu den Zeremonien; Obelisken (wozu?); Speisen. — Szene am Grabe, neben dem aufsen (S. 86) der Grabstein steht. Die Frau des Toten klagt vor der Mumie, die von Anubis gehalten wird und die man mit Wasser besprengt (vgl. S. 152). — Gebet des Toten zu Re.

L. noch das sogenannte 15. Kapitel, ein Gebet an den Sonnengott, das so beginnt: *Es sagt der Osiris Karoza der Selige: O Re. Herr der Strahlen, der im östlichen Horizonte aufgeht, leuchte angesichts des Osiris Karoza, des Seligen. Er verehre dich morgens, er erfreue dich abends. Seine Seele gehe mit dir zum Himmel, fahrend in der Morgenbarke, landend in der Abendbarke. Er mische sich unter die Ruhelosen* (Name von Sternen) *am Himmel.* — *Der Osiris Karoza, der Selige, er sagt, indem er den Herrn der Ewigkeit preist: Gelobt seist du Harmachis-Chepre, der sich selbst schuf. Wie schön gehst du auf im Horizont. Die beiden Länder sind von deinen Strahlen erleuchtet. Alle Götter jauchzen, wenn sie den König am Himmel sehen ... Ich bin zu dir gekommen, ich bin bei dir, um deine Sonne zu sehen täglich. Man sperrt mich nicht ein, man wehrt mich nicht ab. Mein Leib erneut sich, weil ich deine Schönheit sehe* u. s. w. Dazu ein grofses Bild: das Sonnenschiff, auf dem der Tote vor Re, Atum, Chepre betet — der Beginn des Tages wie S. 270 — die aufgehende Sonne von Affen (S. 105, 7.307) und Seelen angebetet. Der Tote und seine Frau beim Mahl.

P 3008 einer Naïnaï, deren Mutter Persaïs heifst, also wohl aus griechischer Zeit. Mit bunten Bildern. Bemerkenswert: Das Feld Earu, das Gefilde der Seligen am Himmel; es ist von Gewässern umgeben. Oben führt Thoth die Tote vor die Götter des Feldes, die Hasen-, Katzen- und Schlangenkopf haben; daneben fährt die Tote im Nachen. Unten drei Götterschiffe. In der Mitte der Ackerbau der Toten, sie pflügt, säet, erntet und drischt (vgl. S. 55); es folgt ein Haufen gewonnenen Korns und ein Dankopfer vor dem Nilgotte, der es beschert hat. Das Totengericht. In einer Halle thront Osiris, vor ihm die Schutzgeister auf der Blume und der „Fresser" (S. 276) als weibliches Nilpferd mit Krokodilskopf; vor dem Gott das Zeichen des Anubis: ein Schlauch an einem Stab. Oben, d. h. hinten, 26 Totenrichter (S. 269). R. führt Hathor die Tote vor die Maat, der sie versichert, keinerlei Sünde begangen zu haben. Zur weiteren Prüfung wird daneben ihr Herz von Horus und Anubis gewogen (S. 188). Die Halle des Osiris. Die Tote betet vor dem sperberköpfigen Gotte, den die Westgöttin in ihren Armen hält. Dahinter die Kühe und Steuerruder des Himmels (S. 166, 2066), sowie die Osirissöhne.

Aufserdem allerlei kleine Sprüche, z. B. *der Spruch, um zu verhindern, dafs einem Menschen sein Herz im Totenreich genommen werde.* [Ed. Meyer, Gesch. Aegyptens Taf. neben S. 258.]

P 3150 eines Pete, in hieratischer Schrift, aber mit zierlichen Vignetten: z. T. die eben beschriebenen Bilder. — Hinter dem Totengerichte der Text von den *sieben Sälen des Osirishauses*, deren jeder von drei Geistern (*Thürhüter, Wächter, Anmelder*) gehütet wird, die Namen haben, wie *der von Würmern lebt* oder *der Schwätzer abwehrt*. — Am Ende sechs Sprüche für die verschiedenen Amulette, die auch dargestellt sind (S. 282). [Phot.]

P 6750. Aus einer Übersetzung des Totenbuchs ins Demotische. Römische Zeit.

b. Das Buch „Was im Jenseits ist",

vgl. S. 271. Neben der ausführlichen Fassung giebt es eine kürzere ohne Bilder. Bei der Länge des Buches enthalten die Handschriften meist nur einzelne Teile.

P 3130. Ausführliche Fassung. Aus dem n. R. Links das Bild der zwölften Stunde, in der die Sonne sich dem Aufgang nähert. Ihr Schiff fährt jetzt auf einer Schlange, über die es von männlichen und weiblichen Geistern gezogen wird. R. die Mauer, die das Reich der Nacht im Osten abschliefst; an ihr liegt schon der Körper, den der Sonnengott in der Nacht getragen hat, und den er jetzt gegen den eines Käfers vertauscht. — R. Text zur vierten Stunde. [Phot.]

P 3001. Kürzere Fassung: die sechste und siebente Stunde, Handschrift des n. R. Der Anfang der sechsten lautet: *Dieser grofse Gott kommt in die „Wassertiefe Herr des Jenseits". Er erteilt Befehle den Göttern, die in ihr sind . . . er teilt ihnen Felder zu zu ihren Speisen und giebt ihnen Wasser zu ihrem Getränk (?) . . alltäglich. Das Thor dieser Stadt heifst „Schwertgerüstet (?)".*

Des weiteren heifst es, dieses Bild sei so wie hier auf die Südwand der *geheimen Stätte des Jenseits* gemalt; wer es kenne, der habe Anteil an *den Speisen der Götter, die dem Osiris folgen*. [Jéquier, le livre de ce qu'il y a dans l'hadès.]

c. Mit Bildern ohne Text.

P 3128 für die Sängerin des Amon, Te-hen-en-mut (n. R.), die Bilder meist gelb. R. die Tote und ihre Seele; daneben die seltsamen Gestalten, zu denen sie beten. U. a: Geflügelte Schlange — Phönix — Herz mit dem Spruch darauf wie S. 188 — Maat ohne Kopf wie S. 275, 43 — Mumie auf einem Schiff, darunter die Schutzgeister — Affe, der das Zeichen „Wahrheit" hält — Patäke und Toëris mit Messern — Zweiköpfiges, langbärtiges Wesen (Bes?) mit Schlangen im Mund — Krokodil — Steuerruder — Bergwand, an der die Westgöttin als Kuh liegt und hinter der die Sonne versinkt (S. 185, 629).

P 3147 des Sesech, Beamten des Muttempels, etwa aus libyscher Zeit. R. der Tote geschoren, aber mit einer Binde um das Haupt und mit einer Schärpe, opfert dem Osiris Oelgefäfse auf einer Matte; hinter diesem Isis und Nephthys. Unter den folgenden Bildern: die widderköpfige Abendsonne wird von Schu erhoben, die Göttin des Westens nimmt sie zu sich — Osiris erwacht vom Tode und richtet sich hoch; hinter ihm ein Fächer, daneben Isis und Nephthys. — Der Tote bringt ein Oelgefäfs einem Widder dar, dahinter ein Fächer — Bergwand mit dem Grabe.

d. Verschiedenes.

P 3008 Die Klage der Isis und Nephthys um den toten Osiris. Der obengenannten Naïnaï ins' Grab beigegeben, denn *es ist nützlich für den, der es macht*. Der Text dürfte alt sein. Isis klagt z. B.: *Komm zu deinem Hause, zu deinem Hause, Osiris! komm zu deinem Hause; du hast keinen Feind, du guter König. Komm zu deinem Hause, dafs du mich sehest. Ich bin deine Schwester, die du liebst, trenne dich nicht von mir . . . Ich sehe dich nicht, mein Herz ist betrübt um dich, meine Augen suchen dich . . Komm zu deiner Geliebten, deiner Geliebten, Wen-nofre! Komm zu deiner Schwester, komm zu deiner Gattin, du mit ruhendem Herzen! Komm zu deiner Hausfrau. Ich bin deine leibliche Schwester, entferne dich nicht von mir. Die Götter und Menschen wenden ihr Antlitz nach dir und weinen zusammen.* Am Schlufs die Anweisung, wie man diese Klage *von zwei Frauen mit schönem Leib* ausführen lassen kann. Unten rohe Bilder: Osiris, Isis, die Tote u. s. w. [Reinisch, Chrestomathie 41 ff.; Horrack, les lamentations d'Isis et de Nephthys.]

P 3135 Das Buch vom Atmen. Ein ganz spätes Machwerk, das aber *von Isis für ihren Bruder Osiris* verfafst sein will und das Thoth *mit seinen eigenen Fingern* ihm geschrieben hat. Es heifst z. B.: *Amon-Re, er läfst deine Seele leben und verklärt dich durch das Buch vom Atmen,* oder: *o Osiris . . . . deine Seele lebt durch das Buch vom Atmen. Du atmest durch das Buch vom Atmen und gehst ein in das Jenseits, ohne Feinde zu haben, als eine göttliche Seele* u. s. w. Es sollen also Zaubersprüche sein, durch die Osiris einst zum Leben erwacht ist. — Die Handschrift aus griechischer Zeit (die Mutter des Toten heifst Artemidora), in der spätesten Form des Hieratischen. Als Bild Osiris mit Isis, den Schutzgeistern und dem Fresser, sodann der Tote, die Wage und Thoth. [Brugsch, Schai an sinsin sive liber metempsychosis.]

P 3044 Das Buch vom Durchwandeln der Ewigkeit, ein ähnliches spätes Buch, das das Loos des seligen Toten rühmt, der hingeht, wo er will und an den Speisen aller Tempel Teil nimmt, ohne Aufhören: *deine Lebenszeit ist die Ewigkeit, dein Königtum das Immerdar, deine Perioden sind unzerstörbar und du bist jung immer bis in Ewigkeit.* [v. Bergmann, das Buch vom Durchwandeln der Ewigkeit.]

P 3164 aus einem Ritual zur Balsamierung, in barbarischen Hieroglyphen spätester Zeit: *sie macht vortrefflich deine weissen* (d. h. die Knochen) *weisse Binde, grüne Binde — sie umwickelt deinen Leib rote Binde* u. s. w. Während des Rezitierens der Stelle, die von *weissen* Knochen redet, ist die *weisse* Mumienbinde umzulegen u. s. w.

P 3163 Ähnlicher Streifen mit spätester Schrift: *mein Name wachse wie der Name des Atum von Heliopolis wächst, wie der Name des Schu . . . in Heliopolis wächst* u. s. w. [Lieblein, Le livre que mon nom fleurisse.]

P 1522 Formeln in demotischer Schrift und ein Bild: Anubis stellt den Toten dem Osiris vor. Das Blatt war schon einmal auf der Vorderseite benutzt und zwar zu einer griechischen Steuerveranlagungsliste. Etwa 2. Jahrh. n. Chr.

C. Gefäfse.
a. Thongefäfse.

Die einfachen Formen, die durch den groben Thon des Landes bedingt sind, haben sich im Laufe der Zeit wenig verändert. Daher

Abb. 76. Thongefäfse des a. R. und m. R.

ist die Datierung einzelner oft schwierig. Die Gefäfse der ältesten Zeit s. S. 34. 35. (Eine Sammlung aegyptischer Töpfe auch in der Schliemann'schen Sammlung des Museums für Völkerkunde.)

Aus dem alten und mittleren Reich.

Andere des alten Reichs S. 71, solche des mittleren Reichs S. 109. 100. 103. Meist brauner Thon mit rotem Anstrich.

Aus der 4. Dyn. aus El Kab (Gesch. Petrie 1807): Krüge,

Töpfe und einfache Näpfe, meist aus freier Hand gemacht.

Ebendaher aus der 12. Dyn. Gefälligere Formen besserer Arbeit, dabei merkwürdig: 14043 Becher mit Fuſs; 14027 Töpfchen mit welligem Rand; 14040 groſser Wasserkrug mit eingeritzten Zeichen.

Töpfe aus einem Familiengrabe der Dyn. 6. Von den Angehörigen den Toten mit Speisen beigegeben. Die Aufschriften wie: 13659 *Was Edi ihrer Mutter Entes-nes schenkt: 2 Maaſs Korn.* — 13660 *Was Edi ihrem ehrwürdigen Sohne Nen schenkt: 3 Maaſs Korn.* 13661 *Was Edi dem ehrwürdigen Sem schenkt: 3 Maaſs Korn.* — 13665 *Was Edi dem ehrwürdigen Chnu schenkt: 2 Maaſs Korn.* — 13538 *Honig, Grab des Pepi-schetep.* 13537 *Honig.* — 13057 enthielt verschiedenes, darunter *Salz.* — Andere nur mit den Namen der Toten.

10745 Fläschchen, etwa zu Öl, mit der Aufschrift: *Für Enep, was Mut-resti schenkt.*

Näpfchen mit den aufgeschriebenen Namen von Ölen.

1445 Schale mit groſsem Deckel, die mit Kalbfleisch gefüllt im Grabe des Apa-anchu (S. 73) beigesetzt war.

1439 Wasserkrug mit kurzem Ausguſsrohr, wie er z. B. beim Waschen benutzt wurde.

Schalen — Näpfe — Krüge — Töpfe.

Flaschen, beliebt der mehrfach eingezogene Hals.

Aus dem neuen Reich.

Andere S. 192. 193. 125. 126.

Unverzierte Ware.

Krüge mit Henkeln, die groſsen zur Aufbewahrung von Wein und Öl; weiſs getüncht; von den kleinen der eine mit vier Henkeln.

Krüge und Töpfe ohne Henkel, dabei becherartige ohne Hals. Wie die meisten aegyptischen Gefäſse unten rund und daher auf Thonringe gestellt.

Schalen und Näpfe, der eine mit rotem Rand.

Versiegelte Töpfchen, zusammengehörig, der gröſste enthält ein braunes Pulver; das Siegel aus Thon.

Rot gestrichen und geglättet, vielleicht älter: 9612 groſser Napf. — 13650 ähnlicher Napf mit Adern bemalt, die wohl Stein nachahmen sollen. — Töpfe, dabei 10153 unten spitz. — 9608 Becher. — Kleine Gefäſse, dabei

4619 wohl zu Salböl, 10610 desgl., 4506 enthält ein Harz, mit Leinenpfropfen. — 9607, 10600 Flaschen.

Verzierte Ware.

Nur zum Teil rein aegyptisch, z. T. aus den Mittelmeerländern eingeführt, oder doch solchen eingeführten in Aegypten nachgebildet. Bemalte Gefäfse, als Ornamente meist Kränze und Blumen: 611 grofser Weinkrug schwarz und rot, oben ein Blumenkranz, unten Lotusblumen mit Knospen (Koller). — 13402 desgleichen mit blauen Ringen. 7200. 1224 mit Kränzen, der Grund unbemalt. — 4585 auch der Grund blau. — 13502 Becher, rot und schwarz.
Als Tiere, Frauen oder mit Köpfen solcher, meist bunt bemalt: 7216 als Ausgufs ein Antilopenkopf, ein anderer auf dem Deckel. — 13647 am Hals ein Antilopenkopf. — 12226 kleiner Krug, anscheinend vollständig geschlossen. Oben ein Steinbockkopf. — 13501

Abb. 77. Thongefäfse des n. R. und der späteren Zeit.

grofse Flasche in Gestalt einer Frau, die erhobenen Arme bildeten die Henkel. 6740 Kopf einer ähnlichen Flasche. — 6670 als Ochse, der mit Krügen beladen ist. — 10524. 13684 Hathorköpfe vom Rand grofser Gefäfse.
Desgl. rot gestrichen und poliert: 13156 Henkelflasche mit einem Frauenkopf mit Zöpfen. 14152 Steinbock, auf den ein Knabe hinaufklettert. — 14148 liegender Steinbock (Geschenk Schweinfurth 1898). — 13155 sogenannte Pilgerflasche (s. unten). Als Henkel besiegte Feinde mit Waffen (Neger und ein Asiat), die sich zu Boden werfen.

C. a. Thongefäfse.

Fremde Ware und ihre Nachahmungen.

Teils sogenannte „mykenische" Gefäfse, wie sie um 1400 v. Chr. ebenso in den ältesten griechischen Funden vorkommen (vgl. auch S. 205), teils andere, die mutmafslich aus Cypern und Phönizien stammen.

Sogenannte Pilgerflaschen mit rundem Bauch und kleinen Henkeln, an denen man sie an einer Schnur trug. Etwa cyprische Form. Dabei: 4592, 4593, 10606 mit einfacher Bemalung, fremde Arbeit. — 4587 schwarz, desgleichen. — 10723, 1013, 1422, 4590, 4595 vermutlich aegyptische Arbeit. — 8341 mit aufgesetzten Fayenceperlen.

Doppelgefäfse; Krug und Pilgerflasche verbunden.

Sogenannte Bügelkannen mit einfacher Bemalung, Henkel und Ausgufsrohr stehen aufrecht. Mykenische Ware.

Andere „mykenische" Gefäfse, einfach bemalt: 9558 Näpfchen. — 9677 Topf mit Ösen, um ihn an einer Schnur zu tragen.

1016. Krug mit hohem Hals und Henkel.

Krüge mit weitem Hals und Henkel, weifs mit einfacher Bemalung.

4604. Kleiner Krug mit kurzem Hals, schwarz, fremde Arbeit.

Kleine Flaschen mit Henkel, dabei 4607, 4594, 1245, phönizisch-cyprische Ware.

Lange Flaschen mit Henkel, rot gefirnifst. Aus Dyn. 20. In 1221 befanden sich Reste von Käfern und Schildläuse, die etwa als Färbemittel gedient haben könnten.

Gefäfse aus Tell Amarna,

der Stadt Amenophis' IV. (S. 13; 127), sämtlich seiner Zeit angehörig. (Gefunden und geschenkt von Flinders Petrie.)

Krüge mit Henkeln, dabei 12268 mit der Aufschrift *Jahr 9, Wein* . . . und den Namen des Beamten. — Scherben ähnlicher, dabei: 14000 *Fremder Wein*. 14004 *Wein vom westlichen Flufs* (d. h. wohl aus dem westlichen Delta). — 12269 weifs und poliert.

Bemalte Krüge; die Bemalung stellt Kränze dar.

Bruchstücke grofser bemalter Weinkrüge, meist mit grofsen Lotusblumen bemalt, 12020 auch mit aufgeklebten Thonscheiben. — 12027, 12028 abweichend bemalt, von Ölkrügen.

Näpfe und Schalen, dabei 12280 rot und poliert. — 12282 noch mit einem Harz darin.

12283. Deckel eines Gefäfses.

Thonsiegel von Krügen, dabei 12293 mit dem Stempel *gut*.

Scherben fremder Gefäfse: die gefirnifsten gehören zu der „mykenischen" Ware, die mit stumpfen Farben zu der „cyprisch-phönizischen".

Gefäfse aus Gurob,

einer Stadt aus der zweiten Hälfte des n. R. (Gefunden und geschenkt von Flinders Petrie.)

10874. Grofses Gefäfs, ursprünglich mit 4 Henkeln; rötlich getüncht, mit schwarzen Linien verziert. Nicht aegyptische Arbeit. h. 68 cm.

Krüge und Töpfe, dabei 10869 von eigentümlicher Form. — 10862 spitz.

Topf mit zwei Henkeln, eigentümlicher Rand.

Kleine Gefäfse mit Henkeln, dabei 10861, 10864 weifs und schwarz. — 10857, 10865 roh mit der Hand gemacht.

Näpfe und Schalen. 10868 Ring als Untersatz für einen grofsen Krug.

10852. Lampe, der Docht lag in dem Schnabel.

Aus dem Ramesseum.

Scherben von Weinkrügen aus den Speichern dieses Tempels (vgl. S. 14; 240) mit Aufschriften wie *Jahr 4; zweimal guter* (oder *achtmal guter*) *Wein von dem grofsen Garten des Ramesseums Ka-en-Keme; Obergärtner Kama*.

Gefäfse der libyschen und der Spätzeit.

Beskrüge, die das fratzenhafte Gesicht dieses Gottes (S. 298) nachahmen, z. T. sind auch die Arme angegeben, dabei: 7217 er hält Zweig und Sistrum. — 13237 bunt bemalt, Beine und Schwanz des Gottes bilden die Füfse.

9505. Topf mit Henkeln und erhabener Verzierung.

7206. Krug mit eingeritzter karischer Inschrift (S. 295, 13785).

9669. Roher Krug in Gestalt eines Mannes, der am Hals ein Amulett(?) trägt. Cyprisch?

9003. Flasche, in Gestalt eines bärtigen Mannes; obscön. Altgriechisch?

Aus griechisch-römischer Zeit.

Die gewöhnliche Ware gleicht der alten, rohen, doch sind die Formen häfslicher. Charakteristisch die engen wagerechten Rillen.

C. a. Thongefäße.

Sehr beliebt die großen griechischen Amphoren, die innen ausgepicht sind und zur Aufbewahrung von Wein und Öl dienten.

Unverzierte Ware.

13150. Topf aus der großen Oase. — 13158 desgl. mit Ausguß (Gesch. Schweinfurth 1896).

13325. Großes thönernes Becken mit Ausguß und dem lateinischen Stempel des Verfertigers, *Numer. Moderatus*.

13589. Ringförmige Flasche mit 4 kleinen Henkeln.

13644. Große Wanne mit zwei Henkeln; rot und schwarz bemalt.

13645. Becher mit Fuß.

Amphoren, dabei: 612, hoch 1,25 m. 13326 kleinere, mit dem Stempel *Fundi Perseiani*, wohl dem Herkunftsort des Weins. — 13679 mit der Aufschrift *Therinos*. — 13682 am Bauch weiße Bemalung.

Aus Hawara.

Vgl S. 348 ff. Gesch. von Levetzau.

Töpfe, dabei: zwei große. — Kugelförmige mit Ösen für eine Tragschnur.

Krüge, bauchig, mit Henkel und kurzem Ausgußrohr.

Kleine Flaschen: Mit einem Fuß. — Ohne Fuß, mit Papyrus umwickelt.

Schalen mit eingeknifften Rändern, in einer zusammengerollte Blätter.

Verzierte.

Bemalte Gefäße. 11682 aus Hawara, auf dem mittleren Streifen Hasen und Pflanzen (Gesch. Mosse 1892). — 11712. Pilgerflasche, die einen Fuß hatte, ebendaher, mit roten Kreisen bemalt. (Gesch. von Levetzau.)

12774. Schale mit drei Henkeln, in denen Ringe hängen; innen das rohe Bild eines Tänzers.

Mit Reliefs: 12448. 12449. Töpfchen und Becher. — 12686. Bruchstück, dargestellt tanzende und musizierende Tiere.

Flaschen als Figuren (vgl. die Formen S. 373 und die Thonfiguren S. 306 ff.): 12737 Isis säugend, neben ihr ein Knabe(?) 11555 Bes — 13534 Eros, der ein Gefäß hält — 8174 Soldat mit Lorbeerkranz — 4579 Flötenbläser — 8050. 8008 Löwen, schwarz glasiert (aus Tell esseba, vgl. S. 290) — 12560 Igel.

12605. Korb mit Henkel. — 12561. Sack.
Geräte aus Thon unklarer Bestimmung: 8847 Affe über Bocksopf. — 10179 Harpokrates über einer Blume. — 13231 Füllhorn? mit Masken verziert.

Aus christlicher Zeit.

Rohe Ware aus Gräbern von Achmim: Flaschen mit einem und zwei Henkeln und Krüge.
Mit eingepreſsten Verzierungen: 9556 Napf, auf dem Boden ein Kreuz. — 13107 ähnlich, mit Taube. — 13710 groſse Schüssel, mit Kreisen u. s. w.
Bemalte: 12593 Groſser Topf, mit Löwen und Reitern. — 13651 Napf. - 13496 Flasche in Tönnchenform, mit Ausguſs. — 13497 ähnlich, aber platt.
12721. Dreifaches Gefäſs, unbekannter Bestimmung, bemalt. Die drei Teile sind oben geschlossen und stehen durch enge Röhren mit einander in Verbindung.

b. Steingefäſse.

In der Herstellung steinerner Gefäſse hatte es die noch vor dem a. R. liegende Epoche zur höchsten Vollendung gebracht, (vgl. ihre Arbeiten S. 33. 36) und auch das a. R. benutzt noch diesen ähnliche Gefäſse und Teller aus Stein in groſsem Umfange. Das n. R. führt dann reichere Formen mit Henkeln, Füſsen u. s. w. ein, ohne daſs darum die alten schlichten auſser Gebrauch kämen. Es ist daher schwer, die einfacheren Steingefäſse, wie sie z. B. für Salben, Öle u. s. w. gebraucht wurden, zu datieren. (Andere Steingefäſse des a. R. S. 44. 71, des m. R. S. 103. 108, des n. R. S. 192. 193; steinerne Näpfchen S. 201, Schminkbüchsen S. 206, Eingeweidekrüge S. 179. 276.) — Soweit im Folgenden nicht anders angegeben, ist das Material Alabaster.

Alte einfache Formen.

Niedrige weite Gefäſse aus dem a. R. oder noch älterer Zeit: 7234 groſs, innen eine Art Harz. Eigentümlich gesprenkelter Stein. - 8825 mit henkelähnlichen Ansätzen zum Festbinden des Deckels. Diorit.
Ähnliche kleine Gefäſse, die zu Schminke u. ä. benutzt sein werden, dabei: 4459 mit Stöpsel. — 1237, 1238 aus nichtaegyptischem Marmor. — Das Oberteil wird der leichteren Arbeit wegen oft aus einem besonderen Stück gefertigt.

C. a. Thongefäfse.   b. Steingefäfse.   441

4482. Kleiner Napf, bauchig, mit zwei Ösen, zum Festbinden des Deckels.
Schalen, dabei: 7118 aus Granit — 7152 aus dem grünen Stein der Töpfe ältester Zeit.

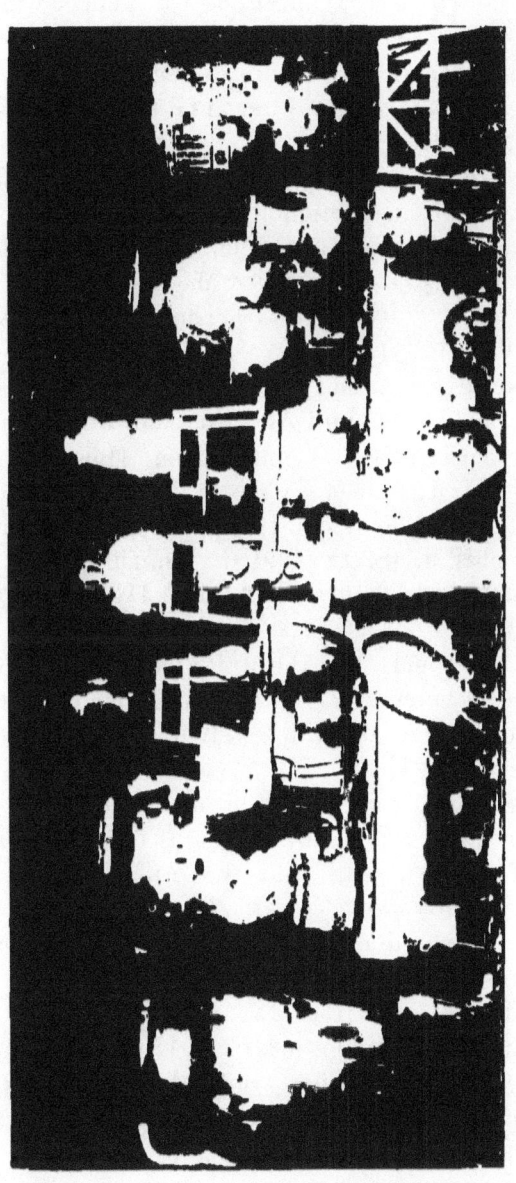

Abb. 78. Steingefäfse.

Becherartige, dabei 4449 unten spitz.
Ölgefäfse der so oft abgebildeten Form (z. B. auf 1154

S. 104). Dabei: 13111 mit dem Namen des Königs Ra-en-user (S. 10. Gesch. Naville). — 4473 brauner Stein, mit Deckel. 1246 plump; unvollendet? — Ganz kleine aus Al. und schw. Stein.

9566. **Grofser Teller** mit Fufs, wie man sie im a. R. als Tisch zum Speisen benutzte. K.

Teller, meist aus dem oben erwähnten grünen Stein. Dabei: 7149 grofs (41 cm. Dm.) — 7151 mit steilen Wänden. — 7100. 7120 K.

8424. **Grofses Gefäfs mit dem Namen Ramses' III.** (S. 14), wohl aus seinem Grabe, da es dem Schutzgeist Amset geweiht ist. Wichtig, weil die Inschrift seinen Inhalt auf *40 Hin* angiebt, wonach dieses alte Mafs etwa 0,45 l. mafs. (Posno.) Al., die Inschriften waren blau ausgefüllt. h. 54 cm.

1637. **Desgleichen mit dem Namen Thutmosis' III.** (S. 12), mit Deckel und Ansätzen zum Zubinden desselben.

7124. **Schlanker Topf** mit kurzem Hals und Ansätzen.

Bauchige Krüge mit kurzem Hals, dabei: 7116 mit Deckel; darin noch ein Harz. — 7343 mit dem Namen Amenophis' I. (S. 12) und der Inhaltsangabe *II Hin*. — 7342 mit dem Namen Thutmosis' III. — 7117 klein mit Deckel.

Ebenso, aber mit breitem Rand, auf dem der Deckel aufliegt. Dabei: 7160 mit dem Namen Thutmosis' III. — 7111. 13280 besonders schön in Arbeit und Material (Al.) — 4478 klein. 7112 brauner Stein.

Flaschenartig, mit Ansätzen oder Ösen zum Zubinden. Dabei: 4401 mit dem Namen der Amen-erdis, Fürstin von Theben (S. 16) und der Aufschrift *das Gottesweib Amen-erdis lebt durch Horus, Buto und Bast, die sie schützen*.

Kleine Flaschen u. ä., dabei 8320 mit längerem Hals. 4408 ohne Hals, unten spitz.

4497. 283 **kleine Näpfchen**.

Gefäfse mit drehbarem Deckel, der bei 10670 erhalten ist; 8022 mit Henkeln; wohl Schminkbüchsen.

Reibschalen, für Schminke u. ä.: 4484 klein aus Chalcedon. 7136 K. — 7114 Al.

7126. **Mörser mit Keule**.

9633. **Bruchstück eines grofsen Gefäfses** aus Serpentin, schöne Politur.

Reichere Formen des n. R.

7134. Grofser Krug einfachster Form, aber mit einer Verzierung, die die Bekränzung nachahmt.

Krüge mit einem Henkel, der Metallarbeit nachahmt, dabei: 7115 grofs — 4489 klein, oben Blattmuster – 8316 mit einem Fufs, der den ringförmigen Untersatz (S. 438, 10868) nachbildet, auf dem der Krug steht.

Mit hohem Hals und Fufs, ohne Henkel, elegante „vasen"artige Form. Dabei: 4477 brauner Stein. — 4472 grünlicher — 4464 mit Nachahmung des Untersatzes.

Ebenso, aber ohne Fufs und mit zwei Henkeln, dabei: 7121 grofs, war mit Blumenkränzen bemalt.

Sogenannte Pilgerflaschen, den thönernen (S. 437) nachgebildet; dabei bei 4479 die Mitte der Wand der leichteren Arbeit wegen aus einem besonderen Stück.

13291. Sogenannte Bügelkanne, den thönernen (S. 437) nachgebildet.

11157. Schale aus Serpentin, innen Fische und Wasservögel wie bei den Fayenceschalen (S. 444), der Griff einer Metallarbeit nachgebildet.

7137. Kleiner Napf, der Rand gekrümmt.

Als Figuren u. ä.

Vgl. auch die Näpfchen S. 201. 202.

8238. Gott Bes als Gefäfs; er erhob sich mühsam unter einer schweren Last, die den Deckel bildete. Vorzüglich ist der krüpplige Körper wiedergegeben. n. R. — (1881.) Al. war bemalt, h. 30 cm.

4426, 4427. Krugtragende Frauen, karikiert, als Gefäfse.

Vasen, von stehenden Löwen gehalten, vielleicht asiatisch (aus Tell esseba, vgl. S. 290): 8079 aus Serpentin, der Löwe mit rot und grünen Glasflüssen ausgelegt. — 8980 aus Alabaster, ebenso ausgelegt, aber der Stil abweichend von dem vorigen; das Gefäfs fehlt.

4507. Fisch als Flasche mit Henkel, vgl. den thönernen S. 35.

11554. Büchschen mit zwei Schlangen.

Entenköpfe, anscheinend Henkel eines Gefäfses.

Aus griechischer Zeit.

12739. Kleine Schale aus schwarzem Stein, darin die Büsten von Isis und Serapis.

4425. Steinerne Schminkbüchse mit rohen Darstellungen: Frauenkopf, Palme, Art Sphinx, Ziege u. a.

9535. Teller mit vier Griffen, grauer Stein.

Kleine Steinnäpfe aus Hawara (S. 348) (Gesch. Mosse): 11707 mit 2 Griffen K. — 11690 mit 4 Griffen und Ausguſs. Sdst.

Aus christlicher Zeit.

12581. Napf, als hölzerner Bottich, mit durchbrochenem Deckel.

12582. Schale als Muschel, in der Mitte geteilt. Hatte einen drehbaren Deckel.

13591. Viereckiger Napf mit Ausguſs, mit Kreuzen verziert. Weicher grauer Stein.

13707. Krug aus Kalkstein, verschlossen; oben und an den Seiten Kreuze.

c. Fayencegefäſse.

Die Fayencegefäſse vertreten in Aegypten die feinere Töpferware anderer Länder. Die Glasur ist im m. R. und n. R. gern dunkelblau

Abb. 79. Fayencegefäſse.

mit schwarzer Zeichnung; die spätere Zeit liebt hellgrüne Glasur und verziert die Gefäſse mit Reliefs oder eingepreſsten Stempeln. — Auch hier ist es oft schwer, die einzelnen Stücke genau zu datieren.

Aus dem m. R. und n. R.

Schalen mit Fischen und Wasserpflanzen bemalt, da sie ja gefüllt gleichsam einen See bilden. Die Fische halten oft Blumen im Maul; in der Mitte zuweilen noch ein Teich (?). — Ungewöhnlich: 4562 drei Fische, die einen gemeinsamen Kopf haben. — 13205 zwischen den Blumen

C. b. Steingefäfse. c. Fayencegefäfse. 445

ein Affe? — 10285 war mit Sistren bemalt. — 11382 mit vier Widderköpfen am Rand, innen Blume. m. R. — 12787 in Form eines Steingefäfses mit kleinen Griffen. — 12783 fast unbemalt.

9718. Gefäfs, das zwei Henkel hatte; blau, mit Einlagen in grauer Fayence, die Kränze darstellen. (Ingenheim.)

12806. Kleines Gefäfs mit Fufs mit Palmetten bemalt. Ähnlich auch 1254, S. 192.

13219. Töpfchen mit Deckel, aufsen mit Fischen und Blumen bemalt.

11386. Deckel, war im Altertum gebrochen und repariert.

Flaschen: 12797 mit mehrfach eingezogenem Hals. — 4552 klein. — 13208 wie eine Pilgerflasche, mit Rosetten bemalt.

12562 von einem Becher, bemalt mit Affen und Perlennetz.

Salbbüchsen, in der einfachen Gestalt der steinernen, dabei 12781 ohne Bemalung, 13112 als Blume bemalt, schöne Glasur. — 10150 klein, grün.

6630. Säckchen als Salbnapf.

7987, 11871. Scherben mit dem Namen Sethos' I.

12597. Scherbe mit dem Namen Ramses' III.

7504. Näpfchen mit dem Namen Ramses' XII.

Aus der libyschen und aus der Spätzeit.

Kelche, als Blume gedacht: 4563 mit Reliefs, unten die Blumenblätter; in der Mitte 9 Götter (die „Neunheit" irgend eines Tempels); oben Besfiguren, Hathorköpfe und Augenamulette. Nach einer Inschrift im Innern für das Grab eines Prinzen Scheschonk gearbeitet, des *grofsen Erbfürsten seiner Majestät*, des *Sohnes des Herrn der beiden Aegypten, dessen Mutter die Karoama ist,* also eines Sohnes Scheschonk's I. (Pass. aus Memphis.) — 9060 sehr zierlich bemalt; zwischen den Kelchblättern erblickt man Sumpfblumen, zwischen denen Vögel nisten. — 12578, 12579 einfacher.

Flaschen: 13220 mit Reliefs, dabei Hirt mit Rindern im Sumpf. — 12796 ähnlich, schwarz bemalt. — 12791, 12793 unbemalt. — 12790 klein.

Sogenannte Pilgerflaschen: 9480 der Hals, an dem zwei Affen sitzen, als Blume; auf dem Bauch als Ornament ein Halskragen und die Aufschrift *Ptah (gieb) ein*

schönes Neujahr ihrem Herrn; derartige Flaschen wurden als Neujahrsgeschenke verwandt. Die Ornamente waren blau ausgefüllt. — 12669 kleiner, mit gleicher Aufschrift. — 12798. 12799 ohne Aufschrift. - 4553 mit drei Henkeln, klein.
8867. T e l l e r, darauf Kühe im Relief.
S c h a l e n: 12580 aufsen Papyrus im Relief. 12788 mit zwei Griffen, länglich. — 10313 vom Rand einer Schale, der mit Löwen besetzt war (vgl. 12655 S. 199).
12789. L ö f f e l c h e n in Gestalt eines Blattes.
K l e i n e N a c h b i l d u n g e n g r o f s e r G e f ä f s e: 4564 vierhenkliger Weinkrug, mit der Aufschrift *Amon schenke ein schönes Neujahr*. 10667 Form der Amphore (S. 439). — 10307 spitzer einhenkliger Krug. 6608 zwei Krüge verbunden. 6631. 4612 Töpfe. — 12814. 14087. 8787 Wassereimer (S. 250. 251).

Altertümliche Formen und ihre Nachbildungen.

Diese einfachen Gefäfse, die zu den Spenden im Grabe dienten, könnten wohl z. T. auch wirklich aus dem a. R. stammen, das ebenfalls hellgrüne Fayence kannte.

7750. 1008. 1009. N ä p f e, mit steilen Wänden.
4558. W a s s e r k r u g mit Ausgufsrohr, vgl. in Thon S. 435, in Bronze S. 251.
4559. T o p f mit Ösen, um ihn an einer Schnur zu tragen (vgl. S. 36. 437. 439).
4557. Ö l g e f ä f s mit einem Deckel, der festgebunden wurde, vgl. die steinernen oben S. 441.
8919. 13212. R u n d e s T ö p f c h e n mit senkrechten Wänden und einer Öse.
N a c h b i l d u n g e n: Näpfe — Becher — vier Becher auf einer Platte — Wasserkrug und 6 Becher auf einer Plattte — einzelne Krüge von solchen Platten.

Aus griechisch-römischer Zeit.

E i n f a c h e d u n k e l b l a u e: 7212 Topf mit eingedrücktem Ornament, darin Früchte. — 4560 bauchig, unter dem fehlenden Hals ein Hathorkopf in griechischem Stil. — 12784. 8940 Schalen. — 7753 Schale aus den Porphyrbrüchen in der Wüste. (Gesch. Schweinfurth.)
12415. T r i n k g e f ä f s als Delphin (?), auf dem ein Mann liegt.

13346. Von einem Trichter? oder Fackelhalter?
Reicher verziert (1894 durch Reinhardt): 12429 mit zwei Henkeln und Deckel; mit grünen Kränzen auf schwarzblauem Grund.   12430 ähnlich, einfarbig grün.
12431. Mit Reliefs in drei Reihen; in der Mitte Jagdbild (Hund, Gazelle, Hase, Löwe), oben und unten Rankenwerk. Wohl sehr spät. (1894.)

d. Glasgefäfse.

Vgl. die datierten Bruchstücke S. 214. 362.

Aus älterer Zeit.

12624. Pilgerflasche (vgl. oben S. 437) blau mit gelbem Rand. n. R.
12626 desgleichen aus buntem Glas, mit blauen Henkeln. n. R.
12614. Scherbe, bunt. n. R.
1836 in „Vasen"form aus blauem Glas mit weifsen und gelben Wellenlinien. (Lepsius, zu Sakkara einzeln im Sande gefunden.)
13228. Büchschen, bunt, spätere Nachahmung der alten; die Wellenlinien sind in das Glas eingelegt.

Aus griechisch-römischer und christlicher Zeit.

10196—10208 in einem Grabe bei Medum zusammen mit den Toilettengeräten (S. 394) gefunden.
Weifses Glas: Bauchige Flaschen, 4627 mit zwei Henkeln am Hals. — 11395 Krug mit Henkel.   Näpfe, auch oval.
Grünes Glas: Meist enge kleine Flaschen, etwa zu Salböl. — 10197 bauchige Flasche. — 11399 lange Flasche in geflochtenem Futteral.

e. Krugverschlüsse u. ä.

Aus dem n. R.

Man verschlofs die grofsen thönernen Weinkrüge entweder mit einem Siegel aus Stuck oder umkleidete den Hals mit einer dicken Lehmschicht, die dann zuweilen bunt bemalt wurde.
Von unbemalten Lehmhüllen: 7158 noch mit dem Hals des Kruges darin; Stempel *Wein von der Festung*. — 1591, 1592, 1594 mit Stempel *Amenophis, reich an Jubiläen*. — 1595 Stempel *Horus von Tanis*.

Von bemalten Lehmhüllen, als Bemalung Kränze.
7159. **Stucksiegel mit dem Stempel Ramses' II.** Darin noch der eigentliche Deckel, ein Thonnapf, der mit Papyrusstreifen festgebunden ist.
13108. **Oberteil eines kleinen Henkelkrugs.** Mit Leinen zugebunden. Darauf ein Siegelabdruck mit *Thutmosis III., Herr der Kronen im Hause des Amon.*

Aus christlicher Zeit.

Verschlüsse von Weinkrügen: 10469 aus Stuck; Kreuz und Umschrift: *Christus ist Gottes Kraft und Gottes Weisheit.* — 10189 aus Lehm, mit dem Pentagramm und Kreuzen.

D. Ziegel.

Die Ziegel werden, ganz so wie es im alten Testament erzählt ist, aus dem zähen Nilschlamm, dem etwas kurzes Stroh zugesetzt wird, mit Hülfe von einfachen Rahmen geformt und gestrichen (vgl. die ausgehängten Skizzen). In älterer Zeit werden die Ziegel meist nur an der Sonne getrocknet. Aufgestempelt ist ihnen fast immer der Name des Bauherrn oder des regierenden Königs, manchmal auch der des Gebäudes selbst. Das Bindemittel ist meist nur Nilschlamm. Die Gröfse der Ziegel wechselt, ist aber fast immer beträchtlich, etwa 36 : 15 : 12 cm. — Für bestimmte Zwecke werden auch schon in älterer Zeit gebrannte Ziegel und solche besonderer Gestalt verwendet.

a. Aus dem alten Reich.

1607 ungestempelt, aus der unterirdischen Sargkammer im Grabe des Mer-eb (S. 50).

b. Aus dem neuen Reich.

Mit Königsnamen.

1512. Amenophis I., aus dem Totentempel der Hat-schepsut in Der-el-bahri. [LD III, 4b.]
1513. Thutmosis I., aus einem thebanischen Privatgrabe. [LD. III. 7f.]
1527. Hatschepsut, aus Theben. [LD III, 26,6.] — 1525 dieselbe mit ihrem anderen Namen, Theben. [LD III, 25 bis.] — 1523 dieselbe, mit dem Namen ihres verstorbenen Vaters Thutmosis' I, aus einem Tempel Thutmosis' III., nordöstlich vom Ramesseum. [LD III, 26,4.]
1534. Thutmosis III., in der Namensform Men-cheper-ke-re (vgl. S. 417). Aus demselben Tempel wie 1523. [LD

III, 30 k.] — 1517 ebendaher, mit dem Namen des Gebäudes, das dem Amon geweiht war.
1518. Amenophis II., *geliebt von Sopd*, dem Gotte des Ostens. Aus einem thebanischen Privatgrab.
1542. Thutmosis IV., aus seinem Tempel südlich vom Ramesseum. 1544 ebendaher, mit dem Zusatz *Herrscher der Wahrheit*. [LD III, 69 b. c.]

Ohne Königsnamen.
Meist aus Privatgräbern in Theben.

1581 mit dem Worte *Dauer*, aus dem oben genannten Tempel Thutmosis' III.
1582 mit dem Worte *Schlofs*. Aus einem Gebäude südlich vom großen Tempel in Tell Amarna.
1536 des Sen-men, Gütervorstehers der Hat-schepsut und ihrer Tochter Ra-nofru (vgl. S. 137) und Priesters des Königs Amosis. [LD III, 25 bis, g.]
1614 des Nefer-ronpet, königlichen Schreibers.
1574 des Mes, Oberbaumeisters.
1514 des Sen-mut, der S. 137 besprochenen Persönlichkeit, gebrannt. [LD III, 25 bis, l.]
1618 des Neb-unenf, Hohenpriesters des Amon unter Ramses III., gebrannt.
1576 des Meri-ptah, Hohenpriesters des Amon.
1553 des Pe-ran-nofer, Hohenpriesters des Amon.
1580 des Priesters Amenhotep.
1557. Amenophis III. aus dem Tempel hinter den Memnonskolossen (vgl. das Bild derselben im Säulenhof). — 1547 mit dem Zusatz *Herrscher von Theben*. Aus dem Palaste Amenophis' III. in Theben (vgl. S. 226). [LD III, 78 d.] — 1549 ebendaher, mit dem Namen des Königs und seiner Gemahlin Tii. — 1555 mit dem Namen dieses Baues *Amenophis III. ist in Freude*. [LD III, 78 c.]
1560. Amenophis IV. [LD III, 110 h.]
1587. Ramses II. aus Pithom (Tell el Mas-chuta), das nach der alttestamentlichen Erzählung von den Juden erbaut war. — 1550. 1562 aus den gewölbten Speichern, die das Ramesseum (vgl. das Bild desselben im Säulenhof) umgaben [LD III, 172 a]. — 1548 mit dem Namen eines Gebäudes nördl. vom Ramesseum *Haus Ramses' II. im Amonstempel*. [LD III, 172 b.]

c. Aus der libyschen Zeit.

1551. Pinotem I., Hoherpriester des Amon, und seine Gemahlin Ese-em-cheb, die *Oberstes Kebsweib des Gottes* war. (Stadtmauer von el Hibe). — 1560 ebenso, aber gebrannt (ebendaher). [LD III, 251 h.]
1570. Men-cheper-re, Hoherpriester des Amon und seine Gemahlin Ese-em-cheb (Stadtmauer von el Hibe). — 1571. 1616 ebenso, aber gebrannt (ebendaher). [LD III, 251 i.] — 1572 derselbe, aus Luxor, die Zeichen vertieft. [LD III, 251 k.]

d. Aus der Spätzeit.

1573. Schabaka aus dem kleinen Tempel Thutmosis' III. in Medinet Habu.

e. Von ungewöhnlichen Formen.

14268. Flache Ziegel mit Rillen von den Gewölben der Speicherräume beim Ramesseum.
1608 die eine Schmalseite rund, aus dem Grabe des Sen-mut (s. oben). Gebrannt (LD III, 25 bis, m.).

f. Gebrannte Thonkegel.

Die rohen Thonkegel, die sich in grofsen Mengen bei den Gräbern des n. R. in Theben finden, waren ursprünglich über deren Thüren aufgemauert, um die darüber befindliche Felswand abzuglätten. Sie sind mit dem Namen des Toten gestempelt, für den sie bestimmt sind. Ähnliche Kegel wurden auch zur Pflasterung der Fufsböden benutzt.

1034 des Sen-mut, des mehrfach genannten Mannes.
8780 des Men-cheper-re-senib, *Vorstehers der Scheunen des Südens und Nordens* unter Thutmosis III.
1023 des Amen-hotep, Hohenpriesters des Amon-Re unter Ramses IX.
1025, 543 des Meri-mose, Statthalters von Aethiopien unter Amenophis III; 543 ungewöhnlich klein.
1615, 8773 des Hebi, *Schreibers der Rinder des Amon in den Gauen von Ober- und Unteraegypten;* 1615 doppelt.
1032 des Eï, *Vorstehers der Bauern*, ebenso wie der folgende, vierkantig.
7253 eines Amen-hotep, der darauf *die Sonne verehrt*.
1029, 8766. Mit dem Sonnenschiff, zu dem die Toten (ein Basa und ein En-ta, *Schreiber des Opfergutes des Amonstempels*) beten.

8703, 8700 aus dem Grab eines Ramses, der *Vorsteher des Schatzes* des aethiopischen Königs Taharka war und mit alten Titeln der *nächste Freund*, die *Augen des Königs von Oberaegypten*, die *Ohren des Königs von Unteraegypten* heifst.

E. Kränze und Blumen.

In der älteren Zeit bestehen die Gewinde aus schmalen grünen und Blütenblättern im Wechsel, die so über einen Stengel oder Faden gelegt und festgenäht sind, dafs sie kleine Ösen bilden. Oft sind auch kleine Blüten eingefügt. Darstellungen solcher Kränze z. B. 7278 S. 148 und an Särgen wie 8 und 28 (S. 173).

Aus dem Grabe Amenophis' II. (S. 187).

14217. Zweige von Conyza Dioscoridis. Lagen auf dem Deckel des Sarges. (Geschenk Schweinfurth 1898.)

Aus dem Funde der Königsmumien von Der-el-bahri (S. 233).

Von Königsmumien des n. R. Meist wohl nicht die ursprünglichen aus den Gräbern der Könige, sondern unter der 21. Dyn. erneuert. (Meist Geschenk Schweinfurth 1886.)

Von der Mumie des Amosis: 8485 Gewinde aus Weidenblättern (Salix Safsaf) und Kronenblättern einer Malve (Alcea ficifolia).

Von der Mumie Amenophis' I.: 8484. Gewinde aus Weiden (Salix Safsaf) und Akazienblättern (Acacia nilotica).

Von der Mumie Ramses' II.: 8479. Lose Blüten des blauen Lotus. (Nymphaea caerulea.) — 10982^a desgl. (Geschenk E. Brugsch). — 8477. 8478. 8480. 8489. Gewinde aus Perseablättern (Mimusops Schimperi) und Kelch- und Kronenblättern des blauen Lotus. Ein Blatt ausgebreitet.

Von verschiedenen Königsmumien des n. R.: 10982 Blüten von Chrysanthemum coronarium und Bruchstück eines Blumengewindes aus Weidenblättern mit Blüten der orientalischen Kornblume, Centaurea depressa. (Gesch. E. Brugsch 1891.)

Von der Mumie der Nesi-chons, einer Prinzessin der Dyn. 21: 8482. Gewinde aus Weidenblättern und Bitterkrautblüten (Picris coronopifolia). Dabei auch einzelne abgelöste Blätter und Blüten. — 8481 desgl. aus Perseablättern (Mimusops Schimperi) und Kelch- und Blütenblättern des blauen Lotus. — 8483 desgl. aus Weidenblättern mit Blüten der orientalischen Kornblume durch Streifen von Dattelpalmblättern zusammengehalten. — 8487 desgl. aus Weidenblättern mit Mohnblüten (Papaver Rhoeas).

Aus dem Massengrab thebanischer Priesterfamilien (S. 176).
11090 Gewinde von Lotusblättern. 11091 desgl. abwechselnd ein Blütenblatt vom Lotus und eine Blüte von Chrysanthemum coronarium. 11092 desgl. je ein Ölbaumblatt (Olea europaea) und ein Blütenblatt vom Lotus übereinander. Das Lotusblatt sah über das grüne hervor. — 11093 desgl. aus Blütenblättern vom Lotus und Weidenblättern, ähnlich wie 11092 gemacht, doch sind die Spitzen der oben liegenden grünen Blätter aufgenommen und wieder über den Stab gelegt. 11094 desgl., ebenso gemacht wie 11093, nur ist in jedes vierte Blatt eine Kornblume eingefügt.

Aus thebanischen Privatgräbern des neuen Reichs.
Aus dem Grabe des Sen-notem (S. 183). Sträufse aus Blättern des Perseabaumes, die mit Halfagras und Papyrusfasern an Dattelstäbe gebunden sind. (Gesch. Schweinfurth 1890.)
Aus dem Grabe eines Kent in Gurna: 9693 Blätter und Blüten des wilden Sellerie (Apium graveolens) aus einem Kranz, der am Halse der Mumie angebracht war. — 9686 ebendaher. Zweig der Sykomore (Ficus Sycomorus). (Geschenk Schweinfurth 1885.)

Aus thebanischen Privatgräbern der libyschen Zeit.
Aus einem Grabe in Gurna. 8476. 8488 Gewinde aus Perseablättern; einzelne Blätter ausgebreitet. — 8474. 8475 desgl. aus Oelbaumblättern auf einem Leinenfaden. — 8486. Zweige von Pfeffermünze (Mentha piperita). 4661 Blüten der Kornblume an Streifen von Dattelpalmblättern gebunden. — (Geschenk Schweinfurth 1884.)
Aus Gräbern in Dra-abul-negga: 9692 Sykomorenzweig. 9690 Weinblätter, waren in kleinen Päckchen im Grabe niedergelegt.
Aus einem Grab im Assasif: 9687 Schaft- und Blattteile des Knoblauch (Allium sativum). 9689 Zweige vom Ölbaum.

E. Kränze und Blumen.

Aus Privatgräbern griechischer Zeit.

Die alte Art der Kränze verschwindet allmählich und macht unserer heutigen Platz.

Aus Hawara (S. 348).

Vom Schmuck einer Mumie: 14156 Gewinde von Rosa sancta R. — 14215 gefaltete Blütenblätter von Nelumbium speciosum, bündelweise an Halme von Scirpus corymbosus befestigt. — 14154 Teil einer aus zahlreichen Guirlanden zusammengesetzten Blumendecke, bestehend aus Blütenzweigen des Hennakrautes (Lawsonia inermis), zusammengefalteten Blumenblättern von Nelumbium speciosum, Beeren von Withania somnifera, Sträußchen von Lychnis coeli-Rosa, Bündeln von Blattzweigen von Origanum Majorana, Stielen von Scirpus corymbosus, die an Fäden von Dattelpalmblättern aufgereiht sind. (Gesch. Schweinfurth 1898.)

Von anderen Mumien, aus den Grabungen von H. Brugsch (Geschenk Mosse 1803), v. Levetzau und v. Kaufmann: 14269 Kränze von Helichrysum Stoechas, in der Art unserer Immortellenkränze. Die Pflanze ist in Aegypten nicht heimisch, sondern wohl aus Italien eingeführt. — 14270 Bündel fruchttragender Myrthenzweige, durch Streifen von Dattelpalmblättern zusammengehalten. — 14274 Zweige von der Salzpflanze, Cressa cretica, an Papyrusstengel gebunden. - 14271 Gewinde von Celosia, auf Schäfte von Scirpus corymbosus aufgereiht. — 14272 Gewinde von Rosenblüten und Blättern, an Schaftbündel von Scirpus corymbosus gebunden. — 14276 Rosenblätter auf Fäden gezogen.

Aus anderen Orten.

8490. 8491 Blumengewinde aus einem Grabe in Theben, aus Perseablättern, um einen Strang aus Dattelpalmblättern in alter Weise gelegt. (Geschenk Maspero 1884.)

7801. Blüten von der Dattelpalme, aufgereiht an Fasern von Hibiscus cannabinus.

9688. Perseazweig aus Gebelen. (Gesch. Schweinfurth 1886.)

Künstliche Blumen römischer Zeit.

14275. Blätter aus dünnem Kupferblech und entrindete Schäfte von Scirpus corymbosus an Scirpusschäfte gebunden.

14155. Blumen aus gefärbter Wolle mit vergoldeten Knöpfchen, die Stengel aus Schäften von Scirpus corymbosus. An Majoransträufse gebunden. (Gesch. Schweinfurth 1898.) 14214. Akazienblüten aus blauer und roter Wolle. (Gesch. Schweinfurth 1898.)

Einzelne Früchte u. a.

Wo nicht anders angegeben, von Passalacqua aus thebanischen Gräbern.

7011. Weizen und Gerste (Lepsius). 7010 gedörrte Gerste. 1333 Frucht und Kerne der Dumpalme (Hyphaena thebaica), aus Grab 10 von Sakkara, bei einer Kindermumie gefunden. — 7002. 7003 Datteln. - 7000 Früchte und Kerne von Balanites aegyptiaca, z. T. angeschnitten. — 7410 desgl. Kerne, aus einem Grabe in der Oase Dachel (Geschenk Ascherson 1874). — 1314 Granatapfel. — 1302 Weinbeeren und Steinkerne der Persea (Mimusops Schimperi). Aus einem Körbchen aus Palmfasern aus Grab 16 von Sakkara (S. 108). - 7024 Feige. - - 7026 Sykomorenfrüchte. — 7004 Weinbeeren. 7022 Samen der Wassermelone. 11105 Zwiebel (aus Hawara, Geschenk von Levetzau 1893). — 7007 Ricinuskerne. — 7006 Knollen von Cyperus esculentus, vermischt mit Wachholderbeeren und Kapseln von Commiphora Opobalsamum. — 6907 Schwarzkümmel. — 7412 Stengel von Calotropis procera, aus Gräbern in der Oase Dachel (Geschenk Ascherson 1874). 7021 Früchte des Seifenbaums (Sapindus emarginatus). 7413 Keil aus dem Holz der Akazie (Acacia nilotica), lag zwischen den Säulentrommeln des Tempels von Der elhagar, in der Oase Dachel (Gesch. Ascherson 1874). — 12407. 12408 zusammengeballte Stengel und Blätter von Lauch (Allium porrum). Aus Gräbern von Dra-abul-negga (Gesch. Schweinfurth 1892). 12402 Stengel der Zwiebel, aus Hawara (Geschenk Schweinfurth 1892).

XIV. Gipsabgüsse.

A. Aus den drei ersten Dynastien.

G 398. Statue eines knieenden Mannes, der die Hände auf die Knie legt. Noch roher als die ältesten Statuen des a. R. (S. 66 und unten S. 461), aber das Gesicht nicht ohne Ausdruck. An der Basis eine Inschrift in ältester Schrift, hinten auf der r. Schulter drei Königsnamen. (Kairo, aus Memphis.)

B. Aus dem alten Reich. (2800 bis 2500 v. Chr.)

a. Statuen des Königs Chafre.

Gefunden in dem alten Tempel unweit der grofsen Sphinx; nach dem Stile aber wahrscheinlich Arbeiten der Spätzeit (Dyn. 26), die ja die Pyramiden des a. R. neu aufgebaut und dekoriert hat.

G 6. Chafre, sitzend auf einem Thron, der von Löwen getragen wird, auf der Rückenlehne ein Sperber, der die Flügel schützend ausbreitet. — (Kairo.) Diorit.

G 12. Kopf des Chafre von einer kleineren Statue, mit etwas anderen Zügen und mit Angabe der Schminkstreifen. (Kairo.) Gr. St.

b. Reliefs aus den Privatgräbern.

Vgl. S. 45. Die folgenden Gipse meist aus den berühmten Gräbern des Ti, des Ptah-hotep und des Sabu zu Sakkara, die unserm Grabe des Ma-nofer (S. 51 Dyn. 5) etwa gleichzeitig sind.

Aus dem Grabe des Ti.

G 267. Pflügende. Der eine hält den Pflug, der andere treibt die Ochsen, denen er *zieht stark* zuruft. Daneben Schreiber und Säemann von anderen Bildern.

G 256. **Dreschende Esel**, der eine nascht. Dabei wieder Treiber und der Herr. (Vgl. 1129 S. 55.)

G 292. **Dreschende Ochsen** (1129 S. 55), die bis an die Knie im Korn waten; der vorderste nascht. Arbeiter treiben sie hin und her; der Herr sieht zu und sagt: *treibe sie zurück*.

G 287. **Frauen auf der Tenne** (vgl. 1129 S. 55). Die eine worfelt mittelst zweier Brettchen; zwei fegen (?) den Kornhaufen zusammen, eine vierte öffnet wohl den Sack, um das Korn einzupacken.

G 285. **Hirten beim Füttern.** Der eine giebt einer Kuh Kraut, der andere läfst ein Kälbchen aus einem Topfe saufen.

G 284. **Rinderheerde durchwatet einen Stromarm** bei der Heimkehr *aus dem Nordlande*, d. h. aus den Deltasümpfen. Voran ein Hirt, ein Kälbchen auf der Schulter, das nach seiner blökenden Mutter blickt. Dann junge Kühe und ein Hirt, der einen Krug an einem Stock trägt; dahinter 4 Stiere, die ein Hirt mit Schlägen vorwärts treibt.

G 279. **Abrechnung mit den Bauern.** Vor zwei Schreiber, die *Behörde des Stiftungsgutes*, werden drei Bauern, die *Dorfherrscher*, von Bütteln *zum Abrechnen* (nämlich über die Steuern) geschleppt.

G 276. **Schlachten von Fischen** aus einem Bilde des Fischfangs (rechts noch das Netz sichtbar), zwei Leute hocken an kleinen Tischen und schneiden die Fische auf; zwischen ihnen ein Strauch.

G 286. **Anfertigung von Matten.**

G 251. **Zimmermannsarbeiten.** L. Zuhauen eines Baumstammes mit Äxten. In der Mitte Bau eines Schiffes, an dem Leute mit dem Dächsel oder dem Stemmeisen arbeiten, andere setzen den Bord auf. R. ein Mann sägt ein Brett durch; zwei Leute bearbeiten einen Balken.

G 250. **Schiffsbau.** L. ein grofses Schiff, an dem mit Dächsel und Stemmeisen gearbeitet wird; Ti selbst steht im Schiffe und sieht den Arbeiten zu. Daneben ein Meister mit Stange und Senklot. — R. wird in einem Schiff der Boden mit Handrammen bearbeitet, vielleicht um eine wasserdichte Schicht herzustellen.

B. Altes Reich. b. Reliefs aus Privatgräbern.

G 249. **Tischler.** L. werden ein Schrein und eine Thür poliert, indem man sie mit Steinen reibt. Dann u. a. zwei Leute, die Bretter zersägen; das schon durchschnittene Ende des einen Brettes ist umschnürt, damit es beim Sägen nicht durch Auseinanderklappen stört, ein durch die Umschnürung gesteckter und beschwerter Stab soll diese wohl am Herabgleiten hindern. — Polieren einer Bank aus *Ebenholz*, unter der eine Kopfstütze (S. 75) liegt. — Ein Arbeiter bohrt mit einem Drillbohrer Löcher in einen Kasten.

G 248. **Lederarbeiten und Marktverkehr.** L. (von einem andern Bild) ein Mann, der *dem Ti* räuchert. — Unklar: in einer Gabel ist ein Stock so angebunden, daß er federt; ein Arbeiter hat sich auf sein Ende gesetzt, um ihn niederzuhalten. — Ein Mann reckt Leder über einem Bock. Ein anderer reparirt einen Schlauch, in dessen Mündung er etwas hineinsteckt; ein zweiter Schlauch wird ihm zur Reparatur gebracht. — Bild des Kleinhandels: ein Händler hat einen Schlauch und zwei Töpfe mit Öl zu verkaufen; der andere u. a. einen Beutel, für den ihm von einem Manne zwei Sandalen angeboten werden. Dann Leute mit Fächer, Besen, zwei Stäben in einem Futteral u. a. und ein Beamter mit vollem Bart (vielleicht schon zu einem andern Bilde gehörig).

G 283. **Gefolge des Herrn.** Zwei Zwerge, die den Schoofsaffen und zwei Windhunde führen; der eine trägt einen Stab, der in eine Hand endigt. Vor ihnen ein Diener mit einem Beutel und einem Schreibzeug.

G 313, 312. Bäuerinnen bringen Speisen für den Toten, neben jeder der Name eines seiner Dörfer (vgl. 1128 S. 55).

Aus dem Grabe des Ptah-hotep.

G 291. Vorführen der Rinder, ähnlich wie S. 52. Voran der Schreiber mit der Liste, dann die Stiere von je zwei Mann geführt; besonders hübsch der erste Hirt mit dem gebrochenen Bein, sein Stier trägt eine Troddel.

G 266. Kälbchen, das angepflöckt ist, ist hingefallen.

G 271. Vorführen des Geflügels (ähnlich wie S. 52), der Kraniche, Gänse, Schwäne, Enten, Tauben und Wachteln(?). Darüber die Zahlen wie *121022, 111200, 1225*, die wohl nicht ernst zu nehmen sind.

XIV. Gipsabgüsse.

G 246. **Gewinnung des Weines.** L. der Garten, darin der Wein an Gerüsten. Ein Mann begiefst, sein Knabe daneben nascht. Dann zwei Leute, die in einen Korb pflücken. — Kelter, die den Wein tretenden Leute halten sich an einer Stange. — R. Auspressen der Beeren im Sack; vier Mann drehen die durch ihn gesteckten Stäbe, ein fünfter unterstützt sie, indem er zwischen den Stäben balanciert. — Ganz r. ein sich vorneigender Beamter, nicht hierzu gehörig.

G 280. **Aus dem Bilde des Vogelfanges im Sumpf** (vgl. 14100, S. 50). Das Netz selbst fehlt auf dem Abgufs. Ein Mann giebt mit einem Leinenstreifen den sitzenden und liegenden Arbeitern das Zeichen zum Zuziehen des Netzes. — L. wird die Beute sortiert; *lege diese in diesen Kasten* sagt ein Arbeiter.

G 247. **Jagd in der Wüste**, deren Felsboden und Pflanzen angegeben sind (vgl. 1132 S. 55). — Oben l. die Hunde des Jägers in den beiden auch in G 269 dargestellten Arten; zwei greifen weiterhin eine Antilope und einen Steinbock. Dazwischen Wild, das noch ungestört ist: eine säugende Gazelle und Panther und Wölfe, die sich begatten. — Unten l. Löwenjagd, der Jäger ist im Begriff, die Hunde loszulassen; der Löwe vor ihm hat die Lockkuh angefallen, die vor Schreck mistet. — Hunde fangen eine Gazelle und eine Antilope. — R. Wildochsen, deren einer mit dem Lasso gefangen wird. — Darüber kleine Tiere: eine Springmaus, die in ihr Loch kriecht und Igel, deren einer eine Heuschrecke gefangen hat.

G 269, 275. **Vorführen der Jagdbeute.** R. vier Mann ziehen zwei Käfige mit Löwen. — Ein Mann trägt junge Gazellen in Packete eingeschnürt an einer Tragstange, daneben trägt ein anderer die Alte; ein dritter bringt im Kasten einen Igel, Hasen und Fuchs (?). — L. der Jäger, den Lasso um den Leib gewickelt, begleitet von seinen Windhunden und Hyänen.

G 252. **Arbeiten im Sumpf.** Oben l. Schlachten von Fischen zum Trocknen. In der Mitte werden Stricke aus Papyrusschilf gedreht, ein Knabe schreitet als Seiler rückwärts. R. Lebensmittel und Hausrat der Arbeiter. — Unten Zusammenbinden kleiner Nachen aus Papyrusstengeln; bei dem r. ruft der Arbeiter seinem Knaben zu: *Sebek-ka, bringe mir Stricke.*

G 245. Szene auf dem Nil, dessen Fische angegeben sind. Bauern, die in Papyrusnachen ihre Gaben zum Toten fahren, sind in Streit geraten und prügeln sich. – L. ein Nachen, in dem *der von ihm* (dem Toten) *beschenkte, von ihm geliebte und von ihm geehrte Oberbildhauer Ptah-nai-onch* spazieren fährt, mit Speise und Trank versehen und von einem Knaben bedient. Wahrscheinlich ist dieser Bildhauer der Künstler des Grabes, der sich so verewigt hat. — Ganz r. Mann mit einer Gans von einem andern Bilde.

G 280. Aus dem Bilde eines Festes. R. Körbe mit Speisen und Früchten, von denen ein Mann ifst. Dann Musikanten mit Harfe und Flöte, sowie ein Sänger, der den Takt schlägt.

G 253. Knabenspiele, nebst G 262 wohl zu dem Bild der Weinernte G 246 gehörig. Das zweite Spiel von l. ist das „Schweben" unserer Kinder.

G 262. Knabenspiel (zu G 253 gehörend), sie scheinen spitze Stäbe durch Werfen in die Erde zu treiben.

G 281. Knabenspiel, dem vordersten sind die Arme gebunden.

G 290. Ringende Knaben. (Darunter Teil von G 260.)

G 278. Der Sessel des Herrn, darunter seine Windhunde und sein Schoofsaffe; den letzteren hält ein Diener, der ehrfurchtsvoll die Hand auf die Brust legt.

G 358. Der Tote in einer Sänfte, von Dienern getragen.

G 359. Der Tote sitzt in einer Kapelle, vor ihm klein ein opfernder Priester.

G 257. Herbeiführen von Ochsen, die die Dörfer zum Opfer für den Toten *am Fest des Thoth* liefern; dahinter ein sich bäumender Stier. Der Herbeiführende ist ein *Verwandter des Königs*, ist aber durch seine Tracht als Landmann bezeichnet.

G 288. Hausbeamte bringen Antilopen und einen Steinbock zum Opfer für den Toten.

G 273. Zerlegen der Opfertiere (S. 53); dabei l. ein Mann, der das Herz des Stieres zeigt *sich dieses Herz*: r. bettelt ein anderer, der einen Napf trägt: *gieb mir dieses Blut*.

G 274. Begutachtung der Opfertiere. R. riecht der Priester an der Hand des Schlächters und sagt: *es ist rein* (vgl. S. 53; 98, 14), l. ruft ein Schlächter: *komm doch, o Priester, zu diesem Schenkel*.

G 258. Diener bringen Speisen für den Toten: Krüge, Früchte, Brot u. s. w.

Aus dem Grabe des Sabu.

G 244. Vorführen von Rindern, die beiden ersten werden von den Zwergen geführt, die sich der Tote hielt. Dahinter liegende Kühe, die eine mit einer Decke.

G 270. Vorführen von Rindern, über ihnen die Stückzahl jeder Art: 628, 1200, 303.

G 277. Tiere für das Totenopfer, r. schön der angepflöckte Stier, dann Männer mit einer Gazelle und Antilopen.

G 243. Geflügel: Kraniche, Gänse, Enten, Tauben u. s. w. mit beigeschriebenen Namen.

G 255. 254. Bauern bringen Speisen zum Grabe: Körbe mit Früchten, Brot, Gemüse, ein Kalb, eine Gazelle und einen Steinbock.

G 259. 260. Leute bringen Speisen zum Grabe, der eine Mann trägt lebende und tote Tauben, der andere einen Kranich.

Aus verschiedenen Gräbern.

G 352. 353. 354. Holzrelief des Hesi-re, *Verwandten des Königs* und *Vorstehers der Schreiber*, aus den Scheinthüren seines Grabes. Er ist stehend und beim Mahle sitzend dargestellt, mit verschiedenen Perücken und Kleidern; meist mit dem Schreibzeug über der Schulter. (Kairo aus Sakkara.)

G 282. Ziegen fressen das Laub eines gefällten Baumes; die eine jungt, der Hund des Hirten sieht ihr zu. Daneben sitzt der Hirt und trinkt.

G 265. Kälber an einen Baum gebunden.

G 272. Fischzug. Unten das grofse Netz mit seinen Schwimmern, voll von Fischen. Oben die Leute, die es herausziehen, z. T. in sehr lebendigen Stellungen.

G 264. Der Oberfischer, in der Stellung eines Beamten, aber in Kleidung und Haltung als Landmann karikiert (S. 52), besieht einen Fisch, den ihm ein Knabe gebracht hat.

G 263. Nilpferd mit seinem Jungen.

B. Altes Reich. b. Reliefs. c. Statuen. d. Verschiedenes.

G 268. **Vogelfang zu Lande** (unvollständig). In einem alten Baum, auf dem ein Wiedehopf sitzt, ist das Netz gespannt. Die Vögel fliegen hinein, und der Knabe, der es beobachtet, giebt erregt das Zeichen zum Zuziehen des Netzes.

G 295. **Mahlende Frauen**, sie zerreiben das Korn zwischen Steinen (vgl. 7706 S. 70).

G 296. **Frauen stampfen** mit Keulen in grofsen Mörsern. (Vgl. 14107, S. 57.)

G 294. **Tänzerinnen** in einer Art Männerkleidern; die Bewegungen scheinen sehr gemessen zu sein. (Kairo.)

G 261. **Dienerinnen bringen Hausrat** für den Toten: Sack, Sandalen, Fächer, Kasten und Wedel. (Kairo.)

G 311. **Diener bringen Speisen** für den Toten: Blumen, einen Teller mit Feigen, und Gänse.

G 293. **Diener bringen Hausrat** für den Toten: Zeugstreifen, Kasten und ein Räuchergefäfs, das der Bringende mit dem Wedel anfacht.

c. Statuen von Privatleuten.

Vgl. die Originale S. 66.

G 16, 15. **Köpfe eines Sepi und seiner Frau Nesi** von ihren altertümlichen Statuen, die wahrscheinlich noch der Dyn. 3 angehören. — (Paris) K.

G 14. **Sitzbild eines Schiffsbaumeisters (?) Anch-ua**, altertümlich, mit grofsem Kopf und groben Zügen, ähnlich unseren Statuen des Meten und Jech-o (S. 66). In der L. den Dächsel der Zimmerleute.   (London.)

G 17. **Männerkopf**, von einer Statue des a. R., schlichtes Porträt mit derben Zügen. - (Kairo aus Gizeh) K.

d. Verschiedenes.

G 218. **Sarg eines Chufu-onch**, als Grabgebäude (?) gedacht. Das Mittelstück (getrennt aufgestellt) mit einer breiten Thür, darüber 5 Fenster; beiderseits thürartige schmale Nischen, vielleicht nur als Verzierung. Ebensolche auf den Seitenstücken. — (Kairo.)

G 320. **Aeffin mit Jungem**, das sie vor sich hält; auf der Pfote der Name Königs Pepi I. (S. 10). Toilettengefäfs, der schwarze Scheitel bildete den Deckel.   (Wien) M.

C. Aus dem mittleren Reich.
a. Statuen von Königen und Göttern.

Vgl. die Originale und die Bemerkungen S. 78 ff. Auch manche der Königsköpfe, die unten (S. 466) auf Grund ihrer jetzigen Inschriften dem n. R. zugeteilt sind, mögen noch aus dem m. R. stammen.

Mit gewöhnlichen Gesichtszügen.

G 232. Kolofs eines Königs mit der oberaegyptischen Krone, der wie unser Amen-em-het III. (S. 80) betend dargestellt war; er trägt jetzt die Namen Ramses' II. und des Mer-en-ptah. — (London.)

G 231. Sitzender Kolofs eines Königs, ohne Inschrift. Der Kopf zu grofs, das Gesicht derb. Vielleicht später. — (London.)

G 1. Kolofs Sebek-hotep's III. (S. 11), schwache Arbeit. — (Paris) R. Gr.

G 19. Kopf derselben Statue.

G 20. Kopf Sebek-hotep's III. — (Paris.) Grauer Gr.

G 301. Nefer-hotep. Kleine unbedeutende Statue. — (Bologna.)

G 328. Ra-en-user, der König aus Dyn. 5 (S. 10), ihm von Usertesen I. geweiht (vgl. 7702, S. 81.) — (London.)

Mit eigentümlichen Gesichtszügen.

Vgl. die Originale S. 80. Mit hervortretenden Backenknochen, Falten um den Mund und z. T. auch mit unaegyptischer Haar- und Barttracht; früher unrichtig den Hyksos (S. 11), neuerdings, insbesondere auf Grund von G 388 Königen aus dem Ende des m. R. zugeschrieben.

G 351. Die Fischträger. Zwei Gestalten mit Vollbart und schweren gedrehten Locken bringen einem Gotte Fische dar, die sie auf Lotusstengeln halten; andere Fische und Wasservögel tragen sie an Schnüren. Da sie kein königliches Abzeichen haben, so hat man in ihnen wohl Wassergottheiten zu sehen, die (so wie sonst die Nilgötter, S. 245 und 477) dem Gotte von Tanis als ihrem Herren Gaben bringen. Vorn jetzt Inschriften des Psusennes (S. 15). — (Kairo, aus Tanis.) Schw. Gr.

G 307. Königskopf mit gleichem Haar und Bart. — (Rom, Villa Ludovisi.)

G 9. Königskopf mit anderer Haartracht und der Bart dem aegyptischen ähnlicher. Mit Pantherfell, zwei

Standarten (S. 250, c), mit Sperberkopf und seltsamen
Gehängen auf der Brust, vielleicht Abzeichen einer hohen-
priesterlichen Würde. — (Kairo, aus Medinet el Faijum)
Schw. Gr.

G 8. **Kopf einer Sphinx**, die Eigenheiten des Gesichtes sind
hier gemildert und der Bart ist aegyptisch. Die Art, wie
das Gesicht flach aus der Löwenmähne hervorsieht, ist
gegen die spätere aegyptische Sitte. Vorn wieder der
Name des Psusennes, auf den Schultern der des Mer-en-
ptah (S. 14) und ausserdem l. noch Reste eines kleinen,
nachher wieder ausgetilgten Namens, wahrscheinlich eines
Hyksoskönigs Apophis. Von der ursprünglichen Inschrift
ist nichts erhalten. — (Kairo, aus Tanis.) Schw. Gr.

G 388. **Amen-em-het III.**, von einer kleinen Statue. Mit
den Zügen der sogenannten Hyksosköpfe. — (Petersburg,
Gesch. Golenischeff.)

G 389 wohl derselbe, auch die Nase erhalten. — (Sammlung Golenischeff, Petersburg; Gesch. desselben.)

b. Statuen von Privatleuten.

Vgl. die Originale S. 82.

G 375. **Sebk-em-saf**, *Sprecher zu Theben* (d. h. einer der
höchsten Beamten) und Schwager des Königs Sebk-em-
saf; wahrscheinlich derselbe, den unsere Statue 2285 (S. 83)
noch als *Vorsteher der Scheunen* darstellt. In einem weiten
Amtskleid; besonders schön der kahle Kopf. — (Wien.)
Schw. Gr.

G 379. **Kopf eines alten Mannes** mit gewelltem Haar,
mit demselben Zug um den Mund, den die eben besprochenen Königsköpfe haben; auch die Umgebung der
Augen eigenartig. — (London; Geschenk des British Museum.) K.

G 380. **Kopf eines Mannes** mit kurzem Bart, die Augen
waren eingelegt. — (London, Geschenk des Brit. Mus.)
Schw. Gr.

G 237. **Amen-em-het**, ein höherer Beamter. — (London.)

G 18. Der Gütervorsteher **Sebek-em-on** (?), dargestellt als Beamter, der die L. als Zeichen des Ge-
horsams auf die Brust legt und zu seinem Vorgesetzten
aufblickt.

G 230. Statue eines Ameni, die Beine im Gewand verborgen, die Hände auf den Knien, mit rundem Gesicht. — (London.)

D. Aus dem neuen Reich. (1600—1100 v. Chr.)
a. Reliefs aus Tempeln.

Aus dem Tempel von Der el bahri (vgl. S. 112).

G 90. Thutmosis II. mit Szepter und Keule, hinter ihm stand sein Ka (S. 24).

G 95. Königin Ah-mose, Gemahlin Thutmosis' I., als Tote beim Mahle. Seitenstück zu unserm Relief 1623. S. 114.

G 365. Die Königin des Landes Punt, aus den Bildern der Expedition in die Weihrauchländer des roten Meeres unter Königin Hat-schepsut. Sie ist absichtlich karikiert dargestellt, übermäfsig fett, mit kurzem Schurz und mit einer Halskette aus grofsen Perlen.

Reliefs u. ä. aus verschiedenen Tempeln.

G 96. Amenophis I. (Karnak.)

G 103. Kopf Thutmosis' III., mit Götterkrone. — (Theben.)

G 101. Kopf Amenophis' II., überlebensgrofs, in der Haartracht des n. R., die Augen waren eingelegt. Schöne Arbeit. (Von einem Thorturm in Karnak.)

G 100. Kopf desselben, aus einem Bilde, in dem ihm wie auf G 102, S. 473 von einem Gotte Leben geschenkt wurde. Der von Amenophis IV. getilgte Name des Königs ist später wiederhergestellt (vgl. S. 123). (Karnak.)

G 185. Schlacht Sethos' I. gegen die Beduinen Südpalästinas (vgl. S. 14). Der König steht allein auf dem Streitwagen, die Zügel um den Leib gebunden, und schiefst mit dem Bogen unter die Feinde; den Köcher trägt er um den Leib, ein Futteral für die Wurfspiefse hängt am Wagen. Über ihm schweben schützend der Sonnengott und die Göttin Mut als Geier. Seine Hengste sind *das erste grofse Gespann seiner Majestät (Namens) „Sieg in Theben"*. Vor und unter den Pferden die besiegten Beduinen, die eine Art Mütze tragen und z. T. mit Beilen bewaffnet sind. L., oben auf einem Berge die Festung *Kanaan* (d. h. der damalige Hauptort dieses Landes), neben einem See und Bäumen belegen. Die Einwohner zer-

D. Neues Reich.   a. Reliefs aus Tempeln.   465

brechen ihre Speere zum Zeichen der Unterwerfung oder
helfen Fliehenden hinauf. — L. unten wohl ein Versteck,
wohin sich Verwundete mit abgehauenen Händen und

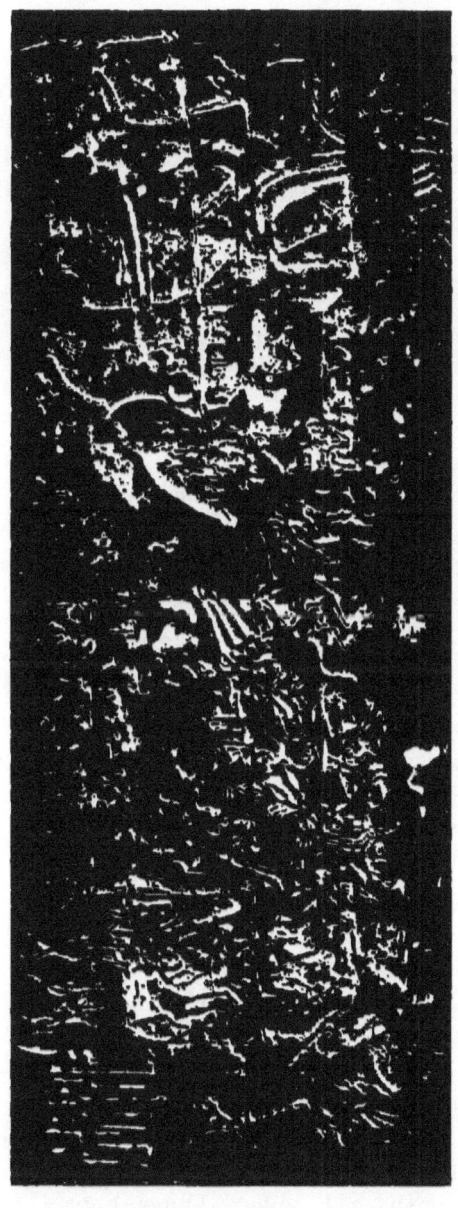

Abb. 80.   G 185 Sethos I. in der Schlacht bei Kanaan.

eine Frau mit einem Kind geflüchtet haben. Nach der
Inschrift *zerstörte im Jahre 1 des Königs der starke Arm*

XIV. Gipsabgüsse.

des Pharao die Fürsten der Beduinen von der (aegyptischen) *Festung Zaru an bis Kanaan.* Er wütete gegen sie *wie ein Löwe, machte sie zu Leichen, hinter ihren Thälern her und stürzte sie in ihr Blut, als wären sie nie gewesen.* — (Karnak.)

G 120. **Sethos I.**, grofser Kopf (Karnak).
G 114. **Sethos I.**, opfert Wein vor Hathor. (Karnak?)
G 107. **Probe grofser Inschriften:** Name Sethos I. aus Karnak.
G 127. **Ramses II.** als jugendlicher König mit der Kinderlocke (Karnak).
G 149. **Name Ramses' III.**, tief eingegraben, um von unten lesbar zu sein. Vgl. 2077, S. 118. — (Medinet Habu.)
G 147. **Ramses III.** räuchernd; die Hand, die das Weihrauchkorn hält, sehr manierirt.
G 148. **Zwei Purosate,** mit Federhauben, als Gefangene Ramses' III.; man hat in diesen nordischen Barbaren, die Aegypten mit den Seevölkern (S. 14) zusammen überfielen, wahrscheinlich die Philister zu sehen, die ja ursprünglich in Palästina fremd waren. — (Medinet Habu.)
G 142. **Ramses IV.**, aus der ersten Zeit seiner Regierung, über dem Kopf die Sonne. — (Karnak?)

b. Statuen von Königen.

Vgl. die Originale S. 112. 113. 119.

G 61. **Köpfchen der Königin Ah-mose-Nefret-ere,** vgl. 6008, S. 144. — (Turin.)
G 21. **Kopf Amenophis' I.** — (Turin.) K.
G 22. **Kopf Thutmosis' I.** mit auffallend rundlichem Gesicht. — (Turin) Grauer Gr.
G 225. **Von einer Statue der Hat-schepsut,** der Körper hier deutlich weiblich. Vgl. 2300 S. 112 und G 224 S. 468. — (Soestdyk in Holland.)
G 23. **Dieselbe.** — (Turin.)
G 24. **Kopf Thutmosis' III.** — (Kairo.) R. Gr.
G 3. **Kopf desselben.** — (Turin.) Gr.
G 25. **Kopf Amenophis' II.** mit dem Königsbart; derbe Züge mit kurzer Nase. (Turin.) R. Gr.
G 290. **Amenophis II.** opfert kniend zwei Krüge Wein. — (Turin.)
G 4. **Amenophis III.** — (London.) Schw. Gr.

D. Neues Reich. b. Statuen von Königen.

G 27. **Kopf Amenophis' III.** — (Kairo.)

G 7. **Kopf eines Kolosses Amenophis' III.**, die derben Züge sind darauf berechnet, aus der Entfernung gesehen zu werden. — (London.) Sdst.

G 347. **Amon und Har-em-heb**, wohl Kultusbild eines Tempels, in dem auch der König verehrt wurde. Der König steht neben dem Gotte und umfaſst ihn; die Federkrone des Amon ist verstümmelt. Auf dem breiten Rückenpfeiler der Name des Har-em-heb. — (Turin.)

G 230. **König Har-em-heb** bringt einen (jetzt fehlenden) Opferstein dem Gotte dar; von dem Pfeiler hängen Blumen und Gänse herab. Gutes Porträt. — (London.)

G 32. **Kopf desselben** (?) mit der Krone beider Aegypten, er hielt einen Stab mit einem Widderkopf, wohl als priesterliches Abzeichen. — (Kairo.) Schw. Gr.

G 31. **Kopf desselben**, wohl von einer Gruppe wie G 347 oben. — (Kairo, aus Karnak.) Schw. Gr.

G 226. **Kopf einer Königin**; reizend in der Heiterkeit ihres Ausdrucks. — (Kairo.) Schw. Gr.

G 60. **Sethos I.** in der Tracht des n. R., mit langem Haar ohne Krone, in der Hand trug er wohl eine Standarte mit einem Götterbild. — (Kairo.) K.

G 34. **Königin Tuea**, Gemahlin Sethos' I., mit hübschem kindlichem Gesicht. Im Altertum nach Rom verschleppt. — (Rom.) Schw. Gr.

G 207. **Ramses II.** in der Tracht seiner Zeit, mit Sandalen; in der R. den Herrscherstab, in der L. einen kurzen Stab; auf dem Haupt den sogenannten Kriegshelm. Am Thron seine Gemahlin Nefret-ere-mer-en-mut und sein ältester Sohn Amen-her-chopschef, den Wedel in der Hand als „Wedelträger zur Rechten des Königs"; beide umfassen ihn. — Der Kopf ist das beste Porträt des Königs. — (Turin.) Schw. Gr.

[Der **Baldachin**, unter dem die Statue sitzt, ist ähnlichen auf Bildern des n. R. nachgebildet. Vorn Lotussäulen, hinten Papyrussäulen; über der Hohlkehle Königsschlangen, an dem Unterteil Namen und Bilder fremder Völker, die dem Könige gleichsam zu Füſsen liegen.]

G 2. **Kopf der vorstehenden Statue.**

G 221. **Kopf desselben**, von einem der Kolosse, die im Hofe des Tempels von Luxor zwischen den Säulen standen. Auf dem Kopf ein Kranz von Königsschlangen, auf dem die besonders gearbeitete Krone aufgesetzt war. — (London.) R. Gr.

G 208. **Derselbe zwischen Amon und Mut.** Wohl Kultusbild eines von Ramses II. gegründeten Tempels, in dem er selbst als Gott mit verehrt wurde. Der König trägt eine Götterkrone. — (Turin.)

G 370. **Derselbe.** Von einer dekorativen Skulptur, ohne Porträtähnlichkeit (wie 10835, S. 116). Mit der Krone beider Aegypten und einem Diadem, in den gekreuzten Händen Geifsel und Herrscherstab. — (London.)

G 229. **Prinz Cha-em-ueset** (S. 180), Sohn Ramses' II. und Hoherpriester zu Memphis, in altertümlicher Tracht. Er hält zwei Standarten (S. 250, e); die im r. Arm trug wohl Osiris, Isis und Horus, die im l. Arm trägt den Reliquienkasten von Abydos, den zwei Schlangen schützend umgeben. War wohl nach Abydos geweiht. — (London.)

G 228. **Statue Sethos' II.**, gutes Porträt in alter Tracht, aber mit Sandalen und langem Haar ohne Krone. Er hält einen Kasten mit einem Widderkopf als Deckel (vgl. 7072 S. 246), wohl ein Geschenk, das er dem Gotte überreicht, in dessen Tempel die Statue stand. — (London.)

G 228. Kopf der vorstehenden Statue.

G 37. Kopf desselben Königs, kolossal. — (Paris.) Sdst.

G 33. Kopf eines Königs. Etwa Dyn. 18. — (London.) Gr.

G 38. Kopf eines Königs im sogenannten Kriegshelm.

G 10. Kopf eines Königs aus Theben. Dyn. 19, 20. — (Kairo.)

G 41. Kopf eines Königs, unbedeutend. — (London.) D. Gr.

c. Statuen von Göttern und heiligen Tieren.

G 224. Rumpf einer Götterstatue. — (Leiden.)

G 222 und 223. Löwen Amenophis' III., die er als seine eigenen Ebenbilder in den Tempel von Soleb in Nubien geweiht hatte. Nur in grofsen Zügen gehalten, aber von einer Majestät, wie sie kaum eine andere Löwendarstellung der antiken Kunst besitzt. Jeder dieser Löwen scheint einen Namen gehabt zu haben. G 223 hiefs *König Amenophis III, der kräftige Löwe, der von Amon geliebte*. Auf G 222 sind die ursprünglichen Inschriften durch solche des Tuet-anch-amon (S. 13) ersetzt. — Ebenso wie unsere Skulpturen von Soleb (S. 122) waren sie von dem späteren Aethiopenkönig Amon-esro in seine Stadt Napata verschleppt worden. — (London, aus Barkal.) R. Gr.

G 302. Sphinx mit dem Kopf einer Königin. Auf der Brust Weihung an Amon-Re und Thutmosis III. Im Altertum nach Rom verschleppt, zur Austattung des dortigen Isistempels. — (Rom, Slg. Baracco.) Schw. Gr.

d. Von Obelisken.

G 112. Thutmosis III. mit einer Götterkrone, er opfert ein Salbgefäfs. Vom Obelisken der Hat-schepsut in Karnak. R. Gr.

G 91. Königin Hat-schepsut männlich dargestellt; hinter ihr safs Amon und setzte ihr die Krone auf. Von demselben; absichtlich so verzeichnet, dafs die Figuren, wenn man sie von unten verkürzt sah, richtig erschienen. — R. Gr.

G 94. Dieselbe, bärtig: sie opfert zwei Weinkrüge. Von demselben.

G 176. Sphinx mit Menschenhänden, die als Bild des Königs dem Gotte ein Brot darbringt, vgl. 7072, S. 246. Von einem Obelisken.

e. Aus der Zeit der Ketzerkönige.

Vgl. die Originale S. 127.

Gleichzeitig mit seiner religiösen Neuordnung (S. 13) hat Amenophis IV. anch eine ähnliche Umwälzung in der bildenden Kunst versucht. Wie die Gräber seiner Residenz Tell Amarna zeigen, strebte dieser neue Stil nach gröfserer Naturwahrheit und lebendiger Bewegung; die Künstler wissen indessen dabei nicht Maafs zu halten und insbesondere ihre Bilder des Königs grenzen meist an die Karikatur. — Alle folgenden Reliefs aus Tell Amarna.

G 30. Statue Amenophis' IV., neben ihm safs die Königin, deren Arm noch sichtbar ist. Sehr schön; die Eigenheiten des neuen Stiles sind hier nicht übertrieben. — (Paris.) Al.

G 242. Von dem Kopf einer ähnlichen Statue. — (London.)

G 115. Relief bei Tell Amarna von einem der in den Fels gehauenen Grenzsteine der Stadt. Amenophis IV. betet zu seinem neuen Gotte, der Sonne, deren Strahlen

470   XIV. Gipsabgüsse.

noch sichtbar sind; hinter ihm die Königin und eine kleine Prinzessin. Der König mit dicken Schenkeln und dünnen Waden, langem Hals, spitzem Kinn und hervortretenden Backenknochen; die Königin ihm ähnlich. Auch der Schurz des Königs anders wiedergegeben als sonst.

G 106. Der König auf einem Polstersessel, in der L.

Abb. 81. G 105 Amenophis IV. und seine Familie.

eine Blume; die Körperformen von üppiger Weichheit. Vor ihm stand die Königin, die ihm Wein einschenkte. (Grab des Haremsschreibers Meri-re.)

G 122. Der König wirft aus dem Palaste Geschenke herab; vgl. das folgende Bild G 105. Das Gesicht karikiert;

D. Neues Reich. e. Aus der Zeit der Ketzerkönige. 471

über ihm schwebt die Sonne, deren handartige Strahlen
ihn umfassen.

G 105. Das Königspaar auf dem Balkon des Palastes,
dessen Säulen beiderseits sichtbar sind; über ihnen die
Sonne mit ihren Strahlen. Sie werfen goldene Schmuck-
sachen herab auf ihren Günstling Eï (den späteren König,
vgl. S. 13) und dessen Frau, die diese sich umhängen.
— Neben der Königin ihre kleinen, noch unbekleideten
Töchter, wie sie auch auf 14145 (S. 128) dargestellt sind.
Das kleinste Prinzeßchen Anches-en-pe-aten, das sie vor
sich hält, streichelt das Kinn der Mutter; die etwas gröfsere
Mekt-aten steht auf der Brüstung, indem sie den Hals der
Mutter umfafst, und wirft einen Kranz herab; ebenso die
älteste Merit-aten, die hinter der Brüstung steht. — (Grab
des Eï.)

G 113. Leib des Königs mit dickem Bauch und einer
Brust, die fast weiblich erscheint. — (Grab des Oberpriesters Meri-re.)

G 109. Brust des Königs, der betend dargestellt ist.

G 116. Blinde Musikanten: ein Harfenspieler und Sänger,
die sich den Takt schlagen. Alle kahl und blind; das
Gesicht z. T. runzlig und karikiert. — Ein Vergleich
dieses Bildes mit dem ähnlichen des a. R., G 280 (S. 450),
zeigt gut den grofsen Unterschied im Stil.

G 119. Die königliche Leibwache von einem Bilde der
Ausfahrt des Königs. Oben: 6 aegyptische Soldaten mit
Lanze, Schild und Beil; ein syrischer Soldat mit Lanze,
ein Negersoldat und ein libyscher mit Bogen; dahinter
ein Offizier mit sichelförmigem Schwert und Trompete.
Unten: 6 aegyptische Fahnenträger und ein Offizier;
ein Asiat mit Lanze und Sichelschwert, ein Neger mit
Keule und zwei Offiziere mit Stock und Peitsche. —
Darunter (von einer dritten Reihe) ein Trompeter, der
den hinter ihm stehenden Truppen ein Signal giebt. —
(Grab des Ah-mose.)

G 381—383. Ungewöhnliches Rankenwerk, (eine Art
Winde), von einem Säulenschaft; im Original rund, vgl.
ein Bruchstück desselben S. 129.

f. Denksteine (vgl. S. 132).

G 215. Siegesdenkmal Thutmosis' III. aus dem Tempel
von Karnak. Oben opfert der König Wasser und Weih-

rauch vor Amon-Re; hinter ihm die Burggöttin von Theben, *die ihrem Herrn* (d. h. Amon) *gegenüber befindliche*, mit Bogen und Pfeilen. Darunter ein Gedicht, in dem Amon-Re den König als Sieger begrüfst: *ich gebe dir Kraft und Sieg gegen alle Völker; ich setze deinen Geist und deine Furcht in alle Länder und deinen Schrecken bis zu den 4 Stützen des Himmels. Ich lasse deine Macht grofs sein in allen Leibern, ich lasse dein Geschrei die neun Bogenvölker verfolgen; die Grofsen aller Völker sind vereinigt in deiner Faust. Ich selbst strecke die Arme aus und binde sie dir; ich sammle dir die nubischen Beduinen zu Zehntausenden und Tausenden und die Nordländer zu Hunderttausenden als lebend Gefangene.* Des weiteren folgt u. a. eine Aufzählung der unterworfenen Länder, die freilich wohl nicht durchweg wörtlich zu nehmen ist. *Ich komme und lasse dich zerstampfen die in Asien sind; du nimmst die Häupter der Asiaten von Retenu gefangen; ich lasse sie deine Majestät sehen, gerüstet mit deinem Schmucke, wenn du die Waffen ergreifst, kämpfend auf den Wagen.* Oder: *Ich komme und lasse dich zerstampfen den Westen; Kefti und Asi sind unter deiner Furcht, ich lasse sie deine Majestät sehen als einen jungen Stier mit trotzigem Herzen, mit Hörnern gerüstet, dem man nicht naht.* — Auf dem schönen Denkmal waren von Amenophis IV. die ganze Darstellung, der Name des Amon u. a. getilgt worden; es ist dies später wiederhergestellt. — (Kairo.) Schw. Gr.

G 93. **Denkstein Thutmosis IV.** auf die Freilegung der grofsen Sphinx von Gizeh. Oben die Sphinx, *Harmachis* d. h. „Horus im Horizont" genannt, die auf (d. h. wohl neben) einem Gebäude im ältesten Stile liegt. Vor ihr opfert und räuchert der König. — Die Inschrift, die vom ersten Jahre des Königs datiert ist, erzählt, dafs der König als Prinz *mit dem einen und dem andern seiner Diener, ohne dafs es die Leute wufsten, auf seinem Wagen, dessen Pferde schneller als der Wind sind,* in die Wüste gefahren sei und Löwen geschossen habe. *Einen Tag nun kam der Königssohn Thutmosis um die Mittagszeit und setzte sich in den Schatten dieses Gottes* (d. h. der Sphinx) *und er schlief ein zur Zeit, wo die Sonne am höchsten steht. Da erblickte er im Traum die Majestät dieses herrlichen Gottes, wie sie mit eigenem Munde redete wie ein Vater zu seinem Sohne redet: Sieh mich an, schau mich an, mein Sohn Thutmosis.*

Ich bin dein Vater Harmachis-Chepre-Re-Atum, der ich dir das Königtum gebe . . ., du wirst die weiße und die rote Krone (S. 31) *tragen auf dem Throne des Keb, des Fürsten der Götter. Dir gehört das Land in seiner Weite und Breite . . . . Mein Antlitz ist auf dich gerichtet und mein Herz ist auf dich gerichtet . . .: mich bedrängt der Sand dieser Wüste, auf der ich mich befinde. Versprich (?) mir, daß du thust, was ich wünsche . . . . Als der Prinz erwachte, wußte er (noch) die Rede dieses Gottes;* vermutlich hat er dann — die Inschrift bricht hier ab — nach seiner Thronbesteigung sich des Traumes erinnert und die Sphinx von dem Sande befreit, der sie bei ihrer Lage in der Wüste immer wieder verschüttet. — In dem zerstörten Teile der Inschrift scheint der Name Chafre (S. 9) vorzukommen. — (Gizeh.) R. Gr.

G 102. Amenophis III. vor Amon-Re, der ihm das Zeichen „Leben" an die Nase (den Sitz des Lebens nach aegyptischer Anschauung) hält. Von dem großen Denkstein unweit der Memnonskolosse.

G 108. Amenophis III. und seine Gemahlin Tii im Ornat der Königinnen; in der Hand das Sistrum, mit dem die Königin vor dem König zu musizieren hat. Aus einer gleichen Darstellung, ebendaher.

G 132. Denkstein Ramses' II., aus Kuban in Nubien. Oben opfert der König den Göttern dieser Gegend, r. dem Horus von Bek, l. dem *Min auf diesem Berge, der von Min, dem großen Gotte, dem Herrn des Himmels geliebt wird;* der letztere ist der Gott der Wüste von Kuban, der gleichsam als Untergebener des Min von Koptos, des Gottes der dortigen Wüste, gilt.

Die Inschrift (vom 3. Jahre des Königs) erzählt, daß *seine Majestät eines Tages auf dem Throne von Silbergold* (S. 209) *saß, gekrönt mit einer Binde und zwei Federn, und an die Länder dachte, aus denen man Gold bringt, und Pläne beriet, Brunnen zu graben auf den Wegen, die ohne Wasser sind, nachdem er gehört hatte, daß es vieles Gold im Lande Akita gebe, aber der Weg dahin sei ohne Wasser; wenn nun einige Goldwäscher dahin gingen, so käme nur die Hälfte von ihnen hin, denn sie stürben unterwegs vor Durst samt den Eseln, die sie trieben, und fänden nichts zu trinken beim Hin- und Rückweg an Wasser für den Schlauch. Man bringe kein Gold aus diesem Lande wegen des Wassermangels*. Der König läfst seine Räte rufen, die zunächst seine Macht preisen; dann sagt der Statthalter von Aethiopien: *O König, unser Herr! über das Land Akita sagt man folgendes. Seit der Zeit des Rē ist es so wasserlos, man stirbt vor Durst in ihm. Jeder frühere König wünschte Brunnen in ihm zu graben, aber sie gelangen nicht. König Sethos I. that auch so und liefs einen Brunnen von 120 Ellen Tiefe zu seiner Zeit bohren, aber man liefs ihn unvollendet und es kam kein Wasser aus ihm. Wenn du selbst aber zu deinem Vater Nil, dem Vater der Götter sprächest: „Sende doch Wasser auf den Berg", so würde er ganz nach deinen Worten thun.* Daraufhin befahl der König einen neuen Versuch, und in der That kam, noch ehe man es vermutete, ein Schreiben des Statthalters von Aethiopien an den König mit der Nachricht, dafs schon bei 12 Ellen Tiefe Wasser gefunden sei.

g. Statuen von Privatleuten (vgl. S. 135).

G 20. Der Richter Ah-mose, *Fürst* (d. h. Verwalter) *der Stadt Schaat* in Nubien, dargestellt als Beamter, ein Aktenstück auf den Knien. Mit fetter Brust, vgl. 8808 S. 82.

G 36. Sa-renutet, Künstler (?) des Königs, dargestellt als viereckiger Pfeiler, aus dem der Kopf und die betenden Hände hervorsehen. Der Pfeiler ist mit Liedern an den Sonnengott bedeckt. Diese seltsame Art der Darstellung könnte etwa einer berühmten Statue ältester Zeit nachgebildet sein. — (Kairo.)

G 28. Von der Statue eines Oberrichters; er hielt wohl einen Schrein vor sich. Auf der Schulter der Name seines Königs Amenophis' III. Schönes Porträt. — (Turin.)

G 300. Anen, Hoherpriester von Heliopolis und zweiter Priester von Theben unter Amenophis III. Mit Sandalen und moderner Haartracht; das mit Sternen besetzte Pantherfell und das an Riemen hängende Schild mit dem Namen des Königs werden Abzeichen seiner hohenpriesterlichen Würde sein. — (Turin.)

h. Aus Königsgräbern.

Porträts der Könige aus den Felsgräbern von Biban el Moluk (S. 145). Die aus Dyn. 19 zeichnen sich durch Sicherheit und Eleganz der Zeichnung aus; die der Dyn. 20 sind weit geringer.

G 125. Sethos I., gering.
G 126. Ramses II.
G 131. Mer-en-ptah in moderner Tracht, mit einer Götterkrone, *verehrt den Re und lobt den Harmachis;* vor ihm stand dieser Gott, und von seinem Szepter geht „Leben und Dauer" zu der Nase des Königs hin. — (Grab.)
G 129. Sethos II., er opfert Wein, der Kopf sehr zart. — G 135, 133 geringer.
G 134. Königin Ta-user, Gemahlin des Königs Si-ptah, mit der Locke der Prinzessinnen. — (Aus dem Grabe des Si-ptah.)
G 138. Prinzessin Bekt-urenro betend.
G 141. König Setnacht, der Vater Ramses' III.
G 136. Ramses IV., er opfert ein Bild der Wahrheitsgöttin; vor ihm stand der Schrein des Gottes, um dessen Säule sich eine Schlange windet. — G 139 zerstört.
G 150. Kopf Ramses' V., durch Aenderung der Kopftracht in das Bild Ramses' VI. verwandelt, als dieser sich das Grab aneignete.
G 146. Ramses VI. räuchert, über ihm die Sonne.
G 143, 140. Ramses VII.
G 144. Ramses IX.

i. Aus Privatgräbern.
Von Grabwänden (vgl. S. 146).

G 360. Ptah-mose, *Vorsteher der Denkmalsarbeiten seiner Majestät im Ptahtempel,* war in seinem Grabe dargestellt, wie er in der Tracht seiner Zeit beim Mahle saſs. Unter dem Stuhl hüpft sein Schooſsaffe und spielt mit Früchten.
G 170. Osiris und die Göttin des Westens. Schöne Arbeit aus dem Grabe des Cha-em-het in Theben, dem unser Relief 2063 (S. 147) entstammt.
G 118. Kopf des Toten aus einem Privatgrabe derselben Zeit.
G 111. Ähnliches Relief, anscheinend später.

Grabstein (vgl. S. 157).

G 97. Grabstein des Epii, Beamten der thebanischen Gräberstadt. Oben l. Osiris und Hathor von *der Westseite Thebens,* r. Harmachis und der heilige König Amenophis I. in späterer Tracht (vgl. S. 156. 169). — Unten: der Tote und seine Frau, neben der ihr kleinster Sohn steht, nehmen die Verehrung zweier Söhne und einer Tochter entgegen. — (Turin.) K.

Steinsärge (vgl. S. 170).

G 51 und 52. Köpfe von Särgen des n. R., breit und flach gehalten, um sich dem Deckel besser anzuschließen. — (Rom.) Gr.

G 50. Kopf eines Sarges, unbärtig, schmales Gesicht, wohl Porträt. — (Rom.) Gr.

E. Aus der libyschen Zeit. (Etwa 1100 bis 700 v. Chr.)

a. Aus Tempeln (vgl. S. 228).

G 155. König Hri-hor (S. 15) opfert zwei Salbgefäße und Blumen. Über ihm fliegt die Schutzgöttin von Unteraegypten als Geier. — (Karnak.)

G 163. Derselbe betend, aus einem von Necht-har-heb (S. 17) wiederhergestellten Bau, daher in dem Stil dieser späten Zeit. — (Karnak.)

G 151. Prinz Pi-notem, Hoherpriester des Amon und später Nachfolger des Hri-hor als König. — (Karnak.)

G 153. Königin Mat-ke-re, Gemahlin des vorigen. — (Karnak.)

G 154, 156. König Scheschonk I. und sein Sohn Juput, Hoherpriester von Theben, beten vor einem Gotte, an dessen Szepter die Zeichen des Lebens, der Dauer und der Jubiläen als Gaben für den König hängen. — (Karnak.)

G 145. Von dem Siegesdenkmal Scheschonk's I. in Karnak (vgl. 2094 S. 228). Namen von 26 unterworfenen Orten Palästinas, dabei (von r. nach l.) oben: 1. Megiddo, 2. ein Ort der *Jut hammelek*, *Jut des Königs* heißt und irrig „König der Juden" gedeutet worden ist. 12. Schoko. Unten: 1. Taanak. 2. Schunem? 4. Rehob. 5. Machanaim. 11. Bethoron. 13. Ajalon.

G 157. Osorkon I. als König von Unteraegypten; ein widderköpfiger Gott beschenkt ihn mit Leben. — (Karnak.)

E. Libysche Zeit. F. a. Aus der aethiopischen Eroberung. 477

G 369. **Nilgott**; von dem Prinzen Scheschonk, Hohenpriester zu Theben, *seinem Herrn Amon-Re* geweiht. Der Gott, der mit weichlichen Formen und anscheinend weiblichen Brüsten dargestellt ist (vgl. S. 80. 81. 245), bringt dem Götterkönige Amon die Erzeugnisse seiner Überschwemmung gleichsam als Tribut. Er hält einen Opferstein mit Speisen; von dem Pfeiler, auf dem dieser ruht, hängen Blumen und Wachteln herab. — An der Seite l. am Rückenpfeiler das kleine Bild des Stifters, betend [G 160 dasselbe noch einmal besonders]. — (London, aus Karnak.)

b. Grabstein (vgl. S. 234).

G 152. Grabstein der Schep-en-upet, Tochter des Prinzen Osorkon, Hohenpriesters des Amon. Sie spendet dem Osiris Wasser aus einem Bronzeeimer (vgl. unsere S. 250). Stark ergänzt.

F. Aus der Spätzeit. (Seit 700 v. Chr.)
a. Aus der aethiopischen Eroberung (vgl. S. 243).

G 213. **Denkstein des Aethiopenkönigs Pianchi**, auf seinen Feldzug gegen die Fürsten von Aegypten (um 775 v. Chr., S. 16). Aus seiner Residenz Napata. — Oben in der Mitte der König (später ausgemeifselt) und Amon und Nut, die ihn schützen. Vor ihm Nemarut, König von Schmun, mit dem Pferd und Sistrum, die er dem Pianchi als Zeichen der Unterwerfung schenkte (vgl. unten) und seine Gattin. Darunter küssen die Könige Osorkon von Bubastis, Juput von Tent-remu und Pef-tew-didi-bast (S. 238, 2100) von Ehnas den Boden, hinter den Göttern weitere *Grofse der Mascharwascha* (S. 237, 7478; 232. 9320) und Fürsten von Mendes, Sebennytos, Busiris und anderen Städten des Deltas. — Die Inschrift erzählt, dafs man dem Pianchi meldete, Tef-nacht, der Fürst von Saïs, dehne seine Herrschaft aus und rücke gegen Oberaegypten vor, *die Fürsten und Stadtherrscher seien wie Hunde zu seinen Füfsen und schlössen die Burgen nicht*. Er belagere Ehnas, er habe sich um es gelegt wie eine Schlange *mit dem Schwanz im Mund* und lasse keinen heraus und hinein. Nun habe auch König Nemarut von Schmun sich ihm unterworfen. Pianchi befiehlt darauf seinen in Aegypten stationierten Offizieren, den Gau von

XIV. Gipsabgüsse.

Schmun anzugreifen und *seine Menschen, sein Vieh und seine Schiffe zu fangen, den Landmann nicht aufs Feld zu lassen und den Pflüger nicht pflügen zu lassen.* Zugleich schickt er ein Heer nach Aegypten, dem er aber ausdrücklich anbefiehlt, beim Passieren der heiligen Stadt Theben dem Amon seine Ehrfurcht zu bezeugen. Dieses Heer zerstört eine nach Süden ziehende Flotte und schlägt den Tef-nacht mit seinen Vasallen bei Ehnas. Aber König Nemarut von Schmun gelingt es, in seine Stadt zu gelangen und die sie belagernden Aethiopen so arg zu bedrängen, daß sie den Pianchi um Hülfe bitten müssen. Nun geht Pianchi, *zornig darüber wie ein Panther des Südens,* selbst nach Aegypten, um Schmun zu erobern und die *Fürsten des Nordlandes den Geschmack seiner Finger schmecken zu lassen;* zugleich will er dabei in Theben die Feste des Gottes mitfeiern. Als er bei Schmun angekommen *aus der Kajüte des Schiffes hervorkam, die Rosse angespannt waren und er den Wagen bestieg, da reichte die Kraft seiner Majestät bis hin zu den Asiaten und alle Herzen waren voll von seiner Furcht.* Er schloß die Burg mit einem Wall ein, *die Schützen schossen, die Wurfmaschinen schleuderten Steine und töteten die Menschen,* bis die Stadt *sich auf den Bauch warf.* Die Gemahlin des Nemarut kam, um die Weiber im Harem des Pianchi um ihre Vermittelung zu bitten, und dann kam Nemarut selbst mit vielen Schätzen, ein Pferd und ein Sistrum brachte er selbst herbei. Als Pianchi in Schmun einzog, standen die Frauen und Töchter des Nemarut und begrüßten ihn, *aber seine Majestät wandte sein Antlitz nicht zu ihnen,* sondern ging zum Stall der Pferde und Fohlen; als er sah, wie diese gehungert hatten, sprach er zu Nemarut: *das ist schlimmer, als alle Sünden, die du begangen hast, daß du die Pferde hast hungern lassen.*

Des Weiteren trifft Pianchi dann vor Memphis auf unerwarteten Widerstand, da sich Tef-nacht bei Nacht mit 8000 Mann hineingeworfen hat; das aethiopische Heer ist ratlos, wie diese stark befestigte und reich verproviantierte Stadt zu nehmen ist. Man sah *keine Möglichkeit, gegen die Stadt zu kämpfen* und alles beriet über die Art, sie zu belagern, aber der König ließ dennoch stürmen und *nahm Memphis wie eine Wetterwolke, tötete viele Menschen darin und schleppte sie als Gefangene fort.*

F. a. Aus der aethiopischen Eroberung.

Danach unterwarfen sich alle Fürsten des Deltas, zuletzt auch Tef-nacht selbst, dem durch Gesandte ein Treuschwur abgenommen wurde. Die andern Herrscher kamen selbst zur Huldigung; *ihre Beine waren wie Frauenbeine und sie traten nicht in den Palast ein, weil sie unbeschnitten waren und Fische afsen, was ein Abscheu für den Palast ist. Nur König Nemarut trat in den Palast ein, weil er rein war und nicht Fische afs.* Dieser letzte Zug charakterisiert den König; er fühlt sich den verweichlichten und verweltlichten Aegyptern gegenüber als den Vertreter des alten frommen Aegyptertums, wie er denn auch in jeder eroberten Stadt die Tempel besucht und alle Beute, die er macht, dem Amon von Theben schenkt. — Vgl. das Bruchstück 1068, S. 244. — (Kairo.)

G 39. **Kopf des Taharka** (S. 16). Der Aethiopenkönig hatte, wie unser assyrisches Siegesdenkmal des Assarhaddon (Verz. der Vorderas. Altert. S. 80) zeigt, Negerzüge; der aegyptische Künstler hat dieselben idealisiert, ohne sie indefs ganz zu verwischen. Auf dem Haupt trug er über den Haaren eine Kappe mit Federn. — (Kairo.)

G 5. **Amen-erdis**, Fürstin von Theben („Gottesweib", vgl. S. 16. 240. 255. 244), Tochter eines aethiopischen Königs Kaschta und Schwester des Schabaka (S. 16), deren Namen hier ausgekratzt sind. Sie trägt eine Geierhaube — jederseits des Geierkopfes eine Königsschlange — und darüber noch einen Aufsatz, der einst wohl metallene Federn trug; die L. hält den Wedel der Königinnen, die R. eine Halskette und ein Gegengewicht (vgl. S. 241). — (Kairo.) Al.

G 399. **Kopf des Ment-em-he**, Fürsten von Theben unter dem Titel eines „vierten Priesters" des Amon. Das alte rundliche Gesicht mit künstlichem Bart; beispiellos die Haartracht; der Scheitel kahl, auf den Seiten steht das Haar flügelartig ab. — (Kairo, aus dem Tempel der Mut in Theben.)

b. Reliefs aus Tempeln (vgl. S. 244).

G 371. Schranke zwischen den Säulen eines Tempels von Psammetich I. (S. 17) geweiht; er opfert Brote vor Göttern mit Messern in den Händen, und einer Schlange, wohl irgend welchen Geistern, die den Tempel gegen

unberufene Besucher verteidigen, gegen die ja auch
die Schranke schützen soll. Wohl aus Heliopolis. Bemerkenswert
der eigentümliche Kopf des Königs. —
(London.) Gr.
G 236. Ähnliche Schranke von Nektanebus in den
Tempel von Heliopolis geweiht. Oben Sperber als Bekrönung;
unten das Ornament des unteren Randes der
Wände. Der König, der ein sehr charakteristisches
Gesicht hat, opfert ein Brot. - (London.) Gr.
G 159. König Hakoris (S. 17) betend. — (Theben, Medinet
Habu.)

c. Statuen von Königen (vgl. S. 246).

G 63. Köpfchen des Amasis auf einem breiten Kragen,
wie er bei Köpfen von Göttern und heiligen Tieren Sitte
ist (S. 200). — (Kairo, aus dem Serapeum.) Br.
G 20. Nektanebus. — (London.) D. Gr.
G 42. Kopf eines Königs mit schmalem Gesicht; nach
dem Material Spätzeit. — (London.) Gr. St.
G 40. Königskopf mit eigentümlichen Zügen, wohl sehr spät.
G 55. Königin mit anscheinend unaegyptischen Zügen,
vielleicht aber nur rohe Arbeit. — (Kairo aus Abydos.)

d. Statuen von Göttern u. ä.
Vgl. die Originale S. 248.

G 216. Osiris in dem Grabe eines Psammetich, der *Oberschreiber
der Speisen des Königs* war, zusammen mit den
beiden folgenden gefunden. Elegante Arbeit. — (Kairo.)
G 217. Isis aus demselben Grabe. Noch weniger erfreulich
als der Osiris. — (Kairo.)
G 357. Hathor als Kuh, vor ihr (d. h. in ihrem Schutz)
der genannte Tote. Am Hals trägt sie eine Kette; der
Tote betet. Besonders schön die Kuh. — (Kairo.)
G 350. Toëris, eine Volksgottheit der Spätzeit in Nilpferdgestalt;
sie hält das Zeichen „Schutz". (Kairo.)
G 318. Ichneumon von schöner Arbeit; er legt die Schnauze
auf eine Art Obelisk, die den Namen des *Atum, des Geistes
von Heliopolis, im Tempel Baumhaus* trägt. - (Wien.)
Schw. Gr.

e. Statuen von Privatleuten.

G 330. Köpfchen von seltsamer Bildung über einer Art
Pfeiler, vielleicht von einer Statue in der Art von G 36
S. 174.

F. b g. Aus der Spätzeit.

G 56. Stehender Mann in altertümlicher Tracht, das schmale Gesicht Porträt. — (Kairo.)

f. Musterstücke für Steinmetzen u. ä.

Vgl. S. 260, diese wohl schon griechische Zeit.

Für Statuen.

Königsköpfe in verschiedenen Stadien der Vollendung, z. B. die Ohren oder die Schlange nur skizziert. Bei G 315 ist der Scheitel fortgelassen, damit der Kopf zu verschiedenen Kronen benutzt werden kann.

G 240. Löwe, vgl. unsere S. 261. — (London.)

Für Reliefs.

G 303. König, die Spitze des Szepters fortgelassen, um sie nach Bedarf zu gestalten.

G 304. Königin als Göttin, in Geierhaube und einem bunten Kleid, um das ihre Flügel geschlungen sind. Vgl. 31 S. 342.

G 384. Kopf einer Königin in Geierhaube.

G 175. Schreitende Sphinx, am Hinterkopf hat sie noch den Widderkopf der thebanischen Sphinxe (S. 240.) Über ihr fliegt ein Sperber, vor ihr ein Altar. Musterstück? — (Turin.) K.

Unvollendet.

G 220. Statue eines Mannes, der einen Schrein auf einem Pfeiler vor sich hat. Vgl. S. 262b. — (Kairo.)

g. Aus Privatgräbern.

G 171. Kopf eines Mannes, Relief.

G 227. Deckel vom Sarg des Anchnes-nefer-eb-re, der geistlichen Fürstin von Theben (S. 244), die in Lebensgröße dargestellt ist; mit Geierhaube und Isiskrone, die Herrscherzeichen in den Händen, in einem weiten Kleid mit Obergewand und Sandalen. Die Arbeit ist nicht so gut wie z. B. unser Sarg 20, S. 270. Die Inschriften sind die üblichen alten Totentexte. Die eine Ecke des Deckels war besonders angestückt. — (London.)

G 49. Kopf eines späten Sarges, breit, mit geflochtenem Bart. — (Rom.) Gr.

h. Schutztafeln gegen böse Tiere u. ä. (vgl. S. 308).

G 305. Grofses Exemplar, für König Necht-har-heb (S. 17), bekannt unter dem Namen der „Metternichstele". Vorn der Horusknabe und viele kleine Bilder schützender Geister, ebenso oben auf der Rückseite. Aufserdem lange Zauberformeln, die besonders auf die Schicksale des kleinen Horus hindeuten, der von bösen Tieren, von Feuer und anderem Unglück bedroht war, aller Gefahr aber dank dem Zauber der Isis entging. — (Königswarth.)

G 219. Kleiner, hinten die Zauberformeln: *Wehre mir ab alle Löwen in der Wüste, alle Krokodile auf dem Strome, alle Würmer, die mit ihrem Munde beifsen und mit ihrem Schwanze stechen u. s. w.* — (Kairo.)

G 306. Gott Bes, männlich und weiblich, auf einer Terrasse, zu der jederseits eine Treppe hinaufführt. — Br.

G. Aus der griechisch-römischen Zeit.

a. Porträtskulpturen in freiem Stil.

Vgl. die Originale S. 310.

G 374. Kopf eines Mannes mit individuellen Zügen, schöne Arbeit. (Paris.) Gr.

G 322. Ähnliches Köpfchen, aber geringer. — (Turin.)

G 235. Porträtkopf, mit kurzem Haar und etwas negerartigen Zügen. Wohl später als die vorigen. (London.)

b. Reliefs aus Tempeln.

G 107. Alexander der Grofse mit der Krone von Unteraegypten; seine Namen lauten *der von Amon erwählte, von Re geliebte Aleksantros*. — (Karnak.)

G 104. Philippus Arrhidäus, der Halbbruder und Nachfolger Alexanders. (Karnak.)

G 105. Ptolemäus IV. Philopator, mit der Krone von Unteraegypten, mit der nach späterer Sitte noch eine Götterkrone verbunden ist. Er opfert Blumen. (Der-el-medine.)

G 108. Ptolemäus IX. Euergetes II., betet oder vollzieht eine Zeremonie.

F. h. Spätzeit. G. a d. Griechisch-römische Zeit. 483

356. **Kleopatra**, die Geliebte des Caesar und des Antonius, aus dem unter den letzten Ptolemäern begonnenen Tempel der Hathor zu Denderah. Die Königin zwar in alter Kleidung und Haartracht, mit einem Aufsatz von Königsschlangen und den Zeichen der Isis und Hathor darüber, aber bei dem Gesicht ist dennoch sicher ein Porträt beabsichtigt. Vgl. ihre daneben ausgestellten Porträts auf den Münzen.

301. **Bes**, der volkstümliche Schutzgott, aus dem Tempel von Denderah.

302. **Weiblicher Bes** (vgl. S. 287, 10844), ebendaher.

355. **Vier Götter als Vögel**; als Seitenstücke zu den Göttern, die von Rechts wegen Vogelgestalt haben können (Thoth, Mut, Horus), bildet man in später Zeit spielend auch die anderen so. Hier sind es Chnum mit Widderkopf, ein Horus mit Löwenkopf, Amon-Re mit Menschenkopf und ein Horus als Sperber. Jeder breitet die Flügel über einen vor ihm sitzenden König.

c. Statuen von Königen und Göttern.

45. **Arsinoe**, Gemahlin Ptolemäus' II., in alter Haartracht mit zwei Königsschlangen. — (Rom.)

44. **Dieselbe**, mit anderer Haartracht. — (Rom.)

233. **Kopf eines Königs**, den vorigen im Stil ähnlich und wohl auch ptolemäisch. (London.)

234. **Kopf eines Königs** mit rundem Gesicht. Nach der Haartracht, die unter dem Kopftuch vorsieht, war er wohl als Gott dargestellt. — (London.)

48. **Königskopf** sehr später Zeit, am Hals trägt er eine Sonne mit Schlangen, wohl ein mißverstandenes Amulett. - (Kairo.)

368. **Kleine, etwas rohe Frauenstatue**, die Augen waren eingesetzt; die Locken frei, aber doch noch aegyptisch, mit einem Diadem, einer Königsschlange und einem Aufsatz zu Federn. Vielleicht eine Kaiserin? (Rom, Slg. Baracco.)

47. **Doppelbüste der Isis-Hathor und ihrer Kuh**. Ähnlich wie unsere Statue 7060 S. 320, zum größten Teil neuere Ergänzung. - (Rom.)

d. Denksteine.

214. **Denkstein des Ptolemäus I. Soter** betreffs einer Landschenkung an die Götter von Buto; vom Jahre 7

der nominellen Regierung Alexanders II., als dessen *Chschatrapan* (d. h. Satrapen) sich Ptolemäus noch bezeichnet. Oben r. opfert der König (der Name ist leer gelassen) vor der Göttin Buto, l. giebt er das Zeichen „Feld" (vgl. S. 231; 327) dem Horus von Buto. Die Inschrift erzählt: *Seine Majestät war in Asien, während ein Mann Namens Ptolemäus Herrscher in Aegypten war, ein blühender Mann, mit starken Armen, mit verständigem Rat, ein Leiter der Soldaten, mit richtigem Herzen und festen Sohlen .... Er brachte die Bilder der Götter, die er in Asien fand und alle Geräte und alle alten Bücher der Tempel von Ober- und Unteraegypten zurück und gab sie wieder an ihre Stellen. Er errichtete seine Residenz, die die „Festung des Königs Alexandros" heifst, am Ufer des Meeres der Griechen; früher hiefs sie Rakote. Er sammelte viele Griechen mit ihren Pferden und viele Schiffe mit ihren Soldaten und ging mit einem Heere zum Lande der Syrer. Er besiegte sie und danach zog er zu der Grenze der Mamerti* (? ein libysches Land) *und eroberte sie mit einem mal* (?) *und brachte ihre Soldaten, Männer, Weiber sowie ihre Götter mit, als Lohn für das, was sie gegen Aegypten gethan hatten.* Nach der Rückkehr sorgte er für die Tempel und damals brachte *einer der bei ihm war,* es vor ihm zur Sprache, dafs das sogenannte *Land der Buto* zur Perserzeit von dem Könige Chabbasch (Empörer unter Xerxes) den Göttern von Buto geschenkt worden, dafs aber von dem *Feinde Xerxes* diese Schenkung nicht aufrecht erhalten sei. Der König läfst die Priester von Buto rufen und befragt sie selbst über ihre Götter und über diese Angelegenheit; er befiehlt sodann: *man soll folgende schriftliche Verfügung erlassen an das Haus der Schreiber, an den königlichen Rechnungsschreiber: Ptolemäus der Satrap, das Land der Buto schenkt er dem Horus von Buto und der Buto von Buto von heute an bis in Ewigkeit mit allen seinen Städten, allen seinen Ortschaften, allen seinen Leuten, allem seinem Acker, allem seinem Wasser, allen seinen Rindern, allen seinen Gänsen, allen seinen Heerden und allen Dingen, die es erzeugt.* (Kairo.) Schw. Gr.

G 304. **Dekret von Kanopus, dreisprachig.** Oben die geflügelte Sonne, die herabhängenden Schlangen tragen Wedel (S. 327); darunter der hieroglyphische und grie-

chische Text, l. an der Seite der demotische. — Im Jahre 9 Ptolemäus' III. Energetes (239 v. Chr.) kamen die Priester am Geburtstage des Königs zusammen und beschlossen: *da der König Ptolemäus . . . und die Königin Berenike, seine Schwester und Gattin, die Götter Euergetes, Vieles und Grofses thun, indem sie den Tempeln des Landes Wohlthaten erweisen, und die Ehren für die Götter immer mehr vermehren und in jeder Hinsicht für den Apis und den Mnevis und die übrigen angesehenen heiligen Tiere im Lande mit grofsem Aufwand und Kosten Sorge tragen — und da der König die heiligen Bilder, die von den Persern entführt waren, durch einen Kriegszug wieder nach Aegypten rettete und an die Tempel zurückgab, aus denen jedes vordem entführt war — und da er dem Lande Frieden vor den Feinden verschafft hat, indem er für es gegen viele Völker und deren Herrscher kämpfte — und da sie den Bewohnern dieses Landes und den anderen, die unter die gleiche Herrschaft gestellt sind, einen gesetzmäfsigen Zustand geboten haben — und da, als der Nil einmal nicht genügend gestiegen war und alle Bewohner des Landes erschreckt waren wegen dieses Ereignisses und an das Unglück gedachten, das unter gewissen früheren Königen geschehen war, als (auch) Wassermangel die Bewohner des Landes befallen hatte, sie sich eifrig bemüht haben und für die Leute der Tempel und alle anderen Bewohner des Landes Fürsorge getroffen haben, indem sie behufs Errettung der Menschen nicht wenig von den Steuern erliefsen und aus Syrien, Phönizien, Cypern und vielen anderen Orten zu hohen Preisen Getreide in das Land kommen liefsen und so die Bewohner Aegyptens retteten und unsterbliche Wohlthaten und den höchsten Ruhm ihrer Tugend den jetzigen und künftigen Geschlechtern hinterliefsen — wofür ihnen die Götter ein wohlgegründetes Königtum gegeben haben und alles Gute immer geben werden —*
1. dafs man die Ehren des Königspaares und seiner Vorfahren in den Tempeln noch vermehren soll und dafs alle Priester in Zukunft auch *Priester der Götter Euergetes* heifsen sollen; 2. dafs zu den bestehenden vier Priesterstämmen noch ein fünfter aus allen denen gebildet werden soll, die bisher unter der Regierung des Königs Priester geworden sind und ihren Nachkommen, und dafs dieser Stamm der der *Götter Euergetes* heifsen soll; 3. dafs, um das diesjährige erfreuliche Zusammenfallen des Euergetes-

festes am alten Neujahrstage mit anderen wichtigen Festen und Tagen für alle Zukunft zu bewahren, von nun an das Jahr ständig gemacht werden soll durch Einfügung eines Schalttages in jedem vierten Jahre: 4. dafs man der verstorbenen kleinen Prinzessin Berenike ein besonderes Fest feiert, goldene Statuen errichtet und andere Ehren erweist. Dieser Beschlufs soll in den drei Sprachen in den Tempeln aufgestellt werden. — Das vorliegende Exemplar, das des Tempels von Tanis, wurde 1866 von Lepsius aufgefunden und gewährte eine erfreuliche Bestätigung der bisherigen Entzifferung der Hieroglyphen. — (Kairo.) K.

G 306. **Stein von Rosette.** Ähnlicher Beschlufs der aegyptischen Priester zu Ehren des Ptolemäus V. Epiphanes. Die im Jahre 9 (196 v. Chr.) zu Memphis versammelten Priester beschliefsen: *da der König Ptolemäus, der ewig lebende, vom Ptah geliebte Gott Epiphanes, der Wohlthäter, Sohn des Königs Ptolemäus und der Königin Arsinoë, der Götter Philopator, die Tempel mit Wohlthaten überhäuft hat, samt allen ihren Insassen sowie allen seinen Unterthanen (ist er doch Gott, von einem Gotte und von einer Göttin geboren, gleichwie Horus, der Sohn des Osiris und der Isis, der seinen Vater schützt) und den Göttern beständig Wohlthaten erweisend, den Tempeln Einkünfte an Geld und Getreide überwiesen hat; da er ferner im Bestreben, die Blüte Aegyptens herbeizuführen und den Kultus auf sichere Grundlagen zu stellen, keine Kosten gescheut hat und mit aller seiner Kraft Wohlthaten ausgeschüttet hat, dadurch dafs er von den aegyptischen Steuern und Zöllen manche ganz erliefs, manche erleichterte, auf dafs das Volk sowie alle andern in Wohlstand leben könnten unter seinem Szepter; — da er weiterhin die Schulden, die die Bewohner Aegyptens sowie seines ganzen Reichs an seine Kassen hatten, so grofs sie auch waren, insgesamt erliefs und auch die Gefangenen und solche, gegen die seit langer Zeit prozessiert wurde, von der Anklage befreite; — da er bestimmt hat, dafs die Abgaben an die Tempel und deren jährliche Einkünfte an Geld und Getreide sowie die den Göttern zukommenden Anteile an Weinbergen, Gärten und was sonst ihnen zugehört, ebenso bleiben sollten, wie sie unter seinem Vater gewesen u. s. w.*   1. dafs in jedem Tempel eine Bildsäule des Königs und neben dieser die

Statue des Hauptgottes, der dem Könige eine *Siegeswaffe* überreicht, aufgestellt werde; 2. im Allerheiligsten eines jeden Tempels aber ein Schrein und eine Holzstatue des Königs; 3. dafs mehrere Feste zu seinen Ehren gefeiert werden; 4. dafs *dieser Beschlufs eingegraben werde auf einen Denkstein und zwar in heiliger, landesüblicher und griechischer Schrift und ein solcher Stein aufgestellt werde in jedem Tempel erster, zweiter und dritter Ordnung, neben der Statue des ewiglebenden Königs*. — Man beachte die wesentlich andere Ausdrucksweise gegenüber dem Dekret von Kanopus: bei jenem ist der griechische Text das Original, bei diesem der aegyptische. Über den Dienst, den diese Inschrift der Wissenschaft geleistet hat, vgl. S. 20. — (London.) Schw. Gr.

Nummernverzeichnis.

Nr.	Seite	Nr.	Seite	Nr.	Seite	Nr.	Seite
1	. . . 172	205 . .	. 294	589 . .	. 308	785 . .	. 267
2	. . . 170	212 . .	. 295	596 . .	. 308	786 . .	. 268
3—6	. . 273	230 . .	. 302	608—9	. 186	787 . .	. 358
7	. . . 272	239 . .	. 193	611 . .	. 436	788 . .	. 184
8	. . . 173	240 . .	. 207	612 . .	. 430	789 . .	. 397
9. 11	. . 98	250—51	. 186	624 . .	. 215	790—92	. 196
12	. . . 100	252 . .	. 185	629—32	. 185	795 . .	. 397
13	. . . 98f.	253 . .	. 259	633 . .	. 276	797 . .	. 226
14	. . . 98	254 . .	. 83	635 . .	. 313	799 . .	. 178
15—27	. 100	255 . .	. 320	637 . .	. 314	801 . .	. 144
28	. . . 173	258 . .	. 308	639 . .	. 316	804 . .	. 182
29	. . . 270	274 . .	. 223	641—42	. 316	807 . .	. 144
30	. . . 235	283 . .	. 442	644 . .	. 315	808 . .	. 181
31	. . . 242	284 . .	. 280	689 . .	. 308	811 . .	. 179
32	. . . 237	302 . .	. 278	708 . .	. 347	812 . .	. 239
33	. . . 172	303—5	. 240	710 . .	. 347	813 . .	. 346
34	. . . 276	321 . .	. 240	712 . .	. 347	815 . .	. 238
35. 36	. 121	322 . .	. 278	713 . .	. 192	818 . .	. 134
37	. . . 375	323—25	. 240	724 . .	. 314	819 . .	. 268
38	. . . 340	343 . .	. 183	733 . .	. 185	821 . .	. 267
39	. . . 342	376 . .	. 278	734 . .	. 279	822 . .	. 159
40	. . . 237	378 . .	. 278	740—41	. 215	823 . .	. 234
41	. . 269f.	390 . .	. 300	746 . .	. 315	825 . .	. 186
42—43	. 273	397 . .	. 411	747—49	. 314	829. 30	. 267
44	. . . 341	398—401	. 311	752—54	. 314	834 . .	. 74
45	. . . 104	404 . .	. 280	755 . .	. 198	836—37	. 343
46	. . . 340	432 . .	. 282	757 . .	. 198	851 . .	. 182
47	. . . 172	496 . .	. 282	759 . .	. 279	858 . .	. 182
48	. . . 238	504—5	. 344	761 . .	. 279	862 . .	. 182
49	. . 270f.	510 . .	. 84	764 . .	. 184	865 . .	. 182
50—56	. 273	513 . .	. 186	765 . .	. 316	870 . .	. 280
57	. . . 171	515 . .	. 372	767 . .	. 184	873 . .	. 239
59. 60	. 121	517. 19	. 239	768 . .	. 314	893 . .	. 268
70	. . . 231	521 . .	. 205	769 . .	. 318	894 . .	. 267
71	. . . 64	543 . .	. 450	772 . .	. 267	895 . .	. 178
108. 9	. 366	557 . .	. 308	773 . .	. 268	898 . .	. 281
125	. . . 410	582 . .	. 184	775 . .	. 344	900 . .	. 279
191	. . . 298	584 . .	. 184	778 . .	. 350	913 . .	. 143
203	. . . 290	588 . .	. 360	784 . .	. 268	914—16	. 279

Nummernverzeichnis.

Nr.	Seite	Nr.	Seite	Nr.	Seite
918	279	1109	61	1191	92f.
920	279	1110	57	1192	89
927	235	1111—12	64	1193 94	64
928	267	1113	56	1195	85
930	267	1114	54	1197	88
931	268	1115	53	1198	91
932	267	1116	156	1199	89
933	268	1117	81	1200	91f.
934	267	1118 19	87	1201—2	64
935—936	268	1120	59	1203	110
937	278	1121	80	1204	90
942	278	1122	67	1205	247
945	278	1123	56	1221	437
959	277	1124	58	1224	436
962—963	184	1125—27	59	1226 27	192
968	183	1128—29	55	1232	75
971	277	1130	54	1237 38	440
976	293	1131—34	55	1244	193
987	400	1135	54	1245	437
991	393	1136	56	1246	442
1000	411	1137	57	1250	192
1005	411	1138	58	1253 54	192
1008—9	446	1139 40	64	1257	212
1013	437	1141 42	59	1260	212
1016	437	1143	61	1263 64	71
1023	450	1144—45	65	1267	193
1025	450	1146	66	1273	421
1029	450	1149	59	1275	278, 280
1032	450	1150	58	1279—80	188
1034	450	1151	61	1284	223
1037	177	1152 53	87	1286	192
1038	141	1154—55	104	1287 88	193
1039	325	1156	105	1289	75
1048	259	1157	110	1290	211
1050	245	1158	85	1295	192
1051	249	1159	64	1297	192
1052	134	1160—61	111	1301	191
1064	334	1162	43	1303	71
1065	315	1163	61	1304	416
1066	265	1164	86	1305	71
1068	244	1165	44	1307	75
1071	407	1167	86	1308	193
1077	177	1175 77	108	1309 10	75
1082	239	1179—82	108	1312	74
1096—97	316	1183	89	1313—16	193
1103	385	1184	88	1323	211
1104	150	1185	43	1324	192
1105	45 ff.	1186	54	1332	193
1106	66	1188	92	1333	454
1107	48 ff.	1189	96	1334 35	44
1108	51 ff.	1190	90	1338—42	44

Nummernverzeichnis.

Nr.	Seite	Nr.	Seite	Nr.	Seite
1348	71	1570—73	45	1747	409
1360	71	1574	449	1748—50	410
1362	71	1576	449	1751—53	409
1363	75	1580 82	449	1754	408
1364—72	76	1587	449	1755	407
1374—78	76	1591	447	1756	408
1381	74	1594—95	447	1757	407
1392	193	1607	448	1758—59	408
1395	198	1608	450	1760	279
1413	71	1614	449	1761	281
1415	193	1615 16	450	1764	296
1422	437	1618	449	1769—77	210
1439	435	1619	156	1778	424
1445	435	1621	244	1779	425
1446	147	1622	122	1780	417
1448	324	1623	114	1781	418
1449	248	1624	85	1782	421
1479	119	1625	155	1783	209
1480	243	1626	117	1784	361
1481	401	1627—28	146	1785—89	209
1484	412	1629-30	87	1791	209
1486	413	1631—32	147	1792	421
1487	255	1634	132	1793	416
1491	413	1635	115	1794	417
1494	413	1636	113	1795	423
1497	413	1637	442	1804	215
1498	339	1638	132	1805	426
1499	413	1639—68	408	1806	211
1500—2	412	1669	410	1809	211
1505	413	1671	409	1810	417
1506	412	1672—73	410	1811	211
1507	413	1690	409	1812-14	210
1509	246	1693	409	1815	211
1512—13	448	1695 97	409	1819	209
1514	449	1699—1700	409	1820	189
1517—18	449	1704	410	1822	210
1523	448	1705	409	1825	127
1525	448	1709—11	409	1826—27	191
1527	448	1713	409	1831	393
1534	448	1720	410	1836	447
1536	449	1721	409	1837—38	283
1542	449	1723—24	409	1839	300
1544	449	1725	410	1841	289
1547 50	449	1726	409	1846	304
1551	450	1727	410	1850	212
1553	449	1728—29	409	1865	282
1555	449	1732—33	410	1867	282
1557	449	1735	410	1868	289
1560	449	1738	410	1870	287
1562	449	1740	410	1871	282
1566	450	1742	410	1876	200

Nummernverzeichnis.

Nr.	Seite	Nr.	Seite	Nr.	Seite
1877	199	1994	210	2092	255
1878	204	1995	212	2093	133
1879	308	1997	191	2094	228
1881	308	1998	210	2095	245
1882	205	2000	190	2096	253
1883	204	2001	211	2097	254
1886 88	202	2003	211	2098	245
1889	416	2005	120	2099	246
1890	421	2006	362	2100	238
1893	416	2007	411	2101—2	228
1894	421	2019	412	2103—4	243
1895—1900	416	2022	283	2105—6	233
1906	417	2031	190	2108	276
1908	368	2033	190	2110	263
1909	417	2034 35	211	2111	254
1910	410	2038	191	2112	244
1913—14	418	2040	202	2113 14	245
1916—20	417	2041	289	2115	322
1922—24	417	2044	190	2116 17	323
1927	418	2045	129	2118	335
1929	418	2046	189	2119	323
1932—33	418	2047	210	2120—21	324
1934	419	2053—54	223	2123	342
1935	193	2055	300	2124	337
1937	419	2056—57	130	2125	338
1940	418	2058	145	2126	337
1941	417	2060	157	2127 28	312
1943	419	2061	156	2129—30	337
1944	416	2063	147	2131	312
1945	420	2064—05	120	2132	337
1946	422	2066	160	2133—34	338
1947	420	2068	141	2135	329
1949	211	2069	129	2136	332
1950	420	2070	130	2137	312
1951	421	2072	127	2141	312
1952—53	420	2073	145	2143—44	312
1955	420	2074	163	2145—46	178
1956—57	420	2075—76	179	2148	394
1958	421	2077—78	118	2244—45	406
1959—61	420	2079	145	2246	404
1963—64	421	2080	167	2247	406
1966	253	2081	133	2248	338
1967	418	2082	139	2249	401
1972	242	2083	146	2250—52	407
1980—82	212	2084	118	2253—55	406
1983—84	188	2085	140	2256	412
1986	212	2086	118	2257—58	407
1987	213	2087	150	2259	404
1988—89	211	2089	153 f.	2260	406
1990	210	2090	268	2261	405
1991—93	191	2091	134	2262	414

Nummernverzeichnis.

Nr.	Seite	Nr.	Seite	Nr.	Seite
2263—64	407	2358	291	2508	303
2266	407	2359	294	2509	302
2267	406	2360	291	2514	260
2268	402 ff.	2361	297	2517—18	299
2269—70	333	2365	291	2523	364
2271	332	2366	261	2526	365
2272	257	2372	291	2528	366
2273	169	2377	291	2529	365
2274	121	2379	291	2533	362
2275	247	2381	292	2535	362
2276	158	2384	292	2537	297
2277	139	2388—89	293	2540	366
2278	232	2391	293	2541	253
2279	113	2396	292	2543	252
2280	249	2399	292	2545	252
2281—82	263	2403	292	2547	299
2283	131	2406	292	2548	253
2284	141	2410	365	2551	304
2285	83	2412	366	2552	303
2286	146	2414	365	2554	303
2287	140	2416	293	2558	302
2288	117	2417	292	2559	365
2289	136	2418	297	2563	304
2290	132	2419	292	2566	302
2291	257	2420	293	2568	302
2292	169	2423	296	2570	302
2293	140	2425	296	2574	301
2294	139	2427—28	296	2586	301
2295	121	2434	296	2589	301
2296	137 f.	2436	300	2596	301
2297	136	2437—38	297	2598	300
2298	135	2441—42	293	2601	301
2299	113	2447	297	2605	301
2300—1	112	2449	293	2609	300
2302	137	2451	297	2614—15	301
2303	136	2453	294	2618	253
2304—5	334	2456	294	2619	302
2306	112	2457	297	2621	302
2307	200	2458	294	2633	302
2309	259	2460	296	2636	302
2310	142	2461	296	2648	395
2311	325	2463—64	297	2664	300
2312	142	2465	293	2667	288
2313	181	2468—71	293	2672	361
2314	142	2472—74	297	2674	400
2315	263	2477	298	2676	395
2316	142	2489—90	298	2680	209
2318	290	2492	298	2682—83	209
2324	290	2493	366	2686	395
2327—28	291	2494—95	298	2699	303
2352	291	2503—5	303	2717	293

Nummernverzeichnis.

Nr.	Seite	Nr.	Seite	Nr.	Seite
3468	400	3648	189		211
3470	393	3649	188		425
3473—74	400	3655	188		422
3480	282	3656	189		421
3481—83	400	3659	419		419
3485	366	3661	189		424
3488	227	3663	417		426
3507	300	3664	417		421
3510	303	3665	417		423
3512	208	3667	418		421
3513	224	3670	417		420
3514	208	3671—72	418		422
3517	375	3677	417		424
3518	223	3684	418		424
3520	304	3689	417		422
3526—27	299	3690	418		423
3530—31	207	3704	417		423
3533 34	304	3705	418		421
3539	208	3709	417		423
3545	208	3711	418		420
3549	221	3714	420		424
3550	393	3723	418		412
3556	395	3737 40	423		412
3558	191	3742	418		424
3560	299	3743	424		412
3563	304	3757	417		423
3567	193	3761	421		410
3573 ·74	220	3763 64	422		423
3578	225	3768	423		422
3584	211	3770	424		417
3585 86	427	3771—72	422		423
3594	282	3775	427		423
3599	281	3776	422		426
3603	202	3783	424		423
3604	147	3787	422		423
3612	308	3803	422		412
3613	206	3805	421		425
3614	134	3806	426		423
3615	312	3807	425		426
3618	118	3811	421		416
3620	205	3812	421		425
3621	141	3814	423		419
3622	218	3823	421		423
3624	135	3831	423		423
3626	221	3833	425		424
3631	188	3835	422		423
3640	189	3839	422		427
3641	190	3840—41	427		424
3642	183	3842—43	421		426
3644	189	3845	425		419
3645	190	3847	427		284

Nummernverzeichnis.

Nr.		Seite	Nr.		Seite	Nr.		Seite
3848		211	4409		307	4519		183
3853		419	4411		307	4521—23		240
3854		424	4413		183	4524		277
3859		424	4416		307	4526-27		305
3861	63	424	4417		120	4530		183
3867		426	4418		183	4534	35	304
3870		424	4419		181	4537		305
3872		424	4421		325	4538		410
3873	74	425	4422		141	4540		300
3875		193	4423		84	4541		289
3876		425	4424		292	4547-48		252
3878		425	4125		444	4552		445
4057		425	4426—27		443	4553		446
4058		307	4428		307	4557—60		446
4060		309	4430		207	4561		239
4061		303	4432		248	4562		444
4062		306	4433		332	4563		445
4067		184	4434		309	4564		446
4068		281	4435		84	4570		368
4084		280	4436		261	4576		372
4098		286	4437		250	4577		369
4100		286	4438		249	4579		439
4112		286	4440		325	4585		436
4114		205	4442		410	4587		437
4118		412	4443		308	4590		437
4211		284	4444		261	4592	95	437
4341		209	4445		262	4596		436
4342		361	4446		308	4603		410
4343—44		209	4449		441	4604		437
4357		369	4459		440	4607		437
4358-60		279	4461		442	4612		446
4367		251	4464		443	4619		436
4372		411	4471		223	4627		447
4374		410	4472		443	4642		182
4375		411	4473		442	4644		182
4376	77	250	4474		191	4648		181
4378		414	4477		443	4650		83
4382		411	4478		442	4651		144
4383		251	4479		443	4652-54		182
4384		411	4480		202	4663		178
4386		183	4482		441	4664		308
4388		183	4484		442	4665		181
4391		182	4489		443	4667		143
4392		183	4491		192	4669		308
4395		183	4497	98	442	4670		204
4396		183	4506		310	4671—72		207
4398		183	4507		443	4673		314
4399		278	4508		141	4674		239
4400		183	4510		277	4680		239
4401	3	181	4511—17		278	4686—87	239
4407	8	183	4518		181	4688		308

Nummernverzeichnis.

Nr.	Seite	Nr.	Seite	Nr.	Seite
5134	. . . 452	5134	. . . 425	6085	. . . 286
5146	. . . 239	5146	. . . 422	6089	. . . 426
5151	. . . 411	5151	. . . 424	6116—18	. . . 282
5160	. . . 197	5160	. . . 425	6120	. . . 282
5161	. . . 206	5161	. . . 426	6127	. . . 282
5163	. . . 218	5163	. . . 422	6128	. . . 282
5171	. . . 197	5171	. . . 426	6130	. . . 282
5173	. . . 192	5173	. . . 425	6137	. . . 282
5175	. . . 197	5175	. . . 419	6160	. . . 282
5188	. . . 196	5188	. . . 421	6265	. . . 283
5189	. . . 193	5189	. . . 418	6361	. . . 212
5193	. . . 220	5193	. . . 425	6362	. . . 285
5196	. . . 222	5196	. . . 212	6399	. . . 213
5198	. . . 221	5198	. . . 423	6404	. . . 285
5203	. . . 222	5203	. . . 424	6414	. . . 127
5210	. . . 215	5210	. . . 212	6419	. . . 284
5244	. . . 220	5244	. . . 421	6422	. . . 213
5357	. . . 394	5357	. . . 287	6430	. . . 284
5391	. . . 223	5391	. . . 305	6537	. . . 242
5392	. . . 223	5392	. . . 306	6608	. . . 446
5393	. . . 86	5393	. . . 242	6610	. . . 289
5414 15	. . . 179	5414 15	. . . 305	6611 12	. . . 285
5438	. . . 224	5438	. . . 285	6614	. . . 410
5455	. . . 192	5455	. . . 287	6615	. . . 411
5462	. . . 223	5462	. . . 304	6631	. . . 446
5474—88	. . . 192	5474—88	. . . 287	6636	. . . 289
5516	. . . 223	5516	. . . 304	6639	. . . 445
5570 604	. . . 222	5570 604	. . . 305	6644	. . . 310
5664	. . . 284	5664	. . . 211	6651	. . . 287
5666	. . . 284	5666	. . . 203	6674	. . . 425
5668 70	. . . 284	5668 70	. . . 306	6694	. . . 223
5694	. . . 284	5694	. . . 203	6708	. . . 201
5721 22	. . . 283	5721 22	. . . 305	6709	. . . 107
5726	. . . 211	5726	. . . 412	6711	. . . 211
5762	. . . 284	5762	. . . 362	6724	. . . 193
5789	. . . 38	5789	. . . 286	6737	. . . 371
5803	. . . 410	5803	. . . 418	6738	. . . 372
5822	. . . 213	5822	. . . 281	6739	. . . 428
5829	. . . 281	5829	. . . 278	6740	. . . 436
5432 —33	. . . 426	5432 —33	. . . 184	6743 -44	. . . 414
5919	. . . 419	5919	. . . 287	6745	. . . 348
5926—27	. . . 410	5926—27	. . . 306	6746	. . . 238
5929	. . . 418	5929	. . . 203	6747	. . . 185
5950	. . . 193	5950	. . . 211	6749	. . . 238
5970	. . . 418	5970	. . . 287	6756—58	. . . 277
6012	. . . 426	6012	. . . 204	6759	. . . 318
6018	. . . 422	6018	. . . 203	6763	. . . 217
6050	. . . 425	6050	. . . 287	6764	. . . 218
6052	. . . 424	6052	. . . 306	6765—66	. . . 217
6068	. . . 422	6068	. . . 287	6767	. . . 216
6082	. . . 421	6082	. . . 286	6768	. . . 197

Nummernverzeichnis.

Nr.	Seite	Nr.	Seite	Nr.	Seite
6769	201	6944—45	314	7115	443
6770	200	6947	316	7116—17	442
6772	206	6949—51	314	7118	441
6774	201	6952	318	7121	443
6776	205	6956	313	7124	442
6778	208	6957	316	7126	442
6780	308	6958—59	317	7127	192
6783	308	6960—61	316	7129	442
6785	308	6964—65	238	7134	443
6786	308	6973	238	7136	442
6787	204	6974	392	7137	443
6789—91	308	6978—79	391	7138	206
6792	204	6980	216	7149	442
6793	308	6981	391	7151	442
6794	201	6983	347	7152	441
6799—800	411	6985	347	7157	313
6807—8	189	6987	216	7158	447
6813—14	208	6989—91	216	7159	448
6815	394	6994	216	7160	227
6816	201	6997	454	7165	277
6817	221	7002—4	454	7167	077
6818	347	7006—7	454	7169	442
6823	219	7009—10	454	7170	276
6827	188	7021—22	454	7171	277
6828	239	7024	454	7173	277
6829	238	7026	454	7174	276
6837	238	7037	192	7175	105
6838—39	282	7040	317	7176	179
6842	239	7059	317	7180	276
6845	238	7065	317	7183	276
6846—47	239	7072	318	7184—87	179
6850	238	7073	314	7206	438
6880	282	7074	317	7209	436
6900	280	7076	317	7210	105
6907	106	7078	317	7212	446
6908	145	7079	313	7216	436
6909	144	7080	317	7217	438
6910	142	7081	315	7220—24	187
6911	215	7091—93	315	7227	344
6913	198	7094	316	7229	187
6917	198	7095—97	315	7230	196
6920	198	7099	316	7231	187
6923—24	198	7100	219	7232	317
6929	397	7101	218	7234	440
6931	216	7102	226	7237	428
6934—35	224	7103—5	224	7249	317
6936	227	7106—7	226	7253	450
6937	313	7108	411	7260	347
6938	316	7109	442	7261	404
6940	220	7111—12	442	7262	122
6941—42	313	7114	442	7264	78

Nummernverzeichnis.

Nr.	Seite	Nr.	Seite	Nr.	Seite
7265	79	7321	168	7484	278
7266–68	121	7322	150	7489	297
7269	166	7323	265	7490	302
7270	165	7324	320	7492	288
7271	166	7325	235	7493	255
7272	158	7328	278	7494	313
7273	165	7334	68	7496	118
7274	164	7335	67	7497	268
7275	147	7336–37	58	7498	67
7276	159	7342–43	442	7499	344
7277	147	7344	231	7500	258
7278	148	7346	326	7501	299
7279	167	7347	119	7502	364
7280	91	7350	291	7503	251
7281	168	7352	303	7504	445
7282	94	7353	222	7505	299
7283	266	7354	134	7506	252
7284	159	7356–57	94	7507	302
7286	93	7358	226	7508	293
7287–88	95	7360	424	7509	309
7289	168	7361	416	7512	73
7290	163	7365	423	7513	60
7291	168	7368	426	7514	265
7292	166	7369	309	7515	327
7293	234	7371	278	7516	338
7294	95	7377–78	233	7517	342
7295	231	7387	368	7518	304
7296	95	7389	94	7519	302
7297	231	7391	311	7522	376
7298	265	7392	305	7526	368
7299	264	7399	306	7529	302
7300	93	7401–8	237	7553	122
7301	94	7410	454	7554	309
7302	134	7412	454	7557	297
7303	265	7415	179	7559	365
7304	336	7417	421	7570	426
7305	164	7418	240	7571	423
7306	162	7427	188	7575	425
7307	165	7428	181	7577	425
7308	336	7429	427	7582	374
7309	93	7431	285, 427	7586	269
7310	165	7432	291	7587–88	265
7311	92	7434	303	7596	240
7312	94	7437	278	7599	240
7313	93	7460	426	7606–10	240
7314	165	7467	421	7630	281
7315	167	7468	426	7634	281
7316	17	161	7478	237	7638	194
7318	168	7481	182	7647–48	307
7319	95	7482	184	7649	376
7320	158	7483	277	7650	375

Aegyptische Altertümer.

Nummernverzeichnis.

Nr.		Seite	Nr.			Seite	Nr.			Seite
7052		309	7737			257	7970			420
7053–54		277	7738			334	7971			278
7055		181	7739			65	7972			246
7056		307	7740			248	7973			228
7058		305	7742			304	7974			339
7059		280	7743			205	7975			299
7061		200	7744			253	7977			299
7067		425	7745			418	7978			304
7068		419	7749			242	7981			415
7070		416	7750			446	7982			419
7074		248	7753			446	7984			307
7075		301	7757			306	7987			445
7077		419	7758	59		305	7988			281
7081		420	7760			426	7990			425
7082		421	7761			288	7991			193
7083		426	7763			305	7992			426
7087		419	7764			61	7996			326
7088		422	7765			62	7997			278
7090		423	7766			67	7998–99			361
7092		182	7767			60	8000			285
7094		184	7768			58	8003			297
7095		234	7769			133	8008			366
7698–99		280	7770			327	8021			202
7700		265	7771			384	8028			377
7701		120	7772			267	8032			71
7702		81	7773			166	8033			335
7704		62	7775			141	8034			255
7705		66	7776			308	8035			261
7706		70	7777–78			312	8038–39			370
7707		266	7779			72	8041			144
7708		296	7780			254	8042			216
7709		288	7781			157	8049			288
7715		44	7783			259	8050			373
7716		62	7784–85			305	8057			44
7717		61	7786			306	8058–59			45
7718–19		62	7787			209	8060			242
7720		78	7789			259	8064			415
7721		65	7790			248	8065			421
7722		64	7791			71	8066			285
7723–25		65	7792			281	8067			416
7726		64	7793			253	8068			421
7727		44	7794			385	8070			421
7728		60	7796			74	8071			416
7729		264	7798			217	8072			426
7730		44	7801			453	8074–75			420
7731		96	7808			75	8079			421
7732		95	7925			117	8081			419
7733		331	7938–40			417	8082			416
7734		385	7943	50		117	8084			252
7735		399	7954–55			117	8085			277
7736		258	7969			60	8089			301

Nummernverzeichnis.

Nr.	Seite	Nr.	Seite	Nr.	Seite
8091	282	8429	179	8664	428
8103	255	8430	67	8665	211
8164	327	8431	201	8670	134
8165	334	8432	83	8671	290
8166	332	8433	303	8672	302
8167	122	8434	258	8673	201
8169	231	8436	60	8674	250
8170	60	8437	231	8675—76	251
8171	258	8438	254	8677—78	299
8173	316	8439	255	8680	297
8174	439	8440	134	8681	250
8175	417	8441	234	8682	296
8177	220	8442	325	8684	292
8179	220	8443	419	8685	298
8181—82	252	8444—45	416	8687	296
8184	418	8446	317	8688	288
8185	364	8447	346	8690	365
8189	202	8473	263	8695	372
8191	300	8474—76	452	8696—97	368
8192	301	8477—85	451	8698—99	369
8193	288	8486—88	452	8701	372
8198	298	8489	451	8703	371
8199	303	8490—91	453	8704	367
8200	362	8492	325	8705—6	298
8204	306	8495	326	8707	363
8210	305	8497—500	274	8708	249
8216	287	8501—3	275	8710	182
8236	263	8505—6	176	8713	182
8237	275	8507—8	237	8760	451
8238	443	8509—10	342	8763	451
8239—40	414	8513	342	8766	450
8283	285	8515	342	8773	450
8284	238	8516—17	176	8780	450
8285	364	8518	315	8784	278
8288	291	8520—21	315	8785	412
8298	303	8529—30	233	8787	446
8308	299	8536—38	233	8789	378
8312	251	8542	234	8792	300
8316	443	8546—47	234	8794—96	368
8320	442	8551—52	234	8798	372
8321	325	8556—57	234	8800	56
8331	240	8560	234	8801	70
8337	307	8565	421	8802	93
8341	445	8567—68	278	8803	83
8350	189	8578	240	8804	141
8398	213	8582	240	8805	259
8402	362	8592—94	278	8806	232
8404—5	209	8611	241	8807	332
8409	346	8613	240	8808	82
8424	442	8662	74	8809	256
8425—26	277	8663	191	8810	324

Nummernverzeichnis.

Nr.	Seite	Nr.		Seite	Nr.		Seite
8811	250	8919		446	9048		289
8812—14	260	8921		288	9052—53		217
8815	87	8922		442	9054		59
8816	150	8925		201	9055·56		72
8818—19	169	8927		218	9057		259
8820	328	8929		201	9058		120
8821	259	8930 31		242	9059		245
8822	249	8932—37		241	9060		383
8823	327	8938		242	9061		384
8824	314	8939		241	9062		329
8825	440	8940		446	9063		398
8826	261	8942 -43		209	9064		207
8827—28	384	8946		417	9065		222
8829	383	8947		424	9066		445
8830	384	8948		371	9068		293
8831	383	8949		368	9070		315
8832	384	8950		439	9071		316
8833	372	8956		371	9076		397
8834	371	8957		261	9079		416
8835	367	8958		181	9082		424
8837	367	8959		304	9093		438
8840	309	8961		370	9094		207
8842	327	8962		301	9095		263
8846	302	8966		206	9096		376
8847	440	8967		203	9097		374
8848	378	8968 -69		306	9099·9100		368
8849	84	8975		302	9102		370
8866	307	8976		213	9103		368
8867	440	8979 80		443	9106		368
8868	309	8981		301	9109		368
8869	291	8988		296	9114 16		370
8870	293	8992		296	9118 ·20		370
8874—75	367	8995		306	9122		371
8876	304	8996		253	9127		372
8883	338	8997		306	9128		374
8884	387	8998		439	9131—33		371
8886	361	8999 9000		261	9136		370
8887	416	9002		308	9137		374
8889	416	9008		305	9143		374
8891	416	9009		202	9145		372
8893	424	9010		201	9146		373
8896	262	9014		316	9147—48		372
8897	302	9016		81	9149		288
8898	374	9018		369	9150		289
8900	370	9021		307	9151		288
8903	304	9025		252	9165		203
8904	240	9028		283	9167		367
8906	304	9029		212	9170—71		371
8914	380	9035		303	9172		367
8915	301	9039—41		281	9174		371
8918	296	9045		362	9176		369

Nummernverzeichnis. 501

Nr.	Seite	Nr.	Seite	Nr.	Seite
9428	371	9547	316		84
9429	368	9549	315		314
9431	368	9552	369		261
9433	368	9554	369		218
9436	371	9556	369		440
9438	374	9558	372		437
9440, 41	372	9559	372		187
9442	372	9560	362		134
9445	369	9561—62	424		279
9448—53	372	9563	184		398
9456	374	9564	315		386
9457—60	374	9565	316		438
9463	374	9566	316		442
9464	206	9567	372		75
9467	371	9568	301		84
9468	371	9569	297		83
9469	207	9570—72	299		142
9470	297	9573	362		203
9473	301	9576	212		394
9474	204	9577	282		221
9476	303	9578	281		224
9478	206	9579	373		150
9480	421	9580	445		106
9482	372	9581	304		185
9489—90	370	9583—84	382		106
9491	366	9586	314		212
9492	362	9587	372		197
9493	285	9588—89	368		202
9497	418	9590	220		248
9498	232	9591	179		190
9501	301	9592	372		196
9504	424	9602	389		222
9506	186	9603	184		391
9507	368	9607—8	416		435
9515	372	9610	203		160
9517	81	9611	423		107
9518	384	9612	416		435
9519	372	9621—22	421		106
9520	368	9623	213		203
9521	376	9624	285		308
9524	369	9625	419		227
9529	371	9626	80		202
9530	370	9628	227		313
9531	372	9631—32	188		198
9535	374	9633	444		442
9536	397	9640	105		187
9537	395	9642	249		216
9538	367	9643	372		178
9540	215	9646	369		178
9544	335	9647	185		224
9545—46	133	9648	240		203

Nummernverzeichnis.

Nr.		Seite	Nr.			Seite	Nr.			Seite
9657		205	9831			378	10100			320
9658		208	9833	34		377	10103			396
9667		181	9838			380	10114			246
9668		212	9844			378	10115			83
9669		438	9847—48			379	10123			68 f.
9670		436	9850 51			379	10124			426
9671		120	9852			380	10125			387
9674		248	9858			380	10127	31		352
9676		369	9861			379	10133			380
9677		437	9864 -65			380	10134			419
9679—80		175	9871			381	10135			372
9681		374	9872 -73			380	10136			371
9685		309	9876			380	10137			240
9686—87		452	9877			379	10140 -41			240
9688		453	9878 79			394	10147			204
9689-90		452	9881			379	10149			377
9692—93		452	9911 13			108	10150			445
9694		421	9918			396	10153			435
9695		106	9924			307	10154 55			221
9701		302	9925			380	10168			240
9710-11		375	9927			393	10170			241
9717		362	9931			379	10174			238
9718		445	9932			394	10177			400
9724		374	9934			420	10179			440
9730		374	9935			420	10180			74
9734		286	9938			204	10181 82			73
9744		363	9939 -40			396	10184			73
9745		202	9941			123	10186			166
9747		421	9942			124	10187			129
9753		420	9943			369	10188			212
9763		421	9954			369	10189			448
9764 65		378	9957			370	10190			416
9767		378	9959			367	10192			258
9769		378	9960			372	10193 94			183
9771		378	9967			372	10195			197
9779		377	9991			374	10196 208			447
9781		378	10024			389	10209			394
9784 86		377	10045			38	10210 14			393
9788		378	10046			395	10215 17			394
9792		378	10054 57			390	10218			397
9793		377	10058			391	10219			392
9794		378	10060			392	10222			282
9796 800		379	10061 75			310	10225			252
9803		379	10076			256	10228			201
9807 8		380	10077			206	10229			304
9816		379	10078			363	10231 -32			330
9820		378	10080			253	10234 35			280
9821 22		377	10090			374	10236			208
9827		377	10091			370	10239			315
9828		379	10093			371	10241			196
9830		377	10099			374	10242			142

Nummernverzeichnis.

Nr.	Seite	Nr.	Seite	Nr.	Seite
10243 44	184	10337	81	10601	186
10246	196	10338	136	10602	223
10247	218	10339	216	10604	84
10248 49	219	10350 59	391	10606	437
10250	203	10360 62	392	10608	35
10251	186	10368	394	10609 10	435
10252	85	10371—72	386	10611	203
10253	201	10374	360	10614— 15	376
10254	427	10375 77	396	10618	425
10255	393	10382	394	10624	389
10257	107	10389	307	10625	497
10258	234	10390	393	10627	361
10259	255	10421	393	10628	360
10261	286	10439	393	10631	392
10264	309	10443	393	10632	386
10266	184	10453	386	10633	392
10267	183	10461	394	10635	396
10269	143	10462 64	397	10636	386
10271 72	352	10465	396	10637 39	392
10273	347	10466	397	10640	393
10274	249	10469	448	10641 43	392
10276	203	10478 80	426	10644	313
10278	204	10506	427	10645	120
10281	200	10508	278	10646	87
10282	203	10510 11	209	10647	363
10283	304	10514	416	10651	313
10284	135	10515	425	10660	333
10285	445	10516	362	10661	67
10288	187	10517	365	10662	346
10289	258	10518	364	10664—65	282
10290	264	10519 20	386	10667	446
10292	185	10521	400	10669	318
10293	224	10522	252	10671 72	280
10297	208	10523	386	10673	261
10302	286	10524	436	10675	142
10304	287	10525	263	10676	442
10307	446	10526 27	375	10677	261
10309	303	10528 30	395	10679 80	352
10312	311	10531	396	10682	300
10313	446	10534	352	10684	361
10314	370	10541	361	10689	361
10317	187	10556	361	10696	233
10318—24	373	10585	361	10706	220
10325	372	10589	428	10707	315
10326	371	10590	266	10708	251
10327	368	10592	377	10709	190
10328—29	372	10593	203	10710	305
10331	371	10594	144	10711	226
10333	372	10595	37	10713	183
10335	395	10596	106	10715	127
10336	396	10600	201	10716	144

Nummernverzeichnis.

Nr.	Seite	Nr.	Seite	Nr.	Seite
10719	280	10844	287	11007	207
10721	220	10852	438	11008–9	365
10723	437	10857	438	11010	292
10724	106	10858	67	11011	294
10725	220	10859	174	11012	296
10726	196	10861–62	438	11014	250
10729	196	10864, 65	438	11015	253
10730	201	10868–69	438	11016–18	306
10731	280	10874	438	11020	306
10733	213	10877, 78	109	11022	306
10734	218	10880	109	11023	305
10739–41	194	10886–90	109	11024	289
10742	372	10891	380	11026	281
10743	187	10893	380	11030	349
10744	97	10895	379	11039–40	349
10745	435	10897	397	11049	349
10747	216	10899	381	11050	348
10748–49	194	10912	109	11058	317
10752	362	10914	109	11088	353
10754	374	10919–25	109	11090	353
10756	220	10927	109	11096–97	353
10771	197	10943	110	11098	362
10772	226	10945, 49	109	11100	353
10773	224	10954	110	11105	454
10776	392	10958–59	110	11111	348
10779	221	10961–62	110	11116	353
10781–84	184	10965	109	11120	376
10785	182	10966	214	11144	349
10786	97	10967, 68	39	11147	333
10787	197	10969	37	11154	443
10803, 6	178	10972	320	11156	202
10808	187	10973	110	11157	443
10810	183	10974	352	11158	362
10812	226	10975	349	11159	211
10813	108	10977	416	11160	208
10814	182	10978	305	11161	288
10816	372	10982, 82a	451	11162	197
10817	206	10983	424	11163	237
10821	105	10984	416	11164	118
10823	216	10985	215	11165	400
10825	221	10986	362	11209	210
10828	76	10987	197	11325	386
10829	389	10988	306	11326	389
10830	392	10989	75	11327	203
10831	106	10992	377	11328	304
10832	174	11000	232	11329	241
10833	107	11001	290	11330	300
10834	115	11003	259	11332	250
10835, 36	116	11004	204	11337	364
10837, 38	229	11005	303	11340	200
10839	78	11006	306	11341	37

Nummernverzeichnis.

Nr.	Seite	Nr.	Seite	Nr.	Seite
11344	392	11467	61	11603	331
11345	222	11468	60	11605	227
11348	80	11469	61	11607—10	227
11349	224	11470	248	11613—14	227
11352	396	11471	259	11616—21	227
11353	309	11472	307	11624	263
11354	296	11473	305	11625	196
11355	366	11476	360	11626	83
11370—71	420	11478	288	11627	376
11372	417	11479	366	11630	369
11375	427	11480	289	11631—33	333
11380	361	11481	304	11634	329
11381	197	11482	258	11635	139
11382	445	11483	371	11636	83
11383	306	11484	372	11637	260
11385	300	11485	300	11638	179
11386	445	11486	248	11639—41	276
11389	295	11487	367	11647—48	261
11390	383	11489	302	11649	353
11391	384	11491	416	11650	354
11392	365	11503	393	11651	355
11395	447	11518	310	11652—53	356
11399	447	11531	310	11654—56	355
11400—1	386	11543	310	11659 60	355
11402	206	11545	310	11661	64
11403	352	11548	310	11662	65
11404	249	11551—52	310	11663	64
11405	248	11555	439	11664—65	65
11411	351	11556	376	11666	58
11412 13	352	11558	206	11667	62
11414—15	351	11563	311	11668	121
11416	353	11564	242	11670	372
11417	349	11567	213	11671	383
11419	335	11568	220	11672	328
11421	389	11569	291	11673	350
11422 31	390	11571	376	11675	376
11432 33	389	11573 75	66	11681	352
11434	391	11576	250	11682	439
11435—36	390	11577	248	11690	444
11437	391	11578	327	11707	444
11438	390	11579—80	263	11712	439
11442—44	390	11582 83	264	11741	349
11446 48	390	11584 88	78	11742	350
11450—53	390	11590	78	11743—48	349
11455	390	11592	335	11749—51	348
11456	391	11593	129	11752	350
11457	390	11594	339	11753	351
11458	391	11596	393	11757	350
11459	390	11598	397	11763	349
11464	66	11600	426	11795	286
11465 66	65	11601	416	11809	252

Nummernverzeichnis.

Nr.	Seite	Nr.	Seite	Nr.	Seite
11820	361	12268—69	437	12465	184
11825	361	12280	437	12476	223
11826	360	12282	437	12477	208
11827	361	12283	438	12478	224
11830	361	12293	438	12479	199
11843	361	12330	348	12480	226
11847	360	12380	379	12481	287
11850	360	12387	380	12484	348
11853	397	12390	380	12485	84
11854	364	12392	302	12486	77
11855	206	12394	201	12487	78
11856	260	12396	249	12488 89	77
11857	391	12397	71	12500	320
11858	285	12402	454	12514	77
11862	315	12407—8	454	12525—26	39
11863	210	12409	201	12546	84
11864	247	12410	150	12547	70
11865	203	12411	151	12548	105
11866	60	12412	153	12549	97
11867	294	12413	221	12550	194
11869	329	12414	415	12551—52	196
11870	337	12415	446	12553	195
11871	445	12416	368	12554	106
11874	303	12417	371	12555	286
11884	303	12419	280	12557	108
11886	352	12420	264	12558	107
11887	294	12421	259	12560	439
11890 91	325	12423	281	12561	440
11916	379	12424	306	12562	445
11924	378	12425	307	12563	373
11927	380	12426	354	12564	204
11933	380	12427	356	12574	285
11935	379	12428	354	12575	331
11936	380	12429 31	447	12576	330
11937	379	12432 35	354	12577	169
11938	380	12436—39	353	12578—79	445
11948 49	177	12440	325	12580	446
11978—83	177	12441	358	12581—82	444
11984—86	176	12442 43	359	12589 90	36
11987 89	177	12444	366	12593	440
11990 94	452	12446	400	12597	445
11996	129	12448 49	439	12600	215
12002—3	129	12450 51	386	12611	107
12027 29	437	12453	370	12613	373
12030 31	129	12455	201	12614	447
12033	129	12457	201	12615—18	85
12039	129	12459	366	12618a	223
12042	129	12460	370	12619	353
12125	351	12461	219	12621	298
12174	371	12463	144	12624	447
12220	436	12464	371	12625	184

Nummernverzeichnis. 507

Nr.	Seite	Nr.	Seite	Nr.	Seite
12626	447	12721	440	12814	440
12627	203	12722	286	12829	362
12628	210	12723	370	12835—36	413
12629—34	281	12724	365	12848—49	38
12635—36	370	12726	367	12858	39
12637	374	12727 28	373	12860	39
12638	203	12729	371	12863	39
12639	331	12731	282	12867—68	39
12642	186	12732	117	12869 70	38
12643	395	12733	262	12873	39
12645—46	307	12736	370	12874	37
12647	328	12737	439	12877—79	37
12648	198	12739	443	12881	37
12649 52	347	12740	360	12891	37
12653	280	12741	307	12893 96	39
12654	376	12742	304	12901	39
12655	199	12743	367	12913	39
12656 57	397	12747	370	12918	37
12658	327	12748	157	12919—20	39
12659	328	12749	422	12928	36
12661	186	12751	208	12985	35
12665	440	12753	202	12989	35
12666	386	12759	224	12994	35
12667	186	12760	202	13023	35
12668	201	12761	221	13032	35
12669	440	12764	107	13042	35
12670	204	12765	187	13051	35
12673	301	12766	242	13057	34
12674	366	12767	39	13059—60	34
12676	306	12768	126	13084	35
12679	240	12770	309	13098	36
12680	373	12771	304	13099	39
12681	395	12772	202	13107	440
12683—84	374	12773	370	13108	448
12685	306	12774	439	13111	442
12686	439	12775	36	13112	445
12689	294	12778	36	13113 16	125
12693	328	12781	445	13122	301
12694	154	12783	445	13123—24	297
12697	397	12784	446	13125	253
12698	393	12787	445	13126	303
12699—703	362	12788—90	446	13129	299
12705	386	12791	445	13130 31	295
12708	358	12793	445	13132	296
12709	248	12796—97	445	13133	295
12710	261	12798	446	13134	296
12712	346	12799	445	13135	295
12717	202	12800	124	13136	292
12718	241	12805	206	13137	295
12719	328	12806	445	13139	296
12720	370	12813	282	13140	294

Nr.	Seite	Nr.	Seite	Nr.	Seite
13141	295	13210	182	13280	177
13142	296	13212	446	13282	346
13143	293	13213	36	13283	353
13144	295	13214	203	13284-85	346
13145	301	13216 17	209	13287 88	36
13146—47	295	13219—20	445	13289	442
13148	293	13221	187	13290	420
13150	292	13222	393	13291	443
13151	253	13226	362	13297	152
13152	416	13228	447	13298	311
13154	421	13229	286	13311	33
13155 56	436	13230	395	13315	396
13158-59	439	13231	440	13317	179
13160	425	13234	375	13318	358
13161	219	13235	286	13320	239
13162 63	354	13236	383	13323	347
13164	370	13237	438	13324	376
13165	374	13238	396	13325—26	439
15166	373	13239	197	13327	371
13167—68	425	13240	392	13328	397
13169	426	13243	395	13329-30	395
13170	425	13244	107	13331 32	397
13171	424	13245	360	13333	391
13172	417	13246	202	13334	373
13173—74	422	13247	369	13339	318
13175	426	13249	369	13341	318
13177	422	13250	335	13343	372
13178	421	13251	383	13344	373
13179	425	13253	261	13346	447
13180	424	13254	325	13347	360
13182	422	13255	247	13349	360
13183	426	13256	84	13351 53	360
13185	425	13257	261	13375 77	34
13186	293	13258	262	13381	239
13187	207	13261 62	262	13441	372
13188	401	13263	259	13444	362
13189	426	13264	328	13449	363
13190	209	13265	337	13451	418
13192	280	13266	57	13456	58
13193	204	13267	205	13457	327
13194	304	13268	307	13458	373
13195	210	13269	266	13459	366
13196	427	13270	321	13460	141
13197 98	307	13271	134	13462 64	345
13199	210	13272	86	13465	346
13200	302	13273	129	13466	60
13201	292	13274	419	13468	187
13203	221	13276	183	13469 70	385
13205	444	13277	356	13471	339
13208	445	13278	357	13473	347
13209	239	13279	184	13474	394

Nummernverzeichnis. 500

Nr.	Seite	Nr.	Seite	Nr.	Seite
13475	386	13650	435	13773	104
13477	369	13651	440	13774	103
13488-89	239	13657 61	435	13775	103 f.
13490 91	394	13665	435	13776-77	292
13492	436	13673	435	13778 80	291
13496 97	440	13675	94	13781	290
13501 2	436	13676	118	13782 83	291
13514 15	361	13677	96	13784 85	295
13521	361	13679	439	13786	302
13528	360	13682	439	13787—89	295
13530	105	13683	207	13790	348
13533	396	13684	436	13791 92	365
13534	439	13685	180	13793	397
13535	374	13688	108	13797	38
13537	435	13693	225	13798 800	105
13541	306	13694	223	13801	40
13542	360	13695	226	13804	220
13546	425	13696 187.	280	13805	41
13552	285	13698	184	13808 9	41
13554	206	13707	444	13810 12	40
13555	289	13708	221	13815	40
13572 73	209	13709	178	13817	417
13581	281	13710	440	13818	421
13582	389	13711	224	13821	416
13584	374	13715 16	413	13822	41
13585	396	12721	111	13824	41
13586	209	13725	131	13826 30	41
13587	368	13726	332	13831	35
13589	439	13727	400	13832	41
13590	376	13728 29	332	13834	41
13591	379	13730	397	13835 37	198
13592	331	13731	368	13838	285
13594	347	13732	394	13839	375
13595	368	13733	212	13840	311
13604	317	13734	307	13841	322
13607	347	13735	371	13842	332
13608	346	13737	213	13843	414
13611	379	13738 39	103	13844	413
13614	361	13740	102	13845	382
13616	150	13741	103	13847 48	383
13617	415	13742 43	102	13850 51	383
13618	421	13744 47	103	13852 53	400
13620	362	13752-53	103	13868	40
13622	203	13754 55	101	13870	284
13624	414	13756 57	102	13871	426
13626	396	13758	101 f.	13876-79	224
13628	376	13759 60	103	13880	227
13632	331	13763	103	13881	224
13644 45	439	13765	103	13885	224
13646	261	13771	103	13886	198
13647	436	13772	101	13888	375

Nummernverzeichnis.

Nr.		Seite	Nr.		Seite	Nr.		Seite
13889		358	14068		241	14149		155
13890	92	106	14069		302	14150		154
13893	94	226	14070		420	14151		166
13895		207	14071		287	14152		436
13896		180	14072		206	14154		453
13898		190	14075		303	14155		454
13899		305	14076		200	14156		453
13901		287	14077		183	14186		310
13905		417	14078		291	14187		305
13906		421	14079		325	14188		304
13908		422	14080		320	14189		284
13911–12		417	14081–82		338	14190		304
13917		426	14083		307	14191		305
13919		422	14084	85	310	14192		283
13920		424	14086		36	14193		287
13923		421	14087		446	14194		261
13927		425	14088		427	14195		307
13928	29	422	14089	93	42	14196		261
13930		423	14094	98	43	14197		128
13932		417	14099	14102	56	14198		201
13934		426	14104	7	57	14200		313
13935		41	14108		58	14201	3	203
13937		33	14109		70	14204		179
13938		41	14110		33	14206		39
13954		41	14111–12		36	14207		107
13958		41	14114		202	14208		38
13959		33	14115		199	14210		71
13961		33	14116		204	14211		350
13969		397	14117		198	14213		187
13975		41	14118		213	14214		454
13987		36	14119	20	196	14215		453
13990		304	14121		207	14217		451
13992		33	14122		128 f.	14219		385
13994		297	14123		130	14220		148
13995		226	14124		118	14221		152
13996		427	14125		117	14222		386
13998	99	381	14126–27		245	14224		396
14000		437	14128		324	14225 (so statt 13225 zu lesen)		366
14004		437	14129		325			
14009		44	14130		323	14226–27		394
14027		134	14131		264	14228		390
14043		134	14132		328	14229		368
14046		97	14133		263	14230		119
14049		439	14134		143	14231	32	388
14054		85	14135	37	263	14238	39	388
14060		221	14138		261	14241	45	387
14062		415	14139	40	262	14246	52	388
14063		303	14141	42	114	14253	55	389
14064		227	14143	44	115	14256		388
14065	66	39	14146	47	36	14257–61		389
14067		206	14148		436	14262	64	391

Nummernverzeichnis.

Nr.	Seite	Nr.	Seite	Nr.	Seite
14266	. . . 391	14277 . . .	. . 66	14292 . . .	. . 346
14267	. . . 392	14275—76	. . 453	14293 . . .	. . 396
14268	. . . 450	14283 . . .	. . 375	14303 . . .	. . 428
14269 72	. . 453	14289 . . .	. . 331	14320 . . .	. . 362
14274	. . . 453	14291 . . .	. . 345	14321 . . .	. . 389

Gipsabgüsse.

Nr.	Seite	Nr.	Seite	Nr.	Seite
1	 462	97	. 475	175	. 481
2	 467	100—101	. 464	176	. 469
3—4	. . . 466	102	. 473	185	. 464
5	 479	103	. 464	213	. 477 f.
6	 455	105	. 471	214	. 483 f.
7	 467	106	. 470	215	. 471
8	 463	107	. 466	216—217	. 480
9	 462	108	. 473	218	. 411
10	 468	109	. 471	219	. 482
12	 455	111	. 475	220	. 481
14 17	. . 461	112	. 469	221	. 467
18	 463	113	. 471	222—224	. 468
19 20	. . 462	114	. 466	225	. 466
21—25	. . 466	115	. 469	226	. 467
26	 480	116	. 471	227	. 481
27	 467	118	. 475	228—229	. 468
28 29	. . 474	119	. 471	230	. 467
30	 469	120	. 466	231 232	. 462
31 32	. . 467	122	. 470	233—234	. 483
33	 468	125—126	. 475	235	. 482
34	 467	127	. 466	236	. 480
36	 474	129	. 475	237	. 463
37 38	. . 468	131	. 475	239	. 464
39	 479	132	. 473	240	. 481
40	 480	133—136	. 475	242	. 469
41	 468	138—141	. 475	243 244	. 460
42	 480	142	. 466	245	. 459
44 45	. . 483	143—44	. 475	246—247	. 458
47—48	. . 483	145	. 476	248 249	. 457
49	 481	146	. 475	250—251	. 456
50 52	. . 476	147—149	. 466	252	. 458
55	 480	150	. 475	253	. 459
56	 481	151	. 476	254—255	. 460
60	 467	152	. 477	256	. 456
61	 466	153—157	. 476	257	. 459
63	 480	159	. 480	258—260	. 460
90	 464	163	. 476	261	. 459
91	 469	164—165	. 482	263—265	. 460
93	 472	167—168	. 482	266	. 457
94	 469	170	. 475	267	. 455
95—96	. . 464	171	. 481	268	. 461

Nummernverzeichnis.

Nr.	Seite	Nr.	Seite	Nr.	Seite
269	458	298	468	360	475
270	460	299	466	361 362	483
271	457	300	474	363—364	481
272	460	301	462	365	464
273 274	459	302	469	366	482
275	458	304	484 f.	367	462
276	456	306	486 f.	368	483
277	460	311	461	369	477
278	459	312 313	457	370	468
279	456	315	481	371	479
280 281	459	318	480	374	482
282	460	322	482	375	463
283	457	328	462	376 377	115
284 287	456	329	461	378	116
288	459	330	480	379—380	463
289	458	347	467	381—383	471
290	459	350	480	384	481
291	457	351	462	388—389	463
292	456	352 -354	460	395	482
293 296	461	355 356	483	398	455
297	467	357	480	399	479
		358 359	459		

Papyrus.

Nr.	Seite	Nr.	Seite	Nr.	Seite
1522	434	3128	432	3150	431
3001	432	3130	431	3156 57	429
3008	430, 433	3135	433	3163 64	434
3037	235	3137	313	6750	431
3044	433	3147	432	7510	400

Sachregister.

Ackergeräte 224.
Aegis s. Götterkopf.
Aethiopien, aus 110f. 122. 130f. 243. 252. 253. 332. 401 f. 477.
Aethiopische Schrift 401. 404.
Affe als heiliges Tier des Mondgottes 123 f. 140 f. 204. 211. 249. 287. 306. 316. 372. 379; die Sonne anbetend 165. 167. 172. 249. 281; das Sonnenschiff ziehend 272; musizierend 203. 253. 306 f.; als Schofstier 142. 149 f. 159. 164. 204. 457. 459; als Schminkbüchse 206. 461; bei der Dattelernte 155.
Altar 376. 401.
Amulette 281 f. 377 f. 393 f. vgl. Schmuck.
Amuletttafel 309. 394. 400; Form dazu 205 f.
Angel der Thüre 49. 58. 110. 393 f. 408.
Angelhaken 224.
Apis 29. 275. 286. 301. 311 f. 336. 362 f. 366.
Aramäisch 266.
Armband 211.
Armring 38. 103. 209. 223. 393. 407.
Asiaten s. Ausländer.
Asiatische Arbeit 443.
Astronomische Instrumente 309 f.
Auge auf Särgen 74. 98. 104; auf Scheinthüren 61 f.; als Amulett 190. 192. 282. 285. 347. 408.
Augenschminke 206.
Ausländer 202. 204. 223. 335. 425; Asiaten 117. 129. 146. 205. 228. 266; Neger 117. 204. 220; vgl. Gefangene, Feind, Aethiopien.

Bäckerei 76. 226.
Bahre 98. 194. 346. 358 f.
Baldachin 467.
Balkon 471.
Ball 221. 344.
Barke der Götter 249 f.; Nachbildung 252; abgebildet 118; vgl. 43; Barke der Sonne 134. 210. 267. 272. 344. 369. 379.
Bauinschriften 382. 398; s. a. Denkstein.
Becher s. Gefäfse.
Beil als Waffe 39. 221 f.; als Werkzeug 125. 221. 227.
Beischläferinnen des Toten s. Frauenfiguren.
Bernstein 211.
Bes 204. 360. 483; musizierend 203. 213. 253. 298. 305. 425. 438; tanzend 213. 214. 373; bei der Toilette 207; bei der Geburt 214; Tiere erwürgend 298. 305; bewaffnet 298. 325. 369. 412.
Bett 196; Nachbildungen 186 f. 280; vgl. Bahre.
Bierbrauer 41. 76. 100 102.
Bilder, griech. Porträts 350 ff.
Blinde 471.
Blumen, natürliche s. Kränze; künstliche 453.
Blumensträufse, Nachbildungen 178.
Bogen 74. 103. 221 f.
Bohrer 110.

Aegyptische Altertümer. 33

Sachregister.

Brettspiel 220.
Brot 187.
Brusttafeln 188. 360, vgl. 323.
Büchschen s. Gefäfse.
Bügelkanne 437. 443.

Champollion 29f.
Cheta 118.
Cymbel 396.
Cypern, aus 199.
Cyprisch 311; vgl. a. phönizisch.

Dächsel, Nachbildung 125. 227; vgl. 456.
Dattelernte 155.
Demotisch 28.
Denksteine 110f. 118. 131f. 231. 253f. 312f. 327f. 332. 469. 471f. 477. 483f.; Nachbildung als Schmuck 286. S. a. Grabstein, Siegesdenkmal.
Der-el-bahri-Funde 233. 451.
Dienerfiguren 39f. 70. 98f. 100. 102. 105.
Dolch 222f.
Dreschen 55. 456.
Drillbohrer 110. 397; vgl. 456f.

Ei 411; von heiligen Tieren 316. 317.
Eimer 250f. 375. 477.
Eingeweide, Krüge für 105. 179. 233. 239. 276f.; vgl. 356; ersetzt durch einen Stab 193; Nachbildungen 360; Eingeweidekasten 232. 273f. 277. 316.
Eisen im n. R. 225f.
Elle 226.
Ernte 55; s. a. Dattel-, Papyrusernte.
Etrurien, aus, s. Italien.

Fabeltiere 287. 302. 328.
Fächer 215. 392.
Fackeln 370. 374.
Farbenkasten s. Schreib- u. Malgerät.
Faust als Amulett 284.
Feind 204. 347. 363. 411; vgl. Ausländer, Gefangene.
Fayencefabrik 213f.

Federn als Amulett 284
Feldstuhl s. Stuhl.
Fest 363. 459.
Figuren s. Statuetten.
Finger als Amulett 282.
Fingerring 38. 209f. 285. 361. 393. 400. 409f.
Fischergeräte 224.
Fischfang 460.
Fischschlachten 456. 458.
Fischstechen 57. 87.
Flachskämme 397.
Flaschen s. Gefäfse.
Flöte 219f.
Flötenbläser 203. 307. 373. 439.
Formen 187. 205f. 213. 280. 288. 364. 397.
Frauenfiguren 39. 71. 106. 186f.
Frosch auf Opfersteinen 334; auf Lampen 374.
Früchte 193. 454; Nachbildungen 187. 214.
Fufsspur 331.
Futteral 108. 218; für Totenpapyrus 279; für Bücher 218; vgl. 154.

Garnknäule 110.
Garnwickel 227. 397.
Gefäfse 33f. 40f. 44. 71. 100. 103. 108f. 125f. 192f. 198f. 214. 251. 352. 373. 386. 400. 410f. 414. 443. 447; Nachbildungen 187.
Gefangene 41. 210. 228. 417. 425. 460; vgl. Ausländer, Feind.
Geflügel 51f. 457. 460.
Gegengewichte 241. 288.
Geier, Feinde zerfleischend 411.
Geifsel 178. 304.
Gemmen, griech. 377f. 409.
Geschlechtsteile als Amulett 284.
Gewichte 71. 226. 310.
Glocken 252. 411.
Gnostische Steine 378f.
Götterkopf auf Kragen 190. 284. 299f.; vgl. 480.
Goldschmiedegerät 310; vgl. Formen.
Goldplättchen 85. 127. 411.
Grabgebäude 50; vgl. 461.
Grabkammern 45f.

Sachregister.

Grabkreuz 385. 412.
Grabsteine 32. 61f. 72f. 88f. 111.
128. 157f. 234. 264f. 331.
335f. 351. 353. 384. 399f.
406. 412f. 414. 475. 477. Vgl.
Grabtafel.
Grabtafel 234. 266f.
Grabteile (Reliefs, Inschriften)
45f. 72. 85. 80f. 128. 130.
145f. 263f. 335. 455f. 470f.
474f. 481.
Greif 117. 201.
Griechisches von Alexander 294.
438. (?)
Grundsteinfunde 125f. 253. 327.
Gürtel 392.

Haar als Leichenbeigabe 33. 41.
192.
Haarnadeln 38. 191f. 208. 393.
Haarnetz 388. 392.
Hacke 224; Nachbildungen 125.
227.
Halsketten, Halskragen s. Schmuck.
Hammer 310.
Hand als Amulett 284.
Handfeger 108. 110. 227.
Handschuh 392.
Harpune 39. 56.
Haus, Nachbildung 97.
Hebräisch 331.
Hemd 387f.
Herz als Amulett 190. 284.
Herzskarabäen 188f. 282.
Heuschrecke 203. 374. 458.
Hieratisch 28.
Hieroglyphen 26f.
Hin, Mafs 442.
Hirten 53. 204. 456.
Hose 387f.
Hund als Haustier 72. 89. 457.
459; bei der Jagd, s. d.; beim
Brettspiel 220.
Hundsstern 367.
Hut 392.
Hyksosstatuen, sogen. 80. 462.

Ichneumon 253. 301. 480.
Isis als Schlange 248. 280. 327.
365. 367.
Italien, aus 326. 467; Etrurien
285. 427.

Jagd 46. 55f. 458; vgl. 383.
Joch 224.
Jubiläum 42. 44. 212. 229. 244.
305. 420. 476.

Kameel 372. 376. 387.
Kameen 377. 409.
Kamm 38. 192. 208. 394.
Kandake 404.
Kandelaber 64. 250. 375. 386.
Kanope, s. Eingeweidekrüge.
Kanopus, Dekret v. 484.
Kapelle 249. 322; vgl. 57. 85.
459; Nachbildungen 250. 267.
370; als Amulett 286.
Kapitell 115f. 262. 383; vgl.
Säule.
Karikaturen 204. 305f. 371f.
Karische Inschriften 295.
Kastagnetten 220. 397.
Kasten 108f. 191. 197f. 204.
220. 386. 395. 411.
Kegel 450.
Kerbholz 396.
Ketten s. Schmuck.
Keule 39. 222; Nachbildungen
227.
Kirchenteile 382f.
Kirchliche Geräte 386. 414.
Klagefrau 106; vgl. 153.
Klammern von Mauern (Schwalben-
schwänze) 119.
Kleidung 214f. 387f.
Kleopatra 483.
Knöpfe 193. 215.
Knoten als Amulett 190. 283f.
Isis als K. 169d. 239. 359.
Köcher 223.
Königstafel 155f.
Körbe 108. 193. 198. 224. 344.
376; Nachbildungen 440.
Kommandostäbe 242; s. a. Stäbe.
Kopfkissen 350.
Kopfstützen 71. 74f. 100—102.
107f. 193. 196. 457; vgl. 48.
104. 457; als Amulett 284.
Kopftafeln 280.
Koptisch, ältestes 361.
Kornspeicher, Nachbildungen 76.
101f. 105.
Kränze u. Blumen 386. 451f.

33*

Krokodil 37. 57. 205; als heiliges Tier 248. 261. 286. 308; Mumie 317; Spielzeug 221.
Krone 31; Nachbildung als Amulett 284.
Kronleuchter 386.
Krüge s. Gefäfse; Krug und Napf 251.
Lampen 109. 373 f. 386. 395 f. 414. 438.
Lanze 39.
Laute 218.
Lautenspieler 303. 307.
Lebenszeichen als Amulett 284; christlich 384. 395.
Lederarbeiten 457; vgl. 227.
Lederstreifen von Mumien 236. 238.
Leibwache 471.
Leichenbretter 358. 386.
Leichentuch 73. 178. 355 f.
Leichenzug 151.
Leier 218 f.
Leisten 392.
Linnen 214 f. 233.
Löffel 376. 446; zum Salben 39. 108. 202. 395; s. a. Schöpflöffel.

Maafse f. Korn 226; vgl. 76.
Mahlen 57. 70. 76. 461.
Malgerät 218; s. a. Schreibgerät.
Marktverkehr 457.
Maske, s. Mumie.
Massengräber 176 f. 190 f.
Mastaba, s. Grabgebäude.
Matten 109, Anfertigung 456.
Medusenmaske 348.
Meilenstein 332.
Meifsel 39; Nachbildungen 125 f. 227.
Melken 53.
Menaflaschen 387; vgl. 397.
Messer 39. 71. 110. 208. 221; Nachbildungen 125.
Mefsstrick 226.
Mischgestalten 248. 287. 298 f. 305. 379.
Mifsgeburt 314.
Mithras 331.
Mnevis 313. 336. 485.
Modell 363.

Mörser 126. 442; vgl. 57.
Mörtel 44.
Moschecteile 458 f.
Mütze 387 f.
Mumien und ihre Teile 44 f. 74. 101. 172 f. 191 f. 235 f. 272 f. 342 f. 348 f. 385; vgl. 152. 162. 266. 337. 345; vgl. a. Särge, Tiere.
Muschel 209.
Musikanten 371 f. 471.
Musikinstrumente s. das Einzelne.
Musterstücke 260 f. 481.
Mykenisches 193. 205. 437 f.

Nadeln 39.
Nähnadeln 110. 227.
Näpfe s. Gefäfse.
Namensring als Amulett 284.
Namensschilder v. Mumien 178. 353. 360 f.
Nation 108.
Neger s. Ausländer u. Aethiopien.
Netz zum Fischen 224; s. a. Haar-, Perlen-, Schlagnetz.
Netznadeln 224.
Neujahrsgeschenke 204. 306. 426. 446.
Nilgötter 80 f. 244. 422. 477.
Nilpferd 106; abgebildet 57. 460.
Nilpferdjagd 56.
Nubien s. Aethiopien.

Obelisken, grofse 124; von solchen 469; Errichtung 417. 422; kleinere aus Gräbern 66; als Tiersarg 293. 295. 300. 318; Nachbildung als Amulett 284.
Ohren 134. 289.
Ohrringe 191. 209. 244. 285. 302. 393.
Opfersteine u. -tafeln 62 f. 85. 96 f. 169. 268 f. 303. 333. 406; Nachbildung als Amulett 284.
Opfertiere 100. 105; Nachbildungen 126 f. 287; vgl. 201.
Osirisfiguren bei Leichen 235. 273. 279.
Osirissöhne s. Schutzgeister.

Palast 470 f.; Teile 129.
Palette, s. Schreib- u. Malgerät.

Pantoffeln 391.
Papyrusernte 204.
Papyrusstengel 192; Nachbildung 300; als Amulett 190. 282 f.
Patäken 21. 287. 306. 308.
Peitschenstiel 223.
Perlen s. Schmuck.
Perlennetz 74. 110. 273 f. 281.
Perserzeit 255. 257. 266.
Perücke 73. 107. 215.
Pfahl Ded als Bild des Osiris, 169 d. 239. 359 u. ö.; als Amulett 283.
Pfeile 39. 103. 221.
Pferde 117. 198. 205. 223. 368 f. 371 f.
Pflanzen s. Kränze.
Pflug 224.
Pflügen 105. 455.
Pfriem 227. 397.
Philister 466.
Phönix 189.
Phönizisch 342; ph.-cyprisch 192. 356. 437 f.
Pincette 208.
Pithom 14. 449.
Pilgerflaschen 387. 437. 443. 445.
Poliersteine 126; vgl. 457.
Probiersteine 310.
Prozession 119.
Punt 464.
Puppe 221; Puppenkleid 389.
Pyramiden als Königsgräber 43 f. 228. 404—412; als Privatgräber 185; kleine aus Gräbern 130. 158. 268; als Krönung von Grabsteinen 167 f.
Pyramidentexte 44. 115.

Ramesseum 14. 126. 438. 449.
Räuchergeräte 103. 251. 386.
Rasiermesser 208.
Reibplatten 37. 40 f.
Reibschalen 442.
Reibsteine 126. 227.
Reiter 369. 371. 376. 383. 390.
Reliefs, s. Grab- und Tempelteile.
Riegel 110.
Ringe zum Zusammenhalten von Kleidern 193. 215; zum Lastentragen 110; s. a. Arm-, Finger-, Ohrringe.

Ringen 459.
Rocken 397.
Rohr zum Trinken 129. 423. 425.
Rosette, Stein von 29. 480.
Ruhebett 375; Nachbildung 373.
Rupfen des Geflügels 156.

Sack 224. 397, vgl. 55. 76; Nachbildung 198. 440.
Säckchen 103. 108. 198.
Säge, Nachbildung 227.
Sägen 456. 457.
Sänfte 42. 372. 459.
Särge u. Mumienhüllen 73 f. 98 f. 103 f. 145. 169 f. 177. 235 f. 269 f. 340 f. 353 f. 461. 476. 481; Nachbildungen 348; s. a. Tiersärge, Totenfiguren, Eingeweide.
Säule 86. 87 f. 129. 146. 320; Nachbildung als Amulett 283.
Salbgefäfse 192. 199 f. 252. 353. 445. 461.
Salblöffelchen s. Löffel.
Sandale 110. 216. 392; Nachahmung 193; s. a. Mumien.
Sassanidischer Siegelstein 393.
Sattel 397.
Schakale von Särgen 239.
Schalen s. Gefäfse.
Schaufel 110. 224.
Scheide 223.
Scheinthür 46. 50 f. 58 f. 61 f.; s. a. Grabstein, Sarg.
Schemel 196. 226.
Schiffe 40 f. 75. 98. 100. 102. 192. 203. 373; abgebildet 49. 55. 57. 114. 154. 199. 313; als Ornament auf Töpfen 35. 40; Bau 456. 458, vgl. 461; s. a. Barke.
Schild, Nachbildung 195. 223.
Schlachten 50. 53. 55. 60. 459; von Fischen 456.
Schlachtrelief 464.
Schlägel 110. 220. 376. 411.
Schlagnetz, abgebildet 56.
Schlangenkopf, Nachbildung als Amulett 190. 284.
Schleifstein 223.
Schlitten 224; vgl. 152 f.
Schlofs 359.

Schlüssel 224 f. 227. 395.
Schmelztiegel 110.
Schminkbüchse 191 f. 206. 223.
376. 394. 444.
Schminkplatten s. Reibplatten.
Schmuck 33 f. 37 f. 74. 126. 191 f.
209 f. 242. 281 f. 285 f. 361 f.
393. 407 f. 425, vgl. 73; Formen 205.
Schneckenhäuser als Schmuck
213; Nachahmung 210.
Schnitzereien 38. 204 f. 209 f.
Schnurrbart 69. 74. 101.
Schöpflöffel 108. 251. 376.
Schoofsaffe s. Affe.
Schranke eines Tempels 479 f.;
einer Kirche 383.
Schreiberstatuen 68. 139. 142.
236; -figuren 203.
Schreibgerät 216. 241. 375. 396;
Nachbildungen 217; Abbildungen 48. 57. 156. 460.
Schrift 26 f.
Schriftspielereien 118. 119. 140.
246.
Schrein s. Kapelle.
Schuhe 110. 387 f. 391 f.
Schurz aus Leder 215. 392.
Schutzgeister 235 f. 238. 267 f.
273 f. 276 f. 280 f.
Schutztafeln und -statuen gegen
böse Tiere 299. 308 f. 482;
vgl. a. Amuletttafel.
Schwamm 221.
Schwert 222.
Schwimmer am Netz 224; vgl. 460.
Schwimmerin 200.
Seele als Vogel 239. 287. 302.
360; vgl. 150. 165. 167. 171.
267. 271. 275 u. o.
Seiler 458.
Serapeum 311 f.
Serdab 45 f. 53.
Sessel s. Stuhl.
Setzwage, Nachbildung als Amulett 284.
Sichel 224.
Sichelschwert 304.
Siegel(abdrücke) 108. 316. 347.
352 f. 427 f. 435. 438. 447 f.
Siegelcylinder 40. 415.
Siegelsteine 377 f. 392. 415 f.

Siegesdenkmäler 110. 229. 244.
402. 471 f. 476. 477.
Sistrum 220. 252. 375. 411; in
Gebrauch abgebildet 232. 241;
Nachbildungen 220; als Amulett 284; als Himmelsstütze 285;
als Abzeichen der Hathor 305.
Skarabäen 126. 188 f. 191. 281 f.
378. 410. 412. 415 f.; Formen
dazu 205.
Skizzen 205. 263.
Soba, Inschriften von 414.
Soldaten 115. 129. 143. 168. 439.
471.
Speicher s. Kornspeicher.
Speisen als Beigaben 33. 187;
Nachahmungen 40 f. 187.
Sperber von Särgen 239. 274.
Sperberkopf als Amulett 284.
Sphinx 112 f. 117. 246. 249. 286.
302. 308 f. 312. 328. 362. 372 f.
417 f. 463. 469. 472; vgl. 468.
Spiegel 191. 193. 207. 394. 400;
vgl. 93. 101. 202.
Spiele 40. 459; s. a. Brettspiel.
Spielzeug 221. 376; s. a. Puppe.
Spinngeräte 39. 110. 397.
Stäbe 86. 100. 103. 223; zur
Handarbeit 193; als Ersatz für
Eingeweidekrug 179; s. a.
Zauberstäbe.
Standartenfiguren 252 f. 280; vgl.
42 f.
Ständer (Lampen) s. Kandelaber.
Statuen: Götter 81. 120 f. 248.
325 f. 407. 455. 462(?) 467.
468. 469. 479. 483; heilige
Tiere s. Tiere; Könige und
deren Angehörige 44. 80 f. 112 f.
116. 119 f. 128. 130. 246 f. 324.
401. 462 f. 466 f.; Privatleute
47. 56. 66 f. 82 f. 131. 135 f.
232. 255. 319 f. 332. 401. 463 f.
474. 479. 482; s. a. Musterstücke.
Statuentransport 113. 153.
Statuetten, Figuren (Kettenglieder)
75. 141 f. 191. 202 f. 212. 286 f.
289—308. 362 f. 364 f.; s. a.
Tiere, Totenfiguren, Dienerfiguren.
Stemmeisen 397, vgl. 456; Nachbildung 227.

Stempel 227. 311. 376. 397. 400.
vgl. 54.
Stiefel 387f. 391.
Stock s. Stab.
Streitwagen s. Wagen.
Strümpfe 387f. 392.
Stühle 194f. 375.
Suez, Landenge von 118. 177. 250.
Syrische Arbeit 427; s. a. Cyprisch.
Szepter 74. 103. 107. 311; s. a.
Stäbe; Nachbildung als Amulett 284.

Tänzerin 203. 373. 461.
Tell-Amarna 13. 129f. 213. 218. 221. 222. 224. 437f. 449. 469f.
Teller 33. 193. 442. 444.
Tempel 22 f.
Tempelgerät 250f.
Tempelteile (Reliefs und Bauglieder) 77f. 86. 112f. 127. 228f. 243f. 322f. 464f. 476. 479. 482.
Thronbesteigungsanzeige 131.
Tiere, Statuen 81. 122f. 248f. 253. 468. 483; Figuren 203f. 280. 287. 300f.; Mumien 313f. Särge 294f. 302. 315. 317f. Totenfiguren 311; Grabstein 339. S. a. Affe, Apis, Mnevis, Krokodil, Nilpferd.
Tierkreiszeichen 377.
Tintenfafs s. Schreibgerät.
Tisch 375.
Tischler 457.
Toilettengerät, s. Spiegel, Schmink- und Salbgerät.
Toilettenkasten 108; s. a. Kasten.
Totenfeier 151 f.
Totenfiguren 180; 106. 177. 180f. 233f. 239f. 277f. 311. 353; Särge für 184. 279; Kasten für 177. 185f. 279.
Totenklage 151 f.; vgl. 98. 106. 153. 279. 433.
Totenpapyrus 235. 428f.

Tracht 30 f.
Treppe, Nachbildung als Amulett 284.
Troddeln, Nachbildung als Amulett 284.
Trommel 220.
Trompeter 471.

Untersatz für Krüge 103. 125. 397. 438; für Kapellen 404.
Unvollendete Arbeiten 51 f. 54. 134. 141. 262f. 265. 333. 481.

Vieh 51 f. 456f. 459f.
Vogelfang 56f. 87. 458. 461.
Vogelfiguren 282.
Vogelformen 280.
Volksgötter 287. 298f. 305f.

Waage 377. 395.
Waffen 38f. 221 f.
Wagen, abgebildet 199. 205f. 370f.
Wassergottheiten? 462.
Wasserspeier 262.
Wasserstandsmarke 111.
Webegerät 397.
Weben 50.
Wedel 215. 224.
Weinbau 458.
Weinkrüge s. Gefäfse.
Winde 220.
Winkelmafs, Nachbildung als Amulett 284.
Worfeln 55. 456; vgl. Schaufel.
Würfel 376f.
Wurfholz 222; vgl. 57. 87.
Wurfspiefs 221.

Zauberfigur 187.
Zaubersprüche 235; vgl. 428. 434.
Zauberstab 107.
Ziegel 126. 448f.
Zimmermann 456.
Zwerg 204. 457.

www.ingramcontent.com/pod-product-compliance
Lightning Source LLC
Chambersburg PA
CBHW031946290426
44108CB00011B/698